Schriftenreihe

**Studien zum
bayerischen, nationalen und supranationalen
Öffentlichen Recht**

Herausgegeben von
Professor Dr. Heinrich Amadeus Wolff

Band 32

ISSN 1860-8728 (Print)

Verlag Dr. Kovač

Natalia Babiak

# Die rechtsetzende Funktion des schlichten Parlamentsbeschlusses

Verlag Dr. Kovač

Hamburg
2021

### VERLAG DR. KOVAČ GMBH
FACHVERLAG FÜR WISSENSCHAFTLICHE LITERATUR

Leverkusenstr. 13 · 22761 Hamburg · Tel. 040 - 39 88 80-0 · Fax 040 - 39 88 80-55

E-Mail info@verlagdrkovac.de · Internet www.verlagdrkovac.de

**Bibliografische Information der Deutschen Nationalbibliothek**
Die Deutsche Nationalbibliothek verzeichnet diese Publikation
in der Deutschen Nationalbibliografie;
detaillierte bibliografische Daten sind im Internet
über http://dnb.d-nb.de abrufbar.

ISSN:   1860-8728 (Print)
ISBN:   978-3-339-12074-8
eISBN:  978-3-339-12075-5

Zugl.: Dissertation, Universität Bayreuth, 2020

© VERLAG DR. KOVAČ GmbH, Hamburg 2021

Printed in Germany
Alle Rechte vorbehalten. Nachdruck, fotomechanische Wiedergabe, Aufnahme in Online-
Dienste und Internet sowie Vervielfältigung auf Datenträgern wie CD-ROM etc. nur nach
schriftlicher Zustimmung des Verlages.

Gedruckt auf holz-, chlor- und säurefreiem, alterungsbeständigem Papier. Archivbeständig
nach ANSI 3948 und ISO 9706.

*meinen lieben*
*Eltern*

**Vorwort**

Die vorliegende Arbeit wurde von der Rechts- und Wirtschaftswissenschaftlichen Fakultät der Universität Bayreuth im Sommersemester 2020 als Dissertation angenommen und berücksichtigt die Literatur und Rechtsprechung bis Mai 2020. Sie entstand dort während meiner Tätigkeit als wissenschaftliche Mitarbeiterin am Lehrstuhl für Öffentliches Recht, Recht der Umwelt, Technik und Information.

Die Erstellung dieser Dissertation war für mich eine Herausforderung, sodass ich mich bei allen Personen bedanken möchte, die mich in vielfältiger Art und Weise unterstützt haben. Zuvorderst gilt der Dank meinem Doktorvater Herrn Prof. Dr. Heinrich Amadeus Wolff, der mir die wissenschaftliche Arbeit an der Universität ermöglicht hat und mich während des Promotionsvorhabens unterstützt hat. Ein großer Dank gilt auch Herrn Prof. Dr. Carsten Bäcker für das zügige Erstellen des Zweitgutachtens sowie Herrn Prof. Dr. Bernd Kannowski für die freundliche Übernahme des Prüfungsvorsitzes.

Ich bedanke mich bei meinen Freunden und Freundinnen für die zahlreichen Gespräche, Ratschläge und Anmerkungen, die die Fertigstellung der Dissertation erleichtert haben. Mein besonderer Dank gebührt meiner Familie, meiner Schwester und ihrem Mann, aber vor allem meinen lieben Eltern, die mich auf meinem bisherigen Lebensweg vorbehaltlos unterstützt und gefördert haben. Meine Familie gab mir den nötigen Rückhalt und Zuspruch weiterzumachen, was im wesentlichen Maße zum Gelingen der Arbeit beigetragen hat.

Berlin, 18.09.2020

# Inhaltsübersicht

Inhaltsverzeichnis .................................................................. XIII

Abkürzungsverzeichnis ........................................................ XXIII

Einleitung ............................................................................... 1

**Teil 1: Rechtliche Begriffs- und Wesensbestimmung des schlichten Parlamentsbeschlusses** .................................................. 7

I. Der schlichte Parlamentsbeschluss im Schrifttum ................. 7
   1. Die Begriffsbestimmung des schlichten Parlamentsbeschlusses ......... 8
   2. Verfahrensarten: Gesetzesbeschluss vs. schlichter Parlamentsbeschluss .............................................................. 11
   3. Unterscheidung nach der Rechtsgrundlage ......................... 40
   4. Die Rechtsnatur des schlichten Parlamentsbeschlusses ........ 54

II. Der schlichte Parlamentsbeschluss in der Rechtsprechung ........ 66
   1. Übersicht der Entscheidungen nach Gerichtsbarkeit und Instanzen sowie Adressatenkreis des schlichten Parlamentsbeschlusses ........ 66
   2. Mehrdeutige Bezeichnungen für schlichte Parlamentsbeschlüsse und ihre Rechtsfolgen ............................................................. 67
   3. Bereich der Leistungsverwaltung als Ausnahmefall – BVerwG: Urt. v. 21.3.1958 – VII C 6.57 und Urt. v. 19.12.1958 – VII C 204/57 ....... 68
   4. Erste Untergruppe: Beispiele für rechtlich unverbindliche schlichte Parlamentsbeschlüsse ............................................................. 73
   5. Zweite Untergruppe: Ungeschriebene verbindliche Zustimmungsbeschlüsse des Parlaments im militärischen Bereich der auswärtigen Politik und in Angelegenheiten der Europäischen Union ............................................................................................ 93
   6. Vergleich der Wirkungsweise und Anwendungsbereiche des schlichten Parlamentsbeschlusses aus der ersten und der zweiten Untergruppe und das unerschöpfliche Potenzial dieses Beschlusses ... 117
   7. Dritte Untergruppe: Die besondere Rechtswirkung der Zustimmungsbeschlüsse des Bayerischen Landtags zu Staatsverträgen ......................................................................... 126
   8. Vierte Untergruppe: Mitwirkungsrechte des Parlaments im Rahmen der Rechtsverordnungsgebung ..................................... 148

9. Bewertende Nebeneinanderstellung der Untergruppen unter Hervorhebung ihrer Gemeinsamkeiten und Unterschiede sowie die Bedeutung der schlichten Parlamentsbeschlüsse in der Zukunft .......... 171

III. **Die Rechtswirkung des schlichten Parlamentsbeschlusses** ............... **174**
1. Bedeutung der Rechtsgrundlage ....................................................... 176
2. Begriffliche Kategorien und Bindungsumfang ................................. 179
3. Systematisierung der schlichten Beschlüsse unter Berücksichtigung der Funktionen des Parlaments ....................................................... 183
4. Bewertung einzelner Indikatoren für die Rechtswirksamkeit von schlichten Parlamentsbeschlüssen und ihre Qualität im Kontext parlamentarischer Arbeitsweise ....................................................... 195

**Teil 2: Der schlichte Parlamentsbeschluss als Ausdruck der rechtsetzenden Funktion des Parlaments** ............................................. **201**

I. **Die Rechtsetzungsfunktion des Parlaments** ............................................. **201**
1. Bedeutung der Rechtsetzungsfunktion .......................................... 202
2. Begriff des Vorbehalts des Gesetzes ................................................ 203
3. Begriff des „Wesentlichen" ................................................................. 206
4. Parlamentsvorbehalt vs. Vorbehalt des Gesetzes ............................. 209
5. Vorrang des Gesetzes ........................................................................ 232
6. Begrenzte Wahlfreiheit zwischen förmlichem Gesetzesbeschluss und „qualifiziertem Parlamentsbeschluss" unter Abwägung verfassungsrechtlicher Aspekte ......................................................... 271

II. **„Qualifizierte Parlamentsbeschlüsse" und deren Bedeutung in der Rechtsverordnungsgebung nach Art. 80 GG** ............................................. **288**
1. Der Weg des schlichten Parlamentsbeschlusses in die Rechtsverordnungsgebung und seine Erscheinungsformen ............. 291
2. Hintergrund der Rechtsverordnungsgebung .................................. 297
3. Die Neuausrichtung der Rechtsverordnung vor dem Hintergrund der wirtschaftlichen, technischen, gesellschaftlichen Entwicklungen und die damit einhergehenden Folgeprobleme ........ 319

III. **Parlamentarische Mitwirkungsvorbehalte unter Hervorhebung des Änderungsvorbehalts** ............................................................................. **323**
1. Erscheinungsformen parlamentarischer Mitwirkungsvorbehalte ........ 324
2. Gesetzlich geregelte Fallgruppen des Änderungsvorbehaltes .......... 331

3. Kritische Würdigung der Umsetzung von Änderungsvorbehalten mit Besprechung diverser Einwände zu ihrer Anwendung und ihren Auswirkungen ......... 381

IV. **Diskurs um die Zulässigkeit von parlamentarischen Änderungsvorbehalten** ......... **395**

1. Vergleichbarkeit der Zustimmungsvorbehalte mit den Änderungsvorbehalten ......... 398
2. Kompetenzverteilung zwischen den Verfassungsorganen ......... 403
3. Rechtlicher Rahmen der Delegationsbefugnis mit Mitwirkungsvorbehalten ......... 412
4. Verfassungskonformität und Schranken des Änderungsvorbehaltes als Folge der Konfrontation mit der Staatsrealität ......... 427

**Zusammenfassende Bewertung der Ergebnisse** ......... **435**

**Literaturverzeichnis** ......... **451**

# Inhaltsverzeichnis

**Abkürzungsverzeichnis** ........................................................................... XXIII

**Einleitung** ........................................................................................................ 1

**Teil 1: Rechtliche Begriffs- und Wesensbestimmung des schlichten Parlamentsbeschlusses** ............................................................................ 7

I. Der schlichte Parlamentsbeschluss im Schrifttum ................................. 7
   1. Die Begriffsbestimmung des schlichten Parlamentsbeschlusses ......... 8
      a) Der schlichte Parlamentsbeschluss nach *Thoma* ........................... 8
      b) Der schlichte Parlamentsbeschluss nach *Achterberg* .................... 9
      c) Formelles Verständnis des schlichten Parlamentsbeschlusses ....... 10
   2. Verfahrensarten: Gesetzesbeschluss vs. schlichter Parlamentsbeschluss ........................................................................ 11
      a) Gestaltung des Gesetzesbeschlusses ............................................. 12
      b) Gestaltung des „schlichten" Parlamentsbeschlusses ..................... 21
      c) Vergleichende Würdigung einzelner Verfahrensstadien und die Bewertung ihrer Auswirkungen für und gegen die Anwendbarkeit der schlichten Parlamentsbeschlüsse in Relation zum Gesetzesbeschluss ..................................................... 27
   3. Unterscheidung nach der Rechtsgrundlage ....................................... 40
      a) Grundgesetz .................................................................................. 41
      b) Einfaches Gesetz ........................................................................... 45
      c) Geschäftsordnung des Bundestages ............................................. 48
      d) Keine ausdrückliche Rechtsquelle ................................................. 49
      e) Rechtsquelle als Indiz für mögliche Rechtswirkung und als Einteilungskriterium der schlichten Parlamentsbeschlüsse ............ 52
   4. Die Rechtsnatur des schlichten Parlamentsbeschlusses .................... 54
      a) Der „echte" Parlamentsbeschluss ................................................. 55
      b) Der „schlichte" Parlamentsbeschluss ........................................... 56
      c) Der Verbindlichkeitsumfang „schlichter" Parlamentsbeschlüsse .... 57
      d) Dreistufiges Modell als Lösungsansatz .......................................... 63
      e) Die Untauglichkeit der Termini für die Bestimmung der Rechtswirkung des schlichten Parlamentsbeschlusses und die Notwendigkeit der Einzelfallbetrachtung ................................. 64

II. Der schlichte Parlamentsbeschluss in der Rechtsprechung .............. 66
1. Übersicht der Entscheidungen nach Gerichtsbarkeit und Instanzen sowie Adressatenkreis des schlichten Parlamentsbeschlusses ............ 66
2. Mehrdeutige Bezeichnungen für schlichte Parlamentsbeschlüsse und ihre Rechtsfolgen ............................................................................. 67
3. Bereich der Leistungsverwaltung als Ausnahmefall – BVerwG: Urt. v. 21.3.1958 – VII C 6.57 und Urt. v. 19.12.1958 – VII C 204/57 ............ 68
4. Erste Untergruppe: Beispiele für rechtlich unverbindliche schlichte Parlamentsbeschlüsse ........................................................................... 73
   a) BayVerfGH, Entsch. v. 30.9.1959 – Vf. 86-VI-58 ............................ 73
   b) BVerwG, Urt. v. 20.1.1961 – VII C 202.59 ..................................... 75
   c) OVG Münster, Urt. v. 30.10.1961 – II A 480/61 und VGH Kassel, Urt. v. 29.11.1962 – OS V 18/60 ........................................................ 77
   d) BVerwG, Urt. v. 21.9.1966 – V C 124.65 ........................................ 77
   e) SG Berlin, Urt. v. 8.12.1987 – S 56 Ar 1529/87 ............................. 78
   f) BVerfG, Kammerbeschluss v. 28.8.1992 – 1 BvR 632/92 .............. 80
   g) BayVerfGH, Entsch. v. 17.6.1993 – Vf. 85-VI-91 ........................... 81
   h) BbgVerfG, Urt. v. 28.1.1999 – VfGBbg 2/98 ................................. 82
   i) SachAnhVerfG, Urt. v. 15.1.2002 – LVG 3/01 ................................ 85
   j) HbgVerfG, Urt. v. 15.12.2003 – HVerfG 4/03 ................................ 86
   k) BerlVerfGH, Urt. v. 22.11.2005 – VerfGH 217/04 ......................... 88
   l) SächsVerfGH, Urt. v. 23.4.2008 – Vf. 87-I/06 ................................ 89
   m) ThürVerfGH, Urt. v. 2.2.2011 – VerfGH 20/09 ............................. 91
5. Zweite Untergruppe: Ungeschriebene verbindliche Zustimmungsbeschlüsse des Parlaments im militärischen Bereich der auswärtigen Politik und in Angelegenheiten der Europäischen Union ..................................................................................................... 93
   a) BVerfGE, Urt. v. 12.7.1994 – 2 BvE 3/92, 5/93, 7/93, 8/93 .......... 94
   b) BVerfG, Urt. v. 30.6.2009 – 2 BvE 2, 5/08, 2 BvR 1010, 1022, 1259/08, 182/09 ............................................................................... 101
6. Vergleich der Wirkungsweise und Anwendungsbereiche des schlichten Parlamentsbeschlusses aus der ersten und der zweiten Untergruppe und das unerschöpfliche Potenzial dieses Beschlusses ............................................................................................ 117

7. Dritte Untergruppe: Die besondere Rechtswirkung der Zustimmungsbeschlüsse des Bayerischen Landtags zu Staatsverträgen .................................................................................. 126
   a) BVerwG, Urt. v. 5.11.1965 – BVerwG VII C 119.64 ........................ 127
   b) BVerfG, Beschl. v. 7.5.1974 – 2 BvL 17/73 ................................... 129
   c) BayVerfGH, Entsch. v. 1.8.1975 – Vf. 11-VII-73 ............................ 131
   d) BayVerfGH, Entsch. v. 6.7.1978 – Vf. 10-VII-76 ........................... 133
   e) BayVerfGH, Entsch. v. 21.11.1985 – Vf. 1-VII-84 .......................... 134
   f) BVerwG, Urt. v. 11.4.1986 – BVerwG 7 C 67.85 ........................... 136
   g) BVerfG, Urt. v. 22.2.1994 – 1 BvL 30/88 ..................................... 141
   h) BayVerfGH, Entsch. v. 25.9.2015 – Vf. 9-VII-13, Vf. 4-VII-14 und Vf. 10-VII-14 ................................................................................. 143
   i) Der schlichte Parlamentsbeschluss als gleichrangiger legislativer Rechtsakt neben dem förmlichen Gesetzesbeschluss mit der Doppelfunktion der Ermächtigungs- und Transformationswirkung ................................................................. 146
8. Vierte Untergruppe: Mitwirkungsrechte des Parlaments im Rahmen der Rechtsverordnungsgebung.............................................. 148
   a) BVerfG, Beschl. v. 24.4.1953 – 1 BvR 102/51 und Beschl. v. 7.7.1955 – 1 BvR 108/52 und Beschl. v. 10.5.1977 – 2 BvR 705/75 ............................................................................. 150
   b) BVerfG, Beschl. v. 12.11.1958 – 2 BvL 4, 26, 40/56, 1, 7/57 und Beschl. v. 9.10.1968 – 2 BvE 2/66 ...................................... 154
   c) BVerfG, Beschl. v. 21.12.1977 – 1 BvL 1/75, 1 BvR 147/75............... 161
   d) BVerwG, Urt. v. 23.4.1954 – BVerwG II C 50.53 .......................... 162
   e) BVerwG, Urt. v. 1.12.1978 – BVerwG 7 C 68.77 .......................... 163
   f) Der schlichte Parlamentsbeschluss als unselbstständiger Rechtsetzungsteilakt des Rechtsverordnungserlasses auf dem Prüfstand mit dem Grundgesetz und Folgeprobleme seiner Ausgestaltung ............................................................................. 165
9. Bewertende Nebeneinanderstellung der Untergruppen unter Hervorhebung ihrer Gemeinsamkeiten und Unterschiede sowie die Bedeutung der schlichten Parlamentsbeschlüsse in der Zukunft.......... 171

III. Die Rechtswirkung des schlichten Parlamentsbeschlusses ............... 174
1. Bedeutung der Rechtsgrundlage ....................................................... 176
   a) Rangverhältnis ............................................................................. 176
   b) Notwendigkeit grundgesetzlicher Verankerung ........................ 178
2. Begriffliche Kategorien und Bindungsumfang ................................. 179
   a) Bezeichnungen und ihre Bedeutungen ...................................... 179
   b) Formulierungen im Grundgesetz ................................................ 181
3. Systematisierung der schlichten Beschlüsse unter Berücksichtigung der Funktionen des Parlaments ........................................................ 183
   a) Hintergrund einzelner Aufgaben und Befugnisse des Parlaments ... 184
   b) Bestimmung von einzelnen Funktionen des Parlaments ........... 185
   c) Neueinteilung der schlichten Parlamentsbeschlüsse ................. 188
      aa) Kategorie des parlamentarischen Geschäftsgangs ............. 188
      bb) Kategorie der politischen Willensbildung .......................... 193
      cc) Kategorie der „qualifizierten Parlamentsbeschlüsse" ....... 194
4. Bewertung einzelner Indikatoren für die Rechtswirksamkeit von schlichten Parlamentsbeschlüssen und ihre Qualität im Kontext parlamentarischer Arbeitsweise ....................................................... 195

**Teil 2: Der schlichte Parlamentsbeschluss als Ausdruck der rechtsetzenden Funktion des Parlaments** ............................................. 201
I. **Die Rechtsetzungsfunktion des Parlaments** ...................................... 201
1. Bedeutung der Rechtsetzungsfunktion ............................................ 202
2. Begriff des Vorbehalts des Gesetzes ................................................ 203
3. Begriff des „Wesentlichen" .............................................................. 206
4. Parlamentsvorbehalt vs. Vorbehalt des Gesetzes ............................ 209
   a) Parlamentsvorbehalt als Organzuweisungskompetenz ............. 214
   b) Parlamentsvorbehalt als Sachvorbehalt ..................................... 216
   c) Parlamentsvorbehalt vs. Formvorbehalt des Gesetzes .............. 218
   d) Der Anwendungsbereich des schlichten Parlamentsbeschlusses innerhalb des Parlamentsvorbehaltes ........................................ 221
      aa) Relevanz der Grundrechtsbetroffenheit und der Eingriffsbegriff .................................................................... 223
      bb) Regelungsrichtung: Verhältnis zwischen Parlament und Exekutive ............................................................................ 226

5. Vorrang des Gesetzes ............................................................. 232
   a) Art. 20 Abs. 3 GG „Gesetz und Recht" – Bedeutung des
      Begriffs „Recht" ............................................................... 233
   b) Rechtssatzbegriff und der „qualifizierte Parlamentsbeschluss" ....... 236
      aa) Merkmal: abstrakt-generelle Regelung vs. Einzelfall ............. 238
      bb) Merkmal des Wirkungsbereichs: Staatsinternum ................. 242
      cc) Merkmal: Freiheits- und Eigentumsklausel ........................ 244
      dd) Weitere zu berücksichtigende Elemente ........................... 246
      ee) Moderne Rechtssatzdefinition ...................................... 247
   c) Rangordnung der „qualifizierten Parlamentsbeschlüsse" ............... 248
      aa) Der schlichte Parlamentsbeschluss als Rechtsquelle ............. 254
      bb) Die Bedeutung der Rechtsgrundlage und des
           Entstehungsprozesses ............................................... 257
      cc) Der Anwendungsbereich des „qualifizierten Beschlusses" ....... 259
      dd) Die Bedeutung des Verbindlichkeitsgrades ........................ 261
      ee) Die Gesetzesähnlichkeit des „qualifizierten
           Parlamentsbeschlusses" im Unterschied zum Äquivalent
           eines Gesetzesbeschlusses .......................................... 267
6. Begrenzte Wahlfreiheit zwischen förmlichem Gesetzesbeschluss
   und „qualifiziertem Parlamentsbeschluss" unter Abwägung
   verfassungsrechtlicher Aspekte ................................................. 271
   a) Der Gesetzesbeschluss als reguläre Handlungsform und die
      Gefahr der Überdehnung der Kontrollfunktion des
      Parlaments ..................................................................... 277
   b) Bedenken beim übergemäßen Gebrauch von „qualifizierten
      Parlamentsbeschlüssen" aus verfahrensrechtlicher Sicht ............... 279
   c) Die Entbehrlichkeit des Gesetzesbeschlusses und die
      Anerkennung von formfreien Regelungsbereichen ..................... 281
   d) Angemessene Berücksichtigung der Mitwirkungsrechte anderer
      Organe .......................................................................... 284
   e) „Qualifizierter Parlamentsbeschluss" als legitime
      Handlungsform des Parlaments ............................................ 287

II. „Qualifizierte Parlamentsbeschlüsse" und deren Bedeutung in der Rechtsverordnungsgebung nach Art. 80 GG .................. 288
1. Der Weg des schlichten Parlamentsbeschlusses in die Rechtsverordnungsgebung und seine Erscheinungsformen .............. 291
   a) Die steigende Tendenz der Anwendung von Rechtsverordnungen und die Erweiterung ihrer Funktion .............. 293
   b) Verordnungsermessen und seine Auswirkungen ........................ 295
   c) Kurzbewertung der bisherigen Rechtsentwicklung ..................... 296
2. Hintergrund der Rechtsverordnungsgebung ................................ 297
   a) Rechtsnatur der Rechtsverordnung ....................................... 298
   b) Der rechtliche Rahmen der Rechtsverordnung und die Grenzen der Delegationsbefugnis des Parlaments ................................. 299
   c) Rechtsverordnung im Kontext des Gewaltenteilungsgrundsatzes ... 301
   d) Problemfall der Änderung einer Rechtsverordnung durch einen förmlichen Gesetzesbeschluss ............................................ 303
      aa) Lösungsvorschlag des BVerfG: Die Befürwortung der Änderung einer Rechtsverordnung per Gesetzesbeschluss mit Rechtsverordnungsqualität ...................................... 305
      bb) Kritik an der in der Praxis umgesetzten Lösung des BVerfG ..... 306
         (1) Zweifel an der Rechtsaktqualität .............................. 307
         (2) Die Dimension des Gesetzes und die Abmilderung seiner „Autorität" sowie weitere Widersprüche innerhalb der vorgeschlagenen Problemlösung des BVerfG ................................................................ 310
         (3) Die Bedeutung der Vorgehensweise für die Etablierung eines „qualifizierten Beschlusses" im Rahmen der Rechtsverordnungsgebung ................................. 314
   e) Grundsätzliche Zulässigkeit der Parlamentsbeteiligung bei der Rechtsverordnungsgebung ........................................... 317
3. Die Neuausrichtung der Rechtsverordnung vor dem Hintergrund der wirtschaftlichen, technischen, gesellschaftlichen Entwicklungen und die damit einhergehenden Folgeprobleme ........... 319

III. Parlamentarische Mitwirkungsvorbehalte unter Hervorhebung des Änderungsvorbehalts .................................................................. 323
1. Erscheinungsformen parlamentarischer Mitwirkungsvorbehalte ......... 324
   a) Sog. Anhörungs- und Kenntnisvorbehalte................................. 324
   b) Sog. Zustimmungs- und Aufhebungsvorbehalte ...................... 325
   c) Geregeltes Verfahren nur für Zustimmungs- und Aufhebungsvorbehalte ............................................................... 328
   d) Sog. Änderungsvorbehalte............................................................ 329
   e) Gemeinsamkeiten der parlamentarischen Mitwirkungsvorbehalte ................................................................. 330
2. Gesetzlich geregelte Fallgruppen des Änderungsvorbehaltes ............ 331
   a) Vorbildfunktion der gesetzlichen Regelungen (1985 bis 2002) ........ 332
      aa) § 292 Abs. 4 Satz 2 HGB a.F. ............................................ 332
      bb) § 40 Abs. 1 GenTG a.F. ..................................................... 336
      cc) § 20 Abs. 2 UmweltHG ..................................................... 339
      dd) § 42d Abs. 1 BRAO a.F. .................................................... 344
      ee) § 59 KrW-/AbfG a.F. und § 67 KrWG ............................... 347
      ff) § 48b BImSchG .................................................................. 352
   b) Weitere Regelungsbeispiele mit unterschiedlich geregelten Verfahrensabläufen (seit 2012) ................................................. 356
      aa) § 47k und § 113 GWB ....................................................... 356
      bb) § 26 StandAG und § 11 DüngG ........................................ 360
      cc) § 34e GewO ....................................................................... 362
      dd) § 56 PflBG ......................................................................... 364
      ee) Bewertender Vergleich der Regelungen und der verfahrensrechtlichen Besonderheiten................................. 365
   c) Der sog. „Änderungswunsch" als neue Ausprägung des Änderungsvorbehaltes .............................................................. 370
      aa) § 10 TEHG a.F. ................................................................... 370
      bb) § 64 EEG 2009 / § 96 EEG 2017 ........................................ 374
      cc) § 33c KWKG ....................................................................... 378
      dd) Beurteilung der neuen Form und ihre Einordnung .......... 380

3. Kritische Würdigung der Umsetzung von Änderungsvorbehalten mit Besprechung diverser Einwände zu ihrer Anwendung und ihren Auswirkungen .................................................................... 381
   a) Bedeutung der Änderungsvorbehalte bei der Umsetzung des EU-Rechts ............................................................................. 382
   b) Bewertung der Kombinationsmöglichkeiten von Vorbehalten ........ 383
   c) Verständnis von ungenauen Formulierungen in den Ermächtigungsnormen und von Unstimmigkeiten über die Verfahrensabläufe ................................................................ 384
   d) Entschärfung des Arguments zur Umgehungsgefahr der Mitwirkungsrechte des Bundesrates .............................................. 387
   e) Ungewissheit über die Bedeutung des Wortes „Änderung", insbesondere über das Ausmaß und die Reichweite ................... 390
   f) Beanstandung des Umfangs der Parlamentsbefugnisse im verfassungsrechtlichen Kontext ................................................... 392
   g) Aktualität der Änderungsvorbehalte und die Notwendigkeit ihrer Überprüfung ...................................................................... 394

IV. **Diskurs um die Zulässigkeit von parlamentarischen Änderungsvorbehalten** ................................................................ 395
1. Vergleichbarkeit der Zustimmungsvorbehalte mit den Änderungsvorbehalten ..................................................................... 398
2. Kompetenzverteilung zwischen den Verfassungsorganen ............... 403
   a) Rechtsverordnungserlass als abgeleitete Befugnis ..................... 405
   b) Gestaltungsfreiheit des Gesetzgebers ........................................ 406
   c) Keine strikte Trennung der Gewalten ......................................... 407
   d) Zurechnung der Urhebereigenschaft bei Mitwirkung des Parlaments .................................................................................. 408
   e) Parlamentarische Kontrollfunktion ............................................. 409
   f) Elemente des Demokratieprinzips .............................................. 411
3. Rechtlicher Rahmen der Delegationsbefugnis mit Mitwirkungsvorbehalten ................................................................. 412
   a) Erlasspflicht als untaugliches Differenzierungsmerkmal ............ 413
   b) Umsetzung von Unionsrecht ....................................................... 415

    c) Kein Interesse des Parlaments an einer eigenständigen
       Vollregelung ................................................................................. 417
    d) Bindung des Parlaments an Art. 80 Abs. 1 Satz 2 GG .................... 419
    e) Kompensationswirkung der Parlamentsbeteiligungsformen ........... 420
       aa) Unvermeidbarkeit gewisser Bestimmtheitsmängel ................. 422
       bb) Weitere zu berücksichtigende Aspekte ................................... 423
       cc) Legitimes Interesse des Gesetzgebers ..................................... 425
       dd) Anforderungen an die Mitwirkung des Parlaments ................ 426
4. Verfassungskonformität und Schranken des Änderungsvorbehaltes
   als Folge der Konfrontation mit der Staatsrealität ............................... 427

**Zusammenfassende Bewertung der Ergebnisse** ........................................ **435**

**Literaturverzeichnis** ..................................................................................... **451**

# Abkürzungsverzeichnis

| | |
|---|---|
| ÄndG | Änderungsgesetz |
| ÄndBeschl. | Änderungsbeschluss |
| Abg. | Abgeordnete / Abgeordneter |
| ABl. | Amtsblatt der Europäischen Union |
| Abs. | Absatz |
| a.F. | alte Fassung |
| allg. | allgemein |
| Alt. | Alternative |
| Anm. | Anmerkung |
| AöR | Archiv des öffentlichen Rechts |
| Art. | Artikel |
| Aufl. | Auflage |
| BAnz. | Bundesanzeiger |
| Bay. | Bayerische |
| BayVBl. | Bayerische Verwaltungsblätter |
| BayVGH | Bayerischer Verwaltungsgerichtshof |
| BayVGHE | Sammlung der Entscheidungen des Bayerischen Verwaltungsgerichtshofs |
| BbgVerfG | Verfassungsgericht des Landes Brandenburg |
| BbgVerfGE | Sammlung der Entscheidungen des Verfassungsgerichts des Landes Brandenburg |
| Bd. | Band |
| Beil. | Beilage |
| begr. | begründet |
| Bek. | Bekanntmachung |
| ber. | berichtigt |
| Beschl. | Beschluss |
| BerlVerfG | Verfassungsgerichtshof des Landes Berlin |
| BerlVerfGE | Sammlung der Entscheidungen des Verfassungsgerichtshofs Berlin |
| BGBl. | Bundesgesetzblatt |
| Bln | Berlin / Berliner |
| BMJ | Bundesministerium der Justiz |
| BR | Bundesrat |

| | |
|---|---|
| BRD | Bundesrepublik Deutschland |
| Bsp. | Beispiel / Beispiele |
| bspw. | beispielsweise |
| BT | Bundestag |
| Buchst. | Buchstabe |
| BVerfG | Bundesverfassungsgericht |
| BVerfGE | Sammlung der Entscheidungen des Bundesverfassungsgerichts |
| BVerwG | Bundesverwaltungsgericht |
| BVerwGE | Sammlung der Entscheidungen des Bundesverwaltungsgerichts |
| BVT-Schlussfolgerungen | Schlussfolgerungen zu den besten verfügbaren Techniken |
| bzgl. | bezüglich |
| bzw. | beziehungsweise |
| CDU | Christlich Demokratische Union Deutschlands |
| CSU | Christlich-Soziale Union |
| DB | Der Betrieb-Zeitschrift |
| ders. | derselbe |
| d.h. | das heißt |
| DÖV | Die Öffentliche Verwaltung |
| Dr. | Doktor |
| Drs. | Drucksache |
| DRZ | Deutsche Rechts-Zeitschrift |
| DVBl. | Deutsches Verwaltungsblatt |
| Ed. | Edition |
| EG | Europäische Gemeinschaft |
| EL | Ergänzungslieferung |
| Entsch. | Entscheidung |
| EU | Europäische Union |
| EuGH | Europäischer Gerichtshof |
| EuGRZ | Europäische Grundrechte-Zeitschrift |
| EuR | Zeitschrift Europarecht |
| EUV | Vertrag über die Europäische Union |
| EuZW | Europäische Zeitschrift für Wirtschaftsrecht |

| | |
|---|---|
| f. / ff. | folgende |
| FDP | Freie Demokratische Partei |
| Fn. | Fußnote |
| FS | Festschrift |
| GBl. | Gesetzblatt |
| geänd. | geändert |
| gef. | gefasst |
| gem. | gemäß |
| ggf. | gegebenenfalls |
| GMBl. | Gemeinsames Ministerialblatt |
| GKÖD | Gesamtkommentar Öffentliches Dienstrecht |
| grdsl. | grundsätzlich |
| GVBl. | Gesetz- und Verordnungsblatt |
| Hbg | Freie und Hansestadt Hamburg / Hamburgisch |
| HbgVerfG | Hamburgisches Verfassungsgericht |
| HbgVerfGE | Sammlung der Entscheidungen des Hamburgischen Verfassungsgerichts |
| hrsg. | herausgegeben |
| HuV-I | Humanitäres Völkerrecht – Informationsschriften |
| i.d.F. | in der Fassung |
| i.d.R. | in der Regel |
| i.e.S. | im engeren Sinne |
| InfAuslR | Fachzeitschrift Informationsbrief Ausländerrecht |
| insb. | insbesondere |
| i.S.d./e./v. | im Sinne des/eines/von |
| i.V.m. | in Verbindung mit |
| JA | Juristische Arbeitsblätter |
| JAG | Juristenausbildungsgesetz |
| JAO | Juristenausbildungsordnung |
| JöR | Jahrbuch des öffentlichen Rechts |
| Jur. Blätter | Juristische Blätter |
| Jura | Juristische Ausbildung |
| JuS | Juristische Schulung |
| JZ | Juristen Zeitung |

| | |
|---|---|
| KritV | Kritische Vierteljahresschrift für Gesetzgebung und Rechtswissenschaft |
| Lfg. | Lieferung |
| lit. | Litera |
| LKV | Landes- und Kommunalverwaltung |
| LS | Leitsatz |
| LT | Landtag |
| m.a.W. | mit anderen Worten |
| m.w.N. | mit weiteren Nachweisen |
| nF. | neue Fassung |
| N.F. | Neue Folge |
| Nds. | Niedersachsen |
| NJW | Neue Juristische Woche |
| Nr. | Nummer |
| NRW | Nordrhein-Westfalen |
| NVwZ | Neue Zeitschrift für Verwaltungsrecht |
| NVwZ-RR | Neue Zeitschrift für Verwaltungsrecht Rechtsprechungs-Report |
| NZWehrr | Neue Zeitschrift für Wehrrecht |
| o.g. | oben genannte |
| OVG | Oberverwaltungsgericht |
| PlPr. | Plenarprotokoll |
| pp. | perge perge |
| RGBl. | Reichsgesetzblatt |
| RiA | Recht im Amt |
| RL | Richtlinie |
| Rn. | Randnummer |
| Rs. | Rechtssache |
| RVO | Rechtsverordnung |
| S. | Seite |
| s.a./o./u. | siehe auch/oben/unten |
| SachAnhVerfG | Verfassungsgericht des Landes Sachsen-Anhalt |
| SachAnhVerfGE | Sammlung der Entscheidungen des Verfassungsgerichts des Landes Sachsen-Anhalt |
| SächsVerfGH | Verfassungsgerichtshof des Freistaates Sachsen |

| | |
|---|---|
| SächsVerfGHE | Sammlung der Entscheidungen des Verfassungsgerichtshofs des Freistaats Sachsen |
| SG | Sozialgericht |
| Slg. | Sammlung der Rechtsprechung des Gerichtshofes und des Gerichts Erster Instanz |
| sog. | sogenannt |
| SPD | Sozialdemokratische Partei Deutschlands |
| st. Rspr. | ständige Rechtsprechung |
| TH | Freistaat Thüringen |
| ThürVerfGH | Thüringer Verfassungsgerichtshof |
| ThürVerfGHE | Sammlung der Entscheidungen des Thüringer Verfassungsgerichtshofs |
| u. | und |
| u.a. | und andere / unter anderem |
| UAbs. | Unterabsatz |
| Urt. | Urteil |
| UTR | Umwelt- und Technikrecht |
| v. | vom / von |
| Var. | Variante |
| VBlBW | Verwaltungsblätter für Baden-Württemberg |
| Verf. | Verfassung |
| VerwArch | Verwaltungsarchiv |
| VerwRspr. | Verwaltungsrechtsprechung in Deutschland |
| VG | Verwaltungsgericht |
| VGH | Verwaltungsgerichtshof |
| vgl. | vergleiche |
| VO | Verordnung |
| VOBl. | Verordnungsblatt |
| Vorb. | Vorbemerkung |
| VR | Verwaltungsrundschau |
| vs. | versus |
| VVDStRL | Veröffentlichungen der Vereinigung Deutscher Staatsrechtslehrer |
| ZaöR | Zeitschrift für ausländisches öffentliches Recht und Völkerrecht |

| | |
|---|---|
| ZEuS | Zeitschrift für Europarechtliche Studien |
| ZfBR | Zeitschrift für deutsches und internationales Bau- und Vergaberecht |
| ZfP | Zeitschrift für Politik |
| ZfW | Zeitschrift für Wasserrecht |
| ZG | Zeitschrift für Gesetzgebung |
| ZJS | Zeitschrift für das Juristische Studium |
| ZRP | Zeitschrift für Rechtspolitik |
| ZParl | Zeitschrift für Parlamentsfragen |
| ZUR | Zeitschrift für Umweltrecht |
| zw. | zwischen |
| z.Zt. | zur Zeit |

**Einleitung**

Der schlichte Parlamentsbeschluss ist ein Begriff, der am Anfang des 20. Jahrhunderts Eingang in die juristische Welt fand. Eine eindeutige und vor allem verbindliche Definition des schlichten Parlamentsbeschlusses gibt es bislang jedoch nicht. Wie schon aus dem Namen hervorgeht, geht es um Beschlüsse des Parlaments. Der Beschluss ist ein zentraler Bestandteil der Tätigkeit des Parlaments, mit dem es eine Meinungskundgabe vornimmt und so seinen Willen nach Art. 20 Abs. 2 Satz 2 GG[1] durchsetzt.[2] Damit umfasst der Begriff des Parlamentsbeschlusses alle Sachentscheidungen, die das Plenum als Abschluss eines Willensbildungsprozesses trifft.[3]

Nicht alle Beschlüsse des Parlaments sind jedoch gleich. Vielmehr unterscheiden sie sich voneinander in vielerlei Hinsicht z.B. durch die Verfahrensart, den Beschlussinhalt, die Beschlusswirkung oder den Adressatenkreis. Der Zusatz „schlicht" soll vorliegend verdeutlichen, dass es Beschlussentscheidungen des Parlaments gibt, die nicht aus dem Gesetzgebungsverfahren der Art. 76 ff. GG hervorgehen. Für diese schlichten Parlamentsbeschlüsse gelten die Grundsätze des einfachen Beschlussverfahrens (vgl. Art. 42 Abs. 2 GG), an dem andere Verfassungsorgane grundsätzlich nicht beteiligt sind.[4] Sie unterscheiden sich formal von den Gesetzesbeschlüssen und in der Regel auch inhaltlich von den Normtexten der Gesetzesvorlagen. Überwiegend werden sie daher als Ausfluss der Wahl- und Kontrollkompetenz des Bundestages verstanden, die eine politische Bedeutung haben, jedoch rechtlich einer gesetzlichen Bindungswirkung entbehren.[5]

Einen ersten Anstoß zum Umdenken brachte die Entscheidung[6] des BVerfG aus dem Jahr 1994, wonach die Bundesregierung für den Einsatz bewaffneter Streitkräfte im Ausland grundsätzlich der vorherigen konstitutiven Zustimmung des Bundestages bedarf, zu deren Einholung das Grundgesetz sie unmittelbar

---

[1] Grundgesetz (GG) in der Fassung v. 23.5.1949 (BGBl. S. 1), zuletzt geänd. durch Art. 1 des Gesetzes v. 15.11.2019 (BGBl. I S. 1546).
[2] *Gröpl*, in: Studienkommentar GG, 3. Aufl. 2017, Art. 42 Rn. 10.
[3] *Gröpl*, in: Studienkommentar GG, 3. Aufl. 2017, Art. 42 Rn. 10.
[4] *Mann*, in: Sachs GG-Kommentar, 8. Aufl. 2018, Art. 76 GG Rn. 5.
[5] *Brüning*, in: Bonner Kommentar, Februar 2020, Art. 76 GG Rn. 57.
[6] BVerfGE 90, 286 (381 f.).

verpflichtet, obwohl diese dort nicht ausdrücklich geregelt ist. Diese Zustimmung ist ein schlichter Parlamentsbeschluss, der für die Exekutive rechtlich verbindlich ist und eben nicht in Form eines Gesetzesbeschlusses ergeht. Man sprach u.a. von einer Erfindung eines neuen „Typus"[7] bindender Parlamentsbeschlüsse, der auch andere Bereiche erfassen könnte. Trotz scharfer Kritik im Schrifttum[8] folgten weitere Anwendungsfälle, wonach Mitwirkungs- und Mitentscheidungsrechte in Angelegenheiten der Europäischen Union um die konstitutive Zustimmung des Bundestages zur Wahrnehmung der Integrationsverantwortung[9] und zur Wahrnehmung parlamentarischer Budgetverantwortung[10] im Kontext der Währungsunion gestärkt wurden. Diese Fallgestaltungen geben den Anlass den schlichten Parlamentsbeschluss genauer zu untersuchen und sich mit seiner Rechtswirkung auseinanderzusetzen.

Den Schwerpunkt der aus zwei Teilen bestehenden Arbeit bilden die schlichten Parlamentsbeschlüsse, die rechtlich verbindlich sind und i.d.R einen ungeschriebenen Fall darstellen. Die Themeneingrenzung begründet sich aus dem Wandel des „Instituts der schlichten Parlamentsbeschlüsse"[11], mit dem das „Neuland"[12] betreten wurde, und der die bereits in 1984 gesehene „eigentlich fast schon sensationelle Innovation (...) in der Umformung des traditionellen Vorbehalts des Gesetzes"[13], bestätigen kann. Der Gesamtakt, der aus dem Handeln der Exekutivgewalt und dem schlichten Parlamentsbeschluss besteht, stellt einen quasi-gesetzlichen Akt dar,[14] dessen rechtlicher Rahmen neu abgesteckt werden muss. So werden die rechtlich unverbindlichen, aber politisch erheblichen Parlamentsbeschlüsse nicht problematisiert, sondern zur Hervorhebung der Unterschiede ergänzend herangezogen und zum besseren Verständnis kurz erläutert. Die Kernfrage der Arbeit ist folglich die rechtliche Neu-

---

[7] So u.a. *Stein/Kröninger*, Jura 1995, 254 (261).
[8] Bsp.: *Epping*, AöR 124 (1999), 423 (445 ff.); *Roellecke*, Der Staat 1995, 415 (427).
[9] BVerfGE 123, 267 ff.
[10] BVerfGE 129, 124 (180 f.) – EFSF; 135, 317 (401) – ESM.
[11] Der Begriff taucht auf bei *Möller/Limpert*, ZParl 1993, 21 (28) in Bezug auf Art. 23 Abs. 3 GG.
[12] So *Donner*, HuV-I 1997, 63 (72); *Lutze*, DÖV 2003, 972 (979) in Bezug auf die konstitutive Zustimmung zum bewaffneten Streitkräfteeinsatz.
[13] *Kloepfer*, JZ 1984, 685 (690).
[14] So ähnlich *Paulus*, in: Einsatz der Bundeswehr im Ausland, 2007, 81 (101).

bewertung der schlichten Parlamentsbeschlüsse, insbesondere ob diese schlichten, aber rechtlich verbindlichen Parlamentsbeschlüsse, auf die Hervorbringung und Fortbildung der Rechtsordnung gerichtet sein können, obwohl sie nicht im Wege der Gesetzgebung ergangen sind.

Der erste Teil der Arbeit widmet sich der Klärung des Begriffs des schlichten Parlamentsbeschlusses und seiner Charakteristika. Zu diesem Zweck werden die wesentlichen Ansichten aus dem Schrifttum dargestellt, um einen Überblick über dieses Thema zu geben und mögliche Bewertungsmaßstäbe z.b. nach der Rechtsgrundlage, der Verfahrensart oder der Rechtsverbindlichkeit zu zeigen. Das wird zwar einige aufschlussreiche Anhaltspunkte zur Begriffsbestimmung liefern, vermag aber kein klares und einheitliches Bild darüber zu geben. Eine mögliche Erklärung zu dem Fragenkomplex könnte die Rechtsprechung anbieten. Daher wird eine umfangreiche Auswertung der Entscheidungen vorgenommen, die sich zu dem untersuchenden Thema in vier Gruppen aufteilen lässt. Zu nennen sind, neben den bereits erwähnten Entscheidungen des BVerfG, zahlreiche Entscheidungen zu den Zustimmungsbeschlüssen des Bayerischen Landtags zu Staatsverträgen aus Art. 72 Abs. 2 BV[15], der ein besonderes Verfahren regelt, das gleichrangig neben dem Verfahren zum Erlass förmlicher Gesetze steht.[16] Betrachtet werden zudem Entscheidungen zu den parlamentarischen Mitwirkungsformen in gesetzlichen Ermächtigungsgrundlagen im Rahmen der Rechtsverordnungsgebung nach Art. 80 GG, die dem Parlament ein Einflussrecht auf die Verordnungsgebung einräumen, ohne das Gesetzgebungsverfahren in Gang setzen zu müssen. Die vorhandene Rechtsprechung setzt sich ähnlich wie das Schrifttum primär mit der Frage der Rechtswirkung auseinander, die unterschiedlich bewertet wird. Der Überblick der Entscheidungen der letzten 60 Jahre wird zeigen, dass die Entwicklung des schlichten Parlamentsbeschlusses noch nicht abgeschlossen ist und er in anderen Bereichen zur Anwendung kommen könnte, die wichtige Belange des Staates und der Gemeinschaft berühren können. Zwangsläufig wird darauf das Problem der Bewertung der Rechtswirkung von schlichten Parlamentsbeschlüssen neu auf-

---

[15] Verfassung des Freistaates Bayern in der Fassung der Bek. v. 15.12.1998 (GVBl. S. 991, 992), die zuletzt durch Gesetze v. 11.11.2013 (GVBl. S. 638, 639, 640, 641, 642) geänd. worden ist.
[16] *Möstl*, in: Verf. des FS Bayern Kommentar, 2. Aufl. 2017, Art. 72 BV Rn. 13.

geworfen. Da die bisherigen Versuche als untauglich betrachtet werden bzw. nicht alle Erscheinungsformen des schlichten Parlamentsbeschlusses erfassen, wird eine neue Systematisierung der schlichten Parlamentsbeschlüsse unter Berücksichtigung der Funktionen des Parlaments angestrebt. Das erlaubt eine neue Kategorie der schlichten Parlamentsbeschlüsse zu bestimmen, die sog. „qualifizierten Parlamentsbeschlüsse", die eine Gesetzesähnlichkeit aufweisen.

Im zweiten Teil der Arbeit wird zu Beginn die Rechtsetzungsfunktion des Parlaments mit ihren Ausformungen dargestellt. Hierbei werden die typischen Kriterien eines Gesetzesbeschlusses – Vorbehalt des Gesetzes, Parlamentsvorbehalt, Wesentlichkeitstheorie, Vorrang des Gesetzes – erörtert und daraufhin überprüft, inwiefern sie die Anwendung der „qualifizierten Parlamentsbeschlüsse" beschränken oder sogar ausschließen. Dabei wird das Einsatzfeld der „qualifizierten Parlamentsbeschlüsse" unter Berücksichtigung verfassungsrechtlicher Aspekte konkretisiert und mit Blick auf die Wahlfreiheit der Handlungsform des Bundestages untersucht. Die Vorgehensweise zielt darauf ab, die Frage zu beantworten, ob die „qualifizierten Parlamentsbeschlüsse", die im ersten Teil der Arbeit erläutert wurden, insbesondere der Beschluss zum bewaffneten Einsatz der Streitkräfte oder der Beschluss zur Wahrnehmung der Integrationsverantwortung, der rechtsetzenden Funktion des Parlaments trotz fehlenden Gesetzgebungsverfahrens zugeordnet werden können. Im Anschluss werden die „qualifizierten Parlamentsbeschlüsse" in ihrer besonderen Ausprägung als Änderungsvorbehalte in der Rechtsverordnungsgebung nach Art. 80 GG näher betrachtet. Sie stellen eine verfassungsrechtlich interessante Erscheinungsform von Mitwirkungsrechten des Bundestages dar, weil sie dem Bundestag ein unmittelbares Zugriffsrecht auf den Inhalt des Verordnungsentwurfs erlauben, das durch einen schlichten Parlamentsbeschluss gefasst wird, und damit die Gestaltungsfreiheit der Exekutive erheblich beschränken kann.[17] Deren Rechtslage ist bislang ungeklärt und sie wurden dem BVerfG noch nicht zur Entscheidung vorgelegt. Durch den Umstand, dass sie immer häufiger in Ermächtigungsgrundlagen zu finden sind, die das EU-Recht umsetzen, sind sie nicht mehr von untergeordneter Bedeutung. Anhand von Beispielen aus der

---

[17] In dem Sinne *Studenroth*, DÖV 1995, 525 (528); *Remmert*, in: Maunz/Dürig Kommentar GG, Oktober 2019, Art. 80 GG Rn. 107.

Staatpraxis wird gezeigt, warum sie eingesetzt werden und welche Probleme sie mit sich bringen. Durch die neu gewonnenen Erkenntnisse zu schlichten Parlamentsbeschlüssen wird die Frage der Verfassungskonformität der Änderungsvorbehalte in ein ganz neues Licht gerückt und einer kritischen Betrachtung unterzogen. Am Ende der Arbeit folgt eine zusammenfassende Bewertung der Ergebnisse.

## Teil 1: Rechtliche Begriffs- und Wesensbestimmung des schlichten Parlamentsbeschlusses

### I. Der schlichte Parlamentsbeschluss im Schrifttum

Das Schrifttum gibt keine einheitlich positiv formulierte Definition für den Begriff des schlichten Parlamentsbeschlusses. Daher kommt es je nach dem zu kennzeichnenden Merkmal zu widersprüchlichen Folgerungen. Durchgesetzt hat sich die negativ formulierte Beschreibung des schlichten Parlamentsbeschlusses, er sei ein „Hoheitsakt des Parlaments, der nicht im Gesetzgebungsverfahren ergeht"[18]. Diese Beschreibung verweist lediglich darauf, welche Merkmale dem Untersuchungsgegenstand nicht zukommen, sie sagt aber nichts darüber aus, welche Merkmale charakteristisch für ihn sind.

Neben der Verfahrensart wurden auch weitere Aspekte wie die Rechtsgrundlage, der mögliche Beschlussinhalt und die Beschlussadressaten etc. berücksichtigt, um den Begriff so genau wie möglich zu determinieren. Diese Vorgehensweise verdient den Zuspruch, weil sie zum einen die Funktionen der Beschlüsse sowie ihre Bedeutungen in der Praxis veranschaulicht, zum anderen werden so die Vor- und Nachteile des Gebrauchs dieser Handlungsform ersichtlich und der Anwendungsbereich näher konkretisiert. Die Bandbreite der Beschlüsse ist groß und ihr Potenzial häufiger eingesetzt zu werden, steigt.

Das Schrifttum war bisher bestrebt den schlichten Parlamentsbeschluss näher zu analysieren. Zu dem Zweck wurden verschiedene Beschlüsse miteinander verglichen und es wurde versucht, sie anhand der festgestellten Konvergenzen und Divergenzen zu systematisieren. Das führte zur Entstehung neuer Begriffe bzw. zu einer neuen Systematisierung des schlichten Parlamentsbeschlusses. Überwiegend wurde hierbei an das Merkmal der Verbindlichkeit angeknüpft mit der Folge, dass abermals Begründungsansätze entwickelt wurden, die teilweise sehr voneinander abweichen. Im Mittelpunkt dieser Untersuchung fanden sich u.a. auch Beschlüsse, die nicht ausdrücklich in einer Norm geregelt sind. Daher werden bezüglich der Rechtsnatur des schlichten Parlamentsbeschlusses verschiedene Auffassungen vertreten, die durch ihre Gegenüberstellung auf Praktikabilität zu überprüfen sind. Der Fokus liegt darauf, generelle

---

[18] *Achterberg*, Parlamentsrecht, 1984, § 24 S. 738.

Kriterien herauszuarbeiten, die es erlauben, die vielfältige Rechtswirkung der Beschlüsse einzufangen. All das dient als Erkenntnisquelle zur Begriff- und Wesensbestimmung des schlichten Parlamentsbeschlusses und ist ein wichtiger Baustein, der einen großen Beitrag dazu leistet, sich die Komplexität und die Bedeutung des schlichten Parlamentsbeschlusses bewusstzumachen.

### 1. Die Begriffsbestimmung des schlichten Parlamentsbeschlusses

Die Aufschlüsselung des schlichten Parlamentsbeschlusses gestaltet sich diffizil. Dabei bereitet nicht nur die Klassifizierung der Parlamentsbeschlüsse Schwierigkeiten, sondern bereits das Verständnis, was der schlichte Parlamentsbeschluss bedeutet. Grundlegend für die Erläuterung des schlichten Parlamentsbeschlusses ist die Ursprungsdefinition von *Thoma*, der vorerst gefolgt wird. Im Anschluss daran wird kurz auf die Konzeption von *Achterberg* eingegangen, um zu verdeutlichen, dass mit dem Gebrauch des Begriffs des schlichten Parlamentsbeschlusses nicht immer dasselbe gemeint ist. Den Definitionen liegt insbesondere ein Unterscheidungsmerkmal zugrunde, nämlich das des Verfahrens, in welchem der Beschluss ergeht. An dieses werden andere Merkmale, wie das der Außenwirkung des Beschlusses, also seiner Wirkung über den Bundestag hinaus, oder das der Rechtsgrundlage des Beschlusses, angeknüpft.

#### a) Der schlichte Parlamentsbeschluss nach *Thoma*

Es ist zwischen einem Gesetzesbeschluss und einem schlichten Parlamentsbeschluss zu unterscheiden, wobei beide Formen von dem Vorbehalt der Legislative erfasst sind.[19] Die schlichten Parlamentsbeschlüsse haben eine große Spannbreite. Einerseits sind sie teilweise in der Verfassung selbst geregelt und sind von nicht nur unerheblicher Bedeutung. Dabei wird das Misstrauensvotum als Beispiel genannt, das als fundamentale Beschlussfassung bezeichnet wird.[20] Andererseits betreffen die schlichten Parlamentsbeschlüsse zufällige Einzelheiten, die juristisch unverbindlich sind, aber politisch von enormer Tragweite sein können.[21] Damit spielt der Begriff des schlichten Parlamentsbeschlusses als Pendant zum gesetzesförmigen Parlamentsbeschluss und dessen Erläuterung

---

[19] *Thoma*, in: HdbDStR, Bd. 2, 1932, § 76 S. 221.
[20] *Thoma*, in: HdbDStR, Bd. 2, 1932, § 76 S. 221.
[21] *Thoma*, in: HdbDStR, Bd. 2, 1932, § 76 S. 221 Fn. 1.

im Vergleich zu anderen (schlichten) Parlamentsbeschlüssen eine Schlüsselrolle.[22] Dieses Verständnis als auch die Zweiteilung geht ursprünglich auf einen Vorschlag von *Thoma*[23] im Jahr 1932 zurück und setzte sich überwiegend durch.[24] Der Parlamentsbeschluss stellt den Oberbegriff für sämtliche Parlamentsbeschlüsse als Entscheidungsform des Bundestages dar, wobei der schlichte Parlamentsbeschluss nur die Beschlüsse erfasst, die nicht das Ergebnis des Gesetzgebungsverfahrens sind.

**b) Der schlichte Parlamentsbeschluss nach *Achterberg***

Nach *Achterberg* ist der schlichte Parlamentsbeschluss der Hoheitsakt des Parlaments, der nicht im Gesetzgebungsverfahren ergehe und sich nicht allein auf innerparlamentarische Rechtsverhältnisse beziehe.[25] Damit wird an der dualistischen Einteilung der Parlamentsbeschlüsse festgehalten. Ausgeklammert werden die Hoheitsakte, die im Gesetzgebungsverfahren ergehen sowie die reinen innerparlamentarischen Rechtsakte. Diesem Ansatz haben sich auch andere[26] angeschlossen, zum Teil mit weiterer Konkretisierung, wie die Beschlüsse gefasst werden und welche Wirkung sie haben. Beispielhaft soll die Definition von *Schröder* angeführt werden: Schlichte Parlamentsbeschlüsse sind „Beschlüsse des Parlaments, zustande gekommen mit verfassungsmäßiger Mehrheit, verbindlicher oder unverbindlicher Art, ohne dass es sich dabei um Beschlüsse zum Zwecke des Erlasses von Gesetzen im Rahmen der verfassungsmäßig vorgesehenen Gesetzgebungskompetenz oder um Beschlüsse über innere Angelegenheiten des Parlaments handelt"[27].

Weiterer Erklärung bedarf, was mit innerparlamentarischen Rechtsakten gemeint ist. Hierbei stellt *Achterberg* darauf ab, dass es im parlamentarischen Bereich Beziehungsgefüge von nebeneinander und ineinander gelagerten

---

[22] *Kluth*, in: Schmidt-Bleibtreu/Hofmann/Henneke GG-Kommentar, 14. Aufl. 2017, Art. 40 GG Rn. 31.
[23] *Thoma*, in: HdbDStR, Bd. 2, 1932, § 76 S. 221 Fn. 1.
[24] *Butzer*, AöR 119 (1994), 61 (70).
[25] *Achterberg*, in: Parlamentsrecht, 1984, § 24 S. 738.
[26] *Kratzer*, Der Staatsregierung und den einzelnen Staatsministerien, 1954, S. 14; *Kern*, MDR 50, 655 (656) „(...) der sogenannte schlichte Parlamentsbeschluss d.h. also, eine nicht in Gesetzgebungsform verabschiedete Parlamentsentscheidung (...)."
[27] *Schröder*, Die schlichten Parlamentsbeschlüsse, 1951, S. 1 f.

Rechtsverhältnissen gibt und dass die Rechtssubjekte in diesem Beziehungsgefüge in einem Verhältnis zueinander stehen, sodass eine Rechtsverhältnisordnung entsteht.[28] Diese Rechtsakte in Intra-Organ-Verhältnissen ergehen auf Grundlage einer Geschäftsordnung und sind gegenüber der Regierung nicht verbindlich.[29]

### c) Formelles Verständnis des schlichten Parlamentsbeschlusses

Der Begriff des schlichten Parlamentsbeschlusses besteht, wie nicht schwerlich zu erkennen ist, aus zwei Worten – „schlicht" und „Parlamentsbeschluss". Dabei verweist der zweite Begriffsteil zum einen auf das Parlament und zum anderen auf den Beschluss. Beide Wörter bilden zusammen den Begriff und sollten daher nicht für sich isoliert begutachtet werden. Gleichwohl deutet jedes Wort auf ein Exzerpt der Komplexität der Begriffsbestimmung hin, sodass beide Begriffsteile in den Blick zu nehmen sind, auch wenn zunächst Zusammengehöriges gewaltsam auseinandergerissen wird.

Der Beschluss ist ein zentraler Bestandteil der Tätigkeit des Parlaments, durch den der Bundestag seine Meinung bekundet und so seinen Willen nach Art. 20 Abs. 2 Satz 2 GG durchsetzt.[30] Auf diese Weise umfasst der Begriff des Parlamentsbeschlusses alle Sachentscheidungen, die das Plenum als Abschluss seines Willensbildungsprozesses trifft,[31] was sehr weit verstanden werden kann und eine Differenzierung schwierig macht. Daher gewinnt der Begriff seine Bedeutung erst durch den Zusatz „schlicht", der wiederum selbst in hohem Maße auslegungsbedürftig ist. Das Beiwort „schlicht" bezieht sich nämlich nicht nur auf das Verfahren selbst, sondern auch auf die mögliche Rechtsverbindlichkeit eines Parlamentsbeschlusses.[32] Allerdings ist das Beiwort nicht mit „rechtlich unverbindlich" gleichzusetzen. Es gibt eine Vielzahl an parlamentarischen Willensäußerungen, die üblicherweise als schlichte oder einfache Parlaments-

---

[28] *Achterberg*, in: Parlamentsrecht, 1984, § 24 S. 750 mit Bsp.
[29] *Achterberg*, in: Parlamentsrecht, 1984, § 24 S. 747.
[30] *Gröpl*, in: Studienkommentar GG, 3. Aufl. 2017, Art. 42 GG Rn. 10.
[31] *Gröpl*, in: Studienkommentar GG, 3. Aufl. 2017, Art. 42 GG Rn. 10.
[32] *Obermeier*, Die schlichten Parlamentsbeschlüsse nach dem Bonner GG, 1965, S. 2; *Kirchhof*, in: BVerfGG und GG, Bd. 2, 1976, 50 (77 m.w.N.); *Sester*, Der Parlamentsbeschluss, 2007, S. 2 ff.; *Achterberg/Schulte*, in: v. Mangoldt/Klein/Starck GG Bd. 2, 6. Aufl. 2010, Art. 42 GG Rn. 31; *Luch*, in: Morlok/Schliesky/Wiefelspütz Parlamentsrecht, 2016, § 10 Rn. 13.

beschlüsse gekennzeichnet werden, aber ohne Weiteres für ihren Adressaten rechtlich bindend sind.[33] Als Beispiele[34] zu nennen sind, das Zitierrecht in Art. 43 Abs. 1 GG oder die Feststellung des Eintritts des Spannungsfalles in Art. 80a Abs. 1 GG.

Den Definitionen ist gemein, dass sie an das Merkmal des Verfahrens anknüpfen, wobei *Achterberg* und die Anhänger seiner Definition noch weitere Merkmale heranziehen. *Thoma* berücksichtigt hingegen nur formelle Aspekte. Das hat den Vorteil, dass der Inhalt und die Wirkung des Beschlusses zunächst außer Acht bleiben und auf diese Weise eine Methode zur Verfügung steht, präzise zu bestimmen, wann ein schlichter Parlamentsbeschluss vorliegt. Nur wenn das förmliche Verfahren eingehalten und gewisse Regeln befolgt wurden, liegt ein Gesetzesbeschluss im Sinne des Art. 77 Abs. 1 GG als Konterpart zum schlichten Parlamentsbeschluss vor.[35] Die Verwendung „einfacher" bzw. „schlichter" Parlamentsbeschluss soll demnach u.a. hervorheben, dass das Verfahren, in welchem dieser Parlamentsbeschluss zustande kommt, die Anforderungen des Verfahrens für einen förmlichen Gesetzesbeschluss nicht erfüllen muss,[36] also „(...) die umständliche Solennität des Gesetzgebungsverfahrens"[37] ausbleibt.

### 2. Verfahrensarten: Gesetzesbeschluss vs. schlichter Parlamentsbeschluss

Hierbei dient als Maßstab das formelle Gesetzgebungsverfahren, geregelt in Art. 76 GG bis Art. 82 GG, das dem parlamentarischen Beschlussverfahren gegenübergestellt wird.[38] Die Art des Verfahrens ist ein negatives Abgrenzungs-

---

[33] *Obermeier*, Die schlichten Parlamentsbeschlüsse nach dem Bonner GG, 1965, S. 2; *Klein*, in: FS für W. Weber, 1974, 105 (112).
[34] Weitere Bsp. Teil 1 I. 3. a).
[35] So vertreten von: *Thoma*, in: HdbDStR, Bd. 2, 1932, § 76 S. 221 Fn. 1; ebenso *Kern*, MDR 1950, 655 (656); *Kratzer*, BayVBl. 1966, 365 (367); *Sellmann*, Der schlichte Parlamentsbeschluss, 1966, S. 15; *Stern*, Staatsrecht, Bd. 2, 1980, § 26 II 2c, S. 48; *Achterberg*, Parlamentsrecht, 1984, § 24 S. 738.
[36] *Obermeier*, Die schlichten Parlamentsbeschlüsse nach dem Bonner GG, 1965, S. 2; *Magiera*, Parlament und Staatsleitung, 1979, S. 173; *Achterberg*, Parlamentsrecht, 1984, § 24 S. 738; *Butzer*, AöR 119 (1994), 61 (70).
[37] *Obermayer*, Grundzüge des Verwaltungsrechts und des Verwaltungsprozessrechts, 1964, S. 22.
[38] *Obermayer*, Grundzüge des Verwaltungsrechts und des Verwaltungsprozessrechts, 1964, S. 22; *Obermeier*, Die schlichten Parlamentsbeschlüsse nach dem Bonner GG, 1965, S. 2.

merkmal, das gleichzeitig in fast allen Definitionsversuchen vom schlichten Parlamentsbeschluss zu finden ist.[39]

Die Haupthandlungsform, in der der Bundestag tätig wird, ist der Beschluss.[40] In dieser Form trifft das Parlament seine Entscheidungen, die in vielerlei Gestalt und zu vielerlei Themen ergehen.[41] „Das „Hauptgeschäft" des Bundestages ist die Gesetzgebung."[42] Die in dem von Verfassung wegen rechtlich vorgeschriebenen Verfahren ergehenden Beschlüsse sind „Gesetzesbeschlüsse", vgl. Art. 77 Abs. 2 Satz 1, Satz 5 GG. Alle anderen Beschlüsse sind solche, die außerhalb des Gesetzgebungsverfahrens geformt werden, darunter fallen die schlichten Parlamentsbeschlüsse.

So wird im Folgenden zuerst das Gesetzgebungsverfahren mit allen seinen Besonderheiten beschrieben. Im zweiten Schritt wird das einfache Beschlussverfahren veranschaulicht. Die präsentierten Verfahren dienen als Grundlage für einen abschließenden Vergleich der Verfahren. Dadurch werden neben vielen Übereinstimmungen einige Unterschiede erkennbar. Erst diese gestatten, die Vor- und Nachteile von Gesetzes- und schlichten Parlamentsbeschlüssen aufzuzeigen, die es ermöglichen, die ersten Rückschlüsse zum Anwendungsbereich des schlichten Parlamentsbeschlusses zu ziehen.

### a) Gestaltung des Gesetzesbeschlusses

Die Gesetzesbeschlüsse ergehen in einem mehrphasigen Verfahren, zu dem die Gesetzesinitiative einschließlich des föderalen Stellungnahmeverfahrens[43], die parlamentarische Beratung und Beschlussfassung[44], die föderale Mitwirkung[45]

---

[39] So auch *Obermeier*, Die schlichten Parlamentsbeschlüsse nach dem Bonner GG, 1965, S. 2.
[40] *Magiera*, Parlament und Staatsleitung, 1979, S. 172; *Brocker*, in: Epping/Hillgruber Beck'scher Online Kommentar GG, 1.12.2019, Art. 42 GG Rn. 17; *Klein*, in: Maunz/Dürig Kommentar GG, Oktober 2019, Art. 42 GG Rn. 80; nach anderer Ansicht wird als weitere Handlungsform die Wahl genannt, *Pegatzky*, Parlament und Verordnungsgeber, 1999, § 2 S. 79 m.w.N.; ähnlich *Luch*, in: Morlok/Schliesky/Wiefelspütz Parlamentsrecht, 2016, § 10 Rn. 10 f.
[41] *Klein*, in: Maunz/Dürig Kommentar GG, Oktober 2019, Art. 42 GG Rn. 80.
[42] *Klein*, in: Maunz/Dürig Kommentar GG, Oktober 2019, Art. 42 GG Rn. 81.
[43] Vgl. Art. 76 Abs. 1, Abs. 2 und Abs. 3 Satz 1 bis 5 GG.
[44] Vgl. Art. 76 Abs. 3 Satz 6, Art. 77 Abs. 1 Satz 1, Art. 78 GG.
[45] Vgl. Art. 77 Abs. 1 Satz 2, Abs. 2 bis 4, Art. 78 GG.

und der Gesetzeserlass[46] gehören.[47] Es handelt sich um ein sehr aufwendiges Verfahren, was daran deutlich wird, dass bereits in der ersten Phase nicht nur der Bundestag allein tätig wird, sondern auch andere Bundesorgane an dem Verfahren beteiligt sind. Art. 76 Abs. 1 GG legt den Kreis der Berechtigten zur Einbringung der Gesetzesvorlagen, u.a. die Bundesregierung, den Bundesrat, sowie ihren weiteren Gang fest.[48]

Nicht nur zum Anfang, sondern auch während des Gesetzgebungsverfahrens, sind mehrere Verfassungsorgane bei der Entstehung des Gesetzesbeschlusses beteiligt. Art. 77 GG umfasst folgende Stadien und Beteiligungen: der Beschluss des Bundestages[49], die Zuleitung des Gesetzesbeschlusses durch den Bundestagspräsidenten an den Bundesrat[50], die Beteiligung des Bundesrates durch mögliche Einschaltung des Vermittlungsausschusses[51] oder fakultative Einlegung des Einspruchs gegen ein vom Bundestag geschlossenes Gesetz[52] bzw. in der obligatorischen Beschlussfassung[53] über die Zustimmung zu einem Gesetz.[54] Daneben besteht für den Bundestag (für die Bundesregierung nach Art. 77 Abs. 2 Satz 4 GG) die Möglichkeit, gem. Art. 77 GG einen Vermittlungsausschuss anzurufen, um eine erneute Beschlussfassung nach Art. 77 Abs. 2 Satz 5 GG herbeizuführen oder den Einspruch des Bundesrates zurückzuweisen gem. Art. 77 Abs. 4 GG, um entsprechend auf die Handlungen des Bundesrates zu reagieren.[55]

Art. 78 GG stellt abschließend noch einmal fest, welche Voraussetzungen für das Zustandekommen eines Gesetzesbeschlusses erfüllt sein müssen, indem

---

[46] Vgl. Art. 82 Abs. 1 Satz 1 und Abs. 2 GG.
[47] Für einzelne Stadien des Gesetzgebungsverfahrens, *Klein*, JuS 1964, 181 (183 Fn. 8); für ein dreiphasiges Verfahren, siehe auch *Masing/Risse*, in: v. Mangoldt/Klein/Starck, GG Bd. 2, 7. Aufl. 2018, Art. 76 GG Rn. 1; für ein vierphasiges Verständnis des Gesetzgebungsverfahrens, siehe *Kersten*, in: Maunz/Dürig Kommentar GG, Oktober 2019, Art. 76 GG Rn. 1, 15 m.w.N.
[48] *Mann*, in: Sachs GG-Kommentar, 8. Aufl. 2018, Art. 76 GG Rn. 3.
[49] Vgl. Art. 77 Abs. 1 GG.
[50] Vgl. Art. 77 Abs. 1 Satz 2 GG.
[51] Vgl. Art. 77 Abs. 2 Satz 1 bis 3 GG.
[52] Vgl. Art. 77 Abs. 3 GG.
[53] Vgl. Art. 77 Abs. 2a GG.
[54] *Mann*, in: Sachs GG-Kommentar, 8. Aufl. 2018, Art. 77 GG Rn. 1.
[55] *Mann*, in: Sachs GG-Kommentar, 8. Aufl. 2018, Art. 77 GG Rn. 1.

auf die in Art. 77 GG inhaltlich aufgezählten Möglichkeiten verwiesen wird. In diesen Abschnitten ist die Rolle des Bundesrates hervorzuheben. Dieser wirkt bei allen Gesetzen auf der Bundesebene mit unterschiedlicher Intensivität mit, je nachdem, ob ein Einspruchs- oder Zustimmungsgesetz vorliegt, und relativiert damit die Stellung des Bundestages in dem Verfahren.[56] Diesem Umstand trägt auch Art. 78 GG Rechnung, der verdeutlicht, dass der Gesetzesbeschluss des Bundestages allein nicht dafür ausreichend ist, dass ein Gesetz zustande kommt, sondern die Einschaltung des Bundesrates notwendig und erforderlich ist.[57] Zwar stellt der Bundesrat „(...) keine zweite Kammer eines einheitlichen Gesetzgebungsorgans dar, [vgl. Art. 50 GG], die gleichwertig am Gesetzgebungsverfahren beteiligt wäre (...)"[58], dennoch ist seine Beteiligung an dem Gesetzgebungsverfahren unerlässlich.

In dem Schlussstadium des Gesetzgebungsverfahrens ist des Weiteren der Bundespräsident[59] beteiligt, der für die Ausfertigung und Verkündung zuständig ist, sowie der Bundeskanzler oder der zuständige Bundesminister für die Gegenzeichnung[60]. Der abschließende Abschnitt des Gesetzgebungsverfahrens, in dem durch die formelle Ausführungshandlung der Gesetzestext bestätigt wird und förmlich nach außen bekanntgegeben wird, hat eine eigenständige Bedeutung.[61] Erst mit ordnungsgemäßer Verkündung werden so beschlossene Normen rechtlich existent.[62] Damit manifestiert sich die Bedeutung der Vorgaben

---

[56] *Masing/Risse*, in: v. Mangoldt/Klein/Starck, GG Bd. 2, 7. Aufl. 2018, Art. 77 GG Rn. 5 f.
[57] *Sannwald*, in: Schmidt-Bleibtreu/Hofmann/Henneke GG-Kommentar, 14. Aufl. 2017, Art. 78 GG Rn. 1.
[58] BVerfGE 37, 363 (380); *Dietlein*, in: Epping/Hillgruber Beck´scher Online Kommentar GG, 1.12.2019, Art. 77 GG Rn. 5; dagegen mit der Ansicht, Bundesrat sei eine zweite Kammer, wohl aber nicht eine völlig gleichwertige ggü. dem Bundestag, siehe *Mann*, in: Sachs GG-Kommentar, 8. Aufl. 2018, Art. 77 GG Rn. 2 m.w.N.
[59] Vgl. Art. 82 Abs. 1 GG.
[60] Vgl. Art. 82 Abs. 1 Satz 1, Art. 58 Satz 1 GG.
[61] So ähnlich BVerfGE 7, 330 (337); 42, 263 (283) Verkündung als „integrierender Bestandteil des Rechtsetzungsaktes selbst"; *Magiera*, Parlament und Staatsleitung, 1979, S. 180 mit Hinweis auf eine rechtliche Prüfungszuständigkeit u.a. des Bundespräsidenten. Weitere Nachweise siehe *Brenner*, in: v. Mangoldt/Klein/Starck, GG Bd. 2, 7. Aufl. 2018, Art. 82 GG Rn. 32.
[62] BVerfGE 63, 343 (353); 72, 200 (241); *Brenner*, in: v. Mangoldt/Klein/Starck, GG Bd. 2, 7. Aufl. 2018, Art. 82 GG Rn. 32.

von Art. 82 Abs. 1 GG darin, dass ohne ihre Einhaltung ein Gesetz nicht wirksam und damit nicht rechtsverbindlich wird.[63]

Art. 76 bis Art. 78 GG und Art. 82 GG sind konstitutiv für das Zustandekommen eines formellen Gesetzesbeschlusses.[64] Die Folgen, die sich aus Verfahrensverstößen ergeben können, sind deshalb von erheblicher Bedeutung. So können Mängel im Gesetzgebungsverfahren, wie die Außerachtlassung von den einzelnen Stadien des Verfahrens oder die Nichtbeachtung von den Mitwirkungs- und Beteiligungsrechten zur Nichtigkeit des Gesetzesbeschlusses führen, aber nur wenn zwingendes Recht verletzt wurde und der Gesetzesbeschluss gerade auf diesem Verstoß beruht.[65] Gemeint sind verfassungsrechtlich[66] zwingende Regelungen (vgl. Art. 82 Abs. 1 i.V.m. Art. 78 GG). Verletzungen von Verfahrensvorschriften des Geschäftsordnungsrechts als niederrangiges Recht führen für sich genommen nicht zur Nichtigkeit eines beschlossenen Gesetzes.[67] Sie können aber die Nichtigkeit des Gesetzes zur Folge haben, wenn der Verstoß gegen das Geschäftsordnungsrecht zugleich ein Verfassungsverstoß ist.[68] Die Geschäftsordnungen begründen nämlich nicht die verfassungsrechtlichen Rechte, sondern regeln vielmehr die Art und Weise ihrer Ausübung bzw. konkretisieren nur diese.[69]

Ob jeder Verfassungsverstoß oder nur ein schwerwiegender Verstoß zur Nichtigkeit eines Gesetzes führt, wird unterschiedlich bewertet. So werden z.B.

---

[63] *Brenner*, in: v. Mangoldt/Klein/Starck, GG Bd. 2, 7. Aufl. 2018, Art. 82 GG Rn. 32.
[64] *Sannwald*, in: Schmidt-Bleibtreu/Hofmann/Henneke GG-Kommentar, 14. Aufl. 2017, Art. 76 GG Rn. 4; *Pieroth*, in: Jarass/Pieroth GG-Kommentar, 15. Aufl. 2018, Art. 76 GG Rn. 1a.
[65] BVerfGE 29, 221 (233 f.); 44, 308 (313); *Sannwald*, in: Schmidt-Bleibtreu/Hofmann/Henneke GG-Kommentar, 14. Aufl. 2017, Art. 76 GG Rn. 6; *Kersten*, in: Maunz/Dürig Kommentar GG, Oktober 2019, Art. 77 GG Rn. 117; *Dietlein*, in: Epping/Hillgruber Beck´scher Online Kommentar GG, 1.12.2019, Art. 77 GG Rn. 7.
[66] BVerfGE 44, 308 (315); *Kersten*, in: Maunz/Dürig Kommentar GG, Oktober 2019, Art. 77 GG Rn. 117.
[67] BVerfGE 29, 221 (234); *Kersten*, in: Maunz/Dürig Kommentar GG, Oktober 2019, Art. 77 GG Rn. 118.
[68] BVerfGE 1, 144 (151); 29, 221 (234); *Maurer*, Staatsrecht I, 6. Aufl. 2010, § 17 Rn. 65; *Hebeler*, JA 2017, 413 (418); *Kersten*, in: Maunz/Dürig Kommentar GG, Oktober 2019, Art. 77 GG Rn. 118.
[69] In dem Sinne BVerfGE 88, 188 (3. LS) in Bezug auf Ausgestaltung der Geschäftsordnung, insb. die ordnungsgemäße Beteiligung aller Parlamentsabgeordneten des Organs Bundestag.

Fristverstöße aus Art. 76 Abs. 2 und Abs. 3 GG, die keine Ausschlussfristen sind, nicht zur Unwirksamkeit des Gesetzes führen, während die vollständige Nichtbeteiligung eines Organs nach Art. 76 Abs. 2 oder 3 GG die Nichtigkeit des Gesetzes zur Folge hat.[70] Ebenso wird ein Gesetz auch für nichtig erklärt, wenn der Bundesrat[71] seine Zustimmung, die nach dem Grundgesetz notwendig war, nicht ordnungsgemäß zum Gesetz abgegeben hat, oder wenn der Vermittlungsausschuss[72] über seine Kompetenz hinaus einen Vermittlungsvorschlag unterbreitete und sich damit ein eigenes Gesetzesinitiativrecht verschaffte. Aus Gründen der Rechtssicherheit tendiert die Rechtsprechung dazu,[73] das Vorliegen von groben[74] Mängel bzw. evidenten[75] Verfahrensfehlern für die Nichtigkeitsfolge zu fordern. Von Evidenz ist insbesondere dann auszugehen, wenn gemäß einer ständigen Staatspraxis verfahren wurde.[76] So bleiben Gesetze trotz Verfahrensfehler grundsätzlich wirksam.[77] In der Regel wird sich daher ein verfassungsrechtlicher Streit um die Verfassungsmäßigkeit einer Norm auf Fragen der Vereinbarkeit mit materiellrechtlichen Regelungen des Grundgesetzes (inklusive Kompetenznormen) ergeben.[78] Etwaige Verstöße gegen die Formalien des Gesetzgebungsverfahrens bleiben hingegen häufig[79] folgenlos.

Wie aber *Pieroth* richtigerweise einwendet, gehe es hier nicht um Evidenz, sondern um die Unterscheidung zwischen einer für die Vergangenheit als wirk-

---

[70] *Elicker*, JA 2005, 513 (515); *Sannwald*, in: Schmidt-Bleibtreu/Hofmann/Henneke GG-Kommentar, 14. Aufl. 2017, Art. 76 GG Rn. 48, 52; *Mann*, in: Sachs GG-Kommentar, 8. Aufl. 2018, Art. 76 GG Rn. 39; *Kersten*, in: Maunz/Dürig Kommentar GG, Oktober 2019, Art. 76 GG Rn. 117.
[71] BVerfGE 106, 310 (312).
[72] BVerfGE 101, 297 (1. LS); 150, 204 (3. LS); 150, 345 (1. LS).
[73] Im Schrifttum abgelehnt u.a. von *Hebeler*, JA 2017, 413 (418); *Mann*, in: Sachs GG-Kommentar, 8. Aufl. 2018, Art. 76 GG Rn. 39; *Kersten*, in: Maunz/Dürig Kommentar GG, Oktober 2019, Art. 77 GG Rn. 117.
[74] BVerfGE 31, 47 (53).
[75] BVerfGE 34, 9 (25); 91, 148 (175); 129, 56 (79); 125, 104 (132).
[76] BVerfGE 91, 148 (175).
[77] *Nolte/Tams*, Jura 2000, 158 (162).
[78] *Rubel*, in: Umbach/Clemens GG-Kommentar, Bd. II, 2002, Vor Art. 76 ff. GG Rn. 4.
[79] Von den 506 Normen des Bundes, die das BVerfG für verfassungswidrig erklärt hat, wurden nur sehr wenige wegen eines Fehlers im Gesetzgebungsverfahren für nichtig erklärt (*BVerfG*, Jahresstatistik, 2020, S. 31). Dazu zählen u.a. folgende Entscheidungen: BVerfGE 48, 126 ff.; 106, 310 ff.; 125, 104 ff.; 150, 204 ff.; 150, 345 ff.

sam hingenommenen Rechtslage und zukünftiger Nichtigkeit.[80] Darin ist eine Art der Abwägung oder vorsichtiger ausgedrückt der Ponderation[81] zu sehen, die als solche nicht klar herausgestellt wird und an verschiedenen Stellen der Subsumtion vorgenommen wird. Das wird an folgender Aussage des BVerfG zur Evidenzfrage deutlich, wonach diese zu bejahen sei, wenn eine auch nur vorübergehend unanwendbare Norm zu einer Lage führen würde, die mit der Verfassungsordnung noch weniger in Einklang stünde als die Hinnahme der verfassungswidrigen Staatspraxis für die Vergangenheit.[82] Das geht noch über das allgemeine Argument hinaus, dass eine Norm aus Rechtssicherheitsgründen Bestand haben soll, wenn sie unter Anwendung der bisher nicht beanstandeten Staatspraxis gekommen sei.[83] Bei der Verfahrensprüfung wird jeder Schritt auf seine Ordnungsmäßigkeit überprüft, aber aus der formellen Fehlerhaftigkeit des Rechtsaktes folgt nicht ohne Weiteres die Verfassungswidrigkeit bzw. auch ein Fehler kann später geheilt werden.[84] Das könnte in den Fällen angenommen werden, in denen auch bei Einhaltung des vorgesehenen Verfahrens gleiches Ergebnis zustande käme. Mögliches Beispiel für eine Heilung wäre die Einbringung einer Gesetzesvorlage durch nicht Initiativberechtigte (vgl. § 76 Abs. 1 GOBT i.V.m. § 75 Abs. 1 lit. a GOBT), z.B. durch einzelne Abgeordnete, die nicht die Fraktionsstärke (§ 10 Abs. 1 GOBT) oder 5 % der Mitglieder des Bundestages umfassen. Je nachdem, wie der Begriff „Mitte des Bundestages" aus Art. 76 Abs. 1 GG verstanden wird, kann der Fehler durch einen späteren Beschluss des Bundestages insgesamt geheilt werden, indem sich das Gesamtorgan die Initiative zu eigen macht.[85] So kann ein Fehler noch so offenkundig sein, aber keinen Grund zur Nichtigkeit eines Gesetzes geben. Außerdem ist es schwer feststellbar, wann ein im Gesetzgebungsverfahren unterlaufener Fehler evident oder ein Mangel grob sei, sodass eine Differenzierung große Unsicherheit birgt und

---

[80] *Pieroth*, in: Jarass/Pieroth GG-Kommentar, 15. Aufl. 2018, Art. 76 GG Rn. 1a in Bezug auf BVerfGE 91, 148 (175); 120, 56 (79); 125, 104 (125).
[81] Zum Begriff Ponderation siehe *Bäcker*, JA 2019, 321 (325 f.).
[82] BVerfGE 91, 148 (175).
[83] So *Meermagen/Schultzky*, VerwArch 101 (2010), 539 (556 Fn. 105).
[84] Zur Auslegung des Begriffs und Vorgehensweise *Elicker*, JA 2005, 513 (513 f.); *v. Coelln*, in: Studienkommentar GG, 3. Aufl. 2017, Art. 76 GG Rn. 5 f., 11.
[85] *v. Coelln*, in: Studienkommentar GG, 3. Aufl. 2017, Art. 76 GG Rn. 25.

nicht sinnvoll ist.[86] In den Entscheidungen des BVerfG[87] zeichnet sich aus, dass formelle Mängel im Gesetzgebungsverfahren mit einer Verletzung materieller Prinzipien verbunden ist, sodass es auf die Beantwortung der Evidenzfrage des Mangels nicht mehr ankommt.[88]

Die zentrale Vorschrift des Gesetzgebungsverfahrens ist Art. 77 GG, der den „Kern des Gesetzgebungsverfahrens"[89] formt. Dennoch bleibt Vieles ungeregelt. In Art. 77 GG selbst werden keine Bestimmungen getroffen, die sich auf den Inhalt der Gesetzgebung beziehen, und auch die Frage, welche Materien in welcher Form zulässiger Gegenstand der Gesetzgebung sein können, wird offengelassen.[90] Darüber hinaus beschränkt sich das Grundgesetz in Art. 77 Abs. 1 Satz 1 GG auf die Aussage, dass die Bundesgesetze vom Bundestage beschlossen werden. Weitere Beschreibungen hinsichtlich des Verfahrens bleiben aus. Hinzuweisen ist hierbei auf die fehlenden Bestimmungen in Bezug auf den Entscheidungsprozess im Bundestag, der dem Gesetzgebungsbeschluss vorausgeht.[91] Das ist auffällig, weil der Bundestag das zentrale Gesetzgebungsorgan ist und die Beratungen des Bundestages den Mittelpunkt des Gesetzgebungsverfahrens bilden.[92] Daher bedürfen die „(...) verfassungsrechtlichen Regelungen über die parlamentarische Beratung und Beschlussfassung sowie das föderale Beteiligungsverfahren (...) weiterer Konkretisierung, um in der Praxis operationabel zu sein"[93]. Dies geschieht im Wesentlichen durch die Geschäftsordnungen der am Gesetzgebungsprozess jeweilig beteiligten Organs, z.B. die Geschäftsordnung des Bundestages[94], des Bundesrates[95], der Bundesregie-

---

[86] *Nolte/Tams*, Jura 2000, 158 (162); *Meermagen/Schultzky*, VerwArch 101 (2010), 539 (561 ff.); *Hebeler*, JA 2017, 413 (418).
[87] BVerfGE 150, 204 ff.; 150, 324 ff. – z.B. Art. 38 Abs. 1 Satz 2 GG und Art. 42 Abs. 1 Satz 1 GG.
[88] *Meermagen/Schultzky*, VerwArch 101 (2010), 539 (564 ff.) mit Bezugnahme auf u.a. BVerfGE 34, 9 (25); 91, 148 (175); 106, 310 (312); 113, 348 (367); 120, 56 (79).
[89] *Masing/Risse*, in: v. Mangoldt/Klein/Starck, GG Bd. 2, 7. Aufl. 2018, Art. 77 GG Rn. 1.
[90] *Masing/Risse*, in: v. Mangoldt/Klein/Starck, GG Bd. 2, 7. Aufl. 2018, Art. 77 GG Rn. 2.
[91] *Masing/Risse*, in: v. Mangoldt/Klein/Starck, GG Bd. 2, 7. Aufl. 2018, Art. 77 GG Rn. 3.
[92] *Maurer*, Staatsrecht I, 6. Aufl. 2010, § 17 Rn. 65.
[93] *Kersten*, in: Maunz/Dürig Kommentar GG, Oktober 2019, Art. 77 GG Rn. 10.
[94] Vgl. Art. 40 Abs. 1 Satz 2 GG.
[95] Vgl. Art. 52. Abs. 3 Satz 2 GG; Geschäftsordnung des Bundesrates, Fassung v. 26.11.1993 (BGBl. I S. 2007), zuletzt geänd. durch Bek. v. 8.6.2007 (BGBl. I S. 1057).

rung[96], der Bundesministerien[97], des Vermittlungsausschusses[98].[99] Durch diese Verfahrensbestimmungen wird das Gesetzgebungsverfahren rechtlich eingerahmt und vervollständigt.

Hinsichtlich der Beschlussfassung wird die GOBT genauerer Betrachtung unterzogen, bei deren Gestaltung der Bundestag autonom[100] handelt und einen weiten Spielraum[101] hat. Art. 40 Abs. 1 Satz 2 GG berechtigt und verpflichtet den Bundestag zu ihrem Erlass, gibt jedoch keine Vorgaben bzgl. ihres Inhalts. In Bezug auf den Gesetzesbeschluss finden sich Bestimmungen in §§ 75 ff. GOBT. Aufgrund der Beratungspflicht[102] regeln § 78 Abs. 1 1. Halbsatz und §§ 84, 86 GOBT, dass die Gesetzesvorlagen in drei Lesungen/Beratungen erfolgen sollten. Dieser Grundsatz ist jedoch abdingbar und dessen Nichteinhaltung führt nicht zur Verfassungswidrigkeit.[103] Der Gang der Beratungen ist in §§ 79 bis 86 GOBT festgelegt. In der Regel wird nach Schluss der dritten Beratung gem. § 86 Satz 1 GOBT abgestimmt (sog. Schlussabstimmung). Für diese Abstimmung bedarf es regelmäßig[104] gem. Art. 42 Abs. 2 Satz 1 GG der Mehrheit der abgegebenen Stimmen. Die Frage der Beschlussfähigkeit, also der Anzahl der Abgeordneten, die an der Abstimmung mitwirken muss, regelt wiederum § 49 Abs. 1 GOBT. Demnach ist der Bundestag beschlussfähig, wenn mehr als die Hälfte seiner Mitglieder im Sitzungssaal anwesend ist. Wobei darauf hinzuweisen ist, dass sich aus § 45 Abs. 2 GOBT, eine Fiktion herleiten lässt, dass die Beschlussfähig-

---

[96] Vgl. Art. 65 Satz 4 GG; Geschäftsordnung der Bundesregierung (GOBReg), Fassung v. 11.5.1951 (GMBl. S. 137), zuletzt geänd. durch Bek. v. 22.10.2002 (GMBl. S. 848).
[97] Gemeinsame Geschäftsordnung der Bundesministerien (GGO) v. 26.7.2000 (GMBl. S. 526), zuletzt geänd. durch Beschl. v. 11.12.2019 (GMBl. S. 68).
[98] Vgl. Art. 77 Abs. 2 Satz 2 GG; Geschäftsordnung des Vermittlungsausschusses, Fassung v. 5.5.1951 (BGBl. II 103), zuletzt geänd. durch Bek. v. 30.4.2003 (BGBl. I 677).
[99] *Brenner*, ZG 2011, 394 (396).
[100] So die st. Rspr: BVerfGE 44, 308 (314); 68, 1 (65, 70); 324, 350 (362); 80, 188 (219 f.); 84, 304 (322 ff.); 90, 286 (343 f.); 96, 264 (278); 100, 266 (268 ff.); 102, 224 (242).
[101] BVerfGE 80, 188 (220); 84, 304 (322).
[102] BVerfGE 1, 144 (153 f.); 2, 143 (173); 84, 304 (329); 112, 363 (366); *Kersten*, in: Maunz/Dürig Kommentar GG, Oktober 2019, Art. 77 GG Rn. 12.
[103] BVerfGE 1, 144 (151); 29, 221 (234); *Achterberg*, Parlamentsrecht, 1984, § 17 S. 361; *Sannwald*, in: Schmidt-Bleibtreu/Hofmann/Henneke GG-Kommentar, 14. Aufl. 2017, Art. 77 Rn. 7; *Masing/Risse*, in: v. Mangoldt/Klein/Starck, GG Bd. 2, 7. Aufl. 2018, Art. 77 Rn. 22.
[104] Ausgenommen Gesetze nach Art. 29 Abs. 7 Satz 2 GG, Art. 79 Abs. 2 GG, Art. 87 Abs. 3 Satz 2 GG.

keit so lange angenommen wird, bis sie gerügt wird.[105] Damit kann der Bundestag einen Gesetzesbeschluss fassen ohne Rücksicht auf die tatsächliche Anwesenheit der Abgeordneten.[106]

Die grundlegenden parlamentarischen Entscheidungen, vor allem Beratung und Fassung von Beschlüssen, etwa über Gesetzesentwürfe, werden durch das Plenum des Bundestages, also der Vollversammlung aller Bundestagsabgeordneten getroffen.[107] Daneben bestehen zahlreiche (Unter-)Organe des Bundestages, die mit parlamentarischer Arbeit betraut sind, insbesondere die Fraktionen und Ausschüsse.[108] Während der Beratungen über einen Gesetzesbeschluss werden Ausschüsse[109] eingesetzt. Ihre Bildung ist in §§ 54 ff. GOBT geregelt. Sie haben die Funktion das Plenum durch die Wahrnehmung der in § 62 GOBT zugewiesenen Aufgaben, vor allem durch Vorbereitung der Beschlüsse des Bundestages, zu entlasten.[110] Damit werden dort wesentliche Vorentscheidungen getroffen, die vom Bundestagsplenum nur noch – entsprechend den jeweiligen Mehrheitsverhältnissen – nachvollzogen und bestätigt werden.[111] Im Rahmen der Gesetzgebungsarbeit leisten sie die entscheidende Vorarbeit, weil ein Gremium von ca. 600 Mitgliedern auch gar nicht in der Lage wäre, die vielfältigen, oft ins Detail gehenden Aufgaben selbst zu erledigen.[112] Aus organisationstechnischen Gründen empfiehlt es sich, die Sacharbeit auf Ausschüsse mit fachkundigen Abgeordneten zu verlagern.[113] Die Bundestagsausschüsse sind entsprechend der zahlenmäßigen Stärke der Fraktionen zu-

---

[105] *Stern*, Staatsrecht, Bd. 2, 1980, § 26 II 2c, S. 49; *Müller-Terpitz*, in: Bonner Kommentar, Februar 2020, Art. 42 GG Rn. 82.
[106] Diese Regelung wird vom BVerfG als verfassungsgemäß angesehen als Bestandteil der Geschäftsordnungsautonomie, BVerfGE 44, 308 (314 ff.).
[107] *Sodan/Ziekow*, Grundkurs Öffentliches Recht, 8. Aufl. 2018, § 12 Rn. 9.
[108] *Sodan/Ziekow*, Grundkurs Öffentliches Recht, 8. Aufl. 2018, § 12 Rn. 9.
[109] Einige Ausschüsse sind bereits im GG vorgeschrieben, z.B. Ausschuss für Angelegenheiten der Europäischen Union (Art. 45 GG), der Ausschuss für auswärtige Angelegenheiten, der Verteidigungsausschuss (Art. 45a Abs. 1 GG) und der Petitionsausschuss (Art. 45c GG). Gesetzlich vorgesehen, z.B. der Wahlprüfungsausschuss und der Haushaltsausschuss. Im Übrigen liegt es in der Geschäftsordnungsautonomie des Bundestages, welche weitere ständige Ausschüsse er einrichten will. *Maurer*, Staatsrecht I, 6. Aufl. 2010, § 13 Rn. 103.
[110] *Degenhart*, Staatsrecht I, 35. Aufl. 2019, § 7 Rn. 645.
[111] *Maurer*, Staatsrecht I, 6. Aufl. 2010, § 13 Rn. 99.
[112] *Maurer*, Staatsrecht I, 6. Aufl. 2010, § 13 Rn. 102.
[113] *Maurer*, Staatsrecht I, 6. Aufl. 2010, § 13 Rn. 102.

sammengesetzt (vgl. § 57 Abs. 1, § 12 GOBT) und spiegeln so die Kräfteverhältnisse im Plenum wieder.[114] Während der Gesetzesberatungen können der Bundestag und die Ausschüsse gem. Art. 43 Abs. 1 GG die Anwesenheit jedes Mitglieds der Bundesregierung verlangen. Außerdem haben die Mitglieder des Bundesrates und der Bundesregierung als auch ihre Beauftragten Zutritt zu allen Sitzungen des Bundestages und seiner Ausschüsse gem. Art. 43 Abs. 2 Satz 1 GG und müssen jederzeit gehört werden gem. Art. 43 Abs. 2 Satz 2 GG. Ähnliches gilt für die Teilnahme der Mitglieder der Bundesregierung bei Sitzungen des Bundesrates und seiner Ausschüsse (vgl. Art. 53 GG).

Der in der Schlussabstimmung gefasste Beschluss über die Gesetzesannahme ist der in Art. 77 Abs. 1 GG vorgesehene Gesetzesbeschluss des Bundestages. Damit wird die Grundlage für den weiteren Verlauf des Gesetzgebungsverfahrens gem. Art. 77 GG mit relativer Bindungswirkung gegenüber den an diesem Verfahren beteiligten Organen geschaffen. Das bedeutet, dass weder der Bundestag noch der Bundesrat oder der Vermittlungsausschuss diesen Beschluss eigenständig ändern oder aufheben kann, sog. „Grundsatz der relativen Unverrückbarkeit des parlamentarischen Votums".[115]

### b) Gestaltung des „schlichten" Parlamentsbeschlusses

Um die Verfahrensart des schlichten Parlamentsbeschlusses zu beschreiben, wäre es notwendig, auf den jeweiligen Inhalt des Beschlusses einzugehen. Je nach Beschlussgegenstand können sich nämlich Unterschiede in Bezug auf das Verfahren ergeben. Ungeachtet des Inhalts des schlichten Parlamentsbeschlusses bleibt die Ausgangsfrage bei der Verfahrensgestaltung aber dieselbe: Wie werden all die anderen Beschlüsse gefasst, die nicht im Gesetzgebungsverfahren ergehen? Damit wird zunächst der Begriff des schlichten Parlamentsbeschlusses als Oberbegriff für sämtliche „(...) nicht in Gesetzesform verabschie-

---

[114] *Maurer*, Staatsrecht I, 6. Aufl. 2010, § 13 Rn. 102; *Sodan/Ziekow*, Grundkurs Öffentliches Recht, 8. Aufl. 2018, § 12 Rn. 13.
[115] BVerfGE 55, 274 (327); 150, 204 (Rn. 79); *Maurer*, Staatsrecht I, 6. Aufl. 2010, § 17 Rn. 66; *Sannwald*, in: Schmidt-Bleibtreu/Hofmann/Henneke GG-Kommentar, 14. Aufl. 2017, Art. 77 GG Rn. 11; *Mann*, in: Sachs GG-Kommentar, 8. Aufl. 2018, Art. 77 GG Rn. 3; *Masing/Risse*, in: v. Mangoldt/Klein/Starck, GG Bd. 2, 7. Aufl. 2018, Art. 77 GG Rn. 15; *Wolff*, in: Hömig/Wolff Handkommentar GG, 12. Aufl. 2018, Art. 77 GG Rn. 6.

deten Parlamentsentscheidungen (...)"[116] verwendet. Bereits eine nur grobe Beschreibung der Gestaltung des Verfahrens, in dem ein schlichter Parlamentsbeschluss als solcher gefasst wird, weist formelle Unterschiede in der Beschlussfassung im Vergleich zum Gesetzesbeschluss auf.

Der Bundestag ist nicht darauf beschränkt, seine Funktion als gesetzgebende Gewalt auszuüben. Vielmehr ist er dazu berufen, „(...) Willenskundgebungen im Bereich des allgemeinen politischen Lebens, zur Einflussnahme auf die Regierungspolitik und zu ihrer Kontrolle (...)"[117] zu tätigen. Um diese Aufgabe wahrzunehmen, trifft er seine Entscheidungen in Beschlüssen. Mittels dieser Form stellt das Parlament als kollegiales Organ seine Meinung, seinen Willen sowie seine Entscheidungen erkennbar fest.[118] Daher bedarf es in der Rechtsordnung eines Mechanismus für diesen Willensbildungsprozess, also eines rechtlich geregelten Verfahrens.

Es sind nicht viele Bestimmungen zu finden, die das Verfahren über das Zustandekommen von Beschlüssen betreffen. Die Ausgangsnorm ist Art. 42 Abs. 2 Satz 1 GG. Dort wird die Geltung des Mehrheitserfordernisses im Hinblick auf die Abstimmung über einen Beschluss des Bundestages angeordnet. Dabei wird nur eine der Voraussetzungen für sein Zustandekommen geklärt. Darüber hinaus lassen sich aus Art. 42 Abs. 2 Satz 1 GG keine weiteren Aussagen über die vom Bundestag gefassten Beschlüsse herleiten, z.B. über ihre Zulässigkeit oder über ihre Wirkung, über ihren Inhalt oder aber über die Voraussetzungen, die erfüllt sein müssen, damit der Bundestag diese Beschlüsse fassen kann.[119] Vielmehr ist Art. 42 Abs. 2 Satz 1 GG „nichts anderes als eine solche Regel des objektiven Verfassungsrechts, die sagt, wann ein Beschluss des Bundestages vorliegt"[120]. Folglich regelt Art. 42 Abs. 2 Satz 2 GG den Vorgang der Beschluss-

---

[116] So *Schröder*, Die schlichten Parlamentsbeschlüsse,1951, S. 1 f.; *Criegee*, Ersuchen des Parlaments an die Regierung, 1965, S. 6; *Achterberg*, Parlamentsrecht, 1984, § 17 S. 738; *Versteyl*, in: v. Münch/Kunig GG-Kommentar, Bd. 1, 6. Aufl. 2012, Art. 42 GG Rn. 20; *Luch*, in: Morlok/Schliesky/Wiefelspütz, Parlamentsrecht, 2016, § 10 Rn. 13.
[117] *Böckenförde*, JuS 1968, 375 (376).
[118] *Magiera*, Parlament und Staatsleitung, 1979, S. 172; *Brocker*, in: Epping/Hillgruber Beck´scher Online Kommentar GG, 1.12.2019, Art. 42 GG Rn. 17.
[119] *Magiera*, Parlament und Staatsleitung, 1979, S. 172; *Klein*, in: Maunz/Dürig Kommentar GG, Oktober 2019, Art. 42 GG Rn. 80.
[120] BVerfGE 2, 143 (161).

fassung, der sowohl auf Gesetzesbeschlüsse als auch auf Beschlüsse im weitesten Sinne Anwendung findet, die auf verschiedenen Rechtsgrundlagen beruhen.[121]

Das Mehrheitserfordernis ist nur eine der Wirksamkeitsvoraussetzungen von Bundestagsbeschlüssen. Weitere ergeben sich aus dem Grundgesetz und der GOBT. Die wichtigsten betreffen u.a. die Zusammensetzung des Bundestages. Aus dem Gebot der Öffentlichkeit aus Art. 42 Abs. 1 Satz 1 GG ergibt sich, dass Sitzungen des Bundestages grundsätzlich öffentlich sind (vgl. § 19 GOBT). Des Weiteren ist zu fordern, dass die Beschlüsse in der laufenden Wahlperiode von einem gültig gewählten Bundestag gefasst werden, der über die nötige demokratische Legitimation verfügt.[122]

Zum Zustandekommen eines Beschlusses ist gem. Art. 42 Abs. 2 Satz 1 GG die Mehrheit der abgegebenen Stimmen erforderlich, soweit dieses Grundgesetz nichts anderes bestimmt. Diese Mehrheit ist dann erreicht, wenn die Zahl der Ja-Stimmen diejenigen der Nein-Stimmen überwiegt, Enthaltungen und ungültige Stimmen bleiben unberücksichtigt.[123] § 48 Abs. 2 GOBT verdeutlicht, dass eine einfache Mehrheit entscheidet und Stimmgleichheit zur Verneinung der Frage führt. Ferner ist für die Wirksamkeit des Beschlusses die Beschlussfähigkeit des Bundestages gem. § 45 GOBT erforderlich. Hierbei gelten die Ausführungen bzgl. der Beschlussfähigkeit gem. § 45 GOBT wie bei einem Gesetzesbeschluss.[124]

Unklar ist hingegen, ob die Beschlussqualität von dem positiven Mehrheitserfordernis abhängt. Nach *Müller-Terpitz* hängt die Wirksamkeit des Beschlusses nicht davon ab, ob mehr Ja- oder Nein-Stimmen abgegeben worden seien.[125]

---

[121] Andere Ansicht, wonach Einschließungen des Bundestages keine Beschlüsse im Sinne des Art. 42 Abs. 2 GG sind, *Achterberg/Schulte*, in: v. Mangoldt/Klein/Starck, GG Bd. 2, 6. Aufl. 2010, Art. 42 GG Rn. 31; *Versteyl*, in: v. Münch/Kunig GG-Kommentar, Bd. 1, 6. Aufl. 2012, Art. 42 GG Rn. 20.
[122] *Dicke*, in: Umbach/Clemens GG-Kommentar, Bd. II, 2002, Art. 42 GG Rn. 48 f.; *Müller-Terpitz*, in: Bonner Kommentar, Februar 2020, Art. 42 GG Rn. 84.
[123] *Achterberg/Schulte*, in: v. Mangoldt/Klein/Starck, GG Bd. 2, 6. Aufl. 2010, Art. 42 GG Rn. 38; *Brocker*, in: Epping/Hillgruber Beck´scher Online Kommentar GG, 1.12.2019, Art. 42 GG Rn. 19.
[124] Siehe dazu Teil 1 I. 2. a).
[125] *Müller-Terpitz*, in: Bonner Kommentar, Februar 2020, Art. 42 GG Rn. 81.

Das würde nämlich bedeuten, dass je nach Überwiegen, ein Beschluss mit inhaltlicher Annahme oder Antragsablehnung gefasst wird. Wenn sich die Mehrheit der Ja-Stimmen nicht zusammenfindet (einfache Mehrheit), so ergeht demnach ein Ablehnungsbeschluss. Insoweit könnte man auch vom negativen Mehrheitserfordernis sprechen. Nach *Müller-Terpitz* stellt damit das positive Mehrheitserfordernis kein konstitutives Element für die Feststellung der Beschlussqualität dar, sondern sei eine verfahrensrechtliche Regelung über die Folgen, die eintreten, wenn der Beschlussantrag angenommen wird.[126] So müsste also für das Vorliegen des Beschlusses, unabhängig davon, ob mit ihm der gestellte Antrag abgelehnt oder angenommen wird, die erforderliche Mehrheit vorliegen. Insofern würde Art. 42 Abs. 2 Satz 1 GG regeln, wie die für einen Beschluss des Bundestages erforderliche Mehrheit zu ermitteln sei,[127] wobei die Mehrheit in einem strikt demokratischtheoretischen Sinne rein nummerisch zu verstehen sei.[128] Für diese Ansicht könnte das Argument, dass das Mehrheitsprinzip als Strukturelement der freiheitlichen demokratischen Grundordnung gelte und demzufolge die gleiche Teilhabe aller an Herrschaftsakten gewährleiste,[129] ins Feld geführt werden. Damit ist jede Mehrheit, ob positive oder negative ernst zu nehmen, und drückt einen politischen Willen aus. Gegen den Ansatz von *Müller-Terpitz* spricht die politisch wenig praktische Handhabung von dem negativen Mehrheitserfordernis. Denn bei jeder Antragsabstimmung würde ein Beschluss ergehen, wobei nur der mit positiver Mehrheit gefasste Beschluss Rechtsfolgen entwickeln könnte. Eine unübersichtliche Vielzahl von Beschlüssen wäre die Folge. Der mit negativer Mehrheit zustande gekommene Beschluss würde vom Sinn und Zweck her nur ausdrü-

---

[126] *Müller-Terpitz*, in: Bonner Kommentar, Februar 2020, Art. 42 GG Rn. 81; anderer Ansicht wohl das BVerfG, E 2, 143 (161), Art. 42 Abs. 2 Satz 1 GG sei eine Regel des objektiven Verfassungsrechts, die besage, wann ein Beschluss des Bundestages vorliege. Damit wäre die Mehrheit der abgegebenen Stimmen ein konstitutives Element, so versteht *Müller-Terpitz* das BVerfG.
[127] *Dicke*, in: Umbach/Clemens GG-Kommentar, Bd. II, 2002, Art. 42 GG Rn. 30.
[128] *Schliesky*, in: v. Mangoldt/Klein/Starck, GG Bd. 2, 7. Aufl. 2018, Art. 42 GG Rn. 58.
[129] Mehrheitsprinzip zählt zu den „fundamentalen Prinzipien der Demokratie", BVerfGE BVerfGE 2, 1 (12 f.); 5, 85 (198 f.); 29, 154 (165); 112, 118 (140). Ebenso *Kaiser*, JuS 2017, 221 (221); *Badura*, Staatsrecht, 7. Aufl. 2018, S. 375 Rn. 8; *Klein*, in: Maunz/Dürig Kommentar GG, Stand Oktober 2019, Art. 42 GG Rn. 73; *Brocker*, in: Epping/Hillgruber Beck'scher Online Kommentar GG, 1.12.2019, Art. 42 GG Rn. 15.

cken können, was nicht positiv beschlossen werden soll, also eine ablehnende Haltung. Möchte aber der Bundestag seine Missbilligung bekunden, so kann er einen Beschluss mit positiver Mehrheit mit dem Inhalt einer Ablehnung/Weigerung beschließen. Derartiger Beschluss würde unmissverständlich den Staatswillen des Parlaments formulieren und könnte konkret begründete Punkte aufzeigen, die zu überdenken sind und ggf. eine Reaktion anderer Verfassungsorgane auslösen, um erneut über einen Vorschlag abstimmen zu können. Das kann ein mit negativer Mehrheit gefasster Beschluss nicht gewährleisten, weil er lediglich ein Resultat oder besser gesagt zwingende Konsequenz eines Verfahrens ist, bei dem keine Übereinstimmung über ein Vorhaben erzielt werden konnte. Das Mehrheitsprinzip ist eine „neutrale Entscheidungstechnik"[130], welcher sich ein Kollegialorgan bedient, um einen Willensakt herbeizuführen.[131] Es stellt die Entscheidungs- und Handlungsfähigkeit des Verfassungsorgans Bundestag sicher.[132] Bei einem mit negativer Mehrheit gefassten Beschluss wird die Handlungsfähigkeit des Parlaments konterkariert. Daher ist dem BVerfG, das den Beschluss rein formell definiert, zu folgen. Demnach kommt mit Art. 42 Abs. 2 Satz 1 GG zum Ausdruck, wann ein Beschluss des Bundestages vorliege, Art. 42 GG verleihe hingegen nicht der Mehrheit des Bundestages ein eigenes Recht darauf, den Willen des Bundestages zu bilden.[133] Denn der Begriff der Mehrheit sei weder im Grundgesetz noch in der GOBT mit besonderen Rechten ausgestattet,[134] sodass die Mehrheit kein parteifähiges Gebilde zur Vertretung eigener Rechte sei, die das BVerfG anrufen könnte.[135] Entscheidend ist der Rechtsakt der Stimmabgabe bei der Abstimmung, bei der mit der gebotenen Mehrheit ein Beschluss ergeht, der den Willen des Bundestages bekundet. Man kann davon ausgehen, dass wenn sich eine Mehrheit im Plenum bildet, die die Meinung des Bundestages ausdrücken will, diese in Beschlussform

---

[130] *Hofmann/Dreier*, in: Schneider/Zeh Parlamentsrecht und Parlamentspraxis, 1989, § 5 Rn. 48.
[131] *Kaiser*, JuS 2017, 221 (221); *Brocker*, in: Epping/Hillgruber Beck´scher Online Kommentar GG, 1.12.2019, Art. 42 GG Rn. 15.
[132] *Hofmann/Dreier*, in: Schneider/Zeh Parlamentsrecht und Parlamentspraxis, 1989, § 5 Rn. 52; *Dicke*, in: Umbach/Clemens GG-Kommentar, Bd. II, 2002, Art. 42 GG Rn. 31; *Brocker*, in: Epping/Hillgruber Beck´scher Online Kommentar GG, 1.12.2019, Art. 42 GG Rn. 15.
[133] BVerfGE 2, 143 (161).
[134] *Schliesky*, in: v. Mangoldt/Klein/Starck, GG Bd. 2, 7. Aufl. 2018, Art. 42 GG Rn. 58.
[135] BVerfGE 2, 143 (163).

ergehen wird, und die Aufnahme in die Tagesordnung erreicht.[136] Nur die Beschlüsse, die mit positivem Mehrheitserfordernis angenommen werden, entfalten Rechtswirkungen bzgl. ihres Inhalts. Daher sind die Beschlüsse, die mit negativer Mehrheit zustande kommen würden, keine schlichten Beschlüsse im engeren Sinne. Sie können lediglich eine politische Bedeutung haben, aber sie entfalten keine Rechtswirkung wie die Beschlüsse, die mit positiver Mehrheit gefasst worden sind.

Da das Grundgesetz über das Mehrheitserfordernis hinaus keine weiteren Bestimmungen bzgl. des Beschlussverfahrens enthält, werden weitere Einzelheiten in der GOBT geregelt. Dort sind u.a. verschiedene Abstimmungsvarianten[137] und Regelungen zum Ablauf der Sitzungen[138], wie Redezeiten[139], enthalten.[140] So legt § 75 GOBT die Gegenstände der Vorlage fest, mit der Unterscheidung zwischen selbstständigen (vgl. § 75 Abs. 1 GOBT) und unselbstständigen (vgl. § 75 Abs. 2 GOBT) Vorlagen. Darüber hinaus regelt § 75 Abs. 3 GOBT sog. Kleine Anfragen. Diese unechten Vorlagen sind keine Vorlagen, die auf die Tagesordnung des Bundestages gesetzt werden, auf sie werden aber §§ 76, 77 GOBT angewendet.[141] Die in § 76 GOBT aufgezählten Vorlagen stellen keinen abschließenden Katalog dar.[142] Vielmehr können auf die Tagesordnung auch andere nicht aufgezählte Verhandlungsgegenstände gesetzt werden, wie z.B. Regierungserklärungen, vereinbarte Debatten.[143] Allgemein ausgedrückt muss der Gegenstand der Abstimmung ein an bestimmte formelle Voraussetzungen gebundener, inhaltlich genau formulierter Vorschlag sein, der von einem hierzu Berechtigten dem Bundestag unterbreitet wird und zu dem der Bundestag seine Stellungnahme abgeben soll.[144] Die einzelnen Regelungen zu den Verfahrensmodalitäten, je nach Vorlagegegenstand, finden sich in §§ 77 ff. GOBT. Hin-

---

[136] *Versteyl*, in: v. Münch/Kunig GG-Kommentar, Bd. 1, 6. Aufl. 2012, Art. 42 GG Rn. 21.
[137] Vgl. §§ 48 bis 53 GOBT.
[138] Vgl. §§ 19 ff. GOBT.
[139] Vgl. § 35 GOBT.
[140] *Müller-Terpitz*, in: Bonner Kommentar, Februar 2020, Art. 42 GG Rn. 87.
[141] *Ritzel/Bücker*, HdbPP, 1981, § 75 Abs. 3 GOBT Anm. III.
[142] *Roll*, GOBT-Kommentar, 2001, § 75 GOBT Rn. 1; *Versteyl*, in: v. Münch/Kunig GG-Kommentar, Bd. 1, 6. Aufl. 2012, Art. 42 GG Rn. 20.
[143] *Roll*, GOBT-Kommentar, 2001, § 75 GOBT Rn. 1; *Versteyl*, in: v. Münch/Kunig GG-Kommentar, Bd. 1, 6. Aufl. 2012, Art. 42 GG Rn. 20.
[144] *Kemmler*, Die Abstimmungsmethode des Deutschen Bundestages, 1969, S. 10.

zuweisen ist hierbei ebenfalls auf den § 78 GOBT. Gem. § 78 Abs. 1 Satz 1 letzter Halbsatz GOBT werden die Vorlagen (ausgenommen Gesetzesentwürfe, Verträge mit auswärtigen Staaten) in der Regel in einer Beratung behandelt.

§§ 46 ff. GOBT regeln die Beschlussfassung im engeren Sinne. Gem. § 46 GOBT wird der Bundestagspräsident dazu verpflichtet, nur solche Fragen zur Abstimmung zu stellen, die mit „Ja" oder „Nein" beantwortet werden können. Für die Abstimmung selbst sieht § 48 Abs. 1 Satz 1 GOBT eine einfache Abstimmungsmöglichkeit durch Handzeichen, Aufstehen oder Sitzenbleiben vor. Daneben bestehen weitere Möglichkeiten, gem. § 51 GOBT durch Zählung der Stimmen (sog. Hammelsprung), in § 52 GOBT durch namentliche Abstimmung oder gem. § 49 GOBT durch geheime Abstimmung. Die Abstimmung selbst stellt einen selbstständigen und einheitlichen Verfahrensabschnitt dar.[145]

Ein nach diesem Verfahren gefasster Beschluss ist zumindest für das Parlament selbst die verbindliche Entscheidung als Abschluss eines Willensbildungsprozesses, der alle möglichen parlamentarischen Akte umfasst, ungeachtet dessen, welchen Inhalt er hat.[146] Durch den Mehrheitsbeschluss des Plenums wird der Wille des gesamten Bundestages kundgetan, der für die überstimmten Minderheiten verbindlich ist.[147] Es entsteht aber dadurch nicht die Pflicht der Minderheiten, die Auffassung der Mehrheit zu übernehmen.[148]

c) **Vergleichende Würdigung einzelner Verfahrensstadien und die Bewertung ihrer Auswirkungen für und gegen die Anwendbarkeit der schlichten Parlamentsbeschlüsse in Relation zum Gesetzesbeschluss**

Der beschriebene Prozess der Fassung eines schlichten Parlamentsbeschlusses gleicht in vielen verfahrensrechtlichen Aspekten dem eines Gesetzesbeschlusses. In beiden Verfahrensarten spielt der Bundestag die entscheidende Rolle. Insbesondere ist die Vorgehensweise in Bezug auf den Entscheidungsprozess innerhalb des Bundestages fast identisch. Der Bundestag muss sich beraten

---

[145] *Kemmler*, Die Abstimmungsmethode des Deutschen Bundestages, 1969, S. 10.
[146] *Morlok*, in: Dreier/GG-Kommentar, Bd. II, 3. Aufl. 2015, Art. 42 GG Rn. 32.
[147] BVerfGE 70, 324 (368); *Schmelter*, Rechtsschutz, 1977, S. 22; *Schäfer*, Der Bundestag, 4. Aufl. 1982, S. 152.
[148] BVerfGE 2, 143 (172); 70, 324 (366); *Morlok*, in: Dreier/GG-Kommentar, Bd. II, 3. Aufl. 2015, Art. 42 GG Rn. 35.

und beschlussfähig sein, der Bundestagspräsident muss tätig werden, eine bestimmte Ordnung ist einzuhalten, z.B. bzgl. der Redezeiten. Ebenso ist die Abstimmung ein wesentlicher Teil der Beschlussfassung aufgrund des Mehrheitserfordernisses. Dabei werden die Stimmen auf die gleiche Art und Weise durch die Abgeordneten im Plenum nach einer Vorarbeit in den Ausschüssen abgegeben. Insoweit finden dieselben Vorschriften der GOBT Anwendung. Die Beschlüsse drücken auch den Willen des gesamten Bundestages aus und erzeugen Gültigkeit. Aber nicht anhand der Gemeinsamkeiten, sondern vor allem aufgrund der Unterschiede zwischen den Verfahrensarten können Aufschlüsse in Bezug auf die Definition und Bedeutung des Begriffs des schlichten Parlamentsbeschlusses gewonnen werden.

Unterschiede sind ohne Weiteres in Bezug auf die Dauer der Beschlussfassung ersichtlich. Das Verfahren zum schlichten Parlamentsbeschluss besteht nicht aus mehreren Stadien beginnend mit der Gesetzesinitiative, über Beteiligung des Bundesrates bis hin zu Gegenzeichnung und Verkündung des Gesetzes. Das wird bereits anhand mehrerer Bestimmungen des Grundgesetzes deutlich, die das Verfahren[149] des Gesetzesbeschlusses regeln, während für andere Arten der Beschlüsse kaum Verfahrensbestimmungen zu finden sind. Lediglich Art. 42 Abs. 2 Satz 1 GG fordert eine Mehrheitsentscheidung, damit ein Beschluss zustande kommen kann. Alle weiteren Regelungen sind vor allem in der GOBT enthalten. Daraus lässt sich der Schluss ziehen, dass durch die hohen Anforderungen, die das Grundgesetz an das Gesetzgebungsverfahren stellt, die in diesem Verfahren ergehenden Regelungsinhalte eine besondere Bedeutung haben.[150] Außerdem finden sich einige Bestimmungen im Grundgesetz, die genau festlegen, zu welchen Inhalten Gesetzesbeschlüsse ergehen sollen, z.B. Art. 70 Abs. 1 GG i.V.m. Art. 71 GG, Art. 73 GG; Art. 21 Abs. 3 GG – ParteienG; Art. 38 Abs. 3 – BundeswahlG, sodass eine Differenzierung zwischen beiden Beschlussarten durch das Grundgesetz vorgezeichnet ist. Die durch das Grundgesetz vorgegebenen Gesetzgebungsmaterien erfassen Regelungsgegenstände, die zu den Schwerpunkten staatlicher Aufgabenwahrnehmung zählen, z.B. Art. 79 GG (Verfassungsänderungen, Regelungen bzgl. Bund-Länder-Verhältnis), aber auch

---

[149] Vgl. Art. 76 bis Art. 78 GG, Art. 82 GG.
[150] *Magiera*, Parlament und Staatsleitung, 1979, S. 182.

in Bereichen der staatlichen Organisation[151] und der Grundrechte[152] erscheinen. Ein weiterer Hinweis, der auf den Zusammenhang zwischen der Bedeutsamkeit des zu regelnden Gegenstandes und dem Inhalt des Gesetzesbeschlusses schließen lässt, ist aus Art. 80 GG zu entnehmen.[153] Zwar handelt es sich hierbei um eine Norm, die die Exekutive dazu ermächtigt, Rechtsverordnungen auf der Bundesebene zu erlassen; dabei werden aber Inhalt, Zweck und Ausmaß von dem Parlamentsgesetz selbst vorgegeben. Durch die so eng begrenzte Ermächtigungsmöglichkeit wird die Rechtsverordnung auf die verbleibende Ausführung beschränkt, sodass das Schwergewicht und die Tragweite der Regelung dem Parlamentsgesetz vorbehalten und sein hoher Stellenwert hervorgehoben wird.[154] So erscheint es folgerichtig, wenn das Grundgesetz zwischen mehr und weniger aufwendigen Verfahrensarten unterscheidet, dass von einer Proportionalität zwischen dem Aufwand des Erzeugungsverfahrens und der Bedeutsamkeit des Regelungsgegenstandes ausgegangen werden kann.[155] Außerdem ist ein Gesetz eine abstrakt-generelle Handlungsform des Staates, die allgemeingültig ist, während schlichter Parlamentsbeschluss in den meisten Fällen Elemente der Stellungnahme zu Einzelthemen enthält,[156] und eher wie ein Einzelakt zu verstehen ist.

---

[151] Bsp. Art. 41 Abs. 3 GG – Wahlprüfung; Art. 45b Satz 2 GG – Wehrbeauftragter; Art. 45c Abs. 2 GG – Petitionsausschuss; Art. 48 Abs. 3 GG – Abgeordnetenentschädigung; Art. 54 Abs. 7 GG – Wahlverfahren bzgl. Bundespräsidenten; Art. 86 f. GG – Einrichtung eigener Behörden; Art. 93 Abs. 3, 94 Abs. 2, 95 Abs. 3, 96 Abs. 2, Abs. 5, 97 Abs. 2, 98 Abs. 1 GG – im Bereich der Rspr. bzgl. Organisation und Zuständigkeiten der Gerichte sowie Rechtsstellung der Richter; Art. 112 Satz 3 GG – Haushaltswesen; Art. 114 Abs. 2 GG – Bundesrechnungshof; Art. 115 GG – Kreditbeschaffung.
[152] Bsp. Art. 4 Abs. 3 GG – Kriegsdient mit der Waffe; Art. 6 Abs. 5 GG – Stellung der unehelichen Kinder; Art. 12 Abs. 1 Satz 2 GG – Berufsausübung; Art. 12a Abs. 2 GG – Ersatzdienst; Art. 2 Abs. 2 GG – Eingriffe und Beschränkung bzgl. des Rechts auf Leben, körperliche Unversehrtheit und Freiheit der Person; Art. 8 Abs. 2 GG – Versammlungsrecht unter freiem Himmel; Art. 10 Abs. 2 GG – Brief-, Post- und Fernmeldegeheimnis; Art. 11 Abs. 2 GG – die Freizügigkeit; Art. 13 Abs. 2 GG – Unverletzlichkeit der Wohnung; Art. 14 Abs. 3, 15 GG – das Eigentum und das Erbrecht.
[153] *Magiera*, Parlament und Staatsleitung, 1979, S. 184.
[154] *Magiera*, Parlament und Staatsleitung, 1979, S. 184.
[155] In dem Sinne schon *Starck*, Der Gesetzesbegriff des GG, 1970, S. 169, 171; *Magiera*, Parlament und Staatsleitung, 1979, S. 182.
[156] *Brüning*, in: Bonner Kommentar, Februar 2020, Art. 76 Rn. 57.

Zusätzlich fordert zumindest die GOBT in § 78 Abs. 1 GOBT drei Beratungen[157] für Gesetzesentwürfe,[158] während für sonstige Beschlüsse[159] eine Beratung ausreichend ist. Selbst bei vielfältigen Vereinfachungs- und zeitlichen Abkürzungsmöglichkeiten hinsichtlich des Verfahrens nach § 78 bis § 86 GOBT beschäftigen sich das Plenum und die Ausschüsse mit den Gesetzesentwürfen mindestens zwei Mal.[160] Im Rahmen der zweiten Beratung besteht noch die Möglichkeit, dass jeder einzelne Abgeordnete des Bundestages Änderungsanträge[161] zu jeder selbstständigen Gesetzesbestimmung stellen kann. Die Beschlussanträge dagegen werden dem Plenum und den Ausschüssen des Parlaments höchstens einmal vorgelegt, bevor über sie abschließend abgestimmt wird. Die Fassung

---

[157] Das Grundgesetz schreibt nicht die Anzahl der Beratungen fest. Drei Lesungen/Beratungen gehören nicht zum unabdingbaren Grundsätzen der demokratischen Ordnung, BVerfGE 1, 144 (151); 29, 221 (234); *Sannwald*, in: Schmidt-Bleibtreu/Hofmann/Henneke GG-Kommentar, 14. Aufl. 2017, Art. 77 GG Rn. 7; *Masing/Risse*, in: v. Mangoldt/Klein/Starck/, GG Bd. 2, 7. Aufl. 2018, Art. 77 GG Rn. 22; *Dietlein*, in: Epping/Hillgruber Beck´scher Online Kommentar GG, 1.12.2019, Art. 77 GG Rn. 8.
[158] Das ist die Praxis für Gesetzesentwürfe und Haushaltsvorlagen (§ 95 GOBT) des Bundestages. In den Bundesländern sieht es etwas anders aus, z.B. § 42 GO-LT Baden-Württemberg (v. 16.10.2019 (GBl. S. 429)), für Gesetzesvorlagen i.d.R. zwei Lesungen vorgesehen, wobei für Haushaltsvorlagen und landesverfassungsändernde Gesetze drei Beratungen vorgesehen sind; § 50 Satz 1 GO-LT Bayern (v. 14.8.2009 (GVBl. S. 420) zuletzt durch ÄndBeschl. v. 21.3.2019 (GVBl. S. 154) geänd.) grdsl. zwei Lesungen; § 42 Abs. 2 GO-LT Brandenburg (v. 24.3.2015 (GVBl.I/15, [Nr. 8])) geänd. durch ÄndBeschl. v. 10.11.2016 (GVBl.I/16, [Nr. 26])) i.d.R. zwei Lesungen, außer für Haushaltvorlagen oder verfassungsändernde Gesetz sind drei Beratungen vorgesehen (Abs. 3); § 24 Abs. 1 GO-LT Niedersachsen (v. 4.3.2003 (Nds. GVBl. S. 135), zuletzt geänd. durch Beschl. v. 14.5.2019 (Nds. GVBl. S. 107)) i.d.R. zwei Beratungen; § 12 Abs. 1 GO-LT Hessen (v. 16.12.1993 (GVBl. I S. 628) zuletzt geänd. durch ÄndBeschl. v. 18.1.2019 (GVBl. S. 18)) i.d.R. zwei Lesungen, aber für Haushaltsvorlagen oder verfassungsändernde Gesetze drei Beratungen (Abs. 2); § 73 Abs. 1 GO-LT Nordrhein-Westfalen (v. 18.12.2019 geänd. durch Beschl. v. 12.2.2020 (GVBl. NRW S. 158)) i.d.R. zwei Lesungen, aber für Haushaltsvorlagen oder verfassungsändernde Gesetze drei Lesungen (§ 78 Abs. 1); § 25 GO-LT Sachsen-Anhalt (v. 12.4.2016 (Drs. 7/10), zuletzt geänd. durch Beschl. des LT v. 24.5.2018 (Drs. 7/2930), i.d.R. zwei Beratungen, außer bei verfassungsändernden Gesetzen sind drei vorgesehen; § 55 GO-LT Thüringen (ebenfalls zwei Beratungen für Haushaltsvorlagen § 67 Abs. 2 GO-LT Thüringen).
[159] Gem. § 78 Abs. 1 GOBT: ausgenommen Verträge mit auswärtigen Staaten und ähnliche Verträge, welche die politischen Beziehungen des Bundes regeln oder sich auf Gegenstände der Bundesgesetzgebung beziehen (Art. 59 Abs. 2 GG). Diese werden grdsl. in zwei Beratungen behandelt.
[160] Zu genauerer Beschreibung des Beratungsverfahrens, *Schäfer*, Der Bundestag, 4. Aufl. 1982, S. 217 ff.
[161] Vgl. § 82 Abs. 1 GOBT.

eines schlichten Parlamentsbeschlusses unterliegt damit einer erheblichen Verfahrensvereinfachung.[162]

In der Regel bedürfen die schlichten Parlamentsbeschlüsse keines Antrags oder der Zustimmung eines anderen Verfassungsorgans, z.b. der Bunderegierung, des Bundesrates, des Bundespräsidenten, um den Vorgang in Gang zu setzen bzw. um wirksam zu werden. Das lässt sich zum Teil aus dem Begriff selbst herleiten. Die Bezeichnung „Parlamentsbeschluss" schließt eine Ausdehnung des Begriffs auf Tätigkeiten anderer Verfassungsorgane aus.[163] Nur ausnahmsweise werden Beteiligungsrechte anderer Verfassungsorgane vorgesehen, um die in der Verfassung vorgesehenen Wirkungen entfalten zu können, wie in Art. 115a Abs. 1 Satz 1 GG. Der Wegfall der zeitaufwendigen Mitwirkung anderer Verfassungsorgane als auch das Entfallen der Publikation eines schlichten Parlamentsbeschlusses in dem Gesetzesblatt stellt eine bedeutende Zeitersparnis gegenüber dem Gesetzgebungsverfahren dar.[164] Der Zeitvorteil liegt nicht nur an den fehlenden Verfahrensschritten als solchen, sondern auch darin, dass der schlichte Beschluss unmittelbar mit seiner Fassung Verbindlichkeits-/Gültigkeitswirkung erzeugt und nicht erst wie beim Gesetzesbeschluss nach der förmlichen Bekanntmachung.[165] Dadurch ist die Handhabung des schlichten Parlamentsbeschlusses flexibler und praxisgerechter. Mögliche Fehler könnten auch schnell durch kurzfristige und an keine besonderen Verfahrensvoraussetzungen gebundene Aufhebung des schlichten Parlamentsbeschlusses beseitigt werden.

Das Entfallen der Mitwirkung anderer Beteiligter im Rahmen des jeweiligen Gesetzgebungsstadiums bringt nicht nur einen Zeitvorteil, sondern auch eine Verantwortungsverschiebung mit sich. Das lässt sich sowohl aus dem Regelungszusammenhang bzgl. des Gesetzgebungsverfahrens entnehmen als auch von der Bedeutung und Funktion des jeweiligen Verfahrensstadiums her erschließen. Die Gegenüberstellung beider Beschlussarten zeigt erhebliche verfahrensmäßige Unterschiede, die viele verfassungsrechtliche Bedenken je nach

---

[162] *Butzer*, AöR 119 (1994), 61 (64).
[163] *Schmelter*, Rechtsschutz, 1977, S. 22; *Schäfer*, Der Bundestag, 4. Aufl. 1982, S. 22.
[164] *Butzer*, AöR 119 (1994), 61 (64).
[165] *Butzer*, AöR 119 (1994), 61 (100).

Anwendungsbereich und möglicher Verbindlichkeitswirkung erheben. Im Einzelnen stellt sich das wie folgt dar.

Art. 76 GG, der die Einbringung von Gesetzesentwürfen beim Bundestag regelt, normiert ein frühzeitiges Eingreifen von Verfahrensvorschriften, mit welchen Konflikte vermieden,[166] der Sachverstand[167] der beteiligten Verfassungsorgane in das Gesetzgebungsverfahren eingebracht und die Legitimität der Ergebnisse gesteigert werden.[168] Auf diese Weise entsteht ein demokratischer Rechtsetzungsdiskurs.[169] So bildet Art. 76 GG eine Art „Schaltstelle für die Transmission gesellschaftlicher Willensbildung" im staatlichen Bereich.[170] Dies erklärt sich daraus, dass Art. 76 GG darüber entscheidet, wer das Parlament mit von ihm für dringlich befundenen Gesetzesentwürfen befassen kann und welche Gesetzesprojekte vor dem „Forum der Nation" im Namen aller verhandelt werden.[171] Damit ist in dieser Phase die „substantielle Übernahme der Verantwortung" möglich.[172] Es handelt sich also nicht nur um eine Vorschrift, die lediglich den technisch formalen Ablauf regelt. Vielmehr werden mit ihr, obwohl sie keinerlei Entscheidungsbefugnis in der Sache selbst regelt, die politischen Gewichte verteilt.[173] „Sie verleiht die Möglichkeit, durch Unterbreitung gesetzlicher Gestaltungsvorstellungen in verfassungsrechtlich legitimierter Weise Verantwortung zu übernehmen bzw. zu demonstrieren."[174]

Bereits die Vorbereitung der Entwürfe ist von großer Bedeutung. Der Gesetzesentwurf wird durch das jeweils zuständige Fachreferat eines Ministeriums

---

[166] *Rubel*, in: Umbach/Clemens GG-Kommentar, Bd. II, 2002, vor Art. 76 GG Rn. 3; *Kersten*, in: Maunz/Dürig Kommentar GG, Oktober 2019, Art. 76 GG Rn. 2.
[167] *Dietlein*, in: Epping/Hillgruber Beck´scher Online Kommentar GG, 1.12.2019, Art. 76 GG vor Rn. 1 und Rn. 15.
[168] *Brüning*, in: Bonner Kommentar, Februar 2020, Art. 76 Rn. 50.
[169] *Kersten*, in: Maunz/Dürig Kommentar GG, Oktober 2019, Art. 76 GG Rn. 1 m.w.N.
[170] *Masing/Risse*, in: v. Mangoldt/Klein/Starck, GG Bd. 2, 7. Aufl. 2018, Art. 76 GG Rn. 2.
[171] *Masing/Risse*, in: v. Mangoldt/Klein/Starck, GG Bd. 2, 7. Aufl. 2018, Art. 76 GG Rn. 2 und 19.
[172] *Masing/Risse*, in: v. Mangoldt/Klein/Starck, GG Bd. 2, 7. Aufl. 2018, Art. 76 GG Rn. 7 und 12, es wird auf die starke Relativierung angesichts der zunehmenden Differenzierung zwischen Gesellschaft und der technischen Abhängigkeiten hingewiesen, dennoch sei die Verantwortungsübernahme keine Fiktion; siehe dazu auch *v. Beyme*, Der Gesetzgeber, 1997, S. 176 ff.
[173] *Masing/Risse*, in: v. Mangoldt/Klein/Starck, GG Bd. 2, 7. Aufl. 2018, Art. 76 GG Rn. 19.
[174] *Masing/Risse*, in: v. Mangoldt/Klein/Starck, GG Bd. 2, 7. Aufl. 2018, Art. 76 GG Rn. 19.

vorbereitet. Dabei wird der Regelungsgegenstand genau aufgeklärt und die Verwaltungskenntnisse sowie Kenntnisse aus den interessierten und betroffenen Kreisen berücksichtigt. Durch die weitere Abstimmung der Entwürfe zwischen den Ministerien und im Regierungskabinett werden die einzelnen Vorhaben in die Gesamtlinie der Regierungspolitik und auch in die finanziellen Möglichkeiten und Grenzen des Staatshaushalts angepasst.[175] Einen wichtigen Schritt im Rahmen des Art. 76 GG stellt auch die Einschaltung des Bundesrates und die Zuleitung des Gesetzentwurfs an den Bundestag dar. So wird z.b. der Regierungsentwurf nicht sofort dem Bundestag zugestellt (vgl. Art. 76 Abs. 2 GG). Der erste Durchgang beim Bundesrat hat Auswirkungen auf die Verabschiedung des Gesetzes. Der Bundesrat hat die Möglichkeit einen Gesetzesbeschluss zumindest zu verzögern (Einspruchsgesetze) oder aber sein Inkrafttreten zu verhindern (Zustimmungsgesetze). Die frühzeitige Beteiligung des Bundesrates lässt die Meinung des Bundesrates und die der Länder rechtzeitig erkennen (erste Stellungnahme des Bundesrates zum Regierungsentwurf), bevor der Entwurf dem Bundestag zugeleitet wird, sodass die Bundesregierung die Gelegenheit dazu bekommt, Gegenvorschläge des Bundesrates entweder noch zu berücksichtigen oder aber ihre Auffassung hierzu sogleich schriftlich ihrem Entwurf beizulegen.[176] Auf diese Weise hat der Bundestag bereits am Anfang des Gesetzgebungsverfahrens eine Vorlage erhalten, die schon die wesentlichen Aspekte offenlegt, die vielleicht später zwischen Bund und Ländern problematisch sein könnten. Das ist wichtig und bringt viele Vorteile mit sich. Auf diesem Weg kann nicht nur der Sachverstand einbezogen werden, sondern auch Interessen gegeneinander abgewogen werden sowie die Zustimmung von den betroffenen Kreisen für ein Gesetzesvorhaben gewonnen werden, sodass der Bundestag als Gesetzgeber sich nicht nur der einen oder anderen Meinung einfach anschließen muss.[177] Der erste Durchgang beim Bundesrat erlaubt auch die Erfahrungen der Länder aus dem ihnen obliegenden Gesetzesvollzug (vgl. Art. 83 GG) in den Entwurf einfließen zu lassen.

---

[175] *Linn/Sobolewski*, So arbeitet der Deutsche Bundestag, 2017, S. 148.
[176] *Linn/Sobolewski*, So arbeitet der Deutsche Bundestag, 2017, S. 104.
[177] *Linn/Sobolewski*, So arbeitet der Deutsche Bundestag, 2017, S. 103.

Betrachtet man den historischen Weg der Initiativberechtigung, wird die politische Bedeutung der Gewichtsverteilung noch deutlicher. Es war eine lange Entwicklung bis die Vorschrift ihre heutige Gestalt angenommen hat. In den Zeiten des Frühkonstitutionalismus lag die Gesetzesinitiative beim Monarchen, im Zuge der Revolution von 1848 wurde sie den Parlamenten in den meisten Ländern eingeräumt (vgl. auch §§ 99, 187 Paulskirchenverfassung[178] von 1849) und seit 1919 mit der Weimerer Reichsverfassung (Art. 68 Abs. 1 WRV[179]) auch über den Reichsrat der Länderkammer (Art. 69 WRV) übertragen.[180] Die besondere Rolle der Länder und der föderalistische Aufbau der BRD wird durch die erneute Einschaltung des Bundesrates im Gesetzgebungsverfahren deutlich. Durch seine Mitwirkung kann auf die regionalen Unterschiede eingegangen werden und auf die Belange entsprechend reagiert werden. Das ist von Bedeutung, schließlich sind die Länder in der Regel für die Ausführung der Bundesgesetze gem. Art. 83 GG zuständig.

Für die schlichten Parlamentsbeschlüsse hingegen gilt Art. 76 GG nicht, und zwar unabhängig davon, ob es sich um rechtlich unverbindliche Erklärungen des Bundestages, um Wahlakte, Rechtsnormen (Erlass der GOBT) oder sonstige rechtliche verbindliche Entscheidungen (Beschluss zum Einsatz der Bundeswehr – BVerfGE 90, 286 (381 f.)) handelt.[181] Diese ergehen in der Regel in dem schlichten Verfahren nach Art. 42 Abs. 2 Satz 1 GG, sodass keine Filterfunktion vorhanden ist und die Verantwortungsübernahme ausschließlich beim Bundestag selbst liegt. Damit entfällt der erste Teil des verfassungsrechtlich formalisierten äußeren, die Transparenz der Entscheidungen des Gesetzgebers sichernden Verfahrens der Bundesgesetzgebung.[182] Der Abschluss dieses ersten Stadiums mit der Übergabe des Entwurfs an den Bundestagspräsidenten hat nämlich zur Folge, dass die geplanten Gesetzesänderungen öffentlich wer-

---

[178] Siehe Textfassung, in: v. Mangoldt/Klein/Starck, GG Bd. 2, 7. Aufl. 2018, Art. 76 GG Rn. 20 vor Rn. 1.
[179] Siehe Textfassung, in: v. Mangoldt/Klein/Starck, GG Bd. 2, 7. Aufl. 2018, Art. 76 GG Rn. 20 vor Rn. 1.
[180] *Masing/Risse*, in: v. Mangoldt/Klein/Starck, GG Bd. 2, 7. Aufl. 2018, Art. 76 GG Rn. 20.
[181] *Sannwald*, in: Schmidt-Bleibtreu/Hofmann/Henneke GG-Kommentar, 14. Aufl. 2017, Art. 76 GG Rn. 13.
[182] BVerfGE 132, 134 (162); *Wolff*, in: Hömig/Wolff Handkommentar GG, 12. Aufl. 2018, Art. 76 GG Rn. 1.

den, was in Fällen unechter Rückwirkung solcher Änderungen das Vertrauen in die Fortgeltung des bis dahin bestehenden Rechts zerstören kann.[183] Das hat erhebliche Bedeutung für die Bürger, vor allem im Hinblick auf einen möglichen Rechtsschutz.

Auch die weiteren Verfahrensschritte nach Art. 77 bis Art. 82 GG entfallen beim Erlass des schlichten Parlamentsbeschlusses.[184] Dabei werden gerade in diesen die elementaren Grundsätze des Zusammenspiels höchster Staatsorgane geregelt, die das Verständnis ihres arbeitsteiligen Zusammenwirkens wesentlich bestimmen. Insbesondere in der zweiten Phase besteht die Aufgabe des Parlaments endgültig darüber zu entscheiden, für welche Gesetzesentwürfe es mit welchen Änderungen oder Umarbeitungen als unmittelbares Repräsentativorgan des Volkes die Verantwortung übernimmt.[185] Die Lesungen im Bundestagsplenum fördern die öffentliche Debatte über das Für und Gegen ein Vorhaben und zeigen die Argumente, die die verschiedenen politischen Kräfte während der Beratungen bewegt haben. Außerdem stellt dies einen wichtigen Baustein für die Meinungsbildung innerhalb der Bevölkerung dar. Durch die öffentliche Verhandlung (vgl. Art. 42 Abs. 1 Satz 1 GG) wird über den Gesetzesbeschluss in Medien berichtet (Zeitungen, Rundfunk, Fernsehen, Internet), sodass jede einzelne Person die Gelegenheit bekommt, sich anhand der dargestellten Argumente ihrerseits Meinungen zu den Vorhaben zu bilden. Das BVerfG sieht in der Regelung des Art. 77 GG, insbesondere in Abs. 2, der die Errichtung des Vermittlungsausschusses regelt, einen Ausdruck der bundesstaatlichen Ausgestaltung des Gesetzgebungsverfahrens auf der Bundesebene.[186] Begründet wird das damit, dass so die demokratische Legitimation der zu treffenden Entscheidungen sichergestellt werde und die Balance zwischen den am Verfahren beteiligten Verfassungsorganen und wegen der Einbindung des Bundesrates auch zwischen Bund und Ländern gewahrt werde.[187] Wird ein Vermittlungsausschuss eingeschaltet, so symbolisiert diese Handlung die Erfor-

---

[183] BVerfGE 127, 50 ff.; 132, (324); *Wolff*, in: Hömig/Wolff Handkommentar GG, 12. Aufl. 2018, Art. 76 GG Rn. 1.
[184] *Bryde*, in: v. Münch/Kunig GG-Kommentar, Bd. 2, 6. Aufl. 2012, Art. 76 GG Rn. 2.
[185] *Masing/Risse*, in: v. Mangoldt/Klein/Starck, GG Bd. 2, 7. Aufl. 2018, Art. 76 GG Rn. 5.
[186] So BVerfGE 120, 56 (73 f.).
[187] BVerfGE 120, 56 (78); *Wolff*, in: Hömig/Wolff Handkommentar GG, 12. Aufl. 2018, Art. 77 GG Rn. 2.

derlichkeit, den im Föderalismus angelegten Konflikt zwischen Bund und Ländern im Wege von Kompromissen zu überwinden und zu allgemein verbindlichen, gesamtstaatlichen Regelungen zu gelangen.[188] Mit der Ausfertigung und Verkündung von Bundesgesetzen als integralen Bestandteil des Rechtsetzungsaktes,[189] der dem Bundespräsidenten obliegt, wird das Gesetzgebungsverfahren abgeschlossen.[190] Die Ausfertigung hat zum einen die sog. Authentizitätsfunktion (Bestätigung, dass der Gesetzestext mit dem vom Gesetzgeber beschlossenen Gesetzesinhalt übereinstimmt) und zum anderen die sog. Legalitätsfunktion (Bestätigung, dass das Gesetzgebungsverfahren im Einklang mit den Vorschriften des GG ordnungsgemäß verlaufen ist).[191] Auf diese Weise übernimmt auch der Bundespräsident eine gewisse Verantwortung mit der Wahrnehmung seiner elementaren Aufgaben in seiner Funktion als Staatsoberhaupt. Da die Ausfertigung erst nach Gegenzeichnung gem. Art. 58 GG durch den Bundeskanzler oder den zuständigen Bundesminister erfolgt, geht mit der Gegenzeichnung die Übernahme der parlamentarischen Verantwortung des jeweiligen Bundesregierungsmitglieds für den Ausfertigungsakt gegenüber dem Bundestag einher.[192] Mit der Verkündung als eine amtliche Bekanntgabe dagegen, wird das Gesetz rechtlich existent,[193] sodass sich alle Betroffenen verlässlich vom Inhalt des Gesetzes und damit den Rechtsnormen Kenntnis[194] verschaffen können.[195] Ebenfalls diese gewichtige Elemente entfallen beim Erlass des schlichten Parlamentsbeschlusses, was aus Rechtssicherheitsaspekten je nach Wirkungs- und Verbindlichkeitsumfang seines Adressaten als bedenklich zu bewerten ist. Ohne die förmliche Publizität und Möglichkeit des Einzelnen,

---

[188] *Linn/Sobolewski*, So arbeitet der Deutsche Bundestag, 2017, S. 149.
[189] BVerfGE 7, 330 (337); 42, 263 (283); BVerwGE 17, 192 (193); 126, 394 – bzgl. Verkündung und VGH Kassel zu beiden BGHZ 76, 387 (390); 126 (19).
[190] *Wolff*, in: Hömig/Wolff Handkommentar GG, 12. Aufl. 2018, Art. 82 GG Rn. 2; Der Streit, inwiefern das formelle und materielle Prüfungsrecht des Bundespräsidenten besteht, soll dabei außer Acht gelassen werden, siehe hierzu ebenfalls *Wolff*, in: Hömig/Wolff Handkommentar GG, 12. Aufl. 2018, Art. 82 GG Rn. 3 m.w.N. bzw. *Bryde*, in: v. Münch/Kunig GG-Kommentar, Bd. 2, 6. Aufl. 2012, Art. 82 GG Rn. 3 ff. m.w.N; *Nierhaus*, in: Sachs GG-Kommentar, 8. Aufl. 2018, Art. 82 GG Rn. 1, 3 und 6 ff.
[191] *Wolff*, in: Hömig/Wolff Handkommentar GG, 12. Aufl. 2018, Art. 82 GG Rn. 2 m.w.N.
[192] *Brenner*, in: v. Mangoldt/Klein/Starck, GG Bd. 2, 7. Aufl. 2018, Art. 82 GG Rn. 19 f.
[193] BVerfGE 42, 263 (283); 63, 343 (353); 72, 200 (241).
[194] BVerfGE 16, 6 (16 f. und 18); 40, 237 (252 f. und 255); 65, 283 (291).
[195] *Brenner*, in: v. Mangoldt/Klein/Starck, GG Bd. 2, 7. Aufl. 2018, Art. 82 GG Rn. 32.

sich über seine Rechte und Pflichten zu informieren, wären die Betroffenen auf Mutmaßungen angewiesen und damit der Gefahr staatlicher Willkür ausgesetzt.[196] Es würde eine unüberblickbare Vielzahl erlassener Rechtsakte geben, die ein der Rechtssicherheit und Rechtsklarheit abträgliches Konglomerat von zu beachtenden Regelungen herausbilden würden.[197]

Gleichzeitig geht dadurch ein wesentlicher Anteil an Mitwirkungs- und Entscheidungsbefugnissen anderer Verfassungsorgane verloren. Die vielseitigen verfahrensrechtlichen Verknüpfungen der regelmäßig beteiligten Verfassungsorgane bewirken einen Kooperations- und Kontrolleffekt.[198] Diese Einbeziehung vieler Instanzen erlaubt eine mehrfache Prüfung der sachlich oft recht schwierigen Gegenstände und stellt eine umfassende Informationsmöglichkeit aller, die an dem jeweiligen Gegenstand interessiert sind, sicher.[199] Letztlich ist das komplizierte Verfahren ein Bestandteil der Anforderungen an Demokratie, Rechtsstaat und Freiheit.[200] Einfachere Gesetze oder beschleunigtes, freieres Gesetzgebungsverfahren gehen zu Lasten der Vielschichtigkeit und Komplexität von Sachverhalten, die wichtige Anliegen der Gesellschaft betreffen. Es würde zu ungerechten und ineffektiven Gesetzen führen. Dabei beansprucht das Gesetz gerade durch sein aufwendiges Verfahren eine ordnungsstiftende Funktion, die in gleichem Maße rechtliche Verbindlichkeit gegenüber jedermann hat, auf eine gewisse Geltungsdauer angelegt ist und darauf bestrebt ist, gewisse Lebensbedingungen zur Wahrung der Rechtsgleichheit möglichst allgemein zu regeln.[201] So kann der Bundestag den Gesetzeserlass nicht verweigern, wo er verlangt wird, und er kann das Verfahren nicht beschleunigen, wo die Meinungen weit auseinandergehen oder die Materie schwierig ist.[202]

Dabei fördert diese Ausgestaltung des Gesetzgebungsverfahrens zwar mühsame und aufwendige, aber loyale Zusammenarbeit und gegenseitige Rück-

---

[196] *Nierhaus*, in: Sachs GG-Kommentar, 8. Aufl. 2018, Art. 82 GG Rn. 1.
[197] *Busch*, Das Verhältnis des Art. 80 Abs. 1 S. 2 GG zum Gesetzes- und Parlamentsvorbehalt, 1992, S. 73. In diese Richtung, aber auch *Lerche*, NJW 1961, 1758 (1769).
[198] *Magiera*, Parlament und Staatsleitung, 1979, S. 180.
[199] *Linn/Sobolewski*, So arbeitet der Deutsche Bundestag, 2017, S. 148.
[200] So auch *Linn/Sobolewski*, So arbeitet der Deutsche Bundestag, 2017, S. 150.
[201] *Busch*, Das Verhältnis des Art. 80 Abs. 1 S. 2 GG zum Gesetzes- und Parlamentsvorbehalt, 1992, S. 70 und 72.
[202] *Linn/Sobolewski*, So arbeitet der Deutsche Bundestag, 2017, S. 150.

sichtnahme unter den Verfassungsorganen. Das Entfallen dieser Komponenten geht auf Kosten eines offenen Meinungs- und Willensbildungsprozesses. Das Gesetzgebungsverfahren ist so geregelt, dass möglichst viele und kompetente Überlegungen und Vorschläge Eingang finden und den Inhalt des Gesetzes bestimmen können.[203] Damit verbirgt das Verfahren Informationen über die tatsächlichen Verhältnisse, die das geplante Gesetz regeln soll, Argumente und Erwägungen für und gegen das Gemeinwohl, womit durch die Beteiligung weiterer Organe eine gewisse Garantie geboten wird, dass die Gesetzgebung nicht in die Hand der Vertreter einer bestimmten Weltanschauung fällt und ein bestimmtes Maß an Vernünftigkeit und Gerechtigkeit gewährleistet wird.[204] Durch einen vermehrten Einsatz von schlichten Parlamentsbeschlüssen besteht dagegen die Gefahr, dass komplexe Materien, die eine gründliche und sorgfältige Ausschuss- und Plenarsitzung verdient hätten, nicht stattfinden und übervoreilig über sie entschieden wird.[205] Gleichzeitig würde das möglicherweise neue Einflussmöglichkeiten des Parlaments eröffnen mit der Problemstellung, ob und in welchem Umfang der schlichte Parlamentsbeschluss als Alternative zur gesetzesförmigen Handlungsform zugelassen werden kann.[206] Den Beschluss einer Gesetzesvorlage als einfacher Parlamentsbeschluss zu verabschieden, würde zur Umgehung der Anforderungen der Art. 76 ff. GG führen (sog. Verbot gesetzesvertretender schlichter Parlamentsbeschlüsse).[207]

Sowohl der Kreis der beteiligten Organe als auch der detaillierte Ablauf des Gesetzgebungsverfahrens machen deutlich, dass die Stellung des Bundestages eine andere ist als die bei der Fassung eines schlichten Parlamentsbeschlusses, bei dem die alleinige Tätigkeit des Bundestages in der Regel ausreichend ist. So behält der Bundestag im Rahmen des Gesetzgebungsverfahrens neben den Beteiligungsrechten anderer Organe eine herausragende Stellung, als sein Gesetzesbeschluss stets unentbehrlich und allein entscheidend ist (bis auf die Zu-

---

[203] *Starck*, Der Gesetzesbegriff des GG, 1970, S. 169.
[204] *Starck*, Der Gesetzesbegriff des GG, 1970, S. 169.
[205] So ähnlich *Butzer*, AöR 119 (1994), 61 (65).
[206] *Butzer*, AöR 119 (1994), 61 (63).
[207] *Busch*, Das Verhältnis des Art. 80 Abs. 1 S. 2 GG zum Gesetzes- und Parlamentsvorbehalt, 1992, S. 71 ff.; *Mann*, in: Sachs GG-Kommentar, 8. Aufl. 2018, Art. 76 GG Rn. 5; *Kersten*, in: Maunz/Dürig Kommentar GG, Oktober 2019, Art. 76 GG Rn. 25. Andere Ansicht, etwas großzügiger im Ganzen, *Butzer*, AöR 119 (1994), 61 (81 ff.).

stimmung des Bundesrates bedürftigen Gesetzesbeschlüsse) und andere Verfassungsorgane ihn grundsätzlich nicht an der Durchsetzung seines Gesetzgebungswillens hindern können.[208] Dennoch darf weder der normative Auftrag der verfassungsrechtlich eingeräumten Mitwirkungsbefugnisse anderer Organe übersehen noch das damit verbundene faktische Gewicht unterschätzt werden.[209] Die „Dignität" des Gesetzesbeschlusses inklusive der „formellen Dimension" darf nicht außer Acht gelassen werden.[210] Denn genau das macht das förmliche Gesetzgebungsverfahren in seiner Gesamtheit aus und lässt eine Gleichsetzung des Gesetzesbeschlusses mit einem schlichten Parlamentsbeschluss nicht zu.

Anhand all dieser Unterschiede wird die besondere Stellung des Gesetzesbeschlusses im Vergleich zu allen anderen Staatsakten, darunter der schlichten Parlamentsbeschlüsse, gekennzeichnet. Denn das aufwendige Verfahren der Staatsbildung in der Verfassungsordnung des Grundgesetzes soll sich demnach auf das Bedeutsame, das Grundlegende, das Wichtigste, das Wesentliche beschränken, um so eine Entlastung von Nebensächlichem zu schaffen und eine Konzentration auf das Entscheidende zu ermöglichen.[211] Zeit und Detailwissen des Gesetzgebers setzen ihm also Grenzen für die Schaffung unwichtiger Normen, sodass das Gesetzgebungsverfahren im engeren Sinn darauf ausgelegt ist, möglichst dauerhafte, weitsichtig vorausgeplante und gut abgewogene Regelungen zu wichtigen politischen Fragen hervorzubringen.[212] Allerdings ist der Begriff des Bedeutsamen offen,[213] sodass kein eindeutiger Schluss auf den Inhalt schlichter Parlamentsbeschlüsse gezogen werden kann. Dazu bieten die Vorteile des Verfahrens eines schlichten Parlamentsbeschlusses viele Einsatzmöglichkeiten im Rahmen ebenso wichtiger Sachbereiche, für die das auf-

---

[208] *Magiera*, Parlament und Staatsleitung, 1979, S. 181.
[209] *Magiera*, Parlament und Staatsleitung, 1979, S. 181.
[210] *Frenzel*, JuS 2010, 119 (124).
[211] In diesem Sinne *Rausch*, ZfP 1967, 259 (288); *Grimm*, ZParl 1970, 448 (464); *Kewenig*, ZParl 1973, 424 (429 f.); *Starck*, Der Gesetzesbegriff des GG, 1970, S. 169 f.; *Weyreuther*, DVBl. 1976, 853 (858); *Magiera*, Parlament und Staatsleitung, 1979, S. 207 m.w.N.
[212] *Starck*, Der Gesetzesbegriff des GG, 1970, S. 170.
[213] *Starck*, Der Gesetzesbegriff des GG, 1970, S. 170 mit dem Hinweis, dass das Bedeutsame u.a. in der Verfassung durch Gesetzesvorbehalte und von dem Gesetzgeber über den Vorrang des Gesetzes bestimmt werden kann; *Magiera*, Parlament und Staatsleitung, 1979, S. 207.

wendige Gesetzgebungsverfahren sich wenig eignet, z.B. für Wahlen[214] und eilbedürftige[215] Angelegenheiten, oder kaum lohnt, z.B. für die Errichtung[216] von Mittel- und Unterbehörden.[217] Die Möglichkeit, das Gesetz zumindest punktuell gegen den Beschluss auszutauschen, würde dem ohnehin stark beanspruchten Bundestag einen Ausweg der Entlastung bieten mit der Folge „seine Tätigkeit einer vielerorts gewünschten qualitativen Steigerung zuzuführen".[218] Es erlaubt effektiv eine stetige Anpassung an veränderte Umstände als auch eine flexible und schnelle Reaktion. Auf diese Weise kann einer Überlastung des Bundestages aufgrund des fortwährenden Reglungsprozesses durch fortwährenden Anpassungs- und Änderungsbedarf begegnet werden.[219]

**3. Unterscheidung nach der Rechtsgrundlage**
Eine mögliche Kategorisierung der schlichten Parlamentsbeschlüsse kann anhand ihrer jeweiligen Rechtsgrundlage erfolgen. So kann zwischen Entscheidungen in Beschlussform aufgrund grundgesetzlicher, aufgrund einfachgesetzlicher Anordnung, aufgrund der Geschäftsordnung des Bundestages (GOBT) oder aufgrund von Beschlüssen, die ohne Abstützung auf eine Rechtquelle des Außenrechts ergehen, unterschieden werden. Die Rechtsgrundlage gibt gewisse Anhaltspunkte für mögliche Rechtsfolgen, die ein bestimmter schlichter Parlamentsbeschluss herbeiführen kann. Diese wiederum lassen sich bestimmten Sachbereichen zuordnen. So wird auf diese Weise ein erster Überblick über verschiedene Funktionen des schlichten Parlamentsbeschlusseses gegeben. Gleichzeitig wird deutlich, dass diese nur schwer ein Schema der bevorzugten Anwendungsbereiche erkennen lassen. Außerdem ist zu beachten, dass bei der Betrachtung der Rechtsgrundlage überwiegend die niedergeschriebenen Fälle des schlichten Parlamentsbeschlusses Berücksichtigung gefunden haben, die nicht das volle Spektrum der schlichten Parlamentsbeschlüsse wiedergeben,

---

[214] Bsp. Art. 40 Abs. 1 S. 1 GG, Art. 63 Abs. 1 GG, Art. 67 Abs. 1, Art. 68 Abs. 1 Satz 2 GG.
[215] Bsp. Art. 80a Abs. 1 GG, Art. 115a Abs. 1 GG, Art. 87a Abs. 4 Satz 2 GG.
[216] Vgl. Art. 87 Abs. 2 Satz 2 GG.
[217] *Magiera*, Parlament und Staatsleitung, 1979, S. 212.
[218] *Busch*, Das Verhältnis des Art. 80 Abs. 1 S. 2 GG zum Gesetzes- und Parlamentsvorbehalt, 1992, S. 70 f. In die Richtung zuvor *Sellmann*, Der schlichte Parlamentsbeschluss, 1966, S. 139.
[219] So ähnlich *Busch*, Das Verhältnis des Art. 80 Abs. 1 S. 2 GG zum Gesetzes- und Parlamentsvorbehalt, 1992, S. 70; *Butzer*, AöR 119 (1994), 61 (62).

weil es auch ungeschriebene Fälle des schlichten Parlamentsbeschlusses geben kann. Bei den Ergebnissen dieser Vorgehensweise ist daher Zurückhaltung angebracht, weil sie keinen abschließenden Charakter aufweisen.

### a) Grundgesetz

Im Grundgesetz gibt es eine Vielzahl an Bestimmungen, die vorgeben, wann die Beschlussform erforderlich ist. Anhand dieser lassen sich Teilbereiche bestimmen, in denen die schlichten Parlamentsbeschlüsse vorgesehen sind. Diese schlichten Parlamentsbeschlüsse betreffen die inneren Angelegenheiten des Parlaments, das Verhältnis zu anderen Bundesorganen und besondere eilbedürftige Staatsangelegenheiten.[220]

Zu den Regelungen des Grundgesetzes, die den Bereich innerer Angelegenheiten des Parlaments betreffen, zählen z.B. in Art. 40 Abs. 1 Satz 2 GG der Erlass von Geschäftsordnungen, in Art. 39 Abs. 3 GG die Festlegungen von Sitzungen, in Art. 40 Abs. 1 Satz 1 GG die Wahl des Präsidenten, seiner Stellvertreter und Schriftführer, in Art. 41 Abs. 1 Satz 1 GG die Wahlprüfung, in Art. 42 Abs. 1 Satz 2 GG der Ausschluss der Öffentlichkeit von den Verhandlungen, in Art. 41 Abs. 1 Satz 2 und Art. 46 Abs. 2 bis Abs. 4 GG die Entscheidung über den Verlust der Mitgliedschaft und die Aufhebung der Immunität von Abgeordneten, in Art. 44 GG die Einsetzung von Untersuchungsausschüssen, in Art. 45a Abs. 1 GG, Art. 45c Abs. 1 GG die Bestellung des Auswärtigen, des Verteidigung- und des Petitionsausschusses, in Art. 45b Satz 1 GG die Berufung des Wehrbeauftragten.[221]

Das Grundgesetz regelt das Verhältnis zu anderen Verfassungsorganen u.a. in Art. 63 Abs. 1 GG, Art. 67 Abs. 1 GG, Art. 68 Abs. 1 Satz 2 GG die Wahl des Bundeskanzlers, in Art. 94 Abs. 1 Satz 2 GG der Hälfte der Mitglieder des BVerfG, in Art. 95 Abs. 2 GG der Mitglieder des Richterwahlausschusses für die obersten Gerichtshöfe, in Art. 53a Abs. 1 Satz 2 GG die Benennung der Mitglieder des Gemeinsamen Ausschusses, in Art. 43 Abs. 1 GG die Herbeirufung der Mitglie-

---

[220] Diese Einteilung nahm vor u.a. *Magiera*, Parlament und Staatsleitung, 1979, S. 210 f.
[221] *Magiera*, Parlament und Staatsleitung, 1979, S. 211 f.; *Luch*, in: Morlok/Schliesky/Wiefelspütz Parlamentsrecht, 2016, § 10 Rn. 16. Ähnliche Aufzählungen u.a. *Obermeier*, Die schlichten Parlamentsbeschlüsse nach dem Bonner GG, 1965, S. 4 f.; *Schmelter*, Rechtsschutz, 1977, S. 26 ff.

der der Bundesregierung, in Art. 60 Abs. 4 GG, Art. 61 Abs. 1 GG die Aufhebung der Immunität und die Anklage des Bundespräsidenten und in Art. 66 GG die Zustimmung zur Ausübung bestimmter Nebentätigkeiten durch die Regierungsmitglieder.[222]

Beschlüsse für den Bereich besonders eilbedürftiger Staatsangelegenheiten sind insbesondere vorgesehen in Art. 80a Abs. 1 GG die Feststellung des Eintritts des Spannungsfalles und – auf Antrag der Bundesregierung mit Zustimmung des Bundesrates – in Art. 115a Abs. 1 GG des Verteidigungsfalles, in Art. 80a Abs. 2 und Abs. 3 GG, Art. 115l Abs. 1 und Abs. 2 GG einschließlich der entsprechenden Aufhebungsverfahren, in Art. 87a Abs. 4 Satz 2 GG das Verlangen auf Einstellung des Einsatzes der Streitkräfte im Inneren und – mit Zustimmung des Bundesrates – in Art. 87 Abs. 3 Satz 2 GG die Einrichtung bestimmter bundeseigener Mittel- und Unterbehörden.[223] Dazu zählt auch der Beschluss nach Art. 115 Abs. 2 Satz 6 GG über erhöhte Nettokreditaufnahme, für Naturkatastrophen und in außergewöhnlichen Notsituationen, die sich der Kontrolle des Staates entziehen und die staatliche Finanzlage erheblich beeinträchtigen.[224]

Auffällig bei den aufgezählten Normen ist, dass nur sehr wenige davon ausdrücklich von dem „Beschluss" per se sprechen.[225] Von einem Beschluss ist jedenfalls dann auszugehen, wenn das Grundgesetz selbst eine durch den Bundestag zu treffende Entscheidung als Beschluss kennzeichnet, im Übrigen ist eine Auslegung erforderlich.[226] Da der Bundestag ein Kollegialorgan ist und sich einer Entscheidungsform bedienen muss, um die ihm durch das Grundgesetz

---

[222] *Magiera*, Parlament und Staatsleitung, 1979, S. 211 f.; *Luch*, in: Morlok/Schliesky/Wiefelspütz Parlamentsrecht, 2016, § 10 Rn. 17. Ähnliche Aufzählungen u.a. *Obermeier*, Die schlichten Parlamentsbeschlüsse nach dem Bonner GG, 1965, S. 4 f.; *Schmelter*, Rechtsschutz, 1977, S. 26 ff.
[223] *Magiera*, Parlament und Staatsleitung, 1979, S. 211 f.; *Luch*, in: Morlok/Schliesky/Wiefelspütz Parlamentsrecht, 2016, § 10 Rn. 18; ähnliche Aufzählungen u.a. *Obermeier*, Die schlichten Parlamentsbeschlüsse nach dem Bonner GG, 1965, S. 4 f.; *Schmelter*, Rechtsschutz, 1977, S. 26 ff.
[224] *Kienemund*, in: Hömig/Wolff Handkommentar GG, 12. Aufl. 2018, Art. 115 GG Rn. 1 und 7 mit Verweis auf BT-Drs. 16/12410 (Gesetzentwurf), S. 13; *Reimer*, in: Epping/Hillgruber Beck'scher Online Kommentar GG, 1.12.2019, Art. 115 GG Rn. 55 ff.
[225] Bsp. Art. 115l Abs. 1 Satz 2 und Abs. 2 Satz 2 GG, Art. 61 Satz 3 GG.
[226] *Müller-Terpitz*, in: Bonner Kommentar, Februar 2020, Art. 42 GG Rn. 78.

zugewiesenen Aufgaben zu erfüllen, macht er von der Beschlussform Gebrauch, vgl. Art. 42 Abs. 2 Satz 1 GG.[227] Dass dabei der Gesetzesbeschluss nicht gemeint ist, ergibt sich aus der Kompetenzverteilung und expliziten Bestimmungen des Grundgesetzes, die darauf hinweisen, wann die Gesetzesform erwünscht und erforderlich ist. Kurzum, wo nicht ausdrücklich von „Beschluss" oder „Gesetz" die Rede ist, greift Art. 42 Abs. 2 Satz 1 GG. Dem Wortlaut des Grundgesetzes folgend, ist auffällig, dass der Verfassungsgesetzgeber die Handlungsform des Parlamentsbeschlusses insofern ausdifferenziert hat, als er dafür „Stellungnahmen" des Bundestages in europäischen Angelegenheiten (Art. 23 Abs. 3 GG) oder bei den Beschlüssen zur Wahrnehmung der vertraglichen Mitwirkungsrechte und europäischen Rechtsetzungsakten Begriffe wie „wahrnehmen" (Art. 45 Satz 3 und Art. 23 Abs. 1a Satz 3 GG), „mitwirken" (Art. 23 Abs. 2 Satz 1 GG) und „berücksichtigen" (Art. 23 Abs. 3 Satz 2 GG) eingeführt hat.[228]

Die Aufzählung zeigt ein breites Spektrum parlamentarischer Handlungsmöglichkeiten außerhalb der Gesetzgebung.[229] Diese Normen ermächtigen den Bundestag zur Erfüllung vielerlei Angelegenheiten. Der Bundestag nimmt auf diese Weise einerseits Kontrollfunktionen, z.B. durch Einsetzung der Untersuchungsausschüsse oder Ausübung des Zitierrechts, und andererseits Kreationsfunktionen, z.B. durch die Wahl des Parlamentspräsidenten und dessen Stellvertreter und die Schriftführer, die Wahl des Bundeskanzlers oder die Bestellung des Verteidigungs- und Petitionsausschusses, wahr.[230] Zum Teil weisen diese Akte einen stark personalen Bezug auf, der in den Bereichen Wahlprüfung, bei der Entscheidung über den Verlust der Mitgliedschaft im Bundestag oder der Entscheidung über die Aufhebung der Immunität von Abgeordneten deutlich wird, und betreffen ferner häufiger den parlamentsinternen Bereich mit organisatorischem Bezug zum Ablauf und zur Arbeitsweise des Bundestages, z.B. Erlass von Geschäftsordnung, Festlegung von Sitzungen oder Ausschluss der Öffentlichkeit.[231] Ein eindeutiges Ordnungsprinzip auf die Fest-

---

[227] Ähnlich *Magiera*, in: Sachs GG-Kommentar, 8. Aufl. 2018, Art. 42 GG Rn. 8.
[228] *Kühnreich*, Das Selbstorganisationsrecht des Deutschen Bundestages, 1997, S. 96; *Luch*, in: Morlok/Schliesky/Wiefelspütz Parlamentsrecht, 2016, § 10 Rn. 19.
[229] *Schmelter*, Rechtsschutz, 1977, S. 27.
[230] So auch *Schmelter*, Rechtsschutz, 1977, S. 27.
[231] *Butzer*, AöR 119 (1994), 61 (68).

legung des jeweiligen Beschlussverfahrens (Gesetzesbeschuss oder schlichter Parlamentsbeschluss) ist dem Grundgesetz nicht zu entnehmen.[232] Diese Zusammenstellung der im Grundgesetz vorgesehenen Parlamentsbeschlüsse lässt keine eindeutige Systematik erkennen bzw. eine Gemeinsamkeit aus den Teilbereichen zu einer generellen Aussage herausentwickeln. Es lässt sich nicht ganz klären, für welchen Bereich ausschließlich ein Beschluss bzw. ein Gesetz die geeignete Regelungsform ist. So sieht das Grundgesetz auch im parlamentsinternen Bereich gesetzliche Regelungen vor z.B. in Art. 38 Abs. 2 GG die Abgeordnetenwahl, in Art. 41 Abs. 3 GG die Wahlprüfung oder in Art. 48 Abs. 3 Satz 3 GG die Abgeordnetenentschädigung.[233] Auch im Bereich besonderer Angelegenheiten in Art. 115l Abs. 3 GG hinsichtlich des Friedensschlusses nach Beendigung des Verteidigungsfalles sowie die Kreationsfunktion betreffende Regelungen z.B. in Art. 54 Abs. 7 GG die Wahl des Bundespräsidenten oder in Art. 94 Abs. 2 GG die Verfassung und das Verfahren des Bundesverfassungsgerichts bedürfen eines Gesetzes.[234] Hierfür reicht ein schlichter Parlamentsbeschluss nicht aus, obwohl er in diesen Bereichen auftaucht. Die grundgesetzlichen Bestimmungen über nichtlegislative Parlamentsentscheidungen sind von ihrem Inhalt und ihrer Funktion her sehr unterschiedlich und betreffen nur beispielartig bestimmte Bereiche, ohne sie erschöpfend und abschließend zu regeln. Sie sind vielmehr jeweils als Einzelregelung zu verstehen.[235] Aufgrund der Bestandsaufnahme lässt sich nur ansatzweise übergreifendes Leitprinzip erkennen.[236] Die genannten Beschlüsse haben gemeinsam, dass sie in der Regel nicht den Erlass von Rechtssätzen[237] beinhalten und nur selten eine Beteiligung eines anderen Organs vorschreiben. Ferner erscheint der schlichte Parlamentsbeschluss aufgrund der allgemeinen Zuweisung nach Art. 42 Abs. 1 Satz 2 GG,

---

[232] *Butzer*, AöR 119 (1994), 61 (67).
[233] *Magiera*, Parlament und Staatsleitung, 1979, S. 211 f.
[234] *Magiera*, Parlament und Staatsleitung, 1979, S. 212.
[235] *Sellmann*, Der schlichte Parlamentsbeschluss, 1966, S. 42.
[236] *Magiera*, Parlament und Staatsleitung, 1979, S. 211 f.
[237] *Schmelter*, Rechtsschutz, 1977, S. 27 mit Hinweis in Bezug auf den Erlass der Geschäftsordnung nach Art. 40 Abs. 1 Satz 2 GG, weil Zweifel hinsichtlich der Rechtsqualität der Geschäftsordnung bestehen (m.w.N. auf S. 28 f. und den Fn. 4 ff.). Im Ergebnis vertritt er die Auffassung, dass die Geschäftsordnung ungeachtet ihres Rechtscharakters eine Rechtsetzung beinhalte und daher kein Untersuchungsgegenstand der schlichten Parlamentsbeschlüsse in seiner Arbeit ist, S. 29.

die Regelform für den internen Bereich des Parlaments zu sein, während er für die anderen Bereiche umgekehrt eine Ausnahmeform parlamentarischer Entscheidungen darstellt.[238] Außerdem wird die Form des schlichten Beschlusses für Regelungsgegenstände bevorzugt, für die das Gesetzgebungsverfahren wegen seiner Ausgestaltung zu langwierig oder zu aufwendig wäre, etwa bei eilbedürftigen Staatsangelegenheiten oder bei Einrichtung von Mittel- und Unterbehörden oder bei Wahlakten.[239]

### b) Einfaches Gesetz

Nicht nur im Grundgesetz, sondern auch in einfachen Gesetzen finden sich Ermächtigungsnormen für den Erlass schlichter Parlamentsbeschlüsse.

Einige Beispiele finden sich in der Bundeshaushaltsordnung (BHO[240]), z.B. die Einwilligung – sowohl vom Bundestag als auch vom Bundesrat – zur Veräußerung bundeseigener Grundstücke von erheblichem Wert oder besonderer Bedeutung (§ 64 Abs. 2 Satz 1 BHO), Einwilligung – sowohl vom Bundestag als auch vom Bundesrat – zur Veräußerung von Unternehmensanteilen mit besonderer Bedeutung (§ 65 Abs. 7 Satz 1 BHO) sowie der Missbilligungsbeschluss bei der Entlastung der Bundesregierung nach Rechnungslegung (§ 114 Abs. 5 BHO).[241]

Andere Beispiele betreffen Erklärungen in Rechtsstreitigkeiten vor dem BVerfG und sind im BVerfGG zu finden, z.B. Beitrittserklärungen[242] in einem Verfahren nach Art. 93 Abs. 1 Nr. 1 GG (§§ 13 Nr. 5, 63, 65 BVerfGG), Äußerungen in einem Verfahren nach Art. 93 Abs. 1 Nr. 2 GG (§§ 13 Nr. 6, 77 BVerfGG) und Äußerungen bzw. Beitritt in einem Verfahren nach Art. 100 Abs. 2 GG (§§ 13 Nr. 12, 83 Abs. 2 BVerfGG).[243]

---

[238] *Magiera*, Parlament und Staatsleitung, 1979, S. 212.
[239] So ähnlich *Magiera*, Parlament und Staatsleitung, 1979, S. 212.
[240] Bundeshaushaltsordnung (BHO) v. 19.8.1969, (BGBl. I S. 1284), zuletzt geänd. durch Art. 8 Abs. 10 G zur Neuorganisation der Zollverwaltung v. 3.12.2015 (BGBl. I S. 2178).
[241] Aufzählung bei *Schmelter*, Rechtsschutz, 1977, S. 30.
[242] Bsp. BVerfGE 6, 309 (323 f.); *Walter*, in: BeckOK BVerfGG, 2020, § 65 BVerfGG Rn. 11.
[243] Aufzählung bei *Schmelter*, Rechtsschutz, 1977, S. 30.

Der Bundestag erfüllt seine Kreationsfunktion, z.B. bei der Wahl der Mitglieder der Aufsichtsorgane bei der Deutschen Welle[244] (Rundfunkrat – § 31 Abs. 2 DWG und Verwaltungsrat – § 36 Abs. 1 Satz 2 DWG) oder der Wahl der Vertreter der Bundesrepublik Deutschland in der Beratenden Versammlung des Europarates (Art. 25 und Art. 26 der Satzung[245] des Europarats i.V.m. dem Gesetz über die Wahl der Vertreter der BRD zur Parlamentarischen Versammlung des Europarats[246]).

Einen weiteren Bereich, in dem schlichte Parlamentsbeschlüsse zur Anwendung kommen, sind Rechtsverordnungen. Es gibt Ermächtigungsnormen zum Erlass von Rechtsverordnungen, die explizit die Mitwirkung des Bundestages vorsehen. Diese finden sich u.a. in § 51 Abs. 1 Nr. 2 lit. s) cc) Satz 11 und Satz 12 EStG[247], § 20 Abs. 2 UmweltHG[248], § 48b BImSchG[249], § 96 EEG[250] 2017. Sie werden als Zustimmungs-, Ablehnungs- oder Änderungs-, Veto-, Genehmigungs- bzw. Aufhebungsvorbehalte bezeichnet.[251] Sie ermöglichen dem Bundestag eine Einflussnahme auf die Verordnungsgebung, indem sie den Verordnungsgeber mittels Beschlusses, der kein Gesetzesbeschluss ist, rechtlich binden. Damit wird die Gestaltungsfreiheit des Verordnungsgebers nicht nur in politischer, aber vor allem in rechtlicher Hinsicht beschränkt.[252] Die in den Ermächtigungsgrundlagen formulierten Vorbehalte sehen in der Regel vor, dass die

---

[244] Gesetz über die Rundfunkanstalt des Bundesrechts „Deutsche Welle" (Deutsche-Welle-Gesetz – DWG), in der Fassung der Bek. v. 11.1.2005 (BGBl. I S. 90), zuletzt geänd. durch Art. 41 des Gesetzes v. 20.11.2019 (BGBl. I S. 1626).
[245] EuRatSatz v. 30.11.1954 (BGBl. II S. 1126), zuletzt geänd. durch Bek. v. 17.2.2016 (BGBl. II S. 292).
[246] EuRatWahlG gem. Bek. v. 6.12.1990 (BGBl. I S. 2586).
[247] Einkommensteuergesetz (EStG) neugefasst durch Bek. v. 8.10.2009 (BGBl. I S. 3366, 3862), zuletzt geänd. durch Art. 2 des Gesetzes v. 21.12.2019 (BGBl. I S. 2886).
[248] Gesetz über die Umwelthaftung v. 10.12.1990 (BGBl. I S. 2634), zuletzt geänd. durch Art. 6 des Gesetzes v. 17.7.2017 (BGBl. I S. 2421).
[249] Gesetz zum Schutz vor schädlichen Umwelteinwirkungen durch Luftverunreinigungen, Geräusche, Erschütterungen und ähnliche Vorgänge (Bundes-Immissionsschutzgesetz – BImSchG) in der Fassung der Bek. v. 17.5.2013 (BGBl. I S. 1274), zuletzt geänd. durch Art. 1 des Gesetzes v. 8.4.2019 (BGBl. I S. 432).
[250] Gesetz für den Ausbau erneuerbarer Energien (Erneuerbare-Energien-Gesetz – EEG 2017) v. 21.7.2014 (BGBl. I S. 1066), zuletzt geänd. durch Art. 3 des Gesetzes v. 20.11.2019 (BGBl. I S. 1719).
[251] Solche Bezeichnungen zu finden bei *Uhle*, in: Gesetzgebung, 2014, § 24 Rn. 86.
[252] *Uhle*, in: Gesetzgebung, 2014, § 24 Rn. 86.

Rechtsverordnung entweder erst durch den Erlass des Beschlusses bzw. nach Ablauf einer Frist erlassen werden kann bzw. deren Erlass durch einen ablehnenden Beschluss verhindert wird oder aber die Rechtsverordnung vor ihrem Inkrafttreten durch den Beschluss inhaltlich geändert wird.[253]

Auch diese Beispiele[254] lassen eine Systematik kaum erkennen. Die einfachen Gesetze gestatten dem Bundestag u.a. die Erteilung von Zustimmungen, die Abgabe von Erklärungen und die Wahl von Mitgliedern gewisser Organe. Diese Beschlüsse betreffen keine Materien mit Bezug zur Eigenorganisation des Parlaments, was damit erklärt werden kann, dass die förmlichen Gesetze nur durch das Zusammenwirken mehrerer oberster Verfassungsorgane entstehen und dem Bundestag durch Art. 40 Abs. 1 Satz 2 GG die Kompetenz zur Regelung eigener Angelegenheiten mittels Erlasses der Geschäftsordnung eingeräumt wurde.[255] Außerdem würde das Regeln eigenorganisatorischer Bereiche des Parlaments in Gesetzesform einem freiwilligen Kompetenzverzicht nahekommen.[256] Viel beachtlicher hingegen sind die Beschlüsse im Rahmen der Verordnungsgebung. Die dem Bundestag eröffnete Einflussmöglichkeit geht viel weiter als die in den eben genannten Situationen des Beschlusserlasses, weil sie Mitwirkungsrechte des Bundestages in der Rechtsetzung des Verordnungsgebers statuieren. Diese schlichten Parlamentsbeschlüsse können viele Regelungsbereiche erfassen und je nach ihrer Ausgestaltung stellen sie eine Wirksamkeitsvoraussetzung des Rechtsverordnungserlasses dar bzw. erlauben darüber hinaus inhaltliche Gestaltung einer Rechtsverordnung.[257] Derartige Beschlüsse sind u.a. ein Mittel der parlamentarischen Kontrolle, die Betätigung des Parlaments sei eine „kontrollierende Beteiligung an der Rechtsetzung"[258]. Die verfassungsrechtliche Zulässigkeit dieser Vorbehalte wird weitestgehend

---

[253] Zu den einzelnen Vorbehalten und ihrer rechtlichen Bewertung zusammenfassend *Remmert*, in: Maunz/Dürig Kommentar GG, Oktober 2019, Art. 80 GG Rn. 105 bis 112.
[254] Weitere Bsp. der früheren Staatspraxis, siehe *Obermeier*, Die schlichten Parlamentsbeschlüsse nach dem Bonner GG, 1965, S. 5 f.
[255] *Kühnreich*, Das Selbstorganisationsrecht des Deutschen Bundestages, 1997, S. 97.
[256] *Kühnreich*, Das Selbstorganisationsrecht des Deutschen Bundestages, 1997, S. 97.
[257] So ähnlich *Mann*, in: Sachs GG-Kommentar, 8. Aufl. 2018, Art. 80 GG Rn. 41 ff.
[258] *Uhle*, NVwZ 2002, 15 (19); *Uhle*, in: Gesetzgebung, 2014, § 24 Rn. 87; *Sannwald*, in: Schmidt-Bleibtreu/Hofmann/Henneke GG-Kommentar, 14. Aufl. 2017, Art. 80 GG Rn. 120. Anderer Ansicht: *Kotulla/Rolfsen*, NVwZ 2010, 943 (943 ff.), insb. der Zustimmungsvorbehalt sei verfassungswidrig.

anerkannt, lediglich in Bezug auf den Änderungsvorbehalt bestehen erhebliche Zweifel.[259]

c) **Geschäftsordnung des Bundestages**

Eine weitere Grundlage für den Erlass schlichter Parlamentsbeschlüsse ist die Geschäftsordnung des Bundestages (GOBT[260]). Dabei kann man zwischen Ermächtigungsnormen unterscheiden, die im Grundgesetz bereits enthalten sind und in der Geschäftsordnung wiederholt bzw. präzisiert werden und solchen, die ausschließlich in der Geschäftsordnung des Bundestages enthalten sind.

Zu der ersten Gruppe gehören u.a. in Art. 43 Abs. 1 GG, § 42 GOBT das Zitieren der Mitglieder des Bundestages, in Art. 68 Abs. 1 Satz 1 GG, § 98 GOBT die Vertrauensfrage, in Art. 67 Abs. 1 GG, § 97 GOBT das Misstrauensvotum, in Art. 63 Abs. 1 GG, § 4 GOBT die Wahl des Bundeskanzlers, in Art. 44 Abs. 1 Satz 1, § 54 Abs. 2 GOBT die Einsetzung von Ausschüssen. Diese Bestimmungen finden ihren eigentlichen Rechtsgrund in der Verfassung selbst und dienen nur der Konkretisierung.

Zu der zweiten Gruppe zählen u.a. in § 10 Abs. 1 Satz 2 GOBT die Anerkennung als Fraktion oder als Gruppe, in § 17 GOBT der Beschluss der Geheimschutzordnung, in § 24 GOBT die Gemeinsame Beratung gleichartiger oder verwandter Gegenstände, in § 26 GOBT die Vertagung der Sitzung, in § 25 Abs. 2 GOBT die Vertagung der Beratung oder der Schluss der Aussprache, in § 45 Abs. 2 Satz 1 GOBT die Feststellung der Beschlussfähigkeit, in § 80 Abs. 2 Satz 1 GOBT der Eintritt in die zweite Beratung ohne Ausschussüberweisung und in § 126 GOBT die Abweichungen von der Geschäftsordnung.[261]

---

[259] Zusammenfassend dazu *Sannwald*, in: Schmidt-Bleibtreu/Hofmann/Henneke GG-Kommentar, 14. Aufl. 2017, Art. 80 GG Rn. 117 ff.; *Mann*, in: Sachs GG-Kommentar, 8. Aufl. 2018, Art. 80 GG Rn. 41 ff.; *Remmert*, in: Maunz/Dürig Kommentar GG, Oktober 2019, Art. 80 GG Rn. 105 ff.

[260] Geschäftsordnung des Deutschen Bundestages (GOBT), Fassung der Bek. v. 2.7.1980 (BGBl. I 1237), zuletzt geänd. durch Beschl. v. 1.3.2019 (BGBl. I S. 197).

[261] Weitere Bsp. u.a. bei *Kühnreich*, Das Selbstorganisationsrecht des Deutschen Bundestages, 1997, S. 98 Fn. 361.

Überwiegend regeln die aufgezählten Beschlüsse Rechtsverhältnisse im innerparlamentarischen Raum.[262] Sie dienen der Erhaltung der Funktionsfähigkeit des Parlaments und der notwendigen Handlungsflexibilität, die in dem Erlass erschöpfender Bestimmungen durch kodifizierte Geschäftsordnung nicht gewährleistet werden könnten.[263] Zum Teil stellen die Vorschriften der GOBT eine Konkretisierung der im Grundgesetz vorgegebenen Aufgaben dar und besitzen insoweit keine eigenständige Bedeutung, zum Teil haben sie einen technischen Charakter, indem sie die Verfahrens- und Organisationsstruktur festlegen. Zu beachten ist, dass die Regelungen der GOBT dem Diskontinuitätsgrundsatz unterliegen und folglich ihre Wirkung mit dem Zusammentritt eines neuen Bundestages erlischt.[264] Sie bieten damit keine dauerhafte Rechtsgrundlage für die schlichten Parlamentsbeschlüsse. Dennoch wird darin eine ausreichende Rechtsgrundlage gesehen, u.a. weil die GOBT in der Regel übernommen wird und demzufolge entsprechende Rechtsgrundlagen weiterhin existieren.[265]

**d) Keine ausdrückliche Rechtsquelle**

Schließlich dürfen die schlichten Parlamentsbeschlüsse nicht unerwähnt bleiben, die ohne normative Grundlage ergehen. Sie finden weder eine Stütze im Grundgesetz oder einfachen Gesetz, noch in einer Geschäftsordnung, noch betreffen sie das innerparlamentarische Verhältnis.[266] Für sie gibt es keine explizite Normierung als rechtliches Fundament mit der Folge, dass sich ihre Vielzahl nur an der Unterschiedlichkeit der Gegenstände, mit denen sie sich befassen, messen lassen kann.

---

[262] Die Bestimmungen der GOBT binden nur ihre Mitglieder, siehe BVerfGE 1, 144 (148); beschränkte Wirkungsmöglichkeit siehe *Achterberg*, Parlamentsrecht, 1984, § 24 S. 741.
[263] *Kühnreich*, Das Selbstorganisationsrecht des Deutschen Bundestages, 1997, S. 98.
[264] BVerfGE 1, 144 (148); *Kühnreich*, Das Selbstorganisationsrecht des Deutschen Bundestages, 1997, S. 99; *Schliesky*, in: v. Mangoldt/Klein/Starck, GG Bd. 2, 7. Aufl. 2018, Art. 40 GG Rn. 17; *Klein*, in: Maunz/Dürig Kommentar GG, Oktober 2019, Art. 40 GG Rn. 62.
[265] BVerfGE 1, 144 (148); *Kühnreich*, Das Selbstorganisationsrecht des Deutschen Bundestages, 1997, S. 99; *Pieroth*, in: Jarass/Pieroth-GG-Kommentar, 15. Aufl. 2018, Art. 40 GG Rn. 9; *Schliesky*, in: v. Mangoldt/Klein/Starck, GG Bd. 2, 7. Aufl. 2018, Art. 40 GG Rn. 17; *Klein*, in: Maunz/Dürig Kommentar GG, Oktober 2019, Art. 40 GG Rn. 62.
[266] *Butzer*, AöR 119 (1994), 61 (71).

Zu den in der Parlamentspraxis verbreiteten Parlamentsbeschlüssen[267] zählen bloße Kenntnisnahmeerklärungen, Entschließungen, Arbeitsaufträge, Weisungen oder Ersuchen – ohne oder mit Adressierung u.a. an die Parlamentsorgane oder Exekutive – bis hin zu Anforderungen von Informationen und Berichten.[268] Die enorme Bandbreite erfasst ferner Gegenstände in Gesetzgebungsangelegenheiten (außerhalb des eigentlichen Gesetzgebungsbeschlusses) sowie Regierungs- und Verwaltungsangelegenheiten.[269] Aus der Beobachtung der Staatspraxis werden sie überwiegend in dem Verhältnis zur Exekutive eingesetzt und betreffen fast sämtliche Geschäftsbereiche.[270] Oft wird für diese schlichten Parlamentsbeschlüsse der Begriff Entschließung verwendet. Unter die in Frage stehenden Beschlüsse fallen aber auch solche, die auch als Resolutionen, parlamentarische Programmbeschlüsse oder Manifestationen des politischen Willens bezeichnet werden, die viele Empfänger haben können (wie andere Staatsorgane oder sogar andere Staaten).[271]

Vor diesem Hintergrund könnten die Entschließungen des Bundestages als spezielle Ausformung des schlichten Parlamentsbeschlusses zunächst eine Abstützung in § 88 i.V.m. § 75 Abs. 2 lit. c) GOBT finden. Diese beziehen sich auf Gesetzesentwürfe, Unterrichtungen, Regierungserklärungen etc. Dem folgend würden sie aus der Gruppe eng verstandenen schlichten Parlamentsbeschlüsse herausfallen. Entscheidend ist aber, dass § 88 GOBT bloß das verfahrensmäßige Prozedere von Entschließungen festlegt, aber nicht den Inhalt von Entschließungen zum Gegenstand hat.[272] Das ergibt sich zum einen aus dem Wortlaut der Regelung: § 88 GOBT regelt nur die Art und Weise der Abstimmung von Entschließungsanträgen, z.B. wann die Abstimmung über sie erfolgt (zeitlich gesehen nach welchem Verfahrensabschnitt) oder die Möglichkeit ihrer Über-

---

[267] Zahlreiche Bsp. siehe *Sellmann*, Der schlichte Parlamentsbeschluss, 1966, S. 18 f.; *Obermeier*, Die schlichten Parlamentsbeschlüsse nach dem Bonner GG, 1965, S. 17 ff.
[268] *Butzer*, AöR 119 (1994), 61 (68).
[269] *Schmelter*, Rechtsschutz, 1977, S. 32.
[270] *Schmelter*, Rechtsschutz, 1977, S. 32; *Luch*, in: Morlok/Schliesky/Wiefelspütz Parlamentsrecht, 2016, § 10 Rn. 39.
[271] Dazu genauer *Kühnreich*, Das Selbstorganisationsrecht des Deutschen Bundestages, 1997, S. 100 f. m.w.N.
[272] *Butzer*, AöR 119 (1994), 61 (71 Fn. 46); *Ritzel/Bücker/Schreiner*, HdbPP, 2010, § 88 Abs. 1 GOBT Anm. I 1 b); *Versteyl*, in: v. Münch/Kunig GG-Kommentar, Bd. 1, 6. Aufl. 2012, Art. 42 GG Rn. 20.

weisung an einen Ausschuss oder die Verschiebung der Abstimmung auf die nächste Sitzung. Zum anderen befinden sich die Regelungen der §§ 88, 75 Abs. 2 lit. c) GOBT in dem Abschnitt „Vorlagen und ihre Behandlung", sodass aus dieser systematischen Stellung heraus nur der Verfahrensablauf beschrieben wird. Durch die Einordnung in § 75 Abs. 2 lit. c) GOBT haben die Entschließungen einen akzessorischen Charakter und müssen mit dem Beratungsgegenstand in Sachzusammenhang stehen. Sie sind unselbstständige Vorlagen mit der Folge, dass sie kein selbstständiger Tagesordnungspunkt auf der Tagesordnung des Bundestages sein können.[273] Thematisch ist aber der Bundestag unbeschränkt und kann seine Auffassung zu jeder Fragestellung zum Ausdruck bringen.[274] Dies folgt auch aus der parlamentarischen Praxis, sodass § 75 Abs. 2 lit. c) GOBT keine abschließende Aufzählung der Verhandlungsgegenstände beinhaltet.[275] Eine Regelung, die genaue Voraussetzungen für einen Entschließungsbeschluss vorlegt, ist nicht existent. Damit finden diese Einschließungen keine materielle Abstützung, sondern nur ihre formelle Behandlung in der GOBT.[276]

Mangels eigener Rechtsgrundlage sind diesen schlichten Parlamentsbeschlüssen verfassungsrechtlich keine inhaltlichen oder umfangmäßigen Grenzen gesetzt.[277] Dafür divergieren die Begründungen aber erheblich in Bezug auf ihre Zulässigkeit und rechtliche Unverbindlichkeit.[278] Sie sind aber nicht unbegrenzt möglich, sondern finden ihre Grenze an den verfassungsrechtlichen Zuständigkeiten anderer Verfassungsorgane.[279]

---

[273] *Troßmann*, Parlamentsrecht des Deutschen Bundestages, 1977, § 89 GOBT Rn. 1; *Ritzel/ Bücker*, HdbPP, 1981, § 88 Abs. 1 GOBT I. 1. a); *Roll*, GOBT-Kommentar, 2001, § 88 GOBT Rn. 2; *Ritzel/Bücker/Schreiner*, HdbPP, 2010, § 88 Abs. 1 GOBT Anm. I 1 a).
[274] So bereits *Troßmann*, Parlamentsrecht des Deutschen Bundestages, 1977, § 89 GOBT Rn. 1.
[275] *Ritzel/Bücker/Schreiner*, HdbPP, 2010, § 88 Abs. 1 GOBT Anm. I b) aa).
[276] *Butzer*, AöR 119 (1994), 61 (71 Fn. 46).
[277] *Butzer*, AöR 119 (1994), 61 (68 f.).
[278] Siehe dazu Teil 1 I. 4. b) und c). Diese Art von schlichten Parlamentsbeschlüssen stellt keinen Gegenstand des Dissertationsthemas dar. Sie sollen nur vollständigkeitshalber erwähnt werden.
[279] *Stern*, Staatsrecht der Bundesrepublik Deutschland, Bd. 2, 1980, § 26 II 2c, S. 49.

### e) Rechtsquelle als Indiz für mögliche Rechtswirkung und als Einteilungskriterium der schlichten Parlamentsbeschlüsse

Die Kategorisierung von Parlamentsbeschlüssen nach ihrer Rechtsgrundlage verschafft einen groben Überblick über die große Bandbreite ihrer Anwendung, wirft aber weitere Fragen auf. Es ist unklar, ob aufgrund der Rechtsgrundlage eine Rangordnung unter den ergehenden Beschlüssen aufgestellt werden kann. Ungeklärt ist ferner, inwiefern die Rechtsgrundlage den Inhalt des Beschlusses bzw. seine Rechtswirkung bestimmt.

Betrachtet man den Beschluss im Falle der Feststellung eines Verteidigungsfalles nach Art. 115a Abs. 1 Satz 1 GG, so enthält der Beschluss eine Tatsachen- oder Rechtsfeststellung, sei es in Form eines Exekutivaktes oder politischer Entscheidung eigener Art.[280] Der Beschluss nach Art. 46 Abs. 2 GG über die Aufhebung der Immunität stellt dagegen eine Einwilligung zur Strafverfolgung eines Abgeordneten dar und wird im Strafprozess als Prozessvoraussetzung für die Durchführung einzelner Verfügungen verstanden.[281] Nicht eindeutig ist aber, wie sich der Beschluss im Sinne des Art. 42 Abs. 2 Satz 1 GG generell in die Systematik des Verfassungsrechts einfügen lässt. Art. 40 Abs. 1 Satz 2 GG erlaubt dem Bundestag, sich eine Geschäftsordnung zu geben. Damit hat der Beschluss zum Gegenstand, die Feststellung der Inhalte der Normen als auch die Anordnung der Verbindlichkeit dieser Regelungen zu bestimmen.[282] Unabhängig davon, wie die Geschäftsordnung im Einzelnen rechtlich zu qualifizieren ist[283], steht jedenfalls fest, dass der Bundestag damit einen Rechtsetzungsakt erlässt. Weiteres Beispiel ist der Beschluss nach Art. 63 Abs. 1 GG über die Wahl des Bundeskanzlers. Das ist ein entscheidender Schritt im Bereich der Regierungsbildung, weil es das „Herzstück des parlamentarischen Regierungssystems"[284] bildet. Dabei wird durch den Beschluss der Bundespräsident zur

---

[280] *Obermeier*, Die schlichten Parlamentsbeschlüsse nach dem Bonner GG, 1965, S. 28 f. m.w.N.
[281] BVerfGE 104, 310 (326); *Klein*, in: Maunz/Dürig Kommentar GG, Oktober 2019, Art. 46 GG Rn. 51.
[282] *Obermeier*, Die schlichten Parlamentsbeschlüsse nach dem Bonner GG, 1965, S. 30.
[283] *Schliesky*, in: v. Mangoldt/Klein/Starck, GG Bd. 2, 7. Aufl. 2018, Art. 40 GG Rn. 22 m.w.N.
[284] *Schröder*, in: v. Mangoldt/Klein/Starck, GG Bd. 2, 7. Aufl. 2018, Art. 63 GG Rn. 10.

Ernennung des Gewählten verpflichtet.[285] Wiederum bei Art. 43 Abs. 1 GG kann der Bundestag durch einen Beschluss die Anwesenheit jedes Mitglieds der Bundesregierung verlangen. Das eingeräumte Recht besteht aus zwei Teilen, dem Zitierungsrecht und dem, zwar in der Regelung nicht ausdrücklich genannten, aber verfassungsrechtlich anerkannten, Interpellationsrecht.[286] Der Beschluss begründet damit zwei Pflichten, zum einen die Pflicht vor dem Plenum zu erscheinen[287], zum anderen die darauf aufbauende Pflicht, auf Fragen aus der Mitte des Parlaments Rede und Antwort[288] zu stehen.

Anhand der aufgezeigten Bestimmungen ist die Einordnung der einzelnen Beschlüsse des Parlaments in das Schema der Staatsakte nur eingeschränkt möglich. Sie regeln teilweise besondere Zuständigkeiten, teilweise konkretisieren sie verfassungsrechtliche Grundsätze. Sie ermöglichen dem Parlament seine Kreations- und Kontrollfunktion wahrzunehmen oder stellen Vollzugsfälle der parlamentarischen Regierungsweise dar.[289] Weiter ermöglichen sie dem Bundestag, sein Autonomierecht auszuüben, wie bei der Geschäftsordnung, oder stellen sog. „verfassungsrechtliche Hilfstätigkeit" dar, z.B. bei Aufhebung der Immunität.[290]

Allenfalls lassen sich aus den Rechtsgrundlagen zwei Hauptgruppen unterscheiden, nämlich die der Beschlüsse aufgrund einer ausdrücklichen Zuständigkeitsregelung (Grundgesetz, einfache Gesetze und Geschäftsordnung des Bundestages) und die der Beschlüsse ohne ausdrückliche Zuständigkeitsnorm.[291] Die Bereiche, die sie abdecken, lassen sich kaum in eindeutige Regelungsbereiche abschließend einteilen. Zum einen liegt der Grund in der Inhomogenität der Beschlussanordnungen, wie die oben genannten Anwendungsfälle zeigen, zum anderen aber liegt es auch an dem Umstand, dass die im Grundgesetz ge-

---

[285] *Schröder*, in: v. Mangoldt/Klein/Starck, GG Bd. 2, 7. Aufl. 2018, Art. 63 GG Rn. 40; *Herzog*, in: Maunz/Dürig Kommentar GG, Oktober 2019, Art. 63 GG Rn. 16 m.w.N.
[286] *Obermeier*, Die schlichten Parlamentsbeschlüsse nach dem Bonner GG, 1965, S. 32.
[287] *Schliesky*, in: v. Mangoldt/Klein/Starck, GG Bd. 2, 7. Aufl. 2018, Art. 43 GG Rn. 22 ff.
[288] Darstellung des Streits zu der Antwortpflicht des Regierungsmitglieds: *Schliesky*, in: v. Mangoldt/Klein/Starck, GG Bd. 2, 7. Aufl. 2018, Art. 43 GG Rn. 26 ff.; *Klein*, in: Maunz/Dürig Kommentar GG, Oktober 2019, Art. 43 GG Rn. 69 ff. m.w.N.
[289] *Obermeier*, Die schlichten Parlamentsbeschlüsse nach dem Bonner GG, 1965, S. 33.
[290] *Obermeier*, Die schlichten Parlamentsbeschlüsse nach dem Bonner GG, 1965, S. 33.
[291] *Schmelter*, Rechtsschutz, 1977, S. 25.

nannten Regelungskomplexe teilweise zusätzlich weiterer Kodifikation mittels Gesetzes bedürfen, z.B. Abgeordnetenwahl (Art. 38 Abs. 3 GG), Wahlprüfung (Art. 41 Abs. 3 GG), Festlegung der Diäten (Art. 48 Abs. 3 Satz 3 GG), Wahl des Bundespräsidenten (Art. 54 Abs. 7 GG) etc.[292]

Der Überblick über mögliche Rechtsquellen, aus denen sich die schlichten Parlamentsbeschlüsse ergeben können, lässt den Schluss zu, dass eine umfassende und einheitliche Rechtsgrundlage für alle Parlamentsbeschlüsse fehlt. Die Einteilung der schlichten Parlamentsbeschlüsse ihrer Rechtsgrundlage nach, kann nur Indizien bzgl. möglicher Zulässigkeit bzw. Wirkung geben. Der Teil der Beschlüsse, die ihre Ermächtigung in einer grundgesetzlichen Rechtsgrundlage finden, ist ohne weiteres zulässig. Die Beschlüsse, die ihre Rechtsgrundlage in formellen Gesetzen finden, sind ebenfalls zulässig. Ihre Grenze finden sie aber in der gesetzgeberischen Zuständigkeit, die durch Bestimmungen des Grundgesetzes festgelegt ist. Fehlt die Zuständigkeit, so kann die Staatsgewalt nicht auf das Volk durch eine ununterbrochene Legitimationskette zurückgeführt werden.[293] Die Beschlüsse, die ausschließlich auf geschäftsordnungsrechtlichen Normen ergehen, haben nur innerparlamentarische Wirkung, weil ihnen darüber hinaus die demokratische Legitimation fehlt.[294] Außerdem unterliegt ihre Wirkung dem Diskontinuitätsgrundsatz, sodass sie nicht dauerhaft sind, außer sie werden durch den neuen Bundestag mit der Übernahme der GOBT fortgeführt.

### 4. Die Rechtsnatur des schlichten Parlamentsbeschlusses

Schlichte Parlamentsbeschlüsse sind zunächst Handlungen, die auf eigene Entschlusskraft des Parlaments zurückgehen. Inwiefern sie eine rechtsnormative Regelung in sich tragen, ist ungeklärt. Denn wie von *Kühne* festgestellt worden ist, gehöre die Systematik von schlichten Parlamentsbeschlüssen nicht zu den

---

[292] *Butzer*, AöR 119 (1994), 61 (68 Fn. 33); *Magiera*, Parlament und Staatsleitung, 1979, S. 211 f.
[293] *Kühnreich*, Das Selbstorganisationsrecht des Deutschen Bundestages, 1997, S. 97.
[294] *Kühnreich*, Das Selbstorganisationsrecht des Deutschen Bundestages, 1997, S. 99, sie sind nicht über die Vorschrift des Art. 40 Abs. 1 Satz 2 GG demokratisch legitimiert.

Höhepunkten parlamentarischer Differenzierung und sei dementsprechend umstritten.[295]

So haben sich im Schrifttum im Rahmen der Bestimmung der Rechtsnatur und dem Versuch die Parlamentsbeschlüsse untereinander zu systematisieren, unterschiedliche Bezeichnungen herausgebildet, sog. „schlichte" und „echte" Parlamentsbeschlüsse. Bei der rechtlichen Einordnung dieser Akte liegt der Schwerpunkt in der Feststellung der rechtlichen Verbindlichkeit gegenüber ihrem Adressatenkreis. An dem „Gebilde" / der „Figur" des schlichten Parlamentsbeschusses wird zwar festgehalten, die ursprüngliche Definition wird aber durch verschiedene Aus- und Abgrenzungen für untauglich erklärt.[296] Die Abweichungen von der klaren und einfachen Konzeption von *Thoma* führen dazu, dass zum einen andere Benennungen entwickelt werden und zum anderen sich der Begriffsinhalt und -umfang ändert.

### a) Der „echte" Parlamentsbeschluss

Unter „echten" Beschlüssen, die rechtlich verpflichtend sind, werden demnach „(...) vor allem Gesetzesbeschlüsse nach Art. 77 Abs. 1 Satz 1 GG verstanden, aber auch Entscheidungen, die durch Verfassung oder Gesetz eine bestimmte Rechtsfolge herbeiführen, wie etwa Wahlprüfungsentscheidungen [Art. 41 Abs. 1 Satz 1 GG], Zitierungsentscheidungen [Art. 43 Abs. 1 GG] usw."[297] Des Weiteren gehören dazu u.a. die Verabschiedung (Art. 40 Abs. 1 Satz 1 GG) oder Änderung der parlamentarischen Geschäftsordnung und ihrer nachrangigen Vorschriften, als auch verfassungsrechtlich vorgeschriebene Parlamentsentscheidungen mit Wirkung für außerparlamentarische Adressaten[298] oder auch durch ein einfaches Gesetz vorgesehene Entscheidungen, die von Teilen des

---

[295] *Kühne*, ZParl 1990, 515 (519).
[296] *Butzer*, AöR 119 (1994), 61 (70).
[297] *Stern*, Staatsrecht, Bd. 2, 1980, § 26 II 2c, S. 48; *Klein*, in: HStR, Bd. III, 3. Aufl. 2005, § 50 Rn. 13.
[298] Ausdrücklich vorgeschrieben z.B. Immunitätsangelegenheiten Art. 46 Abs. 2 bis Abs. 4 GG; konkludent vorgesehen, z.B. der Beschluss zu einem Antrag der Bundesregierung zum Einsatz der Bundeswehr im Ausland, Art. 87a Abs. 2 GG i.V.m. Art. 24 Abs. 2 GG und § 1 ParlBG (Gesetz über die parlamentarische Beteiligung bei der Entscheidung über den Einsatz bewaffneter Streitkräfte im Ausland (Parlamentsbeteiligungsgesetz – ParlBG) v. 18.3.2005 (BGBl. I S. 775), in Kraft getreten am 23.3.2005).

Bundestages selbst wahrgenommen werden.[299] Damit wird zum einen der Dualismus von *Thoma* zwischen Gesetz und schlichtem Parlamentsbeschluss aufgegeben und zum anderen werden auch Entscheidungen, die auf ausdrücklicher Rechtsgrundlage in der Verfassung oder in gesetzlicher Normierung fußen und eine bestimmte Rechtsfolge herbeiführen, wie z.b. Immunitätsentscheidungen (Art. 46 Abs. 2 bis Abs. 4 GG), miterfasst.[300]

### b) Der „schlichte" Parlamentsbeschluss

Die schlichten Parlamentsbeschlüsse dagegen erfüllen lediglich die Funktion der Bekundung politischer Absichts- und Meinungserklärungen des Bundestages, dazu gehören z.b. Entschließungen oder Ersuchen an die Regierung oder die Darlegung der Auffassung des Bundestages zu einer nationalen oder internationalen Frage in Bezug auf Gesetzesentwürfe, Regierungsberichte oder außerpolitische Aktivitäten.[301] Nur diese werden als schlichte Beschlüsse bezeichnet und stellen die allgemeine politische Willensäußerung des Parlaments dar, wohl aber ohne eine Bindungswirkung auszuüben.[302] Damit erfüllen sie vornehmlich eine öffentlichkeitsorientierte Funktion der Artikulation, Repräsentation und Integration, weil ihnen weder eine Regulierungsabsicht noch eine Regulierungskompetenz zugrunde liegt.[303] Eine Abgrenzung zwischen dem echten und schlichten Parlamentsbeschluss vollzieht sich anhand ihrer Rechtsgrundlage. Ergibt sich nämlich aus einer Bestimmung des Grundgesetzes oder aus einer Vorschrift des einfachen Gesetzes oder einer verfestigten Verfassungsrechtsprechung eindeutig, dass dem Parlamentsbeschluss eine Rechtsfolge zukommen soll, dann ist von einem echten Parlamentsbeschluss auszugehen.[304]

---

[299] *Kluth*, in: Schmidt-Bleibtreu/Hofmann/Henneke GG-Kommentar, 14. Aufl. 2017, Art. 40 GG Rn. 32.
[300] *Butzer*, AöR 119 (1994), 61 (70).
[301] *Stern*, Staatsrecht, Bd. 2, 1980, § 26 II 2c, S. 48.
[302] *Versteyl*, in: v. Münch/Kunig GG-Kommentar, Bd. 1, 6. Aufl. 2012, Art. 42 GG Rn. 20. Ebenso *Klein*, JuS 1964, 181 (186 f.); *Böckenförde*, JuS 1968, 375 (376).
[303] *Kluth*, in: Schmidt-Bleibtreu/Hofmann/Henneke GG-Kommentar, 14. Aufl. 2017, Art. 40 GG Rn. 34; *Luch*, in: Morlok/Schliesky/Wiefelspütz Parlamentsrecht, 2016, § 10 Rn. 29.
[304] *Kluth*, in: Schmidt-Bleibtreu/Hofmann/Henneke GG-Kommentar, 14. Aufl. 2017, Art. 40 GG Rn. 34.

Die so beschriebenen unverbindlichen schlichten Parlamentsbeschlüsse sind aufgrund ihrer fehlenden Rechtsgrundlage Gegenstand von vielen juristischen Arbeiten geworden mit der Folge, dass sie noch weiter eingruppiert wurden. So wird z.B. zwischen adressierten, die eine an ein anderes Organ oder andere Organe gerichtete Willensäußerung enthalten und nicht adressierten, also solche, die niemanden ansprechen und eine allgemein programmatische Meinungsäußerung enthalten, unterschieden.[305] Eine weitere Kategorie ist die Einteilung in objektiv nach der Verfassung und subjektiv nach dem Willen des Parlaments ergehenden Beschlüsse.[306]

### c) Der Verbindlichkeitsumfang „schlichter" Parlamentsbeschlüsse

Nicht ganz klar bei dieser Einteilung ist, inwiefern diese Art von schlichten Parlamentsbeschlüssen zulässig bzw. unverbindlich ist.[307] Um sich zu behelfen, wurde der Begriff der rechtlichen Erheblichkeit als Zwischenstufe[308] eingeführt. Die rechtliche Erheblichkeit resultiert aus dem Umstand, dass das Parlament seinem Willen letztlich über die Schlüsselstellung im Gesetzgebungsverfahren und als (Ab-) Wahlorgan der Regierung Nachdruck mit mittelbaren Folgen verleihen kann.[309] So sollen die schlichten Parlamentsbeschlüsse politisch sowie rechtlich erheblich und bedeutsam sein, weil sie die Mehrheitsauffassung des Bundestages verkörpern, ohne jedoch die Staatsorgane oder Bürger binden zu können.[310]

Dieser Ansatz vermag nicht weiterzuhelfen und löst nicht die damit verbundenen Rechtsfragen der Zulässigkeit oder Rechtsverbindlichkeit. Ganz im Gegenteil führt er zu unterschiedlichen[311] Begründungsmustern. Es wird u.a. vertre-

---

[305] *Klein*, JuS 1964, 181 (184).
[306] Siehe hierzu u.a. *Sellmann*, Der schlichte Parlamentsbeschluss, 1966, S. 38 ff.
[307] Das Problem zwischen der allgemeinen Zulässigkeit und der allgemeinen rechtlichen Unverbindlichkeit bereits gesehen siehe *Klein*, in: FS für W. Weber, 1974, 105 (112 f.); *Magiera*, Parlament und Staatsleitung, 1979, S. 213; *Achterberg*, in: Parlamentsrecht, 1984, § 24 S. 741.
[308] So ausdrücklich bezeichnet von *Kühne*, ZParl 1990, 515 (520).
[309] *Magiera*, Parlament und Staatsleitung, 1979, S. 215; *Luch*, in: Morlok/Schliesky/Wiefelspütz Parlamentsrecht, 2016, § 10 Rn. 30.
[310] *Wiefelspütz*, ZParl 2007, 3 (4); *Ipsen*, Staatsrecht I, 31. Aufl. 2019, § 6 Rn. 218.
[311] Siehe dazu u.a. *Klein*, JuS 1964, 181 (186 ff.); *Pegatzky*, Parlament und Verordnungsgeber, 1999, § 2 S. 84 ff.; *Luch*, in: Morlok/Schliesky/Wiefelspütz Parlamentsrecht, 2016, § 10 Rn. 30 ff.

ten, diesen schlichten Parlamentsbeschlüssen nur politische Relevanz[312] zu unterstellen und ihnen rechtliche Relevanz gänzlich abzusprechen.[313] Den schlichten Parlamentsbeschlüssen wird die Einordnung als Rechtsakt versagt und sie werden als „Impulse zur Gestaltung der Regierungspolitik" im Bereich des Politischen verstanden,[314] die eine moralische nicht aber eine rechtliche Bindung hervorrufen können.[315] Vereinzelt wird ihnen sogar die Qualität des Beschlusses im Sinne von Art. 42 Abs. 1 GG abgesprochen.[316] Dabei werden Rückgriffe u.a. auf verschiedene Verfassungsprinzipien wie Gewaltenteilungs-, Rechtsstaats-, Gesetzmäßigkeitsprinzip vorgenommen, es wird auf die Funktion des Bundestages abgestellt sowie sein Verhältnis[317] zu anderen Verfassungsorganen in einer Gesamtbetrachtung des parlamentarischen Regierungssystems untersucht oder eine Annex-Kompetenz bzw. ein Institut der stillschweigenden Befugnisse begründet, um Argumentationsstränge für und gegen die Zulässigkeit bzw. Verbindlichkeit zu gewinnen.[318]

Der Ausgangspunkt dieser Streitfrage liegt vor allem in der fehlenden ausdrücklichen (grundgesetzlichen) Rechtsgrundlage, die Vorgaben bzgl. möglicher Inhalte der unverbindlichen Beschlüsse machen würde oder generell eine Aussage zu deren Zulässigkeit oder Verbindlichkeit treffen würde.[319] Gleichzeitig darf nicht aus dem Umstand, dass es Rechtsgrundlagen gibt (vgl. Grundgesetz, einfaches Gesetz oder die GOBT), die einen Beschluss vorsehen, der Umkehrschluss gezogen werden, dass das Parlament im Übrigen grundsätzlich keine schlichten

---

[312] Bsp. *Grewe*, VVDStRL 12 (1954), 129 (260), es wird von einer moralischen Bindung der Bundesregierung gesprochen; *Friesenhahn*, VVDStRL 16 (1957), 9 (36 mit Fn. 70).
[313] *Luch*, in: Morlok/Schliesky/Wiefelspütz Parlamentsrecht, 2016, § 10 Rn. 30.
[314] *Obermeier*, Die schlichten Parlamentsbeschlüsse nach dem Bonner GG, 1965, S. 156 f.
[315] *Obermeier*, Die schlichten Parlamentsbeschlüsse nach dem Bonner GG, 1965, S. 97 f.
[316] Dies bezieht sich auf Entschließungen des Bundestages im Sinne von § 88 GOBT, siehe *Klein*, JuS 1964, 181 (183); *Troßmann*, Parlamentsrecht des Deutschen Bundestages, 1977, § 54 GOBT Rn. 4 m.w.N.; *Achterberg/Schulte*, in: v. Mangoldt/Klein/Starck, GG Bd. 2, 6. Aufl. 2010, Art. 42 GG Rn. 31; *Versteyl*, in: v. Münch/Kunig GG-Kommentar, Bd. 1, 6. Aufl. 2012, Art. 42 GG Rn. 20.
[317] Insb. das Verhältnis zu der Bundesregierung, siehe *Linck*, DVBl. 1974, 861 (863 ff.).
[318] Siehe u.a. *Achterberg*, in: Parlamentsrecht, 1984, § 24 (zu Zulässigkeit) S. 741 f. und (zu Verbindlichkeit) S. 743 ff.
[319] So auch *Sellmann*, Der schlichte Parlamentsbeschluss, 1966, S. 42; *Luch*, in: Morlok/Schliesky/Wiefelspütz Parlamentsrecht, 2016, § 10 Rn. 34.

Beschlüsse erlassen kann.[320] Das führt zu einer weiteren Überlegung, ob es ein kompetenzfreies Handeln von einem Staatsorgan, hier des Bundestages, geben kann, bzw. ob insbesondere die rein politischen, aber durchaus bedeutsamen Äußerungen, einen Regelungsanspruch erheben.[321] Im Mittelpunkt der Diskussion[322] steht die Reichweite des Art. 30 GG, ob er jedes staatliche Handeln erfasst. Dieser ist die Grundnorm für die vertikale Aufgabenverteilung zwischen Bund und Ländern, wobei die rechtliche Bedeutung als materielle Kompetenzverteilungsregel umstritten und jedenfalls eng begrenzt ist.[323] Die Vorschrift gilt grundsätzlich für alle staatlichen Gewalten i.S.d. Art. 1 Abs. 3 GG, steht aber unter dem ausdrücklichen Vorbehalt anderer, speziellerer Kompetenzverteilungsregelungen des Grundgesetzes.[324] Für jedes Handeln des Bundes bedarf es deshalb jeweils eines besonderen verfassungsrechtlichen Titels.[325] Dieser kann sich aus dem geschriebenen Recht (z.B. Art. 73 ff. GG, Art. 87 ff.) oder aber für die Verwaltung und Gesetzgebung auch aus dem ungeschriebenen Recht, aus der Natur der Sache[326] oder kraft Sachzusammenhangs[327] aus einer ausdrücklich zugewiesenen Materie ergeben. In diesem Zusammenhang stellt sich ferner die Frage, was man unter Staatsaufgaben zu verstehen hat. Nach einer Auffassung verfüge der Staat mit seiner originären öffentlichen Gewalt über eine potentielle Allzuständigkeit, sodass er die Rechtsmacht habe, sich selbst die rechtlichen Handlungsgrundlagen (Kompetenzen) zu schaffen und sich mit den

---

[320] *Sellmann*, Der schlichte Parlamentsbeschluss, 1966, S. 42.
[321] Dazu genauer *Boewe*, Die parlamentarische Befassungskompetenz, 2001, S. 32 ff. So ähnlich *Achterberg*, in: Parlamentsrecht, 1984, § 24 S. 741 ff.
[322] Überblick über Ansichten im Schrifttum zu kompetenzfreien Räumen siehe *Boewe*, Die parlamentarische Befassungskompetenz, 2001, S. 37 bis 41; über die Entwicklung in der Rechtsprechung (S. 32 bis 37) und seine eigene Meinung (S. 41 bis 48).
[323] Siehe dazu *Hellermann*, in: Epping/Hillgruber Beck'scher Online Kommentar GG, 1.12.2019, Art. 30 GG vor Rn. 1 und 3, 18, 20.
[324] So BVerfGE 12, 205 (229); 42, 20 (28); 44, 125 (147 ff.); *Wolff*, in: Hömig/Wolff Handkommentar GG, 12. Aufl. 2018, Art. 30 GG Rn. 1 und 3; auch *Windthorst*, in: Studienkommentar GG, 3. Aufl. 2017, Art. 30 GG Rn. 6.
[325] So BVerfGE 12, 205 (229); 42, 20 (28). *Wolff*, in: Hömig/Wolff Handkommentar GG, 12. Aufl. 2018, Art. 30 GG Rn. 3.
[326] Siehe BVerfGE 11, 89 (98 f.); 26, 246 (257), 41 291 (312). *Wolff*, in: Hömig/Wolff Handkommentar GG, 12. Aufl. 2018, Art. 30 GG Rn. 3.
[327] Siehe BVerfGE 98, 265 (299); 106, 62 (115); 110, 33 (48). *Wolff*, in: Hömig/Wolff Handkommentar GG, 12. Aufl. 2018, Art. 30 GG Rn. 3.

Befugnissen auszustatten, um seine Aufgaben wahrnehmen zu können.[328] Damit wäre der Staat durch nichts beschränkt, mit der Folge, dass der Erlass von schlichten Parlamentsbeschlüssen unbedenklich wäre. Die Bejahung von kompetenzfreien Räumen, die der Art. 30 GG nicht erfasst, in den dann aber die schlichten Parlamentsbeschlüsse wohl fallen würden, würde die Frage, ob für sie eine ungeschriebene bzw. stillschweigende Kompetenz des Bundestages gegeben ist, hinfällig machen. Vorzugswürdig ist jedoch die Gegenauffassung, die die Vorstellung des Staates als vorverfassungsrechtliche Größe ablehnt und den Staat als Produkt der Verfassung und damit die Staatsaufgaben als Verfassungsaufgaben versteht.[329] „'Staatsaufgaben' sind von vornherein vom Typus des Verfassungsstaates her zu denken, d.h. vom allein durch die Verfassung konstituierten politischen Gemeinwesen her. (...) Auch die klassischen Staatsaufgaben legitimieren sich heute verfassungsstaatlich."[330] Damit ist der demokratische Verfassungsstaat bzw. seine Allzuständigkeit durch vielfältige Vorgaben, vor allem das Grundgesetz (z.B. Grundrechte) begrenzt. So wird ferner vertreten, dass jegliches staatliche Handeln einer verfassungsrechtlichen Grundlage bedürfe, um eine demokratische Legitimation zu erlangen (vgl. Art. 20 Abs. 2 GG).[331] Das hätte zur Folge, dass für die schlichten Parlamentsbeschlüsse eine Rechtsgrundlage erforderlich wäre, denn ansonsten würde die Parlamentspraxis gegen das Grundgesetz verstoßen. Mangels expliziter Rechtsgrundlage wird diese aus ungeschriebenem Recht mit unterschiedlichen Argumenten hergeleitet.

Die Kritik zu den Begründungsansätzen beruft sich u.a. darauf, dass die Frage der Zulässigkeit von schlichten Parlamentsbeschlüssen entweder vom Grundgesetz wortlos vorausgesetzt werde (ohne eine Rechtsgrundlage zu benennen,

---

[328] *Isensee*, in: HStR, Bd. IV, 3. Aufl. 2006, § 73 Rn. 147 ff.
[329] *Korioth*, in: Maunz/Dürig Kommentar GG, Oktober 2019, Art. 30 GG Rn. 9.
[330] Ausdrücklich *Häberle*, AöR 111 (1986), 595 (600 f.). Als Staatsaufgaben werden Sach- und Tätigkeitsbereiche verstanden, die vom Staat her dem Gemeinwohl dienen. In die Richtung auch BVerfGE 12, 205 (243); 30, 292 (311). *Isensee*, in: HStR, Bd. IV, 3. Aufl. 2006, § 71 Rn. 1 ff.; *Wolff*, in: Hömig/Wolff Handkommentar GG, 12. Aufl. 2018, Art. 30 GG Rn. 1.
[331] Genauer dazu mit einer Begründung *Magiera*, Parlament und Staatsleitung, 1979, S. 77 m.w.N. und S. 215. *Boewe*, Die parlamentarische Befassungskompetenz, 2001, S. 45 ff. m.w.N. und 133; *Luch*, in: Morlok/Schliesky/Wiefelspütz Parlamentsrecht, 2016, § 10 Rn. 32. So ähnlich *Achterberg*, in: Parlamentsrecht, 1984, § 24 S. 743.

die den Erlass erlauben würde), mit der Frage der Verbindlichkeit der Beschlüsse untrennbar vermengt oder mit ihr gleichgesetzt werde.[332] Es sei zirkelschlüssig und aufgrund der rechtlichen Erheblichkeit der schlichten Parlamentsbeschlüsse zu kurzsichtig, festzustellen, dass sich die Zulässigkeit aus der Unverbindlichkeit der Beschlüsse ergebe.[333] Weder dürfe die rechtliche Unverbindlichkeit mit einer rechtlichen Unerheblichkeit, noch die allgemeine Zulässigkeit mit einer unbeschränkten Zulässigkeit schlichter Parlamentsbeschlüsse gleichgesetzt werden.[334] Ebenso bleibt aufgrund der strengen Trennung zwischen Zulässigkeit und rechtlicher Unverbindlichkeit unberücksichtigt, dass bei der Annahme, dass unter dem Grundgesetz alles Handeln staatlicher Organe einer verfassungsrechtlichen Grundlage erfordert, dass dieses Handeln, selbst wenn und soweit es rechtlich unverbindlich sein sollte, nicht auch rechtlich unerheblich sein müsse.[335] Damit wird aufgezeigt, dass es neben der rechtlichen, auch ausschließlich politische oder faktische Bindungswirkung von schlichten Parlamentsbeschlüssen gibt.[336] Der Diskurs[337] um die Zulässigkeit bzw. Verbindlichkeit ist daher durch Unschärfe gekennzeichnet. Überwiegend wird zutreffend von der allgemeinen Zulässigkeit[338] und gleichzeitig auch all-

---

[332] *Luch*, in: Morlok/Schliesky/Wiefelspütz Parlamentsrecht, 2016, § 10 Rn. 32 m.w.N. in Fn. 87 f.
[333] *Luch*, in: Morlok/Schliesky/Wiefelspütz Parlamentsrecht, 2016, § 10 Rn. 32.
[334] *Magiera*, Parlament und Staatsleitung, 1979, S. 215.
[335] *Magiera*, Parlament und Staatsleitung, 1979, S. 213 m.w.N.
[336] Gegen eine solche Wirkung u.a. *Criegee*, Ersuchen des Parlaments an die Regierung, 1965, S. 29 bis 31; *Sellmann*, Der schlichte Parlamentsbeschluss, 1966, S. 31 f., 35 bis 37; für eine solche Wirkung BVerfGE 8, 104 (114) „Verfassungsorgane handeln organschaftlich, das heißt sie üben Staatsgewalt aus, nicht nur wenn sie rechtsverbindliche Akte setzen, sondern auch, wenn sie von Befugnissen Gebrauch machen, die nicht unmittelbar verbindliche Wirkungen hervorrufen."; *Kewenig*, AöR 90 (1965), 182 (194) „(...) in einem geschlossenen Rechtssystem [kann es] ein Verhalten, das „eo ipso rechtlich irrelevant" wäre, überhaupt nicht geben."
[337] Der Meinungsstand wird dargestellt von u.a. *Criegee*, Ersuchen des Parlaments an die Regierung, 1965, (zu Zulässigkeit) S. 54 ff., (zu Verbindlichkeit) S. 82 ff.; *Sellmann*, Der schlichte Parlamentsbeschluss, 1966, (zu Verbindlichkeit) S. 23 ff.
[338] *Magiera*, Parlament und Staatsleitung, 1979, S. 214 stimmt dem zu, kritisiert jedoch, dass die h.M. um eine Begründung der von ihr angenommen Zulässigkeit kaum bemüht sei. Zuvor dazu *Obermeier*, Die schlichten Parlamentsbeschlüsse nach dem Bonner GG, 1965, S. 100 bis 157; *Criegee*, Ersuchen des Parlaments an die Regierung, 1965, S. 54 bis 81.

gemeinen rechtlichen Unverbindlichkeit[339] ausgegangen, wenn die schlichten Parlamentsbeschlüsse ohne eine Rechtsgrundlage ergehen. Eine einhellige Begründung, insbesondere zu der Frage der Verbindlichkeit, sucht man aber vergeblich. Die Verbindlichkeit wird verbreitet unter Rückgriff auf verschiedene Verfassungsprinzipien verneint.[340] Festzuhalten ist aber, dass diese Art der schlichten Parlamentsbeschlüsse „einerseits unverbindlich [ist], weil im Grundgesetz keine entsprechende Ermächtigung vorhanden ist, die eine materielle Verbindlichkeit begründet, und andererseits rechtmäßig [zulässig], weil sie ihre Grundlage in einer ungeschriebenen Organkompetenz finden, die sich aus der funktionsgerechten Ausstattung mit entsprechenden Handlungsformen im – durch die zwischen Parlament und Regierung aufgeteilte Staatsleitung gekennzeichneten – parlamentarischen Regierungssystem ergibt."[341] So stellt das Mittel des schlichten Parlamentsbeschlusses ein „lebendiges Bindeglied zwischen Parlament und Regierung"[342] dar.

Trotz der Feststellung, dass das Parlament die Befugnis zum Erlass schlichter Parlamentsbeschlüsse, die unverbindlich sind, innehat, ist die von ihnen ausgehende große politische Bindungs- und Signalwirkung nicht zu unterschätzen, vor allem in den Fällen, in denen sie auf einen fraktionsübergreifenden Konsens oder auf qualifizierte Mehrheiten gestützt ist.[343] Wegen der tatsächlichen Wirkungen der schlichten Parlamentsbeschlüsse erweitern sich die Einflussmöglichkeiten des Parlaments über das Gesetzgebungsverfahren hinaus, sodass vor allem die Exekutive sich nicht auf Dauer über den erklärten, aber für sie nicht

---

[339] *Kühnreich*, Das Selbstorganisationsrecht des Deutschen Bundestages, 1997, S. 111 (Fn. 414 m.w.N.); *Luch*, in: Morlok/Schliesky/Wiefelspütz Parlamentsrecht, 2016, § 10 Rn. 21 (Fn. 45 m.w.N.); zustimmend auch *Magiera*, Parlament und Staatsleitung, 1979, S. 215.
[340] *Meyn*, Kontrolle als Verfassungsprinzip, 1982, S. 384 mit Verweis auf *Sellmann*, Der schlichte Parlamentsbeschluss, 1966, S. 47 ff., der diese Argumente in seiner Arbeit durchgängig widerlegt. Ferner weist *Luch*, in: Morlok/Schliesky/Wiefelspütz Parlamentsrecht, 2016, § 10 Rn. 21 ff. m.w.N. auf, dass Versuche der ergebnisorientierten Herleitung von einseitigen Bindungsmöglichkeiten des Parlaments von einer überstrapazierenden Auslegung der Verfassung zeugen würden.
[341] *Luch*, in: Morlok/Schliesky/Wiefelspütz Parlamentsrecht, 2016, § 10 Rn. 38; so auch *Pegatzky*, Parlament und Verordnungsgeber, 1999, S. 84 f. m.w.N.; *Klein*, in: HStR, Bd. III, 3. Aufl. 2005, § 50 Rn. 14.
[342] *Arendt*, DRZ 1949, 29 (29).
[343] *Kühnreich*, Das Selbstorganisationsrecht des Deutschen Bundestages, 1997, S. 115.

verbindlichen Willen der Volksvertretung hinwegsetzen kann.[344] So unterliegt die Kompetenzausübung gewissen Schranken. Denn alle staatliche Tätigkeit ist dem Recht unterzuordnen, z.B. Art. 1 Abs. 3, Art. 19 Abs. 4 und Art. 20 Abs. 3 GG.[345] Teilweise bildet das Gewaltenteilungsprinzip eine Grenze. Die Schranke dieser Kompetenz bilden dann die verfassungsrechtlichen Zuständigkeiten der anderen Verfassungsorgane, soweit (z.b. Gerichte oder gesetzesausführende Verwaltungsbehörden) ihnen eine unabhängige oder von außen möglichst unbeeinflusste Entscheidungsgewalt zugewiesen wurde.[346] Aus dem Rechtsstaatsprinzip heraus liegt eine weitere Einschränkung in der Grenze des rechtlich „Unmöglichen", also darin, dass die schlichten Beschlüsse nicht in der Lage sind, geltendes Recht, sowohl das einfache Recht als auch das Verfassungsrecht, außer Kraft zu setzen mit der Folge, dass das Parlament mit seinen Beschlüssen etwas Unzulässiges (Rechtswidriges) nicht verlangen bzw. derartige Änderungen initiieren kann.[347] Mit Worten von *Luch* ausgedrückt, „Die kompetenzbezogene Schranke unverbindlicher Parlamentsbeschlüsse lässt sich abstrakt im Stichwort des (vertikalen) Prinzips der Bundestreue sowie (horizontal) innerhalb der Organe einer föderalen Ebene im Sinne der Organtreue zusammenfassen."[348]

#### d) Dreistufiges Modell als Lösungsansatz

Im Hinblick auf den ungleichen Verbindlichkeitsumfang wurde die dualistische Einteilung zwischen echten und schlichten Parlamentsbeschlüssen um eine dritte Form ergänzt, nämlich um die der Gesetze.[349] Mit diesem Modell wurde zwar die allgemeine Verbindlichkeit der Gesetze hervorgehoben und ein nachrangiger Verbindlichkeitsgrad der echten Parlamentsbeschlüsse angenom-

---

[344] So *Sellmann*, Der schlichte Parlamentsbeschluss, 1966, S. 45.
[345] *Luch*, in: Morlok/Schliesky/Wiefelspütz Parlamentsrecht, 2016, § 10 Rn. 30.
[346] *Magiera*, Parlament und Staatsleitung, 1979, S. 217.
[347] So *Criegee*, Ersuchen des Parlaments an die Regierung, 1965, S. 79; *Sellmann*, Der schlichte Parlamentsbeschluss, 1966, S. 52 f.; *Luch*, in: Morlok/Schliesky/Wiefelspütz Parlamentsrecht, 2016, § 10 Rn. 49.
[348] *Luch*, in: Morlok/Schliesky/Wiefelspütz Parlamentsrecht, 2016, § 10 Rn. 50.
[349] *Butzer*, AöR 119 (1994), 61 (71); *Kluth*, in: Schmidt-Bleibtreu/Hofmann/Henneke GG-Kommentar, 14. Aufl. 2017, Art. 40 GG Rn. 33; wohl im Ansatz so zu verstehen auch *Kokott*, DVBl. 1996, 937 (939 f.).

men.[350] Diese Einteilung bietet aber ebenso wenig wie das dualistische Modell von echten und schlichten Parlamentsbeschlüssen eine Formel für die Abgrenzung zwischen rechtsverbindlichen oder lediglich politisch erheblichen Parlamentsentscheidungen an.[351] Daher können Schlüsse zur Rechtverbindlichkeit letztendlich, insbesondere in dem Verhältnis zwischen Bundestag und Bundesregierung, nur durch die Auslegung des Grundgesetzes unter Berücksichtigung der Entwicklung der Verfassungsrechtsprechung, gewonnen werden.[352]

e) **Die Untauglichkeit der Termini für die Bestimmung der Rechtswirkung des schlichten Parlamentsbeschlusses und die Notwendigkeit der Einzelfallbetrachtung**

Im Schrifttum hat sich der Begriff des schlichten Parlamentsbeschlusses etabliert, wird aber uneinheitlich verwendet. Die negativ formulierte Definition von *Thoma* setzte sich überwiegend durch und bildete eine Grundlage für die Entwicklung weiterer Theorien, die versucht haben, den schlichten Parlamentsbeschluss näher zu bestimmen. Er wird teils in einem engeren Sinne, unter Ausschluss sog. echter Parlamentsbeschlüsse, teils in einem weiteren Sinne gebraucht.[353] Vor diesem Hintergrund ist bei der Verwendung des Begriffes als auch der Einstufung eines Parlamentsaktes als schlichter Parlamentsbeschluss, dem allein schon wegen der Zuordnung rechtliche Verbindlichkeit abgesprochen wird, Vorsicht und Zurückhaltung geboten.[354] Die entstandenen Begriffsinterpretationen führen zu einer großen Verwirrung und Unübersichtlichkeit, weshalb an der ursprünglichen Definition von *Thoma* (vorerst) festgehalten werden kann. Nach den oben dargestellten Verfahrensabläufen für Beschlüsse ist es auch nur konsequent, seine Definition weiter anzuwenden, und danach zu differenzieren, dass der allgemeinverbindliche Gesetzes-

---

[350] *Kluth*, in: Schmidt-Bleibtreu/Hofmann/Henneke GG-Kommentar, 14. Aufl. 2017, Art. 40 GG Rn. 35.
[351] *Kluth*, in: Schmidt-Bleibtreu/Hofmann/Henneke GG-Kommentar, 14. Aufl. 2017, Art. 40 GG Rn. 33.
[352] *Luch*, in: Morlok/Schliesky/Wiefelspütz Parlamentsrecht, 2016, § 10 Rn. 21; *Kluth*, in: Schmidt-Bleibtreu/Hofmann/Henneke GG-Kommentar, 14. Aufl. 2017, Art. 40 GG Rn. 34.
[353] *Kluth*, in: Schmidt-Bleibtreu/Hofmann/Henneke GG-Kommentar, 14. Aufl. 2017, Art. 40 GG Rn. 33.
[354] *Kluth*, in: Schmidt-Bleibtreu/Hofmann/Henneke GG-Kommentar, 14. Aufl. 2017, Art. 40 GG Rn. 33.

beschluss das Ergebnis eines besonderen, genau festgelegten mehrphasigen Verfahrens ist, während der schlichte Beschluss nur in einem einfachen parlamentarischen Ablauf gefasst wird.[355] Demnach dient der schlichte Parlamentsbeschluss als Oberbegriff für all diejenigen Beschlüsse, die nicht in Gesetzesform ergehen.

Bei dem Versuch die Arten der schlichten Parlamentsbeschlüsse zu qualifizieren, wurden unterschiedliche Aspekte berücksichtigt. Zu diesen zählen bspw. die Wirkung wie die inner- oder außerparlamentarische Bindung, der Adressatenkreis des Beschlusses oder seine Rechtsgrundlage und sein Verfahren. Dies führte dazu, dass die Bezeichnung „schlichter Parlamentsbeschluss" sich fortentwickelte und so keinen endgültigen und obligatorischen Inhalt hat. Es kommt teilweise zu Überschneidungen bei der Einordnung der einzelnen Beschlüsse in die jeweilige Definitionskategorie sowie zu unterschiedlichen Namensgebungen, sodass sie je nach zu untersuchendem Blickwinkel variiert. Diese Bezeichnungen dienen aber nicht dem Selbstzweck, sondern sind in der Lage das Bewusstsein des jeweiligen Akteurs und auch des jeweiligen Adressaten für die Grundlagen des Handelns und dessen Grenzen zu schärfen.[356]

Mittlerweile wird auch oft der Begriff des „einfachen" Parlamentsbeschlusses verwendet. Hierbei handelt sich aber lediglich um ein Synonym für den schlichten Parlamentsbeschluss, ohne den Begriff näher zu umschreiben.[357] Von einem Beschluss ist aber jedenfalls dann auszugehen, wenn das Grundgesetz[358] selbst eine durch den Bundestag zu treffende Entscheidung als Beschluss kennzeichnet, im Übrigen ist eine Auslegung erforderlich.[359] Die Terminologie selbst ist nicht aussagekräftig und es ist daher nicht empfehlenswert, an ihr festzuhalten, um zweifelsfreie und generelle Aussagen zu treffen. Sie ist höchstens ein Indiz in dem zu betrachtenden Kontext. Entscheidend ist vielmehr eine Einzel-

---

[355] *Luch*, in: Morlok/Schliesky/Wiefelspütz Parlamentsrecht, 2016, § 10 Rn. 13.
[356] *Luch*, in: Morlok/Schliesky/Wiefelspütz Parlamentsrecht, 2016, § 10 Rn. 27.
[357] *Butzer*, AöR 119 (1994), 61 (70); *Klein*, JuS 1964, 181 (184); synonyme Verwendung des Begriffs, siehe *Morlok*, in: Dreier/GG-Kommentar, Bd. II, 3. Aufl. 2015, Art. 42 GG Rn. 32; *Kluth*, in: Schmidt-Bleibtreu/Hofmann/Henneke GG-Kommentar, 14. Aufl. 2017, Art. 40 GG Rn. 30; *Magiera*, in: Sachs GG-Kommentar, 8. Aufl. 2018, Art. 42 GG Rn. 8; *Kersten*, in: Maunz/Dürig Kommentar GG, Oktober 2019, Art. 76 GG Rn. 25.
[358] Siehe Teil 1 I. 3. a) und III. 2. b).
[359] *Müller-Terpitz*, in: Bonner Kommentar, Februar 2020, Art. 42 GG Rn. 82.

fallbetrachtung, vorzugsweise die Wirkung bzw. Rechtsfolge als auch die mögliche Bindungswirkung bzw. der Bindungsgrad des Beschlusses.

## II. Der schlichte Parlamentsbeschluss in der Rechtsprechung

Die Auswertung der Rechtsprechung ist nicht sehr aussagekräftig. Vielmehr wird der Überblick der Entscheidungen der letzten 60 Jahre zeigen, dass sich die Rechtsprechung mit den Schwierigkeiten, die mit dem schlichten Parlamentsbeschluss zusammenhängen, nicht sehr umfangreich beschäftigt hat und nur teilweise in den Entscheidungen erörtert hat. Oft wurde die Thematik nur als Randproblem gesehen, das in sehr kurzen und knappen Begründungen abgehandelt worden ist, das teilweise auch nur im Rahmen der Zulässigkeit eines Antrags angesprochen wurde und in der Begründetheit keine nähere Erläuterung erfahren hat. Der dargestellte Befund zu den schlichten Parlamentsbeschlüssen in der Rechtsprechung, wirft vielerlei Fragen auf und zeigt, wie wenig Aufmerksamkeit das Thema teilweise bis jetzt in der Rechtsprechung erfahren hat, wie sehr die Aussagen voneinander divergieren und das bzw. welche Fortentwicklung sich abgezeichnet hat.

### 1. Übersicht der Entscheidungen nach Gerichtsbarkeit und Instanzen sowie Adressatenkreis des schlichten Parlamentsbeschlusses

Die Gerichte, die sich mit dem schlichten Parlamentsbeschluss beschäftigten, gehören meistens der Verwaltungs- oder Verfassungsgerichtsbarkeit, selten einem anderen Gerichtszweig an, mit Ausnahme der Entscheidung des SG[360] Berlin von 1987. Die gerichtliche Überprüfbarkeit fand sowohl auf Bundes- als auch auf Landesebene statt. Damit sind die Streitfragen bzgl. des schlichten Parlamentsbeschlusses nicht nur bundes- bzw. nur landesrechtlicher Natur. Die Konstellationen, die betrachtet wurden, stellten sich innerhalb einer Ebene (z.B. Landesparlament vs. Landeregierung bzw. Bundestag vs. Bundesregierung) waren aber auch übergreifend[361] (Landesparlament vs. Bundestag). In der Regel betrafen die in den Entscheidungen angeführten Parlamentsbeschlüsse das Verhältnis zwischen den Organen der legislativen und der exekutiven Gewalt. Daher ist dort auch das größte Spannungspotenzial zu sehen, ob und wie die

---

[360] SG Berlin, InfAuslR 5/88, 149 ff.
[361] BbgVerfG, NVwZ 1999, 868 ff.

einzelnen Organe aufeinander Einfluss zu nehmen versuchen. Es sind aber auch andere Fälle denkbar. Das zeigen die Entscheidungen, in denen ein Landtag auf die Gesetzgebung auf der Bundesebene mittels eines schlichten Beschlusses einwirken wollte bzw. eine Volksinitiative und eben nicht die Bürgschaft an den Senat in Hamburg mit einer Aufforderung herangetreten ist.[362] Ebenso können die Beschlüsse Bedeutung für einzelne Staatsbürger und Staatsbürgerinnen erlangen, wenn sie Rechte bzw. Pflichten unmittelbar begründen könnten.[363]

## 2. Mehrdeutige Bezeichnungen für schlichte Parlamentsbeschlüsse und ihre Rechtsfolgen

Sobald ein schlichter Parlamentsbeschluss in der Welt ist, ist daher zu überlegen, wer ihn beschlossen hat, ob bzw. an wen er addressiert ist und schließlich, welche Wirkung bzw. Funktion er haben soll. Es erfordert jedes Mal einer Einzelfallbetrachtung. Deshalb wird jede Entscheidung einer kritischen Würdigung unterzogen. Dabei darf man sich nicht von den unterschiedlichen Bezeichnungen bzw. Begriffen, die verwendet werden, in die Irre führen lassen. So tauchen unterschiedliche Ausdrücke wie Entschließung[364], Ersuchen[365], Aufforderung[366] oder schlichter Parlamentsbeschluss[367] auf. Wenn der schlichte Parlamentsbeschluss nun als Oberbegriff gewählt wird, fallen alle eben erwähnten Formen darunter.

Der Begriff selbst sagt nichts darüber aus, welche Wirkung diese Entscheidungsform hat, inwiefern sie verbindlich oder gar zulässig ist. Anhand der ausgewählten Entscheidungen ist festzustellen, dass es möglich ist, von vier Untergruppen der schlichten Parlamentsbeschlüsse zu sprechen, die sich während

---

[362] Erster Fall: BbgVerfG, NVwZ 1999, 868 ff.; zweiter Fall: HbgVerfG, NVwZ-RR 2004, 672 ff.
[363] Darauf hindeutend BayVerfGH Band 12 (1959) II, 119 (122 f.); wohl auch so zu verstehen OVG Münster, DVBl. 1962, 139 (139); zuvor bzgl. Leistungsverwaltung BVerwGE 6, 282 (287); BVerwG, NJW 1959, 1098 (1098).
[364] BVerwGE 12, 16 ff.; SachsAnhVerfG, LKV 2002, 328 ff.
[365] BVerwGE 12, 16 ff.; BVerfG, NVwZ 1993, 357 ff.; HbgVerfG, NVwZ-RR 2004, 672 ff.
[366] BayVerfGH Band 12 (1959) II, 1966, 119 ff.; BayVerfGH 46, 176 ff.; HbgVerfG, NVwZ-RR 2004, 672 ff.
[367] BVerwG, Urt. v. 21.09.1966 – V C 124.65 – juris; BVerfGE 90, 286 ff.; HbgVerfG, NVwZ-RR 2004, 672 ff.; BerlVerfG, Entsch. der VerfGE der Länder, 16. Bd., S. 80 (91); SächsVerfGH, NVwZ-RR 2008, 585 (590); ThürVerfGH, Entsch. der VerfGE der Länder, 22. Bd., 537 (537).

der 60 Jahren herausgebildet haben. In die erste Untergruppe[368] gehören beispielsweise Entschließungen, Aufforderungen, Ersuchen; in die zweite Untergruppe[369] der sog. konstitutive Parlamentsbeschluss zum dem Streitkräfteeinsatz und der sog. Integrationsverantwortungsbeschluss; in die dritte Untergruppe[370] der Zustimmungsbeschluss zu den Staatsverträgen, insbesondere des Bayerischen Landtags und in die vierte Untergruppe der sog. Zustimmungsbeschluss zu den Rechtsverordnungen[371]. Diese Unterscheidung lässt sich daraus schlussfolgern, dass wenn die Untergruppen miteinander verglichen werden, die Beschlüsse zum einen eine andere Wirkung bzw. Funktion haben und zum anderen nicht immer rechtsverbindlich sind.

### 3. Bereich der Leistungsverwaltung als Ausnahmefall – BVerwG: Urt. v. 21.3.1958 – VII C 6.57 und Urt. v. 19.12.1958 – VII C 204/57

Zwei Entscheidungen des BVerwG aus dem Jahr 1958 erwähnen den nicht gesetzesförmigen Beschluss zum ersten Mal. In diesen Urteilen trifft das Gericht entscheidende Aussagen dazu, ob es bei staatlichen Leistungen, die keine Eingriffsqualität haben, einer gesetzlichen Grundlage im Sinne des Art. 20 Abs. 3 GG bedürfe. In der ersteren Entscheidung vom 21.3.1958 warf das BVerwG diese Frage auf, beantwortete sie jedoch nicht abschließend, worauf es selbst hinwies.[372] Nach dem BVerwG könne neben dem förmlichen Gesetz jede andere parlamentarische Willensäußerung, insbesondere etwa die etatmäßige Bereitstellung der zur Subventionierung erforderlichen Mittel als eine hinreichende Legitimation verwaltungsmäßigen Handelns angesehen werden.[373] Das heißt, dass damit die schlichten Parlamentsbeschlüsse im Sinne einer „anderen parlamentarischen Willensäußerung" als Rechtsgrundlage des staatlichen Handelns dienen könnten, zumindest im Rahmen der Leistungsverwaltung. Gleichzeitig nahm das BVerwG eine Einschränkung vor: Es bedarf einer gesetzlichen Grundlage zur Begründung eines Subventionsanspruchs, sofern es sich um Vergünstigungen handelt, die in untrennbarer Wechselbezie-

---

[368] Darunter fallen die dargestellten Entscheidungen in Teil 1 II. 4.
[369] Darunter fällt die Entscheidung, BVerfGE 90, 286 ff., dargestellt in Teil 1 II. 5.
[370] Darunter fallen die dargestellten Entscheidungen in Teil 1 II. 7.
[371] Darunter fallen die dargestellten Entscheidungen in Teil 1 II. 8.
[372] BVerwGE 6, 282 (288).
[373] BVerwGE 6, 282 (287).

hung zu der Auferlegung von Belastungen (Ausgleichsabgaben) stehen würden.[374]

Bezugnehmend auf diese Entscheidung ging das BVerwG in seiner zweiten Entscheidung vom 19.12.1958 etwas weiter. Nach Auffassung des BVerwG werde der Grundsatz der Rechtsstaatlichkeit durch das Fehlen eines förmlichen Gesetzes oder Parlamentsbeschlusses, das bzw. der die Exekutive zu den getroffenen Subventionsmaßnahmen ermächtigt, nicht verletzt.[375] Im konkreten Fall stellte es darauf ab, dass die Subventionierung als solche im Rahmen der den beteiligten Ressorts zugewiesenen verfassungsmäßigen Aufgaben gelegen habe und dem Wesen des Sozialstaates (Art. 20 Abs. 1 GG) und dem Grundsatz der Rechtsstaatlichkeit und der Gesetzmäßigkeit der Verwaltung (Art. 20 Abs. 3 GG) entsprochen habe und in die Bundeszuständigkeit fiele.[376] So stellt sich die Frage, ob es überhaupt einer, und wenn ja, welcher Grundlage bedarf, die die Verwaltung zu Leistungen ermächtigt. Nach *Sellmann* habe damit das BVerwG in seiner zweiten Entscheidung ausdrücklich den nichtlegislativen Akt des Parlaments als ausreichende Rechtsgrundlage für Subventionsmaßnahmen erachtet.[377]

In beiden Entscheidungen lässt sich dem schlichten Parlamentsbeschluss die weitreichende Funktion zuschreiben, dass er als Grundlage für das staatliche Handeln im Bereich der Leistungsverwaltung dienen könnte. Das erscheint auf den ersten Blick richtig zu sein, weil es sich um eine Leistungsgewährung handelt, die sich im Vergleich zu der Eingriffsverwaltung nicht freiheitsverkürzend in der Rechtssphäre des Bürgers auswirkt. Die Leistungsgewährung kann sich aber in bestimmten Fällen, wie das BVerwG in seiner ersten Entscheidung bereits angemerkt hat, für die Verwirklichung der Grundrechte der betroffenen Bürger nicht weniger intensiv als der Freiheitseingriff auswirken, z.B. wenn eine Person auf Leistungen angewiesen ist oder ein Wettbewerbsnachteil durch die

---

[374] BVerwGE 6, 282 (288).
[375] BVerwG, NJW 1959, 1098 (1098).
[376] BVerwG, NJW 1959, 1098 (1098).
[377] *Sellmann*, Der schlichte Parlamentsbeschluss, 1966, S. 29.

Begünstigung entsteht.[378] Im Bereich der Leistungsverwaltung stellt sich daher bis heute immer noch die Frage des Vorbehalts des Gesetzes, obwohl sie wegen der zunehmenden Vergesetzlichung an Aktualität verloren hat.[379] Seit dem Erlass dieser Entscheidungen verabschiedete sich die Rechtsprechung in folgenden Jahren zwar vom grundrechtlichen Eingriffsbegriff, erkannte aber eine allgemein verstandene Grundrechtsrelevanz an.[380] In dem Normallfall der Subventionierung, wenn also keine besonderen Grundrechtsprobleme aufkommen, ist im Ergebnis zwar eine gesetzliche Grundlage erforderlich, jedoch sind die Anforderungen an die Regelungsdichte und die Bestimmtheit dieser Grundlage im Vergleich zu der Eingriffsverwaltung gesenkt worden.[381] Demnach ist bei Fördermitteln insbesondere das Haushaltsgesetz als gesetzliche Rechtsgrundlage für entsprechende Leistungen ausreichend.[382] In diesem wird generell die Entscheidung über das „Ob" der Subventionierung, ihren Zweck und ihren Gesamtbetrag getroffen, jedoch nicht über die konkreten Voraussetzungen und Bedingungen ihrer Gewährung.[383] Wichtig ist dabei, dass der Haushaltsplan selbst als rein formelles Gesetz im Außenverhältnis zum Bürger keine gesetzliche Grundlage für die Begünstigung darstellt, weshalb er keine Rechte des Bürgers begründet.[384] Die Vergabe der Fördermittel erfolgt dann erst etwa durch Verwaltungsrichtlinien.

---

[378] *Stern*, Staatsrecht, Bd. 1, 2. Aufl. 1984, § 20 IV 4b, S. 810 f.; *Kämmerer*, in: HStR, Bd. V, 3. Aufl. 2007, § 124 Rn. 32; *Degenhart*, Staatsrecht I, 35. Aufl. 2019, § 4 Rn. 326; *Grzeszick*, in: Maunz/Dürig Kommentar GG, Oktober 2019, Art. 20 GG VI. Rn. 117 und 119.
[379] *Degenhart*, Staatsrecht I, 35. Aufl. 2019, § 4 Rn. 325; *Maurer/Waldhoff*, Allg. VerwR, 19. Aufl. 2017, § 6 Rn. 19.
[380] BVerfGE 34, 165 (192 f.); 40, 237 (248 f.); 47, 46 (79); *Ossenbühl*, in: HStR, Bd. V, 3. Aufl. 2007, § 101 Rn. 49, 57; *Grzeszick*, in: Maunz/Dürig Kommentar GG, Oktober 2019, Art. 20 GG VI. Rn. 119.
[381] BVerwGE 90, 112 (126); *Grzeszick*, in: Maunz/Dürig Kommentar GG, Oktober 2019, Art. 20 GG VI. Rn. 118.
[382] BVerwGE 18, 352 (353); 58, 45 (48); 90, 112 (126); 104, 220 (222).
[383] BVerwGE 90, 112 (126); *Maurer/Waldhoff*, Allg. VerwR, 19. Aufl. 2017, § 6 Rn. 21; *Sommermann*, in: v. Mangoldt/Klein/Starck, GG Bd. 2, 7. Aufl. 2018, Art. 20 GG Rn. 282.
[384] BVerfGE 38, 121 (126); BVerwGE 104, 220 (222); *Degenhart*, Staatsrecht I, 35. Aufl. 2019, § 4 Rn. 326. Zu der Rechtsnatur des Haushaltsplans siehe genauer bei *Stern*, Staatsrecht, Bd. 2., 1980, § 49 III, S. 1200 ff.

Dieser Ansicht wird überwiegend, entgegen der einzeln vertretenen Auffassung vom „Totalvorbehalt" des Gesetzes, zugestimmt.[385] Dafür spricht u.a. das Bedürfnis nach der Flexibilität des staatlichen Handelns und nach einer schnellen Reaktion auf die sich ändernde Interessenslage.[386] Allgemein anerkannt wird, dass vom Gesetzesvorbehalt dann abzusehen ist, wenn überraschend auftretende Notfälle, wie z.B. Katastrophen oder Unglücksfälle oder Konjunktureinbrüche, eine Soforthilfe erfordern.[387] Da die Rechtsprechung bis jetzt immer auf ein Haushaltsgesetz rekurriert hat, bleibt unklar, inwiefern ein schlichter Parlamentsbeschluss einem Haushaltsgesetz, das zwar kein materielles Gesetz ist, aber in förmlichen Verfahren beschlossen wird, gleichzustellen ist. Aufgrund der weitestgehend vorgenommenen gesetzlichen Regelungen im Bereich der Leistungsverwaltung und der kasuistischen[388] Vorgehensweise des BVerfG zu der Reichweite und Intensität des Vorbehalts des Gesetzes, ist davon auszugehen, dass der schlichte Parlamentsbeschluss allein als Rechtsgrundlage für Subventionen wohl nicht ausreichend sein wird. Ausreichend hingegen dürfte er für kurzfristige Maßnahmen in Notsituationen sein. Anhaltspunkte dafür könnte z.B. Art. 115 GG liefern, der die materiellen Grenzen der staatlichen Kreditaufnahme neuregelt. In Art. 115 Abs. 2 Satz 6 GG heißt es: Im Falle von Naturkatastrophen oder außergewöhnlichen Notsituationen, die sich der Kontrolle des Staates entziehen und die staatliche Finanzlage erheblich beeinträchtigen, können diese Kreditobergrenzen auf Grund eines Beschlusses der Mehrheit der Mitglieder des Bundestages überschritten werden. Verfahrensrechtlich stellt Art. 115 Abs. 2 Satz 6 GG die Neuverschuldung unter konstitutiven Parlamentsvorbehalt mit sog. Kanzlermehrheit (vgl. Art. 121 GG) dar.[389] Dabei wirkt der Parlamentsbeschluss legitimierend.[390] Unter Beschluss ist ein formeller Ge-

---

[385] BVerwG, NJW 1977, 1838 (1838 f.); *Stern*, Staatsrecht, Bd. 1, 2. Aufl. 1984, § 20 IV 4b, S. 808 m.w.N.; *Degenhart*, Staatsrecht I, 35. Aufl. 2019, § 4 Rn. 326. Andere Ansicht *Maurer/ Waldhoff*, Allg. VerwR, 19. Aufl. 2017, § 6 Rn. 21; *Sommermann*, in: v. Mangoldt/Klein/ Starck, GG Bd. 2, 7. Aufl. 2018, Art. 20 GG Rn. 281 f.
[386] *Degenhart*, Staatsrecht I, 35. Aufl. 2019, § 4 Rn. 326.
[387] *Maurer/Waldhoff*, Allg. VerwR, 19. Aufl. 2017, § 6 Rn. 22; *Sommermann*, in: v. Mangoldt/ Klein/Starck, GG Bd. 2, 7. Aufl. 2018, Art. 20 GG Rn. 281 m.w.N.
[388] *Stern*, Staatsrecht, Bd. 1, 2. Aufl. 1984, § 20 IV 4b, S. 809 f.
[389] *Reimer*, in: Epping/Hillgruber Beck'scher Online Kommentar GG, 1.12.2019, Art. 115 GG Rn. 55.
[390] *Heun*, in: Dreier/GG-Kommentar, Bd. III, 3. Aufl. 2018, Art. 115 GG Rn. 42.

setzesbeschluss, aber auch ein schlichter Parlamentsbeschluss zu verstehen, der in der Regel im Zusammenhang mit der Beschlussfassung über das Haushaltsgesetz erfolgt, mit dem Kreditaufnahmen über die Regelgrenzen hinaus ermöglicht werden.[391] Daraus wird teilweise gefolgert, dass der Überschreitungsbeschluss als solcher noch nicht zur Kreditaufnahme gem. Art. 115 Abs. 1 GG ermächtige, sondern zusätzlich notwendig sei.[392] *Sachs* begründet das damit, dass es sonst dogmatisch schwer hinzunehmen wäre, dass sich das Parlament mittels schlichten Beschlusses ermächtigen würde, eine gesetzliche Ermächtigung zur Kreditaufnahme zu beschließen.[393] Die Regelung ist in Zusammenhang mit Art. 115 Abs. 2 Satz 7 und Satz 8 GG zu lesen. Der mit dem Beschluss zu verbindende Tilgungsplan soll wegen der Formulierung des Art. 115 Abs. 2 Satz 8 GG verbindlich sein und tatsächlich befolgt werden.[394] Für *Kube* folgt aus der zukunftsbindend gestaltenden Funktion und Wirkung des Tilgungsplans, dass dieser als Gesetz erlassen werden müsse, sodass ein schlichter Parlamentsbeschluss nicht ausreiche.[395] So liegt es zwar nahe und wird auch die Regel (im Rahmen eines Haushaltsgesetzes) sein, aufgrund der Verbindlichkeit des Tilgungsplans die rechtliche Form des Gesetzesbeschlusses zu fordern, zwingend ist dies aber nicht. Art. 115 Abs. 2 Satz 7 GG sieht vor, dass der Beschluss mit dem Tilgungsplan zu verbinden ist. Damit ist der Tilgungsplan als ein Teil des Beschlusses zu sehen, der auch ein schlichter Parlamentsbeschluss sein kann.[396] Für den Tilgungsplan selbst wird keine bestimmte Form, insbesondere des eines förmlichen Gesetzes nicht vorgeschrieben. Wie

---

[391] So BT-Drs. 16/12410 (Gesetzentwurf), S. 13; ebenso *Heun*, in: Dreier/GG-Kommentar, Bd. III, 3. Aufl. 2018, Art. 115 GG Rn. 42; *Jarass*, in: Jarass/Pieroth-GG-Kommentar, 15. Aufl. 2018, Art. 115 GG Rn. 13; *Kube*, in: Maunz/Dürig Kommentar GG, Oktober 2019, Art. 115 GG Rn. 189.
[392] *Heun*, in: Dreier/GG-Kommentar, Bd. III, 3. Aufl. 2018, Art. 115 GG Rn. 42.
[393] *Siekmann*, in: Sachs GG-Kommentar, 8. Aufl. 2018, Art. 115 GG Rn. 52.
[394] *Heun*, in: Dreier/GG-Kommentar, Bd. III, 3. Aufl. 2018, Art. 115 GG Rn. 44; *Kube*, in: Maunz/Dürig Kommentar GG, Oktober 2019, Art. 115 GG Rn. 191. Zustimmend *Jarass*, in: Jarass/Pieroth-GG-Kommentar, 15. Aufl. 2018, Art. 115 GG Rn. 13.
[395] *Kube*, in: Maunz/Dürig Kommentar GG, Oktober 2019, Art. 115 GG Rn. 190. Zustimmend *Reimer*, in: Epping/Hillgruber Beck´scher Online Kommentar GG, 1.12.2019, Art. 115 GG Rn. 58.
[396] *Heun*, in: Dreier/GG-Kommentar, Bd. III, 3. Aufl. 2018, Art. 115 GG Rn. 44. Ausdrücklich dagegen *Reimer*, in: Epping/Hillgruber Beck´scher Online Kommentar GG, 1.12.2019, Art. 115 GG Rn. 58.

*Heun* richtigerweise erkannt hat, folgt die Verbindlichkeit des Tilgungsplans auch nicht (erst) aus der rechtlichen Bindungswirkung eines förmlichen Gesetzesbeschlusses, sondern unmittelbar aus dem Grundgesetz,[397] das insoweit frei ist, auch einem schlichten Parlamentsbeschluss Verbindlichkeit zuzusprechen.[398]

### 4. Erste Untergruppe: Beispiele für rechtlich unverbindliche schlichte Parlamentsbeschlüsse

Die Beispiele aus der Rechtsprechung, die die erste Untergruppe bilden, erfassen den Bereich der schlichten Parlamentsbeschlüsse, die für ihren Adressatenkreis, falls sie einen haben, rechtlich nicht verbindlich sind. Dennoch heißt das nicht, dass sie keine Wirkung haben und unbedeutend sind. Ihnen kommt erhebliche Bedeutung zu, weil sie die Mehrheitsauffassung des Parlaments kundgeben.[399] Sie sind thematisch unbegrenzt und haben vor allem eine politische Relevanz.[400] Oft werden sie den öffentlichkeitsorientierten Funktionen des Bundestages zugeordnet und können u.a. als das nicht förmliche Instrument der parlamentarischen Kontrolle verstanden werden.[401] Wie vielfältig sie sind und auf welche unterschiedliche Weise sie zum Einsatz kommen können, skizzieren die nachfolgenden Entscheidungen.

#### a) BayVerfGH, Entsch. v. 30.9.1959 – Vf. 86-VI-58

1959 befasste sich der BayVerfGH zum ersten Mal mit der Frage der Rechtsverbindlichkeit eines schlichten Parlamentsbeschlusses. Der Bayerische Landtag richtete einen Beschluss an die Bayerische Regierung, in dem diese aufgefordert worden ist, die im Haushaltsplan für sozialen Wohnungs- und Siedlungsbau vorgesehene Mittel in bestimmter Art und Weise zu verteilen und zu verwenden.[402] Nach der Definition des Gerichtshofs seien Beschlüsse zwar poli-

---

[397] So auch *Jarass*, in: Jarass/Pieroth-GG-Kommentar, 15. Aufl. 2018, Art. 115 GG Rn. 13 „der Plan ist kraft Verfassungsrechts verbindlich."
[398] *Heun*, in: Dreier/GG-Kommentar, Bd. III, 3. Aufl. 2018, Art. 115 GG Rn. 44.
[399] *Ipsen*, Staatsrecht I, 31. Aufl. 2019, § 6 Rn. 218.
[400] *Ipsen*, Staatsrecht I, 31. Aufl. 2019, § 6 Rn. 219.
[401] *Stern*, Staatsrecht, Bd. 2, 1980, § 26 II 2c, S. 48 f.; *Klein*, in: HStR, Bd. III, 3. Aufl. 2005, § 50 Rn. 14; *Luch*, in: Morlok/Schliesky/Wiefelspütz Parlamentsrecht, 2016, § 10 Rn. 28 ff.; *Ipsen*, Staatsrecht I, 31. Aufl. 2019, § 6 Rn. 218 f.
[402] BayVerfGHE Band 12 (1959) II, 119 ff.

tisch „als Manifestation des politischen Willens" des Parlaments für die Staatsregierung bedeutsam, sie seien indes rechtlich nicht unmittelbar verpflichtend und jedenfalls für den einzelnen Staatsbürger nicht verbindlich.[403] Außerdem setzte sich der Gerichtshof mit dem Regelwerk der Bayerischen Verfassung (Art. 44 Abs. 3 Satz 2, 3 und Art. 55 Nr. 2 Satz 1 BV) auseinander und stellte fest, dass der Landtag trotz seiner dominierenden Stellung und gewisser Abhängigkeit der Staatsregierung von ihm nicht befugt sei, den Organen und Behörden der vollziehenden Gewalt bindende Weisungen zu erteilen, ohne dass ihm die Verfassung eine besondere Zuständigkeit einräume.[404] Denn nach der Beschlussfassung des Haushaltsgesetzes durch den Landtag obliege seine Ausführung der zuständigen Behörden der vollziehenden Gewalt, sodass den Bereich der Exekutive berührende Beschlüsse des Landtags keine Ausführungspflicht begründeten.[405]

Obwohl sich die Situation auf der Landesebene abspielt, kann die Aussage auf die Beschlüsse auf der Bundesebene übertragen werden. Das wird u.a. daran deutlich, dass spätere Entscheidungen der Bundesgerichte auf diese Entscheidung Bezug nehmen (z.B. BVerwGE 12, 16 ff.). Es kann geschlussfolgert werden, dass einerseits für die Verbindlichkeit der Beschlüsse die Schranke der Verfassung aufgestellt wird. Grundsätzlich sollen nur die Beschlüsse des Parlaments für die Exekutive verbindlich sein, für die die Verfassung dem Parlament die Kompetenz dazu einräumt. Gleichzeitig lässt sich aus der Entscheidung herauslesen, dass derartige Beschlüsse als Willensäußerungen des Organs nicht zu beanstanden sind und als rechtmäßig gesehen werden, solange sie keine rechtliche Verpflichtung auslösen. Dem Parlament wird damit indirekt das Recht zugebilligt, sich außerhalb des eigentlichen Regelungsbereiches einen eigenen politischen Willen zu bilden und diesen zu manifestieren, sodass derartige Beschlüsse nicht von vornherein rechtswidrig sind.[406]

---

[403] BayVerfGHE Band 12 (1959) II, 119 (122 f.).
[404] BayVerfGHE Band 12 (1959) II, 119 (126).
[405] BayVerfGHE Band 12 (1959) II, 119 (126).
[406] *Sellmann*, Der schlichte Parlamentsbeschluss, 1966, S. 28; *Boewe*, Die parlamentarische Befassungskompetenz, 2001, S. 29.

## b) BVerwG, Urt. v. 20.1.1961 – VII C 202.59

Das BVerwG hat sich im Jahre 1961 damit auseinandergesetzt, ob sich der Bundesminister der Finanzen bei dem Erlass der Verordnung über die Verbilligung von Dieselkraftstoff für die Binnenschifffahrt vom 6.6.1951 (BGBl. I 375) über Entschließungen des Bundestages hinwegsetzen und (entgegen dem Ersuchen des Parlaments) der Fahrgastschifffahrt im Binnenbereich die Betriebshilfe verweigern durfte.[407] Das BVerwG entschied, dass der Bundesminister der Finanzen nicht rechtswidrig gehandelt habe; der nach dem Erlass der Verordnung ergangene Beschluss des Bundestages vom 21.2.1952 sei für ihn nicht verbindlich gewesen, weil der Bundestag nicht die Form des Gesetzes gewählt habe.[408] Der Bundestag habe in dem Beschluss seine Kompetenzen überschritten, da der dort behandelte Gegenstand bereits durch Bundesgesetz dem Regelungsbereich der Exekutive zugewiesen wurde. Daraus lässt sich schließen, dass dem Bundestag die Befugnis zum Erlass von unverbindlichen Beschlüssen insoweit eingeräumt wird, wie eine grundsätzliche Gesetzgebungskompetenz vorliegt, und das unabhängig davon, ob sie in Anspruch genommen wurde oder nicht.[409] Die Frage, inwiefern das Parlament sich darüber hinaus noch zu anderen Regelungsbereichen äußern dürfe, wurde nicht erörtert.[410]

In diesem Zusammenhang ging es auch um eine weitere Entschließung des Bundestages, die dieser vor dem Erlass der Verordnung beschlossen hatte. Die Verordnung des Bundesministers für Finanzen erging auf Grund einer gesetzlichen Ermächtigung des Bundestages, § 2 Abs. 2 MinÖlG vom 31.5.1951 (BGBl. I 371), sodass Vorschriften über die Verbilligung von Dieselkraftstoff erlassen werden konnten.[411] Bei der Verabschiedung des Gesetzes fasste der Bundestag am 26.4.1951 eine Entschließung (Ersuchen) mit dem Inhalt, was die Regierung bei der Gewährung der Verbilligungen zu beachten habe. Die Verordnung über die Verbilligung widersprach nach Ansicht der Klägerin dem ausdrücklichen Beschluss des Bundestages. Das BVerwG entschied, dass der Bundesminister der

---

[407] BVerwGE 12, 16 ff. mit Urteilsbesprechung von *Klein*, JuS 1964, 181 ff.
[408] BVerwGE 12, 16 (20).
[409] *Boewe*, Die parlamentarische Befassungskompetenz, 2001, S. 29 mit Verweis auf *Scholz*, Landesparlamente und Bundesrat, in: FS für K. Carstens Band II, 1984, S. 845.
[410] *Boewe*, Die parlamentarische Befassungskompetenz, 2001, S. 29.
[411] BVerwGE 12, 16 (17).

Finanzen nicht rechtswidrig gehandelt habe, weil weder ein Verstoß gegen die Ermächtigung noch gegen die Entschließung vorliege,[412] wenn man bei der Auslegung den Wortlaut der Entschließung, die vorangehenden Vorschriften als auch den gesetzgeberischen Zweck bei der gegebenen Wirtschaftslage berücksichtigt hatte.[413] Das BVerwG hat der Entschließung des Bundestages anscheinend so viel Bedeutung zugemessen, dass es überprüft hat, ob ein Verstoß gegen sie vorgelegen hat. Nach Ansicht des BVerwG könne aufgrund der bei Verabschiedung des Gesetzes gefassten Entschließung „als Inhalt des Gesetzesbefehls festgestellt werden"[414], dass der Bundesminister der Finanzen die Rechtsverordnung mit einem bestimmten Inhalt zu erlassen gehabt habe.[415] Diese schlichten Parlamentsbeschlüsse können folglich nicht einfach unbeachtet gelassen werden, obwohl sie nicht in Form eines Gesetzes ergehen. Vielmehr sind sie eine Art Konkretisierung der Ermächtigungsgrundlage und dienen der Erläuterung und Auslegung für die Anwendung einer Vorschrift. Sie sind zwar nicht verbindlich, aber richtungsweisend. Das BVerwG stellte ferner unter Berufung auf die erstgenannte Entscheidung[416] dieser Untergruppe fest, dass diese Beschlüsse unverbindlich seien, weil der Bundestag ein ergänzendes Gesetz mit authentischer Interpretation nicht allein, sondern nur mit der Mitwirkung des Bundesrats gemäß Art. 76–78 GG hätte erlassen können.[417] Damit wird der Charakter des Beschlusses als Auslegungshilfe hervorgehoben und gleichzeitig seine Unverbindlichkeit betont.

Das Urteil behandelte damit ausschließlich die Verbindlichkeitsfrage der schlichten Parlamentsbeschlüsse, ohne sich im Hinblick auf die Entschließung vor dem Erlass der Verordnung eindeutig festzulegen. Die Frage der grundsätzlichen Zulässigkeit wurde vom BVerwG nicht aufgeworfen, was Raum für Spekulationen lässt. So könnte man annehmen, dass das Gericht diese Frage bewusst unbeantwortet ließ und keine Aussage diesbezüglich treffen wollte. Andererseits ist auch nicht ausgeschlossen, dass mit der Annahme der Ver-

---

[412] BVerwGE 12, 16 (19).
[413] Im Einzelnen dazu BVerwGE 12, 16 (18 f.).
[414] BVerwGE 12, 16 (17).
[415] *Sellmann*, Der schlichte Parlamentsbeschluss, 1966, S. 29.
[416] BayVerfGHE Band 12 (1959) II, 119 ff.
[417] BVerwGE 12, 16 (19).

bindlichkeit gleichzeitig die Zulässigkeit solcher Beschlüsse als Vorbedingung vorausgesetzt wurde.

### c) OVG Münster, Urt. v. 30.10.1961 – II A 480/61 und VGH Kassel, Urt. v. 29.11.1962 – OS V 18/60

Das OVG Münster entschied ähnlich wie das BVerwG, E 12, 16 ff., dass Beschlüsse des deutschen Bundestages, weil sie nicht in der Gesetzesform ergehen, dem Grunde nach keinen Rechtsanspruch begründen würden.[418] Das OVG ging insofern etwas weiter als das BVerwG, weil es nicht auf die Verbindlichkeit als solche abstellte, sondern allein wegen der Entscheidungsform die Herleitung eines Rechtsanspruchs für den Einzelnen verneinte.

Im Vergleich zu der Entscheidung des BVerwG (E 6, 282 ff.)[419] entschied der VGH Kassel bezugnehmend auf die Entscheidung des BayVerfGH (E Band 12 (1959) II, 119 ff.), dass in dem nicht in Gesetzesform ergehenden Bundestagsbeschluss keine Leistungsermächtigung für die Verwaltung gesehen werden könne.[420] Die Begründung stützte sich darauf, dass diese Entscheidungsform keine unmittelbare Rechtsverbindlichkeit gegenüber der Exekutive entwickeln könne, weil der Bundestagsbeschluss rechtsdogmatisch nicht denselben Rang im Sinne des Art. 20 Abs. 3 GG beanspruchen könne wie ein formelles Gesetz.[421] Des Weiteren wies das Gericht jedoch darauf hin, dass solche Parlamentsäußerungen aufgrund der demokratischen Legitimation des Parlaments eine nicht völlig unerhebliche Bedeutung hätten.[422] Was damit gemeint ist, erläuterte das Gericht nicht näher. Es kann vermutet werden, dass von einer lediglich faktischen bzw. politischen Bedeutung ausgegangen wurde.

### d) BVerwG, Urt. v. 21.9.1966 – V C 124.65

Die Rechtsprechung des BVerwG bringt auch in Folgejahren wenig neue Erkenntnisse im Hinblick auf den schlichten Parlamentsbeschluss. 1966 setzte sich das BVerwG damit auseinander, ob es einen möglichen Verstoß der Richtlinien der Exekutive zur Gewährung von Bundesbeihilfen zum Ausgleich von

---

[418] OVG Münster, DVBl. 1962, 139 (139).
[419] Siehe die Besprechung der Entscheidung im Rahmen der Leistungsverwaltung in Teil 1 II. 3.
[420] VGH Kassel, VerwRspr. 15, 918 (933).
[421] VGH Kassel, VerwRspr. 15, 918 (933).
[422] VGH Kassel, VerwRspr. 15, 918 (933).

Härten im Rahmen der betrieblichen Altersfürsorge gegen höherrangiges Recht gab.[423] Dabei untersuchte es, ob ein Widerspruch zwischen den Richtlinien und einem schlichten Parlamentsbeschluss vorlag. Im Ergebnis stellte das BVerwG fest, dass es keinen Widerspruch gegeben habe mit der Folge, dass die Frage, ob sogenannte schlichte Parlamentsbeschlüsse die Exekutive binden würden, offengelassen werden konnte.[424] Denn auch bei rechtlicher Verbindlichkeit schlichter Parlamentsbeschlüsse wäre die Rechtsungültigkeit der Richtlinie nicht festzustellen gewesen.[425] So ließ das BVerwG zwar die Frage der Verbindlichkeit bewusst unbeantwortet. Dennoch ist es davon auszugehen, dass dem Beschluss eine zu beachtende Wirkung beigemessen wurde, sonst hätte das BVerwG die Richtlinie auf eventuellen Widerspruch mit dem Beschluss nicht untersucht. Außerdem könnte man weitergehen und aus dem Urteil die Andeutung herauslesen, dass eine Verbindlichkeit nicht von vornherein auszuschließen ist und sogar eine Rechtsungültigkeit von Folgerechtsakten nach sich ziehen könnte, wenn man den verbindlichen schlichten Parlamentsbeschluss unbeachtet lässt.

### e) SG Berlin, Urt. v. 8.12.1987 – S 56 Ar 1529/87

Auch das SG Berlin hat in einem seiner Urteile von 1987 den Beschluss des Berliner Abgeordnetenhauses in Bezug auf seine Verbindlichkeit kurz behandelt. In dem Urteil ging es um die Anwendung des § 2 Abs. 6 der Arbeitserlaubnisverordnung[426] für einen sich langjährig im Bundesgebiet aufhaltenden polnischen Staatsangehörigen.[427] Der Gegenstand dieser Entscheidung war eine Härteregelung, die vorsah, dass eine Arbeitserlaubnis erteilt werden kann, wenn ihre Versagung nach den besonderen Verhältnissen des Antragstellers eine Härte bedeuten würde. Dazu gab es einen Beschluss des Berliner Abgeordnetenhauses, der auf einen Härtefallregelungserlass für den vor Dezember 1981 eingereisten Polen, abzielte.[428] Das Sozialgericht entschied, dass das Grundgesetz eine Berücksichtigung von landesgesetzlichen Initiativen und Beschlüssen insbeson-

---

[423] BVerwG, Urt. v. 21.9.1966 – V C 124.65 – juris.
[424] BVerwG, Urt. v. 21.9.1966 – V C 124.65 – juris Rn. 13.
[425] BVerwG, Urt. v. 21.9.1966 – V C 124.65 – juris Rn. 13.
[426] Arbeitserlaubnisverordnung in Fassung der Bek. v. 12.9.1980 (BGBl. I S. 1754), zuletzt geänd. durch die Verordnung v. 24.7.1986 (BGBl. I S. 1160).
[427] SG Berlin, InfAuslR 5/88, 149 ff.
[428] SG Berlin, InfAuslR 5/88, 149 (151).

dere bei der Auslegung von Härtevorschriften durch das Gericht verbiete.[429] Sowohl Gerichte als auch die Verwaltung seien gem. Art. 20 Abs. 3 GG an Gesetz und Recht gebunden, weshalb Beschlüsse eines Landesparlaments eine Bundesbehörde allenfalls anregen könnten, eine bestehende Gesetzeslage zu ändern.[430] Das gelte ebenfalls für die Gerichte, die die Verwaltung auf die Rechtmäßigkeit ihres Handelns überprüfen würden.[431] Ferner wies das SG darauf hin, dass der Beschluss einen falschen Adressaten hätte, weil nur der Bundesminister für Arbeit und Sozialordnung gem. § 19 Abs. 4 AFG[432] eine Änderung der Arbeitserlaubnisverordnung vornehmen könne.[433] Demzufolge stehe es den Gerichten nicht zu, im konkreten Fall und entgegen der Rechtslage ihre Entscheidung an Empfehlungen bzw. Wünschen des Landesparlaments auszurichten.[434]

In der Entscheidung verdeutlicht das SG, dass die schlichten Beschlüsse des Organs der Volksvertretung weder einen bindenden Charakter für die Exekutive noch für die Judikative haben. Sie sind vielmehr ein Impuls, insbesondere für die Exekutive, etwas zu tun. Schließlich liegt es an dem Adressaten, ob er dem Beschluss, der als Empfehlung oder Wunsch verstanden wird, folgt oder nicht. Das Gericht schwieg zu der Frage der grundsätzlichen Zulässigkeit der schlichten Beschlüsse, obwohl ihnen die Impulswirkung beigemessen wurde. Als Begründung der Unverbindlichkeit wird auf den Grundsatz aus Art. 20 Abs. 3 GG verwiesen, der auf den Beschluss bezogen zum Ausdruck bringt, dass der Beschluss weder unter das Merkmal des Gesetzes noch des Rechts subsumierbar ist. So stellt sich die Frage, wie der Beschluss überhaupt zu qualifizieren ist und in die Normenhierarchie eingeordnet werden kann. Ein schlichter Beschluss dieser Art erfüllt nicht die Voraussetzungen, die die Qualität haben, ein Gericht oder eine Behörde oder einen Minister zu binden. Zum ersten Mal wird die

---

[429] SG Berlin, InfAuslR 5/88, 149 (151).
[430] SG Berlin, InfAuslR 5/88, 149 (151).
[431] SG Berlin, InfAuslR 5/88, 149 (151).
[432] In der Fassung: Arbeitsförderungsgesetz v. 25.6.1969 (BGBl. I S. 582), geänd. durch Art. 11 des Gesetzes v. 25.7.1986 (BGBl. 1169) und Art. 2 des Gesetzes v. 14.1.1987 (BGBl. 89), (zuletzt durch Art. 8 des Gesetzes v. 16.12.1997 (BGBl. I S. 2970) geänd. und aufgehoben).
[433] SG Berlin, InfAuslR 5/88, 149 (151).
[434] SG Berlin, InfAuslR 5/88, 149 (151).

Bindungswirkung des Beschlusses in Bezug auf die judikative Gewalt in Betracht gezogen und zu Recht verneint. Schließlich war das Gericht nicht der Adressat. Die Gerichte könnten nämlich nach Belieben entscheiden, wenn der Inhalt des Beschlusses lediglich als „kann" und nicht als „muss" zu verstehen ist. Das wiederum würde sich negativ auf den Rechtsschutz und die Rechtssicherheit auswirken. Außerdem könnte ein Landesparlament mit einer Handlungsform, die weder Gesetz noch Recht sein soll, in die richterliche Unabhängigkeit eingreifen.

### f) BVerfG, Kammerbeschluss v. 28.8.1992 – 1 BvR 632/92

Das BVerfG stellte sich in einem Nichtannahmebeschluss aus dem Jahr 1992 die Frage der Überprüfbarkeit parlamentarischer Beschlüsse. Dabei wendete sich der Beschwerdeführer gegen einen Beschluss der Hamburger Bürgerschaft, mit welchem der Senat u.a. ersucht worden sei, der Scientology Kirche und ihr angeschlossenen Firmen keine öffentlichen Gebäude zu Mietzwecken zu überlassen und keine Grundstücksgeschäfte mit ihnen abzuschließen.[435] Die Verfassungsbeschwerde war mangels Rechtswegerschöpfung unzulässig. Das BVerfG wies unter Verweis auf das Schrifttum aber darauf hin, dass die Rechtslage hinsichtlich der gerichtlichen Überprüfbarkeit der „schlichten" Parlamentsbeschlüssen nicht geklärt sei.[436]

Das BVerfG zog die Rechtsprechung der Hamburger Verwaltungsgerichte heran, in welcher im Zusammenhang mit dem Abschlussbericht eines Untersuchungsausschusses fachgerichtlicher Rechtsschutz jedenfalls für die Fälle nicht ausgeschlossen worden sei, in welchen gewichtige Grundrechtsverletzungen in Rede stünden.[437] Diese Begründung stützte sich aber auf Beschlüsse der Untersuchungsausschüsse nach Art. 25 Abs. 5 Satz 1 HbgVerf.[438], die der richterlichen Erörterung entzogen seien, weil das Verfahren von den Unter-

---

[435] BVerfG, NVwZ 1993, 357 f.
[436] BVerfG, NVwZ 1993, 357 (357) mit Verweis auf *Achterberg*, in: Parlamentsrecht, 1984, § 24 S. 738 ff.; *Quass-Zuck*, NJW 1988, 1873 (1880); *Kästner*, NJW 1990, 2649 (2656).
[437] BVerfG, NVwZ 1993, 357 (357) mit Verweis auf VG Hamburg, DVBl. 1986, 1017 (1021); OVG Hamburg, NVwZ 1987, 610 (611).
[438] Das Gericht zitiert Art. 25 Abs. 6 Satz 1 HbgVerf. v. 6.6.1952 (GVBl. S. 117). Dieser wurde aber geänd.: früherer Art. 25 Abs. 2 geänd., Abs. 3, Abs. 4 Satz 2 neu gef., Abs. 4 Satz 3, Abs. 5 aufgehoben, bisheriger Abs. 6 und 7 werden Abs. 5 und 6 m.W.v. 1.9.1996 durch Gesetz v. 20.6.1996 (GVBl. S. 129).

suchungsausschüssen rechtsstaatlichen Mindestanforderungen genüge und insoweit gerichtsähnliche Züge habe.[439] Das BVerfG erkannte, dass der dem Fall zugrundeliegende Beschluss nicht die Anforderungen des beschriebenen Beschlusses eines Untersuchungsausschusses erfüllt. Ferner nahm es an, dass die Fachgerichte Art. 25 Abs. 5 Satz 1 HbgVerf. nicht analog anwenden, sondern daraus einen Umkehrschluss auf die weitergehende Überprüfbarkeit sonstiger parlamentarischer Beschlüsse ziehen würden,[440] es ließ aber offen, wie das zu verstehen sei. Ob und gegebenenfalls in welchem Umfang das Landesverfassungsrecht aus anderen Gründen eine Einschränkung der gerichtlichen Kontrolle erfordere, sei von den Fachgerichten selbst zu klären.[441]

In dieser Entscheidung setzte sich das BVerfG weder mit der Zulässigkeit noch mit der Rechtsverbindlichkeit der schlichten Parlamentsbeschlüsse auseinander. Die Frage, die es sich gestellt hat, beschränkte sich nur auf die gerichtliche Überprüfbarkeit der schlichten Parlamentsbeschlüsse, die es letztlich auch offenließ. Es begnügte sich mit der Aufstellung einer bloßen Vermutung, wie die Fachgerichte wohl vorgehen könnten. Schließlich wurde nur bestätigt, dass die Rechtslage bezüglich der rechtlichen Überprüfbarkeit sonstiger parlamentarischer Beschlüsse unklar ist. Zumindest aber wurde eine Überprüfung von solchen Beschlüssen nicht grundsätzlich ausgeschlossen, vielmehr ist sogar aufgrund der in der Entscheidung des BVerfG angeführten Annahme eher von der Möglichkeit der rechtlichen Überprüfung auszugehen. Konkrete Vorgaben überließ es den Landesgerichten, die durchaus die gerichtliche Kontrolle aus (landes-)verfassungsrechtlichen Gründen im Hinblick auf das „Ob" als auch das „Wie" der Überprüfung einschränken könnten.

### g) BayVerfGH, Entsch. v. 17.6.1993 – Vf. 85-VI-91

Der BayVerfGH stellte sich im Jahre 1993, allerdings nur am Rande, die Frage, welche Wirkungen ein Landtagsbeschluss gegenüber anderen Verfassungsorganen, Gerichten und Behörden entfaltet.[442] Bei dieser Entscheidung ging es um die mögliche Verletzung des Antragsrechts eines Abgeordneten des Land-

---

[439] BVerfG, NVwZ 1993, 357 (358).
[440] BVerfG, NVwZ 1993, 357 (358).
[441] BVerfG, NVwZ 1993, 357 (358).
[442] BayVerfGHE 46, 176 (176, LS).

tags, dessen Antrag, der Landtag möge einen Beschuss mit der Aufforderung an die Staatsregierung fassen, dass diese im Planfeststellungsverfahren für Atommüllendlager bei Umweltministerium Einwendungen erhebe, zurückgewiesen wurde.[443] Dabei stellte der BayVerfGH fest, dass das Recht des Landtags, sich mit einem bestimmten Thema zu befassen, nichts an dem durch die Verfassung vorgegebenen System der Gewaltenteilung (Art. 5 BV) ändere.[444] Ein möglicher Beschluss des Landtags an die Staatsregierung würde nur dazu führen, dass diese ihrerseits zu entscheiden gehabt hätte, ob und in welchem Maße sie sich an diesen hält, das heißt, ob die Staatsregierung Einwendungen im Planfeststellungsverfahren erhebt – und falls sie sie erhebt, dann mit welchem Inhalt.[445]

In dieser Entscheidung wurde nur mit einem Satz festgestellt, dass das Parlament berechtigt ist, über verschiedene Themen Beschlüsse zu fassen. Dabei wurde keine Einschränkung vorgenommen, um welche Themen es sich handeln kann, ebenso wenig an wen die gefassten Beschlüsse gerichtet werden dürfen, u.a. andere Verfassungsorgane, Behörden oder Gerichte. Die einzig genannte Einschränkung ist der Gewaltenteilungsgrundsatz, wobei dieser als Maßstab wohl nicht über die Zulässigkeit der Beschlüsse als solcher herangezogen werden soll, sondern nur im Hinblick auf ihre Verbindlichkeit. Da der BayVerfGH bei dem hypothetisch erlassenen Beschluss der Staatsregierung Handlungsspielraum einräumte, ging er wohl davon aus, dass dieser unverbindlich sei.

### h) BbgVerfG, Urt. v. 28.1.1999 – VfGBbg 2/98

Das BbgVerfG befasste sich u.a. mit der Frage, ob ein Landtag Beschlüsse mit einem Appell an die Mitglieder des Bundestages fassen kann, um auf diese Weise den Bundestag vom bestimmten Abstimmungsverhalten zu überzeugen.[446] Genau genommen beabsichtigte die damalige PDS-Fraktion des Brandenburgischen Landtags mit ihrem Antrag an den Landtagspräsidenten, dass der Landtag den Appell an die Bundestagsmitglieder zur Verhinderung des Rüstungsprojektes Eurofighter 2000 beschließen möge, um den Bundestag zu überzeugen, sich gegen den Ankauf von 180 Militärjagdflugzeugen und ihre Be-

---

[443] BayVerfGHE 46, 176 ff.
[444] BayVerfGHE 46, 176 (182).
[445] Wohl so zu verstehen, BayVerfGHE 46, 176 (182).
[446] BbgVerfG, NVwZ 1999, 868 ff.

reitstellung zwischen 2002 und 2004 zu entscheiden. Daraufhin lehnten das Landtagspräsidium und auch das Plenum selbst per Beschluss ab, den Antrag auf die Tagesordnung zu setzen. Das BbgVerfG beschäftigte sich neben der im Urteil zugrundeliegenden Frage, ob dem Landtagspräsidium ein materielles Prüfungsrecht über beantragte Beratungsgegenstände zusteht, auch mit der Frage, mit welchen Themenkomplexen sich ein Landesparlament befassen kann.[447] Die Kernaussagen bzgl. der zweiten Frage sind den Leitsätzen zu entnehmen: „[LS 3] Eine Befassung des Landtags mit bundespolitischen Themen kommt in Betracht, wenn das Parlament hierdurch im Rahmen seiner ihm obliegenden Kontrolle der Landesregierung auf deren Verhalten im Bundesrat Einfluss nehmen will. [LS 4] Appelle unmittelbar an die Mitglieder des Deutschen Bundestags, die zu einem bestimmen Abstimmungsverhalten veranlasst werden sollen, stehen dem Landesparlament nach der Kompetenzordnung des Grundgesetzes nicht zu."[448] Begründet wurde das damit, dass das Erörterungsrecht seine verfassungsrechtliche Grenze in der Pflicht des Plenums finde, die eigenen Zuständigkeiten zu wahren.[449] Der im Fall behandelte Gegenstand der Verteidigung betraf die ausschließliche Kompetenz des Bundes, sodass das Landesparlament unzuständig für diese Frage war.

Gleichzeitig räumte das BbgVerfG dem Landesparlament das Recht ein, sich mit bundespolitischen Themen zu befassen, wenn entsprechende Voraussetzungen hierfür vorliegen. Das sei dann der Fall, wenn die Einflussnahme durch das Landesparlament die Tätigkeit der Landesregierung im Bundesrat betreffe.[450] Denn die Landesregierung sei über den Bundesrat an der Gesetzgebung des Bundes beteiligt, sodass das Landesparlament im Rahmen der ihm obliegenden Kontrolle der Landesregierung in gewissem Umfang Einfluss auf deren Verhalten im Bundesrat nehmen und über diesen Weg (mittelbar) auch Bundesangelegenheiten erörtern könne.[451] Die Folge ist, dass der Adressat eines entsprechenden Parlamentsbeschlusses nur die Landesregierung sein müsse und nicht wie im

---

[447] BbgVerfG, NVwZ 1999, 868 (zu Frage 1 – 868 f. und zu Frage 2 – 869 f.).
[448] BbgVerfG, NVwZ 1999, 868 (868).
[449] BbgVerfG, NVwZ 1999, 868 (869).
[450] BbgVerfG, NVwZ 1999, 868 (869).
[451] BbgVerfG, NVwZ 1999, 868 (869).

Fall der Bundestag.[452] Jedes andere Vorgehen würde mit der Kompetenzordnung des Grundgesetzes nicht vereinbar sein. Denn die Zuständigkeit der Bundesorgane zur ausschließlich eigenverantwortlichen Bewältigung einer Sachaufgabe werde von den Ländern beeinträchtigt, wenn sie die Bundesorgane durch politischen Druck zwingen wollen, sowohl die von ihnen getroffene Sachentscheidung zu ändern als auch die noch zu treffende Sachentscheidung zu beeinflussen, wenn also ein Landeswille gebildet wurde, um ihn dem verfassungsmäßig gebildeten Bundesstaatswillen entgegenzusetzen.[453] Ausdrücklich offengelassen wurde die Frage, ob die Landesparlamente darüber hinaus in der staatlichen Praxis für sich in Anspruch nehmen können, sich außerhalb von Bundesratsangelegenheiten im Einzelfall mit Bundesthemen befassen zu dürfen, wenn diese das Bundesland in besonderer Weise berührten.[454] Die Frage der Verteidigungspolitik betreffe nämlich alle Bundesländer gleichermaßen.[455]

Das Urteil des BbgVerfG beschäftigte sich mit der Frage der parlamentarischen Befassungskompetenz mittels eines schlichten Parlamentsbeschlusses. Es ging hier um die Einwirkungsmöglichkeiten des Landesparlaments auf das Verhalten der Landesregierung im Bundesrat. Der Problemkreis der Zulässigkeit bzw. der Verbindlichkeit der schlichten Parlamentsbeschlüsse wurde nicht angesprochen. Vielmehr wurde konkretisiert, welche weiteren Anwendungsoptionen sich für die schlichten Parlamentsbeschlüsse ergeben. Sie sind in der Lage, auf die Exekutive, insbesondere die Landesregierung im Bundesrat, im Rahmen der parlamentarischen Kontrolle Einfluss zu nehmen. Allerdings wurde nicht erläutert, in welchem Umfang dieser Einfluss stattfinden kann und inwiefern die Landesregierung daran gebunden ist. So muss aber zumindest solchen Beschlüssen erhebliche Bedeutung zukommen, wenn ihnen diese Funktion zugeschrieben wird. Eine Übertragung auf die Bundesebene würde bedeuten, dass der Bundestag mittels schlichter Parlamentsbeschlüsse die Bundesregierung in ihren Entscheidungen beeinflussen könnte, wenn auch nur als Mittel der Kontrolle der exekutiven Organe.

---

[452] BbgVerfG, NVwZ 1999, 868 (870) mit ausdrücklichen Verweis auf *Linck*, in: Linck/Jutzi/Hopfe Verf. TH-Kommentar, 1994, Art. 48 Rn. 50.
[453] BbgVerfG, NVwZ 1999, 868 (870) mit Rückgriff auf BVerfGE 8, 104 (117 f.).
[454] BbgVerfG, NVwZ 1999, 868 (870).
[455] BbgVerfG, NVwZ 1999, 868 (870).

i) SachAnhVerfG, Urt. v. 15.1.2002 – LVG 3/01

Das SachAnhVerfG setzte sich in dem Urteil u.a. damit auseinander, ob formelle Parlamentsgesetze, die keinen materiellen Regelungsgehalt haben, vorlagefähig sind und ob anschließend ihre Vereinbarkeit mit der SachsAnhVerfassung überprüft werden kann.[456] Dabei ging es um ein Parlamentsgesetz, das authentische Norminterpretation anderer Regelungen in Bezug auf Erhebung von Straßenausbaubeiträgen vornahm. Das VerfG deutete an, dass bei einem so engen Verständnis ein derartiges Gesetz im formellen Sinne eine rechtlich unverbindliche Entschließung des Landtages in Gesetzesform darstellen könnte.[457] Deshalb musste eine Abgrenzung vorgenommen werden. Wenn von dieser Vorschrift eine Regelungswirkung im Außenverhältnis ausgeht, also mit eigner Rechtsfähigkeit ausgestattete Subjekte des privaten oder öffentlichen Rechts durch die erlassene Norm gebunden, das heißt bestimmten Verhaltensanforderungen verbindlich unterworfen werden, könne sie ein Vorlagegegenstand sein.[458] Um das festzustellen, war eine Auslegung der Vorschrift erforderlich. In diesem Zusammenhang ging das VerfG auf die schlichten Parlamentsbeschlüsse ein. Hätte der Gesetzgeber nur in der Form eines schlichten Parlamentsbeschlusses das Verständnis der Norm zum Ausdruck gebracht, so würde es sich dabei um eine nachträgliche Erklärung zu einer bereits erlassenen Norm handeln, die zukünftig bei der Auslegung und Anwendung der Norm neben Wortlaut, Systematik sowie Sinn und Zweck zu berücksichtigen wäre, aber nicht verbindlich wäre.[459] „Indem aber diese Erklärung in der Form eines Parlamentsgesetzes abgegeben und zudem in die auszulegende Norm integriert wurde, hat der Landesgesetzgeber zum Ausdruck gebracht, dass er seiner Erklärung die mit dem Parlamentsgesetz verbundene Bindungswirkung verleihen wollte."[460] Mit weiteren Argumenten, wie dem Wortlaut der Norm als auch den Umständen der Gesetzgebung, kam das VerfG zu dem Ergebnis, dass das formelle Parlamentsgesetz eine Regelungswirkung habe und nicht nur eine reine

---

[456] SachsAnhVerfG, LKV 2002, 328 ff.
[457] SachsAnhVerfG, LKV 2002, 328 (329) mit m.w.N.
[458] SachsAnhVerfG, LKV 2002, 328 (329).
[459] SachsAnhVerfG, LKV 2002, 328 (329).
[460] SachsAnhVerfG, LKV 2002, 328 (329).

Meinungs- und Willensbekundung des Landtages sei, folglich also tauglicher Vorlagegegenstand ist.

Diese Entscheidung verdeutlicht, dass schlichte Parlamentsbeschlüsse, insbesondere in der Form einer Entschließung, keine rechtliche Verbindlichkeit gegenüber ihren Adressaten entfalten. Über die Zulässigkeit solcher Entscheidungsformen des Parlaments wurde geschwiegen. Dennoch wird zum einen noch einmal klar, dass durch die schlichten Parlamentsbeschlüsse das Parlament seine Meinung und seinen Willen äußern kann. Zum anderen wird die Funktion des schlichten Parlamentsbeschlusses aufgezeigt, nämlich seiner Berücksichtigung bei der Auslegung und Anwendung der Norm. Er dient als Indiz für die Auslegung des Gesetzes und stellt einen wichtigen Anhaltspunkt dar, um den Willen des Gesetzgebers zu ermitteln.[461] Dies muss aber insoweit eingegrenzt werden, weil dafür nur der schlichte Parlamentsbeschluss in Frage kommt, der bei Verabschiedung des Gesetzes gefasst wurde.[462] Damit ist ein weiteres Aufgabenfeld eröffnet, in dem die schlichten Parlamentsbeschlüsse Bedeutung haben und man sogar von einer geringen, aber dennoch vorhandenen rechtlichen Verbindlichkeit sprechen könnte.[463]

**j) HbgVerfG, Urt. v. 15.12.2003 – HVerfG 4/03**

Das HbgVerfG hatte über eine Volksinitiative zu entscheiden, die den Senat aufforderte sicherzustellen, dass die Freie Hansestadt Hamburg Mehrheitseigentümerin des Landesbetriebs Krankenhäuser, ihrer einzelnen Krankenhäuser und anderen Einrichtungen bleibe.[464] In der Entscheidung ging es zum einen um die Frage, ob die Volksinitiative im Organstreitverfahren antragsbefugt sei und zum anderen, wie die Aufforderung der Volksinitiative rechtlich zu bewerten sei. Interessant in dieser Entscheidung ist, dass das VerfG den Antrag der Volksinitiative mit der Aufforderung an den Senat mit einer „Aufforderung" der Bürgschaft an den Senat, in der parlamentarischen Praxis unter Ersuchen bekannt, verglich und Rückschlüsse bzgl. der Verbindlichkeit zog.[465] Im Ergebnis lautet

---

[461] *Güdden*, Nebentätigkeit der Ruhestandsbeamten, 1989, S. 69 f.
[462] *Güdden*, Nebentätigkeit der Ruhestandsbeamten, 1989, S. 69.
[463] So auch *Güdden*, Nebentätigkeit der Ruhestandsbeamten, 1989, S. 70.
[464] HbgVerfG, NVwZ-RR 2004, 672 ff.
[465] HbgVerfG, NVwZ-RR 2004, 672 (673).

einer der Leitsätze: „Einer Volksinitiative kommt von vornherein keine Sperrwirkung zu, wenn es um eine "Aufforderung" an den Senat geht. Eine solche Aufforderung, die dem parlamentarischen "Ersuchen" vergleichbar ist, besitzt keine rechtliche Verbindlichkeit für den Senat."[466] Die Begründung war folgende: „Zwar werden Ersuchen weder in der Verfassung noch in Gesetzen oder in der Geschäftsordnung der Bürgerschaft erwähnt. [Sie] würden keine Pflicht des Senats auslösen, ihnen nachzukommen. Der Senat kann Ersuchen nachkommen, sie ablehnen oder sie auch unbeantwortet lassen."[467] Dabei bediente sich das VerfG eines Rückgriffs auf das Schrifttum, wobei hervorgehoben wurde, dass sich nur eine Quelle explizit zum hamburgischen Verfassungsrecht damit befasst hatte und der schloss sich das VerfG auch an. Nach *David* entspränge bürgerschaftlichen Ersuchen um Auskunft oder ein bestimmtes Verhalten seitens des Sentas keine Pflicht.[468]

Des Weiteren erkannte das VerfG dasselbe Problem auf der Bundesebene. Auf Bundesebene werde nicht der Ausdruck "Ersuchen" verwendet, vielmehr spreche man von "schlichten Parlamentsbeschlüssen".[469] Ihnen komme keine rechtlich bindende Wirkung zu.[470] Durch den Vergleich der Aufforderung der Volksinitiative mit dem Ersuchen auf Landesebene und dem schlichten Parlamentsbeschluss auf der Bundesebene und der dazu herangezogenen Literatur bzgl. der Unverbindlichkeit stellte das VerfG fest, dass der Aufforderung keine stärkere rechtliche Wirkung beigemessen werden könne als den eben genannten.[471]

Auch diese Entscheidung geht nicht darauf ein, inwiefern schlichte Parlamentsbeschlüsse überhaupt zulässig sind. Vielmehr wird lediglich die rechtliche Unverbindlichkeit nochmals bestätigt. Beachtlich ist die Vorgehensweise des VerfG. Denn durch Vergleich zu dieser Entscheidungsform des Parlaments wird

---

[466] HbgVerfG, NVwZ-RR 2004, 672 (672).
[467] HbgVerfG, NVwZ-RR 2004, 672 (673 f.).
[468] *David*, HbgVerf Kommentar, 1994, Art. 6 Rn. 16.
[469] HbgVerfG, NVwZ-RR 2004, 672 (674).
[470] HbgVerfG, NVwZ-RR 2004, 672 (674) mit zahlreichen Verweisen aus dem Schrifttum wie *Stern*, Staatsrecht, Bd. 2, 1980, § 26 II 2c, S. 48 f.; *Klein*, in: HStR, Bd. II, 1987, § 40 Rn. 12; *Magiera*, in: Schneider/Zeh Parlamentsrecht und Parlamentspraxis, 1989, § 52 Rn. 32 ff.
[471] HbgVerfG, NVwZ-RR 2004, 672 (674).

die feste Etablierung der schlichten Parlamentsbeschlüsse deutlich. So kann davon ausgegangen werden, dass das VerfG von der generellen Zulässigkeit ausging und den Adressaten der schlichten Parlamentsbeschlüsse eindeutig einen Entscheidungsspielraum einräumte, ob und in welchem Umfang sie ihm folgen.

### k) BerlVerfGH, Urt. v. 22.11.2005 – VerfGH 217/04

In diesem Urteil von 2005 setzte sich der BerlVerfGH in einem Organstreitverfahren mit der Frage der jährlichen Vorlagepflicht eines Finanzplans durch den Senat für das Abgeordnetenhaus auseinander.[472] Dabei spielte das Problem des schlichten Parlamentsbeschlusses nur eine sehr kleine Nebenrolle im Rahmen der Zulässigkeit des Antrags (u.a. bei der Antragsbefugnis und bei dem allgemeinen Rechtsschutzinteresse). Eine Fraktion stellte nämlich einen Antrag an das Abgeordnetenhaus, dass dieses einen Beschluss mit der Aufforderung an den Senat, eine mittelfristige Finanzplanung bis zu einer bestimmten Frist zu erstellen, fassen möge. Dieser Antrag wurde durch das Abgeordnetenhaus per Beschluss abgelehnt, womit die Nichtvorlage des Finanzplans durch den Senat vorerst akzeptiert wurde, um später so ein Verhalten des Senats im Rahmen des hiesigen Verfahrens zu klären. Der BerlVerfGH stellte fest, dass dieser Umstand nicht die Antragsbefugnis ausschließt. Eine Fraktion als Teil des Parlaments könne dessen Rechte auch dann in einem Organstreitverfahren prozessual geltend machen, wenn das Parlament die Maßnahme oder Unterlassung gebilligt habe.[473] In derselben Sitzung fasste aber das Abgeordnetenhaus einen Beschluss mit der Aufforderung an den Senat die Frage, ob im Rahmen eines Doppelhaushalts die jährliche Vorlage einer mittelfristigen Finanzplanung erforderlich sei, auf der Ebene von Bund und der Länder innerhalb einer bestimmten Frist zu klären; sofern eine Klärung nicht oder nicht fristgerecht herbeigeführt werden könne, solle der Senat jährlich einen Finanzplan vorlegen.[474] Die Klärung dieser Frage konnte nicht herbeigeführt werden. Der BerlVerfGH führte aus, dass das nicht zum Ausschluss des allgemeinen Rechtsschutzinteresses führe, denn es bestehe eine Wiederholungsgefahr für die Zukunft, selbst

---

[472] BerlVerfGH, Entsch. der VerfGE der Länder, 16. Bd., S. 80 ff.
[473] BerlVerfGH, Entsch. der VerfGE der Länder, 16. Bd., 80 (90).
[474] BerlVerfGH, Entsch. der VerfGE der Länder, 16. Bd., 80 (82).

wenn es entsprechend des Beschlusses des Abgeordnetenhauses zu einer Klärung gekommen wäre.

Bei der Argumentation ist der BerlVerfGH wohl dahingehend zu verstehen, dass die Klärung der Frage über die Vorlage des Finanzplans in der Zukunft zum einen nicht zu erwarten wäre, weil sie schon mal gescheitert war und zum anderen diese Klärung mangels Herbeiführung gemeinsamer Rechtsauffassung bzgl. der Vorlage nicht oder nicht fristgemäß in der Zukunft erreicht werden konnte und sich diese Frage immer wieder neu stellen würde.[475] Dies hatte aber nicht zur Folge, dass der Senat aufgrund des Scheiterns der Klärung durch schlichten Parlamentsbeschluss zur jährlichen Vorlage des Finanzplans verpflichtet werden konnte, wie es dem Inhalt des Beschlusses nach zu verstehen sein könnte. Der Beschluss des Abgeordnetenhauses als sogenannter schlichter Parlamentsbeschluss möge zwar politische Wirkungen haben, binde den Antragsgegner jedoch nicht rechtlich.[476] Hier griff der BerlVerfGH ausdrücklich auf die Ansicht von *Lemmer* zurück, wonach die sog. schlichten Parlamentsbeschlüsse, mit denen das Abgeordnetenhaus von Berlin, rechtlich nicht verbindlich, ggf. aber politisch wirkungsvoll, seine Meinung zu äußern vermöge oder auch Ersuchen an den Senat von Berlin richten könne (Entschließungen).[477]

In dieser Entscheidung wird deutlich, dass den schlichten Parlamentsbeschlüssen keine rechtliche Verbindlichkeit zugeschrieben wird und sie lediglich politische Wirkung haben. So kann unterstellt werden, dass der BerlVerfGH von der grundsätzlichen Zulässigkeit der schlichten Parlamentsbeschlüsse ausging, die durchaus etwas bewirken können, aber nicht zwingend müssen. Vielmehr stellen sie ein Mittel der Äußerung bzw. ein Mittel zur möglichen ergebnisoffenen Einflussnahme auf das Handeln anderer Organe durch das Parlament dar.

### l) SächsVerfGH, Urt. v. 23.4.2008 – Vf. 87-I/06

Der SächsVerfGH hat im Rahmen eines Organstreitverfahrens über die Verletzung des Mitwirkungs- und Informationsrechts des Landtags seitens der Staats-

---

[475] So zu verstehen, BerlVerfGH, Entsch. der VerfGE der Länder, 16. Bd., 80 (91).
[476] BerlVerfGH, Entsch. der VerfGE der Länder, 16. Bd., 80 (91).
[477] *Lemmer*, in: Pfennig/Neumann Verf. v. Berlin, 3. Aufl. 2000, Art. 43 Rn. 2 m.w.N.

regierung unter Hinweis auf Art. 39 Abs. 2 3. Alt. SächsVerf[478] hervorgehoben, dass das Parlament eine besondere Stellung in der repräsentativen Demokratie innehabe und dass auch wenn bestimmte Entscheidungen in die Kompetenz anderer Verfassungsorgane fallen, dem Landtag das Recht gewährleistet werde, sich dieser Politikbereiche, wenn sie für das Staatswesen bedeutsame Themen betreffen, anzunehmen und sie zum Gegenstand politischer Debatten zu machen.[479] Gleichzeitig hat der VerfGH klargestellt, dass diese verfassungsrechtliche Befugnis nicht als Kompetenz zu verstehen sei, die dem Parlament verbindlichen Beschlüsse gestatte.[480] Sie sei verfassungsrechtlich verbürgt, um staatsleitende Regierungsentscheidungen, die von grundlegender Bedeutung seien, zum Gegenstand eigener politischer Willensbildung zu machen und die Staatsregierung gegebenenfalls auch in der Form schlichter Parlamentsbeschlüsse politisch zu beeinflussen.[481]

Auf diese Weise wurde dem Parlament die Befugnis zum Erlass schlichter Parlamentsbeschlüsse aus seiner besonderen Stellung heraus verfassungsrechtlich abgesichert und sogar kompetenzübergreifend, was den Inhalt angeht, erlaubt. Allerdings ist auch deutlich gemacht worden, dass dem Parlament dadurch keine neue Kompetenz zukommt, seine eigenen Zuständigkeiten auf Bereiche, die den anderen Staatsorganen zustehen, zu erweitern oder auf diese zu erstrecken. Das Parlament hat keine allumfassende Kompetenz und die schlichten Parlamentsbeschlüsse sind zwar nicht verbindlich, aber dennoch nicht unbeachtlich. Die erhebliche politische Wirkung der Beschlüsse ist in der Beschränkung dieser Befugnis auf staatsleitende Regierungsentscheidungen von grundlegender Bedeutung zu erblicken. Damit wird eine Schranke und Voraussetzung zugleich für deren Erlass begründet. So scheinen die schlichten Parlamentsbeschlüsse zumindest in diesem Bereich zulässig zu sein, trotz oder gerade wegen ihrer rechtlichen Unverbindlichkeit.

---

[478] Art. 39 Abs. 2 SächsVerf.: Der Landtag übt die gesetzgebende Gewalt aus, überwacht die Ausübung der vollziehenden Gewalt nach Maßgabe dieser Verfassung und ist Stätte der politischen Willensbildung. Verfassung des Freistaates Sachsen v. 27.5.1992 (GVBl. S. 243), die durch das Gesetz v. 11.7.2013 (SächsGVBl. S. 502) geänd. worden ist.
[479] SächsVerfGH, NVwZ-RR 2008, 585 (590).
[480] SächsVerfGH, NVwZ-RR 2008, 585 (590).
[481] SächsVerfGH, NVwZ-RR 2008, 585 (590).

### m) ThürVerfGH, Urt. v. 2.2.2011 – VerfGH 20/09

Der ThürVerfGH setzte sich 2011 im Rahmen eines Organstreitverfahrens u.a. mit der rechtlichen Unverbindlichkeit schlichter Parlamentsbeschlüsse auseinander. Hierbei ging es um die rechtliche Wirkung des Beschlusses des Thüringer Landtags hinsichtlich der Herabsetzung der Grenzwerte und der Umsetzung der Wasserrahmenrichtlinie im Rahmen eines Abschlusses einer öffentlich-rechtlichen Vereinbarung durch die Landesregierung.[482] Um die rechtliche Unverbindlichkeit der schlichten Parlamentsbeschlüsse festzustellen, legte der VerfGH die Verfassung des Freistaats Thüringen aus. Die Begründung stützte sich auf folgende Punkte: 1. Die unmittelbare demokratische Legitimation des Landtags führe nicht zum allumfassenden Vorrang des Landtags gegenüber anderen Verfassungsorganen (Art. 48 Abs. 1 Verf. TH[483]). 2. Der Landtag habe eine Überwachungsaufgabe inne, aber die Verf. TH schreibe nicht vor, wie, in welchen Formen und mit welchen Rechtswirkungen er sie wahrzunehmen habe (Art. 48 Abs. 2 Verf. TH). 3. Weder aus den Staatszielbestimmungen (Art. 31 Verf. TH) noch aus den Grundrechten lasse sich die rechtliche Verbindlichkeit im Verhältnis von Regierung und Parlament herleiten, weil es keine konkreten Vorgaben über das Wie gäbe und sie ungeeignet seien, eine Geeignetheit zur Modifizierung der Wahrnehmungszuständigkeiten anzunehmen. 4. Auch der Grundsatz der Organtreue begründe keine Bindungswirkung, weil ihm kompetenzschützende aber nicht kompetenzbegründende Funktion zukomme.[484] Dabei wurden dem Landtag durchaus parlamentarische Handlungsformen, die rechtlich verbindlicher Natur sind, zugeschrieben. Diese beschränken sich aber auf die Formen, die explizit in der Verfassung des Freistaats Thüringen dafür vorgesehen wurden, was auf die schlichten Parlamentsbeschlüsse nicht zutrifft.[485] Ferner wird darauf verwiesen, dass die generelle Rechtsverbindlichkeit schlichter Parlamentsbeschlüsse nicht nur das differenzierte System der Rechtsformen des parlamentarischen Handelns durchbrechen würde, sondern auch zur Umgehung von Prüf- und Mitwirkungsrechten führen könnte.[486] Bei

---

[482] ThürVerfGH, Entsch. der VerfGE der Länder, 22. Bd., S. 537 ff.
[483] Die Verfassung des Freistaats Thüringen (Verf. TH) v. 25.10.1993 (GVBl. S. 625); zuletzt geänd. durch Art. 1 Viertes ÄndG v. 11.10.2004 (GVBl. S. 745).
[484] ThürVerfGH, Entsch. der VerfGE der Länder, 22. Bd., S. 537 ff.
[485] ThürVerfGH, Entsch. der VerfGE der Länder, 22. Bd., 537 (543).
[486] ThürVerfGH, Entsch. der VerfGE der Länder, 22. Bd., 537 (544).

der rechtlichen Unverbindlichkeit schlichter Parlamentsbeschlüsse machte sich der VerfGH die Ansicht von *Linck* zu eigen. Demnach gibt es im Rahmen der parlamentarischen Kontrolle Anträge, die zum einen politische Stellungnahmen ohne an jemanden adressiert zu sein beinhalten, zum anderen aber auch Anträge, die die Landesregierung zu einem bestimmten politischen Tun oder Unterlassen auffordern.[487] Diese adressierten Entschließungsanträge sind schlichte Parlamentsbeschlüsse mit reiner politischen Wirkung, denn bei der Landesregierung handelt es sich um ein selbstständiges Verfassungsorgan und kein „Vollzugsausschuss der Landtage", sodass es für die rechtliche Bindung als Voraussetzung an einer generellen verfassungsrechtlichen Regelung fehlt.[488]

Diese Entscheidung führt mehrere Gründe auf, die gegen die Verbindlichkeit der schlichten Parlamentsbeschlüsse sprechen. Zu der grundsätzlichen Zulässigkeit solcher wird aber keine Aussage getroffen, ebenso zu der sonstigen Wirkungsweise, wenn bereits die rechtliche Verbindlichkeit ausgeschlossen wird. Vielmehr bediente sich der VerfGH eines Verweises auf das Schrifttum[489] zum Thüringer Verfassungsrecht und auf die Rechtsprechung[490] zum Verfassungsrecht anderer Länder, um seine Ansicht zu untermauern. Zusätzlich bezieht er sich ohne nähere Ausführung[491] zu machen auf das Grundgesetz, um einen Vergleich zu ziehen und sein gleichlautendes Ergebnis zu begründen. Demnach werde in einem schlichten Parlamentsbeschluss lediglich die Manifestation des politischen Willens des Parlaments verstanden und daher allein eine nicht einklagbare politische Pflicht begründet.[492] Das sah der VerfGH als die ganz herrschende Auffassung an. Dennoch beschrieb der VerfGH aber eine Situation, in der der schlichte Parlamentsbeschluss zum Einsatz kommen kann. Nämlich

---

[487] *Linck*, in: Linck/Jutzi/Hopfe Verf. TH-Kommentar, 1994, Art. 48 Rn. 30.
[488] *Linck*, in: Linck/Jutzi/Hopfe Verf. TH-Kommentar, 1994, Art. 48 Rn. 31.
[489] Bsp. *Linck*, in: Linck/Jutzi/Hopfe Verf. TH-Kommentar, 1994, Art. 48 Rn. 30 f.
[490] Bsp. BayVerfGHE Band 12 (1959) II, 119 ff.; BayVerfGHE 46, 176 ff.; BerlVerfGH, Entsch. der VerfGE der Länder, 16. Bd., 80 ff.; SächsVerfGH, NVwZ-RR 2008, 585 (590).
[491] Es gibt aber einen sehr ausführlichen Verweis auf Kommentare und Lehrbücher, siehe ThürVerfGH, Entsch. der VerfGE der Länder, 22. Bd., 537 (545), z.B. *Stern*, Staatsrecht, Bd. 2, 2. Aufl. 1980, § 26 II 2c, S. 48 f.; *Dicke*, in: Umbach/Clemens GG-Kommentar, Bd. II, 2002, Art. 42 GG Rn. 45 f.; *Klein*, in: HStR, Bd. III, 3. Aufl. 2005, § 50 Rn. 13 f.; *Achterberg/Schulte*, in: v. Mangoldt/Klein/Starck, GG Bd. 2, 6. Aufl. 2010, Art. 40 GG Rn. 30 f.
[492] ThürVerfGH, Entsch. der VerfGE der Länder, 22. Bd., 537 (545).

dann, wenn der Landtag sich vom Handeln der Landesregierung distanzieren und Versuchen entgegentreten wolle, ihm dieses Handeln „politisch" zuzurechnen.[493]

### 5. Zweite Untergruppe: Ungeschriebene verbindliche Zustimmungsbeschlüsse des Parlaments im militärischen Bereich der auswärtigen Politik und in Angelegenheiten der Europäischen Union

Die folgenden Entscheidungen des BVerfG sind besonders hervorzuheben. Hierbei handelt es sich um Fälle eines schlichten Parlamentsbeschlusses, der keine ausdrückliche Normierung in dem Grundgesetz gefunden hat, aber insbesondere aus der Gesamtschau seiner Bestimmungen durch das BVerfG hergeleitet wurde und für seinen Adressatenkreis, i.d.R. die Regierung, rechtlich verbindlich ist. Er wird teilweise durch das Beiwort konstitutiv[494] ergänzt und weist eine besondere rechtliche Qualität auf, weil er eine den Gesetzesbeschlüssen vergleichbare Bindungswirkung auslöst.[495]

Der Beschluss bildet eine verfassungsrechtlich universelle Rechtsgrundlage sowohl für den bewaffneten Auslandseinsatz der Streitkräfte als auch für bereits erfolgte Hoheitsrechtsübertragungen im Rahmen der europäischen Integration.[496] Mit der Entscheidung des BVerfG zu dem Bundeswehreinsatz im Jahr 1994 wurde der ungeschriebene wehrverfassungsrechtliche Parlamentsvorbehalt ins Leben gerufen und durch weitere Entscheidungen des BVerfG konkretisiert.[497] In Anlehnung an diese Konstruktion[498] wurden in der Lissabon-Entscheidung[499] von 2009 die Mitwirkungs- und Mitentscheidungsrechte in Angelegenheiten der Europäischen Union, vor allem des Bundestages, um die konstitutive Zustimmung zur Wahrnehmung der Integrationsverantwortung verstärkt. Als weitere Ausprägung der Wahrnehmung parlamentarischer Ver-

---

[493] ThürVerfGH, Entsch. der VerfGE der Länder, 22. Bd., 537 (546).
[494] BVerfGE 90, 286 (381); 123, 267 (392).
[495] So u.a. *Dreist*, NZWehrr 2002, 133 (144) bzgl. Streitkräftebeschluss.
[496] So ähnlich *Mayer*, in: Morlok/Schliesky/Wiefelspütz Parlamentsrecht, 2016, § 43 Rn. 76.
[497] BVerfGE 90, 286 (381 und 385); BVerfGE 108, 34 (43); BVerfGE 140, 160 (190 f.). Dazu *Calliess*, in: Maunz/Dürig Kommentar GG, Oktober 2019, Art. 24 GG Rn. 97 ff.
[498] BVerfGE 123, 267 (360 ff.).
[499] BVerfGE 123, 267 ff.

antwortung außerhalb des Gesetzgebungsverfahrens kam die Budgetverantwortung im Kontext der Währungsunion hinzu.[500]

### a) BVerfGE, Urt. v. 12.7.1994 – 2 BvE 3/92, 5/93, 7/93, 8/93

Im Jahr 1994 hat das BVerfG über die Verfassungsmäßigkeit der Auslandseinsätze der Bundeswehr und die Mitwirkungsrechte des Bundestages hierbei entschieden. In dieser Entscheidung urteilte das BVerfG, dass friedenssichernde Einsätze der Bundeswehr im Rahmen der gegenseitigen kollektiven Sicherheit (wie Vereinte Nationen, NATO, WEU) nach dem Grundgesetz zulässig seien und als Ermächtigung und verfassungsrechtliche Grundlage zugleich Art. 24 Abs. 2 GG dafür diene.[501] Darüber hinaus verpflichte das Grundgesetz die Bundesregierung, für einen Einsatz bewaffneter Streitkräfte die – grundsätzlich vorherige – konstitutive Zustimmung des Deutschen Bundestages einzuholen.[502] Dies ergebe sich aus den Regelungen des Grundgesetzes zu Streitkräften, die darauf angelegt seien, die Bundeswehr nicht als Machtpotential allein der Exekutive zu überlassen, sondern als „Parlamentsherr" in die demokratisch rechtsstaatliche Verfassungsordnung einzufügen, das heißt dem Parlament einen rechtserheblichen Einfluss auf Aufbau und Verwendung der Streitkräfte zu sichern.[503] Es findet sich im Grundgesetz keine ausdrückliche Regelung eines Parlamentsvorbehalts diesbezüglich. Das Prinzip des konstitutiven Parlamentsvorbehalts lässt sich jedoch vor allem aus der Verfassungstradition und der parlamentarischen Kontrolle, insbesondere aus Art. 45a, Art. 45b und Art. 87a Abs. 1 Satz 2 GG, herleiten.[504] Gegenstand einer Parlamentsbeteiligung sei der Einsatz bewaffneter Streitkräfte, auch im Falle der Beistandsverpflichtung, dem das Parlament bereits in Form des nach Art. 59 Abs. 2 GG erforderlichen Gesetzes zugestimmt habe und damit auch gebilligt habe, dass deutsche Streitkräfte bei Eintritt des Bündnisfalles zum Einsatz kommen.[505] Es bedürfe noch der regelmäßig vorhergehenden parlamentarischen Entscheidung über einen konkreten Einsatz nach Maßgabe der bestehenden Bündnisverpflichtung (außer im Falle der Gefahr im

---

[500] Dazu BVerfGE 129, 124 (180 f.) – EFSF; 135, 317 (401) – ESM.
[501] BVerfGE 90, 286 ff.
[502] BVerfGE 90, 286 (286, LS 3a)).
[503] BVerfGE 90, 286 (381 f.).
[504] Siehe ausführlicher dazu, BVerfGE 90, 286 (383 ff.).
[505] BVerfGE 90, 286 (387).

Verzug), wobei dies die militärische Wehrfähigkeit und die Bündnisfähigkeit der BRD nicht beeinträchtigen dürfe.[506] Denn der Bundestag sei an die mit seiner Zustimmung zustande gekommenen rechtlichen Festlegungen über den Einsatz bewaffneter Streitkräfte gebunden.[507] Nicht der Zustimmung des Bundestages bedürfe die Verwendung von Personal der Bundeswehr für Hilfsdienste und Hilfeleistungen im Ausland, sofern die Soldaten dabei nicht in bewaffnete Unternehmungen einbezogen seien.[508]

Der Beschluss des Bundestages erfolgt nach Art. 42 Abs. 2 GG, nach einer entsprechenden Vorbereitung in den zuständigen Ausschüssen und Erörterung im Plenum.[509] Durch den Zustimmungsvorbehalt werde dem Bundestag aber keine Initiativbefugnis für den Einsatz bewaffneter Streitkräfte verliehen.[510] Er könne lediglich einem von der Bundesregierung beabsichtigten Einsatz seine Zustimmung versagen oder ihn, wenn er ausnahmsweise ohne seine Zustimmung schon begonnen habe, beenden, nicht aber die Regierung zu solchem Einsatz der Streitkräfte verpflichten.[511] Wie das Verfahren der Abgabe der Zustimmung genau auszugestalten ist, hat das BVerfG offengelassen. Es wies darauf hin, dass in der Verfassung das Verfahren und die Intensität der Beteiligung des Bundestages nicht im Einzelnen vorgegeben seien und es daher Sache des Gesetzgebers sei, die Form und das Ausmaß der parlamentarischen Mitwirkung näher auszugestalten, insbesondere im Hinblick auf unterschiedliche Arten der Einsätze, die keinen Aufschub dulden oder erkennbar von geringerer Bedeutung seien.[512] Gleichzeitig hob das BVerfG hervor, dass ungeachtet der Gestaltungsfreiheit im Detail die gesetzliche Regelung das Prinzip förmlicher parlamentarischer Beteiligung hinreichend zur Geltung bringen müsse.[513] Der verfassungsrechtlich geforderte Parlamentsvorbehalt gelte ungeachtet näherer gesetzlicher Ausgestaltung unmittelbar kraft Verfassung.[514]

---

[506] BVerfGE 90, 286 (387 f.).
[507] BVerfGE 90, 286 (388).
[508] BVerfGE 90, 286 (388).
[509] BVerfGE 90, 286 (388).
[510] BVerfGE 90, 286 (389).
[511] BVerfGE 90, 286 (389).
[512] BVerfGE 90, 286 (389).
[513] BVerfGE 90, 286 (389).
[514] BVerfGE 90, 286 (390).

In dem Urteil ging es auch um einen Antrag der FDP-Fraktion im Hinblick auf die Verletzung der Rechte des Bundestages durch die Regierung. Die Richter waren sich über die Unzulässigkeit des Antrags einig, beurteilten jedoch die Rechtsfragen unterschiedlich. In einer abweichenden Meinung forderten die Richter *Böckenförde* und *Kruis* entgegen der Ansicht des Senats, dass von dem Antragsteller, der in Prozessstandschaft die Verletzung der Rechte des Parlaments geltend macht, verlangt werden müsse, dass er zuvor ihm zur Verfügung stehende politische Wege beschreitet, um die Verletzung des Parlamentsrechts zu beenden.[515] Solche Bemühungen sind seitens der FDP-Fraktion unterblieben.

Ferner erörterten sie, dass dann kraft des Antragsrechts (vgl. § 76 GOBT) eine Initiative zu einem Parlamentsbeschluss zu ergreifen wäre, der die von Antragsteller geltend gemachten Rechte des Parlaments aus Art. 87a GG zu wahren suche. „Hätte der Bundestag eine solche Entschließung mit Mehrheit abgelehnt, wäre deutlich gewesen, dass zur Verteidigung der geltend gemachten Parlamentsrechte ein Organstreitverfahren unerlässlich ist. Gleiches gilt, wenn der Beschluss zwar gefasst worden wäre, die Bundesregierung aber zu erkennen gegeben hätte, dass sie sich an diesen nur "schlichten" Parlamentsbeschluss, der sie verfassungsrechtlich nicht bindet, nicht halten werde."[516]

In der abweichenden Meinung der Richter wird deutlich, dass unter einem schlichten Parlamentsbeschluss etwas anderes verstanden wird als nur die Abgrenzung zu nichtlegislativen Entscheidungen des Parlaments. Unter schlichten Parlamentsbeschlüssen zählen ihrer Meinung nach die (zumindest verfassungsrechtlich) nicht bindende Entschließungen des Bundestages. Sie sollen eine gewichtige Rolle auf Grund ihrer politischen Bedeutung spielen. Ihnen wird sogar eine neue Funktion bzw. ein Anwendungsbereich zugeschrieben, nämlich als Möglichkeit eines einfacheren und schnelleren Weges, Rechte zu schützen bzw. Verfassungsverletzungen auszuräumen und so ein Prozessverfahren (wie Organstreitverfahren) zu vermeiden bzw. um einer Instrumentalisierung des Organstreitverfahrens für Zwecke, die außerhalb seines Rechtsschutzzieles liegen, entgegenzuwirken.[517] Aufmerksamkeit verdienen hierbei die Wirkungen

---

[515] BVerfGE 90, 286 (392).
[516] BVerfGE 90, 286 (393).
[517] BVerfGE 90, 286 (392).

eines solchen Beschlussantrags. Selbst die Nichtfassung des Beschlusses, also seine Ablehnung, erfüllt eine Funktion. Sie zeigt nämlich, dass ein Prozessverfahren angestrengt werden muss, weil es keine andere Möglichkeit der Ausräumung der Rechtsverletzung mehr gibt, ebenso wie im Falle der Beschlussfassung aber Nichtbefolgung durch die Exekutive. Zu bemängeln ist, dass nur darauf eingegangen wird, was passiert, wenn ein Beschlussantrag abgelehnt bzw. ein Beschluss nicht befolgt wird, nicht aber welche konkreten Wirkungen seine Befolgung auslösen kann. Es kann nur gemutmaßt werden, dass ein derartiger unverbindlicher Beschluss und dessen Befolgung eine Rechtsverletzung wohl ausräumen kann und er damit sogar eine Alternativlösung zum Organstreitverfahren trotz lediglich politischer Bedeutsamkeit darstellen kann. Das wäre aber eine sehr pauschale Aussage und ist aus Rechtssicherheitsgründen auch sehr bedenklich. Sie wirft neue Fragen auf, wie die politische Wirkung solchen Beschlusses rechtlich einzuordnen ist und wie weitreichend sie sein kann.

Teilweise werden diese Einwände aufgegriffen und in den Ausführungen des Senats zu der Frage beantwortet, inwiefern ein solcher Beschluss bzw. bereits seine Beantragung tatsächlich einen zur Verfolgung des Prozesszieles außerhalb der gewählten Verfahrensart anderen gleichwertigen verfassungsrechtlichen bzw. prozessualen Weg darstellt. So wird erläutert, es fehle an der Gleichwertigkeit des Beschlussantrags, ein Beschlussantrag habe keine verbindliche Klärung der Rechte wie im Organstreit nach §§ 67, 31 BVerfGG zur Folge und das Fordern des Antrags würde einen mittelbaren Zwang zu bestimmtem, aber rein politischem Agieren ausüben, das weitreichende politische Folgen nach sich ziehen könnte, die weit über das Organstreitverfahren (Konfliktpotenzial bei einer Koalitionsregierung innerhalb des Parlaments) hinausgehen würden.[518] Zudem wird der Beschluss als eine politisch-parlamentarische Handlungsmöglichkeit eingestuft und es wird eingeräumt, dass deren rechtlich bindende Wirkung verfassungsrechtlich nicht geklärt sei.[519] Dennoch sieht sich das BVerfG nicht dazu veranlasst, die Rechtslage endlich zu klären. Stattdessen wird deutlich, dass der Begriff des schlichten Parlamentsbeschlusses Beschlüsse mit unterschiedlichen Wirkungen erfasst und aus diesem Grund eine generelle

---

[518] So BVerfGE 90, 286 (339 f.).
[519] BVerfGE 90, 286 (340).

Aussage bzgl. der Verbindlichkeit, Funktion etc. nicht getroffen werden kann und nicht sinnvoll ist. Es bedarf vielmehr einer Einzelfallbetrachtung und erfordert die Berücksichtigung aller Umstände im jeweiligen Anwendungsfall.

Beachtenswert ist, dass in dieser Entscheidung ein konstitutiver Parlamentsvorbehalt aus der Gesamtschau der Verfassungsnormen und der deutschen Verfassungstradition seit 1918 hergeleitet wurde. Damit wurde dem Bundestag ein wirksames Mitentscheidungsrecht in Angelegenheiten der auswärtigen Gewalt, die grundsätzlich der Bundesregierung zugeordnet wird, gesichert.[520] Die Zustimmung des Bundestages ergeht in Form eines Parlamentsbeschlusses, der, weil er nicht in der Gesetzesform ergeht, einen schlichten Parlamentsbeschluss darstellt.[521] Ferner ist der Beschluss rechtlich bindend für die Regierung, denn ohne die vorhergehende Zustimmung auf Antrag der Bundesregierung kann im Normalfall der geplante Militäreinsatz nicht durchgeführt werden.[522] An sich wird aber die Regierung nicht dazu verpflichtet, den Auslandseinsatz durchzuführen, sondern ihr Handlungsspielraum wird durch die Zustimmung nur erweitert.[523] Ein Initiativrecht des Bundestages wurde ausdrücklich verneint. Es ist aber dem Bundestag nicht verwehrt, die Bundesregierung durch einen schlichten Parlamentsbeschluss zu einem Auslandseinsatz aufzufordern, wenn seine Mehrheit einen Einsatz für geboten hält und solange sich der Bundestag im Rahmen der Verbandskompetenz des Bundes bewegt.[524] In diesem Aufforderungsbeschluss verbietet es sich bereits darin die antizipierte konstitutive Zustimmung zu der beabsichtigten Maßnahme zu sehen, sodass der Bundestag einen neuen nunmehr konstitutiven Parlamentsbeschluss fassen müsste, wenn die Bundesregierung der Aufforderung des Bundestages Folge leisten würde.[525]

---

[520] *Wolff*, in: Hömig/Wolff Handkommentar GG, 12. Aufl. 2018, Art. 87a GG Rn. 9.
[521] So auch *Lutze*, DÖV 2003, 972 (979).
[522] *Dreist*, NZWehrr 2002, 133 (144); *Wagner*, Parlamentsvorbehalt und PBG, 2010, S. 106.
[523] *Wagner*, Parlamentsvorbehalt und PBG, 2010, S. 89 f.
[524] *Limpert*, Auslandseinsatz der Bundeswehr, 2002, S. 59; *Wagner*, Parlamentsvorbehalt und PBG, 2010, S. 109.
[525] *Limpert*, Auslandseinsatz der Bundeswehr, 2002, S. 59.

Ein derartiges Zustimmungsverfahren bei Auslandseinsätzen mittels eines konstitutiven Parlamentsbeschlusses stellt eine echte Novität dar.[526] Bis dahin wurde der schlichte Parlamentsbeschluss als ein unverbindliches politisches Kontrollinstrument verstanden,[527] außer in den Fällen, die das Grundgesetz ausdrücklich vorsieht. Im Übrigen ist eigentlich das Gesetz die Handlungsform des Parlaments für verbindliche Regelungen, insbesondere wenn es um die Bindung der Exekutive geht.[528] Die Bindung bzw. die Verpflichtung der Bundesregierung, eine Zustimmung im Form des notwendigen Parlamentsbeschlusses einzuholen, ergibt sich unmittelbar aus dem in der Verfassung abgeleiteten konstitutiven Parlamentsvorbehalt.[529] Grundsätzlich meint der Parlamentsvorbehalt die Verpflichtung des Parlaments, für das Handeln der Exekutive eine gesetzliche Grundlage zu schaffen und in diesem formellen Gesetz auch selbst die wesentlichen Entscheidungen zu treffen.[530] In dem Urteil wurde aber erkannt, dass der Parlamentsvorbehalt auch Wahrnehmung parlamentarischer Verantwortung außerhalb des Gesetzgebungsverfahrens bedeuten kann.[531] Ein derartiger Beschluss verfestigt die Mitwirkung des Bundestages an der politischen Leistungsgewalt des Staates.[532] Damit hat das BVerfG einerseits durch eine Art Identifikation von Gesetzgeber und Parlament die Rolle der anderen an dem Gesetzgebungsverfahren beteiligten Organe, u.a. des Bundesrates, unberücksichtigt gelassen.[533] Andererseits löste sich das BVerfG von der verfassungsrechtlich vorgesehenen Handlungsform des Gesetzesbeschlusses und rekurrierte auf ein historisch nobilitiertes, aber formindifferentes Mitwirkungsrecht des Parlaments.[534] Damit hat es durch die Neuschöpfung des konstituti-

---

[526] *Stein/Kröniger*, Jura 1995, 254 (261); *Wagner*, Parlamentsvorbehalt und PBG, 2010, S. 89. Von dem Betreten des Neulands sprechen: *Donner*, HuV-I 1997, 63 (72); *Lutze*, DÖV 2003, 972 (979).
[527] *Wagner*, Parlamentsvorbehalt und PBG, 2010, S. 89; *Kokott*, in: Sachs GG-Kommentar, 8. Aufl. 2018, Art. 87a GG Rn. 45.
[528] *Kokott*, in: Sachs GG-Kommentar, 8. Aufl. 2018, Art. 87a GG Rn. 45.
[529] *Wiefelspütz*, ZaöRV 2004, 363 (373).
[530] *Degenhart*, Staatsrecht I, 35. Aufl. 2019, § 2 Rn. 38 f.
[531] *Degenhart*, Staatsrecht I, 35. Aufl. 2019, § 2 Rn. 41.
[532] *Wiefelspütz*, ZParl 2007, 3 (10) m.w.N.
[533] *Pegatzky*, Parlament und Verordnungsgeber, 1999, S. 104.
[534] *Pegatzky*, Parlament und Verordnungsgeber, 1999, S. 104 f. Dieser bezieht sich auf die Ausführungen des BVerfG (BVerfGE 90, 286 (381 ff.): „Vor 1919 lag insbesondere die militärische Befehlsgewalt als ein Kernstück der Außenpolitik in den Händen des Kaisers. Danach

ven Parlamentsbeschlusses die parlamentarischen Handlungs- und Legitimationsmöglichkeiten erweitert.[535] Insbesondere ist der Einsatzbeschluss kein Gesetz, allerdings wirkt er wie ein Gesetz.[536] Außerdem hat das BVerfG neben schlichten Parlamentsbeschlüssen und Gesetzesbeschlüssen einen neuen Typus[537] bindender Beschlüsse aus der Taufe gehoben, der eines Tages auch andere Bereiche als den Streitkräfteeinsatz erfassen könnte.[538] Daher ist diese „Rechtsschöpfung aus dem Geist unbestimmter Rechtsprinzipien heraus"[539] auf scharfe Kritik[540] an ihrer Begründung im Schrifttum gestoßen. Trotz dessen wird die Existenz des konstitutiven Parlamentsbeschlusses inzwischen aber weitgehend akzeptiert[541] und durch weitere Entscheidungen[542] des BVerfG immer wieder bestätigt.

---

gingen die Befugnisse weitgehend auf den Reichspräsidenten über." Daraus folgert er, dass es zwar Tendenzen der Einbeziehung des Parlaments in die Gestaltung der auswärtigen Politik gegeben habe (vgl. Art. 11 Abs. 2 der Verfassung des Deutschen Reichs von 1971 bzw. Art. 45 Abs. 2 der WRV von 1919). Sie hätten aber in der monarchischen Exekutve bzw. in dem volksgewählten Reichspräsidenten einen ganz anderen Stellenwert als in einem parlamentarischen System. Eine ungeborochene Traditionslinie sei nicht anzunehmen.
[535] *Wiefelspütz*, ZaöRV 2004, 363 (373).
[536] *Dreist*, NZWehr 2002, 133 (144). So ähnlich *Paulus*, in: Einsatz der Bundeswehr im Ausland, 2007, 81 (101): „Nach alledem wird man dem Gesamtakt aus Regierungsantrag und Parlamentszustimmung als einen quasi-gesetzlichen Akt bezeichnen können, der die jeweilige Rechtsgrundlage für den Befehl gem. Artikel 65a GG zu einem Auslandseinsatz darstellt und der durch das ParlBG und die Entscheidung des Bundesverfassungsgerichts ausreichend typisiert ist, um nicht dem Willkürverbot oder auch dem Verbot der Grundrechtseinschränkung durch Einzelfallgesetze gem. Artikel 19 Abs. 1 GG zu unterfallen." Gegen eine „quasi-gesetzliche" Bedeutung des Parlamentsbeschlusses ist *Wiefelspütz*, ZParl 2007, 3 (12).
[537] So *Wiefelspütz*, Der Einsatz, 2003, S. 47. So ähnlich *Klein*, in: HStR, Bd. III, 3. Aufl. 2005, § 50 Rn. 13: „Damit ist es einen im Grundgesetz nicht ausdrücklich geregelten Fall eines rechtsverbindlichen Parlamentsbeschlusses."
[538] *Stein/Kröninger*, Jura 1995, 254 (261).
[539] *Pegatzky*, Parlament und Verordnungsgeber, 1999, S. 105 f. So ähnlich zuvor *Baldus*, Schriftliche Stellungnahme für Öffentliche Anhörung des Ausschusses u.a. für Wahlprüfung am 17.6.2004, S. 1 (6) „Der konstitutive Parlamentsvorbehalt bei bewaffneten Einsätzen der Bundeswehr ist das Ergebnis verfassungsgerichtlicher Rechtsschöpfung. Das Bundesverfassungsgericht hat eine generelle Norm geschaffen."
[540] Bsp.: *Roellecke*, Der Staat 1995, 415 (427) − er geht von einem verfassungsändernden Urteil aus; *Stein/Kröninger*, Jura 1995, 254 (261); *Epping*, AöR 124 (1999), 423 (445 ff.); *Pegatzky*, Parlament und Verordnungsgeber, 1999, S. 103 bis 109; *Oeter*, NZWehr 2000, 89 (96); *Burkiczak*, ZRP 2003, 82 (84).
[541] So auch *Wagner*, Parlamentsvorbehalt und PBG, 2010, S. 20 mit Verweis auf *Burkiczak*, ZRP 2003, 82 (84); *Wiefelspütz*, Der Einsatz, 2003, S. 27 ff.; *Gilch*, Das PBG, 2005, S. 210. Dem

### b) BVerfG, Urt. v. 30.6.2009 – 2 BvE 2, 5/08, 2 BvR 1010, 1022, 1259/08, 182/09

Der Anlass für das Urteil war der am 13.12.2007 unterzeichnete Vertrag[543] von Lissabon, der an die Stelle des gescheiterten Vertrags[544] über eine Verfassung für Europa vom 29.10.2004 trat und viele Änderungen des EU- und des EG-Vertrages mit sich brachte. Das sog. Lissabon-Urteil[545] des BVerfG vom 30.6.2009 hat eine weitreichende Wirkung, weil damit der Weg zur Ratifikation des Vertrages, die am 25.9.2009 erfolgte, geebnet wurde. In dem Urteil hatte das BVerfG über die Verfassungsmäßigkeit, erstens des Zustimmungsgesetzes[546] zu dem Vertrag von Lissabon, zweitens des Gesetzes[547] zu Änderung des Grundgesetzes vom 8.10.2008 und drittens des Gesetzes[548] über die Ausweitung und Stärkung der Rechte des Bundestages und des Bundesrates in Angelegenheiten der EU (Ausweitungsgesetz), zu entscheiden. Die genannten Gesetze wurden zwar zum Gegenstand in verschiedenen Verfahren (Verfassungsbeschwerde und Organstreitverfahren), aber zur gemeinsamen Entscheidung angenommen. Das Hauptargument stützte sich auf einen Verstoß gegen Art. 38 Abs. 1 GG und bildete den Maßstab für die verfassungsrechtliche Überprüfung.[549] Während bei den Verfassungsbeschwerden eine Verletzung des grundrechtsgleichen Wahlrechts zum Bundestag in den Vordergrund trat, stand die Rüge der Verletzung der Entscheidungsbefugnisse des Bundestages bei den Organstreitverfahren im Mittelpunkt.[550] Am Ende hatte nur die Verfassungsbeschwerde gegen das Ausweitungsgesetz Erfolg, sodass dieses nach § 95 Abs. 3 Satz 1 BVerfGG für teilweise verfassungswidrig und nichtig erklärt wurde. Im Folgenden wird lediglich Bezug auf die Entscheidungsgründe des BVerfG ge-

---

zustimmend auch *Tietje/Nowrot*, in: Morlok/Schliesky/Wiefelspütz Parlamentsrecht, 2016, § 45 Rn. 54 m.w.N.
[542] BVerfGE 100, 266 (269); 104, 151 (208); 108, 34 (42); 121, 135 (154); 123, 267 (360 f.); 126, 55 (69 f.); 140, 160 (194).
[543] ABl. 2007 Nr. C 306, S. 1.
[544] ABl. 2004 Nr. C 310, S. 1.
[545] BVerfGE 123, 267 ff.
[546] BGBl. II 2008, S. 1038.
[547] BGBl. I 2008, S. 1926.
[548] BT-Drs. 16/8489 (Gesetzentwurf).
[549] In dem Sinne BVerfGE 123, 267 (432 ff.); *Haratsch*, ZJS 2010, 122 (123); *Engels*, JuS 2012, 210 (211).
[550] *Haratsch*, ZJS 2010, 122 (123).

nommen, die mit dem Konzept[551] der Integrationsverantwortung in Zusammenhang stehen und entsprechende Vorgaben zu der neuen Begleitgesetzgebung, insbesondere des Integrationsverantwortungsgesetzes[552] (IntVG), für den Gesetzgeber aufzeigen.

Die Grundlage der Entscheidung bildeten Ausführungen zu der demokratischen Legitimation der Europäischen Union, die einen Großteil[553] der Entscheidung ausmachten. In diesen ging das BVerfG davon aus, dass die Europäische Union eine „Vertragsunion souveräner Staaten"[554] sei und aus nationaler Perspektive an einem demokratischen Defizit[555] leide. Aus dem Grund müssten die Legitimationsstrukturen mit dem Ausmaß der Integration in Ausgleich gebracht werden, weil der Umfang der Aufgaben der Europäischen Union und der Grad ihrer Wahrnehmung nicht zur Entstehung einer staatsähnlichen Europäischen Union führen kann („Gespenst des Europäischen Bundesstaats"[556]), die den Verlust der Staatlichkeit der Bundesrepublik Deutschland bedeuten würde.[557] Es galt sicherzustellen, die Bundesrepublik Deutschland vor unionaler Fremdgesetzgebung zu schützen (ultra-vires-Kontrolle, Identitätskontrolle)[558] und gleichzeitig eine Kompensation[559] für den legislativen Kompetenzverlust durch „geeignete innerstaatliche Sicherungen zur effektiven Wahrnehmung"[560] vorzusehen (sog. Kompensationsgedanke). Damit wurde „der Topos der Integrationsver-

---

[551] Von einem Konzept spricht *Nettesheim*, NJW 2010, 177 (177) mit Verweis auf BVerfGE 123, 267 (351 ff. und 356). Den Begriff verwendet weiter *Spörer*, in: Kommentar zu den Lissabon-Begleitgesetzen, 2011, S. 162 Rn. 1; *Mayer*, in: Morlok/Schliesky/Wiefelspütz Parlamentsrecht, 2016, § 43 Rn. 62.
[552] Gesetz über die Wahrnehmung der Integrationsverantwortung des Bundestages und des Bundesrates in Angelegenheiten der Europäischen Union (Integrationsverantwortungsgesetz – IntVG) v. 22.9.2009 (BGBl. I S. 3022), geänd. durch Art. 1 G zur Umsetzung der GG-Änderungen für die Ratifizierung des Vertrags von Lissabon v. 1.12.2009 (BGBl. I S. 3822).
[553] Kritisch zu der zwar beeindruckenden, aber zu ausführlichen Darstellung des BVerfG, *Classen*, JZ 2009, 881 (882); *Hahn*, ZEuS 2009, 583 (589); *Ruffert*, DVBl. 2009, 1197 (1198 f.).
[554] BVerfGE 123, 267 (357).
[555] In dem Sinne BVerfGE 123, 267 (376 bis 380).
[556] *Oppermann*, EuZW 2009, 473 (473).
[557] So *Classen*, JZ 2009, 881 (882); *Ruffert*, DVBl. 2009, 1197 (1199 f.). Beide nehmen Bezug auf BVerfGE 123, 267 (364).
[558] BVerfGE 123, 267 (354).
[559] *Nettesheim*, NJW 2010, 177 (178); *Calliess*, in: IntV/Pechstein, 2012, 53 (53); bereits zuvor *Kokott*, DVBl. 1996, 937 (938).
[560] BVerfGE 123, 267 (353).

antwortung",[561] der das Ergebnis der Konfrontation von der europäischen Integration mit einer Stärkung der parlamentarischen Demokratie ist,[562] etabliert. Das BVerfG erläuterte den neuentwickelten[563] Begriff der Integrationsverantwortung wie folgt: „Den deutschen Verfassungsorganen obliegt eine dauerhafte Integrationsverantwortung. Sie ist darauf gerichtet, bei der Übertragung von Hoheitsrechten und bei der Ausgestaltung der europäischen Entscheidungsverfahren dafür Sorge zu tragen, dass in einer Gesamtbetrachtung sowohl das politische System der Bundesrepublik Deutschland als auch das der Europäischen Union demokratischen Grundsätzen im Sinne des Art. 20 Abs. 1 und Abs. 2 in Verbindung mit Art. 79 Abs. 3 GG entspricht."[564] Der überwiegend angenommenen Interpretation folgend, beschreibt die Integrationsverantwortung ganz allgemein das Spannungsverhältnis[565] zwischen der Partizipation eines Mitgliedstaates am Integrationsprozess, der mit der Preisgabe legislativer Aufgaben zugunsten der Europäischen Union charakterisiert wird (Verschmelzung von Hoheitsgewalt durch die Übertragung von Hoheitsrechten), und der innerstaatlichen Wahrung des souveränen Selbstbestimmungsrechts jedes Teilnehmers, deren zentraler Kernbestandteil die Verfassungsidentität ist (Bedürfnis nach der erforderlichen demokratischen Legitimation).[566] Es bedarf einer Ausbalancierung zwischen dem Verfassungsauftrag aus Art. 23 Abs. 1 Satz 1 GG über den Begriff der „Europafreundlichkeit des Grundgesetzes"[567] und der nationalen Verfassungsidentität.[568]

---

[561] *Engels*, JuS 2012, 210 (211).
[562] *Engels*, JuS 2012, 210 (211); zuvor in dem Sinne auch *Nettesheim*, NJW 2010, 177 (177).
[563] In dem Sinne *Hahn*, EuZW 2009, 758 (758); *Ruffert*, DVBl. 2009, 1197 (1200); *Spörer*, in: Kommentar zu den Lissabon-Begleitgesetzen, 2011, S. 162 Rn. 1; *Engels*, JuS 2012, 210 (211); *Calliess/Beichelt*, Die Europäisierung, 2015, S. 132.
[564] BVerfGE 123, 267 (356).
[565] BVerfGE 123, 267 (352) „Wenn im europäischen Integrationsprozess das Primärrecht durch Organe verändert oder erweiternd ausgelegt wird, entsteht eine verfassungsrechtlich bedeutsame Spannungslage zum Prinzip der begrenzten Einzelermächtigung und zur verfassungsrechtlichen Integrationsverantwortung des einzelnen Mitgliedstaates."
[566] In dem Sinne *Nettesheim*, NJW 2010, 177 (177); *Sonder*, KritV 2011, 214 (218); *Kluth*, in: Gesetzgebung, 2014, § 22 Rn. 20; *Mayer*, in: Morlok/Schliesky/Wiefelspütz Parlamentrecht, 2016, § 43 Rn. 64; *Voßkuhle*, JZ 2016, 161 (165 f.); *Weiß*, JuS 2018, 1046 (1046).
[567] BVerfGE 123, 267 (346 f., 354); *Classen*, JZ 2009, 881 (882).
[568] In dem Sinne *Voßkuhle*, JZ 2016, 161 (165 f.).

Zum Träger der Integrationsverantwortung wurden primär die nationalen Parlamente neben anderen deutschen Verfassungsorganen, sowie der Mitgliedstaat selbst in seiner Gesamtheit, berufen.[569] Dabei kommt auch dem BVerfG eine tragende Rolle zu, indem es über die Einhaltung der Grenzen der Verantwortung mittels der ultra-vires und Identitätskontrolle wacht.[570] Die Aufgabe besteht in der kontinuierlichen Beteiligung an der europäischen Integration (insbesondere an den Entscheidungen der europäischen Organe),[571] deren Grundlage[572] der Europaartikel Art. 23 GG bildet und deren Grundsteine bereits in dem Maastricht-Urteil[573] gelegt worden sind („Integrationsprogramm"), aber durch das Lissabon-Urteil erheblich erweitert wurden.[574] Dem BVerfG lag das Konzept zugrunde, dass das Integrationsrecht einer dynamischen Fortentwicklung[575] unterliegt: „Wer auf Integration baut, muss mit der eigenständigen Willensbildung der Unionsorgane rechnen."[576] Um der Pflicht der Verantwortung nachkommen zu können, müssen daher die Vorgaben des Grundgesetzes eingehalten werden.[577] Ausdrücklich hieß es, „Sofern die Mitgliedstaaten das Vertragsrecht so ausgestalten, dass unter grundsätzlicher Fortgeltung des Prinzips der begrenzten Einzelermächtigung eine Veränderung des Vertragsrechts bereits ohne Ratifikationsverfahren allein oder maßgeblich durch die Organe der Union – wenngleich unter dem Einstimmigkeitserfordernis – herbeigeführt werden kann, obliegt neben der Bundesregierung den gesetzgebenden Körperschaften eine besondere Verantwortung im Rahmen der Mitwirkung, die in Deutschland innerstaatlich den Anforderungen des Art. 23 Abs. 1 GG genügen

---

[569] *Calliess*, in: Berliner Online-Beiträge zum Europarecht, Nr. 56, 2010, 1 (2 f.); *Sonder*, KritV 2011, 214 (223 f.); ausführlicher dazu *Kottmann/Wohlfahrt*, ZaöRV 69 (2009), 443 (454 f.); *Hufeld*, in: Kommentar zu den Lissabon-Begleitgesetzen, 2011, S. 33 Rn. 23.
[570] *Calliess*, in: Berliner Online-Beiträge zum Europarecht, Nr. 56, 2010, 1 (3); *Lindner*, BayVBl. 2010, 193 (202 f.); *Sonder*, KritV 2011, 214 (224).
[571] *Nettesheim*, NJW 2010, 177 (178); *Ruffert*, DVBl. 2009, 1197 (1200).
[572] *Hölscheidt*, DÖV 2012, 105 (105).
[573] BVerfGE 89, 155 (156, 5. LS).
[574] In dem Sinne *Calliess*, in: Berliner Online-Beiträge zum Europarecht, Nr. 56, 2010, 1 (3); *Nettesheim*, NJW 2010, 177 (178).
[575] Gemeint ist damit: „(...) eine Tendenz zur Besitzstandswahrung (acquis communautaire) und zur wirksamen Kompetenzauslegung im Sinne der US-amerikanischen implied powers-Doktrin (...) oder der effet utile-Regel des Völkervertragsrechts (...)." BVerfGE 123, 267 (351 f.).
[576] BVerfGE 123, 267 (351).
[577] *Mayer*, in: Morlok/Schliesky/Wiefelspütz Parlamentsrecht, 2016, § 43 Rn. 62.

muss (Integrationsverantwortung) und gegebenenfalls in einem verfassungsgerichtlichen Verfahren eingefordert werden kann."[578] So soll ein Eigenleben der europäischen Verträge dann wirksam verhindert werden, sobald die vormals erteilte Zustimmung kein hinreichendes Legitimationsniveau für das europäische Tätigwerden gewährleistet und damit das Kriterium der Überschaubarkeit nicht mehr erfüllt ist.[579] Mit den Worten von *Nettesheim* ausgedrückt, „In Fällen, die jenseits [der] Normalität liegen, bedarf es einer begleitenden Zustimmung, Überwachung und Kontrolle durch die vom BVerfG insoweit mit einer besonderen demokratischen Dignität ausgestatteten gesetzgebenden Organe."[580]

Das große Stichwort, das ein Missverhältnis auf der nationalen und europäischen Ebene verursachen könnte, bildete damit die dynamische Vertragsentwicklung bzw. der weitere Vertragsvollzug.[581] Das BVerfG erklärte, unter welchen Voraussetzungen die Integrationsverantwortung nicht gefährdet sei, nämlich wenn entweder (1) "dynamische Vertragsvorschriften mit Blankettcharakter" nicht vereinbart worden seien oder (2) "innerstaatliche Sicherungen zur effektiven Wahrnehmung dieser Verantwortung" getroffen worden seien oder (3) "die Integrationsverantwortung im Fall von ersichtlichen Grenzüberschreitungen" durch die EU mittels bundesverfassungsgerichtlicher Kontrolle eingefordert werden könne.[582] Der Prüfungsmaßstab ist hierbei zentral Art. 23 Abs. 1 GG mit seinen Strukturanforderungen, die Gegenstände der Verfassungsidentität bilden und im Rahmen des Art. 79 Abs. 3 GG geschützt werden, wobei im Vordergrund die starke Ausprägung des Demokratieprinzips herausgestellt wird.[583] Darüber hinaus werden weitere Elemente der Eigenstaatlichkeit[584] Deutschlands festgelegt, die „einen ausreichende[n] Raum zur politischen Ge-

---

[578] BVerfGE 123, 267 (351).
[579] *Mayer*, in: Morlok/Schliesky/Wiefelspütz Parlamentsrecht, 2016, § 43 Rn. 62.
[580] *Nettesheim*, NJW 2010, 177 (178).
[581] Siehe BVerfGE 123, 267 (434 f.); *Kottmann/Wohlfahrt*, ZaöRV 69 (2009), 443 (454).
[582] BVerfGE 123, 267 (353); *Ruffert*, DVBl. 2009, 1197 (1200).
[583] Siehe insbesondere BVerfGE 123, 267 (268, 4. LS).
[584] „Die Ermächtigung steht aber unter der Bedingung, dass dabei die souveräne Verfassungsstaatlichkeit auf der Grundlage eines Integrationsprogramms nach dem Prinzip der begrenzten Einzelermächtigung und unter Achtung der verfassungsrechtlichen Identität als Mitgliedstaaten gewahrt bleibt und zugleich die Mitgliedstaaten ihre Fähigkeit zu selbstverantwortlicher politischer und sozialer Gestaltung der Lebensverhältnisse nicht verlieren." – BVerfGE 123, 267 (347).

staltung der wirtschaftlichen, kulturellen und sozialen Lebensverhältnisse"[585] erfassen. In diesem Zusammenhang benannte das BVerfG bestimmte Anwendungsbereiche, die „besonders sensibel"[586] für weitere Hoheitsübertragungen sind. „Als besonders sensibel für die demokratische Selbstgestaltungsfähigkeit eines Verfassungsstaates gelten seit jeher Entscheidungen über das materielle und formelle Strafrecht (1), die Verfügung über das Gewaltmonopol polizeilich nach innen und militärisch nach außen (2), die fiskalischen Grundentscheidungen über Einnahmen und – gerade auch sozialpolitisch motivierte – Ausgaben der öffentlichen Hand (3), die sozialstaatliche Gestaltung von Lebensverhältnissen (4) sowie kulturell besonders bedeutsame Entscheidungen etwa im Familienrecht, Schul- und Bildungssystem oder über den Umgang mit religiösen Gemeinschaften (5)."[587] Diese „integrationsfeste[n] Vorbehaltsbereiche"[588] stellen den „demokratischen bzw. politischen Primärraum"[589] dar.

So entwickelte das BVerfG ein ausdifferenziertes System von Mitwirkungsrechten des Bundestages und des Bundesrates und machte explizite Vorgaben zu ihrer Ausgestaltung. Die fortwährende Beobachtung des Integrationsprozesses spiegelt sich in den sog. Begleitgesetzen wieder. Zu diesen gehören neben dem Gesetz über die Wahrnehmung der Integrationsverantwortung des Bundestages und des Bundesrates in Angelegenheiten der Europäischen Union (IntVG) auch das Gesetz über die Zusammenarbeit von Bundesregierung und Deutschem Bundestag in Angelegenheiten der Europäischen Union (EUZBBG)[590] und das Gesetz über die Zusammenarbeit von Bund und Ländern in Angelegenheiten der Europäischen Union (EUZBLG)[591]. Das „Herzstück"[592] bildet aber das IntVG, in dem unterschiedliche Zustimmungs-, Ermächtigungs- und Weisungs-

---

[585] BVerfGE 123, 267 (267 f., 3. LS).
[586] BVerfGE 123, 267 (359); *Weiß*, JuS 2018, 1046 (1049).
[587] BVerfGE 123, 267 (359).
[588] Dazu *Ruffert*, DVBl. 2009, 1197 (1202 bis 1204).
[589] BVerfGE 123, 267 (382, 411).
[590] Gesetz über die Zusammenarbeit von Bundesregierung und Deutschem Bundestag in Angelegenheiten der Europäischen Union (EUZBBG) v. 4.7.2013 (BGBl. I S. 2170).
[591] Gesetz über die Zusammenarbeit von Bund und Ländern in Angelegenheiten der Europäischen Union v. 12.3.1993 (BGBl. I S. 313), zuletzt geänd. durch Art. 1 ÄndG v. 22.9.2009 (BGBl. I S. 3031).
[592] *Calliess*, in: Berliner Online-Beiträge zum Europarecht, Nr. 56, 2010, 1 (23); „Kernstück" bei *Calliess/Beichelt*, Die Europäisierung, 2015, S. 134.

vorbehalte für den Bundestag und den Bundesrat normiert werden.[593] Dieses verwirklicht den von dem BVerfG am Ende[594] der Entscheidung vorgegebenen Gesetzgebungsfahrplan.[595] Die Umsetzungen der Beteiligungsrechte zielen vor allem auf die nationalen Voraussetzungen für die Zustimmung des deutschen Vertreters im Europäischen Rat oder im Rat ab,[596] zuvörderst wenn auf der europäischen Ebene Änderungen im Entscheidungsfindungsverfahren, die die Einstimmigkeit erfordern und durch Mehrheitsentscheidungen ersetzt werden sollen, sodass Vetomöglichkeiten eines Mitgliedstaates aufgegeben werden bzw. Rechtsakte statt in einem besonderen, in einem ordentlichen Gesetzgebungsverfahren erlassen werden.[597] Von einer dynamischen Vertragsentwicklung ist insbesondere bei den Vorschriften, die die Änderung der europäischen Verträge im vereinfachten[598] oder besonderen[599] Verfahren regeln, im Rahmen der sog. Brückenklauseln[600] und auch der sog. Flexibilitätsklausel[601], auszugehen. Überwiegend darf der deutsche Vertreter im Europäischen Rat bzw. im Rat einem Beschlussvorschlag zustimmen oder sich bei der Beschlussfassung enthalten, wenn zuvor ein Gesetz nach Art. 23 Abs. 1 GG erlassen worden ist. Dabei ließen sowohl das BVerfG als auch der Gesetzgeber teilweise offen, wann das Gesetz auf der Grundlage von Art. 23 Abs. 1 Satz 2 GG oder von Art. 23 Abs. 1 Satz 3 i.V.m. Art. 79 Abs. 2 GG mit qualifizierter Mehrheit zu erlassen ist. Unklar ist mithin die Methodik und Dogmatik des weiten Verständnisses des Art. 23 Abs. 1 Satz 2 GG, der im Ergebnis unter „Über-

---

[593] *Hahn*, EuZW 2009, 758 (758).
[594] BVerfGE 123, 267 (434 bis 436).
[595] *Mayer*, in: Morlok/Schliesky/Wiefelspütz Parlamentsrecht, 2016, § 43 Rn. 80.
[596] *Calliess*, in: IntV/Pechstein, 2012, 53 (58).
[597] *Mayer*, in: Morlok/Schliesky/Wiefelspütz Parlamentsrecht, 2016, § 43 Rn. 66 f.
[598] Art. 48 Abs. 6 UAbs. 2 und 3 EUV (Vertrag über die Europäische Union i.d.F. des Vertrags von Lissabon v. 13.12.2007 (ABl. Nr. C 306 S. 1, ber. ABl. 2008 Nr. C 111 S. 56, ABl. 2009 Nr. C 290 S. 1, ABl. 2011 Nr. C 378 S. 3), ABl. 2010 Nr. C 83 S. 13), (ABl. 2012 Nr. C 326 S. 13), (ABl. 2016 Nr. C 202 S. 13), zuletzt geänd. durch Art. 13, 14 Abs. 1 EU-Beitrittsakte 2013 v. 9.12.2011 (ABl. 2012 Nr. L 112 S. 21)) – § 2 IntVG.
[599] Art. 218 Abs. 8 UAbs. 2 Satz 2 AEUV, Art. 311 Abs. 3 AEUV, Art. 25 Abs. 2 AEUV, Art. 223 Abs. 1 UAbs. 2 AEUV, Art. 262 AEUV (Vertrag über die Arbeitsweise der Europäischen Union, i.d.F. der Bek. v. 9.5.2008 (ABl. Nr. C 115 S. 47), (ABl. 2010 Nr. C 83 S. 47), (ABl. 2012 Nr. C 326 S. 47), (ABl. 2016 Nr. C 202 S. 47, ber. ABl. Nr. C 400 S. 1), zuletzt geänd. durch Art. 2 ÄndBeschl. 2012/419/EU v. 11.7.2012 (ABl. Nr. L 204 S. 131)) – § 3 Abs. 1 und Abs. 2 IntVG.
[600] Art. 48 Abs. 7 UAbs. 1 Satz 1 oder UAbs. 2 EUV, Art. 81 Abs. 3 UAbs. 2 AEUV; § 4 IntVG.
[601] Art. 352 AEUV – § 8 IntVG.

tragung von Hoheitsrechten" auch die „Änderungen der vertraglichen Grundlagen und vergleichbare Regelungen" aus Art. 23 Abs. 1 Satz 3 GG miterfasst.[602] Teilwiese wird dem BVerfG vorgeworfen, es habe den Normtext des Art. 23 Abs. 1 GG nivelliert und den gebotenen Respekt gegenüber dem verfassungsändernden Gesetzgeber missachtet.[603] Der Sinn und Zweck derartiger Auslegung dient aber der Absicherung, „dass jede Veränderung der textlichen Grundlagen des europäischen Primärrechts erfasst wird."[604] Demnach sind drei Formen von Integrationsschranken in Art. 23 Abs. 1 GG zu unterscheiden, erstens aus Satz 1, der die Europäische Union im Blick hat und an sie strukturelle Anforderungen stellt, zweitens aus Satz 3, der auf die Bundesrepublik Deutschland blickt und dem nachgeht, was dort zu verbleiben hat und nicht aufgebbar ist (Identitätsvorbehalt) und schließlich drittens aus Satz 3, der unmittelbar Anforderungen an die konkrete Umsetzung vorgibt.[605]

Das BVerfG wies noch weitere Fälle aus, in denen ein Mitwirkungserfordernis des Bundestages statuiert wurde. Diese bedürfen einer besonderen Aufmerksamkeit, weil in diesen die Wahrnehmung der Integrationsverantwortung durch den Erlass von schlichtem Beschluss[606] des Bundestages erfüllt wird. Ein einfacher Parlamentsbeschluss nach Art. 42 Abs. 2 Satz 1 GG genügt u.a. bei speziellen Brückenklauseln[607] oder bei der Aktivierung[608] des Notbremsmechanismus. Eine Beschlussfassung reicht ebenfalls aus, um das Ablehnungsrecht der nationalen Parlamente bei Brückenklauseln[609] auszuüben bzw. im Rahmen des besonderen Veränderungsverfahrens nach Art. 42 Abs. 2 UAbs. 1 Satz 2 EUV.

---

[602] BVerfGE 123, 267 (434); *Classen*, JZ 2009, 881 (884 ff.); *Ohler*, AöR 135 (2010), 153 (156 ff.); zu Integrationsgrenzen des Art. 23 Abs. 1 GG, *Wolff*, in: IntV/Pechstein, 2012, 151 (155 ff.).
[603] *Wolff*, in: Hömig/Wolff Handkommentar GG, 12. Aufl. 2018, Art. 23 GG Rn. 5.
[604] BVerfGE 123, 267 (355); *Calliess/Beichelt*, Die Europäisierung, 2015, S. 132 ff.
[605] *Wolff*, in: Hömig/Wolff Handkommentar GG, 12. Aufl. 2018, Art. 23 GG Rn. 5.
[606] BVerfGE 123, 267 (391 f.; 413 f. und 430 f.).
[607] Art. 31 Abs. 3 EUV (im Bereich der GASP), Art. 312 Abs. 2 UAbs. 2 AEUV (Mehrjähriger Finanzrahmen) – § 5 Abs. 1 IntVG; Art. 153 Abs. 2 UAbs. 4 AEUV (Sozialpolitik), Art. 192 Abs. 2 UAbs. 2 AEUV (Umweltpolitik), Art. 333 Abs. 1 oder Abs. 2 AEUV (Verstärkte Zusammenarbeit) – § 6 Abs. 1 IntVG.
[608] Art. 48 Abs. 2 Satz 1, Art. 82 Abs. 3 UAbs. 1 Satz 1 und Art. 83 Abs. 3 UAbs. 1 Satz 1 AEUV – § 9 Abs. 1 IntVG.
[609] Art. 48 Abs. 1 UAbs. 3 EUV – § 10 IntVG.

Die Möglichkeit der Mitwirkung mittels einfachen Beschlusses ist insofern überraschend, weil dieses Instrument nicht in Art. 23 Abs. 1 GG vorgesehen ist.[610] So ist unklar, auf welche Rechtsgrundlage des Grundgesetzes dieser Plenarbeschluss gestützt wird. Als Grundlage scheiden Art. 23 Abs. 1 Satz 2 bzw. 3 GG und Art. 59 Abs. 2 Satz 1 GG aus, weil dort nur die Handlungsform des Gesetzes vorgesehen ist. Daher wird eine Parallele zu der Entscheidung des BVerfG[611] zu dem bewaffneten Auslandseinsatz der Bundeswehr gesehen, in der der konstitutive Beschluss des Bundestages für den Einsatz eine hinreichende und notwendige Grundlage bildete.[612] Diese Rechtsprechung wurde mehrfach bestätigt, indem besonders hervorgehoben wurde, dass der wehrverfassungsrechtliche Parlamentsvorbehalt insoweit ein wesentliches Korrektiv für die Grenzen der parlamentarischen Verantwortungsübernahme im Bereich der auswärtigen Sicherheitspolitik darstelle.[613] Als Erst-Recht-Schluss kann daher der einfache Beschluss des Bundestages ebenfalls für die Entscheidung über eine Kompetenzausübung auf der europäischen Ebene als ausreichend und erforderlich gesehen werden.[614] Das BVerfG betonte schließlich ausdrücklich, dass die Integrationsverantwortung in anderer geeigneter Weise wahrzunehmen sei als in der Form eines Gesetzes.[615]

Die Rechtsgrundlage für den „Integrationsverantwortungsbeschluss" ist aus der Gesamtschau der Verfassungsbestimmungen herzuleiten sowie dem Sinn und Zweck der Mitwirkungsmöglichkeit zu entnehmen. Im Rahmen der Brückenklauseln nach § 5 Abs. 1 und § 6 Abs. 1 IntVG bezieht sich der Beschluss auf bestimmte Sachbereiche, die durch den Vertrag von Lissabon bereits hinreichend bestimmt sind.[616] Ein Gesetz ist entbehrlich, weil im Rahmen dieser Verfahren auf der EU-Ebene aufgrund der Begrenztheit der Sachverhalte und der Rege-

---

[610] *Classen*, JZ 2009, 881 (885); *Engels*, JuS 2012, 210 (211); ähnlich *Tischendorf*, Theorie und Wirklichkeit, 2017, S. 144.
[611] BVerfGE 90, 286 (381 ff.); 108, 34 (42); 121, 135 (154). Siehe dazu Teil 1 II. 5. a).
[612] *Ohler*, AöR 135 (2010), 153 (159); *Daiber*, DÖV 2014, 809 (818 f.); *Mayer*, in: Morlok/Schliesky/Wiefelspütz Parlamentsrecht, 2016, § 43 Rn. 76; *Tischendorf*, Theorie und Wirklichkeit, 2017, S. 144.
[613] BVerfGE 121, 135 (161) – AWACS.
[614] Ähnlich *Mayer*, in: Morlok/Schliesky/Wiefelspütz Parlamentsrecht, 2016, § 43 Rn. 76.
[615] BVerfGE 123, 267 (392) bzgl. spezieller Brückenklausel.
[616] BVerfGE 123, 267 (391, 435 f.).

lungsbereiche wenig Modifikationsoptionen bestehen.[617] Damit ist für den verfassungsändernden Gesetzgeber bei der Ratifikation der Gesamtumfang erkennbar gewesen, sodass darin keine Übertragung weiterer Hoheitsrechte im Sinne von Art. 23 Abs. 1 Satz 2 GG vorliegt, sondern vielmehr ihre Ausübung zu sehen ist.[618] Es liegt eine Konkretisierung vor, sodass dem Europäischen Rat nur die Entscheidung über das wie, ob und wann der Inanspruchnahme der Ermächtigung übrig bleibt.[619] Bzgl. der gestuften Mitwirkung in der Verteidigungspolitik nach § 3 Abs. 3 IntVG wird die Beteiligung des Bundestages durch Beschluss gefordert, weil Art. 42 Abs. 2 UAbs. 1 EUV vom Wortlaut her nicht eindeutig ist, ob der Beschluss des Europäischen Rates bereits zu einer gemeinsamen Verteidigung führt, oder sie erst nach der Zustimmung der Mitgliedstaaten zu dem Beschluss in Kraft tritt.[620] Um keine verbindliche Auslegung dieser Vorschrift vorzunehmen,[621] gleichwohl aber die konstitutive Bundestagsbeteiligung in wehrverfassungsrechtlichen Fragen zu gewährleisten sowie den vorherigen Einfluss auf die koordinierte Willensbildung im Europäischen Rat beizubehalten, ist der einfache Beschluss dafür die sicherste Variante.[622] Ferner sprechen politische Gründe für die zusätzliche Beteiligung des Bundestages, zum einen weil die Verteidigungspolitik eine wichtige und häufig umstrittene Materie ist, zum anderen weil eine frühe Beteiligung des Parlaments die Schaffung von endgültigen Fakten auf der europäischer Ebene, von denen im Nachhinein nur schwer abzurücken sein wird, verhindert.[623] §§ 9 bis 12 IntVG regeln Einspruchs- und Kontrollrechte der gesetzgebenden Organe, die ihnen eine Intervention während der primärrechtlich geregelten Entscheidungsverfahren ermöglicht.[624] Insbesondere das Weisungsrecht[625] des Bundestages in § 9 IntVG

---

[617] *Rathke*, in: Kommentar zu den Lissabon-Begleitgesetzen, 2011, S. 235 Rn. 104.
[618] *Rathke*, in: Kommentar zu den Lissabon-Begleitgesetzen, 2011, S. 235 Rn. 104.
[619] *Rathke*, in: Kommentar zu den Lissabon-Begleitgesetzen, 2011, S. 235 Rn. 104.
[620] *Hölscheidt/Menzenbach/Schröder*, ZParl 2009, 758 (762 f.); *Daiber*, DÖV 2010, 293 (295).
[621] *Daiber*, DÖV 2010, 293 (295).
[622] *Kötter*, in: Kommentar zu den Lissabon-Begleitgesetzen, 2011, S. 259 ff. Rn. 1 ff.
[623] *Hölscheidt/Menzenbach/Schröder*, ZParl 2009, 758 (763); *Rathke*, in: Kommentar zu den Lissabon-Begleitgesetzen, 2011, S. 215 Rn. 63.
[624] *Rathke*, in: Kommentar zu den Lissabon-Begleitgesetzen, 2011, S. 215 Rn. 63.
[625] Zum Verständnis der Weisung und der Ausübung des Notbremsrechts der Bundesregierung ohne die Weisung, *Hölscheidt/Menzenbach/Schröder*, ZParl 2009, 758 (769 f.); *Calliess*, in: IntV/Pechstein, 2012, 53 (65 f.).

gibt dem Bundestag die Möglichkeit der Ausübung des Vetorechts in Bezug auf „wichtige" bzw. „grundlegende Aspekte",[626] die die Rechtsordnung betreffen. Überträgt man das auf die nationale Ebene, so ist der parlamentarische Gesetzgeber nach Art. 20 Abs. 1 und 2 GG in Anlehnung an die Wesentlichkeitstheorie bzw. den Wesentlichkeitsvorbehalt zu solchen Entscheidungen befugt.[627] Darin kann die Rechtfertigung für die Einbindung des Bundestages in das exekutive Entscheidungsverfahren gesehen werden.[628] So erfüllen diese Mitwirkungsrechte des Bundestages den Zweck einer wirksamen parlamentarischen Steuerung von Entscheidungsverfahren auf europäischer Ebene, die in die Hände der Exekutive gelegt ist, weil ihr die Vertretungsbefugnis und Verhandlungsführung obliegt.[629] Im Vordergrund stehen die allgemeine demokratische Legitimation und Kontrolle, die darauf abzielen, die Kompetenzverlagerungen von der nationalen auf die supranationale Ebene auszugleichen, damit die (genuinen) Gesetzgebungsbefugnisse des Parlaments nicht ausgehöhlt werden.[630] So könnte man den schlichten Parlamentsbeschluss den Rechten aus Art. 23 Abs. 2 bis Abs. 6 GG zuordnen. Insbesondere Art. 23 Abs. 2 und Abs. 3 GG, die die Informationsrechte und das Recht zur Stellungnahme regeln und ebenfalls durch den schlichten Parlamentsbeschluss ausgeübt werden, könnten eine entsprechende Rechtsgrundlage darstellen. Anders ausgedrückt wäre dann die Ausübung der Rechte durch Beschlüsse nicht integrationsbegründend, sondern integrationsimmanent.[631] Art. 23 Abs. 2 und Abs. 3 GG regeln aber die Mitwirkung des Parlaments bei der Sekundärrechtsetzung.[632] Die im

---

[626] Art. 48 Abs. 2 Satz 1 AEUV „wichtige Aspekte", Art. 82 Abs. 3 UAbs. 1 Satz 1 und Art. 83 Abs. 3 UAbs. 1 Satz 1 AEUV „grundlegende Aspekte".
[627] *Ohler*, AöR 135 (2010), 153 (160); *Tischendorf*, Theorie und Wirklichkeit, 2017, S. 145, 153; wohl anderer Ansicht, *Scholz*, in: Maunz/Dürig Kommentar GG, Oktober 2019, Art. 23 GG Rn. 133 f. und 151: „kein besonderes (auch exekutivisches) „Kooperationsverhältnis" zwischen Bundesregierung und Bundestag"; „keine entsprechenden Zuständigkeiten von Bundesregierung und Bundestag gleichsam „zur gesamten Hand".
[628] *Ohler*, AöR 135 (2010), 153 (160).
[629] In dem Sinne *Ohler*, AöR 135 (2010), 153 (160).
[630] *Scholz*, in: Maunz/Dürig Kommentar GG, Oktober 2019, Art. 23 GG Rn. 135 m.w.N.
[631] So *Scholz*, in: Maunz/Dürig Kommentar GG, Oktober 2019, Art. 23 GG Rn. 151.
[632] *Mayer*, in: Morlok/Schliesky/Wiefelspütz Parlamentsrecht, 2016, § 43 Rn. 77.

IntVG geregelte Mitwirkung richtet sich zwar auf Verfahren, die bereits im gegebenen Vertragswerk von EUV und AEUV angelegt sind, sodass wesentliche Regelungen bereits ratifiziert wurden und eine Verankerung des Integrationsprogramms festgelegt wurde. Allerdings steht hier im Mittelpunkt die nachträgliche und authentische Auslegung des Zustimmungsgesetzes sowie die konkrete Ausübung der primärrechtlichen Gestaltungsmöglichkeit, die erhebliche Auswirkung auf den Mitgliedstaat haben kann.[633] Das BVerfG hat in seinem Urteil ausreichend zum Ausdruck gebracht, dass Unsicherheiten über die Reichweite der Hoheitsrechtsübertragung bestehen.[634] Zum Zeitpunkt des Erlasses des Zustimmungsgesetzes konnten aufgrund des Integrationsprozesses nicht alle Einzelheiten berücksichtigt werden, sodass es nur konsequent ist, u.a. einen Zustimmungsbeschluss des Bundestages zu fordern, um ohne rechtliche Kollateralschäden im Unionsrecht die fortlaufende Verantwortung für die Integration zu übernehmen.[635] Dieser Logik folgend, bekräftigt und aktualisiert der einfache Beschluss des Bundestages die bereits erfolgte Hoheitsübertragung und ist verfassungsrechtlich dem Bereich des Art. 23 Abs. 1 GG zuzuordnen.[636] Durch die explizite Ermächtigung des deutschen Vertreters im Europäischen Rat oder im Rat per Beschluss wird das demokratische Defizit, welches den unionsrechtlichen Fallkonstellationen anhaftet, auf der Ebene des deutschen Verfassungsrechts kompensiert.[637]

Mit der Entscheidung des BVerfG ist ein wichtiger Impuls zur Verwirklichung des Demokratieprinzips in der Verflechtung des nationalen und europäischen Rechts und der Absicherung eines Mitspracherechts der gesetzgebenden Organe gesetzt worden. Der Vertrag von Lissabon wies den nationalen Parlamenten

---

[633] *Ohler*, AöR 135 (2010), 153 (159 f.); *Mayer*, in: Morlok/Schliesky/Wiefelspütz Parlamentsrecht, 2016, § 43 Rn. 77.
[634] In dem Sinne *Mayer*, in: Morlok/Schliesky/Wiefelspütz Parlamentsrecht, 2016, § 43 Rn. 77.
[635] In dem Sinne *Ohler*, AöR 135 (2010), 153 (160); *Mayer*, in: Morlok/Schliesky/Wiefelspütz Parlamentsrecht, 2016, § 43 Rn. 77.
[636] In dem Sinne *Mayer*, in: Morlok/Schliesky/Wiefelspütz Parlamentsrecht, 2016, § 43 Rn. 76 f.
[637] In dem Sinne *Heintschel von Heinegg*, in: Epping/Hillgruber Beck'scher Online Kommentar GG, 1.12.2019, Art. 23 GG Rn. 26.

zum ersten Mal unmittelbar eine Rolle zu (vgl. Art. 9 bis Art. 12 EUV).[638] Die deutliche Stärkung der gesetzgebenden Organe wurde durch die Begleitgesetze, für die das BVerfG in dem Urteil Implikationen machte, umgesetzt. Diese Entwicklung ist grundsätzlich zu begrüßen. Mit dem Argumentationskonzept der Integrationsverantwortung hat das BVerfG existierende Regelungen ausgeweitet, indem sich diese auf die Übertragung von Hoheitsrechten bezog, insbesondere auf diejenige, die ohne Änderung des Textes der Verträge zustande kommen könnte. Dabei legte das BVerfG die Integrationsverantwortung vor allem in die Hände der Legislative, um die Legitimationsgrundlage für die Übertragung der Hoheitsrechte und ihre Umsetzung zu stärken. Das hängt damit zusammen, dass der Bundestag als gesetzgebendes Organ im nationalen Raum im Mittelpunkt von demokratischen Entscheidungen steht, hingegen auf der europäischen Ebene die Exekutive das Zepter übernommen hat. So darf die Verschränkung der Gewalten nicht dazu führen, dass der Kernbereich des jeweils anderen Funktionsträgers betroffen ist.[639] So könnte durch den Verlust der Legislativbefugnisse zugunsten der Bundesregierung der Kernbereich der Legislative tangiert werden. Die stark präsente Exekutive sollte daher im Rahmen der Vergemeinschaftung vieler Regelungsmaterien daran gehindert werden, ein „eigenständiges nationales Gesetzgebungsorgan in europäischen Angelegenheiten"[640] zu werden. Die Entscheidungsprozesse auf der europäischen Ebene sollen durch parlamentarische Mitwirkungsrechte korrigiert bzw. ergänzt werden.[641] Dabei versucht das BVerfG die Dynamik des Integrationsprozesses mit Instrumenten des Grundgesetzes einzufangen.[642] Zu diesen Mitteln gehören zum einen ein Gesetzesbeschluss, zum anderen ein einfacher Beschluss. Beide Handlungsformen erlauben dem Parlament die Integrationsverantwortung wahrzunehmen. Der Beschluss des Parlaments wirkt dabei wie ein Gesetz. Das wird daran deutlich, dass wenn man die beschriebenen Fallkonstellationen miteinander vergleicht, sie zum gleichen Ergebnis kommen, dass das

---

[638] *Calliess/Beichelt*, Die Europäisierung, 2015, S. 121.
[639] *Möller/Limpert*, ZParl 1993, 21 (23).
[640] *Kokott*, DVBl. 1996, 937 (938).
[641] *Weiß*, JuS 2018, 1046 (1047).
[642] *Classen*, JZ 2009, 881 (889).

Fehlen einer Ermächtigung die Pflicht des deutschen Vertreters im Europäischen Rat bzw. im Rat auslöst, den Beschlussvortrag abzulehnen.[643] Damit ist das Regelungskonzept des einfachen Beschlusses eng an die Gesetzesvorbehaltsregelungen angelehnt.[644] Der Einfluss des Bundestages auf den Integrationsprozess wirkt daher mittelbar über die Exekutive. Inwiefern die Exekutive an die Entscheidungen des Parlaments gebunden ist, ergibt sich aus den gesetzlichen Regelungen, die die verfassungsrechtlichen Vorgaben der Integrationsverantwortung konkretisieren.[645] Mit der Integrationskompetenz verschiebt sich die nach dem klassischen Verständnis vorgenommene Zuordnung von Aufgaben zwischen der Bundesregierung und dem Parlament, sodass die Funktionen, die beide zu erfüllen haben, nur noch nach Modifizierung der überkommenden Verteilung gelten können.[646] Ein allgemeiner Parlamentsvorbehalt für die Integrationskompetenz ist aber zu verneinen.[647]

Die Umsetzung der Integrationsverantwortung wurde stark kritisiert. Aufgrund der unübersichtlichen Normstruktur, der Zersplitterung in mehrere Gesetze und der Intransparenz nebeneinander anzuwendender Mitwirkungsformen, wurde eine Forderung nach einer Einheitslösung mit geschlossener Regelung bzw. der Bereitstellung einer rechtsklaren und transparenten Rechtsgrundlage gestellt.[648] Ferner wurde bemängelt, dass die Integrationsverantwortung sich lediglich auf die Einhaltung des Prinzips der begrenzten Einzelermächtigung bezieht und damit das IntVG, spöttisch als „Sonntagsgesetz" bezeichnet, keine

---

[643] BVerfGE 123, 267 (392), Ein mögliches Schweigen der gesetzgebenden Körperschaften könne nicht als Zustimmung verstanden werden.
[644] *Hahn*, EuZW 2009, 758 (761).
[645] *Lindner*, BayVBl. 2010, 193 (200); *Weiß*, JuS 2018, 1046 (1048).
[646] *Nettesheim*, in: IntV/Pechstein, 2012, 11 (24); ein Kooperationsverhältnis zwischen dem Bundestag und der Bundesregierung wird ausdrücklich verneint bei *Scholz*, in: Maunz/Dürig Kommentar GG, Oktober 2019, Art. 23 GG Rn. 133 f.
[647] *Hahn*, EuZW 2009, 758 (762); *Nettesheim*, NJW 2010, 177 (181); *Wolff*, in: Hömig/Wolff Handkommentar GG, 12. Aufl. 2018, Art. 23 GG Rn. 10; *Scholz*, in: Maunz/Dürig Kommentar GG, Oktober 2019, Art. 23 GG Rn. 133 und 135. Von einem absoluten Parlamentsvorbehalt im Sinne des Vorbehalts des Verfassungsschutzes (Doppelfunktionalität: Widersetzer der Entstaatlichungsgefahr und der Entparlamentarisierungsgefahr) spricht *Hufeld*, in: Kommentar zu den Lissabon-Begleitgesetzen, 2011, S. 26 Rn. 4 ff.; ebenso *Kluth*, in: Gesetzgebung, 2014, § 22 Rn. 20 und 22 f.
[648] *Hahn*, EuZW 2009, 758 (762); *Nettesheim*, NJW 2010, 177 (183); *Calliess*, in: IntV/Pechstein, 2012, 53 (73 f.).

große praktische Bedeutung hat, dabei wäre die Integrationsverantwortung im Rahmen der Ausübung der Kompetenzen, also bei der alltäglichen Rechtsetzung der Union, die nicht erwähnt wurde, zu befürworten.[649] Gleichzeitig wird ersichtlich, dass die Integrationsverantwortung defensiv und abwehrend zu verstehen ist, so als müsste die Bundesrepublik Deutschland vor der Europäischen Union geschützt werden, weil von ihr eine Gefahr ausgeht.[650] Die Mitwirkungsrechte des Parlaments sollen die Vorgänge auf europäischer Ebene nun transparenter und öffentlicher machen.[651]

Die Einwirkungsmöglichkeit auf die Entwicklung der EU, die in dem Lissabon-Urteil bereits angelegt wurde, hat eine Erweiterung erfahren. Die Entscheidungen des BVerfG zu den Mitteln der Bewältigung der Finanzkrise (EFSF, ESM)[652] haben die Integrationsverantwortung weiter ausgeprägt und den sachlichen Anwendungsbereich der in Art. 23 Abs. 1 GG vorgegebenen Strukturanforderungen um die Budgetverantwortung ergänzt.[653] Es wurde festgestellt, dass die Entscheidung über Einnahmen und Ausgaben der öffentlichen Hand ein grundlegender Teil der demokratischen Selbstgestaltungsfähigkeit sei und das Budgetrecht insofern ein zentrales Element der demokratischen Willensbildung darstelle.[654] Dabei wird das Budgetrecht und die haushaltspolitische Gesamtverantwortung dem allein demokratisch legitimierten Deutschen Bundestag zugeordnet.[655] In den OMT-Entscheidungen wurden Pflichten festgelegt, die darauf abzielen, eine fortwährende Überwachung der verfassungsrechtlichen

---

[649] *Calliess*, in: Berliner Online-Beiträge zum Europarecht, Nr. 56, 2010, 1 (23); *Nettesheim*, NJW 2010, 177 (180); *Calliess*, in: IntV/Pechstein, 2012, 53 (57); *Hölscheidt*, DÖV 2012, 105 (110) *Calliess/Beichelt*, Die Europäisierung, 2015, S. 124.
[650] In dem Sinne, *Hector*, ZEuS 2009, 599 (611); *Oppermann*, EuZW 2009, 473 (473) „Die EU wird zum Ghetto, von der Mauer des Grundgesetzes umgeben."; *Pache*, EuGRZ 2009, 285 (296); *Calliess*, in: IntV/Pechstein, 2012, 53 (57).
[651] *Möller/Limpert*, ZParl 1993, 21 (25).
[652] BVerfGE 129, 124 (180 f.) – EFSF; 135, 317 (401) – ESM.
[653] *Calliess*, in: IntV/Pechstein, 2012, 53 (53, 75 ff.); *Tischendorf*, Theorie und Wirklichkeit, 2017, S. 91 ff.; *Weiß*, JuS 2018, 1046 (1047); *Wolff*, in: Hömig/Wolff Handkommentar GG, 12. Aufl. 2018, Art. 23 GG Rn. 18; gegen eine Zurechnung der Haushaltsverantwortung zur Integrationsverantwortung, *Nettesheim*, in: IntV/Pechstein, 2012, 11 (26).
[654] BVerfGE 129, 124 (177) – EFSF; 135, 317 (399 ff.) – ESM; BVerfG, Urt. v. 5.5.2020 – 2 BvR 859/15 – juris Rn. 104 (PSPP-Entsch.).
[655] BVerfGE 129, 124 (177 f.) – EFSF; BVerfG, Urt. v. 5.5.2020 – 2 BvR 859/15 – juris Rn. 104 (PSPP-Entsch.).

Bedingungen und Grenzen der Europäischen Union nach Art. 23 Abs. 1 GG abzusichern. „Zur Integrationsverantwortung gehört darüber hinaus eine dauerhafte Verantwortung für die Einhaltung des Integrationsprogramms durch Organe, Einrichtungen und sonstige Stellen der Europäischen Union (...) Diese Verantwortung können die Verfassungsorgane nur wahrnehmen, wenn sie den Vollzug des Integrationsprogramms im Rahmen ihrer Kompetenzen kontinuierlich beobachten."[656] „Der Vorrang der Verfassung (Art. 20 Abs. 3 GG) verpflichtet sie darüber hinaus, auch bei der Mitwirkung am Vollzug des Integrationsprogramms sowie bei dessen näherer Ausgestaltung und Fortentwicklung dafür Sorge zu tragen, dass dessen Grenzen gewahrt werden (...)."[657] Dadurch ist die Integrationsverantwortung nun als Grundlagenverantwortung[658] zu verstehen, die neben der Information des Parlaments über die Vorgänge auf EU-Ebene sowie der Stellungnahme- und weiterer Entscheidungsbefugnisse (vgl. Art. 23 Abs. 1 bis Abs. 7 GG – sog. Alltagsverantwortung[659]) eine aktive Teilnahme der Organe am Integrationsprozess einfordert, insbesondere bei der Gewährleistung von Anforderungen an das Integrationsprogramm.[660]

---

[656] BVerfGE 134, 366 (394); 142, 123 (208) – OMT; BVerfG, Urt. v. 5.5.2020 – 2 BvR 859/15 – juris Rn. 108 (PSPP-Entsch.).

[657] BVerfGE 123, 267 (351 ff., 435) – Lissabon; 129, 124 (180 f.) – EFSF; 135, 317 (399 f.) – ESM; 142, 123 (208) – OMT; bestätigt und konkretisiert durch BVerfG, Urt. v. 5.5.2020 – 2 BvR 859/15 – juris Rn. 106 (PSPP-Entsch.). Aus der Integrationsverantwortung könne eine konkrete Handlungspflicht folgen (siehe Rn. 231 ff.). Allgemein dazu siehe Rn. 108 „Überschreitet eine Maßnahme von Organen, Einrichtungen und sonstigen Stellen der Europäischen Union die Grenzen des Integrationsprogramms in offensichtlicher und strukturell bedeutsamer Weise, so haben sich Bundesregierung und Bundestag aktiv mit der Frage auseinanderzusetzen, wie die Kompetenzordnung wiederhergestellt werden kann, und eine positive Entscheidung darüber herbeizuführen, welche Wege dafür beschritten werden sollen."

[658] Dazu *Tischendorf*, Theorie und Wirklichkeit, 2017, S. 79 ff.

[659] Ausführlicher dazu *Tischendorf*, Theorie und Wirklichkeit, 2017, S. 85 ff.

[660] *Weiß*, JuS 2018, 1046 (1047 f.) mit Verweis auf § 1 Abs. 1 IntVG „insbesondere" und weitere Begleitgesetze. Bspw. § 3 Gesetz zur finanziellen Beteiligung am Europäischen Stabilitätsmechanismus (ESM-Finanzierungsgesetz – ESMFinG) v. 13.9.2012 (BGBl. I S. 1918), geänd. durch Art. 1 ÄndG v. 29.11.2014 (BGBl. I S. 1821); § 3 Gesetz zur Übernahme von Gewährleistungen im Rahmen eines europäischen Stabilisierungsmechanismus (Stabilisierungsmechanismusgesetz – StabMechG) v. 22.5.2010 (BGBl. I S. 627), zuletzt geänd. durch Art. 1 Zweites ÄndG v. 23.5.2012 (BGBl. I S. 1166).

## 6. Vergleich der Wirkungsweise und Anwendungsbereiche des schlichten Parlamentsbeschlusses aus der ersten und der zweiten Untergruppe und das unerschöpfliche Potenzial dieses Beschlusses

Nach der Darstellung der beiden Untergruppen ist ein Zwischenfazit zu ziehen. Die erste Untergruppe zeigt besonders deutlich die Vielseitigkeit des schlichten Parlamentsbeschlusses und kann nicht vollkommen erfasst werden. Weder können übergreifende Gebietsfelder ihrer Anwendung bestimmt werden noch werden einheitliche Begründungsansätze für die dogmatische Einordnung und die Rechtsnatur, wie die reine politische bzw. tatsächliche Wirkung des Beschlusses, geliefert. Sie weisen nur wenige Gemeinsamkeiten mit der zweiten Untergruppe auf. Zum einen haben die Beschlüsse gemein, dass sie keine ausdrückliche Rechtsgrundlage haben, zum anderen, dass ihr Anwendungsbereich als nicht abschließend festgelegt zu werten ist. So tauchte der gesetzesähnliche Beschluss zwar vorerst nur im Bereich der auswärtigen Politik 1994 und erst 15 Jahre später im Bereich der Integrationsverantwortung auf, die aber bereits zwei Jahre später, also im Jahr 2011, um die haushaltspolitische Verantwortung ergänzt und fortentwickelt wurde. Damit ist nicht ausgeschlossen, dass es weitere hochsensible und substanzielle Bereiche geben wird, in denen er vorkommen wird. Die verschärft beschleunigte Entwicklung, die mit der Verlagerung von Entscheidungen aus dem nationalen Bereich in den supra- bzw. transnationalen Bereich einhergeht und Verschiebungen von Kompetenzen zugunsten der Exekutive, aber zulasten der Legislative hervorruft, erfordert eine Verabschiedung von traditioneller Politik und eröffnet mit den Mitwirkungsbefugnissen des Bundestages eine Möglichkeit Zukunftsprobleme anzugehen.[661] Beide Untergruppen dienen als Vergleichspaare, um deren unterschiedliche Wirkungsweise besonders hervorzuheben. Im Einzelnen lassen sich zu den beiden Untergruppen folgende Ergebnisse festhalten.

Die erste Untergruppe bereitet viele Schwierigkeiten. In der ausgewählten Rechtsprechung wird das Problem der Zulässigkeit nicht untersucht, stattdessen wird direkt die Verbindlichkeit dieser Beschlüsse erörtert. Daher kann nur

---

[661] *Nettesheim*, NJW 2012, 1409 (1409 f.).

aufgrund der in den Entscheidungen vorwiegend[662] vertretenen Ansicht der rechtlichen Unverbindlichkeit dieser Beschlüsse der Rückschluss auf deren Zulässigkeit gezogen werden. Gerade wegen ihrer Unverbindlichkeit gegenüber anderen Verfassungsorganen kann nicht von einem Eingriff gesprochen werden und insofern sollten sie verfassungsrechtlich nicht zu beanstanden sein. Die rechtliche Verbindlichkeit wird zwar verneint, es wird aber von politischer Bedeutsamkeit[663] der parlamentarischen Beschlüsse ausgegangen und deren Adressaten ein Handlungsspielraum[664] eingeräumt. Bei diesem Gedankengang ist allerdings Vorsicht geboten, denn Zulässigkeit ist nicht mit rechtlicher Unverbindlichkeit gleichzusetzen. Außerdem sind weitere Einschränkungen denkbar, wenn die Rechtmäßigkeit schlichter Parlamentsbeschlüsse in formeller und materieller Hinsicht überprüft wird.

So lässt die Frage der Zulässigkeit/Unverbindlichkeit in einigen Entscheidungen viel Raum für Interpretation, während andere Entscheidungen zumindest in Ansätzen um einen Begründungsstrang bemüht sind. Die häufigsten Argumente stützten sich auf den Vergleich des schlichten Parlamentsbeschlusses mit dem Gesetzesbeschluss (aufgrund des besonderen Gesetzgebungsverfahrens haben schlichte Parlamentsbeschlüsse einen anderen Rang als Gesetze und sind demzufolge unverbindlich),[665] auf das Gewaltenteilungsprinzip (Begrenzung staatlicher Macht durch deren Aufgliederung – legislative Gewalt darf grundsätzlich nicht in die Aufgabenbereiche der Exekutive eindringen),[666] sowie den Parlamentsvorbehalt (über wesentliche Fragen muss das Parlament selbst i.d.R. mittels eines Gesetzesbeschlusses entscheiden), zusätzlich noch die Notwendigkeit einer besonderen gesetzlichen Grundlage für das Handeln der Verwaltung (neben dem Vorbehalt des Gesetzes auch der Vorrang des Gesetzes), den Grund-

---

[662] In den ersten Entscheidungen kann man noch von einer möglichen Verbindlichkeit ausgehen: als Rechtsgrundlage der Leistungsverwaltung, BVerwGE 6, 282 (287); BVerwG, NJW 1959, 1098 (1098); oder sogar als Inhalt des Gesetzesbefehls verstanden, BVerwGE 12, 16 (17).
[663] BayVerfGH Band 12 (1959) II, 119 (122 f.); BerlVerfGH, Entsch. der VerfGE der Länder, 16. Bd., 80 (91); SächsVerfGH, NVwZ-RR 2008, 585 (590).
[664] BayVerfGHE 46, 176 (182); HbgVerfGH, NVwZ-RR 2004, 672 (673 f.).
[665] In die Richtung wohl schon BVerwGE 12, 16 (20); OVG Münster, DVBl. 1962, 139 (139); VGH Kassel, VerwRspr. 15, 918 (933).
[666] BayVerfGH Band 12 (1959) II, 119 (126); BayVerfGHE 46, 176 (182).

satz der Gesetzesbindung (Art. 20 Abs. 3 GG)[667] und die Gesetzgebungszuständigkeit (das Parlament darf nur das regeln, wozu es in der Verfassung auch die Kompetenz dafür zugeordnet bekommen hat )[668] bzw. die Verfassung insgesamt[669] (System des parlamentarischen Handelns wird durcheinander gebracht / Möglichkeit der Umgehung von Prüfungs- und Mitwirkungsrechten).

Nicht nur diese Frage erweist sich als komplex. Ebenso ist die mögliche Funktion oder Wirkung der ersten Untergruppe vieldeutig. Die Parlamentsäußerung kann trotz fehlender Verbindlichkeit nicht bedeutungslos sein, weil das Parlament demokratisch legitimiert[670] ist und im Namen des Volkes spricht. Der Mehrwert dieser Entscheidungsform muss irgendwie in Erscheinung treten. Das folgt daraus, dass der Bundestag eines der obersten Staatsorgane (vgl. Art. 93 Abs. 1 Nr. 1 GG i.V.m. § 63 BVerfGG), ein Verfassungsorgan (vgl. § 1 Abs. 1 BVerfGG) ist, dessen Handlungen dem Staat als der Rechtspersönlichkeit, für die das Organ tätig wird, zugerechnet werden.[671] Er ist die Vertretung des ganzen Volkes, der in allgemeiner, unmittelbarer, freier, gleicher und geheimer Wahl gewählt wird (vgl. Art. 38 Abs. 1 GG). Zu seinen Hauptaufgaben gehören vor allem (1) die Beratung und der Beschluss von Bundesgesetzen (vgl. Art. 77 Abs. 1 GG), darunter auch des Haushaltsplans (vgl. Art. 110 Abs. 2 GG), (2) die Wahl und Mitwirkung bei der Bildung anderer Verfassungsorgane, insbesondere des Bundeskanzlers (vgl. Art. 63 GG), (3) die Kontrolle der Exekutive, vor allem der Bundesregierung (vgl. Art. 43 Abs. 1 GG) und (4) die Bildung des wichtigsten Forums der politischen Auseinandersetzung und Willensbildung.[672] Das Parlament ist also das einzige „unmittelbare Repräsentationsorgan des Volkes"[673] und mit einem allgemeinpolitischen Mandat zum umfangreichen Dis-

---

[667] So bereits BVerwGE 12, 16 (20); VGH Kassel, VerwRspr. 15, 918 (933); SG Berlin, InfAuslR 5/88, 149 (151). Andere Ansicht: schlichter Parlamentsbeschluss als ausreichende Rechtsgrundlage für die Exekutive in der Leistungsverwaltung, BVerwGE 6, 282 (286) und BVerwG, NJW 1959, 1098 (1098).
[668] Im Ansatz bereits BVerwGE 12, 16 ff.; ausdrücklich BbgVerfG, NVwZ 1999, 868 (868).
[669] BayVerfGH Band 12 (1959) II, 119 (126); ThürVerfGH, Entsch. der VerfGE der Länder, 22. Bd., 537 (544).
[670] VGH Kassel, VerwRspr. 15, 918 (933).
[671] *Stern*, Staatsrecht, Bd. 2, 1980, § 26 II 1 b), S. 45.
[672] *Gröpl*, in: Studienkommentar GG, 3. Aufl. 2017, Art. 38 GG Rn. 9.
[673] BVerfGE 80, 188 (217).

kursrecht ausgestattet.[674] Daraus folgt, dass die Legitimität der Ausübung von Staatsgewalt durch welche Organe des Bundes auch immer durch ihn vermittelt werden muss.[675] Durch seine entscheidende Rolle im Gesetzgebungsverfahren und die Position als Kontroll- und Kreationsorgan (z.b. als Ab- und Wahlorgan der Regierung) kann er Nachdruck mit unmittelbaren rechtlichen Folgen auslösen, z.b. Haushaltsmittel im Rahmen des Haushaltsplans verweigern oder vorgelegte Gesetzgebungsvorlagen nicht verabschieden.[676] Die Exekutive bedarf zur Durchführung des Regierungsprogramms der Gesetzesbeschlüsse des Parlaments, sodass sie sich im parlamentarischen Regierungssystem nicht auf Dauer über den erklärten Willen des Parlaments hinwegsetzen kann.[677] Der schlichte Parlamentsbeschluss ist ein Ausdrucksmittel der parlamentarischen Meinungs- und Willensbildung, der es ihm ermöglicht, seine verfassungsrechtlichen Aufgaben wahrzunehmen und er hat eine nicht zu unterschätzende Bedeutung.[678]

So wird der schlichte Parlamentsbeschluss teilweise als Anregung[679] oder Anreiz verstanden, vor allem die Exekutive zu einem bestimmten Tun zu veranlassen. Das ergibt sich aus dem Inhalt der jeweiligen Äußerung, dass z.B. die Regierung zu einem bestimmten Verhalten ersucht oder aufgefordert wird. Damit wird den exekutiven Organen ein Vorschlag unterbreitet oder sie werden um etwas gebeten. Inwiefern sie dem Wunsch des Parlaments nachgehen, liegt dann wiederum in ihrem Ermessen.[680] Damit stellt der schlichte Parlamentsbeschluss ein Instrument der Einflussnahme auf die ausführende Gewalt dar, das aufgrund des unverbindlichen Rechtscharakters zu keiner verfassungsrechtlichen Verpflichtung führt, sondern lediglich politischen Druck ausüben kann, insbesondere dann, wenn es sich um ein Thema handelt, das in der Öffentlich-

---

[674] *Luch*, in: Morlok/Schliesky/Wiefelspütz Parlamentsrecht, 2016, § 10 Rn. 37.
[675] *Klein*, in: Maunz/Dürig Kommentar GG, Oktober 2019, Art. 38 GG Rn. 42.
[676] *Magiera*, Parlament und Staatsleitung, 1979, S. 215; *Luch*, in: Morlok/Schliesky/Wiefelspütz Parlamentsrecht, 2016, § 10 Rn. 30.
[677] *Luch*, in: Morlok/Schliesky/Wiefelspütz Parlamentsrecht, 2016, § 10 Rn. 31.
[678] So ähnlich *Magiera*, Parlament und Staatsleitung, 1979, S. 216.
[679] SG Berlin, InfAuslR 5/88, 149 (151).
[680] Von einem Handlungsspielraum ausgehend wohl SG Berlin, InfAuslR 5/88, 149 (151); BayVerfGHE 46, 176 (182); in der abweichenden Meinung der Richter BVerfGE 90, 286 (393); HbgVerfG, NVwZ-RR 2004, 672 (673 f.).

keit von großer Relevanz ist. Dann wäre es sogar möglich, so weit zu gehen, dass in diesen Fällen eine Berücksichtigungspflicht entstehen könnte. Eine verbindliche Pflicht an sich auf die Beschlüsse des Parlaments seitens der Exekutive zu reagieren, besteht jedoch nicht. So kann es zwar sein, dass die Exekutive den Beschluss des Bundestages in der Regel prüft, inwiefern sie ihm folgen wird oder sich zu dem Gegenstand des Beschlusses äußert. Das ist aber keine rechtliche Verbindlichkeit, sondern eine tatsächliche Wirkung des Beschlusses, weil die Exekutive den Bundestag nicht missachten will. Anders ausgedrückt, Beschlüsse lassen sich beachten, aber nicht vollziehen, denn um normative Geltung zu entfalten, müssen sie in Gesetzesform umgegossen werden.[681] Dem Adressaten des Beschlusses ist es überlassen, den Beschlussinhalt politisch zu werten und entsprechende Rückschlüsse eigenverantwortlich zu ziehen.[682] In diesem Zusammenhang kann der schlichte Parlamentsbeschluss auch eine Möglichkeit sein, wenn sich das Parlament von bestimmten Handeln der Exekutive distanzieren will, um zu zeigen, dass es nicht hinter der Entscheidung steht und dafür nicht zur Verantwortung gezogen werden will bzw. sich das Handeln der Exekutive zumindest nicht politisch zurechnen lassen möchte.[683] Auf diese Weise steht dem Parlament ein weiteres Hilfsmittel der parlamentarischen Kontrolle zur Verfügung, indem eine bestimmte exekutive Maßnahme missbilligt wird. So mögen diese Beschlüsse als jene ohne Regelungswirkung, zumindest keine organübergreifende, bezeichnet werden, erlangen aber gewichtige Bedeutung, wenn dadurch das Parlament Stellung zu Tages- oder auch Grundsatzfragen der Politik und der nationalen und internationalen Entwicklung bezieht, Klarstellungen vornimmt oder Beteuerungen abgibt.[684]

Eine weitere Verwendungsmöglichkeit des schlichten Parlamentsbeschlusses der ersten Untergruppe, abgesehen von der zweifellosen Funktion als Meinungsäußerung, vor allem wenn kein konkreter Adressat genannt wird, ist seine Wirkung bei der Auslegung und Anwendung von Gesetzesnormen (Ausle-

---

[681] In diesem Sinne wohl, BVerwG, NJW 1959, 1098 (1098); aber auch BVerwGE 12, 16 (20); sowie *Lerche*, NJW 1961, 1758 (1760); *Hufen*, NJW 1991, 1321 (1323).
[682] *Stern*, Staatsrecht, Bd. 2, 1980, § 26 II 2c, S. 49; *Luch*, in: Morlok/Schliesky/Wiefelspütz Parlamentsrecht, 2016, § 10 Rn. 29.
[683] In dem Sinne ThürVerfGH, Entsch. der VerfGE der Länder, 22. Bd., 537 (546).
[684] *Hufen*, NJW 1991, 1321 (1322).

gungshilfe). Je nachdem zu welchem Zeitpunkt er gefasst wurde, kann er mehr oder weniger die Gesetzesinterpretation beeinflussen. Wird er nach dem das Gesetz beschlossen wurde erlassen, dann ist er eine nachträgliche Erklärung, die u.a. neben Wortlaut, Systematik sowie Sinn und Zweck berücksichtigt werden kann, aber nicht muss.[685] Sie können als Anhaltspunkt dienen, den Regelungszweck des Gesetzes näher zu bestimmen, allerdings nur, wenn sie zumindest noch in die Legislaturperiode fallen, in der das betreffende Gesetz beschlossen wurde.[686] Es ist auf den historischen Gesetzgeber und nicht auf den aktuellen Gesetzgeber abzustellen.[687] Vor bzw. während des Gesetzeserlasses dagegen ist seine Berücksichtigung bei der Auslegung des Willens des Gesetzgebers eher anzunehmen, sodass von einer gewissen Verbindlichkeit die Rede sein kann. Inwiefern der Beschluss den Inhalt des Gesetzes bestimmen kann, wurde aber nicht geklärt und ist aufgrund der angenommenen Unverbindlichkeit der Beschlüsse zu verneinen.[688] Insbesondere ist die Möglichkeit der authentischen Interpretation ausgeschlossen, weil sie nicht die Wirkung eines Gesetzes haben.[689] Bei einer authentischen Interpretation wird aber die autoritative Sinnermittlung eines Gesetzes durch seinen Urheber, also den Gesetzgeber, verstanden, die künftig mit der gleichen Kraft gilt wie das Gesetz selbst.[690] Letztendlich haben solche Beschlüsse oft eine mittelbare Wirkung bei der Auslegung von Gesetzen oder auch bei Vollziehung der Gesetze durch die Exekutive, um möglichen ermessensfehlerhaften Vollzug zu vermeiden.[691] So könnte diese zunächst unverbindliche Entscheidungsform später zu einem gerichtsbindenden Rechtsakt umschlagen, wenn man eine Parallele zu den vergleichbaren verwaltungsrechtlichen Feldern zieht, nämlich den Akten zunächst scheinbar rein interner Natur wie innerdienstliche Akte und Verwaltungsvor-

---

[685] In dem Sinne, SachsAnhVerfGH, LKV 2002, 328 (329).
[686] *Sellmann*, Der schlichte Parlamentsbeschluss, 1966, S. 114.
[687] *Sester*, Der Parlamentsbeschluss, 2007, S. 309.
[688] Die Entschließung könnte den Gesetzesinhalt bestimmen, siehe BVerwGE 12, 16 (17).
[689] So auch *Sellmann*, Der schlichte Parlamentsbeschluss, 1966, S. 113; *Luch*, in: Morlok/Schliesky/Wiefelspütz Parlamentsrecht, 2016, § 10 Rn. 26.
[690] Dazu *Goessl*, Organstreitigkeiten, 1961, S. 44 m.w.N.
[691] So auch *Lerche*, NJW 1961, 1758 (1758); *Hufen*, NJW 1991, 1321 (1323).

schriften, die über das Gleichheitsgebot als Selbstbindungsgebot gerichtserheblich werden.[692]

Der schlichte Parlamentsbeschluss kann ebenfalls als ein zur Verfügung stehendes Mittel gesehen werden, das Streitigkeiten ausräumen bzw. ein Verfahren vor einem Gericht verhindern könnte, konkret im Rahmen eines Organstreitverfahrens in Bezug auf Verletzung der Rechte des Parlaments durch die Bundesregierung.[693] Auf Antrag eines Abgeordneten könnte es zum Beschluss eines schlichten Parlamentsbeschlusses kommen, mit dem die Regierung auf ihr fehlerhaftes Verhalten hingewiesen wird. Problematisch hierbei ist, dass zum einen nicht jede Beantragung zu einem positiven Beschluss des Parlaments führt und zum anderen der gefasste Beschluss aufgrund seiner Unverbindlichkeit keine Pflicht zur Beseitigung des Fehlers auslöst mit der Folge, dass die Klärung der Streitfrage unnötig hinausgezögert wird. Diese Einsatzmöglichkeit hängt von sehr vielen Unwägbarkeiten ab, ist langwierig und nicht wirklich erfolgsversprechend. Es stellt sich die Frage, ob das wirklich ein einfacherer und schnellerer Weg im Rahmen des Rechtsschutzbedürfnisses ist, um die Rechte gleichwertig wie im Prozessverfahren zu verteidigen und welche sonstigen Nebeneffekte ein solcher Beschluss nach sich zieht.

Im Endeffekt können die schlichten Parlamentsbeschlüsse der ersten Untergruppe unterschiedlich eingesetzt werden, je nachdem welchen Inhalt sie haben. Sie können verschiedene Themen betreffen, denn eine Einschränkung ihres Inhalts als solche gibt es nicht. Der Bundestag als unmittelbar gewählte Volksvertretung kann zu allen Aspekten des öffentlichen Lebens seine Meinung kundtun. Genauso wenig gibt es auch konkrete Voraussetzungen, wann ein solcher Beschluss gefasst werden kann, soll oder muss. Der Beschluss muss sich lediglich innerhalb der Verbandskompetenz des Bundes bewegen.[694] Es kann insoweit von einer verfassungsrechtlichen Befugnis des Parlaments gesprochen

---

[692] So auch *Lerche*, NJW 1961, 1758 (1758) mit Verweis auf BVerwG, NJW 1959, 1098 (1098); NJW 1959, 1843 f.
[693] Diese Möglichkeit ausdrücklich erwähnt in der abweichenden Meinung der Richter, BVerfGE 90, 286 (392 f.).
[694] Im Ansatz bereits BVerwGE 12, 16 ff.; ausdrücklich BbgVerfG, NVwZ 1999, 868 (868); so auch *Hufen*, NJW 1991, 1321 (1322 f.).

werden, die keine eigene Kompetenz begründet, aber politische Einflussnahme, insbesondere für das Staatswesen bedeutsame Themen, ermöglicht.[695]

Im Vergleich dazu ist der konstitutive Parlamentsbeschluss[696] bzgl. des Streitkräfteeinsatzes aus der zweiten Untergruppe eine Besonderheit mit Ausnahmecharakter. Die Rechtsprechung hat sich an ein neues Konstrukt gewagt und einen Parlamentsvorbehalt kraft Verfassung ins Leben gerufen. Es ist ein schlichter Parlamentsbeschluss, weil er nicht in Gesetzesform ergeht, ungeachtet dessen aber die Bundesregierung rechtlich bindet. Der rechtliche Verbindlichkeitsumfang beschränkt sich aber darauf, dass für Auslandseinsätze der Bundewehr grundsätzlich die vorherige Zustimmung des Parlaments erforderlich ist, bei ihrem Vorliegen er aber nicht durchgeführt werden muss. Ohne diese ist die Bundesregierung in der Regel gehindert; bei Gefahr im Verzug kann sie jedoch vorerst ohne Zustimmung den Einsatz vorläufig beschließen, sie ist aber verpflichtet, so schnell wie möglich das Parlament zu informieren und um nachträgliche Zustimmung zu ersuchen, damit der Einsatz fortgesetzt werden kann. Bei Verweigerung dieser ist der Einsatz zu beenden und die Streitkräfte sind zurückzurufen. Der Einsatz an sich ist trotz der fehlenden Zustimmung nicht von Anfang an rechtswidrig. So unterscheidet sich dieser Parlamentsbeschluss von den anderen durch seinen Inhalt, nämlich die Zustimmung, und zwar nur in Bezug auf die Auslandseinsätze der Bundeswehr und durch seine Verbindlichkeit u.a. aufgrund seiner verfassungsrechtlichen Grundlage. Er wirkt wie ein Gesetz, infolge seiner bindenden Außenwirkung der Bundesregierung. Ihm wird aber der Gesetzgebungscharakter abgesprochen, weil er nicht im Gesetzgebungsverfahren verabschiedet wird. Diese gesetzesähnliche Form bringt neue Gefahren mit sich. Es kann nicht ausgeschlossen werden, dass weitere solche Parlamentsvorbehalte hergeleitet werden, die sich auf andere Bereiche erstrecken könnten. Dadurch könnte vorrangig das einfache Beschlussverfahren gewählt werden und das Gesetzgebungsverfahren immer mehr in den Hintergrund treten, was wiederum u.a. zur vorschnellen Entscheidungen und Umgehung von Rechten anderer Organe führen könnte. Andererseits aber handelt es sich um eine Sonderregelung, die auf einen bestimmten Fall begrenzt ist und

---

[695] So ähnlich SächsVerfGH, NVwZ-RR 2008, 585 (590).
[696] BVerfGE 90, 286 ff.

schon wegen seiner organübergreifenden Wirkung nicht ohne weiteres auf andere Entscheidungen übertragbar ist.

In die zweite Untergruppe fällt auch der sog. Integrationsverantwortungsbeschluss[697]. Er ist an den konstitutiven Beschluss der Streitkräfte angelehnt, weil er ebenfalls unmittelbar aus der Verfassung hergeleitet wird und seinen Adressaten, den deutschen Vertreter (Organvertreter der Bundesregierung – Exekutive) z.B. im Europäischen Rat bzw. im Rat, wie ein Gesetz bindet. Ohne den Beschluss ist das vorgeschlagene Vorhaben im Europäischen Rat bzw. im Rat abzulehnen bzw. mit dem Beschluss eine Initiative abzulehnen bzw. ein Befassungsantrag zu stellen. Sein Anwendungsbereich betrifft die Angelegenheiten der Europäischen Union, insbesondere die Einhaltung des beschlossenen Integrationsprogramms. Er stellt ein Instrument der Wahrnehmung der Integrationsverantwortung aus Art. 23 Abs. 1 GG dar und hat eine Doppelfunktion, indem er sich der Gefahr der Entstaatlichung sowie der Entparlamentarisierung widersetzt.[698] In den Fallkonstellationen, die in dem Lissabon-Urteil des BVerfG näher beschrieben wurden, hat er den Inhalt einer Zustimmung (vgl. spezielle Brückenklauseln in §§ 5 f. IntVG), einer Weisung (vgl. Notbremsemechanismus § 9 IntVG) oder eines Vetorechts (vgl. Ablehnungsrecht bei Brückenklauseln § 10 IntVG). Grundsätzlich betrifft er Fälle bereits übertragener Kompetenzen, die aber durch eine Fortentwicklung die Nähe zur Vertragsänderung (AEUV, EUV) aufweisen, sodass eine parlamentarische Legitimation erforderlich wird. Auf diese Weise erfolgt eine Rückbindung[699] an den deutschen Gesetzgeber, der wesentliche Entscheidungen zu treffen hat, ohne dass es dafür eines Gesetzes bedarf, das üblicherweise nach Art. 23 Abs. 1 Satz 2 GG gefordert wird. Der Prozess der europäischen Integrationsentwicklung erweiterte den Bereich der Verantwortung um Budgetverantwortung, die noch deutlicher dem Parlament zugeordnet ist. Sie wird wahrgenommen, indem der Bundestag mittels eines Zustimmungsbeschlusses (vgl. § 3 ESMFinG, § 3 Abs. 1 StabMechG) ein Mitentscheidungsrecht erhält. So manifestiert sich die Haushaltsverantwortung eben-

---

[697] BVerfGE 123, 267 ff.
[698] In dem Sinne *Hufeld*, in: Kommentar zu den Lissabon-Begleitgesetzen, 2011, S. 26 Rn. 4 ff.; ebenso *Kluth*, in: Gesetzgebung, 2014, § 22 Rn. 20 und 22 f.
[699] *Möller/Limpert*, ZParl 1993, 21 (24).

falls in einem konstitutiven Beschluss.[700] Es stellt sich aber die Frage, welche Bereiche der Beschlussvorbehalt noch erfassen wird, um supra- oder transnationale Entscheidungslagen zu parlamentarisieren und welchen Gewinn er haben wird, wenn die Gubernative weiterhin die Oberhand behält und wichtige Entscheidungen anderorts getroffen werden.[701]

### 7. Dritte Untergruppe: Die besondere Rechtswirkung der Zustimmungsbeschlüsse des Bayerischen Landtags zu Staatsverträgen

Eine gesonderte Gruppe von Beschlüssen stellen die Zustimmungsbeschlüsse des Bayerischen Landtags gem. Art. 72 Abs. 2 BV dar. Die markante Besonderheit, die Art. 72 Abs. 2 BV im Vergleich zu seinem (allein für Verträge des Bundes und den Bundestag geltenden) Pendant des Art. 59 Abs. 2 GG aufweist, ist, dass die Umsetzung von Staatsverträgen nach bayerischem Recht nicht durch förmliches Zustimmungsgesetz, sondern durch einen parlamentarischen Zustimmungsbeschluss erfolgt.[702] Das parlamentarische Verfahren, das zum Erlass des Zustimmungsbeschlusses führt, kommt dem Gesetzgebungsverfahren weitgehend gleich (§ 58 GO-LT Bayern; zwei Lesungen, allerdings keine Einzelabstimmung, das heißt bloße Zustimmung oder Ablehnung möglich, keine Verfügungsbefugnis über den Text, Initiierung allein durch Staatsregierung).[703] In diesem Verfahren wird die jeweilige normative Verpflichtung klar und erkennbar auf einen Normsetzungswillen des Parlaments zurückgeführt und das schließlich transformierte Recht hervorgebracht, welches dem förmlichen Gesetz rangmäßig nicht nachsteht und auch wie ein förmliches Gesetz publiziert wird (entscheidend ist die Publikation des transformierten Vertragsinhalts, nicht die Publikation des Zustimmungsbeschlusses).[704] Diese bayerische Praxis entspricht den bundesstaatlichen Vorgaben und ist von der Landesverfassungsautonomie gedeckt.[705] Der Zustimmungsbeschluss des Landtags hat

---

[700] *Mayer*, in: Morlok/Schliesky/Wiefelspütz Parlamentsrecht, 2016, § 43 Rn. 107.
[701] In dem Sinne *Nettesheim*, NJW 2012, 1409 (1412).
[702] *Möstl*, in: Verf. des FS Bayern Kommentar, 2. Aufl. 2017, Art. 72 BV Rn. 5.
[703] *Möstl*, in: Verf. des FS Bayern Kommentar, 2. Aufl. 2017, Art. 72 BV Rn. 13.
[704] *Möstl*, in: Verf. des FS Bayern Kommentar, 2. Aufl. 2017, Art. 72 BV Rn. 5.
[705] BVerfGE 37, 191 (197); 90, 60 (84 ff.); BVerwGE 22, 299 (301 ff.); 74, 139 (140 ff.); BayVerfGH 38, 152 (157 f.); *Brechmann*, in: Meder/Brechmann BV Kommentar, 5. Aufl. 2014, Art. 72 BV Rn. 9; *Möstl*, in: Verf. des FS Bayern Kommentar, 2. Aufl. 2017, Art. 72 BV Rn. 5 und 13.

damit einen Doppelcharakter und ist von zwei unterschiedlichen Rechtswirkungen geprägt: Zum einen ermächtigt er den Ministerpräsidenten den Vertrag zu ratifizieren (Ermächtigungsfunktion), verpflichtet ihn jedoch nicht dazu, zum anderen stellt er einen legislativen Akt dar, durch den der Inhalt des Staatsvertrages in innerstaatliches Recht transformiert wird (Transformationsfunktion).[706] Sobald der Staatsvertrag nach Außen in Kraft getreten ist, erhält er auch innerstaatlich Gesetzeskraft im Range eines förmlichen Gesetzes, weil Art. 72 Abs. 2 BV ein besonders Verfahren der materiellen Gesetzgebung regelt, das gleichrangig neben dem Verfahren zum Erlass förmlicher Gesetze steht.[707] Im Folgenden sollen hierzu die wichtigsten Entscheidungen beispielhaft aufgeführt werden, um den Weg aufzuzeigen, wie sich diese besondere Art der schlichten Parlamentsbeschlüsse entwickelte, welche Bedeutung ihnen zukommt und welchen Bedenken sie ausgesetzt waren oder noch sind. Sie stellen eine weitere Untergruppe von schlichten Parlamentsbeschlüssen dar, die eine besondere Rechtswirkung aufweisen.

### a) BVerwG, Urt. v. 5.11.1965 – BVerwG VII C 119.64

Im Jahr 1965 entschied das BVerwG, dass der Staatsvertrag über die Errichtung des Zweiten Deutschen Fernsehens nicht gegen das Bundesrecht, insbesondere nicht gegen Art. 5, 14, 20, 28 und 30 GG verstoße.[708] Es wird hervorgehoben, dass der Staatsvertrag vom 6.6.1961 zwar im ganzen Bundesgebiet einheitlich gelte, seine Geltung aber nicht auf einem Gesetzesbefehl des Bundesgesetzgebers oder eines sonstigen hierfür zuständigen Bundesorgans, sondern auf der Transformation dieses Vertrages in jeweiliges Landesrecht durch die Gesetzgebungsorgane der einzelnen Länder beruhe.[709] Das BVerwG habe die Transformation des Staatsvertrages in bayerischem Landesrecht aus dem Zustim-

---

[706] BVerfGE 37, 191 (197); 90, 60 (84 ff.); BVerwGE 22, 299 (301 ff.); 74, 139 (140 ff.); BayVerfGH 28, 143 (155); 31, 158 (161); 38, 152 (157 f.). Dazu auch *Schweiger*, in: Nawiasky/Leusser/Schweiger/Zacher Die Verf. des FS Bayern, 13. Aufl. 2008, Art. 72 BV Rn. 4 m.w.N.; *Brechmann*, in: Meder/Brechmann BV Kommentar, 5. Aufl. 2014, Art. 72 BV Rn. 19; *Möstl*, in: Verf. des FS Bayern Kommentar, 2. Aufl. 2017, Art. 72 BV Rn. 13; siehe auch *Ebling*, in: Grimm/Caeser, RhPfVerf., 2001, Art. 101 RhPfVerf. Rn 27; *Mann*, in: Löwer/Tettinger, NRWVerf, 2002, Art. 66 NRWVerf. Rn. 40 f.
[707] *Möstl*, in: Verf. des FS Bayern Kommentar, 2. Aufl. 2017, Art. 72 BV Rn. 13.
[708] BVerwGE 22, 299 ff.
[709] BVerwGE 22, 299 (301).

mungsbeschluss des Bayerischen Landtags entnommen, und habe dabei Art. 72 Abs. 2 BV dahin ausgelegt, dass der Zustimmungsbeschluss nicht nur die Ermächtigung der Regierung zum Abschluss des Vertrages, sondern zugleich auch den für alle geltenden Gesetzesbefehl enthalte.[710] Das sei mit dem Grundgesetz und dem Bundesrecht nicht im Widerspruch.[711] Da es keine expliziten Vorgaben im Grundgesetz als auch im Bundesrecht über die Transformation von Verträgen, die die Länder untereinander schließen, gäbe, sei es den Ländern im Rahmen des Rechtsstaatsprinzips überlassen geblieben, wie diese Transformation zu erfolgen habe.[712] Der in Bayern vorgeschriebene Weg für die Umsetzung von Staatsverträgen entspricht im Wesentlichen dem Gesetzgebungsverfahren. Der Umstand, dass der Zustimmungsbeschluss nicht ausdrücklich als „Gesetz" bezeichnet werde und die – auch in anderen Fällen entbehrliche – Mitwirkung des Bayerischen Senats nicht vorgeschrieben sei, stellt weder einen Verstoß gegen das Bundesrecht noch gegen das Rechtsstaatsprinzip dar.[713]

In diesem Urteil hat das BVerwG einerseits die Funktion der Ermächtigung und andererseits des dem Zustimmungsbeschlusses innewohnenden Gesetzesbefehls charakterisiert. Die bayerische Ausgestaltung des Transformationsverfahrens, die dem Gesetzgebungsverfahren gleicht, wird von dem Rechtsstaatsprinzip getragen. Das BVerwG führte jedoch nicht viele Gründe auf, die für die Vereinbarkeit sprechen. Die Argumentation, die sich auf drei knappe Sätze beschränkt, stützte sich auf das Fehlen konkreter Bestimmungen und die Autonomie der Bundesländer. Das kritisierte auch *Kratzer* in seiner Anmerkung zu dem Urteil. Es werden wichtige Fragen verfassungsrechtlicher Art, wie etwa die Auswirkungen der Art. 20 und Art. 28 GG aufgeworfen, auf die aber mit einer sehr kurzen und knappen Urteilsbegründung eingegangen wird, trotz ihrer weittragenden Bedeutung.[714] Ferner bemerkte er, dass die Aussage in dem Urteil, dass „auch in anderen Fällen entbehrliche" Senatsbeteiligung möglich ist, sich nur auf Fälle der Gesetzesbeschlüsse beziehen könne und so nicht ganz stimme, weil der Senat bei jedem vom Landtag beschlossenem Ge-

---

[710] BVerwGE 22, 299 (301).
[711] BVerwGE 22, 299 (301).
[712] BVerwGE 22, 299 (301 f.).
[713] BVerwGE 22, 299 (302).
[714] *Kratzer*, BayVBl. 1966, 204 (204).

setz insofern beteiligt wird, als es ihm vor der Veröffentlichung zur Kenntnisnahme vorgelegt werden muss, um Einwendungen erheben zu können – mit dem Hinweis auf Art. 41 BV (Vorlagepflicht) und Art. 40 BV (Stellungnahme der Staatsregierung bei wichtigen Angelegenheiten).[715] Einzuwenden ist aber, dass u.a. die Art. 40 und 41 BV in der jetzigen Bayerischen Verfassung aufgehoben[716] wurden und es insofern auf die fehlende Mitwirkung des Senats nicht mehr ankommt.

### b) BVerfG, Beschl. v. 7.5.1974 – 2 BvL 17/73

Das BVerfG hatte im Rahmen eines Verfahrens nach Art. 100 Abs. 1 Satz 2 2. Alt. GG zu entscheiden, ob Art. 8 Abs. 4 Satz 5 des Staatsvertrages über die Vergabe von Studienplätzen vom 20.10.1972 i.V.m. dem Zustimmungsbeschluss des Landtags des Freistaates Bayern vom 21.2.1973 (BayGVBl. S. 98) mit dem Bundesrecht vereinbar ist.[717] In dieser Entscheidung bestätigte das BVerfG, dass die parlamentarische Zustimmung zum Staatsvertrag, die nicht im Wege eines förmlichen Gesetzes ergeht, eine statthafte Vorlage im Verfahren nach Art. 100 Abs. 1 Satz 2 2. Alt. GG sein kann, obwohl dort ausdrücklich von einem entscheidungserheblichen Landesgesetz gesprochen wird. Gegen die Statthaftigkeit bestünden keine Bedenken, denn der Beschluss des Bayerischen Landtags, der einem Staatsvertrag zustimme, erhebe dessen normativen Teil zu bayerischem Recht im Range eines Gesetzes.[718] Es würde dem Zweck des Art. 100 Abs. 1 GG zuwiderlaufen, den Zustimmungsbeschluss im Gegensatz zu den Zustimmungsgesetzen der anderen Bundesländer aus der Prüfungskompetenz des BVerfG herauszulösen und ihn der Normenkontrolle durch die jeweils zuständigen Gerichte zu unterstellen.[719] Im Rahmen der Begründetheit betonte das BVerfG erneut, dass der Umstand, dass der Zustimmungsbeschluss des Landtags nach bayerischem Recht kein förmliches Gesetz schaffe, aus seiner Sicht unerheblich sei.[720] Das BVerfG entschied, dass der Zustimmungsbeschluss

---

[715] *Kratzer*, BayVBl. 1966, 204 (204).
[716] Mit Inkrafttreten des Gesetzes zur Abschaffung des Bayerischen Senates v. 20.2.1998 (GVBl. S. 42) zum 1.1.2000 treten die Art. 34 bis 42 außer Kraft. Die Abschaffung wurde durch einen Volksentscheid v. 8.2.1998 herbeigeführt.
[717] BVerfGE 37, 191 ff.
[718] BVerfGE 37, 191 (197).
[719] BVerfGE 37, 191 (197).
[720] BVerfGE 37, 191 (198).

des Landtags des Freistaates Bayern zum Staatsvertrag im vorgelegten Fall wegen fehlender Gesetzgebungskompetenz des Landes nichtig ist. Gleichzeitig aber wurde betont, dass der Bayerische Ministerpräsident und der Bayerische Landtag mittels des Zustimmungsbeschusses zu dem Staatsvertrag Landesrecht schaffen wollten und diesem eine konstitutiv rechtsetzende Bedeutung beigemessen werden müsse,[721] wenngleich die Transformation des Staatsvertrages in bayerisches Recht insoweit schon an einem Verfassungsverstoß im Gesetzgebungsverfahren scheiterte.

In dieser Entscheidung wird der Charakter des Zustimmungsbeschlusses des Landtags zum Staatsvertrag verdeutlicht. Obwohl es sich lediglich um einen schlichten Beschluss handelt, der in keinem förmlichen Gesetzgebungsverfahren ergeht, wirkt er wie ein Gesetz. Denn er steht im Range einem Landesgesetz gleich. Das hob das BVerfG auch hervor, als es sich für die Statthaftigkeit der Vorlage in dem Verfahren entschied. Dabei verwies das BVerfG auf die Entscheidung des BayVerfGH[722] von 1964, in der bereits auf die Transformationsfunktion des Zustimmungsbeschlusses zum Range eines Gesetzesbeschlusses hingewiesen wurde. Mit dieser Entscheidung akzeptierte das BVerfG die bayerische Staatspraxis der Umsetzung von Staatsverträgen, ohne weitere Vorbehalte zu machen.

Es darf aber nicht vergessen werden, dass diese Feststellungen im Rahmen der Frage getroffen wurden, ob die Umsetzung eines Staatsvertrages mittels eines Zustimmungsbeschlusses einer Richtervorlage nach Art. 100 Abs. 1 GG zugänglich ist. Sie finden sich nicht im Tenor der Entscheidung wieder. Auch in den Ausführungen in den Entscheidungsgründen wurde nur sehr kurz und nur am Rande etwas Dahingehendes erwähnt. Daher stellte sich die Frage der Bindungswirkung dieser Feststellungen im Sinne des § 31 Abs. 1 BVerfGG. Diese wurde von dem BayVGH[723] im Urteil vom 1.8.1985 verneint. Nach § 31 Abs. 1 BVerfGG beschränke sich die Bindungswirkung auf diejenigen tragenden Entscheidungsgründe, welche die Auslegung und Anwendung des Grundgesetzes betreffen, dessen Unverletzlichkeit das Gericht zu wahren habe, und reiche nur

---

[721] BVerfGE 37, 191 (200).
[722] BayVerfGH, BayVBl. 1964, 332.
[723] BayVGH, BayVBl. 1986, 18 ff.

soweit aus, als eine Bindung der tragenden Gründe gewollt sei.[724] Demnach habe das BVerfG vielmehr die Rechtsnatur des Zustimmungsbeschlusses lediglich als Vorfrage der Zulässigkeit des verfassungsrechtlichen Verfahrens behandelt und habe insoweit auf eine Prüfung am Maßstab des Grundgesetzes verzichtet.[725] Ferner wies der BayVGH darauf hin, dass die getroffenen Feststellungen sich auf eine landesverfassungsrechtliche Frage bezögen, über die zu entscheiden das BVerfG nicht berufen sei, und auch solche Prüfungskompetenz nicht in Anspruch genommen habe.[726] Die Kritik des BayVGH sowie seine Auffassung über die Gesetzesbedürftigkeit bei Transformation der Staatsverträge wurde durch das Revisionsgericht nicht unberücksichtigt gelassen, das in seiner Entscheidung das Berufungsurteil aufgehoben hat und auf die Erforderlichkeit einer Gesetzesform bei der Umsetzung eines Staatsvertrages verzichtet hat.[727]

### c) BayVerfGH, Entsch. v. 1.8.1975 – Vf. 11-VII-73

In der Entscheidung beschäftigte sich der BayVerfGH mit der Frage, ob der Zustimmungsbeschluss des Bayerischen Landtags vom 21.2.1973 zu dem am 20.10.1972 unterzeichneten Staatsvertrag (GVBl. 1973 S. 98) wegen Regelung in dem Staatsvertrag über das Vergabeverfahren von Studienplätzen mit der Bayerischen Verfassung vereinbar ist.[728] Bereits in den Leitsätzen der Entscheidung wurde konstatiert, dass der Zustimmungsbeschluss des Bayerischen Landtags zum Staatsvertrag einen Doppelcharakter hat. Er sei ein Zustimmungsakt zu einem Staatvertrag und materielles Gesetz mit innerstaatlicher Bindungswirkung, mit der Folge, dass der Normenkontrollantrag gegen den Zustimmungsbeschluss zu richten sei, soweit durch ihn ein bestimmter Inhalt des Staatsvertrages in innerstaatliches materielles Recht transformiert worden sei.[729] Der BayVerfGH ging im Rahmen der Zulässigkeit des Antrags darauf ein, inwiefern der Zustimmungsbeschluss ein Antragsgegenstand sein kann, und erläuterte hierbei den Rechtscharakter des Zustimmungsbeschlusses, dass er

---

[724] BayVGH, BayVBl. 1986, 18 (18).
[725] BayVGH, BayVBl. 1986, 18 (18).
[726] BayVGH, BayVBl. 1986, 18 (18).
[727] Erläuterungen dazu siehe BVerwGE 74, 139 ff. in Teil 1 II. 7 f).
[728] BayVerfGHE 28, 143 ff.
[729] BayVerfGHE 28, 143 (143 f.).

auch Landesrecht sei.[730] Hierbei verwies er auf einige Entscheidungen des BayVerfGH[731] als auch des BVerfG[732] und BVerwG[733] sowie auf die einschlägige[734] Literatur. Demnach ist der nach Art. 72 Abs. 2 BV ergehende Zustimmungsbeschluss kein förmlicher Gesetzesbeschluss, ihm kommt aber eine Transformationsfunktion zu, wodurch er als Legislativakt den Inhalt des Staatsvertrages in innerstaatliches materielles Recht umsetzt.[735] Seinem dualistischen Charakter entsprechend ist er zugleich Zustimmungsakt und materielles Gesetz mit Bindungswirkung für die Staatsbürger des vertragsabschließenden Staates.[736] Der BayVerfGH hob auch hervor, dass beide Funktionen in einem Akt – dem Zustimmungsbeschluss – untrennbar miteinander verbunden seien.[737]

---

[730] BayVerfGHE 28, 143 (154).
[731] BayVerfGH, BayVBl. 1964, 332 (333).
[732] BVerfGE 12, 205 (205, LS 1): „Auch "Vertragsgesetze" zu Staatsverträgen zwischen den Ländern unterliegen der verfassungsgerichtlichen Prüfung im Normenkontrollverfahren." Und BVerfGE 37, 191 (197) siehe Erläuterungen Teil 1 II. 7 b).
[733] BVerwGE 22, 299 (301).
[734] BayVerfGHE 28, 143 (154), siehe z.B. *Schneider*, VVDStRL 19 (1961), 1 (14 f.). Die zwischengliedstaatlichen Abmachungen der Länder gewinnen durch Gesetzgebungsakt Verbindlichkeit auf Landesebene als Landesrecht, wobei *Schneider* in dem Zustimmungsbeschluss keinen Gesetzesbefehl für die Erlangung der allgemeinen Verbindlichkeit sieht (23 f.); (in der neuen Fassung) *Schweiger*, in: Nawiasky/Leusser/Schweiger/Zacher Die Verf. des FS Bayern, 13. Aufl. 2008, Art. 72 BV Rn. 4; *Meder*, Die Verf. des FS Bayern, 1. Aufl. 1971, Art. 72 BV Rn. 7 (nF. *Brechmann*, in: Meder/Brechmann BV Kommentar, 5. Aufl. 2014, Art. 72 BV Rn. 19).
[735] BayVerfGHE 28, 143 (155) mit Verweis auf BVerfGE 37, 191 (197); BVerwGE 22, 299 (301 f.); BayVerfGH, BayVBl. 1964, 333 (335) und (in der neuen Fassung) *Schweiger*, in: Nawiasky/Leusser/Schweiger/Zacher Die Verf. des FS Bayern, 13. Aufl. 2008, Art. 72 BV Rn. 4.
[736] BayVerfGHE 28, 143 (155) mit Verweis auf (in der neuen Fassung) *Schweiger*, in: Nawiasky/Leusser/Schweiger/Zacher Die Verf. des FS Bayern, 13. Aufl. 2008, Art. 72 BV Rn. 4 und *Heckel*, AöR 46 N.F. Bd. 7 (1975), 209 (222), dort wird auf die Praxis der Reichsverfassung verwiesen, wonach der zustimmende Reichstagsbeschluss zu einem Vertrag eine Doppelfunktion hat, die außenpolitische Funktion des Reichstags gegenüber dem Vertragsentwurf („[Äußerung], ob der Vertrag überhaupt eingegangen werden soll (...)") und die Funktion innerstaatlicher Rechtsetzung im Hinblick auf den geschlossenen Vertrag („(...) Pflicht, den Inhalt des perfekten Vertrages durch einen Gesetzesbefehl in innerstaatliches Recht zu verwandeln und so für die Untertanen verbindlich zu machen."). Von einer Funktionsverbindung geht auch aus *Kraus*, in: HdbDStR, Bd. 2, 1932, § 86 S. 353 f.
[737] BayVerfGHE 28, 143 (155).

Gleichzeitig aber gab er Fundstellen für abweichende Literaturmeinung[738] an, ohne sich mit der Argumentation dieser auseinanderzusetzen.

In dieser Entscheidung wurde abermals der Doppelcharakter des Zustimmungsbeschlusses bekräftigt. Gleichzeitig wurde betont, dass es sich hierbei um keinen förmlichen Gesetzesbeschluss handelt. Das Verhältnis zwischen einem förmlichen Gesetzesbeschluss und einem nach Art. 72 Abs. 2 BV ergangenen Zustimmungsbeschluss wurde ausgelassen. Vielmehr führte der BayVerfGH aus, dass der Inhalt des Staatsvertrages in innerstaatliches materielles Recht übergeht und welche Bedeutung er erlangt. So werden Rechte und Pflichten durch den Staatsvertrag, wie im vorliegenden Fall, über die Vergabe von Studienplätzen, insbesondere für Studienanfänger, die einen Studienplatz an einer Hochschule begehren, begründet.[739] Die Feststellungen in Bezug auf den Zustimmungsbeschluss werden im Rahmen der Zulässigkeit des Antrags erörtert, um zu begründen, dass ein Zustimmungsbeschluss einen zulässigen Antragsgegenstand darstellen kann. In der Begründetheit des Antrags selbst wurde nichts Näheres ausgeführt.

**d) BayVerfGH, Entsch. v. 6.7.1978 – Vf. 10-VII-76**

Der BayVerfGH beschäftigte sich erneut u.a. mit dem Wesen des Zustimmungsbeschlusses des Bayerischen Landtags, der am 18.3.1975 zum Staatsvertrag über die Regelung des Rundfunkgebührenwesens vom 5.12.1974 erging.[740] Der BayVerfGH wurde zu einer Entscheidung im Rahmen eines Verfahrens nach Art. 98 Satz 4 BV berufen, wonach der VerfGH Gesetze und Verordnungen für nichtig zu erklären hat, die ein Grundrecht verfassungswidrig einschränken (Popularklage). Daher stellte sich die Frage, wie der VerfGH den Zustimmungsbeschluss des Bayerischen Landtags einordnet und ob er ihm den Rang eines Gesetzes einräumt, um ihn überprüfen zu können. Der BayVerfGH erkannte an,

---

[738] BayVerfGHE 28, 143 (154), siehe z.B. *Kopp*, JZ 1970, 278 (80), der sich für die Existenz einer „dritten Ebene" als Geltungsgrundlage für Staatsverträge zwischen den Ländern ausspricht, die weder Völker-, Bundes-, noch Landesrecht sei oder *Kisker*, Kooperation im Bundesstaat, 1971, S. 266, der bei einem unmittelbar normsetzenden Vertrag insofern eine Einordnung als Bundesrecht für angemessen hält aber hervorhebt, dass dies keineswegs zur Folge habe, dass ein derartiger Vertrag auch hinsichtlich seines Ranges (Art. 31 GG) als Bundesrecht einzustufen sei.
[739] BayVerfGHE 28, 143 (155).
[740] BayVerfGHE 31, 158 ff.

dass Gesetze und Verordnungen im Sinne von Art. 98 Satz 4 BV alle Rechtsvorschriften des bayerischen Landesrechts seien, dazu gehöre auch der angegriffene Zustimmungsbeschluss des Bayerischen Landtags.[741] Unter Zugrundelegung des Art. 72 Abs. 2 BV pflichtete er der bereits oben genannten Rechtsprechung und Literatur bei und untermauerte den Doppelcharakter des Zustimmungsbeschlusses als Zustimmungsakt einerseits und materielles Gesetz mit Bindungswirkung aufgrund der Transformationsfunktion bzgl. des Staatsvertrages andererseits.[742] Der nicht im Wege eines förmlichen Gesetzesbeschlusses ergehende Zustimmungsbeschluss bewirke, dass die Rechte und Pflichten, die in dem Staatsvertrag enthalten seien, für die Staatsbürger des vertragsabschließenden Staates begründet werden.[743] Daher muss auch der Zustimmungsbeschluss als Landesrecht mit der Bayerischen Verfassung vereinbar sein.

Diese Entscheidung bringt der Sache nach nichts Neues. Sie verfestigt aber die Auffassung über die Doppelfunktion des Zustimmungsbeschlusses und ordnet ihn dem Landesrecht als materielles Gesetz mit Bindungswirkung zu. Damit sind Eingriffe in die Grundrechte möglich, obwohl das übliche förmliche Gesetzgebungsverfahren fehlt. Auch hier werden die Erörterungen innerhalb der Zulässigkeit des Antrags getroffen und nicht in der Begründetheit. Auf eine abweichende Meinung hinsichtlich des Charakters des Zustimmungsbeschlusses, wie in der Entscheidung davor, wird nicht hingewiesen, was darauf hindeutet, dass der BayVerfGH sich eindeutig der in der Rechtsprechung und in der Literatur überwiegenden Meinung angeschlossen hat.

### e) BayVerfGH, Entsch. v. 21.11.1985 – Vf. 1-VII-84

Ebenfalls in dieser Entscheidung wurde im Rahmen des Verfahrens nach Art. 98 Satz 4 BV der Staatsvertrag über die zentrale Vergabe von Studienplätzen von 23.6.1978 (GVBl. 1978, 769; 1979, 198) mit dem dazugehörigen Zustimmungsbeschluss des Bayerischen Landtags vom 19.9.1978 auf seine Vereinbarkeit mit

---

[741] BayVerfGHE 31, 158 (161 und 162).
[742] Siehe BayVerfGHE 31, 158 (161) mit Verweis auf BVerfGE 37, 191 (197); BVerwGE 22, 299 (301 f.); BayVerfGHE 28, 143 (155); BayVerfGH, BayVBl. 1964, 333 (335) und (in der neuen Fassung) *Schweiger*, in: Nawiasky/Leusser/Schweiger/Zacher Die Verf. des FS Bayern, 13. Aufl. 2008, Art. 72 BV Rn. 4.
[743] So BayVerfGHE 31, 158 (161).

der Bayerischen Verfassung überprüft.[744] Bereits in den Leitsätzen stellte der BayVerfGH fest, welche Wirkung die Zustimmungsbeschlüsse des Bayerischen Landtags haben. Der zweite Leitsatz lautete, „In einem Staatsvertrag vorgesehene allgemeinverbindliche Gebote und Verbote erhalten durch den Zustimmungsbeschluss des Landtags (Art. 72 Abs. 2 BV) und dessen Bekanntmachung im Gesetz- und Verordnungsblatt innerstaatliche Rechtswirkung mit Gesetzeskraft. Art. 72 Abs. 2 BV regelt insoweit ein besonderes Verfahren der materiellen Gesetzgebung, das gleichrangig neben dem Verfahren zum Erlass förmlicher Gesetze steht."[745] Diese Aussagen finden sich in der Zulässigkeit des Antrags in dem Popularklageverfahren wieder, denn der Zustimmungsbeschluss des Landtages verleiht den getroffenen Regelungen, die zwischen den Ländern in dem Staatsvertrag vereinbart wurden, Gesetzkraft im materiellen Sinn und deshalb ist gerade der Zustimmungsbeschluss und nicht der Staatsvertrag selbst ein zulässiger Gegenstand des Antrags.[746] Diese Auffassung wird durch die Angabe der bereits oben genannten Rechtsprechung, die als „ständige" bezeichnet wurde, affirmiert und als die geltende und verbindliche angesehen.

Der BayVerfGH hat sich aber nicht nehmen lassen, auf das gegenläufige Berufungsurteil des BayVGH hinzuweisen, in dem dieser gerade für die Transformation des normativen Inhalts von Staatsverträgen in innerbayerisches Recht auf die Notwendigkeit eines formellen Gesetzes bestand, das neben dem Zustimmungsbeschluss gem. Art. 72 Abs. 2 BV zu erlassen ist.[747] Der BayVerfGH distanzierte sich von der dort vertretenen Auffassung komplett und beteuerte, dass er keine Veranlassung darin sehe, seine bisherige Rechtsauffassung zu ändern.[748] Er erachte die in dem Berufungsurteil vorgenommene Auslegung der Bayerischen Verfassung als nicht zutreffend.

Diese Entscheidung fügt sich in oben näher ausgeführte Rechtsprechung ein und befürwortet die dort vertretene Auffassung mit Nachdruck, insbesondere

---

[744] BayVerfGH, BayVBl. 1986, 139 ff.
[745] BayVerfGH, BayVBl. 1986, 139 (139).
[746] BayVerfGH, BayVBl. 1986, 139 (139) mit Verweis auf „ständige Rspr." z.B. BayVerfGHE 28, 143 (154 f.); 31, 158 (162).
[747] BayVerfGH, BayVBl. 1986, 139 (140) mit Verweis auf das Berufungsurteil des BayVGH, BayVBl. 1986, 18 ff. Siehe dazu Erläuterungen in Teil 1 II. 7. f).
[748] BayVerfGH, BayVBl. 1986, 139 (140).

durch Bezugnahme auf die abweichende Meinung des BayVGH. Der BayVerfGH sah seine Auffassung, wie die Staatsverträge in Staatspraxis in Bayern umgesetzt werden sowie deren Vereinbarkeit mit Bundesrecht, als in der Rechtsprechung des VerfGH gefestigt und von der Rechtsprechung des BVerfG und BVerwG anerkannt.[749] Dem Zustimmungsbeschuss als Zustimmungsakt wurde wiederholt eine Transformationswirkung zugeschrieben, sodass er ein zulässiger Antragsgegenstand in dem Popularklageverfahren war. Gleichzeitig wurde das Verfahren nach Art. 72 Abs. 2 BV als gleichrangig zu dem Verfahren für förmliche Gesetzesbeschlüsse angesehen und damit das Verhältnis des so transformierten Staatsvertrages zum formellen Gesetz präzisiert.

### f) BVerwG, Urt. v. 11.4.1986 – BVerwG 7 C 67.85

In dieser Entscheidung hat das BVerwG bereits in seinem Tenor das Problem, ob lediglich ein Zustimmungsbeschluss für die Umsetzung eines Staatsvertrages ausreichend sein kann, geklärt: „Bundesverfassungsrecht fordert nicht, dass die Zustimmung des Landesparlaments zu einem Staatsvertrag der Länder, um Rechtspflichten des Bürgers zu begründen, in Gesetzesform erteilt wird."[750] Anknüpfend an das Berufungsurteil[751] vom 1.8.1985 lag dem Urteil des BVerwG folgender Sachverhalt zugrunde: Die Klägerin als Betreiberin einer Kurklinik begehrte die Feststellung, dass sie keine Rundfunkgebühren aufgrund des Rundfunkgebührenstaatsvertrages vom 5.12.1974 und des Zustimmungsbeschlusses des Bayerischen Landtags vom 18.3.1975 zu entrichten habe.[752] Der Auffassung des Berufungsgerichts folgend kann der für die Umsetzung des Staatvertrages erteilte parlamentarische Zustimmungsbeschluss, der kein Gesetzesbeschluss ist, keine Rechtspflicht begründen, anderenfalls wäre das Bundesverfassungsrecht verletzt.[753] Die Transformation des normativen Inhalts von Staatsverträgen in innerbayerisches Recht bedürfe eines formellen Gesetzes.[754] Die wesent-

---

[749] BayVerfGH, BayVBl. 1986, 139 (140) mit Verweis auf BVerfGE 37, 191 (197) und BVerwGE 22, 299 (301 f.) und BayVerfGH, BayVBl. 1964, 332 ff.
[750] BVerwGE 74, 139 (139).
[751] BayVGH, BayVBl. 1986, 18 ff.
[752] BayVerfGH, BayVBl. 1986, 18 (18).
[753] So zu verstehen BayVGH, BayVBl. 1986, 18 (18).
[754] BayVGH, BayVBl. 1986, 18 (18).

lichen Argumente sind, dass weder der Rundfunkgebührenstaatsvertrag ein Parlamentsakt noch der Zustimmungsbeschluss ein formelles Gesetz sei.[755] Dies sei mit dem Vorbehalt des Gesetzes nicht vereinbar und verstoße aufgrund der Nichteinhaltung der Förmlichkeiten wie der fehlenden Ausfertigung und Veröffentlichung des Parlamentsbeschlusses gegen die Grundsätze der Rechtssicherheit und der Klarheit der Gesetzgebung.[756] Außerdem beruhe die gesetzgebungsähnliche parlamentarische Behandlung von Zustimmungsbeschlüssen zu Staatsverträgen nicht auf einer ausdrücklichen Bestimmung der Bayerischen Verfassung, sondern lediglich auf der Geschäftsordnung des Bayerischen Landtags.[757] Auch die Auslegung der Bayerischen Verfassung sowie der historische Kontext würden dafür sprechen, ein förmliches Gesetz im Sinne von Art. 70 Abs. 1 BV für die Transformation der normativen Inhalte der Staatsverträge in innerbayerisches Recht zu verlangen.[758] Mit dieser Entscheidung hat der BayVGH eine Abkehr von der oben zitierten Rechtsprechung nicht nur des BayVerfGH selbst, sondern auch der obersten Gerichte, BVerwG, als auch des BVerfG genommen und eine bis zu der Zeit entgegengesetzte Rechtsauffassung vertreten.

Das BVerwG zeigte in seiner Entscheidung auf, dass es in dem Freistaat Bayern die herrschende Staatspraxis sei, dass die Zustimmung zu den Staatsverträgen nicht durch einen förmlichen Gesetzesbeschluss erteilt werde.[759] Es wird auf die Entscheidung des BayVerfGH[760] verwiesen, wonach dem Zustimmungsbeschluss nach Art. 72 Abs. 2 BV ein Doppelcharakter beigemessen wird. Hierzu zählte das BVerwG weitere Entscheidungen des BayVerfGH und viele Literatur-

---

[755] BayVGH, BayVBl. 1986, 18 (19).
[756] BayVGH, BayVBl. 1986, 18 (19).
[757] BayVGH, BayVBl. 1986, 18 (19).
[758] BayVGH, BayVBl. 1986, 18 (19) mit Verweis auf einschlägige Literatur bspw. *Hoegner*, Lehrbuch des BayVerfR, 1949, S. 106; *Schneider*, VVDStRL 19 (1961), 1 (23 f.); *Kratzer*, DVBl. 1963, 309 (315); *Kalkbrenner*, BayVBl. 1965, 109 ff. und 149 ff.; *Mayer*, in: Mang/Maunz/Mayer/Obermayer, Staats- und Verwaltungsrecht in Bayern, 4. Aufl. 1975, S. 50.
[759] BVerwGE 74, 139 (139).
[760] BayVerfGH 28, 143 (155), siehe Erläuterung dazu unter in Teil 1 II. 7. c) „(...) dem Zustimmungsbeschluss [kommt] eine Doppelfunktion zu. Er ist einerseits ein Zustimmungsakt zu einem Staatsvertrag und andererseits materielles Gesetz mit Bindungswirkung für die Staatsbürger des vertragsschließenden Staates."

stellen auf, die abweichende Ansichten vertraten.[761] Anschließend verneinte das BVerwG mit Verweis auf die Entscheidung[762] des BVerwG vom 5.11.1965 die Frage, ob die in Bayern herrschende Staatspraxis der Umsetzung staatsvertraglicher Regelungen in bayerisches Landesrecht gegen das Rechtsstaatsprinzip und den in ihm innewohnenden Grundsatz des Gesetzesvorbehalts (Art. 20 Abs. 3 GG) verstoße.[763] Die rechtsstaatlichen Anforderungen seien eingehalten, obwohl die Einzelheiten des Verfahrens in der Geschäftsordnung des Bayerischen Landtags geregelt sind. Es stellte nochmals heraus, dass der – auch vom Berufungsgericht dem Parlament nicht abgesprochene – Normsetzungswille entscheidend sei, der die Zustimmung zum Gesetzesbefehl mache.[764] Das transformierte Recht stehe dem förmlichen Gesetz rangmäßig nicht nach und sei ein Gesetz im Sinne von Art. 20 Abs. 3 GG.[765] Dabei ist der Vorbehalt des Gesetzes mit Art. 28 Abs. 1 Satz 1 GG, der Landesverfassungsautonomie, in Ausgleich zu bringen. Denn für die Frage, ob Bundesrecht die Transformation von Staatsvertragsrecht in Landesrecht durch förmliches Gesetz gebiete, sei für die Ausgestaltung des Transformationsverfahrens in der Bayerischen Verfassung ohne Belang.[766] Der Vorbehalt des Gesetzes schränke die Verfassungsautonomie der Länder (Art. 28 Abs. 1 Satz 1 GG) nicht in der Weise ein, dass zur Schaffung von Recht im Range eines Gesetzes nur ein Verfahren, nämlich das für den Erlass förmlicher Gesetze vorgesehene, zur Verfügung gestellt werden dürfe.[767] Ferner folgten Ausführungen zu dem Sinn und Zweck des Vorbehalts des Gesetzes, um zu begründen, dass der Zustimmungsbeschluss des Bayerischen Landtags

---

[761] Siehe die Aufzählung BVerwG 74, 139 (140 m.w.N) darunter u.a. BayVerfGHE 33, 65 (69); BayVerfGH, BayVBl. 1986, 139 (140) und *Grassl*, Staatsverträge und Verwaltungsabkommen zw. den Ländern und der BRD, Würzburg 1969, S. 77 ff.; *Schneider*, Beteiligung der Landesparlamente beim Zustandekommen von Staatsverträgen, 1978, S. 90 ff.; *Kuch*, BayVBl. 1986, 20 ff.; (in der neuen Fassung) *Schweiger*, in: Nawiasky/Leusser/Schweiger/Zacher Die Verf. des FS Bayern, 13. Aufl. 2008, Art. 72 BV Rn. 4; *Meder*, Die Verf. des FS Bayern, 3. Aufl. 1985, Art. 72 BV Rn. 7 (nF. *Brechmann*, in: Meder/Brechmann BV Kommentar, 5. Aufl. 2014, Art. 72 BV Rn. 19); aber auch anderer Ansicht *Hoegner*, Lehrbuch des BayVerfR, 1949, S. 106; *Schneider*, VVDStRL 19 (1961), 1 (24 f.); *Kratzer*, DVBl. 1963, 309 (315); *Kalkbrenner*, BayVBl. 1965, 109 ff. und 149 ff.
[762] Siehe Erläuterung zu BVerwGE 22, 299 ff. in Teil 1 II. 7. a).
[763] BVerwGE 74, 139 (140).
[764] BVerwGE 74, 139 (141).
[765] BVerwGE 74, 139 (141) mit Verweis auf BVerfGE 37, 191 (197).
[766] BVerwGE 74, 139 (141).
[767] BVerwGE 74, 139 (141 f.).

diesem genügt. Insbesondere wurde die Rolle des Parlaments in den Fokus gestellt. Das Parlament hat bei der Transformation der Staatsverträge geringe Gestaltungsmöglichkeiten. Es sei grundsätzlich darauf beschränkt, die Zustimmung zu erteilen oder abzulehnen.[768] Damit sind inhaltliche Änderungen des Staatsvertrags ausgeschlossen. Inwiefern das Verfahren der förmlichen Gesetzgebung stärkere Garantien, insbesondere zum Schutz der Grundrechte hätte bieten können, sei daher nicht ersichtlich.[769] Außerdem ist das Verfahren nicht außergewöhnlich. Hierbei wies das BVerwG auf die Verfassung in NRW als auch auf die Verfassungen anderer Staaten wie Österreich oder der Schweiz hin.[770] Der Umstand, dass Art. 59 Abs. 2 Satz 1 GG eine Gesetzesform für die Umsetzung des Staatsvertrages auf der Bundesebene vorsehe, ändere nichts für den Fall, weil es nur darauf ankomme, ob das Bundesverfassungsrecht die Transformation von Staatsvertragsrecht in Landesrecht durch einen nicht als förmliches Gesetz ergehenden Zustimmungsbeschluss des Landesparlaments ausschließe.[771] Dies verneinte das BVerwG ausdrücklich. Diese Feststellung wurde mit der Rechtsprechung des BayVerfGH und der Bindungswirkung der Entscheidungen begründet. Daher war der durch den Zustimmungsbeschluss umgesetzte Staatsvertrag eine ausreichende Rechtsgrundlage für die Erhebung von Rundfunkgebühren.

In dieser Entscheidung legte das BVerwG sehr ausführlich dar, inwiefern die gängige Staatspraxis in dem Freistaat Bayern in Bezug auf die Umsetzung der Staatsverträge mit dem Bundesverfassungsrecht vereinbar ist. Es setzte sich mit den Bedenken des Berufungsgerichts auseinander und bezog die ständige Rechtsprechung des BayVerfGH, des BVerfG und des BVerwG sowie die einschlägige Literatur mit ein, um sein Ergebnis zu begründen, dass es keines förmlichen Gesetzes für die Transformation der Staatsverträge bedarf und dass

---

[768] BVerwGE 74, 139 (142).
[769] BVerwGE 74, 139 (142).
[770] BVerwGE 74, 139 (142) mit Verweisen auf u.a. *Anschütz*, Die Verf. des Deutschen Reiches, 3. und 4. Aufl. 1926, Art. 45 Anm. 8 S. 164; *Geller*, in: Die Verf. des Landes NRW, 2. Aufl. 1963, Art. 66 Anm. 9g cc) S. 424 f.; *Fleiner/Giacometti*, Schweizerisches Bundesstaatsrecht, unveränderter Nachdruck 1978 der Neubearbeitung 1949, § 80 S. 829 f.; *Häfelin/Haller*, Schweizerisches Bundesstaatsrecht, 1984, S. 309 (nF. 6. Aufl. 2005, S. 564 Rn. 1903); *Adamovich/Funk*, Österreichisches VerfR, 3. Aufl. 1985, S. 153; *Walter/Mayer*, Grundriß des österreichischen Bundesverfassungsrechts, 5. Aufl. 1985, S. 80.
[771] BVerwGE 74, 139 (142 f.).

der Zustimmungsbeschluss dafür geeignet ist und er einem förmlichen Gesetz gleichsteht. Es versuchte einen Ausgleich zwischen dem Vorbehalt des Gesetzes und der Landesverfassungsautonomie zu finden und wies darauf hin, dass das Bundesverfassungsrecht eine derartige Verfahrensweise nicht ausschließt und auch keine konkreten Vorgaben macht. Das Gesetzgebungsverfahren wurde mit dem Verfahren nach Art. 72 Abs. 2 BV im Hinblick auf die Rolle des Parlaments und Grundsätze wie Rechtssicherheit und Rechtsklarheit oder Grundrechtsschutz verglichen. Es konnten keine Nachteile festgestellt werden. Darüber hinaus stellte das BVerwG eindeutig fest, dass die abweichende Ansicht des Berufungsgerichts auf falschen Annahmen bezüglich der Auslegung der Bayerischen Verfassung[772] als auch der Bindungswirkung der Entscheidungen des Verfassungsgerichtshofs beruht.[773]

Insbesondere bzgl. der Auslegung der Bayerischen Verfassung wurde auf das Berufungsurteil des BayVerfGH vom 11.6.1964 verwiesen. Denn das BVerwG selbst konnte sich mit der Interpretation des Art. 72 Art. 2 BV im Rahmen des bayerischen Rechts nicht auseinandersetzen. In seiner Entscheidung griff der BayVerfGH viele Bedenken auf, die mit der Frage zusammenhingen, ob ein Staatsvertrag durch ein Verfahren nach Art. 72 Abs. 2 BV transformiert werden kann. Dabei stellte der BayVerfGH fest, dass es zum einen keinen verfassungsrechtlichen Grundsatz gäbe, dass der normative Inhalt eines Staatsvertrages grundsätzlich einer Transformation durch ein formelles Gesetz bedürfe und es vielmehr Sache der jeweiligen Verfassung sei, ob und wie transformiert werden müsse.[774] Die auf diese Weise transformierten Staatsverträge erlangen im innerstaatlichen Recht den Rang eines Gesetzes, wenn auch nicht in einem formellen, sondern in einem materiellen Sinn.[775] Zum anderen wurde auf die einheitliche Betrachtung der Bayerischen Verfassung und die systematische Stellung des Art. 72 Abs. 2 BV (6. Abschnitt der Bayerischen Verfassung Art. 70 bis 76 BV, Überschrift „Gesetzgebung" und gleichwertige Stellung mit dem Art. 72

---

[772] Bzgl. der Auslegung des Bayerischen Verfassung wird auf die Entscheidung des BayVerfGH, BayVBl. 1964, 332 (333 ff.) verwiesen.
[773] BVerwGE 74, 139 (141 und 143).
[774] BVerfGH, BayVBl. 1964, 332 (333).
[775] BVerfGH, BayVBl. 1964, 332 (333).

Abs. 1 BV) hingewiesen.[776] Weiter ist die Geschäftsordnung des Landtags einbezogen worden, dass Staatsverträge wie Gesetzesvorlagen behandelt werden (heute §§ 58, 149, 174 GO-LT Bayern), aber anders als bei diesen der Landtag nur zustimmen oder ablehnen kann und der Inhalt nicht zur Disposition des Landtags steht.[777] Ebenfalls wurde auf die fehlende Beteiligung des Bayerischen Senats Bezug genommen und mit seiner schwachen Stellung im Gesetzgebungsverfahren abgewogen (Recht zur Gegenvorstellungen gegenüber bereits beschlossenen Gesetzen).[778] Eine Verletzung eines Grundsatzes wurde aber nicht festgestellt. Selbst bei der Annahme, Art. 72 Abs. 2 BV begründe lediglich Zuständigkeiten, wäre eine Transformation des Staatsvertrages mittels eines formellen Gesetzes ein ökonomisch mangelhafter, wenig sinnvoller Verfahrensgang (erneute drei Lesungen, obwohl der bereits beschlossene Staatsvertrag zur Rechtsetzung nach dem Grundsatz pacta sunt servanda verpflichten würde und damit umständliche Wiederholung aus formalistischen Gründen).[779] Zusätzlich trug der BayVerfGH vor, dass ein anders lautender Zustimmungsbeschluss im Verfahren nach Art. 72 Abs. 1 BV zur rechtlichen Verwirrung führen würde und dem Ansehen des Landes nach außen sowie des Landtages in Inneren abträglich wäre.[780] Dieser Argumentation folgte das BVerwG, reihte sich damit in die bisherige Rechtsprechung ein und erhärtete sie. Die verfassungsrechtlichen Bedenken wurden ausgeräumt und das Berufungsurteil mit gegenteiliger Auffassung aufgehoben.

### g) BVerfG, Urt. v. 22.2.1994 – 1 BvL 30/88

Eine weitere Entscheidung ist, die des BVerfG von 1994, in der es um die Vereinbarkeit des Zustimmungsbeschlusses des Landtags des Freistaates Bayern vom 14.6.1983 zu dem zwischen dem 6.7. und dem 26.10.1982 unterzeichneten Staatsvertrag über die Höhe der Rundfunkgebühr und zur Änderung des Staatsvertrages über einen Finanzausgleich zwischen den Rundfunkanstalten

---

[776] BVerfGH, BayVBl. 1964, 332 (334).
[777] BVerfGH, BayVBl. 1964, 332 (334).
[778] BVerfGH, BayVBl. 1964, 332 (334).
[779] BVerfGH, BayVBl. 1964, 332 (334).
[780] BVerfGH, BayVBl. 1964, 332 (334).

(GVBl. 1983 S. 379) mit dem Grundgesetz ging.[781] Das BVerfG erkannte, dass die Festsetzung der Rundfunkgebühr durch die Landtage den Grundsatz der Staatsfreiheit des Rundfunks aus Art. 5 Abs. 1 Satz 2 GG verletzt und damit eine Unvereinbarkeit des Zustimmungsbeschlusses zu dem Staatsvertrag mit dem Grundgesetz vorliegt. Interessant bei dem Urteil ist, dass das BVerfG sich die Frage stellte, ob die Umsetzung von Staatsverträgen in Landesrecht durch Zustimmungsbeschluss des Landtags und dessen Publikation durch Mitteilung des Ministerpräsidenten im Vorspruch des im Gesetzblatt bekannt gemachten Staatsvertrages gegen Art. 28 Abs. 1 Satz 1 GG verstößt.[782] Diese Frage ist eindeutig verneint worden, eine derartige Umsetzung von Staatsverträgen ist mit dem Homogenitätserfordernis vereinbar. Art. 28 Abs. 1 GG wolle dasjenige Maß an struktureller Homogenität zwischen Gesamtstaat und Gliedstaaten gewährleisten, das für das Funktionieren eines Bundesstaates unerlässlich sei; er wolle aber nicht für Uniformität sorgen (Verfassungsautonomie der Länder).[783] Dabei ist darauf hingewiesen worden, dass die Verwirklichung des rechtsstaatlichen Postulats (belastende Staatsakte bedürfen einer gesetzlichen Grundlage, wesentliche Entscheidungen sind vom Parlament selbst zu treffen) zwar eines förmlichen Aktes bedarf, aber keine bestimmte Form dafür vorgeschrieben ist.[784] Diese Überlegung ist auf die Publikation zu übertragen. Auch sie ist im Einzelnen nicht geregelt und kann von Normgeber unterschiedlich ausgestaltet werden, solange die Funktion der Publikation (verlässliche Kenntnisnahme von geltendem Recht) durch das Verkündungsverfahren eingehalten wird.[785]

Nach dem Aufstellen dieser Prinzipien ergab die Überprüfung, dass die bayerische Umsetzungspraxis von Staatsverträgen die Regeln des Art. 28 Abs. 1 Satz 1 GG einhält. Der Unterschied zu dem gewöhnlichen Gesetzgebungsverfahren liegt darin, dass der Norminhalt in dem Staatsvertrag enthalten ist und Zustimmungsbeschluss lediglich den Gesetzgebungsbefehl für den außerhalb seiner selbst gelegenen Gesetzesinhalt erteilt.[786] Dennoch hat der Zustimmungs-

---

[781] BVerfGE 90, 60 ff.
[782] BVerfGE 90, 60 (84 ff.).
[783] BVerfGE 90, 60 (84).
[784] BVerfGE 90, 60 (85).
[785] BVerfGE 90, 60 (85).
[786] BVerfGE 90, 60 (85 f.).

beschluss eine bedeutende Rolle. Er sei es, der dem Norminhalt erst innerstaatliche Verbindlichkeit verleihe.[787] Es bedarf aber nur der Publikation des Norminhaltes, nicht des Zustimmungsbeschlusses selbst. Durch das Fehlen der Ausfertigung und Bekanntmachung des – selber inhaltsleeren und auf den Staatsvertrag verweisenden – Zustimmungsbeschlusses werde weder die Kenntnis des Norminhalts noch die Gewissheit seiner innerstaatlichen Gültigkeit beeinträchtigt.[788] Des Weiteren weist das BVerfG knapp darauf hin, dass selbst wenn Art. 20 Abs. 3 GG die Landesverfassungen unmittelbar binden würde, sich mangels Konkretisierung daraus keine weiteren Schlussfolgerungen hinsichtlich der Anforderungen der Beschlussfassung und Verkündung bei der Umsetzung von Staatsverträgen in Landesrecht ableiten lassen.[789]

Auch diese Entscheidung des BVerfG bestärkt die bisherige Staatspraxis in Bayern bzgl. der Umsetzung der Staatsverträge. Das BVerfG geht sogar einen Schritt weiter, indem es dem Zustimmungsbeschluss im Hinblick auf die Vereinbarkeit mit Art. 28 Abs. 1 Satz 1 GG überprüft. Durch die gewonnenen Schlussfolgerungen wird zum einen abermals ausdrücklich ein derartiges Verfahren für rechtmäßig gehalten und als von der Landesverfassungsautonomie gedeckt angesehen. Zum anderen wird festgehalten, dass ein derartiger Zustimmungsbeschluss, obwohl es ein schlichter Parlamentsbeschluss ist, eine verbindliche Wirkung hat und trotz dieser nicht publiziert werden muss. Es werden also Feststellungen bzgl. der rechtlichen Wirkung als auch der Formerfordernisse getroffen.

### h) BayVerfGH, Entsch. v. 25.9.2015 – Vf. 9-VII-13, Vf. 4-VII-14 und Vf. 10-VII-14

Der BayVerfGH hatte vor nicht allzu langer Zeit im Rahmen einer Popularklage nach Art. 98 Satz 4 BV zu entscheiden, ob der Zustimmungsbeschluss des Bayerischen Landtags vom 14.6.2012 (GVBl. S. 318) zu einer Reihe von Bestimmungen des Staatsvertrages zum Glücksspielwesen in Deutschland (Glücksspielvertrag – GlüStV) vom 30.6.2012 (GVBl. S. 318 f.) sowie einige zu diesem Vertrag ergangene Ausführungsbestimmungen mit der Bayerischen Verfassung verein-

---

[787] BVerfGE 90, 60 (86).
[788] BVerfGE 90, 60 (86).
[789] BVerfGE 90, 60 (86).

bar sind.[790] In diesem Zusammenhang hat er wiederholt bestätigt, dass die bayerische Staatspraxis zur Umsetzung der Staatsverträge nur mittels eines Zustimmungsbeschlusses und nicht (auch) durch ein förmliches Gesetz keinen Verfassungsverstoß darstellt.[791] Dabei benannte der BayVerfGH die bereits oben erläuterte Entscheidung aus dem Jahr 1985 als Ausgangspunkt für diese Auffassung und verdeutlichte, dass er der in dem älteren Schrifttum[792] entgegengesetzten Meinung nicht folgt. Auch bei Staatsverträgen, die zu Eingriffen in Grundrechte führen, bedürfe es keines Gesetzes im formellen Sinn.[793] Mit Verweis auf die Entscheidungen aus 1985, sah der BayVerfGH für die Transformation der in einem Staatsvertrag vorgesehenen Gebote und Verbote in dem Art. 72 Abs. 2 BV ein besonderes Verfahren der materiellen Gesetzgebung vor, das gleichrangig neben dem in der Verfassung geregelten Verfahren zum Erlass förmlicher Gesetze steht.[794] Ferner tätigte er die Aussage, dass dem für grundlegende normative Bereiche, insbesondere im Bereich der Grundrechtsausübung, geltenden Gesetzesvorbehalt (Art. 70 Abs. 1 i.V.m. Abs. 3 BV) durch diesen speziellen Parlamentsvorbehalt in der gebotenen Weise Rechnung getragen werde.[795] Das wurde durch Angabe von einer Reihe von Entscheidungen sowohl auf Bundesebene[796], die bereits oben beschrieben wurden, unter Berücksichtigung der hierzu einschlägigen Literatur[797] nachgewiesen.

Des Weiteren verwies der BayVerfGH auf die Problematik der Bayerischen Senatsbeteiligung, die in den früheren Entscheidungen immer wieder als Einwand aufgeführt worden ist. Es wird ausdrücklich auf den Volksentscheid vom 8.2.1998 hingewiesen, mit welchem der Bayerische Senat abgeschafft worden ist. Die Bestimmungen des Art. 40 und Art. 41 BV a.F., die eine Beteiligung des

---

[790] BayVerfGH, BayVBl. 2016, 81 ff. und 119 ff.
[791] BayVerfGH, BayVBl. 2016, 81 (84 Rn. 122).
[792] In der Entscheidung werden genannt: *Hoegner*, Lehrbuch des BayVerfR, 1949, S. 106; *Kratzer*, DVBl. 1963, 309 (315); *Kalkbrenner*, BayVBl. 1965, 109 ff. und 149 ff.; *Schmidt*, NVwZ 1986, 276 f.
[793] BayVerfGH, BayVBl. 2016, 81 (84 Rn. 122).
[794] BayVerfGH, BayVBl. 2016, 81 (84 Rn. 122).
[795] BayVerfGH, BayVBl. 2016, 81 (84 Rn. 122).
[796] Wie bereits oben: BVerfGE 37, 191 (197); 90, 60 (84 ff.); BVerwGE 22, 299 (301 f.); 74, 139 ff.
[797] Bsp. *Brechmann*, in: Meder/Brechmann BV Kommentar, 5. Aufl. 2014, Art. 72 BV Rn. 9; *Möstl*, in: Verf. des FS Bayern Kommentar, 2. Aufl. 2017, Art. 72 BV Rn. 5.

Senats bei der Gesetzgebung verbindlich vorsahen, sind somit wirksam zum 1.1.2000 aufgehoben worden.[798] Die Abschaffung steht auch mit der Bayerischen Verfassung im Einklang, was der BayVerfGH bereits in seinen Entscheidungen[799] überprüft hat. Im Übrigen bezog sich das frühere Beteiligungsrecht des Senats nicht auf Zustimmungsbeschlüsse des Landtags zu Staatsverträgen.[800]

Diese Entscheidung als eine der Neusten fasst die bis dahin in der Rechtsprechung entwickelte Rechtsauffassung bzgl. der Staatspraxis in Bayern zur Transformation von Staatsverträgen nach Art. 72 Abs. 2 BV noch einmal zusammen. Durch den Verweis auf abweichende Ansichten im Schrifttum, die als älter bezeichnet werden, wird auch deutlich, dass diese auch im Schrifttum nicht mehr aktuell weiterverfolgt werden. Ausführungen zu dem Doppelcharakter des Zustimmungsbeschlusses unterbleiben zwar, aber durch den Verweis auf frühere Entscheidungen und die ausdrückliche Hervorhebung, dass das Verfahren nach Art. 72 Abs. 2 BV eine besondere Art der materiellen Gesetzgebung ist, wird ersichtlich, dass der BayVerfGH von so einer Rechtsnatur des Zustimmungsbeschlusses ausgeht. Außerdem griff der BayVerfGH den Gedanken des BVerwG aus dem Urteil vom 22.2.1986 auf und erweiterte ihn, dass es keines formellen Gesetzes bedarf, um Rechtspflichten aber auch Rechte des Bürgers zu begründen. Beachtenswert ist auch, dass der BayVerfGH nunmehr in dem Art. 72 Abs. 2 BV eine besondere Ausformung des Gesetzesvorbehaltes sah und so von einem speziellen Parlamentsvorbehalt sprach.[801]

---

[798] BayVerfGH, BayVBl. 2016, 81 (84 Rn. 121).
[799] BayVerfGH 52, 104 ff. und BayVerfGH, BayVBl. 2015, 740 ff.
[800] BayVerfGH, BayVBl. 2016, 81 (84 Rn. 121) mit Verweis auf *Meder*, Die Verf. des FS Bayern, 4. Aufl. 1992, Art. 40 BV Rn. 1 und Art. 72 BV Rn. 7.
[801] BayVerfGH, BayVBl. 2016, 81 (84 Rn. 122) mit Verweis auf BVerfGE 37, 191 (197); 90, 60 (84 ff.); BVerwGE 22, 299 (301 f.); *Vedder*, Interföderale Staatsverträge, 1996, S. 170; *Schweiger*, in: Nawiasky/Leusser/Schweiger/Zacher Die Verf. des FS Bayern, 13. Aufl. 2008, Art. 72 BV Rn. 4; *Brechmann*, in: Meder/Brechmann BV Kommentar, 5. Aufl. 2014, Art. 72 BV Rn. 9; *Möstl*, in: Verf. des FS Bayern Kommentar, 2. Aufl. 2017, Art. 72 BV Rn. 5.

i) **Der schlichte Parlamentsbeschluss als gleichrangiger legislativer Rechtsakt neben dem förmlichen Gesetzesbeschluss mit der Doppelfunktion der Ermächtigungs- und Transformationswirkung**

Grundsätzlich bedürfen die Gebote und Verbote, die für jeden verbindlich sein sollen, eines Gesetzes, vgl. Art. 70 Abs. 1 BV. Das gilt auch im Bereich des Abschlusses eines Staatsvertrages. Demnach erfolgt die innerstaatliche Anwendbarkeitserklärung der Staatsverträge, die sich auf Gegenstände der Gesetzgebung bezieht, in der Regel in Form eines gewöhnlichen Gesetzes. Die Verfassung des Freistaates Bayern statuiert mit Art. 72 Abs. 2 BV und der gängigen Staatspraxis eine Durchbrechung dieses Prinzips, sodass mit vorheriger Zustimmung des Landtags beschlossene Staatsverträge geltende Gebote und Verbote enthalten können, ohne dass es dafür des Erlasses eines Gesetzes in förmlichem Gesetzgebungsverfahren nach Art. 70 Abs. 1 BV bedarf.

Die Bayerische Verfassung ist jedoch insoweit nicht ganz eindeutig, als sie nicht die Form, in der die Zustimmung ergehen soll, vorschreibt. Nach ständiger Rechtsprechung bayerischer Obergerichte ist der Zustimmungsbeschluss des Landtags aber ein legislativer Akt, der den Charakter eines materiellen Gesetzes hat und die Transformation der staatsvertraglichen Regelungen mit unmittelbarer Wirkung gegenüber den Staatsbürgern des vertragsabschließenden Staates bewirkt.[802] Diese formelle Abweichung von den Verfassungen anderer Bundesländer rechtfertigt sich aus der Interpretation der Bayerischen Verfassung.[803] Als landesrechtliche Besonderheit wurde sie verfassungsrechtlich ebenfalls nicht beanstandet, insbesondere genügt der Zustimmungsbeschluss den Anforderungen des Rechtsstaatsprinzips in Form des Vorbehalts des Gesetzes (vgl. Art. 20 Abs. 3 GG) und ist mit dem Homogenitätserfordernis des Art. 28 Abs. 1 GG vereinbar, denn es fehlt an Vorschriften, die genaue Vorgaben bzgl. der Transformation von Staatsverträgen festsetzen würden.[804] Ferner

---

[802] BayVerfGH 28, 143 ff.; 31, 158 ff.; BayVerfGH, BayVBl. 1986, 139 ff.
[803] Siehe hierzu insb. BVerfGH, BayVBl. 1964, 332 ff.
[804] Siehe hierzu BVerfGE 37, 191 ff.; 90, 60 (84 ff.); BVerwGE 22, 299 (301 f.); 74, 139 (140 ff.).

ist der Verzicht auf eine Transformation durch förmliche Gesetze in anderen rechtsstaatlichen Verfassungen nicht unbekannt.[805]

Abgesehen von den Hinweisen auf die vereinzelt gebliebenen Stimmen im Schrifttum[806] gibt es nur eine Entscheidung des BayVGH[807], die für die innerstaatliche Geltung von Staatsverträgen gegenüber Individuen einen förmlichen Gesetzesbeschluss für erforderlich hielt und den Zustimmungsbeschluss des Landtags für nicht ausreichend als Rechtsgrundlage im Sinne von Art. 20 Abs. 3 GG erachtet hat. Das BVerwG hob mit seiner Revisionsentscheidung das Urteil auf und stellte in Fortführung seiner früheren Rechtsprechung fest, dass die Entscheidung des BayVGH auf einer Verletzung von nach § 137 Abs. 1 VwGO reversiblem Bundesrecht, nämlich der Verkennung der Tragweite des Gesetzesvorbehalts, beruhte.[808] Der BayVerfGH[809] selbst bestätigte noch innerhalb desselben Jahres nach nur drei Monaten seine bis zu diesem Urteil ergangene Rechtsprechung, die mit der des BVerwG einherging. Im Schrifttum wurde dieses Urteil ebenso stark kritisiert. Nach *Kuch* will der Landtag mit der erteilten Zustimmung zum Staatsvertrag konstitutiv bayerisches Landesrecht im Range eines Gesetzes setzen, das als materielles Gesetz voll der verfassungsrechtlichen Nachprüfung unterliegt.[810] Daher ist eine Verbesserung der Rechtsstellung des Bürgers durch das Erfordernis des Erlasses eines zusätzlichen formellen Gesetzes nicht erkennbar.[811] Außerdem kennt die Bayerische Verfassung trotz des strengen Wortlauts in Art. 70 Abs. 1 BV materielles Recht, das außer-

---

[805] So BVerwGE 74, 139 (142) mit Verweisen auf u.a. *Anschütz*, Die Verf. des Deutschen Reiches, 3. und 4. Aufl. 1926, Art. 45 Anm. 8 S. 164; *Geller*, in: Die Verf. des Landes NRW, 2. Aufl. 1963, Art. 66 Anm. 9g cc) S. 424 f.; *Fleiner/Giacometti*, Schweizerisches Bundesstaatsrecht, unveränderter Nachdruck 1978 der Neubearbeitung 1949, § 80 S. 829 f.; *Häfelin/Haller*, Schweizerisches Bundesstaatsrecht, 1984, S. 309 (nF. 6. Aufl. 2005, S. 564 Rn. 1903); *Adamovich/Funk*, Österreichisches VerfR, 3. Aufl. 1985, S. 153; *Walter/Mayer*, Grundriß des österreichischen Bundesverfassungsrechts, 5. Aufl. 1985, S. 80.
[806] Bsp. *Hoegner*, Lehrbuch des BayVerfR, 1949, S. 106; *Schneider*, VVDStRL 19 (1961), 1 (24 f.); *Kratzer*, DVBl. 1963, 309 (315); *Kalkbrenner*, BayVBl. 1965, 109 ff. und 149 ff.; *Schmidt*, NVwZ 1986, 276 f.
[807] BayVGH, BayVBl. 1986, 18 ff.
[808] BVerwGE 74, 139 (141); auch *Vedder*, Interföderale Staatsverträge, 1996, S. 170.
[809] BayVerfG, BayVBl. 1986, 139 (140).
[810] *Kuch*, BayVBl. 1986, 20 (22).
[811] *Kuch*, BayVBl. 1986, 20 (22).

halb des förmlichen Gesetzgebungsverfahrens, z.B. durch Rechtsverordnungen, erlassen wird mit der Folge, dass Art. 70 Abs. 1 BV ein besonderes Gesetzgebungsverfahren, wie in Art. 72 Abs. 2 BV geregelt, nicht ausschließt.[812] Auch das Argument der fehlenden Mitwirkung des Bayerischen Senats ist bedeutungslos geworden, weil die Vorschriften über seine Beteiligung mit dem Volksentscheid im Jahr 1998 mit Wirkung ab 1.1.2000 abgeschafft wurden.[813]

Der nach Art. 72 Abs. 2 BV ergehende Zustimmungsbeschluss, der verfahrensmäßig durch die Geschäftsordnung des Landtags dem normalen Gesetzgebungsverfahren angeglichen wird, bewirkt, dass der Staatsvertrag insgesamt zum objektiven Recht innerhalb der Landesrechtsordnung wird. Er selbst steht dem Beschluss förmlicher Gesetze im Rang im Sinne von Art. 20 Abs. 3 GG nicht nach und kann Gegenstand gerichtlicher Überprüfung sein, ungeachtet seiner (nicht erforderlichen) Publikation. Die Besonderheiten dieses schlichten Parlamentsbeschlusses, die ihn von den anderen sichtbar abheben, liegen aufgrund seiner Doppelfunktionalität (Ermächtigung und Transformation) auf der Hand. Er stellt einen speziellen Parlamentsvorbehalt[814] dar und verleiht der so geschaffenen Rechtsnorm die notwendige demokratische Legitimation.[815]

### 8. Vierte Untergruppe: Mitwirkungsrechte des Parlaments im Rahmen der Rechtsverordnungsgebung

Ein weiteres Spielfeld der schlichten Parlamentsbeschlüsse eröffnet die Rechtsverordnungsgebung nach Art. 80 GG. In den gesetzlichen Ermächtigungsgrundlagen wurden parlamentarische Mitwirkungsformen vorgesehen. Zu den bekanntesten Formen gehören die sog. Zustimmungsvorbehalte. Der Zustimmungsvorbehalt bedeutet, dass der Verordnungserlass von der vorherigen Zustimmung des Parlaments abhängig ist.[816] Eine Rechtsverordnung tritt erst dann in Kraft, wenn der Bundestag die Zustimmung dazu durch einen dem Verordnungsgeber gegenüber verbindlichen Beschluss, der kein Gesetzes-

---

[812] *Kuch*, BayVBl. 1986, 20 (22).
[813] So auch BayVerfGH, BayVBl. 2016, 81 (84).
[814] So wörtlich BayVerfGH, BayVBl. 2016, 81 (84).
[815] In dem Sinne auch *Vedder*, Interföderale Staatsverträge, 1996, S. 170.
[816] *Uhle*, in: Gesetzgebung, 2014, § 24 Rn. 86.

beschluss ist, erteilt hat.[817] Damit wird dem Bundestag ein Einflussrecht auf die Verordnungsgebung eingeräumt, wodurch der Delegatar in seiner Gestaltungsfreiheit nicht nur in politischer, aber vor allem in rechtlicher Hinsicht beschnitten wird.[818] Diese Einwirkungsmöglichkeit auf die exekutive Rechtsetzung warf Probleme verfassungsrechtlicher Natur auf. So wurden die Zustimmungsvorbehalte zum Gegenstand von gerichtlichen Entscheidungen, in welchen über ihre Zulässigkeit befunden wurde. Im Ergebnis werden die Zustimmungsvorbehalte für verfassungsrechtlich unbedenklich gehalten. Sie sind von hoher Bedeutung in der Staatspraxis und wurden seit dem Inkrafttreten der Verfassung häufig eingesetzt.[819] Aufgrund ihrer langen Tradition stellen sie die Grundform der Mitwirkung eines gesetzgebenden Organs bei der Rechtsverordnungsgebung dar, die in mehreren Varianten auftreten kann.[820] Ungeachtet dessen sei erwähnt, dass es andere Formen parlamentarischer Mitwirkungsrechte[821] gibt, z.B. Ablehnungs- und Änderungsvorbehalte. Bei den Aufhebungsvorbehalten wird der Bundestag in den Stand versetzt, durch Beschluss von der Exekutive zu verlangen, entweder bereits erlassene Verordnungen aufzuheben bzw. noch vor Erlass vorzulegende Verordnungsentwürfe abzulehnen.[822] Diese Form wird überwiegend als strukturelles Pendant zu den Zustimmungsvorbehalten verstanden und als zulässig erachtet.[823] Änderungsvorbehalte hingegen sind solche, bei denen dem Parlament die Möglichkeit zur Änderung des Verordnungs-

---

[817] *Kisker*, NJW 1977, 1313 (1319); *Ossenbühl*, DÖV 1982, 833 (841); *Schmidt*, Die Beteiligung des BT, 2002, S. 60. So auch *Schwanengel*, Einwirkungen der Landesparlamente, 2002, S. 46; *Remmert*, in: Maunz/Dürig Kommentar GG, Oktober 2019, Art. 80 GG Rn. 105.
[818] *Uhle*, in: Gesetzgebung, 2014, § 24 Rn. 86.
[819] *Schmidt*, Die Beteiligung des BT, 2002, S. 59 mit Verweis auf § 4 ZolltarifG v. 18.8.1951 (BGBl. I S. 527), mit dem die Geschichte des Zustimmungsvorbehalts angefangen hat. *Schwanengel*, Einwirkungen der Landesparlamente, 2002, S. 47 bis 53, stellt zahlreiche Bsp. für Zustimmungsvorbehalte auf Landesebene dar, u.a. im Freistaat Bayern.
[820] *Sommermann*, JZ 1997, 434 (436); *Schmidt*, Die Beteiligung des BT, 2002, S. 59, die Zustimmungsvorbehalte können von der Zustimmung des Bundesrates abhängig gemacht werden oder Fristen für ihre Ausübung festlegen, z.B. § 51 Einkommensteuergesetz v. 7.9.1990 (BGBl. I S. 1898, ber. 1991 I S. 808).
[821] Genauer dazu siehe Teil 2 III. 1.
[822] *Uhle*, in: Gesetzgebung, 2014, § 24 Rn. 86.
[823] In dem Sinne *Bauer*, in: Dreier/GG-Kommentar, Bd. II, 3. Aufl. 2015, Art. 80 GG Rn. 30; *Remmert*, in: Maunz/Dürig Kommentar GG, Oktober 2019, Art. 80 GG Rn. 106.

inhalts durch Beschluss eröffnet wird.[824] Diese Form der Mitwirkung wird auf der Grundlage der erarbeiteten Prämissen zu den Zustimmungs- und Aufhebungsbefugnissen des Bundestages für verfassungswidrig gehalten.[825] Im Folgenden werden die wichtigsten gerichtlichen Entscheidungen zum Mitwirkungsrecht des Parlaments im Rahmen der Rechtsverordnungsgebung, insbesondere der Zustimmungsvorbehalt, mit einzelnen Begründungsansätzen dargestellt. Das erlaubt ein Raster mit Kriterien zu entwickeln, die bei der Statthaftigkeit aller Formen der Bundestagseinbindung beim Erlass einer Rechtsverordnung zu beachten sind.

**a) BVerfG, Beschl. v. 24.4.1953 – 1 BvR 102/51 und Beschl. v. 7.7.1955 – 1 BvR 108/52 und Beschl. v. 10.5.1977 – 2 BvR 705/75**

In der ersten Entscheidung beschäftigte sich das BVerfG im Rahmen einer Verfassungsbeschwerde mit der Praxis des Vereinigten Wirtschaftsgebietes. In dem konkreten Fall ging es u.a. um die Erste Durchführungsverordnung, die aufgrund des § 4 des Hypothekensicherungsgesetzes vom Verwaltungsrat mit Zustimmung des Wirtschaftsrats und des Länderrats erlassen wurde.[826] Das BVerfG stellte ausdrücklich fest, dass solche Zustimmungsverordnungen durch die Beteiligung der Gesetzgebungsorgane nicht ihren Verordnungscharakter verlören.[827] Abgesehen davon habe im Vergleich zum Gesetzgebungsverfahren das Zustimmungsorgan einen geringeren Einfluss auf die inhaltliche Gestaltung solcher Verordnungen.[828] Im Folgenden betrachtete das BVerfG das Gesetz mit der Ermächtigung zur Ausübung der Verordnungsbefugnis, die an die schlichte Zustimmung des Gesetzgebungsorgans (hier der Wirtschaftsrat) gebunden wurde, als rechtlich unbedenklich.[829] Gleichzeitig machte es deutlich, dass seine rechtliche Einschätzung ausschließlich für die Gesetzgebung des Vereinigten Wirtschaftsgebietes gelte und mögliche Zweifel, die sich nun vor dem Hintergrund der Regelungen in Art. 80 GG ergeben könnten, deshalb nicht durchgrei-

---

[824] *Studenroth*, DÖV 1995, 525 (528); *Remmert*, in: Maunz/Dürig Kommentar GG, Oktober 2019, Art. 80 GG Rn. 107.
[825] *Remmert*, in: Maunz/Dürig Kommentar GG, Oktober 2019, Art. 80 GG Rn. 107.
[826] BVerfGE 2, 237 (237 ff.).
[827] BVerfGE 2, 237 (255) mit Bezugnahme u.a. auf *Christ*, Die Genehmigung von Verordnungen, 1945, S. 53, 57 f., 111 und *Thoma*, in: HdbDStR, Bd. 2, 1932, § 76 S. 221 Fn. 1.
[828] BVerfGE 2, 237 (255).
[829] BVerfGE 2, 237 (256).

fen würden.[830] Hervorgehoben wurde, dass die Durchführungsverordnung trotz der Zustimmung keinen Gesetzesrang habe und wegen der Überschreitung der Ermächtigung nichtig sei.[831]

Damit ging das BVerfG von Verfassungskonformität der Zustimmungsvorbehalte für vorkonstitutionelle Verordnungsgebung aus. Für die Rechtslage unter der Geltung des Grundgesetzes wurde die verfassungsrechtliche Zulässigkeit dieser Mitwirkungsvorbehalte explizit offengelassen, obwohl rechtliche Bedenken bereits bekundet worden waren.[832] Unmissverständlich kam zum Ausdruck, dass die mit Zustimmungsvorbehalten verknüpfte legislative Delegation nicht schrankenlos ist und den Rang einer Rechtsverordnung nicht verändert. Über den Rechtscharakter eines Zustimmungsbeschlusses wurde kein Wort gesagt. Dennoch ergab ein Vergleich mit dem Gesetzgebungsverfahren, dass das Beteiligungsrecht eine schwächere Einflusswirkung hat.

An die vorangehende Entscheidung anknüpfend wird die Argumentationslinie in einer weiteren Entscheidung des BVerfG[833] aus 1955, in der es um die zweite Durchführungsverordnung zum Sozialversicherungsanpassungsgesetz ging, fortgeführt. „Der Wirtschaftsrat war befugt, den Erlass von Durchführungsverordnungen (…) an die Zustimmung von Ausschüssen des Wirtschaftsrats und des Landesrats zu knüpfen (…). [Das war zulässig, weil] dem weder eine ausdrückliche Vorschrift noch der Gesamtinhalt des Statuts der Verwaltung des Vereinigten Wirtschaftsgebiets widersprach."[834] Als Gründe für diese Vorgehensweise nannte das BVerfG die unvermeidlich hohe Belastung des einzelnen Abgeordneten, sodass Aufgaben an die Ausschüsse nicht nur zur bloßen Vorbereitung, sondern zur selbstverantwortlichen Entscheidung zu überweisen waren.[835] Im Folgenden versuchte das BVerfG, diese Konstellation auf die Ordnung

---

[830] BVerfGE 2, 237 (256).
[831] BVerfGE 2, 237 (256 f.).
[832] So *Uhle*, Parlament und RVO, 1999, S. 299. In der Entscheidung selbst wurde auf Zweifel hingewiesen, BVerfGE 2, 237 (256) im Protokoll über die 93. Sitzung des Bundestagsausschusses für Rechtswesen und Verfassungsrecht v. 19.3.1951 und auf das vom *Prof. Wahl* erstattete Mehrheitsgutachten v. 4.4.1951 – Ausschußdrucksache Nr. 26, ferner *Wolff*, AöR 78 (1952/53), 194 (217).
[833] BVerfGE 4, 193 (193 ff.).
[834] BVerfGE 4, 193 (202).
[835] BVerfGE 4, 193 (202).

unter Geltung des Grundgesetzes zu übertragen. Dabei gab es unmissverständlich zu verstehen, dass die Stellung der Ausschüsse der beiden Häuser nicht ohne weiteres mit denen des Bundestages und des Bundesrates zu vergleichen sind, sondern im Sinne des Art. 129 Abs. 1 GG der sachlich zuständigen Stelle zuzuweisen war.[836] Das einzige Zustimmungserfordernis in Fällen der vorkonstitutioneller Ermächtigungen gem. Art. 129 Abs. 1 GG ist die Zustimmung des Bundesrates, die nach Art. 80 Abs. 2 GG verlangt werden kann.[837] Im Ergebnis zog das BVerfG den Schluss, dass eine Zustimmung des Bundestages nicht in Betracht komme, was auch für die Ausschüsse der gesetzgebenden Körperschaften gelte, weil sie nach der Ordnung des Grundgesetzes keine Befugnis mehr hätten, selbstständig an der Rechtsetzung mitzuwirken.[838]

Diese Entscheidung verbietet eine verallgemeinerungsfähige Aussage bzgl. der Zulässigkeit der Parlamentsbeteiligung an der Rechtsverordnungsgebung. Das liegt daran, weil sie sich zum einen auf die Zeit des Vereinigten Wirtschaftsgebietes und deren spezifischen Gegebenheiten bezieht und zum anderen primär im Blick die Beteiligung der Ausschüsse des Bundestages hat, deren verfassungsrechtliche Zulässigkeit an der Verordnungsgebung an anderen Maßstäben zu messen ist als die des Bundestagsplenums.[839] Außerdem klärte das BVerfG nicht darüber auf, was es genau mit der Ordnung des Grundgesetzes meinte, was die Überprüfung der geäußerten Auffassung wesentlich erschwert und nicht erkennen lässt, ob auf einen Verfassungssatz abgestellt wird, der für die Landesebene und die Landesparlamente gelten soll.[840] In dem Beschluss wurde erkannt, dass es die Beteiligung anderer Organe aus Entlastungsgründen für sachangemessen hält, aber diese Organe nicht zwingend direkt in die Rechtsverordnungsgebung einzubinden sind. Insgesamt lässt sich an der Entscheidung eine eher zurückhaltende[841] Haltung des BVerfG zu den Beteiligungsrechten des Bundestages entnehmen, was auch mit der Praxis bestätigt werden kann,

---

[836] BVerfGE 4, 193 (202 f.).
[837] BVerfGE 4, 193 (203).
[838] BVerfGE 4, 193 (203).
[839] *Uhle*, Parlament und RVO, 1999, S. 300.
[840] So *Kisker*, in: Schule im Rechtsstaat, Bd. II, 1980, 7 (34), es werde lapidar von der Ordnung des Grundgesetzes gesprochen; die Zurückhaltung des BVerfG sei irritierend; unklar ob der Verfassungssatz auch für einige oder alle Landesparlamente gelten solle.
[841] *Uhle*, Parlament und RVO, 1999, S. 300 spricht von einer restriktiven Tendenz des BVerfG.

weil soweit ersichtlich auf der Bundesebene keine Beispiele zu finden sind, die eine Beteiligung der Ausschüsse durch Zustimmungsvorbehalte vorsehen würden.[842] Anders wiederum sieht die Staatspraxis auf der Landesebene aus. Dort kommen Gesetze mit Ermächtigung vor, die die Zustimmung eines bestimmten Landesausschusses zum Rechtsverordnungserlass vorsehen.[843] Im Schrifttum ist die Frage sehr umstritten und die Entscheidung des BVerfG lässt viel Interpretationsspielraum, um die Einräumung von Zustimmungsvorbehalten für die Parlamentsausschüsse als verfassungskonform bzw. -widrig zu bewerten.[844] In der Rechtsprechung ist das Problem noch nicht abschließend geklärt. Denn das BVerfG hat in einer anderen Entscheidung[845] zu erkennen gegeben, wo und unter welchen Voraussetzungen gewisse Verfahrensvorgänge, an denen parlamentarische Ausschüsse beteiligt sind, zulässig sein könnten.[846] Bei der Kompetenzabgrenzung zwischen Parlamentsplenum und Parlamentsausschüssen ging das BVerfG von einem Regeltatbestand aus, wonach die Vertretung des Volkes in die Hände des parlamentarischen Plenums gelegt ist.[847] Gleichzeitig aber wendete sich das BVerfG gegen eine allzu starre Anwendung des Prinzips der repräsentativen Demokratie und hob demgegenüber die auf

---

[842] So *Remmert*, in: Maunz/Dürig Kommentar GG, Oktober 2019, Art. 80 GG Rn. 112. Fn. 7 mit Verweis auf *Ossenbühl*, in: HStR, Bd. V, 3. Aufl. 2007, § 103 Rn. 64.

[843] Bspw. § 19 Abs. 8 des Schulgesetzes für das Land Nordrhein-Westfalen (Schulgesetz NRW – SchulG) v. 15.2.2005 (GVBl. NRW S. 102), zul. geänd. durch Art. 1 13. Schulrechtsänderungsg v. 21.7.2018 (GVBl. NRW. S. 406) „Das Ministerium bestimmt durch Rechtsverordnung mit Zustimmung des für Schulen zuständigen Landtagsausschusses (...)."

[844] Für Zulässigkeit bspw. ausführlich *v. Danwitz*, Die Gestaltungsfreiheit, 1989, S. 116 ff.; in die Richtung wohl, *Ossenbühl*, in: HStR, Bd. V, 3. Aufl. 2007, § 103 Rn. 65, der die Gründe in der Antwort auf die Frage des Sinns der Einschaltung von Parlamentsausschüssen sucht; *Uhle*, in: Gesetzgebung, 2014, § 24 Rn. 93, der auf das Recht des Parlaments auf Selbstorganisation abstellt; *Pieroth*, in: Jarass/Pieroth-GG-Kommentar, 15. Aufl. 2018, Art. 80 GG Rn. 11. Für Unzulässigkeit bspw. *Grupp* DVBl. 1974, 177 (180 f.); *Rubel*, in: Umbach/Clemens GG-Kommentar, Bd. II, 2002, vor Art. 80 GG Rn. 56; *Schnelle*, Eine Fehlerfolgenlehre, 2007, S. 54 f.; *Sannwald*, in: Schmidt-Bleibtreu/Hofmann/Henneke GG-Kommentar, 14. Aufl. 2017, Art. 80 GG Rn. 124; *Nierhaus*, in: Bonner Kommentar, Stand Februar 2020, Art. 80 GG Rn. 224 ff.; wohl so zu verstehen, *Brenner*, in: v. Mangoldt/Klein/Starck, GG Bd. 2, 7. Aufl. 2018, Art. 80 GG Rn. 108.

[845] BVerfGE 44, 308 (308 ff.).

[846] *Scholz/Bismark*, in: Schule im Rechtsstaat, Bd. II, 1980, 73 (123).

[847] BVerfGE 44, 308 (316). Im Anschluss dazu *Scholz/Bismark*, in: Schule im Rechtsstaat, Bd. II, 1980, 73 (123).

Arbeitsteilung gegründete Funktionsfähigkeit des Parlaments hervor.[848] Daher müsste bei der Abgrenzung auch die Realität berücksichtigt werden. So solle die endgültige Beschlussfassung über ein parlamentarisches Vorhaben dem Plenum vorbehalten bleiben, die Mitwirkung der Abgeordneten bei der Vorbereitung der Parlamentsbeschlüsse außerhalb des Plenums sei aber ihrer Art und ihrem Gewicht nach der Mitwirkung im Plenum im Wesentlichen gleich.[849] Entscheidend sei, dass der parlamentarische Entscheidungsprozess institutionell in den Bereich des Parlaments eingefügt bleibe.[850] Anhand dieser Ausführungen lässt sich eine differenzierende Sichtweise entwickeln, ob die Beteiligung der Parlamentsausschüsse an der exekutiven Verordnungsgebung als verfassungswidrig oder -gemäß zu bewerten ist.[851]

### b) BVerfG, Beschl. v. 12.11.1958 – 2 BvL 4, 26, 40/56, 1, 7/57 und Beschl. v. 9.10.1968 – 2 BvE 2/66

Eine weitreichende Wirkung hat die vielzitierte Entscheidung des BVerfG[852] aus dem Jahr 1958 zum Preisgesetz. Das BVerfG behandelte das Problem der Zustimmungsvorbehalte zugunsten des Bundestages im Rahmen seiner Ausführungen zur hinreichenden Bestimmtheit des Ausmaßes der Ermächtigung im Sinne des Art. 80 Abs. 1 Satz 2 GG.[853] § 2 Preisgesetz ermächtigte bestimmte Stellen zum Erlass von Anordnungen und Verfügungen und machte sie gem. § 1 Preisgesetz von der Zustimmung des Wirtschaftsrates abhängig, wenn die Veränderung der Preise von Waren und Leistungen eine grundlegende Bedeutung für den gesamten Preisstand, insbesondere die Lebenshaltung, hatte.[854] Übertragen auf die Ordnung des Grundgesetzes bedeutete das, dass die von dem zuständigen Bundesminister zu erlassende Rechtsverordnung in diesen Fällen einer Zustimmung des Bundestages bedurfte.[855] In dieser Abhängigkeit wurde die materielle Einschränkung der Rechtsetzungsbefugnisse gesehen, die jedoch

---

[848] BVerfGE 44, 308 (316). Im Anschluss dazu *Scholz/Bismark*, in: Schule im Rechtsstaat, Bd. II, 1980, 73 (123).
[849] BVerfGE 44, 308 (317).
[850] BVerfGE 44, 308 (317).
[851] Genauer dazu *Uhle*, Parlament und RVO, 1999, S. 510 ff.
[852] BVerfGE 8, 274 (274 ff.).
[853] BVerfGE 8, 274 (318 ff.).
[854] BVerfGE 8, 274 (278 u. 319).
[855] In dem Sinne BVerfGE 8, 274 (319).

selbst an den Anforderungen des Art. 80 Abs. 1 Satz 2 GG zu messen war.[856] Umgekehrt hieße es, dass eine Begrenzung des Ausmaßes einer Ermächtigung durch die Einfügung eines Zustimmungsvorbehalts ausreichend und von der Grundgesetzbestimmung des Art. 80 Abs. 1 Satz 2 GG freigestellt wäre, wenn man den zustimmungsgebundenen Teil überhaupt nicht als Ermächtigung im Sinne von Art. 80 Abs. 1 Satz 2 GG ansehen würde.[857] Das wiederum hätte zur Folge, dass eine Form der Rechtsetzung möglich wäre, die zwischen Rechtsverordnungen und Gesetzen stehen würde.[858] Das widerspreche aber der Systematik des Grundgesetzes sowie dem Sinn des Art. 80 Abs. 1 GG, weil es damit ein wesentlich einfacheres Verfahren als das Gesetzgebungsverfahren ohne die Beteiligung des Bundesrates geben würde.[859] Es würde also eine nicht näher bestimmte Ermächtigung geben,[860] die alleiniger Rechtsetzung der Exekutive den Weg versperren würde. Daher könne die Begrenzung im Einzelfall durch einen Zustimmungsbeschluss des Bundestages, der kein Gesetzesbeschluss sei, nicht genügen.[861] „Müssen auch Ermächtigungen zu "Zustimmungsverordnungen" den Anforderungen von Art. 80 Abs. 1 Satz 2 GG entsprechen, so muß sich ihre Bestimmtheit unabhängig von den Voraussetzungen ergeben, unter denen die Verordnung der Zustimmung bedarf. Die Ermächtigung ist also nicht dadurch begrenzt, daß der Bundestag bestimmten Verordnungen zustimmen muß; die Notwendigkeit der Zustimmung des Bundestages erschwert lediglich ihre Ausübung."[862] Im Schrifttum wurde in diesen Feststellungen ein Indiz gegen die Zulässigkeit der Kompensation eines Bestimmtheitsdefizits der Ermächtigungsgrundlage durch spätere Beteiligung des Parlaments gesehen.[863] Hervorzuheben ist aber, dass das BVerfG eben die gänzliche Freistellung von

---

[856] BVerfGE 8, 274 (319) widerspricht damit der Auffassung in BVerwGE 1, 104 (111), die in Teil 1 II. 8. d) näher dargestellt wird.
[857] So *Kisker*, in: Schule im Rechtsstaat, Bd. II, 1980, 7 (42) in Bezug auf BVerfGE 8, 274 (322 f.).
[858] BVerfGE 8, 274 (323).
[859] So BVerfGE 8, 274 (323).
[860] BVerfGE 8, 274 (323).
[861] BVerfGE 8, 274 (323).
[862] BVerfGE 8, 274 (323).
[863] *Uhle*, Parlament und RVO, 1999, S. 301 f. mit Verweis auf *Kisker*, in: Schule im Rechtsstaat, Bd. II, 1980, 7 (42); *Scholz/Bismark*, in: Schule im Rechtsstaat, Bd. II, 1980, 73 (131). In dem Sinne auch *v. Danwitz*, Die Gestaltungsfreiheit, 1989, S. 126.

Art. 80 Abs. 1 Satz 2 GG problematisierte, nicht aber die Abmilderung von Bestimmtheitsanforderungen diskutierte, die teilweise befürwortet wird.[864] *Kisker* interpretiert deshalb in die Ausführungen des BVerfG in Bezug auf die neue „Form der Rechtsetzung", dass es sich um eine „neue Form der Vorprogrammierung des Verordnungsgebers" handele.[865]

Die Zustimmungsvorbehalte wurden vom BVerfG als grundsätzlich mit dem Grundgesetz vereinbar erachtet. Dieser Einschätzung stünde weder das Gewaltenteilungsprinzip noch der Umstand, dass Art. 80 Abs. 1 GG Ermächtigungen zu Zustimmungsverordnungen nicht ausdrücklich zulasse, entgegen.[866] Die Begründung des BVerfG setzte sich folgendermaßen zusammen: Zunächst ordne das Grundgesetz die Rechtsetzung grundsätzlich der Legislative vor.[867] Gleichzeitig schließe das Grundgesetz aber eine Durchbrechung dieses Grundsatzes nicht aus, z.B. indem es die Möglichkeit der Exekutive zur Rechtsetzung vorsehe.[868] So trügen Ermächtigungen zum Erlass von "Zustimmungsverordnungen" nicht zur klaren Abgrenzung der Verantwortung von Exekutive und Legislative bei, enthielten aber im Vergleich zur vollen Delegation der Rechtsetzung auf die Exekutive ein Minus.[869] Infolgedessen seien sie jedenfalls für solche Sachbereiche mit dem Grundgesetz vereinbar, für die ein legitimes Interesse der Legislative anerkannt werden müsse, zwar einerseits die Rechtsetzung auf die Exekutive zu delegieren, sich aber andererseits – wegen der Bedeutung der zu treffenden Regelungen – entscheidenden Einfluss auf Erlass und Inhalt der Verordnungen vorzubehalten.[870] In dem zu entscheidenden Fall seien es Regelungen im Bereich des Zoll-, des Zolltarif- und des Preiswesens, die durch die Notwendigkeit ihrer Anpassung an sich schnell ändernde wirtschaftliche Verhältnisse gekennzeichnet seien, und somit in dem im Vergleich zum Gesetzgebungsverfahren weit einfacheren Verfahren, an dem die Legislative den

---

[864] *v. Danwitz*, Die Gestaltungsfreiheit, 1989, S. 127. Zuvor *Kisker*, in: Schule im Rechtsstaat, Bd. II, 1980, 7 (42).
[865] *Kisker*, in: Schule im Rechtsstaat, Bd. II, 1980, 7 (43) mit Verweis auf BVerfGE 8, 274 (323 f.).
[866] BVerfGE 8, 274 (322).
[867] BVerfGE 8, 274 (321).
[868] BVerfGE 8, 274 (321).
[869] BVerfGE 8, 274 (321) mit Verweis auf *Wolff*, AöR 78 (1952/53), 194 (217).
[870] BVerfGE 8, 274 (321).

Vorordnungen zustimme, auch diese Verordnungen unverzüglich erlassen werden können.[871] Damit stehen im Vordergrund zwei Argumente für die Zulässigkeit der Zustimmungsvorbehalte: zum einen, dass sie als ein Minus zur vollen Delegation der Rechtsetzung auf die Exekutive zu begreifen sind, und dass ein legitimes Interesse der Legislative zum anderen an der Art der zu regelnden Materie zu begründen ist. Dieser Begründungsansatz hat im Schrifttum weitgehend Anerkennung gefunden.[872] Zusätzlich wird er um die Argumente ergänzt, dass der Gesetzgeber einerseits weiterhin die Kompetenz beibehalte, die Ermächtigungsnormen nachträglich abzuändern oder aufzuheben, und andererseits eine eingeschränkte Ermächtigung einer idealtypischen Gewaltenteilung (vgl. Art. 20 Abs. 2 Satz 2 GG) näherkomme als eine vom Einfluss des Parlaments unabhängige Rechtsverordnungssetzung.[873] Das a maiore ad minus Argument[874] wird aber vereinzelt mit unterschiedlicher Argumentation kritisiert,[875] ebenso wie die Beschränkung der verordnungsspezifischen Beteili-

---

[871] BVerfGE 8, 274 (321 f.).
[872] Zustimmend bspw. *Sommermann*, JZ 1997, 434 (426); *Rubel*, in: Umbach/Clemens GG-Kommentar, Bd. II, 2002, vor Art. 80 GG Rn. 52, mit dem Hinweis auf einen weiten Beurteilungsspielraum des Bundestages; *Ossenbühl*, in: HStR, Bd. V, 3. Aufl. 2007, § 103 Rn. 60; *Wallrabenstein*, in: v. Münch/Kunig GG-Kommentar, Bd. 2, 6. Aufl. 2012, Art. 80 GG Rn. 25; *Bauer*, in: Dreier/GG-Kommentar, Bd. II, 3. Aufl. 2015, Art. 80 GG Rn. 30; *Brenner*, in: v. Mangoldt/Klein/Starck, GG Bd. 2, 7. Aufl. 2018, Art. 80 GG Rn. 105.
[873] Darauf hinweisend, *v. Danwitz*, Die Gestaltungsfreiheit, 1989, S. 113 mit Bezugnahme auf *Grupp*, DVBl 1974, 177 (179); von dem ersteren gehen aus: *Achterberg*, in: Parlamentsrecht, 1984, § 18 S. 441; *Schneider*, Gesetzgebung, 3. Aufl. 2002, S. 180 Rn. 262.
[874] So genannt u.a. von *Achterberg*, in: Parlamentsrecht, 1984, § 18 S. 440; *Rupp*, NVwZ 1993, 756 (758); *Pegatzky*, Parlament und Verordnungsgeber, 1999, S. 78; *Uhle*, NVwZ 2002, 15 (16).
[875] *v. Danwitz*, Die Gestaltungsfreiheit, 1989, S. 113 f., der Gesetzgeber habe keinen Vorbehalt zu eigenen Gunsten vorgenommen, sondern demgegenüber ein rechtliches Aliud in die Ermächtigungsnormen aufgenommen; *Rupp*, NVwZ 1993, 756 (758) mit dem Hinweis, das Kompetenzrecht sei Erst-recht-Schlüssen nicht zugänglich; *Pegatzky*, Parlament und Verordnungsgeber, 1999, S. 78 f. der Vorbehalt als Ingerenz sei nicht als Ausfluß einer allgemeinen höchsten Normsetzungsbefugnis des Bundestages zu qualifizieren und sei nicht stets in Art. 80 Abs. 1 GG mitenthalten; ausführlich *Uhle*, NVwZ 2002, 15 (16 ff.); *Uhle*, in: Gesetzgebung, 2014, § 24 Rn. 89, die Zulässigkeit der Zustimmungsvorbehalte folge aus dem Umstand der parlamentarischen Exekutivkontrolle; *Remmert*, in: Maunz/Dürig Kommentar GG, Oktober 2019, Art. 80 GG Rn. 108, die Mitwirkungsvorbehalte seien nie Minus, sondern immer ein Aliud zur Ermächtigung zum Verordnungserlass ohne Mitwirkungsvorbehalte Dritter.

gungsrechte durch ein legitimes Interesse[876] der Legislative aufgrund der Bedeutung der zu regelnden Materie. Hervorgehoben wird die Flexibilität und Zügigkeit eines solchen Verfahrens gegenüber dem Gesetzgebungsverfahren, die in bestimmten Bereichen schon damals als notwendig erachtet wurden. Um diese Zustimmungspraxis nicht ausufern zu lassen und dem Zurechnungsproblem bei dieser Form der Rechtsetzung zu begegnen, sah das BVerfG die notwendige Beschränkung eben in dem legitimen Interesse bzw. der Art und Bedeutung der zu regelnden Materie.[877] Ungeachtet der Unstimmigkeiten innerhalb der Argumentation wird die grundsätzliche Zulässigkeit der Zustimmungsvorbehalte nicht in Frage gestellt.[878]

Das BVerfG hat das Erzeugnis der „Zustimmungsverordnung" in die Normenhierarchie eindeutig eingeordnet. „[Sie] verlieren durch die Beteiligung der Legislative nicht ihren Charakter als Rechtsverordnungen.",[879] weil die Tätigkeit der Legislative Beteiligung an der Rechtsetzung sei, aber nicht Gesetzgebung, da sich die geschäftsmäßige Erledigung der Zustimmung zu Rechtsverordnungen wesentlich von der parlamentarischen Behandlung der Gesetzentwürfe unterscheide.[880] Ferner sei der Erlass solcher Verordnungen ein zusammengesetzter Rechtsetzungsakt.[881] Dabei ließ das BVerfG offen, ob die Zustimmung der Legis-

---

[876] *Grupp*, DVBl 1974, 177 (180), das legitime Interesse sei zu unbestimmt, um als Maßstab für die Zulässigkeit der Mitwirkungsvorbehalte zu dienen; zustimmend *Achterberg*, in: Parlamentsrecht, 1984, § 18 S. 441; *Konzak*, DVBl 1994, 1107 (1110 f.), das Kriterium des legitimen Interesses sei ungeeignet für eine klare Trennung und Unterscheidung von Verantwortungsbereichen, vor allem bei Änderungsvorbehalten; *Studenroth*, DÖV 1995, 525 (530), für das legitime Interesse als Maßstab der Rechtmäßigkeit fehle es an einer verfassungsrechtlichen Grundlage; *Uhle*, in: Gesetzgebung, 2014, § 24 Rn. 89, das legitime Interesse als Beschränkung sei ungeeignet, weil es sachlich nicht überprüfbar und letztlich nicht beurteilbar sei; *Mann*, in: Sachs GG-Kommentar, 8. Aufl. 2018, Art. 80 GG Rn. 41 Fn. 104, es sei eine unzutreffende Einschränkung.
[877] So *v. Danwitz*, Die Gestaltungsfreiheit, 1989, S. 115 f. und *v. Danwitz*, Jura 2002, 93 (97); auch *Nierhaus*, in: Bonner Kommentar, Februar 2020, Art. 80 GG Rn. 220, der auf Schwierigkeiten beim legitimen Interesse im Einzelfall hinweist und deshalb im Übrigen auf die Art und Bedeutung der zu regelnden Sachmaterie abstellen will.
[878] Grundlegende Ablehnung der Zustimmungsvorbehalte durch *Kotulla/Rolfsen*, NVwZ 2010, 943 (943 ff.), weil sie keine Stütze im Grundgesetz hätten.
[879] BVerfGE 8, 274 (322) mit Verweis auf BVerfGE 2, 237 (255).
[880] BVerfGE 8, 274 (322).
[881] BVerfGE 8, 274 (322) mit Verweis auf *Christ*, Die Genehmigung von Verordnungen, 1945, S. 52 f.

lative zu der Verordnung als der Tätigkeit der Exekutive gleichwertig anzusehen oder im Sinne eines "Plazet" zu verstehen sei.[882] Die Ausführungen des BVerfG werfen mehrere Fragestellungen auf und erlauben mit den dazugehörigen Argumenten keine präzisen Rückschlüsse. So soll der Zustimmungsbeschluss zwar keine Gesetzgebung sein, weil er sich zu sehr von dem Gesetzesbeschuss unterscheidet (zumindest verfahrensrechtlich), gleichzeitig aber stellt die Zustimmung eine Beteiligung an der Rechtsetzung dar und bildet mit der Tätigkeit des Verordnungsgebers einen zusammengesetzten Rechtsetzungsakt. Das erscheint auf den ersten Blick widersprüchlich zu sein. So wird teilweise argumentiert, dass der Bundestag nicht als Gesetzgebungsorgan, sondern als Volksvertretung zur Mitwirkung berufen, tätig werde, und die Zustimmung keine Rechtsetzung, sondern formelle Wirksamkeitsvoraussetzung für Zustandekommen von Rechtsverordnungen sei.[883] Dieses Verständnis würde bedeuten, dass sich die Tätigkeit des Bundestages in der Inkraftsetzung von Rechtssätzen erschöpft (formell) und sich der Bundestag mit dem Inhalt der Regelung selbst nicht beschäftigt (materiell).[884] Damit hätte der Gesetzgeber keinen Vorbehalt zu seinen eigenen Gunsten begründet.[885] Der Bundestag erteilt aber seine Zustimmung zu einer Rechtsverordnung nur dann, wenn ihm der Inhalt dieser auch zusagt. Er prüft den Inhalt der Rechtsverordnung auf ihre Recht- und Zweckmäßigkeit und ist ein Miterzeuger der abstrakt-generellen Normen (materiell).[886] Da das BVerfG eine genaue Qualifikation des Zustimmungsaktes meidet, lässt er sich als Ausfluss einer allgemeinen Normsetzungsbefugnis des Bundestages begreifen bzw. als inhaltliche Determinierung einer Kompetenz des Verordnungsgebers qualifizieren, die stets in der Ermächtigung gem. Art. 80 Abs. 1 GG enthalten ist.[887] Durch die Beteiligung des Parlaments solle

---

[882] BVerfGE 8, 274 (322) mit Verweis auf *Henrichs*, Art. 113 des Grundgesetzes, 1958, S. 113 ff.
[883] *v. Danwitz*, Die Gestaltungsfreiheit, 1989, S. 114 mit Verweis auf *Hüser*, Die Mitwirkung, 1978, S. 113 und die Rspr., BayVGHE 30, 26 (29), BayVerfGHE 24, 181 (196); *Uhle*, Parlament und RVO, 1999, S. 315.
[884] So ähnlich *Christ*, Die Genehmigung von Verordnungen, 1945, S. 51.
[885] *v. Danwitz*, Die Gestaltungsfreiheit, 1989, S. 114.
[886] So ähnlich *Christ*, Die Genehmigung von Verordnungen, 1945, S. 51.
[887] Auf die Interpretationen weist hin, *Pegatzky*, Parlament und Verordnungsgeber, 1999, S. 79.

der Rechtsverordnung eine weitere demokratische Legitimation zukomme.[888] Ossenbühl geht sogar so weit, dass er die Zustimmungsverordnung entgegen der Auffassung des BVerfG als eine neue dritte Form der Rechtsetzung zwischen dem förmlichen Gesetz einerseits und der exekutiven Verordnungsgebung andererseits identifiziert, die ihren legitimen Platz im Rechtsquellensystem des Grundgesetzes haben solle.[889] Diese sei notwendig geworden, weil der eingetretene Regelungsbedarf weder allein durch förmliches Verfahren noch allein durch eine Rechtsverordnungen sachgerecht erfüllt werden könne.[890]

Insgesamt bringt diese Entscheidung einen erheblichen Fortschritt im Verständnis der Zustimmungsvorbehalte und deren Vereinbarkeit mit dem Grundgesetz ein. Mit ihr werden Beschränkungen der Befugnisse des Parlaments begründet, die weitestgehend übernommen wurden. Die Argumentationsstränge sind von allgemeiner Bedeutung, obwohl sie viele Fragen offenlassen bzw. zur Kritik anregen. Diese Grundsatzentscheidung wird durch das BVerfG[891] später abermals bestätigt, obwohl der zugrundeliegende Sachverhalt keinen Anstoß dazu angeboten hat.[892] In der Entscheidung ging es nämlich um das Problem, wann Rechtsverordnungen der Zustimmung des Bundesrates gem. Art. 80 Abs. 2 GG bedürfen und eben nicht um die Frage der parlamentarischen Beteiligungsrechte.[893] In dem Zusammenhang hat aber das BVerfG die Gelegenheit dazu genutzt, die Verfassungskonformität der Zustimmungsvorbehalte erneut zu bejahen. Dabei verdeutlichte es, dass die unter Beteiligung des Bundestages erlassene Rechtsverordnung ihre Rechtsqualität als solche beibehalte und den

---

[888] *Ossenbühl*, ZG 1997, 305 (315).

[889] *Ossenbühl*, ZG 1997, 305 (315); *Ossenbühl*, in: HStR, Bd. V, 3. Aufl. 2007, § 103 Rn. 63. In diese Richtung auch *Pegatzky*, Parlament und Verordnungsgeber, 1999, S. 165 f.

[890] *Ossenbühl*, ZG 1997, 305 (315); *Ossenbühl*, in: HStR, Bd. V, 3. Aufl. 2007, § 103 Rn. 63.

[891] BVerfGE 24, 184 (184 ff.).

[892] So *Uhle*, Parlament und RVO, 1999, S. 302.

[893] BVerfGE 24, 184 (184, LS) „In Art. 80 Abs. 2 GG bezeichnen die Worte "Rechtsverordnungen auf Grund von Bundesgesetzen, die der Zustimmung des Bundesrates bedürfen" die zustimmungsbedürftigen Bundesgesetze als Ganzes. Rechtsverordnungen auf Grund solcher Bundesgesetze bedürfen -- falls nicht eine anderweitige Regelung getroffen worden ist -- auch dann der Zustimmung des Bundesrates, wenn die Ermächtigung und die mit ihr zusammenhängenden Normen die Zustimmungsbedürftigkeit des Gesetzes nicht ausgelöst haben."

Zuständigkeiten und Voraussetzungen der Rechtsetzung in Form der Rechtsverordnung unterliege.[894]

## c) BVerfG, Beschl. v. 21.12.1977 – 1 BvL 1/75, 1 BvR 147/75

Eng mit den zuvor dargestellten Entscheidungen ist der Beschluss des BVerfG aus 1977 verbunden. In dem Verfahren ging es um die verfassungsrechtliche Prüfung des § 28 des hamburgischen Schulgesetzes und des § 2 Abs. 1 Satz 1 und 2 des hamburgischen Schulverfassungsgesetzes, genauer um Fragen zur Einführung und Erteilung des Sexualkundeunterrichts in öffentlichen Schulen.[895] In der sog. Sexualkundeentscheidung prüfte das BVerfG, ob dem Vorbehalt des Gesetzes dadurch Genüge getan sei, dass bei der Erarbeitung der Richtlinien für die Sexualerziehung in Hamburg die bei der Fachbehörde gebildete Deputation, zu der neben dem Senator auch vom Parlament gewählte Bürger gehörten, mitwirkte und eine Parlamentsdebatte mit zustimmenden Äußerungen der Fraktionen stattgefunden hatte.[896] Das BVerfG ließ das nicht ausreichen mit folgender Begründung: zum einen grenze der Grundsatz des Vorbehalts des Gesetzes bestimmte Sachbereiche ab, deren Regelung aus Gründen der demokratisch-rechtsstaatlichen Ordnung prinzipiell dem Gesetzgeber obliege, zum anderen sei weder die Bürgerschaft der Freien Hansestadt Hamburg damals als Gesetzgeber tätig geworden noch vermöge die Mitwirkung der Deputation den Gesetzgebungsakt zu ersetzen.[897] Diese Ausführungen sind ganz im Sinne der Entscheidung zum Preisgesetz, dass das Parlament als Gesetzgeber gewisse Erfordernisse erfüllen müsse, sodass von der Annahme einer

---

[894] BVerfGE 24, 184 (199) „Das Grundgesetz kennt in dem hier in Frage stehenden Bereich als Formen der Rechtsetzung nur das Gesetz und die Rechtsverordnung (vgl. BVerfGE 8, 274 (323)). Auch eine Verordnung, die der Zustimmung des Bundestages bedarf, bleibt Verordnung (BVerfGE 8, 274 (322)). Der Bundestag kann eine Verordnung, deren Gültigkeit zweifelhaft ist, nicht nachträglich "genehmigen" (BVerfGE 22, 330 (346)); er kann nur Gesetze, nicht aber Verordnungen erlassen (BVerfGE 22, 330 (346)). Das Grundgesetz unterscheidet zwischen der Rechtsetzung in der Form des Gesetzes und in der Form der Rechtsverordnung; Zuständigkeiten und Voraussetzungen der Rechtsetzung in der einen und der anderen Form sind im Grundgesetz verschieden geregelt."
[895] BVerfGE 47, 46 (46 ff.).
[896] BVerfGE 47, 46 (82).
[897] BVerfGE 47, 46 (82).

kompensatorischen Wirkung deutliche Zurückhaltung zu entnehmen ist.[898] Aus dieser Entscheidung folgt nicht, ob Parlamentsausschüsse im Rahmen der Rechtsverordnungsgebung teilnehmen können, da die Hamburger Deputation keinen Parlamentsausschuss verkörpert, weil sie nicht auf der Grundlage einer Delegation durch das Parlamentsplenum tätig geworden ist und infolgedessen keine Plenarentscheidung substituierte.[899] Ebenfalls bleibt die Frage offen, ob die Erfordernisse an das Bestimmtheitsgebot durch die Mitwirkung des Parlaments beim Erlass einer Rechtsverordnung zumindest etwas gesenkt werden können.[900] Dafür bot der Sachverhalt auch keinen Anlass, denn zum einen fehlte es in dem hamburgischen Schulverfassungsgesetz an einer Ermächtigung zur Regelung des Sexualkundeunterrichts und zum anderen handelte es bei der Hamburger Deputation um eine schwache Form der Parlamentsmitwirkung, einer Parlamentsdebatte mit zustimmenden Äußerungen der Fraktionen.[901] So war die Hamburger Bürgschaft selbst nicht an der Erstellung der Richtlinien beteiligt, sondern ein von ihr gewähltes Gremium, das ebenso wie der Verordnungsgeber, personell nur mittelbar demokratisch legitimiert war.[902]

### d) BVerwG, Urt. v. 23.4.1954 – BVerwG II C 50.53

Ebenfalls das BVerwG beschäftigte sich mit der Zulässigkeit der Zustimmungsvorbehalte zugunsten des Bundestages. In seinem ersten Urteil vom 1954 beschäftigte es sich am Rande mit der Rechtsetzungsermächtigung nach § 2 des Preisgesetzes, genauer um die Regelung des § 1 Satz 2 des Preisgesetzes, der die Zustimmung des Wirtschaftsrates zu Rechtsverordnungen vorsah, die für den gesamten Preisstand, insbesondere für die Lebenshaltung, grundlegende Bedeutung hatten.[903] Das Gericht ging von der Zulässigkeit des Zustimmungsvorbehaltes aus und bewertete ihn unter dem Aspekt der Schrankenziehung der Delegation, also des Ausmaßes der Rechtsetzungsermächtigung durch die Begrenzung nach Inhalt und Zweck. Dazu führte es aus, dass die Abhängigkeit

---

[898] So *Kisker*, in: Schule im Rechtsstaat, Bd. II, 1980, 7 (44); *v. Danwitz*, Die Gestaltungsfreiheit, 1989, S. 126 f.
[899] *Scholz/Bismark*, in: Schule im Rechtsstaat, Bd. II, 1980, 73 (123).
[900] *Kisker*, in: Schule im Rechtsstaat, Bd. II, 1980, 7 (44).
[901] *Kisker*, in: Schule im Rechtsstaat, Bd. II, 1980, 7 (44).
[902] *v. Danwitz*, Die Gestaltungsfreiheit, 1989, S. 127.
[903] BVerwGE 1, 104 (111).

der Preisbehörde von dem Willen des ordentlichen Gesetzgebers ihre Rechtsetzungsbefugnisse materiell in einem solchen Maße einschränke, dass diese Einschränkung bei der Beurteilung des Ausmaßes dieser Befugnisse entscheidend ins Gewicht fallen müsse, dieses Ausmaß also selbst unter dem Gesichtspunkt der grundlegenden Bedeutung der Preisveränderung also einschränkend bestimmt erscheine.[904] Auffällig ist, dass das BVerwG von der grundsätzlichen Zulässigkeit des Zustimmungsvorbehalts ausging, ohne sie zu problematisieren. Der Zustimmungsvorbehalt wurde als Mittel der Auslegung der Ermächtigungsnorm eingesetzt, um die Vorgaben, die den in Art. 80 Abs. 1 Satz 2 GG entsprechen, zu überprüfen.[905] Nähere Erläuterungen hierzu fehlen jedoch.[906] Im Vergleich zu den Entscheidungen des BVerfG kann die Tendenz erblickt werden, dass das Vorliegen von Zustimmungsvorbehalten zur Absenkung der Bestimmtheitsanforderungen führen kann und damit Bestimmtheitsdefizite kompensiert werden können.[907]

**e) BVerwG, Urt. v. 1.12.1978 – BVerwG 7 C 68.77**
In der Ausbildungsnoten-Entscheidung des BVerwG[908] vom 1.12.1978 stand die Gültigkeit einer Berliner Rechtsverordnung auf dem Prüfstand. In dem Rechtsstreit ging es um Ermittlung der Ausbildungsnote eines Referendars, die aufgrund einer Rechtsverordnung (§ 30 Abs. 1 JAO), die auf der Grundlage des JAG erlassen wurde, zu bestimmen war. Das OVG Berlin sah die Vorschrift als rechtsungültig im Hinblick auf Art. 12 Abs. 1 GG und den Grundsatz des Vorbehalts des Gesetzes an, weil aus diesen Vorschriften wenig zu entnehmen sei, an welche Bewertungsmaßstäbe der Verordnungsgeber den Ausbildungsleiter binden müsse.[909] Das BVerwG widersprach dieser Ansicht und verwies darauf, dass eine weitergehende Festlegung von Bewertungsgrundsätzen durch förmliches Gesetz weder das Rechtsstaats- noch das Demokratieprinzip gebieten würde, und dass diese bereits durch die am verfassungsrechtlichen Gebot der

---

[904] BVerwGE 1, 104 (111).
[905] In dem Sinne *Uhle*, Parlament und RVO, 1999, S. 302.
[906] So auch *Scholz/Bismark*, in: Schule im Rechtsstaat, Bd. II, 1980, 73 (132).
[907] So v. *Danwitz*, Die Gestaltungsfreiheit, 1989, S. 127; *Uhle*, Parlament und RVO, 1999, S. 302.
[908] BVerwGE 57, 130 (130 ff.).
[909] BVerwGE 57, 130 (132 f.) und *Kisker*, in: Schule im Rechtsstaat, Bd. II, 1980, 7 (44 f.).

Chancengleichheit orientierte Rechtsprechung hinreichend scharfe Umgrenzung erfahren hätten.[910] Ergänzend führte das BVerwG aus, dass das in der Verfassung des Landes Berlin vorgesehene besondere Verfahren, die Beachtung des dem Gesetzesvorbehalt innewohnenden Prinzips parlamentarischer Eigenverantwortlichkeit für die rechtliche Ausgestaltung grundrechtlich geschützter Lebensbereiche sichere.[911] Dabei brachte das BVerwG unmissverständlich zum Ausdruck, dass der Vorbehalt unterschiedliche Inhalte haben kann. Denn die vom Senat erlassenen Rechtsverordnungen seien nach Art. 47 Abs. 1 Satz 2 der Verfassung von Berlin vom 1.9.1950 (VOBl. I S. 433) dem Abgeordnetenhaus unverzüglich zur Kenntnisnahme vorzulegen und könnten durch Beschluss des Abgeordnetenhauses abgeändert und aufgehoben werden.[912] Ferner beschrieb das Gericht, welchen Sinn und Zweck derartige Vorbehalte haben. Diese – anderen Landesverfassungen und dem Grundgesetz fremde – Verfahrensform der Rechtsetzung unterstelle den Verordnungsgeber einer verstärkten parlamentarischen Kontrolle und Korrektur, auch wenn das Abgeordnetenhaus eine ihm vorgelegte Rechtsverordnung unbeanstandet passieren lassen würde, denn dann begründe das den Anschein inhaltlicher Billigung und bringe auch die Vermutung, dass der Verordnungsgeber die Intentionen des Gesetzgebers getroffen und mit seiner Regelung dem Gesetzeswillen entsprochen hatte.[913]

Diese Entscheidung bezieht sich zum ersten Mal nicht nur auf den Zustimmungsvorbehalt, sondern zeigt andere Mitwirkungsformen auf, nämlich den Aufhebungs- und Änderungsvorbehalt. Sie ist von allgemeiner Bedeutung, weil zum Ausdruck gebracht wird, dass alle diese Mitwirkungsformen des Parlaments verfassungsrechtlich nicht zu beanstanden sind. Vielmehr sind sie mit dem Vorbehalt des Gesetzes sowie dem Parlamentsvorbehalt (mit dem ihm innewohnenden Prinzip parlamentarischer Eigenverantwortlichkeit) vereinbar. Die Ausübung der Mitwirkungsformen führt sogar zu deren Förderung und Sicherung als ein Instrument der Kontrolle und Korrektur.[914] In der Entscheidung kann eine eindeutige Bejahung des Kompensationsgedankens, auch für den Fall

---

[910] BVerwGE 57, 130 (138).
[911] BVerwGE 57, 130 (139).
[912] BVerwGE 57, 130 (139).
[913] BVerwGE 57, 130 (139 f.).
[914] So auch *Uhle*, Parlament und RVO, 1999, S. 303.

einer wenig intensiven Mitwirkung des Bundestages gesehen werden.[915] Allerdings ist Vorsicht geboten, wenn es um die Übertragung dieses besonderen Rechtsetzungsverfahrens auf Art. 80 GG geht, denn das BVerwG weist explizit auf das Fehlen entsprechender Vorschriften im Grundgesetz.[916]

**f) Der schlichte Parlamentsbeschluss als unselbstständiger Rechtsetzungsteilakt des Rechtsverordnungserlasses auf dem Prüfstand mit dem Grundgesetz und Folgeprobleme seiner Ausgestaltung**

Aus den Entscheidungen lässt sich entnehmen, dass in der Rechtsprechung abschließend nur über eine Beteiligungsform des Parlaments entschieden wurde, nämlich die des Zustimmungsvorbehaltes. Die obersten Gerichte sind sich einig, dass diese Form, sowohl in der Zeit vor dem Inkrafttreten des Grundgesetzes als auch unter seiner Geltung, eine zulässige Mitwirkung eines Gesetzgebungsorgans an der Rechtsverordnungsgebung darstellt. Trotz der fehlenden ausdrücklichen Regelung im Grundgesetz zu diesem Recht des Bundestages ist die parlamentarische Mitwirkung ein Ausdruck der mannigfaltigen Verzahnungen der Befugnisse zwischen der Exekutive und Legislative (keine Verletzung des Gewaltenteilungsgrundsatzes).[917] Zugleich bleibt die Beteiligung Dritter an der Rechtsverordnungsgebung, wie die der Parlamentsausschüsse, nicht eindeutig geklärt.[918]

Eine Begründung für die Verfassungsmäßigkeit der Zustimmungsverordnung enthält lediglich die Preisgesetzentscheidung[919] des BVerfG. Die verfassungsrechtliche Zulässigkeit dieser Form wird im Ergebnis grundsätzlich sowohl von der Rechtsprechung als auch im Schrifttum anerkannt. Dabei wird das a maiore ad minus Argument des BVerfG oder die Einschränkung in Form des legitimen Interesses teilweise übernommen oder teilweise für entbehrlich bzw. wider-

---

[915] So *Kisker*, in: Schule im Rechtsstaat, Bd. II, 1980, 7 (45) bzgl. der Aufhebungsvorbehalte; etw. differenzierend *Uhle*, Parlament und RVO, 1999, S. 303.
[916] *Scholz/Bismark*, in: Schule im Rechtsstaat, Bd. II, 1980, 73 (132) und BVerwGE 57, 130 (139 f.) Dort wird nur auf die Verfassung des Landes Berlin abgestellt und das in den dort geregelten Bestimmungen besondere Verfahren hervorgehoben.
[917] So BVerfGE 8, 274 (322) mit Verweis auf einen bekannten Fall, Art. 113 GG, bei dem ein Parlamentsgesetz der förmlichen Zustimmung der Exekutive bedarf.
[918] BVerfGE 4, 193 (203); 44, 308 (316).
[919] BVerfGE 8, 274 (274 ff.).

sprüchlich gehalten.[920] Zusammenfassend zählen zu den Hauptaussagen der Rechtsprechung einerseits, dass die Zustimmungsverordnung ein zusammengesetzter Rechtsetzungsakt sei, der den Rechtsverordnungsrang[921] besitze und somit die Einräumung des Zustimmungsrechts nicht von der Einhaltung der Anforderungen in Art. 80 Abs. 1 Satz 2 GG entbunden sei, andererseits aber zusätzlich die Voraussetzung des legitimen Interesses der Legislative vorliegen müsse, über die Delegierung hinaus einen entscheidenden Einfluss auf die Rechtsetzung nehmen zu wollen, was ein Minus zur Volldelegation darstellt. Folgt man dieser Argumentation und lässt die im Schrifttum geäußerten Bedenken[922] erst einmal außer Acht, so sind folgende Rückschlüsse für den schlichten Parlamentsbeschluss zu ziehen: Der Zustimmungsvorbehalt wird durch einen einfachen und nichtlegislativen Beschluss des Parlaments vollzogen, der für den Verordnungsgeber rechtverbindlich ist. Ohne sein Vorliegen ist die Rechtsverordnung nicht wirksam. So geht das BVerfG von einem zusammengesetzten Rechtsakt aus, obwohl es die rechtliche Bewertung über die Qualität der Zustimmung des Bundestages ausdrücklich nicht vorgenommen hat.[923] Die Anwendung dieses Mittels wird aber damit gerechtfertigt, dass es eine Entlastung[924] des Gesetzgebers zur Folge hat und sich dieser durch die Beteiligung des Bundestages einen entscheidenden Einfluss auf die Rechtsverordnungssetzung sichert.[925] So lässt sich gut vertreten, dass der Vorbehalt ein Ausfluss der Rechtsetzungsbefugnis des Gesetzgebers ist. Gerade weil er als Kontroll- und Korrekturmittel[926] dienen soll, zeigt das, dass der zustimmende Beschluss nur nach vorheriger inhaltlicher Auseinandersetzung[927] mit dem

---

[920] Dazu genauer mit Nachweisen bspw.: *Staupe*, Parlamentsvorbehalt und Delegationsbefugnis, 1986, S. 318 ff.; *v. Danwitz*, Die Gestaltungsfreiheit, 1989, S. 112 ff.; *Pegatzky*, Parlament und Verordnungsgeber, 1999, S. 78 f.; 133 ff.; 162 ff.; *Uhle*, in: Gesetzgebung, 2014, § 24 Rn. 86.
[921] BVerfGE 2, 337 (255); 8, 274 (322); 24, 184 (199).
[922] Genauer dazu siehe Teil 2 IV.
[923] Ausdrücklich offengelassen BVerfGE 8, 274 (322).
[924] BVerfGE 4, 193 (202); 8, 274 (321).
[925] BVerfGE 8, 274 (321).
[926] BVerwGE 57, 130 (139 f.).
[927] *Pegatzky*, Parlament und Verordnungsgeber, 1999, S. 164 f. Die inhaltliche Einflussnahme beschränke sich nicht auf ein „ja" oder ein „nein". Zwar könne der Bundestag nicht direkt die Rechtsverordnung inhaltlich gestalten („positiv"), er sei aber in der Lage das Zustandekommen der Rechtsverordnung in rechtsverbindlicher Weise zu verhindern („negativ"). Daher

Rechtsverordnungsentwurf ergehen kann („Anschein inhaltlicher Billigung")[928]. Darin ist die materielle Komponente im Sinne der Rechtserzeugung zu erblicken und nicht lediglich die formelle Wirksamkeitsvoraussetzung[929] für die Rechtsverbindlichkeit der Rechtsverordnung.[930] Wie bereits erwähnt, soll sich der Einfluss nicht nur auf den Erlass beschränken, das „Ob", sondern auf den Inhalt der Rechtsverordnung, das „Wie", erstrecken. Nicht überzeugend ist es demzufolge, dass sich die Tätigkeit des Bundestages ausschließlich in dem Akt der Inkraftsetzung erschöpfen soll. Vielmehr hängen die Befugnisse der Organe in wechselseitiger Weise voneinander ab, während der Exekutive die Initiativbefugnis zusteht, liegt es an dem Bundestag zu entscheiden, ob die Rechtsverordnung wirksam wird.[931] Der Rechtsverordnungsgeber kann auch nicht nach erteilter Zustimmung den Rechtsverordnungsentwurf inhaltlich seinerseits ändern, dafür wäre wohl eine erneute Vorlage erforderlich, sonst würde das die Zustimmung des Parlaments konterkarieren.[932] Unklar bleibt weiterhin, inwiefern die Tätigkeit des Verordnungsgebers und die des Bundestages als

---

werde sich der Verordnungsgeber gut überlegen, ob er seine Arbeitskapazität durch eine mögliche Obstruktion seines Vorhabens noch weiter belasten möchte oder nicht. Zuvor in die Richtung bereits *Grupp*, DVBl 1974, 177 (180).
[928] BVerwGE 57, 130 (139 f.).
[929] So z.B. *Hüser*, Die Mitwirkung, 1978, S. 111 ff.; v. *Danwitz*, Die Gestaltungsfreiheit, 1989, S. 114.; *Uhle*, Parlament und RVO, 1999, S. 314 ff.; anders es sei nur ein Kontrollinstrument, *Uhle*, NVwZ 2002, 15 (16 ff., 19 ff.). So bereits auch *Lichtenhahn*, Besondere parlamentarische Kontrollen, 1967, S. 70 ff., 83 ff.
[930] Diese Interpretation wird vorgenommen, weil das BVerfG ausdrücklich die Auffassung von *Christ* über dem zusammengesetzten Rechtsetzungsakt übernimmt, ohne sich mit ihr inhaltlich auseinanderzusetzen. In dem Sinne *Christ*, Die Genehmigung von Verordnungen, 1945, S. 51 f. „Also sowohl die Rechtsetzung der Exekutive als auch der Legislative sind für die Rechtsverbindlichkeit der genehmigten Verordnung erforderlich. Die Tätigkeit eines jeden dieser Organe stellt somit einen Teilakt der Rechtsetzung dar, die genehmigte Verordnung besteht aus zwei Teilakten und ist selbst ein zusammengesetzter Rechtsetzungsakt. Die Teilakte der Exekutive und Legislative sind unselbständige Rechtsetzungsakte; denn keiner von ihnen vermag allein die Rechtsverbindlichkeit der genehmigten Verordnung herbeizuführen, es bedarf hierzu beider. Erst beide zusammen vermögen Recht zu setzen, (...)" mit Bezugnahme auf *Kelsen*, Allg. Staatslehre, 1925 Nachdruck 1966, S. 280 ff. Zustimmung *Kersten*, Die Übertragung rechtsetzender Gewalt, 1964, S. 38 ff. und 46 ff.; ebenfalls von Rechtsetzungstätigkeit geht aus, *Grupp*, DVBl. 1974, 177 (179). Anderer Ansicht siehe u.a. *Schmidt*, Die Beteiligung des BT, 2002, S. 61 ff.
[931] So *Pegatzky*, Parlament und Verordnungsgeber, 1999, S. 164.
[932] So *Pegatzky*, Parlament und Verordnungsgeber, 1999, S. 164.

gleichwertig[933] anzusehen sind. Festzuhalten ist, dass sowohl der Zustimmende als auch der Delegatar jeweils voneinander abhängig und allein handlungsunfähig sind.[934]

Anzuerkennen ist, dass die Haupttätigkeit durch den Verordnungsgeber verrichtet wird, weil er den Rechtsverordnungsentwurf kreiert und ausschließlich ihm das Initiativrecht gebührt. Insofern verpflichtet der Bundestag nicht den Verordnungsgeber zum bestimmten Rechtsverordnungsinhalt. Es ist vielmehr so, dass wenn der Bundestag den Rechtsverordnungsgeber wissen lässt, ob und unter welchen Bedingungen er seine Zustimmung erteilen wird, dieser wiederum, weil er den Bundestag nicht dazu zwingen kann, seine Meinung zu ändern, vor der Wahl steht, ob er von seinen eigenen Wünschen abrückt oder aber auf den Erlass einer Rechtsverordnung verzichtet.[935] Die Aufgabe des Bundestages besteht darin, darüber zu befinden, ob er mit den Entwürfen des Initiators einverstanden ist oder nicht. Daher erscheint es auch nur sachgerecht zu sein, dass das Erzeugnis der kooperativen Zusammenarbeit den Rechtscharakter einer Rechtsverordnung behält.[936] Das passt gut in das bekannte Rechtsetzungssystem[937] des Grundgesetzes hinein und erfüllt die in der Staatspraxis immer mehr wahrnehmbare Bedürfnisse[938] nach flexiblen und zügigen Regelungen. Im

---

[933] Für Gleichwertigkeit, *Kersten*, Die Übertragung rechtsetzender Gewalt, 1964, S. 40 und 46 ff. Für die Rechtsnatur der Zustimmung sei der Umfang der dem Zustimmungsberechtigten verliehenen Macht entscheidend, nicht der Umfang, in dem sie genutzt wird.
[934] So *Kersten*, Die Übertragung rechtsetzender Gewalt, 1964, S. 46.
[935] In dem Sinne *Kersten*, Die Übertragung rechtsetzender Gewalt, 1964, S. 40. Problematisch wird es aber, wenn der Verordnungsgeber zum Rechtsverordnungserlass verpflichtet wird.
[936] Im Festhalten an der Verordnungsqualität und dem zusammengesetzten Rechtsetzungsakt, der aus gleichwertigen Rechtsetzungspartikel des Parlaments und des Verordnungsgebers bestehen soll, wird ein Widerspruch gesehen, siehe genauer *Uhle*, Parlament und RVO, 1999, S. 316 ff.
[937] *Ossenbühl*, ZG 1997, 305 (320) stellt zwei Fragen: „Nötig ist vielmehr, dass man sich Gedanken macht, wie ein zeitgemäßes und den demokratischen und rechtsstaatlichen Grundsätzen entsprechendes Normierungssystem aussehen kann. Erst in einem zweiten Schritt wäre dann zu klären, ob sich ein solches System schon de constitione lata verwirklichen lässt oder einer Verfassungsänderung bedarf." Darauf weist auch hin, *Pegatzky*, Parlament und Verordnungsgeber, 1999, S. 166 „Der Schönheitsfehler besteht leider darin, daß die Verfassung diese neue dritte Form nicht kennt, und daß der einfache Gesetzgeber nicht frei ist in der Schaffung derartiger Instrumente."
[938] BVerfGE 8, 274 (321) „Diese Bereiche [Zoll-, Zolltarif- und Preiswesen] sind durch die Notwendigkeit gekennzeichnet, die staatlichen Regelungen unverzüglich den sich schnell

Lichte des Für und Wider, wonach sowohl gänzliche Delegierung als auch eine gesetzliche Vollregelung ohne eine Rechtsverordnungsermächtigung möglich sein soll,[939] spricht einiges für die Zulässigkeit dieser Form der Beteiligung des Parlaments, die einen Mittelweg zwischen Normsetzung durch den Bundestag selbst und seiner Delegation darstellt.[940] Mit der eindeutigen Zuordnung des zusammengesetzten Rechtsetzungsaktes als Rechtsverordnung umgeht das BVerfG das von ihm selbst erkannte Zurechnungsproblem[941] der Verantwortung. In diesem Sinne ist wohl davon auszugehen, dass trotz der rechtsetzenden Tätigkeit des Parlaments (hier quasi Verordnungsgebertätigkeit)[942], der Verordnungsgeber der Herr des Verfahrens bleibt und somit er das Letztentscheidungsrecht über das „Ob" der Rechtsverordnung hat.[943] Schließlich ist er und nicht der Bundestag zum Rechtsverordnungserlass nach Art. 80 GG befugt und würde dem Bundestag keinen Entwurf zur Abstimmung vorlegen, den er so nicht haben will.

Stimmt man der Begründung des BVerfG zu, so wird der schlichte Parlamentsbeschluss als unselbstständiger Rechtsetzungsteilakt begriffen. Obwohl der Urheber und Autor der Rechtsverordnung der Verordnungsgeber ist, ist im Hinblick auf das Demokratieprinzip die Legitimation der Rechtsverordnung durch die Mitwirkung des Parlaments nicht zu verachten.[944] Das führt nicht zu einer Befreiung des Gesetzgebers von dem Bestimmtheitsgebot aus Art. 80 Abs. 1 Satz 2 GG, kann aber unter Umständen eine Abmilderung von diesem bedeu-

---

ändernden wirtschaftlichen Verhältnissen anzupassen." In dem Sinne auch u.a. *Ossenbühl*, ZG 1997, 305 (315 ff. – Umweltrecht mit zahlreichen Bsp.); *Ossenbühl*, in: HStR, Bd. V, 3. Aufl. 2007, § 103 Rn. 63.
[939] So u.a. *Frenz*, KrW-/AbfG, 3. Aufl. 2002, § 59 KrW-/AbfG Rn. 5.
[940] *Bryde*, in: v. Münch GG-Kommentar, Bd. 3, 2. Aufl. 1983, Art. 80 GG Rn. 17.
[941] BVerfGE 8, 274 (321).
[942] So u.a. *Staupe*, in: Jarass/Petersen/Weidemann KrW-/AbfG, 2011, § 59 KrW-/AbfG Rn. 102.
[943] Bspw. *Frenz*, KrW-/AbfG, 3. Aufl. 2002, § 59 KrW-/AbfG Rn. 6; *Klement*, in: Schmehl GK-KrWG, 2013, § 67 KrWG Rn. 14; *Pawlik*, in: Kopp-Assenmacher/KrWG, 2015, § 67 KrWG Rn. 16.
[944] *Ossenbühl*, in: HStR, Bd. V, 3. Aufl. 2007, § 103 Rn. 46; *Staupe*, in: Jarass/Petersen/Weidemann KrW-/AbfG, 2011, § 59 KrW-/AbfG Rn. 102. Andere Ansicht z.B. *Pegatzky*, Parlament und Verordnungsgeber, 1999, S. 166 ff.

ten, die auch den Kompensationsgedanken nahebringt.[945] Damit sichert sich der Gesetzgeber durch „eine verfahrensrechtliche Hintertür"[946] ein erhebliches Einflussrecht. Dieses Verständnis wirft erneut unzählige verfassungsrechtliche Fragen auf, die eng u.a. mit dem Parlamentsvorbehalt, der Wesentlichkeitstheorie, dem Gewaltenteilungsprinzip etc. verbunden sind,[947] wenn man die verfassungsrechtliche Lage weitergehender Beteiligungsformen, wie des Änderungsvorbehaltes, der lediglich in der Entscheidung des BVerwG[948] erwähnt wurde, aber in der Staatspraxis immer wieder vorkommt, zu bewerten hat. Zentral stellt sich hierbei die Frage, ob mit der Änderungsbefugnis dem Bundestag „unter falscher Flagge"[949] ein Rechtsverordnungsrecht zuwächst bzw. ein unzulässiger Eingriff im Bereich der Exekutive erfolgt, der zur Umgehung des förmlichen Gesetzgebungsverfahrens und der mit ihm verknüpften Rechte und Sicherungen führen kann.[950] Denn durch den formell bindenden Zustimmungsvorbehalt konnte das Parlament zwar nicht über die Ausübung der Rechtsetzungsbefugnis und unmittelbar über den Inhalt der Rechtsverordnung mitentscheiden, es setzte aber eine rechtliche Bedingung für die Erlassentscheidung voraus.[951] Mit dem materiell bindenden Änderungsvorbehalt hingegen wird dem Parlament ein unmittelbares Ausgestaltungsrecht auf den Rechtsverordnungsinhalt gegeben.[952]

---

[945] BVerfGE 8, 274 (322); 47, 46 (82) – gänzliche Freistellung; BVerwG 1, 104 (111); 57, 130 (139 f.) – Berücksichtigungspflicht; siehe genauer dazu *v. Danwitz*, Die Gestaltungsfreiheit, 1989, S. 126 ff.; *Uhle*, Parlament und RVO, 1999, S. 302 ff. m.w.N.
[946] So *Kloepfer/Kohls*, DVBl 2000, 1013 (1020 m.w.N.) bzgl. § 59 KrW-/AbfG; diese Rückabsicherung sei eine zusätzliche demokratische Legitimität der Rechtsverordnung, die aber verfassungsrechtlich überobligatorisch sei, weil der Verordnungserlass wegen der Notwendigkeit des Ermächtigungsgesetzes und im Hinblick auf die parlamentarische Kontrolle der Bundesregierung grdsl. demokratisch legitimiert sei.
[947] Bspw. *Kisker*, in: Schule im Rechtsstaat, Bd. II, 1980, 7 (7 ff.); *Scholz/Bismark*, in: Schule im Rechtsstaat, Bd. II, 1980, 73 (73 ff.); *Staupe*, Parlamentsvorbehalt und Delegationsbefugnis, 1986, S. 318 ff.; *v. Danwitz*, Die Gestaltungsfreiheit, 1989, S. 105 ff.; *Uhle*, Parlament und RVO, 1999, S. 302 ff. m.w.N.; *Uhle*, Parlament und RVO, 1999, S. 297 ff. m.w.N.
[948] BVerwGE 57, 130 (139 f.).
[949] *Rupp*, NVwZ 1993, 756 (758).
[950] Bspw. *Rupp*, NVwZ 1993, 756 (758 f.); *Brandner*, UTR 40 (1997), 119 (128 ff.). Genauer zu dem Problem der Änderungsbeschlüsse siehe Teil 2 IV.
[951] In dem Sinne *Schwanengel*, Einwirkungen der Landesparlamente, 2002, S. 43.
[952] In dem Sinne *Schwanengel*, Einwirkungen der Landesparlamente, 2002, S. 43.

## 9. Bewertende Nebeneinanderstellung der Untergruppen unter Hervorhebung ihrer Gemeinsamkeiten und Unterschiede sowie die Bedeutung der schlichten Parlamentsbeschlüsse in der Zukunft

Während die erste Untergruppe unverbindliche, aber politisch erhebliche Parlamentsbeschlüsse erfasst, die thematisch unterschiedlich eingesetzt werden können und ohne auf das Angewiesensein der Initiative anderer Organe erlassen werden, bilden die weiteren Untergruppen, angeführt von dem sog. konstitutiven Parlamentsbeschluss mit gesetzesähnlicher Wirkung, ein Kontrastpaar. Sie binden ihren Adressatenkreis, obwohl sie, abgesehen von den Zustimmungsbeschlüssen des Bayerischen Landtags in Art. 72 Abs. 2 BV, keine ausdrückliche Normierung im Grundgesetz gefunden haben. Ihre Rechtswirkung ist sehr weitreichend und sie finden ihre Anwendung in unterschiedlichen, aber thematisch eng vorbestimmen Regelungsbereichen, wie in der auswärtigen Politik, in den Angelegenheiten der Europäischen Union, insbesondere die Wahrnehmung der Integrations- und der Budgetverantwortung oder in der Rechtsverordnungsgebung. Die zweite Untergruppe weist sehr ähnliche Rechtswirkungen wie die dritte und vierte Untergruppe auf, dennoch sind kleine, aber feine Unterschiede festzustellen.

Die dritte Untergruppe[953] der schlichten Parlamentsbeschlüsse ist sehr außergewöhnlich, vor allem was ihre Wirkung angeht. Es handelt sich wie bei dem konstitutiven Parlamentsbeschluss oder dem Beschluss im Rahmen der Integrationsverantwortung um eine Zustimmung. Die Zustimmungsbeschlüsse des Bayerischen Landtags als schlichte Parlamentsbeschlüsse haben aber eine Doppelfunktion, nämlich die Transformations- und Ermächtigungswirkung. Sie sind allgemein anerkannt und ihr Anwendungsbereich beschränkt sich auf den Abschluss von Staatsverträgen. Im Vergleich zu der ersten, zweiten und vierten Untergruppe haben sie eine konkrete Normierung in der Bayerischen Verfassung (Art. 72 Abs. 2 BV) gefunden und deren Wirkung als gesetzesvertretender Beschluss, der unmittelbar Rechte und Pflichten begründet, ist erheblich und weitestgehend unbestritten. Anzumerken ist aber, dass sie lediglich eine Zustimmung enthalten und den Staatsvertrag nicht mehr inhaltlich ändern kön-

---

[953] Siehe dazu Erläuterungen in Teil 1 II. 7.

nen, dass sie den Ministerpräsidenten nur ermächtigen, aber nicht verpflichten, und dass sie in der Praxis nur auf Landesebene vorkommen.

Die vierte Untergruppe[954] ist vor dem Hintergrund der Entscheidungen aus der zweiten und dritten Untergruppe eine weitere Kategorie von schlichten Parlamentsbeschlüssen, die eine Zustimmung zum Inhalt haben und für die Exekutive rechtsverbindlich sind. Ihr Anwendungsbereich ist aber auf den Erlass von Rechtsverordnungen begrenzt, die ohne diese Zustimmung nicht erlassen werden können. Einem gesetzgebenden Organ wird damit erlaubt, an dem von der Exekutive beherrschten Verfahren zum Erlass von materiellen Gesetzen teilzuhaben und gibt ihm die Entscheidungsmacht über deren Wirksamkeit. Ihre Rechtsgrundlage findet sich in einer Ermächtigungsnorm, in dem der Gesetzgeber als delegierende Instanz dem Bundestag ein Einflussrecht auf abgeleitetes Recht einräumt. Bei dieser „kontrollierten Delegierung von Rechtsetzungsbefugnissen"[955] hat der Bundestag, ähnlich wie bei der zweiten und dritten Untergruppe, kein Initiativrecht und es muss, neben der Erfüllung der Anforderungen des Art. 80 Abs. 1 Satz 2 GG, ein legitimes Interesse der Legislative bestehen, das die Teilnahme des Bundestages an dem Verfahren zum Erlass der Rechtsverordnungen in dem jeweiligen Regelungsbereich begründet. Verfassungsrechtliche Zweifel an der im Grundgesetz nicht geregelten Beteiligungsform des Parlaments bestehen im Hinblick auf wesentliche Erweiterung der Befugnisse des Bundestages, wenn man bedenkt, dass abgesehen von den grundsätzlich anerkannten Zustimmungsvorbehalten auch andere Mitwirkungsarten[956] möglich sind, insbesondere die Änderungsvorbehalte, die unmittelbares Zugriffsrecht auf die inhaltliche Ausgestaltung der Rechtsverordnung statuieren.

Im Ergebnis sind die Fragen, die bereits im Schrifttum aufgeworfen wurden, in der Rechtsprechung noch nicht beantwortet worden. Dennoch ist der Rechtsprechung das Thema nicht völlig unbekannt und eine Entwicklung zeichnet sich deutlich ab, z.B. die Schaffung des konstitutiven Parlamentsbeschlusses beim Streitkräfteeinsatz oder des Beschlusses zur Wahrnehmung der Integrati-

---

[954] Siehe dazu Erläuterungen in Teil 1 II. 8.
[955] So *Pawlik*, in: Kopp-Assenmacher/KrWG, 2015, § 67 KrWG Rn. 15.
[956] Nur erwähnt in BVerwGE 57, 130 (139 f.). Sie kommen in der Staatspraxis vor, siehe dazu Teil 2 III. 2. mit Bsp.

onsverantwortung. Es ist daher fraglich, mit welchen Problemen sich die Gerichte in der Zukunft noch auseinandersetzen werden, insbesondere in Bezug auf die verschiedenen Wirkungen der schlichten Parlamentsbeschlüsse und in Bezug auf die unterschiedlichen Regelungsbereiche, in denen sie eingesetzt werden könnten. Dazu zählt auch der Bereich der Leistungsverwaltung, in dem es bewusst offengelassen wurde, ob der schlichte Parlamentsbeschluss allein eine ausreichende Rechtsgrundlage für die anschließende Verteilung von Fördermittel sein kann.

Schon wegen der Rolle des Parlaments als „Zentrum institutionalisierter Staatlichkeit"[957] geben die schlichten Parlamentsbeschlüsse den Willen des Volkes wieder und können nicht als bloße politische Deklamationen ohne jede rechtliche Wirkung betrachtet werden.[958] Anhand der Entscheidungen lässt sich schlussfolgern, dass es wichtige Angelegenheiten (vgl. Streitkräfteeinsatz)[959] geben kann, deren Regelung von nicht zu unterschätzender Tragweite und Bedeutung für den Staat und die Gesellschaft ist. Für sie ist zwar ein förmlicher Gesetzesbeschluss nicht vorgeschrieben, über sie sollte aber nur unter der Beteiligung des Parlaments entschieden werden. Wann eine solche Beteiligung erforderlich ist, ist schwer zu sagen. Es muss sich um bedeutende und wichtige bzw. dringende Themen handeln, die einen engen Bezug zu substanziellen Fragen aufweisen, auch wenn über sie im Grundsatz durch einen förmlichen Gesetzesbeschluss entschieden worden ist. Eine Entscheidung in Form des schlichten Parlamentsbeschlusses wäre etwa bei umfangreichen langfristigen Finanzverpflichtungen, die Risiken für den Bundeshaushalt bergen (vgl. Budgetverantwortung[960] des Bundestages bei der Griechenland-Hilfe),[961] in Fällen von Notsituationen, die eine schnelle Entscheidung[962] erfordern (z.B. Naturkatastrophen etc.), angebracht. Die Indizien für eine Parlamentsbeteiligung

---

[957] *Dreier*, JZ 1990, 310 (310).
[958] *Hufen*, NJW 1991, 1321 (1323).
[959] BVerfGE 90, 286 ff.
[960] BVerfGE 129, 124 (180 f.) – EFSF. Weitere Konkretisierung BVerfGE 135, 317 (399 f.) – ESM; 142, 123 (208) – OMT; BVerfG, Urt. v. 5.5.2020 – 2 BvR 859/15 – juris Rn. 106 und 231 ff. (PSPP-Entsch.).
[961] *Stumpf*, DÖV 2016, 357 (362 f.) mit Verweis auf BVerfGE 129, 124 ff. – EFSF.
[962] Siehe dazu Ausführungen zum Bereich der Leistungsverwaltung in Teil 1 II. 3.

hängen von den zeitlichen, quantitativen und qualitativen Umständen ab,[963] die den Staat vor politischen, wirtschaftlichen, rechtlichen oder sozio-kulturellen Herausforderungen stellen (vgl. Verantwortung[964] im Rahmen des europäischen Integrationsprozesses) und sich erheblich auf die innere Sicherheit auswirken könnten.[965] Dass eine Parlamentsbeteiligung, zumindest in der Form des Erlasses eines schlichten Parlamentsbeschlusses erwünscht wäre, zeigt eine Diskussion, die die Flüchtlingskrise betrifft. Es wurden Zweifel erhoben, ob die Öffnung der Grenzen im Spätsommer 2015, die zu unkontrolliertem Zustrom von mehreren hunderttausend Flüchtlingen führte, allein von der Gubernative hätte entschieden werden können oder aber einem Parlamentsvorbehalt unterlag.[966] Angesichts des fortwährenden Prozesses ist daher die dahinter stehende Antriebskraft nicht zu unterschätzen und der Trend zur Gerichtserheblichkeit wegen möglicher Rechtserheblichkeit nicht zu übersehen.[967]

### III. Die Rechtswirkung des schlichten Parlamentsbeschlusses

Die Präsenz der schlichten Parlamentsbeschlüsse im Schrifttum und in der Rechtsprechung hat gezeigt, dass es unterschiedliche Möglichkeiten gibt, den schlichten Parlamentsbeschluss zu determinieren und anzuwenden. Während das Schrifttum bemüht war, die Fragen zu beantworten, z.B. was einen schlichten Parlamentsbeschluss ausmacht (Definitionsversuch), wie er sich von den anderen Hoheitsakten, insbesondere dem förmlichen Gesetzesbeschluss unterscheidet, welche Rechtsfolgen er auslöst und wie er qualifiziert werden kann, lässt die Rechtsprechung die Probleme der Zulässigkeit und der Rechtswirksamkeit des schlichten Parlamentsbeschlusses weitestgehend offen. Gewiss ist jedoch, dass der schlichte Parlamentsbeschluss in der Rechtsprechung wiederholt und in mannigfaltigen Ausprägungen in Erscheinung getreten ist. Die Entscheidungen zeigen eindrucksvoll die abwechslungsreichen Funktionen des

---

[963] Auf diese weist hin, *Di Fabio*, Migrationskrise als föderales Verfassungsproblem, 2016, S. 96.
[964] BVerfGE 123, 267 ff.
[965] Ähnlich *Möstl*, AöR 142 (2017), 175 (199) bzgl. Flüchtlingskrise und Parlamentsvorbehalt.
[966] Für einen Parlamentsvorbehalt, insbesondere *Wendel*, JZ 2016, 332 (338) mit Verweis u.a. auf *Di Fabio*, Migrationskrise als föderales Verfassungsproblem, 2016, S. 95 ff. Dazu auch *Möstl*, AöR 142 (2017), 175 (198 ff.). Andere Ansicht *Stumpf*, DÖV 2016, 357 (361 ff.). Darauf hinweisend *Degenhart*, Staatsrecht I, 35. Aufl. 2019, § 2 Rn. 40.
[967] So bereits *Lerche*, NJW 1961, 1758 (1758).

schlichten Parlamentsbeschlusses. Besonders hervorzuheben sind vor allem die ungeschriebenen Fälle der Anwendung des schlichten Parlamentsbeschlusses, weil die Rechtsprechung sie mit einer Rechtsverbindlichkeit ausstattet, die einem förmlichen Gesetz ähnelt. Das ist im Schrifttum auf starke Kritik gestoßen und brachte die erarbeiteten Erkenntnisse durcheinander mit der Folge, dass ein Teil der Begründungsansätze hinfällig wurde und eine Neuausrichtung erforderlich wurde. Man kann von einem „verfassungsrechtlichen Novum" sprechen, das zu „einer Fortentwicklung des Instituts der schlichten Parlamentsbeschlüsse" führte.[968]

Die Theorie und die Praxis weisen einige Gemeinsamkeiten auf. Je nach dem welches Merkmal analysiert wird, werden neue Erkenntnisse gewonnen, die jedoch kein Muster erkennen lassen bzw. die Herleitung eines übergreifenden Prinzips erschweren. Das wiederum veranschaulicht das große unerschöpfte Potenzial des schlichten Parlamentsbeschlusses, das lange unerkannt blieb und jetzt stärker wahrnehmbar wird. Das hängt mit dem verkürzten Verfahren des Erlasses von schlichten Parlamentsbeschlüssen zusammen, das erhebliche Vorteile mit sich bringt, weil dadurch Flexibilität und schnelle Reaktionsfähigkeit ermöglicht werden, die in bestimmten Regelungsbereichen dringend notwendig sind. Gleichzeitig stößt der vorbehaltslose Gebrauch auf verfassungsrechtliche Schranken, etwa das Gewaltenteilungs- oder Rechtsstaatsprinzip. Sowohl die Tatsache, dass die schlichten Parlamentsbeschlüsse in einem nicht gesetzesförmigen Verfahren durch das unmittelbar vom Volk legitimierte Organ, den Bundestag, erlassen werden, als auch der Umstand, dass ihr Format von bloß politischer Wirkung bis hin zu rechtlicher Verbindlichkeit reicht, das verschiedene Aufgabenbereiche erfasst, machen die Einordnung der Beschlüsse in die Hierarchie der Hoheitsakte besonders schwierig. Die Komplexität, die auf bereitgefächerter Einsatz- und Wirkungsfähigkeit der schlichten Parlamentsbeschlüsse basiert, fällt bei der Beurteilung der Rechtswirkung eines schlichten Parlamentsbeschlusses stark ins Gewicht.

Die Rechtswirkung beschäftigt sich vordergründig mit der Frage der Rechtsverbindlichkeit der schlichten Parlamentsbeschlüsse. Wie bereits oben dargestellt,

---

[968] So *Möller/Limpert*, ZParl 1993, 21 (28) in Bezug auf Art. 23 Abs. 3 GG.

wird prinzipiell die Verbindlichkeit (teilweise mit unterschiedlichem Intensitätsgrad) bei den sog. „echten" Parlamentsbeschlüssen angenommen, hingegen bei den schlichten Parlamentsbeschlüssen ohne Rechtsgrundlage verneint. Dennoch sollte die Verbindlichkeit nicht voreilig angenommen bzw. abgestritten werden. Vielmehr hat jedes Merkmal für sich eine Bedeutung und kann aufschlussreiche Informationen liefern. Diese dürfen aber nicht bedenkenlos übernommen werden. Erst alle zusammen betrachtet, erstellen ein Gesamtbild. Daher bedarf es neben der Heranziehung einzelner Indizien (wie die Rechtsgrundlage und ihr Rang oder bestimmte Termini und sprachliche Vorgaben) auch einer genaueren Überprüfung der entsprechenden Einlassung des Parlaments und einer Auslegung des Beschlussinhaltes.[969] Dabei können die parlamentarischen Vorgänge behilflich sein, um Besonderheiten beim Umgang mit den schlichten Parlamentsbeschlüssen aufzuzeigen.

### 1. Bedeutung der Rechtsgrundlage

Bei der Betrachtung der Rechtsgrundlagen für die schlichten Parlamentsbeschlüsse könnte man eine Drei- bzw. Vierstufigkeit bzgl. der Verbindlichkeit ableiten. Die Beschlüsse, die auf einer verfassungsrechtlichen Grundlage beruhen, würden demnach den höchsten Verbindlichkeitsgrad haben, gefolgt von einfachen Gesetzen, darunter der Geschäftsordnung des Bundestages und schließlich den Beschlüssen ohne eine Rechtsgrundlage. Das ließe sich mit der rechtsstaatlichen Normenhierarchie begründen, wonach die Rechtsordnung aus verschiedenen Arten von Rechtsnormen besteht, die als abstrakt-generelle Sollens-Vorschriften zwar eine gleichartige Struktur aufweisen, aber verschiedenen Rang einnehmen.[970] Aufgrund der Rangverschiedenheit der Rechtsgrundlagennormen könnten die darauf beruhenden Parlamentsbeschlüsse andere Bedeutung und Bindungskraft haben.

### a) Rangverhältnis

Die Annahme der unterschiedlichen Bindungswirkung aufgrund der Rechtsgrundlage überzeugt aus mehreren Gründen nicht ganz. Zum einen ist unklar, in welchem Verhältnis die Geschäftsordnung zum einfachem Gesetz steht.

---

[969] *Luch*, in: Morlok/Schliesky/Wiefelspütz Parlamentsrecht, 2016, § 10 Rn. 20.
[970] *Ipsen*, Staatsrecht I, 31. Aufl. 2019, § 15 Rn. 779. Weitere Erläuterung Rn. 781 ff.

Überwiegend wird angenommen, dass die Geschäftsordnung des Bundestages im Range unter der Verfassung und den förmlichen Gesetzen stehe.[971] Demgegenüber vertritt die weit verbreitete Gegenansicht, dass die Geschäftsordnung eine Rechtsnorm sei, die nicht unter dem Gesetz stehe, sondern neben ihm, also in einer Gleichordnung.[972] Denn Gesetz nach Art. 77 GG als auch parlamentarische Geschäftsordnung nach Art. 40 Abs. 1 Satz 2 GG würden auf verfassungsunmittelbaren nebeneinanderstehenden Kompetenzen beruhen, sodass das Verhältnis zwischen ihnen keine Rang-, sondern Kompetenzfrage darstelle.[973]

Zum anderen geht die herrschende Ansicht davon aus, dass die Geschäftsordnung des Bundestages als Innenrecht keine Außenwirkung habe und sich lediglich auf Angelegenheiten innerhalb des gesetzgebenden Organs beziehe, sodass sie nicht in der Lage sei, Fragen zu regeln, die andere Organe des Staates betreffen oder deren Stellung rechtsverbindlich bestimmen würden.[974] Damit bindet sie nur die Mitglieder des Bundestages. Eine Art Drittwirkung gegenüber Nichtparlamentariern wird bestritten[975] und nur bezüglich verfassungsrechtlich garantierter Befugnisse angenommen.[976] Das ist auch der Ausgangspunkt für den obigen Streit über das Rangverhältnis. Denn bei der Einstufung der Geschäftsordnung als innerparlamentarische Rechtsnorm des Innenrechts lässt sich die Geschäftsordnung nicht ohne Weiteres in den Normenstufenbau des

---

[971] Von so einem Rangverhältnis zwischen einfachem Gesetz und der GOBT gehen aus: *Klein*, JuS 1964, 181 (186); *Stern*, Staatsrecht, Bd. 2, 1980, § 26 III 6c, S. 83; *Dicke*, in: Umbach/Clemens GG-Kommentar, Bd. II, 2002, Art. 40 GG Rn. 14; *Pieroth*, in: Jarass/Pieroth-GG-Kommentar, 15. Aufl. 2018, Art. 40 GG Rn. 8 im Anschluss an BVerfGE 1, 144 (148).
[972] Von der Gleichordnung des Gesetzes und der GOBT gehen aus, *Dreier*, JZ 1990, 310 (313); *Ziekow*, JuS 1991, 28 (29); *Schmidt*, AöR 128 (2003), 608 (637); *Schliesky*, in: v. Mangoldt/Klein/Starck, GG Bd. 2, 7. Aufl. 2018, Art. 40 GG Rn. 25 f.; *Magiera*, in: Sachs GG-Kommentar, 8. Aufl. 2018, Art. 40 GG Rn. 25 f., der von sog. „Verfassungssatzung" spricht.
[973] In diese Richtung, siehe *Achterberg*, in: Parlamentsrecht, 1984, § 16 S. 327; *Dreier*, JZ 1990, 310 (313); *Schliesky*, in: v. Mangoldt/Klein/Starck, GG Bd. 2, 7. Aufl. 2018, Art. 40 GG Rn. 22.
[974] *Klein*, JuS 1964, 181 (186); *Schmidt*, AöR 128 (2003), 608 (616); *Klein*, in: Maunz/Dürig Kommentar GG, Oktober 2019, Art. 40 GG Rn. 8.
[975] Genauere Streitdarstellung, siehe *Kluth*, in: Schmidt-Bleibtreu/Hofmann/Henneke GG-Kommentar, 14. Aufl. 2017, Art. 40 GG Rn. 39 m.w.N.
[976] *Pieroth*, in: Jarass/Pieroth- GG-Kommentar, 15. Aufl. 2018, Art. 40 GG Rn. 9.

Außenrechts einordnen,[977] zumal auch die Rechtsqualität bzw. die Rechtsnatur der Geschäftsordnung umstritten ist.

**b) Notwendigkeit grundgesetzlicher Verankerung**
Ein weiterer Streitpunkt ist, inwiefern von einer rechtlichen Verbindlichkeit bei den Beschlüssen ausgegangen werden kann, die nur auf einfachgesetzlicher Grundlage ergehen. Ein berechtigter Einwand ist, dass ein auf einfachgesetzlicher Grundlage beruhender Beschluss nur dann eine rechtliche Verbindlichkeit entfalten könne, wenn eine verfassungsrechtliche Verankerung vorhanden ist.[978] Anderenfalls stünde den Volksvertretungen eine Kompetenz-Kompetenz zu, sich in die Rolle des Entscheiders oder Vollziehers im Rahmen der Gesetzesausführung zu versetzen.[979] Der omnikompetente Bundestag könnte sich selbst ermächtigen, sich weitere Befugnisse zuzuweisen, wie durch eine Generalklausel und so seine Zuständigkeiten selbst erweitern.[980] Dies hätte zur Folge, dass im Einzelfall durch einfaches Gesetz ohne weitere Begründung die verfassungsrechtlich festgelegten Kompetenzen überspielt werden könnten.[981] Daher kann man zum Ergebnis gelangen, dass ein Beschluss nur dann eine rechtliche Verbindlichkeit entfalten könne, soweit seine Grundlage aus der Verfassung hergeleitet werden kann.[982] Dafür spricht, dass das Grundgesetz der genuine Ort sei, wo das Zusammenspiel der obersten Bundesorgane untereinander geregelt werde und darüber hinaus keinem Organ eine den übrigen gegenüber rechtlich privilegierte Stellung zukomme, sodass nur dort auf höchster Normebene, all die Kompetenzen niedergelegt seien, die in rechtsverbindlicher Weise die Handlungsmacht und die Beziehungen der Staatsorgane zueinander bestim-

---

[977] *Achterberg*, in: Parlamentsrecht, 1984, § 16 S. 327; *Achterberg/Schulte*, in: v. Mangoldt/Klein/Starck, GG Bd. 2, 6. Aufl. 2010, Art. 40 GG Rn. 41.
[978] *Luch*, in: Morlok/Schliesky/Wiefelspütz Parlamentsrecht, 2016, § 10 Rn. 21.
[979] *Luch*, in: Morlok/Schliesky/Wiefelspütz Parlamentsrecht, 2016, § 10 Rn. 21.
[980] So ähnlich *Nawiasky*, Verpflichtung der Regierung durch Beschlüsse des Landtages, in: FS für W. Apelt, 1958, 139 (139 f.).
[981] In diese Richtung zu deuten *Nawiasky*, Verpflichtung der Regierung durch Beschlüsse des Landtages, in: FS für W. Apelt, 1958, 139 (139 f.); *Thomsen*, DÖV 1995, 989 (992); *Pegatzky*, Parlament und Verordnungsgeber, 1999, S. 84; *Luch*, in: Morlok/Schliesky/Wiefelspütz Parlamentsrecht, 2016, § 10 Rn. 21.
[982] So auch *Klein*, in: HStR, Bd. III, 3. Aufl. 2005, § 50 Rn. 13; *Wiefelspütz*, ZParl 2007, 3 (5).

men.[983] Unerheblich ist dabei, ob die verfassungsrechtliche Verankerung der Grundlage ausdrücklich genannt wird oder erst in Rahmen der Auslegung des Grundgesetzes hergeleitet wird.[984]

## 2. Begriffliche Kategorien und Bindungsumfang

Vor dem Hintergrund der uneinheitlichen Verwendung des Begriffes schlichter Parlamentsbeschluss werden neue Termini gefunden, die auf die Rechtsverbindlichkeit der Beschlüsse abzielen. Dies führt wiederum zur Entstehung neuer Gruppen/Bezeichnungen von Beschlüssen, sodass schließlich auch diese Begriffe keine abschließende Klarheit bringen. Sie sollen hier erwähnt werden, um einen Überblick über die verschiedenen Begrifflichkeiten zu gewinnen.

### a) Bezeichnungen und ihre Bedeutungen

Um die Rechtswirkungen von schlichten Parlamentsbeschlüssen je nach Intensität zu beschreiben, werden diesen diverse Bezeichnungen gegeben. Eine davon, ist die Gruppe der sog. „echten" Parlamentsbeschlüsse. Sie umfassen nur die verbindlichen Beschlüsse, die ihre Rechtsgrundlage in der Verfassung oder dem einfachen Gesetz finden. Das Adjektiv „echt" erweckt aber einen falschen Eindruck und verleitet zu unzutreffenden Annahmen. Der Ausdruck ist ein Korrelat zum Wort „unecht". Es legt nahe, dass es sich bei den unverbindlichen Beschlüssen um keine echte vom Parlament in einem gesonderten Verfahren beschlossene Gegenstände handelt.[985]

Eine weitere Gruppe trägt die Bezeichnung der sog. „konstitutiven" Parlamentsbeschlüsse. Diese Art der Beschlüsse wurde im Zusammenhang mit dem Einsatz der Streitkräfte im Ausland entwickelt. Der wehrverfassungsrechtliche Parlamentsvorbehalt ist im Einzelnen, insbesondere im Schrifttum, sehr umstritten und findet seinen Ausgangspunkt darin, dass die Verfassung selbst jedenfalls keine ausdrücklichen Regelungen zu der Frage enthält, welches Verfassungsorgan die Entscheidung über den Einsatz der Bundeswehr im Ausland zu

---

[983] In diese Richtung, *Magiera*, Parlament und Staatsleitung, 1979, S. 213; *Pegatzky*, Parlament und Verordnungsgeber, 1999, S. 116; *Luch*, in: Morlok/Schliesky/Wiefelspütz Parlamentsrecht, 2016, § 10 Rn. 21.
[984] *Luch*, in: Morlok/Schliesky/Wiefelspütz Parlamentsrecht, 2016, § 10 Rn. 21.
[985] *Luch*, in: Morlok/Schliesky/Wiefelspütz Parlamentsrecht, 2016, § 10 Rn. 27.

treffen hat.[986] Nach dem Urteil des BVerfG vom 12.7.1994 „(...) bedarf jedoch der Einsatz bewaffneter Streitkräfte grundsätzlich der vorherigen konstitutiven Zustimmung des Bundestages."[987] bzw. „Für den militärischen Einsatz von Streitkräften ist dem Grundgesetz das Prinzip eines konstitutiven Parlamentsvorbehalts zu entnehmen."[988] Demnach zählt er zu den verbindlichen Parlamentsbeschlüssen der Parlamentsakte nichtlegislativer Art. Er unterscheidet sich von den anderen aber dadurch, dass aus dem Grundgesetz selbst ein Parlamentsvorbehalt zu einer nicht-gesetzesförmigen Entscheidung abgeleitet wird mit der Folge, dass die Zustimmung des Bundestages zum Einsatz der Bundeswehr im Ausland zwingend erforderlich ist.[989]

Stellt man ausschließlich auf die Wortbedeutung „konstitutiv" ab, dann ist darin die Verwandtschaft mit dem Wort der lateinischen Herkunft „constitutio"[990] oder angloamerikanischen Herkunft „costitution" erkennbar. So könnte man daraus schließen, dass die Verbindlichkeit von Parlamentsbeschlüssen stets aus der Verfassung folgen müsste.[991] Demnach würde eine Verbindlichkeit der schlichten Parlamentsbeschlüsse, die ihre Grundlage in einfachen Gesetzen haben, nur dann in Frage kommen, wenn ein Parlamentsvorbehalt aus der Verfassung herrühren würde. Dies würde einen Unterfall von echten Parlamentsbeschlüssen darstellen.

Ferner ist darauf hinzuweisen, dass in der Jurisprudenz der Begriff „konstitutiv" mit dem Begriff „deklaratorisch" korrespondiert. Der Versuch, diesen Gegenbegriff auf die schlichten Parlamentsbeschlüsse anzuwenden, gelingt nur teilweise. Dabei ist die Bedeutung der Begriffe in den Blick zu nehmen. Im juristischen Bereich wird das Wort konstitutiv (lat. für festsetzend, bestimmend) für

---

[986] Siehe dazu *Tietje/Nowrot*, in: Morlok/Schliesky/Wiefelspütz Parlamentsrecht, 2016, § 45 Rn. 50 m.w.N. Fn. 138; aber auch *Epping*, in: Maunz/Dürig Kommentar GG, Oktober 2019, Art. 65a GG Rn. 31 ff. m.w.N. im Schrifttum mit Kritik zu der Entscheidung des BVerfG, siehe Fn. 6.
[987] BVerfGE 90, 286 (381).
[988] BVerfGE 90, 286 (383).
[989] *Kluth*, in: Schmidt-Bleibtreu/Hofmann/Henneke GG-Kommentar, 14. Aufl. 2017, Art. 40 GG Rn. 32.
[990] *Duden*, https://www.duden.de/rechtschreibung/Konstitution, Abrufdatum 5.8.2019, zum Wort Konstitution: Bedeutung – „Verfassung, Satzung", Herkunft – „lateinisch constitutio".
[991] *Luch*, in: Morlok/Schliesky/Wiefelspütz Parlamentsrecht, 2016, § 10 Rn. 27.

rechtsbegründende, rechtsaufhebende oder rechtsgestaltende Wirkung einer Handlung verwendet.[992] Mit deklaratorisch dagegen wird nur eine fest- oder klarstellende Wirkung ausgedrückt.[993] Die verbindlichen Parlamentsbeschlüsse wären demnach die konstitutiven, während die unverbindlichen wohl zu den deklaratorischen zählen müssten. Die unverbindlichen Beschlüsse haben aber nicht nur einen fest- oder klarstellendenden Charakter. Allein der Umstand, dass sie eine kollektive parlamentarische Willensäußerung[994] sind und je nach zu behandelnden Gegenstand unterschiedliche Funktionen haben können, wie Ersuchen, Empfehlung, Ansicht etc., zeigt das keine Übereinstimmung mit der Bedeutung des Wortes deklaratorisch. Durch diesen nichtlegislativen Akt wird etwas mit Bedeutung für die Zukunft kundgetan und nicht rein deklaratorisch etwas anderweitig bereits ohnehin Bestehendes nochmals bekräftigt.[995]

### b) Formulierungen im Grundgesetz

Wie bereits erwähnt, verwendet der Verfassungsgesetzgeber nicht immer den Begriff des Beschließens, um auf diese Handlungsform des Bundestages hinzuweisen. Besonders anschaulich sind die Formulierungen wie „Stellungnahmen" (Art. 23 Abs. 3 Satz 1 GG) oder „wahrnehmen" (Art. 45 Satz 2 und 3 GG, Art. 23 Abs. 1a Satz 3 GG), „mitwirken" (Art. 23 Abs. 2 Satz 1 GG), „berücksichtigen" (Art. 23 Abs. 3 Satz 2 GG). Hierbei geht es um Beteiligung des Bundestages in Angelegenheiten der Europäischen Union. Die Stellungnahmen des Bundestages bzw. des Europaausschusses sind eine Form, der sich der Bundestag bedient, um effektiv seine Rechte wahrzunehmen. Diese Stellungnahmen ergehen als Parlamentsbeschluss nicht in Gesetzesform.[996] Nach der weiten Definition von *Thoma*, die als Ausgangsdefinition angenommen wird, zählt damit die Stellungnahme zu den schlichten Parlamentsbeschlüssen. Daher stellt sich auch hier die Frage der rechtlichen Verbindlichkeit als auch die Frage der Rechtsqua-

---

[992] *Groh*, in: Creifelds Rechtswörterbuch, 2019, unter deklaratorischer Wirkung wird konstitutive Wirkung erklärt; *Luch*, in: Morlok/Schliesky/Wiefelspütz Parlamentsrecht, 2016, § 10 Rn. 27.
[993] *Groh*, in: Creifelds Rechtswörterbuch, 2019, deklaratorische Wirkung; *Luch*, in: Morlok/Schliesky/Wiefelspütz Parlamentsrecht, 2016, § 10 Rn. 27.
[994] *Müller-Terpitz*, in: Bonner Kommentar, Februar 2020, Art. 42 GG Rn. 78.
[995] *Luch*, in: Morlok/Schliesky/Wiefelspütz Parlamentsrecht, 2016, § 10 Rn. 27.
[996] *Kluth*, in: Schmidt-Bleibtreu/Hofmann/Henneke GG-Kommentar, 14. Aufl. 2017, Art. 45 GG Rn. 14.

lität von solchen Beschlüssen.[997] Diese soll aber an der Stelle nicht weiter erläutert und entschieden werden, sondern nur als Beleg dienen, dass der Beschluss unterschiedlich bezeichnet werden kann.

Auf den Wortlaut abstellend („berücksichtigen") ergibt sich, dass diese Beschlüsse zumindest rechtlich von den Adressaten zu beachten sind, ohne konkret zu regeln, was damit genau gemeint ist. Einleuchtend ist aber, dass die Verfassungsvorschrift nach seinem Satz- und Sinnzusammenhang einen verpflichtenden Charakter hat.[998] Daraus folgt, dass die Stellungnahme des Bundestages zumindest nicht unbeachtet gelassen oder ignoriert werden kann. „Mitwirken" und „wahrnehmen" setzen voraus, dass diese Beschlüsse auch eine Wirkung haben müssen, damit die dem Bundestag zugewiesene Aufgabe in den Angelegenheiten der Europäischen Union nicht bloß eine formelhafte Floskel bleibt.

Es bleibt aber weiterhin der Intensitätsgrad der erzeugten Verbindlichkeit offen. Diese Frage stellt sich insbesondere dann, wenn man die Stellungnahmen zu den sog. „echten" Parlamentsbeschlüssen, die aufgrund der verfassungsrechtlichen Verankerung verbindlich sind, einordnet und sie mit den anderen „echten" Parlamentsbeschlüssen zu vergleichen versucht. Denn „echte" Parlamentsbeschlüsse besäßen nicht nur wie die Gesetze den Charakter von Befehlen und Weisungen, sondern könnten sich auch – weniger eingreifend – auf den Charakter von Rahmenregelungen bis hin zu bloßen Empfehlungen beschränken.[999] Dadurch könnten sie ergebnisfeste Rechtswirkungen wie z.B. Immunitätsentscheidungen oder Genehmigungen von Bundeswehreinsätzen im Ausland oder auch lediglich ergebnisoffene Rechtswirkungen entfalten, auf die die angesprochenen Adressaten aber angemessen reagieren könnten.[1000] Die

---

[997] Darauf wird hingewiesen *Kluth*, in: Schmidt-Bleibtreu/Hofmann/Henneke GG-Kommentar, 14. Aufl. 2017, Art. 45 GG Rn. 14.
[998] *Schorkopf*, in: Bonner Kommentar, Februar 2020, Art. 23 GG Rn. 162 f., spricht von „qualitativer Stufung der Rechtsbindung".
[999] *Kluth*, in: Schmidt-Bleibtreu/Hofmann/Henneke GG-Kommentar, 14. Aufl. 2017, Art. 45 GG Rn. 15; so auch *Luch*, in: Morlok/Schliesky/Wiefelspütz Parlamentsrecht, 2016, § 10 Rn. 19.
[1000] *Kretschmer*, in: Bonner Kommentar, Oktober 2006, Art. 45 GG Rn. 119; *Luch*, in: Morlok/Schliesky/Wiefelspütz Parlamentsrecht, 2016, § 10 Rn. 20; *Kluth*, in: Schmidt-Bleibtreu/Hofmann/Henneke GG-Kommentar, 14. Aufl. 2017, Art. 45 GG Rn. 15.

Rechtsfolgen sind nicht unabänderlich durch die Weisung vorgegeben, sondern stellen einen Ratschlag dar, der lediglich einen Rahmen für den Handlungsspielraum des Adressaten des Beschlusses setzt.[1001] Folglich geben diese echten Parlamentsbeschlüsse dem Adressaten keine „strikt bindende", sondern nur eine „kanalisierende" bzw. „ermächtigende" Entscheidungsgrundlage.[1002] Was der Adressat am Ende tut und ob er den ihm eingeräumten Spielraum voll ausschöpft, bleibt ihm überlassen. Ferner kann sich ihre Wirkung auch auf eine Verfügung über eine Berichtspflicht[1003] oder auf eine Rückäußerung über die Gefolgsbereitschaft beschränken.[1004]

### 3. Systematisierung der schlichten Beschlüsse unter Berücksichtigung der Funktionen des Parlaments

Die nicht-gesetzesförmigen Parlamentsbeschlüsse unterscheiden sich voneinander in vielerlei Hinsicht, wie z.B. ihrer Rechtsgrundlage, ihren Inhalten und ihren Wirkungen sowie auch ihrer Verbindlichkeit. Eine abschließende Erfassung aller Parlamentsbeschlüsse sowie ihre Klassifizierung ist sehr schwierig. Deutlich wurde das insbesondere an den Beispielen aus der Rechtsprechung, die bis dahin unbekannte Fälle von schlichten Parlamentsbeschlüssen aus der Verfassung hergeleitet hat. Ebenfalls das Schrifttum war sich uneins, je nach dem welches Kriterium gewählt wurde, wie die jeweiligen Parlamentsbeschlüsse insgesamt zu klassifizieren sind. Die uneinheitliche Verwendung der Begriffe und die erforderliche Einzelfallbetrachtung machen es notwendig, eine neue Einteilung vorzunehmen, um nicht in Konflikt mit bereits erwähnten Bezeichnungen zu geraten. Um insbesondere die Rechtswirkung der Beschlüsse besser nachzuvollziehen, sind weitere Merkmale heranzuziehen. Als Anknüpfungspunkte sind die Aufgaben und Befugnisse des Bundestages zu nehmen, die sich

---

[1001] *Kretschmer*, in: Bonner Kommentar, Oktober 2006, Art. 45 GG Rn. 119; so auch *Schorkopf*, in: Bonner Kommentar, Februar 2020, Art. 23 GG Rn. 163.
[1002] So ausdrücklich *Kretschmer*, in: Bonner Kommentar, Oktober 2006, Art. 45 GG Rn. 119. So ähnlich *Schorkopf*, in: Bonner Kommentar, Februar 2020, Art. 23 GG Rn. 163 ff. und Art. 45 GG Rn. 73 ff.
[1003] Auch *Magiera*, in: Schneider/Zeh Parlamentsrecht und Parlamentspraxis, 1989, § 52 Rn. 26.
[1004] So ausdrücklich *Kretschmer*, in: Bonner Kommentar, Oktober 2006, Art. 45 GG Rn. 119; *Kluth*, in: Schmidt-Bleibtreu/Hofmann/Henneke GG-Kommentar, 14. Aufl. 2017, Art. 40 GG Rn. 35. So ähnlich *Schorkopf*, in: Bonner Kommentar, Februar 2020, Art. 23 GG Rn. 163.

in drei Kategorien aufteilen lassen. Auf diese Weise können die unterschiedlichen Handlungs- und Erklärungsformen, die sich unter dem Begriff „schlichter Parlamentsbeschluss" verbergen, aufgeschlüsselt werden und es wird einer Verwechslung in der politischen und verfassungsrechtlichen Sicht vorgebeugt.[1005]

### a) Hintergrund einzelner Aufgaben und Befugnisse des Parlaments

Die wesentlichen Befugnisse und Aufgaben des Parlaments werden aus dem Wirkungszusammenhang parlamentarischer Regierungsweise abgeleitet.[1006] Aufgrund dieser Einbindung ist eine Aufzählung von möglichen Aufgaben und Befugnissen des Bundestages zwangsläufig unvollständig, weil je nach der politischen Lage neue Aufgaben und Befugnisse für das Parlament erwachsen können.[1007] Der Umfang des Einflusses des Bundestages, der von abwechslungsreichen Abhängigkeiten und von ständig wechselnden Machtkonstellationen in Staat und Gesellschaft bedingt wird, zeigt, dass die Verfassung die Kräfteverhältnisse nicht ein für allemal festlegt, sondern nur eine Rahmenordnung schafft.[1008] Dabei darf aber nicht vergessen werden, dass der Bundestag keine Allgewalt hat und alle Zuständigkeiten verfassungsrechtlich eingebunden sind, demzufolge also auf Kompetenzreservate anderer Staatsorgane stößt und sich weitere Schranken u.a. aus den Verfassungsprinzipien wie dem Gewaltenteilungsgrundsatz ergeben.[1009]

Bei der Unterscheidung der Parlamentsfunktionen ist des Weiteren nicht auf die Form der parlamentarischen Willensbildung abzustellen.[1010] Der Bundestag handelt mittels Gesetzesbeschlüssen (vgl. Art. 77 Abs. 2 Satz 1 und 5 GG) in dem Verfahren nach Art. 76 ff. GG und den nichtlegislativen Parlamentsbeschlüssen. Inhaltlich werden die Bereiche, die beide Beschlussformen abdecken, jedoch nicht mit hinreichender Dringlichkeit nach einem übergrei-

---

[1005] Von einer Verwechslung spricht *Hufen*, NJW 1991, 1321 (1322).
[1006] *Stern*, Staatsrecht, Bd. 2, 1980, § 26 II 1a S. 45.
[1007] *Stern*, Staatsrecht, Bd. 2, 1980, § 26 II 1a S. 45.
[1008] *Klein*, in: Maunz/Dürig Kommentar GG, Oktober 2019, Art. 38 GG Rn. 47.
[1009] So auch BVerfGE 49, 89 (124 f.); *Magiera*, Parlament und Staatsleitung, 1979, S. 170; *Stern*, Staatsrecht, Bd. 2, 2. Aufl. 1980, § 26 II 1a S. 45.
[1010] *Stern*, Staatsrecht, Bd. 2, 1980, § 26 II 2b S. 48 mit Verweis auf *Laband*, Staatsrecht Bd. I, 5. Aufl. 1911, Neudruck 1964, S. 299; *Magiera*, in: Sachs GG-Kommentar, 8. Aufl. 2018, Art. 38 GG Rn. 22.

fenden Leitprinzip oder gemeinsamen Merkmalen voneinander getrennt.[1011] Deshalb sind u.a. der Inhalt und der Sinn und Zweck, die die Beschlussformen haben, entscheidend, um sie der jeweiligen Funktion des Bundestages zuordnen zu können. Dadurch lassen sich der Regelungsbereich besser ermitteln und die Rechtswirkungen der in den ersten Abschnitten der Arbeit beschriebenen und in der Praxis vorkommenden nichtlegislativen Parlamentsbeschlüsse genauer erfassen.

**b) Bestimmung von einzelnen Funktionen des Parlaments**
Anders als für den Bundesrat (vgl. Art. 50 GG) oder für das BVerfG (vgl. Art. 92 und Art. 93 GG) findet sich im Grundgesetz für den Bundestag keine zusammenfassende Bestimmung über dessen Funktionen.[1012] Aus den einzelnen Verfassungsnormen lassen sich zwar gewisse Rückschlüsse ziehen, sie geben aber nur begrenzt Hinweise auf die Parlamentsfunktionen.[1013] Für ihre Ermittlung ist deshalb ihr Ziel und Zweck, die im Kontext der Verfassung und der Praxis zu bestimmen sind, zwingend zu berücksichtigen.[1014] Einen klassischen Funktionenkatalog hat *Walter Bagehot*[1015] entwickelt und beschrieben. Seine Systematisierung kann man zur Hilfe nehmen, aber nicht unmittelbar übernehmen, weil sie auf der Grundlage früherer oder fremder Verfassungsordnungen oder sonstigen außerverfassungsrechtlichen Maßstäbe entwickelt wurde.[1016]

Die Funktionen, die sich herauskristallisiert haben und allgemein anerkannt sind, lassen sich auf die Gesetzgebungs-, (Wahl- und) Kreations-, Kontrollfunktion und die politische Willensbildung als Hauptaufgaben beziehen, wobei letztere die Repräsentations- und Öffentlichkeitsfunktion mitenthält.[1017] Teilweise

---

[1011] *Magiera*, Parlament und Staatsleitung, 1979, S. 174 ff.
[1012] *Magiera*, in: Sachs GG-Kommentar, 8. Aufl. 2018, Art. 38 GG Rn. 21; *Butzer*, in: Epping/Hillgruber Beck´scher Online Kommentar GG, 1.12.2019, Art. 38 GG Rn. 18.
[1013] *Magiera*, in: Sachs GG-Kommentar, 8. Aufl. 2018, Art. 38 GG Rn. 21.
[1014] *Magiera*, in: Sachs GG-Kommentar, 8. Aufl. 2018, Art. 38 GG Rn. 21.
[1015] *Bagehot*, The English Constitution (1867), 17. Aufl. 1983, S. 121 bis 149 ("The House of Lords") und S. 150 bis 182 ("The House of Commons").
[1016] *Magiera*, in: Sachs GG-Kommentar, 8. Aufl. 2018, Art. 38 GG Rn. 21; *Klein*, in: Maunz/Dürig Kommentar GG, Oktober 2019, Art. 38 GG Rn. 47.
[1017] Siehe dazu, auch teilweise mit anderer Einteilung, z.B. *Stern*, Staatsrecht, Bd. 2, 1980, § 26 II 2a, S. 47; *Achterberg*, in: Parlamentsrecht, 1984, §§ 16 bis 20 S. 322 bis 559; *Meyer*, in: Schneider/Zeh Parlamentsrecht und Parlamentspraxis, 1989, § 4 Rn. 48 ff.; *Brenner*, in: HStR, Bd. III, 3. Aufl. 2005, § 44 Rn. 24 ff. und *Klein*, in: HStR, Bd. III, 3. Aufl. 2005, § 50 Rn. 15 ff.;

werden die Funktionen anders bezeichnet, so z.B. die Kreationsfunktion als „Legitimationsvermittlung"[1018], bzw. von ihr erfasst die „Rekrutierungsfunktion"[1019]. Teilweise findet auch eine stärkere Differenzierung[1020] statt, etwa kann die Kontrollfunktion in mitwirkende oder dirigierende Kontrolle aufgeteilt werden. Neben diesen Hauptfunktionen werden auch Parlamentsautonomie[1021], Budgetrecht[1022] und Europafunktion[1023] genannt. Diese Kategorien lassen sich nicht scharf voneinander abgrenzen und greifen ineinander über, sodass sie nur in ihrem Kern verfassungsrechtlich fixiert sind, im Einzelnen aber einem dynamischen Verfassungsprozess unterliegen.[1024] Wenn man alle diese Aufgabenbereiche zusammen betrachtet, erlauben sie dem Bundestag sich seiner grundlegenden Aufgabe, der Mitwirkung an der Staatsleitung „Hand in Hand"[1025] mit der Regierung,[1026] zu widmen. Diese Hauptfunktion steht unmittelbar mit der Entscheidung des Grundgesetzes für ein parlamentarisches Regierungssystem in Verbindung und lässt sich nach *Magiera* als der durch die Verfassung begründete und begrenzte Aufgabenbereich umfassender und grundlegender Planung, Festlegung und Durchführung der Organisation, der

---

*Maurer*, Staatsrecht I, 6. Aufl. 2010, § 13 Rn. 119 ff.; *Gröpl*, in: Studienkommentar GG, 3. Aufl. 2017, Art. 38 GG Rn. 9; *Kluth*, in: Schmidt-Bleibtreu/Hofmann/Henneke GG-Kommentar, 14. Aufl. 2017, Art. 38 GG Rn. 2; *Butzer*, in: Epping/Hillgruber Beck'scher Online Kommentar GG, 1.12.2019, Art. 38 GG Rn. 22 ff.; *Kotzur*, in: Bonner Kommentar, Februar 2020, Vorbem. Art. 38 GG Rn. 47 bis 61.

[1018] *Magiera*, in: Sachs GG-Kommentar, 8. Aufl. 2018, Art. 38 GG Rn. 21.

[1019] *Butzer*, in: Epping/Hillgruber Beck'scher Online Kommentar GG, 1.12.2019, Art. 38 GG Rn. 22 mit Verweis auf *Raschke*, Der Bundestag im parlamentarischen Regierungssystem, 1967, S. 30 f.

[1020] Siehe z.B. *Morlok*, in: Dreier/GG-Kommentar, Bd. II, 3. Aufl. 2015, Art. 38 GG Rn. 46; *Klein*, in: Maunz/Dürig Kommentar GG, Oktober 2019, Art. 38 GG Rn. 52 m.w.N.

[1021] Siehe dazu *Achterberg*, in: Parlamentsrecht, 1984, §§ 16 bis 20 S. 322 ff.; *Brenner*, in: HStR, Bd. III, 3. Aufl. 2005, § 44 Rn. 42.

[1022] Siehe dazu *Brenner*, in: HStR, Bd. III, 3. Aufl. 2005, § 44 Rn. 33 f.; *Kotzur*, in: Bonner Kommentar, Februar 2020, Vorbem. Art. 38 GG Rn. 52.

[1023] Siehe dazu *Kotzur*, in: Bonner Kommentar, Februar 2020, Vorbem. Art. 38 GG Rn. 59. So auch *Morlok*, in: Dreier/GG-Kommentar, Bd. II, 3. Aufl. 2015, Art. 38 GG Rn. 48 ff.

[1024] *Magiera*, in: Sachs GG-Kommentar, 8. Aufl. 2018, Art. 38 GG Rn. 23 m.w.N. in Fn. 75.

[1025] Diese Formulierung findet sich bei *Friesenhahn*, VVDStRL 16 (1957), 9 (37 f.).

[1026] *Klein*, in: HStR, Bd. III, 3. Aufl. 2005, § 50 Rn. 9; *Butzer*, in: Epping/Hillgruber Beck'scher Online Kommentar GG, 1.12.2019, Art. 38 GG Rn. 22.1.

Ziele und Aufgaben sowie der Rechtsordnung des Staates bestimmen.[1027] Es ist ein kooperativer Prozess (sog. kooperativer Parlamentarismus) der staatlichen Willensbildung und Entscheidungsfindung, vor allem zwischen Bundestag, Bundesrat und Bundesregierung als kombinierte Gewalt, die auf der wechselseitigen Abhängigkeit und Ergänzungsbedürftigkeit aller Verfassungsorgane („checks and balances") durch die den einzelnen Organen vom Grundgesetz jeweils zugewiesenen oder gar vorbehaltenen Zuständigkeiten bestimmt wird.[1028]

*Kotzur* sieht in der Bündelung der Funktionen des Bundestages eine Integrationsfunktion, die zwar auch ein Mindestmaß an Einheit voraussetzt, aber sehr viel stärker auf die Zugehörigkeit – das Zugehören-Wollen, das Mitgestalten-Wollen, das in eigenen Angelegenheiten Mitentscheiden-Wollen – zu bzw. in einer Gesellschaft abstellt, die trotz pluralistischer Vielfalt eine Einheit finden will und ein nicht zu unterschätzendes Maß an Uneinigkeit auch ertragen kann.[1029] Dabei geht es vor allem um die permanente Politikvermittlung, die dazu berufen ist, der politischen Gemeinschaft die „Grundfragen ihres Lebens ins Bewusstsein zu rücken, Lösungen und Alternativen zu entwickeln, die Regierten von der Richtigkeit der eingeschlagenen politischen Gesamtrichtung und der getroffenen Entscheidungen zu überzeugen und auf diese Weise politische Anteilnahme, Zustimmung oder Kritik zu wecken – kurzum: integrierend zu wirken".[1030] Daraus ergibt sich also eine übergeordnete Funktion des Parlaments, die erst durch das Zusammentreffen aller Funktionen erfüllt werden kann.

Alle diese Funktionen zeigen, wie vielfältig das Parlament tätig wird. Die Handlungsformen, derer sich der Bundestag bedient, sind entweder ein Gesetzesbe-

---

[1027] *Butzer*, in: Epping/Hillgruber Beck´scher Online Kommentar GG, 1.12.2019, Art. 38 GG Rn. 22.1. mit Verweis auf *Magiera*, Parlament und Staatsleitung, 1979, S. 88.
[1028] *Klein*, in: HStR, Bd. III, 3. Aufl. 2005, § 50 Rn. 9; *Magiera*, in: Sachs GG-Kommentar, 8. Aufl. 2018, Art. 38 GG Rn. 24; *Butzer*, in: Epping/Hillgruber Beck´scher Online Kommentar GG, 1.12.2019, Art. 38 GG Rn. 22.1.
[1029] *Kotzur*, in: Bonner Kommentar, Februar 2020, Vorbem. Art. 38 GG Rn. 60.
[1030] *Kotzur*, in: Bonner Kommentar, Februar 2020, Vorbem. Art. 38 GG Rn. 60 mit Verweis auf *Hesse*, Grundzüge des Verfassungsrechts der BRD, 20. Aufl. 1999, Rn. 573. In die Richtung und auch von einer Integrationsfunktion sprechend auch *Troßmann*, JöR nF Band 28 (1979), 1 (22 bis 25); von einer Integrationsfunktion geht auch aus, *Stern*, Staatsrecht, Bd. 2, 1980, § 26 II 1a S. 45.

schluss oder ein nichtlegislativer Beschluss. Sie können in allen diesen Funktionsbereichen auftreten, wobei ein gewissermaßen exklusiver Bereich dem förmlichen Gesetzesbeschluss zugeschrieben werden könnte, nämlich der Bereich der Gesetzgebungsfunktion. Da der schlichte Parlamentsbeschluss nicht in dem besonderen Verfahren wie der Gesetzesbeschluss erlassen wird, fehlt ihm die Bezeichnung eines Gesetzes, um ihn unmittelbar dieser Funktion unterordnen zu können. Bei der Funktionsbestimmung ist aber nicht die Form maßgeblich, vielmehr ist auf den Inhalt, Sinn und Zweck des Beschlusses abzustellen. Da die Bedeutung der schlichten Parlamentsbeschlüsse zum einen aufgrund der Wirkung, die sie jeweils entfalten können, zum anderen aufgrund der zwischenzeitlich hinzugekommenen Arten von Parlamentsbeschlüssen, nicht komplett erfasst werden kann, ist es möglich, dass sie in allen der bisherigen Funktionen, auch der Gesetzgebungsfunktion, auftauchen können.

### c) Neueinteilung der schlichten Parlamentsbeschlüsse

Es lässt sich ein neues Ordnungsprinzip einführen, das mehr die Bedeutung der schlichten Parlamentsbeschlüsse unter Berücksichtigung der jeweiligen Rechtswirkung und der jeweiligen Rechtsgrundlage im Dienste der Erfüllung von Parlamentsfunktionen beleuchtet. Um eine übersichtliche Einteilung zu erreichen, ist das Organ des Bundestages, das die spezielle Befugnis innehat, die Beschlüsse zu erlassen, in den Mittelpunkt zu stellen. So sind drei Kategorien zu unterscheiden. Die erste Kategorie erfasst schlichte Parlamentsbeschlüsse, die typischerweise zum Geschäftsgang des Bundestages gehören. Die zweite Kategorie bilden schlichte Parlamentsbeschlüsse, die lediglich politische Willensbekundungen des Bundestages enthalten und die dritte Kategorie stellen die sog. „qualifizierten Parlamentsbeschlüsse" dar. So sind die bereits oben erwähnten und teilweise beschriebenen Parlamentsbeschlüsse diesen Kategorien zuzuordnen.

### aa) Kategorie des parlamentarischen Geschäftsgangs

Eine Kategorie, die den größten Anteil an Parlamentsbeschlüssen erfasst, betrifft den Geschäftsgang des Bundestages. Darin sind Beschlüsse enthalten, die zum grundlegenden Tätigkeitsablauf des Bundestages gehören und die typischen Aufgaben des Parlaments sind, die etwa die Kontroll- oder Kreationsfunktion erfüllen. Sie ermöglichen die durch längere Erfahrung erworbene Fähigkeit des Parlaments für bestimmte Tätigkeiten zu nutzen, um sie sehr sicher, schnell und überlegen auszuführen.

Dazu zählen u.a. alle Beschlüsse, die ausschließlich als Rechtsgrundlage die Geschäftsordnung des Bundestages haben. Das sind z.B. in § 10 Abs. 1 Satz 2 GOBT die Anerkennung als Fraktion oder als Gruppe, in § 17 GOBT der Beschluss der Geheimschutzordnung, in § 24 GOBT die gemeinsame Beratung gleichartiger oder verwandter Gegenstände, in § 26 GOBT die Vertagung der Sitzung, in § 25 Abs. 2 GOBT die Vertagung der Beratung oder Schluss der Aussprache, in § 45 Abs. 2 Satz 1 GOBT die Feststellung der Beschlussfähigkeit, in § 80 Abs. 2 Satz 1 GOBT der Eintritt in die zweite Beratung ohne Ausschussüberweisung und in § 126 GOBT die Abweichungen von der Geschäftsordnung.

Es gibt auch Beschlüsse, welche insbesondere die interne Organisation und das Verfahren nach der erfolgten Konstituierung des Bundestages betreffen, und im Grundgesetz niedergelegt sind. Dazu gehört vor allem der Erlass der Geschäftsordnung des Bundestages selbst nach Art. 40 Abs. 1 Satz 2 GG als „autonomes Parlamentsrecht".[1031] „Das Kernstück des Parlamentsrechts"[1032] enthält Regeln über die Verfahrensweise und betrifft viele parlamentsinterne Angelegenheiten. Ein Teil der Ablauforganisation ist geregelt, z.B. in Art. 39 Abs. 3 GG die Festlegungen von Sitzungen, in Art. 40 Abs. 1 Satz 1 GG die Wahl des Präsidenten, seiner Stellvertreter und Schriftführer, in Art. 42 Abs. 1 Satz 2 GG der Ausschluss der Öffentlichkeit von den Verhandlungen oder in Art. 66 GG die Zustimmung zur Ausübung bestimmter Nebentätigkeiten durch die Regierungsmitglieder. Zur Selbstorganisation zählen ebenfalls Beschlüsse, die die Untergliederungen des Bundestages betreffen, z.B. in Art. 45a Abs. 1 GG und Art. 45c Abs. 1 GG die Bestellung des Auswärtigen, des Verteidigungs- und des Petitionsausschusses, in Art. 45b Satz 1 GG die Berufung des Wehrbeauftragten. Die Entsendung von Abgeordneten des Bundestages für die Besetzung von Gremien, darunter die Wahl eigener Organe und Hilfsorgane, ist ein Teil der Legitimationsfunktion.

---

[1031] *Schulze-Fielitz*, in: Schneider/Zeh Parlamentsrecht und Parlamentspraxis, 1989, § 11 Rn. 2.
[1032] *Pietzcker*, in: Schneider/Zeh Parlamentsrecht und Parlamentspraxis, 1989, § 10 Rn. 17.

Es werden schlichte Parlamentsbeschlüsse zur Erfüllung von Befugnissen eingesetzt, die dem Parlament aufgrund seiner zentralen Stellung durch Grundgesetz zugewiesen werden, sog. „funktionenteilende Ordnung des Grundgesetzes".[1033] Aufzuzählen sind hier die Wahl- und Abberufungsbeschlüsse, z.B. in Art. 63 Abs. 1 GG, Art. 67 Abs. 1 GG, Art. 68 Abs. 1 Satz 2 GG die Wahl des Bundeskanzlers, in Art. 94 Abs. 1 Satz 2 GG der Hälfte der Mitglieder des BVerfG, in Art. 95 Abs. 2 GG der Mitglieder des Richterwahlausschusses für die obersten Gerichtshöfe, in Art. 53a Abs. 1 Satz 2 GG die Benennung der Mitglieder des Gemeinsamen Ausschusses, in Art. 60 Abs. 4 GG und Art. 61 Abs. 1 GG die Aufhebung der Immunität und die Anklage des Bundespräsidenten (als komplizierte Form der Abwahl) sowie auch in Art. 41 Abs. 1 Satz 2 und Art. 46 Abs. 2 bis Abs. 4 GG die Entscheidung über den Verlust der Mitgliedschaft und die Aufhebung der Immunität von Abgeordneten. Insbesondere die sog. Wahlakte besitzen aufgrund ihrer Bedeutung eine besondere Qualität, da der Bundestag an der Bestellung der Amtsinhaber oder aber anderer oberster Bundesorgane beteiligt ist.[1034] Dem Gebot des Art. 20 Abs. 2 Satz 1 GG folgend, dass alle Staatsgewalt vom Volk ausgeht, wird durch die Beteiligung des Bundestages eine ununterbrochene Legitimationskette[1035] hergestellt. Unmittelbare demokratische Legitimation hat nur der Bundestag nach Art. 38 Abs. 1 Satz 1 GG. Alle anderen erhalten durch seine Mitwirkung die mittelbare Legitimation, das gilt u.a. für die Besetzung bundesstaatlicher Gremien.

Die Funktion dieser Beschlüsse erschöpft sich aber nicht nur in ihrer Legitimationsfunktion. Sie dienen gleichzeitig der nicht leicht zu bestimmenden Kontrollfunktion,[1036] deren Ziel es ist, dass das Regierungshandeln transparent und nachvollziehbar gemacht wird, und dadurch die Verantwortung der Regierung, und gegebenenfalls die Verantwortlichkeit einzelner Minister bzw. Amtswalter, vor Augen geführt wird.[1037] Die konkrete Wahrnehmung der Kontrollfunktion

---

[1033] *Cancik*, in: Morlok/Schliesky/Wiefelspütz Parlamentsrecht, 2016, § 9 Rn. 21.
[1034] *Magiera*, in: Sachs GG-Kommentar, 8. Aufl. 2018, Art. 38 GG Rn. 32.
[1035] BVerfGE 47, 253 (275); 77, 1 (40); 93, 37 (66 f.); 107, 59 (87); 137, 185 (232).
[1036] Siehe dazu *Steffani*, in: Schneider/Zeh Parlamentsrecht und Parlamentspraxis, 1989, § 49 Rn. 1 ff.; *Klein*, in: HStR, Bd. III, 3. Aufl. 2005, § 50 Rn. 33.
[1037] *Butzer*, in: Epping/Hillgruber Beck´scher Online Kommentar GG, 1.12.2019, Art. 38 GG Rn. 28.

lässt sich in Kontrolle durch die Regierungsmehrheit und durch die Opposition im Bundestag aufteilen.[1038] Das stellt gewisse Kontrollmechanismen zur Verfügung, die auch der Durchsetzung dienen. Sie betreffen insbesondere die Wahl des Bundeskanzlers in Art. 63 Abs. 1 GG, Art. 67 Abs. 1 GG oder Art. 68 Abs. 1 GG. Dabei stellt der Sturz der Regierung nach Art. 67 Abs. 1 GG und die gleichzeitige rechtliche und politische Bindung an den schlichten Parlamentsbeschluss das stärkste Sanktionsmittel der parlamentarischen Kontrolle dar.[1039] Ein typisches Instrument der parlamentarischen Kontrolle, das als „scharfes Schwert" bewertet wird,[1040] ist der Beschluss in Art. 44 GG über die Einsetzung von Untersuchungsausschüssen. Darüber hinaus besteht das Recht des Parlaments nach Art. 43 Abs. 1 GG zur Herbeirufung der Mitglieder der Bundesregierung (sog. Zitierrecht[1041]). Aus diesem ist auch das Frage- und Interpellationsrecht abzuleiten.

Den Funktionen des Parlaments folgend sind Beschlüsse zu erwähnen, die die Integration und die Europäische Union betreffen und ein Ausdruck zunehmender Kompetenzverluste der nationalen Parlamente sind.[1042] Hierzu zählen Beschlüsse, die in Art. 23 Abs. 3 GG als „Stellungnahmen" in europäischen Angelegenheiten bezeichnet werden oder die Beschlüsse in Art. 45 Satz 3 und Art. 23 Abs. 1a Satz 3 GG zur Wahrnehmung der vertraglichen Mitwirkungsrechte und europäischen Rechtsetzungsakte oder die Beschlüsse, die unter „mitwirken" (Art. 23 Abs. 2 Satz 1 GG) zu verstehen sind. Auf diese Weise übt der Bundestag sein Einflussrecht auf die Regierung aus. Diese Beschlüsse sind Plenarentscheidungen über Sachfragen, die bei Beratungen über europäische Rechtsetzungsvorhaben miteinfließen. Sie sind ein Ausdruck der Kontroll- und Europafunktion.

Viele wichtige Teile des Parlamentsrechts, die Beschlüsse enthalten, sind in formellen Gesetzen niederlegt. Ihrem Inhalt nach lassen sie sich in mehrere

---

[1038] *Magiera*, in: Sachs GG-Kommentar, 8. Aufl. 2018, Art. 38 GG Rn. 37; *Butzer*, in: Epping/Hillgruber Beck'scher Online Kommentar GG, 1.12.2019, Art. 38 GG Rn. 29.
[1039] *Magiera*, in: Sachs GG-Kommentar, 8. Aufl. 2018, Art. 38 GG Rn. 39.
[1040] *Cancik*, in: Morlok/Schliesky/Wiefelspütz Parlamentsrecht, 2016, § 9 Rn. 19.
[1041] Genauer zum Zitierrecht, *Stern*, Staatsrecht der Bundesrepublik Deutschland, Bd. 2, 1980, § 26 II 3a und b, S. 52 ff.
[1042] *Cancik*, in: Morlok/Schliesky/Wiefelspütz Parlamentsrecht, 2016, § 9 Rn. 20.

Gruppen einteilen z.B. jene, die nicht nur das Parlament, sondern auch andere Rechtssubjekte bzw. Verfassungsorgane betreffen und damit eine Außenwirkung haben und teilweise auf eine spezielle Verfassungsanordnung gestützt sind oder Regelungen, die die Parlamentsinterna betreffen und oft eine Art Konkretisierung darstellen.[1043] Aufzuzählen sind Beschlüsse z.B. die Einwilligung – sowohl vom Bundestag als auch vom Bundesrat – zur Veräußerung bundeseigener Grundstücke von erheblichem Wert oder besonderer Bedeutung (§ 64 Abs. 2 Satz 1 BHO), die Einwilligung – sowohl vom Bundestag als auch vom Bundesrat – zur Veräußerung von Unternehmensanteilen mit besonderer Bedeutung (§ 65 Abs. 7 Satz 1 BHO) sowie der Missbilligungsbeschluss bei der Entlastung der Bundesregierung nach Rechnungslegung (§ 114 Abs. 5 BHO) oder Beschlüsse, die die Erklärungen in Rechtsstreitigkeiten vor dem BVerfG enthalten z.B. Beitrittserklärungen in §§ 13 Nr. 5, 63, 65 BVerfGG (Erlangung einer eigenen prozessualen Beteiligtenstellung mit allgemeinen Informationspflichten), Äußerungen in einem Verfahren nach Art. 93 Abs. 1 Nr. 2 GG (§§ 13 Nr. 6, 77 BVerfGG) oder Art. 100 Abs. 2 GG (§§ 13 Nr. 12, 83 Abs. 2 BVerfGG), ferner aber auch Beschlüsse über die Wahl der Mitglieder der Aufsichtsorgane bei der Deutschen Welle (Rundfunkrat – § 31 Abs. 2 DWG und Verwaltungsrat – § 36 Abs. 1 Satz 2 DWG) oder die Wahl der Vertreter der Bundesrepublik Deutschland in der Beratenden Versammlung des Europarates nach Art. 25 und Art. 26 der Satzung des Europarats. Auch hier wird die Legitimationsfunktion, z.B. in Bezug auf die internationale Zusammenarbeit und die staatliche Aufsicht deutlich.[1044]

Alle diese Beschlüsse wirken entweder rein parlamentsintern oder aber nach außen, weil sie ihre Wirkung außerhalb des Bundestages entfalten. Für ihren Adressaten sind sie i.d.R. verpflichtend. Sie zählen zum Alltagsgeschäft des Bundestages und übernehmen unterschiedliche Funktionen. Einen Gesetzesbeschluss in diesen Bereichen zu fordern, würde die Routinearbeit unnötig erschweren und sich negativ auf die Leistungsfähigkeit des Parlaments auswirken.

---

[1043] So ähnlich *Pietzcker*, in: Schneider/Zeh Parlamentsrecht und Parlamentspraxis, 1989, § 10 Rn. 9 ff.; *Cancik*, in: Morlok/Schliesky/Wiefelspütz Parlamentsrecht, 2016, § 9 Rn. 23 ff.
[1044] *Magiera*, in: Sachs GG-Kommentar, 8. Aufl. 2018, Art. 38 GG Rn. 18 und 34.

## bb) Kategorie der politischen Willensbildung

Eine weitere Kategorie bilden Beschlüsse, die den Willen des Bundestages bekunden. Da dem Parlament eine zentrale Rolle zukommt, indem es das Forum für Öffentlichkeit der politischen Willensbildung ist,[1045] werden in Form von schlichten Parlamentsbeschlüssen die Ergebnisse der oft divergierenden politischen Auffassungen zum Ausdruck gebracht. Sie unterscheiden sich von den anderen Beschlüssen, weil im Vergleich zu diesen, für sie keine ausdrückliche Kompetenzzuweisung zu finden ist und sie keine rechtlich bindende Wirkung gegenüber anderen Staatsorganen oder den Bürgern haben.[1046] Dennoch ist ihre Wirkung nicht zu unterschätzen. Ihre politische Aussagekraft macht es den adressierten Staatsorganen schwer, sich über deren Inhalt hinwegzusetzen. Das liegt daran, dass zu befürchten ist, dass wenn dem Beschluss nicht gefolgt wird, das Parlament in der Lage ist, seinen Willen per Gesetz durchzusetzen bzw. im äußersten Fall mittels Misstrauensvotums die Regierung zum Stürzen bringen kann.[1047] Daran wird sichtbar, dass sie neben der Repräsentations- bzw. Öffentlichkeitsfunktion ein Ausdruck parlamentarischer Kontrolle sind. Diese Beschlüsse ergehen unter den Bezeichnungen als bloße Kenntnisnahmeerklärungen, Entschließungen, Arbeitsaufträge, Empfehlungen, Weisungen oder Ersuchen, Resolutionen, Absichts- und Meinungserklärungen etc.[1048] Sie sind ein Ausfluss der verfassungsrechtlich vorausgesetzten Teilhabe des Parlaments an der Staatsleitung.[1049] Ihre Vielfältigkeit erfasst unterschiedliche Bereiche, ist aber durch die Verbandskompetenz des Bundes und die Organkompetenz des Parlaments begrenzt.[1050] Ihr Schwerpunkt liegt zum einen im Dialog[1051] zwischen den Abgeordneten und den Bürgern, zum anderen in der Kommunikationsbeziehung mit anderen Staatsorganen, in der der Bundestag als Repräsen-

---

[1045] *Brenner*, in: HStR, Bd. III, 3. Aufl. 2005, § 44 Rn. 39 f.
[1046] *Klein*, in: HStR, Bd. III, 3. Aufl. 2005, § 50 Rn. 14.
[1047] *Stern*, Staatsrecht, Bd. 2, 1980, § 26 II 2c S. 49. *Butzer*, in: Epping/Hillgruber Beck´scher Online Kommentar GG, 1.12.2019, Art. 38 GG Rn. 33.
[1048] Zahlreiche Bsp. (aus der Rspr.) siehe in Teil 1 II. 4.
[1049] *Klein*, in: HStR, Bd. III, 3. Aufl. 2005, § 50 Rn. 14.
[1050] *Klein*, in: HStR, Bd. III, 3. Aufl. 2005, § 50 Rn. 14.
[1051] In die Richtung BVerfGE 44, 125 (139 ff.); 49, 89 (124 f.); *Butzer*, in: Epping/Hillgruber Beck´scher Online Kommentar GG, 1.12.2019, Art. 38 GG Rn. 23.

tant des Volkes fungiert. Dabei hat sich der Bundestag kontinuierlich an den politischen Präferenzen des Volkes zu orientieren.[1052]

### cc) Kategorie der „qualifizierten Parlamentsbeschlüsse"

Die dritte Kategorie stellen die sog. „qualifizierten Parlamentsbeschlüsse" dar. Das sind Hoheitsakte, die über den Geschäftsgang des Bundestages hinausgehen, gleichzeitig aber für ihren Adressaten rechtlich verpflichtend sind. Sie betreffen wichtige Angelegenheiten, die im Normalfall auch per Gesetzesbeschluss geregelt werden könnten, aber aus unterschiedlichen Gründen nicht den gewöhnlichen Weg des Gesetzgebungsverfahrens gehen können.

Zu nennen sind in Art. 80a Abs. 1 GG die Feststellung des Eintritts des Spannungsfalles und – auf Antrag der Bundesregierung mit Zustimmung des Bundesrates – in Art. 115a Abs. 1 GG des Verteidigungsfalles, in Art. 80a Abs. 2 und Abs. 3 GG, Art. 115l Abs. 1 und Abs. 2 GG einschließlich der entsprechenden Aufhebungsverfahren, in Art. 87a Abs. 4 Satz 2 GG das Verlangen auf Einstellung des Einsatzes der Streitkräfte im Inneren und – mit Zustimmung des Bundesrates – in Art. 87 Abs. 3 Satz 2 GG die Einrichtung bestimmter bundeseigener Mittel- und Unterbehörden bei dringendem Bedarf, in Art. 41 Abs. 1 Satz 1 GG die Wahlprüfung und der Beschluss nach Art. 115 Abs. 2 Satz 6 GG über erhöhte Nettokreditaufnahme für Naturkatastrophen und für außergewöhnliche Notsituationen, die sich der Kontrolle des Staates entziehen und die staatliche Finanzlage erheblich beeinträchtigen. Diese Entscheidungen führen eine Rechtsfolge herbei. Es handelt sich dabei überwiegend um Fälle, die eine Ausnahmesituation betreffen bzw. die Entscheidung eilbedürftig, folgenschwer und von großer Bedeutung ist, sodass der Beschluss bindend wirkt.

Es gibt auch ungeschriebene Fälle von rechtsverbindlichen Parlamentsbeschlüssen. Die aus der Auslegung des Grundgesetzes hergeleiteten „qualifizierten Parlamentsbeschlüsse" sind der Beschluss über den Auslandseinsatz der Bundeswehr[1053], der Beschluss zur Wahrnehmung der Integrationsverantwortung[1054] und die ergänzende Ausprägung dieser Verantwortung, die sog. Bud-

---

[1052] *Butzer*, in: Epping/Hillgruber Beck´scher Online Kommentar GG, 1.12.2019, Art. 38 GG Rn. 23.1.
[1053] BVerfGE 90, 286 ff. Siehe dazu Teil 1 II. 5. a).
[1054] BVerfGE 123, 267 ff. Siehe dazu Teil 1 II. 5. b).

getverantwortung[1055]. Dazu zählen auch die nicht expressis verbis im Grundgesetz vorgesehenen Zustimmungsrechte[1056] des Bundestages in der Rechtsverordnungsgebung nach Art. 80 GG. Gerade die ungeschriebenen Fälle werden als Erscheinungsform der Kontrollfunktion verstanden.[1057]

Alle diese Beschlüsse sind insofern beachtenswert, weil sie wie ein Gesetzesbeschluss wirken, ohne ein Gesetz zu sein. Diese Gesetzesähnlichkeit mit dem einhergehenden Verzicht auf die Gesetzesform erschwert ihre systematische Einordnung in die traditionellen Funktionen des Parlaments, weshalb diese Beschlüsse eine eigene Kategorie bilden.

### 4. Bewertung einzelner Indikatoren für die Rechtswirksamkeit von schlichten Parlamentsbeschlüssen und ihre Qualität im Kontext parlamentarischer Arbeitsweise

Die Rechtswirkung der schlichten Parlamentsbeschlüsse wird von unterschiedlichen Faktoren bestimmt. Dabei hat primär das Bestehen einer Rechtsgrundlage, ferner ihr Rang enorme Tragweite. Ebenfalls von großem Gewicht ist der Inhalt, welchen Bereich er betrifft, welche Funktion er haben soll und ob bzw. wer der Empfänger sein soll. Es müssen viele Aspekte wie u.a. der genaue Wortlaut einer Norm, wenn sie die Grundlage des schlichten Parlamentsbeschlusses ist, berücksichtigt werden. Durch das Fokussieren aller dieser Kriterien bzw. eines Hauptmerkmals bildeten sich verschiedene Bezeichnungen für Parlamentsbeschlüsse heraus, wie „schlicht", „echt", „konstitutiv", die an erster Stelle die Frage der Rechtverbindlichkeit beantworten sollten, im Ergebnis aber durch die entstandenen Divergenzen in der Begründung und in der Einordnung der einzelnen Beschlüsse für noch mehr Unübersichtlichkeit sorgen.

Die Rechtsverbindlichkeit von schlichten Parlamentsbeschlüssen ist weiterhin nicht abschließend geklärt und die Ansichten differieren so stark, dass indes das Abstellen auf die jeweilige Rechtsgrundlage oder ausschließlich auf die Terminologie oder bloß den Wortlaut keine eindeutigen Ergebnisse bietet. Ein

---

[1055] BVerfGE 129, 124 (180 f.) – EFSF; 135, 317 (401) – ESM; BVerfG, Urt. v. 5.5.2020 – 2 BvR 859/15 – juris (PSPP-Entsch.). Siehe dazu Teil 1 II. 5. b).
[1056] Siehe dazu Teil 1 II. 8.
[1057] So *Butzer*, in: Epping/Hillgruber Beck'scher Online Kommentar GG, 1.12.2019, Art. 38 GG Rn. 32.2.

Extrempol möchte prinzipiell den schlichten Parlamentsbeschlüssen eine verbindliche Wirkung beimessen.[1058] Davon leicht abweichend wird als Zwischenstufe eine Vermutungsregel für die Rechtsverbindlichkeit aufgestellt.[1059] Oder es wird der Versuch unternommen, zwischen der Objektivität nach der Verfassung und der Subjektivität nach dem Willen des Parlaments zu unterscheiden, um daraus Rückschlüsse auf die Verbindlichkeit zu ziehen.[1060] Auch der Weg über die Differenzierung nach den Adressaten der Beschlüsse wird vernommen.[1061] Der Gegenpart verneint die Rechtsverbindlichkeit der schlichten Parlamentsbeschlüsse, oft vorbehaltlich derer, die im Grundgesetz verankert sind (sog. „echte" Parlamentsbeschlüsse). Die Begründungsansätze bzgl. der Rechtsverbindlichkeit lassen sich auf den gemeinsamen Nenner zurückführen, dass sie von dem Primat des Parlaments aufgrund seiner umfassenden Kontrollbefugnis ausgehen.[1062] Anders ausgedrückt werden die Ausnahmen von der Regel der Unverbindlichkeit durch das Beruhen auf zwingenden verfassungsrechtlichen Gründen begründet. Schließlich ist bei diesen ergebnisorientierten Ansätzen zu kritisieren, dass die im Grundgesetz genannten verbindlichen Beschlüsse keine Ausnahme von der Regel bilden, sondern lediglich Beispiele der umfassenden Zulässigkeit sind.[1063]

Unabhängig davon bleibt ebenfalls offen, welchen Verbindlichkeitsumfang diese Beschlüsse haben sollen. Der Intensitätsgrad der erzeugten Verbindlichkeit ist nicht pauschal feststellbar und muss für jeden Einzelfall untersucht werden, um ihn bestimmen zu können. So können die Parlamentsbeschlüsse, die nicht in der Gesetzesform ergehen, zum einen nicht alle unter der Bezeichnung „schlicht" oder „einfach" undifferenziert zusammengefasst werden und zum

---

[1058] So zu deuten *Meyn*, Kontrolle als Verfassungsprinzip, 1982, S. 384 ff.
[1059] *Sellmann*, Der schlichte Parlamentsbeschluss, 1966, S. 43.
[1060] *Sellmann*, Der schlichte Parlamentsbeschluss, 1966, S. 38 ff. Wobei eingeräumt wird, dass die Ermittlung des Willens des Parlaments nur bedingt möglich sei und im Zweifel doch auf die Verfassung abgestellt werden müsse, S. 43 f.
[1061] *Klein*, JuS 1964, 181 (184) mit der Kritik von *Böckenförde*, JuS 1968, 375 (378 f. Anm. 7) und *Pegatzky*, Parlament und Verordnungsgeber, 1999, S. 85, dass nicht adressierte Beschlüsse per se keine Verbindlichkeit haben.
[1062] So u.a. *Sellmann*, Der schlichte Parlamentsbeschluss, 1966, S. 68; *Magiera*, Parlament und Staatsleitung, 1979, S. 216; *Luch*, in: Morlok/Schliesky/Wiefelspütz Parlamentsrecht, 2016, § 10 Rn. 20.
[1063] *Luch*, in: Morlok/Schliesky/Wiefelspütz Parlamentsrecht, 2016, § 10 Rn. 20.

anderen kann ihnen auch deshalb nicht generell die rechtliche Wirkung abgesprochen werden.[1064] Diese Betrachtungsweise würde der parlamentarischen Wirklichkeit nicht gerecht werden.[1065]

Wie ein Beschluss formuliert wurde, bietet einen der ersten Anhaltspunkte für die mögliche Rechtswirkung, die er auslösen soll. Zumindest lässt sich daraus die Intention des Parlaments ableiten. So ist anzunehmen, dass wenn in dem Beschluss ausdrücklich das Wort „hat" verwendet wird, wohl auch von einem Müssen und gewollter Verbindlichkeit auszugehen ist, während bei Ausdrücken wie „missbilligt" demgegenüber lediglich der Charakter einer Stellungnahme zuzumessen ist.[1066] Andere Ausdrucksformen wie: „ersucht", „beauftragt", „auffordert" lassen einen so eindeutigen Rückschluss auf den genauen Willen des Parlaments nicht zu.[1067] *Sellmann* geht sogar ein Stück weiter und stellt eine Umdeutungsregel für diese Zweifelsfälle auf: Die Vermutung der „bona fides" des Parlaments habe den Vorrang, sodass die vom Parlament verbindlich formulierten Beschlüsse als unverbindliche Stellungnahmen und Empfehlungen zu verstehen seien, weil davon auszugehen sei, dass das Parlament grundsätzlich in Grenzen seiner Befugnisse handeln wolle, also nicht in unzulässiger Weise Einfluss auf die Exekutive nehmen wolle (rechtswidriges Handeln).[1068] Das ist jedoch abzulehnen. So kann nicht ausschließlich der Wille des Parlaments entscheidend dafür sein, ob seine Entscheidung verbindlich ist oder nicht. Damit würde er sich zum Alleinentscheider aufschwingen und das gewaltverschränkte Ordnungssystem des Grundgesetzes außer Acht lassen.[1069] Den anderen Verfassungsorganen einseitig seinen Willen aufzuerlegen, soweit sich in der Verfassung keine ausdrückliche Begrenzung dafür findet, hätte zur Folge, dass die Pflicht zu loyaler Zusammenarbeit und gegenseitiger Rücksicht-

---

[1064] *Kretschmer*, in: Bonner Kommentar, Oktober 2006, Art. 45 GG Rn. 116. So ähnlich *Schorkopf*, in: Bonner Kommentar, Februar 2020, Art. 23 GG Rn. 162.
[1065] *Kretschmer*, in: Bonner Kommentar, Oktober 2006, Art. 45 GG Rn. 117 mit dem Hinweis, dass wenn eine verfassungsrechtliche Pflicht zu realitätsgerechtem Erlass von Gesetzen besteht, auch die Verfassung realitätsgerecht auszulegen sei, im Anschluss an BVerfGE 105, 73 (126). So ähnlich *Schorkopf*, in: Bonner Kommentar, Februar 2020, Art. 23 GG Rn. 162 ff. und Art. 45 GG Rn. 73 ff.
[1066] *Sellmann*, Der schlichte Parlamentsbeschluss, 1966, S. 43; *Luch*, in: Morlok/Schliesky/Wiefelspütz Parlamentsrecht, 2016, § 10 Rn. 51.
[1067] *Sellmann*, Der schlichte Parlamentsbeschluss, 1966, S. 43.
[1068] So zu verstehen, *Sellmann*, Der schlichte Parlamentsbeschluss, 1966, S. 44.
[1069] So *Kühnreich*, Das Selbstorganisationsrecht des Deutschen Bundestages, 1997, S. 112.

nahme weitgehend dem Belieben des Bundestages unterstellt wäre und sogar zur Ausnahme herabgemindert sein würde.[1070] So ist die von *Luch* richtig erkannte differenzierende Herangehensweise zu bevorzugen. Zum einen ist das Parlament in seiner Wortwahl frei, dessen Vehemenz sorgt aber für Ernsthaftigkeit und Bedeutung des Beschlussgegenstandes, sodass sie als Vorwarnung und Anknüpfungspunkt für mögliche Konsequenzen der Nichtbefolgung dient.[1071] Zum anderen hat es der Adressat in Zweifelsfällen selbst in der Hand, die Verbindlichkeit einzuschätzen und auf den Beschluss entsprechend rechtlich oder tatsächlich zu reagieren, sodass es keiner Umdeutungsregel bedürfe.[1072] Unabhängig davon hat das Parlament sowohl bei verbindlichen als auch unverbindlichen Beschlüssen die absoluten Grenzen seines Befassungsrechts zu wahren und ein Übertreten führt schlicht zur Verfassungswidrigkeit des Beschlusses und nicht zu seiner Umdeutung in einen unverbindlichen Beschluss.[1073]

Die Inhalte der schlichten Parlamentsbeschlüsse regen ebenfalls dazu an, sich über die Rechtsverbindlichkeit der Beschlüsse Gedanken zu machen. Je nach zu regelnder Angelegenheit und ihrer Bedeutung können aber nur beschränkt Folgerungen bzgl. der Bindungswirkung abgeleitet werden. Sie haben entweder Personalangelegenheiten (Wahlakte) oder Sachfragen zum Gegenstand. Die Sachfragen umfassen variantenreiche Arten von Plenarentscheidungen, die teils nach innen an die Mitglieder und Gremien des Bundestages, teils aber auch nach außen gerichtet sind.[1074] Sie haben unterschiedliche Funktionen und einen jeweils anderen Charakter – der Bundestag kann z.B. auch streitschlichtend[1075] tätig werden. Einerseits müssen die Beschlüsse von Organen der beiden anderen Staatsgewalten aufgrund eines ausdrücklichen Parlamentsvorbehalts eingeholt werden, etwa bei Genehmigungen in Immunitätsangelegenheiten, anderseits werden sie aufgrund verfassungsrechtlicher

---

[1070] *Magiera*, Parlament und Staatsleitung, 1979, S. 215.
[1071] *Luch*, in: Morlok/Schliesky/Wiefelspütz Parlamentsrecht, 2016, § 10 Rn. 51.
[1072] *Luch*, in: Morlok/Schliesky/Wiefelspütz Parlamentsrecht, 2016, § 10 Rn. 51.
[1073] So *Luch*, in: Morlok/Schliesky/Wiefelspütz Parlamentsrecht, 2016, § 10 Rn. 51.
[1074] *Kretschmer*, in: Bonner Kommentar, Oktober 2006, Art. 45 GG Rn. 116; so ähnlich *Schorkopf*, in: Bonner Kommentar, Februar 2020, Art. 23 GG Rn. 151.
[1075] So z.B.: Umzugsbeschluss, BT-Drs. 12/815 oder Beschluss zum Denkmal für die ermordeten Juden Europas, BT-Drs. 14/1238.

Auslegung des Grundgesetzes gewonnen, wie bei der Zustimmung zum Einsatz der Bundeswehr im Ausland.[1076]

Der Wortlaut des Grundgesetzes ist ebenfalls uneindeutig, insbesondere bzgl. der Mitwirkungsrechte des Bundestages in Angelegenheiten der Europäischen Union. Die Stellungnahmen als schlichte Sachbeschlüsse lösen Folgen für das Handeln der Regierung aus, die verfassungsrechtlich verankert sind.[1077] Welche Folgen das genau sind, muss aber erst ermittelt werden. Es ist davon auszugehen, dass mit einer Stellungnahme immerhin ein formelles parlamentarisches Beratungsverfahren durch Parlamentsbeschluss oder im Ermächtigungsfalle durch einen Beschluss des Europaausschusses mit dem Ziel beendet wird, der Bundesregierung die parlamentarische Einschätzung des europäischen Rechtsetzungsvorhabens „zur weiteren Veranlassung" mitzuteilen.[1078]

Aufgrund der unterschiedlichen Beschlussauffassungen vermochte sich keine der Ansichten bis jetzt generell durchzusetzen. Daher ist immer auf den Einzelfall abzustellen, wobei Kriterien wie der Parlamentswille, die Adressierung, der Grundlagencharakter und die ausdrücklich normierten – formelle wie materielle – Kompetenzen, Berücksichtigung finden sollten.[1079] Um zu verstehen, welche Rechtswirkung welcher schlichter Parlamentsbeschluss hat bzw. um überhaupt alle erfassen zu können, ohne dabei welche aufgrund anderes Verständnisses auszuschließen, bietet es sich an, an die Definition von *Thoma* anzuknüpfen und vorerst statt des Begriffes „schlicht" oder „einfach" den Begriff der nicht-gesetzlichen[1080] oder nicht-gesetzesförmigen Beschlüsse zu verwenden. Unter diesen kann dann z.B. die Kategorie der verbindlichen und nichtverbindlichen mit unterschiedlichen Nuancen dazwischen eingeführt werden. Ferner können auch bei den verbindlichen und unverbindlichen Beschlüs-

---

[1076] *Kretschmer*, in: Bonner Kommentar, Oktober 2006, Art. 45 GG Rn. 116; *Schorkopf*, in: Bonner Kommentar, Februar 2020, Art. 23 GG Rn. 129 ff. bezogen auf Integrationsverantwortung.

[1077] Siehe dazu Teil 1 III. 2. b) und so auch *Kretschmer*, in: Bonner Kommentar, Oktober 2006, Art. 45 GG Rn. 116. So ähnlich *Schorkopf*, in: Bonner Kommentar, Februar 2020, Art. 23 GG Rn. 159 ff.

[1078] *Kretschmer*, in: Bonner Kommentar, Oktober 2006, Art. 45 GG Rn. 116; so ähnlich *Schorkopf*, in: Bonner Kommentar, Februar 2020, Art. 23 GG Rn. 160.

[1079] *Kühne*, ZParl 1990, 515 (520).

[1080] Diesen Begriff verwendet *Kretschmer*, in: Bonner Kommentar, Oktober 2006, Art. 45 GG Rn. 116.

sen weitere Untergruppen gebildet werden. Beispielsweise kann bei den verbindlichen, noch zwischen den notwendigen (Bundeswehreinsatz/Immunitätsaufhebung) und nicht notwendigen, aber zu berücksichtigenden Beschlüssen (Stellungnahmen nach Art. 23 Abs. 3 GG) sowie besonderen Beschlüssen (Wahlakte) unterschieden werden.[1081] Darüber hinaus können auch neue Kategorien eingeführt werden, je nach dem zugrundeliegenden Kriterium der Betrachtung. Deshalb sollte die Wahl jeder Bezeichnung der nichtlegislativen Rechtsakte immer voranstellen, durch was die Bezeichnung bestimmt wurde (z.B. Rechtsgrundlage, Verfahrensart, Rechtsverbindlichkeit etc.), um einer weiteren Verwirrung der verschiedenen Begrifflichkeiten im Hinblick auf das Verständnis vorzubeugen.

Eine Einteilung der nichtlegislativen Beschlüsse im Lichte der einzelnen Parlamentsfunktionen bietet sich an, weil das Parlament der Erzeuger der Beschlüsse ist. Diese Zuordnung ermöglicht drei verschiedene Arten von Beschlüssen zu bestimmen, erstens Beschlüsse, die den parlamentarischen Geschäftsgang betreffen, zweitens solche, die der Ausdruck des politischen Willens sind und drittens die sog. „qualifizierten Parlamentsbeschlüsse". Der größte Vorteil dieser Einteilung ist, dass mehrere Kriterien, u.a. die unterschiedliche Rechtswirkung der Parlamentsbeschlüsse und die jeweilige Rechtsgrundlage, gleichzeitig betrachtet werden und alle Beschlüsse in ein einheitliches Ordnungssystem gebracht werden. Traditionell wird bei der Funktionsbestimmung des Parlaments, als eine der wichtigsten Hauptfunktionen, die sog. Gesetzgebungsfunktion genannt. Bei rein formeller Betrachtungsweise findet sie keinen Niederschlag im Rahmen der Zuordnung der einzelnen Beschlüsse, weil diese Beschlüsse gerade nicht gesetzesförmig sind. Das macht zuvörderst die Kategorie der „qualifizierten Parlamentsbeschlüsse" so außergewöhnlich, weil sie wie förmliche Gesetzesbeschlüsse wirken, ohne solche zu sein. Das demonstriert wiederum, dass der äußere Schein der Handlungsform nicht das Entscheidende ist und der Blickwinkel erweitert werden muss. Daher bedarf die Gruppe der „qualifizierten Parlamentsbeschlüsse", insbesondere der ungeschriebenen Fälle, einer genaueren Betrachtung, um eine weitere Funktion der nichtlegislativen Beschlüsse näherzubringen.

---

[1081] Aufteilungsvorschlag, siehe *Luch*, in: Morlok/Schliesky/Wiefelspütz Parlamentsrecht, 2016, § 10 Rn. 27.

## Teil 2: Der schlichte Parlamentsbeschluss als Ausdruck der rechtsetzenden Funktion des Parlaments

### I. Die Rechtsetzungsfunktion des Parlaments

Die Gesetzgebungsfunktion erfasst, wie der Name schon sagt, vor allem förmliche Gesetzesbeschlüsse. Deren Erlass gehört auch zur Hauptaufgabe des Parlaments. Unter die Gesetzgebungsfunktion könnten aber auch die „qualifizierten Parlamentsbeschlüsse" subsumiert werden, weil sie in vorgesehenen Fällen anstelle von förmlichen Gesetzen erlassen werden und wie ein förmliches Gesetz wirken. Daher ist die Gesetzgebungsfunktion aus Klarstellungsgründen in die Rechtsetzungsfunktion umzubenennen. Damit wird zum Ausdruck gebracht, was der Sinn und Zweck der Funktion ist, und dass für die Zuordnung die Form[1082] oder das Verfahren, in welcher bzw. in welchem die Entscheidung getroffen wird, nicht von Relevanz sind.

Damit der „qualifizierte Parlamentsbeschluss" dem Bereich der Rechtsetzung zugeordnet werden kann, ist es notwendig näher zu beschreiben, was mit der Rechtsetzungsfunktion überhaupt gemeint ist. Dabei dient der Gesetzesbegriff als Orientierung. Es gilt herauszufinden, welche Bereiche von der Form des förmlichen Gesetzes beherrscht werden, und in welchen Bereichen der „qualifizierte Parlamentsbeschluss" als Alternative eingesetzt werden kann. Zu diesem Zweck sind die Attribute des Gesetzes – Vorbehalt des Gesetzes, Parlamentsvorbehalt, Wesentlichkeitstheorie, Vorrang des Gesetzes – zu untersuchen und daraufhin zu überprüfen, ob sie gleichzeitig die Ausschlusskriterien für die Anwendung des „qualifizierten Parlamentsbeschlusses" darstellen. In den Blick sollen hier die ungeschriebenen Fälle der „qualifizierten Parlamentsbeschlüsse" genommen werden, vor allem soll der Streitkräftebeschluss, und ergänzend der Integrationsverantwortungsbeschluss herangezogen werden. Wie bereits festgestellt gehören beide Beschlüsse einer Gruppe[1083] an, gleichen sich strukturell und führen zu konstruktiven Schnittpunkten. Gleichzeitig sind sie stark umstritten und wiederholt in die Kritik geraten, was ihre Wirkung an-

---

[1082] *Stern*, Staatsrecht, Bd. 2, 1980, § 26 II 2b S. 48 mit Verweis auf *Laband*, Staatsrecht Bd. I, 5. Aufl. 1911; Neudruck 1964, S. 299; *Magiera*, in: Sachs GG-Kommentar, 8. Aufl. 2018, Art. 38 GG Rn. 22. Zur Bestimmung der Funktion siehe Teil 1 III. 3. c).
[1083] Siehe dazu Teil 1 II. 5. und 6.

geht. Daher lassen sie die Frage ihrer Einordnung in die Normtypik des Grundgesetzes aufkommen, wenn man ihnen die Rechtssatzqualität zugesteht. Anschließend gilt festzustellen, inwiefern das Parlament in seiner Wahl frei ist, was die Handlungsform anbelangt, und welche Kriterien zu berücksichtigen sind, damit der „qualifizierte Parlamentsbeschluss" verfassungskonform von dem Parlament angewendet werden kann.

## 1. Bedeutung der Rechtsetzungsfunktion

Die wesentliche Funktion und Aufgabe des Bundestages ist die sog. Rechtsetzungsfunktion. Als Oberbegriff erfasst sie Regelungen, die sowohl als förmliche[1084] Gesetze ergehen als auch Regelungen, die nicht in dieser Form erlassen werden. Unter förmlichen Gesetz ist hierbei ein Willensakt der Gesetzgebungsorgane ohne Rücksicht auf seinen Inhalt zu verstehen, der das verfassungsgemäß vorgesehene Gesetzgebungsverfahren durchlaufen hat, während ein Gesetz im materiellen Sinne (Inhalt) dagegen jeder Rechtssatz sein kann, unabhängig von dem Verfahren, also nicht nur ein Gesetz (ausgenommen reine formelle Gesetze), aber auch Rechtsverordnungen, Satzungen oder Gewohnheitsrecht.[1085] Dem folgend wird von einem sog. Rechtssatzvorbehalt[1086] gesprochen. Diese bedeutende Aufgabe wird dem Bundestag zugeschrieben, denn die Setzung verbindlichen Rechts ist eine wesentliche Entscheidungsform der Staatsgewalt, die in besonderem Maße der demokratischen Legitimation bedarf.[1087]

---

[1084] Der dualistische Begriff des Gesetzes ist zurückzuführen auf *Laband*, Staatsrecht, Bd. II, 4. Aufl. 1901, S. 61 (62 ff. – Wirkung), der zwischen Gesetzen in formellen und materiellen Sinne unterscheidet, bereits auf S. 1 des Kapitels über Gesetzgebung; *ders.*, Das Budgetrecht, 1871, Nachdruck 1971, S. 1 ff. Zur genauer Entwicklung des Gesetzesbegriffs, siehe *Roellecke*, Der Begriff des positiven Gesetzes und das Grundgesetz, 1969, S. 42 ff.; *Starck*, Der Gesetzesbegriff des GG, 1970, S. 77 ff.; *Achterberg*, Parlamentsrecht, 1984, § 24 S. 706 ff.; alle m.w.N.

[1085] Heute nach ganz überwiegender Auffassung wird die Zweiteilung angenommen und auch so verstanden, so *Ossenbühl*, in: HStR, Bd. V, 3. Aufl. 2007, § 101 Rn. 9; *Rozek*, in: v. Mangoldt/Klein/Starck, GG Bd. 2, 7. Aufl. 2018, Art. 70 GG Rn. 24; *Degenhart*, Staatsrecht I, 35. Aufl. 2019, § 3 Rn. 149.; *Uhle*, in: Maunz/Dürig Kommentar GG, Oktober 2019, Art. 70 GG Rn. 35, alle m.w.N.

[1086] So auch *Staupe*, Parlamentsvorbehalt und Delegationsbefugnis, 1986, S. 31.

[1087] *Morlok*, in: Dreier/GG-Kommentar, Bd. II, 3. Aufl. 2015, Art. 38 GG Rn. 39.

Ausgehend von der Bestimmung des Art. 20 Abs. 2 GG ist die Rechtsetzung in der Demokratie der Volksvertretung, dem Bundestag als Hauptorgan der Gesetzgebung vorbehalten.[1088] Neben den weiteren Verfassungsorganen – der Bundesregierung und dem Bundesrat – hat er das Recht zur Gesetzgebungsinitiative (Art. 76 Abs. 1 GG), er beschließt die Bundesgesetze (Art. 77 Abs. 1 und Art. 78 GG) und die verfassungsändernde Gesetze (Art. 78 GG). Die Gesetzgebungszuständigkeiten des Bundes sind umfangreich[1089] trotz der Rechtsvermutung für die Zuständigkeit der Länder im Bereich der Legislative nach Art. 70 Abs. 1 GG.

Bei der Ausübung dieser Aufgabe ist der Bundestag nicht nur zu der Gesetzgebung berechtigt, sondern auch gefordert durch explizit vorgesehene Normierungen in dem Grundgesetz, die Sachbereiche benennen, die ausdrücklich der Regelung mittels eines formellen Gesetzes verlangen. Der Vorbehalt des Gesetzes findet sich speziell etwa im Bereich der Grundrechte (z.B. Art. 2, 8, 10, 11 GG), der auswärtigen Gewalt (z.B. Art. 23, 24 Abs. 2, Art. 59 Abs. 2 GG), der Staatsorganisation (z.B. Art. 84, 85, 87 GG) und des Haushaltswesens (z.B. Art. 110, 115 GG).[1090] Damit bezeichnet der Begriff des Vorbehalts des Gesetzes den Anwendungsbereich des Gesetzes und bedarf einer näheren Erläuterung.

## 2. Begriff des Vorbehalts des Gesetzes

Der Vorbehalt des Gesetzes wird verfassungsrechtlich als Kompetenzproblem verstanden, um Wirkungsbereiche zwischen der Legislative und der Exekutive abzugrenzen.[1091] Er regelt das Verhältnis zwischen den beiden Gewalten. So kann in bestimmten Bereichen die Exekutive nicht aus eigener Machtvollkommenheit tätig werden, sondern der parlamentarische Gesetzgeber muss vorerst eine Entscheidung treffen. Zu beachten ist, dass es terminologische Unterschiede zwischen dem Vorbehalt des Gesetzes und dem Gesetzesvorbehalt

---

[1088] *Morlok*, in: Dreier/GG-Kommentar, Bd. II, 3. Aufl. 2015, Art. 38 GG Rn. 39.
[1089] *Klein*, in: HStR, Bd. III, 3. Aufl. 2005, § 50 Rn. 18 mit Verweis auf *Schindler*, Datenhandbuch zur Geschichte des Deutschen Bundestages 1949 bis 1999, 1999, Bd. II, S. 2319 ff.
[1090] *Magiera*, in: Sachs GG-Kommentar, 8. Aufl. 2018, Art. 38 GG Rn. 29; *Butzer*, in: Epping/Hillgruber Beck'scher Online Kommentar GG, 1.12.2019, Art. 38 GG Rn. 25.
[1091] *Ossenbühl*, in: HStR, Bd. V, 3. Aufl. 2007, § 101 Rn. 11. Zur Entstehungsgeschichte des Vorbehalts des Gesetzes statt vieler siehe *Grzeszick*, in: Maunz/Dürig Kommentar GG, Oktober 2019, Art. 20 GG VI. Rn. 77 f. m.w.N.

gibt, dennoch werden sie teilweise synonym verwendet, weil sie Fälle behandeln, in denen die Exekutive einer parlamentarischen Grundlage bedarf, um handeln zu können.[1092] Oft wird der Gesetzesvorbehalt lediglich auf in der Verfassung besonders normierten Spezial- oder Sondervorbehalte[1093] verwendet.[1094] Demgegenüber steht das weite Verständnis des Vorbehalts des Gesetzes, der nicht in der Verfassung ausdrücklich fixiert ist und aus verfassungsrechtlichen Prinzipien hergeleitet wird. Dieses Verständnis wird auch hier zugrunde gelegt. Die verfassungsrechtliche Grundlage dieses Grundsatzes fußt sowohl auf dem Rechtsstaats- als auch auf dem Demokratieprinzip. „Während seine rechtsstaatliche Begründung auf die Transparenz und Vorhersehbarkeit des staatlichen Handelns abstellt und insbesondere auf den Schutz der Grundrechte bezogen ist, betont seine demokratische Komponente, dass das Parlament als das einzige unmittelbar demokratisch legitimierte Staatsorgan sich nicht seiner Aufgabe entziehen darf, die grundlegenden Entscheidungen für das Gemeinwesen zu treffen."[1095]

Aus Art. 20 Abs. 3 GG folgt, dass dem Grundgesetz ein Vorbehalt gesetzlicher Regelung zugrunde liegt, jedoch der Inhalt und die Grenzen dieses Vorbehalts nicht eindeutig festgelegt sind.[1096] Überwiegend besteht die Tendenz, den Vorbehalt des Gesetzes über den klassischen Bereich der Eingriffe in „Freiheit und Eigentum" hinaus um das Kriterium der wesentlichen Entscheidungen zu erweitern.[1097] Nach der Rechtsprechung des BVerfG bedeutet das, dass in einer de-

---

[1092] So auch *Kisker*, NJW 1977, 1313 (1313 Fn.1); *Ossenbühl*, in: HStR, Bd. V, 3. Aufl. 2007, § 101 Rn. 17; *Grzeszick*, in: Maunz/Dürig Kommentar GG, Oktober 2019, Art. 20 GG VI. Rn. 76, alle m.w.N.
[1093] Die Bezeichnungen gehen zurück auf *Thoma*, in: HdbDStR, Bd. 2, 1932, § 76 S. 221 f. und sie werden unter dem Oberbegriff des Vorbehalts des Gesetzes verwendet von *Jesch*, Gesetz und Verwaltung, Bd. 2, 2. Aufl. 1968, S. 31 f. und S. 34. Auch in der Rspr. kommen die Bezeichnungen vor z.B. „Sondervorbehalt der Legislative", BVerfGE 1, 372 (395); BVerwGE 60, 162 (176).
[1094] In diesem Sinne *Krebs*, Vorbehalt des Gesetzes und Grundrechte, 1975, S. 11 Fn. 1.
[1095] *Huster/Rux*, in: Epping/Hillgruber Beck'scher Online Kommentar GG, 1.12.2019, Art. 20 GG Rn. 173 mit Verweis auf BVerfGE 47, 46 (78 ff.).
[1096] BVerfGE 40, 237 (248 f.); 47, 46 (78 f.); 49, 89 (126 f.); *Magiera*, in: Sachs GG-Kommentar, 8. Aufl. 2018, Art. 38 GG Rn. 29; *Butzer*, in: Epping/Hillgruber Beck'scher Online Kommentar GG, 1.12.2019, Art. 38 GG Rn. 25.
[1097] *Klein*, in: HStR, Bd. III, 3. Aufl. 2005, § 50 Rn. 23; *Magiera*, in: Sachs GG-Kommentar, 8. Aufl. 2018, Art. 38 GG Rn. 29.

mokratischen Staatsverfassung – das Grundgesetz – davon auszugehen ist, dass in der Form eines Gesetzes Entscheidungen über alle grundsätzlichen Fragen getroffen werden, die den Bürger unmittelbar betreffen.[1098] Dem Gesetzgeber obliegt es in grundlegenden normativen Bereichen – besonders im Bereich der Grundrechtsausübung – alle wesentlichen Entscheidungen selbst zu treffen.[1099] Das hat den Hintergrund, dass der zentrale Grundgedanke von dem klassischen Verständnis des Vorbehalts des Gesetzes ist, dass unmittelbar regelndes, belastendes und freiheitsverkürzendes Staatshandeln stets eine gesetzliche Grundlage durch oder aufgrund eines Gesetzes voraussetzt.[1100] Mit der Wesentlichkeitstheorie wird der Vorbehalt des Gesetzes ausgeweitet,[1101] indem der Gesetzgeber auch dann tätig werden soll, wenn eine Grundrechtsrelevanz einer Maßnahme vorliegt oder aber, anknüpfend an das Demokratiegebot, eine parlamentarische Entscheidung für politisch bedeutsame Fragen im Sinne demokratisch fundamentaler Grundsatzentscheidungen von Bedeutung für die Allgemeinheit ist.[1102] Damit kann der Gesetzgeber auch jenseits der Gesetzesvorbehalte für Grundrechtseingriffe zur Normierung von Bereichen verpflichtet werden. So ein Verständnis lässt sich aus den Entscheidungen des BVerfG entnehmen. In den von ihm entschiedenen Fällen lag eine Grundrechtsberührung vor, ohne dass notwendig ein Eingriff in die Grundrechte vorlag.[1103]

---

[1098] BVerfGE 40, 237 (249); so ähnlich auch BVerfGE 41, 251 (259 f.); 47, 46 (78 f.).
[1099] BVerfGE 49, 89 (126); siehe auch BVerfGE 57, 295 (320 f.); 83, 130 (142, 151 f.); 98, 218 (251).
[1100] So auch *Jesch*, Gesetz und Verwaltung, Bd. 2, 2. Aufl. 1968, S. 117 ff.; *Krebs*, Vorbehalt des Gesetzes und Grundrechte, 1975, S. 17 ff.; *Kloepfer*, JZ 1984, 685 (685 f.); *Schultze-Fielitz*, in: Dreier/GG-Kommentar, Bd. II, 3. Aufl. 2015, Art. 20 GG Rn. 107.
[1101] Die Wesentlichkeitstheorie wird entweder als übergeordnetes Kriterium wegen Grundrechtsrelevanz, siehe dazu BVerfGE 47, 46 (79) „Im grundrechtsrelevanten Bereich bedeutet somit "wesentlich" in der Regel "wesentlich für die Verwirklichung der Grundrechte", auch BVerfGE 49, 89 (126 f.), oder aber als Ergänzung zum Vorbehalt des Gesetzes i.d.S. *Jarass*, in: Jarass/Pieroth-GG-Kommentar, 15. Aufl. 2018, Art. 20 GG Rn. 71, verstanden.
[1102] *Schultze-Fielitz*, in: Dreier/GG-Kommentar, Bd. II, 3. Aufl. 2015, Art. 20 GG Rn. 113 f. m.w.N.
[1103] So auch *Ipsen*, Staatsrecht I, 31. Aufl. 2019, § 15 Rn. 800 mit Verweis auf BVerfGE 40, 237 (249); 47, 46 (78 f.); 49, 89 (126); 108, 282 (311).

## 3. Begriff des „Wesentlichen"

Parlamentsgesetzlich geregelt werden müssen nun alle für das Gemeinwesen wesentlichen Fragen, womit auch die Leistungsverwaltung von diesem Grundsatz erfasst wäre.[1104] Ein Totalvorbehalt konnte sich insoweit jedoch zu Recht nicht durchsetzen.[1105] Vielmehr kommt es bei der Wesentlichkeit auf den jeweiligen Sachbereich und auf die Eigenart des betroffenen Regelungsgegenstandes an, wobei die verfassungsrechtlichen Wertungskriterien den tragenden Prinzipien des Grundgesetzes, insbesondere den darin verbürgten Grundrechten, zu entnehmen sind.[1106] Die Kriterien, was als „wesentlich" erachtet werden soll, sind nicht abschließend und nicht eindeutig, wodurch sie sehr viel Interpretationsspielraum geben.[1107] Teilweise wird sogar aufgrund ihrer praktischen Schwächen ein Abschied von der sog. Hoffnungs- und Enttäuschungsformel gefordert.[1108] So wird sie aufgrund der Unbestimmtheit der Wesentlichkeit zu einer „Wortwolke"[1109] und durch ihre Erweiterung, nicht nur grundrechtsbezogene Sachbereiche zu regeln, sondern auch Bereiche, die für die Staatsleitung und Gemeinwesen wesentlich sind, zu einer Allroundformel umfunktioniert.[1110] Diese Kritik hat auch das BVerfG teilweise aufgenommen und in seinen Entscheidungen eine Art Korrektur vorgenommen. Es hat richtiggestellt, dass die Wesentlichkeitstheorie nicht zu einem Vorrang des Parlaments und seiner Entscheidungen gegenüber anderen Gewalten führen soll, weil das eine verfassungsrechtlich vorgesehene Kompetenzverteilung zwischen den Staatsorganen

---

[1104] *Huster/Rux*, in: Epping/Hillgruber Beck´scher Online Kommentar GG, 1.12.2019, Art. 20 GG Rn. 176 mit Verweis auf BVerfGE 47, 46 (78 ff.).

[1105] BVerfGE 68, 1 (109); *Schultze-Fielitz*, in: Dreier/GG-Kommentar, Bd. II, 3. Aufl. 2015, Art. 20 GG Rn. 108; *Jarass*, in: Jarass/Pieroth-GG-Kommentar, 15. Aufl. 2018, Art. 20 GG Rn. 71; *Huster/Rux*, in: Epping/Hillgruber Beck´scher Online Kommentar GG, 1.12.2019, Art. 20 GG Rn. 176.

[1106] BVerfGE 98, 218 (251).

[1107] Auf Zweifel verweisen: *Kisker*, NJW 1977, 1313 (1317); *Klein*, in: HStR, Bd. III, 3. Aufl. 2005, § 50 Rn. 23 mit Verweis auf *Schneider*, Gesetzgebung, 1. Aufl. 1982, Rn. 25 f. oder auch *Schulze-Fielitz*, in: Dreier/GG-Kommentar, Bd. II, 3. Aufl. 2015, Art. 20 GG Rn. 113 m.w.N. in Fn. 542 sowie *Windthorst*, in: Studienkommentar GG, 3. Aufl. 2017, Art. 20 GG Rn. 146.

[1108] Zusammenfassend dazu, *Reimer*, in: Grundlagen des VerwR, Bd. 1, 2. Aufl. 2012, § 9 Rn. 57 bis 60 mit zahlreichen Nachweisen.

[1109] *Isensee*, JZ 1999, 1113 (1113).

[1110] *Isensee*, JZ 1999, 1113 (1114).

verschieben würde.[1111] Das Wesentlichkeitsprinzip hat seine Grenzen. Diese ergeben sich aus der Funktionenordnung des Grundgesetzes, in der in Art. 20 Abs. 2 Satz 2 GG niedergelegten Gewaltenteilung und in anderen Bestimmungen des Grundgesetzes, die die institutionelle und funktionelle Ausgestaltung der ausführenden und der rechtsprechenden Gewalt regeln.[1112] Anders ausgedrückt, heißt das, dass eine politisch umstrittene Frage nicht die von der Verfassung zugeordneten Entscheidungskompetenzen verschieben kann.[1113] Das würde nämlich zu einem alle konkreten Kompetenzzuordnungen überspielenden Auslegungsgrundsatz führen mit der Folge eines Gewaltenmonismus.[1114] Da der Vorbehalt des Gesetzes das Verhältnis zur Exekutive regelt, heißt das, dass insbesondere der Regierung ein sog. „Kernbereich exekutiver Eigenverantwortung"[1115] verbleiben muss. Eine genauere Grenzziehung ist vom Einzelfall abhängig, allgemein gilt aber, dass staatliche Entscheidungen von den Organen getroffen werden, die dafür nach ihrer Organisation, Zusammensetzung, Funktion und Verfahrensweise über die besten Voraussetzungen verfügen.[1116] Zu beachten ist außerdem, dass der Bundestag kein Rechtsetzungsmonopol innehat und daneben Rechtsetzungsbefugnisse der Landesparlamente sowie die Rechtsetzung der Exekutive (vgl. Art. 80 Abs. 1 GG) und der Organe der Selbstverwaltung bestehen.[1117]

Die Heranziehung des Wesentlichkeitskriteriums hat auch die Entlastung des Parlaments zum Ziel. Beschäftigt es sich überwiegend mit den wichtigen und grundlegenden Rechtssätzen, bzw. trifft die wesentlichen Entscheidungen, die nur die grundlegenden normativen Bereiche betreffen, so wird auch zu Recht der Großteil der Arbeitskapazität für die parlamentarische Beratung der entscheidenden Fragen des Gemeinwesens aufgebraucht.[1118] Würde man den Kreis der von dem Parlament zu regelnden Gegenstände zu weit ziehen, so wä-

---

[1111] Siehe dazu BVerfGE 49, 89 (126); 68, 1 (86 f.); 98, 218 (252).
[1112] *Sommermann*, in: v. Mangoldt/Klein/Starck, GG Bd. 2, 7. Aufl. 2018, Art. 20 GG Rn. 274.
[1113] Siehe dazu BVerfGE 49, 89 (126); 68, 1 (86 f.); 98, 218 (252).
[1114] Siehe dazu BVerfGE 49, 89 (126); 68, 1 (86 f.); 98, 218 (252).
[1115] BVerfGE 67, 100 (139); 68, 1 (86 f.); 90, 286 (390); 124, 78 (120); 124, 161 (189).
[1116] BVerfGE 68, 1 (86 f.); 98, 218 (252), aber auch *Magiera*, in: Sachs GG-Kommentar, 8. Aufl. 2018, Art. 38 GG Rn. 31.
[1117] *Morlok*, in: Dreier/GG-Kommentar, Bd. II, 3. Aufl. 2015, Art. 38 GG Rn. 39.
[1118] *Sommermann*, in: v. Mangoldt/Klein/Starck, GG Bd. 2, 7. Aufl. 2018, Art. 20 GG Rn. 274.

re der Bereich der auf die Exekutive übertragbaren Rechtsetzung (vgl. Art. 80 GG) zu eng und der Bundestag überlastet.[1119] Vor dem Hintergrund der komplexen Ausgestaltung des Gesetzgebungsverfahrens muss eine Eingrenzung stattfinden. Andernfalls würde eine Disproportionalität zwischen der Bedeutung des Regelungsgegenstandes und den institutionellen und prozeduralen Anforderungen des Rechtsetzungsverfahrens entstehen.[1120] Das Gesetzgebungsverfahren, das auf ein besonders hohes Maß an Rationalität ausgerichtet ist und sich durch Merkmale, wie z.B. die Öffentlichkeit (Art. 42 Abs. 1 GG), die verschiedenen Beratungen und die Beteiligung mehrerer Verfassungsorgane (vgl. Art. 76 ff. GG), hervorhebt, soll auch im Hinblick auf die Verfahrensdauer nur sinn- und zweckmäßig sein, wenn es sich um wesentliche Entscheidungen handelt.[1121]

Die Anwendung des nichtlegislativen Parlamentsbeschlusses scheidet in Bereichen aus, in denen das Grundgesetz ausdrücklich einen Gesetzesvorbehalt vorgesehen hat. Einen Anwendungsausschluss anzunehmen ist weitaus schwieriger in Bereichen des ungeschriebenen Vorbehalts des Gesetzes, zumal das Kriterium der Wesentlichkeit viel Spielraum lässt. Im Sinne des Demokratieprinzips nach Art. 20 Abs. 1 und 2 GG soll mit der Wesentlichkeitstheorie bekräftigt werden, dass das Parlament als unmittelbar demokratisch legitimiertes Organ, die Entscheidung über alle wesentlichen Fragen des Gemeinwesens trifft.[1122] In Zusammenhang mit dem Vorbehalt des Gesetzes soll damit gleichzeitig abgesichert werden, dass die Exekutive in bestimmten Konstellationen nur handeln darf, wenn es dafür eine parlamentsgesetzliche Grundlage gibt.[1123] Bei der Gesamtbewertung der Wesentlichkeitsregel ist also eine Abwägung vorzunehmen, die viele Punkte erfasst, insbesondere den Regelungsinhalt (Bedeutung der Rechtsgüter, Grad der Betroffenheit, Verwirklichung von Staatszielbestimmungen und andere Verfassungspositionen), den erforderlichen Grad der demokratischen Legitimation, die Arbeitsfähigkeit des

---

[1119] *Sommermann*, in: v. Mangoldt/Klein/Starck, GG Bd. 2, 7. Aufl. 2018, Art. 20 GG Rn. 274.
[1120] *Starck*, Der Gesetzesbegriff des GG, 1970, S. 169 ff.; *Sommermann*, in: v. Mangoldt/Klein/Starck, GG Bd. 2, 7. Aufl. 2018, Art. 20 GG Rn. 274.
[1121] *Sommermann*, in: v. Mangoldt/Klein/Starck, GG Bd. 2, 7. Aufl. 2018, Art. 20 GG Rn. 274.
[1122] *Sommermann*, in: v. Mangoldt/Klein/Starck, GG Bd. 2, 7. Aufl. 2018, Art. 20 GG Rn. 273.
[1123] *Grzeszick*, in: Maunz/Dürig Kommentar GG, Oktober 2019, Art. 20 GG VI. Rn. 75.

Parlaments, die Verfahrensausgestaltung und -dauer eines Gesetzesbeschlusses, den Bestimmtheitsgrad einer Regelung, das nötige Fachwissen, die Berücksichtigung der Kompetenzen der Exekutive etc. Alle diese Komponenten bestimmen die Reichweite des Vorbehalts des Gesetzes, welche Fälle vom parlamentarischen Gesetzgeber mittels eines Gesetzes zu regeln sind.

Damit kann der Anwendungsbereich der nichtlegislativen Beschlüsse durch die Wesentlichkeitstheorie eingeschränkt werden. Man könnte sogar so weit gehen, dass die schlichten Parlamentsbeschlüsse als Beschlüsse, die der Gesetzesform entbehren, nicht gleichrangig neben formellen Gesetzesbeschlüssen gestellt werden können, weil sie u.a. die Wesentlichkeitsanforderungen nicht erfüllen. Wie aber bereits erwähnt, ist die Abgrenzung, welche Entscheidungen wesentlich sind, im Einzelfall nicht leicht, zumal die Bewertungsmerkmale je nach Gewicht und je nach Fallgestaltung sehr unterschiedlich sind. So könnte es Fälle[1124] geben, in denen z.B. dasselbe Ziel gleichwirksam durch andere nichtlegislative Regelungen sichergestellt werden kann, sodass eine Intervention des Gesetzgebers entbehrlich wird. Der Verständniswandel des Vorbehaltsgrundsatzes führt zu seiner Fortentwicklung und der Einführung des Begriffs des Parlamentsvorbehaltes. Das wiederum hat zur Folge, dass sich das ursprüngliche Verhältnis von Gesetzesbeschluss und nichtlegislativem Parlamentsbeschluss verschoben hat. Der nichtlegislative Rechtsakt hat an Bedeutung gewonnen und rückt nun näher an den Gesetzesbeschluss heran.

**4. Parlamentsvorbehalt vs. Vorbehalt des Gesetzes**

Mit der Gesetzgebungsmacht hat der Bundestag ein entscheidendes gesellschaftliches Steuerungsinstrument in der Hand.[1125] So kann eine Ausdehnung[1126] des Vorbehalts des Gesetzes auf neue Bereiche nicht ohne weiteres vorgenommen werden und bedarf einer ausreichenden Begründung. Allein aus Art. 20 Abs. 3 GG lässt sich diese nicht herleiten, sondern sie erfordert eine an-

---

[1124] Von einem Konflikt bei dem Wesentlichkeitsgedanken mit der Gewaltenteilung und der darauf aufbauenden Funktionentrennung des Grundgesetzes spricht *Sommermann*, in: v. Mangoldt/Klein/Starck, GG Bd. 2, 7. Aufl. 2018, Art. 20 GG Rn. 284 mit Verweis auf BVerfGE 8, 155 (166 ff.) und NRWVerfGH, NJW 1999, 1243 ff. m.w.N.
[1125] *Morlok*, in: Dreier/GG-Kommentar, Bd. II, 3. Aufl. 2015, Art. 38 GG Rn. 40.
[1126] Erwägung zur Ausdehnung, siehe BVerfGE 8, 155 (167) und bekräftigt in BVerfGE 40, 237 (249).

derweitige Grundlegung im Grundgesetz.[1127] Die traditionelle Begründung des Vorbehalts des Gesetzes führt zu seiner Teilung, nämlich in einen Vorbehalt des Gesetzes, der rechtsstaatlich-grundrechtliche Elemente in den Vordergrund stellt und in einen, der demokratisch geprägt ist.[1128] Der demokratisch geprägte Vorbehalt führte zu der Etablierung des Begriffs[1129] des Parlamentsvorbehalts. Trotz der vielen Berührungspunkte mit dem Vorbehalt des Gesetzes ist dieser Begriff anders zu verstehen, nämlich, dass bestimmte Angelegenheiten, die vom erheblichen Gewicht sind, einer Entscheidung des Parlaments bedürfen.[1130] Da sich der Bundestag auch Handlungsformen, die außerhalb des Gesetzgebungsverfahrens ergehen, bedienen kann, wie z.B. eines schlichten Parlamentsbeschlusses, kann der Parlamentsvorbehalt auch auf diese Weise erfüllt werden.[1131] Denn mit der „exklusiven normativen Zuordnung der Handlungsform des Gesetzes an das Parlament"[1132] geht keine exklusive normative Zuordnung des Parlaments an die Handlungsform des Gesetzes einher.[1133] So ist der Terminus des Parlamentsvorbehalts als Oberbegriff geeignet, der einerseits den parlamentsgesetzlichen Vorbehalt und andererseits den schlichtparlamentarischen Beschlussvorbehalt inkludiert.[1134]

Vollständigkeitshalber wird ein auf anderes Verständnis verwiesen. Teilweise wird der Begriff des Parlamentsvorbehalts nämlich auch im Sinne eines Gesetzesvorbehalts mit Delegationsverbot verwendet und bezeichnet dann solche

---

[1127] *Sachs*, in: Sachs GG-Kommentar, 8. Aufl. 2018, Art. 20 GG Rn. 116 mit Verweis u.a. auf BVerfGE 40, 237 (249) zumindest nicht „unmittelbar"; ferner auch BVerfGE 49, 89 (126); 85, 386 (403 f.); 95, 267 (307 f.); 108, 282 (312).
[1128] Genauere Erläuterung, siehe *Ossenbühl*, in: Götz/Starck/Klein, 1985, S. 9 (17 bis 24); *ders.*, in: HStR, Bd. V, 3. Aufl. 2007, § 101 Rn. 41 bis 50.
[1129] Der Begriff des Parlamentsvorbehalts in der Rspr.: BVerfGE 57, 295 (321); 58, 257 (268); BVerwGE 56, 31 (37 f.); mit zahlreichen Nachweisen auch in der Literatur, siehe *Staupe*, Parlamentsvorbehalt und Delegationsbefugnis, 1986, S. 29.
[1130] So versteht es auch u.a. *Kloepfer*, JZ 1984, 685 (694 f.); *Detterbeck*, Jura 2002, 235 (237); *Ehlers*, in: Ehlers/Pünder, Allg. VerwR, 15. Aufl. 2016, § 2 Rn. 42.
[1131] *Kisker*, in: Schule im Rechtsstaat, Bd. II, 1980, 7 (14 ff. und 46 ff.); *Scholz/Bismark*, in: Schule im Rechtsstaat, Bd. II, 1980, 73 (121); *Ossenbühl*, in: HStR, Bd. V, 3. Aufl. 2007, § 101 Rn. 14 mit Verweis auf u.a. BVerfGE 80, 155 (203); 90, 286 (381 ff.); *Grzeszick*, in: Maunz/Dürig Kommentar GG, Oktober 2019, Art. 20 GG VI. Rn. 76.
[1132] *Kube*, NVwZ 2003, 57 (59).
[1133] *Reimer*, in: Grundlagen des VerwR, Bd. 1, 2. Aufl. 2012, § 9 Rn. 24.
[1134] *Mann*, in: Sachs GG-Kommentar, 8. Aufl. 2018, Art. 80 GG Rn. 21 Fn. 52.

Entscheidungen, die durch Gesetz inhaltlich zu entscheiden sind und vom Parlament nicht wegdelegiert werden dürfen.[1135] So wurde die frühere Rechtsprechung dahingehend verstanden und im Schrifttum überwiegend die Ansicht vertreten, dass sowohl der Gesetzesvorbehalt als auch der Parlamentsvorbehalt ein Vorbehalt zugunsten des parlamentarischen Gesetzgebers sei, mit der Begründung, dass im freiheitlich-demokratischen System des Grundgesetzes dem Parlament als Legislative die verfassungsrechtliche Aufgabe der Normsetzung zufalle.[1136] Dieser Ansicht ist insoweit zuzustimmen, weil sie in dem Parlamentsvorbehalt dem Bundestag die Kompetenz zuweist, der demokratisch legitimierte Entscheidungsträger zu sein. Umstritten bleibt dagegen, dass damit das Parlament in seiner Funktion als Gesetzgeber angesprochen wird. Im Laufe der Zeit hat sowohl der Vorbehalt des Gesetzes als auch der Parlamentsvorbehalt eine bemerkenswerte Wandlung durchlaufen, infolgedessen Entscheidungen oder sonstige Maßnahmen der Staatsorgane keiner gesetzlichen Grundlage bedürfen oder nicht in Form eines Gesetzes ergehen müssen, und es wird vor einem zu umfassenden Parlamentsvorbehalt gewarnt.[1137]

Erweitert man also das Verständnis des Vorbehalts des Gesetzes um weitere Parlamentsschutzformen[1138] in Anlehnung an die Wesentlichkeitstheorie, erfasst der so entwickelte Begriff des Parlamentsvorbehalts auch einfache Betei-

---

[1135] So verstehen es u.a. *Windthorst*, in: Studienkommentar GG, 3. Aufl. 2017, Art. 20 GG Rn. 150 ff.; *Degenhart*, Staatsrecht I, 35. Aufl. 2019, § 2 Rn. 38 f.; *Ipsen*, Staatsrecht I, 31. Aufl. 2019, § 15 Rn. 799. Ebenso wird auf dieses Verständnis hingewiesen durch *Schulze-Fielitz*, in: Dreier/GG-Kommentar, Bd. II, 3. Aufl. 2015, Art. 20 GG Rn. 122 und *Robbers*, in: Bonner Kommentar, Februar 2020, Art. 20 GG Rn. 706 f. m.w.N. Genauere Ausführungen zum Verständnis des Parlamentsvorbehalts und seine Entwicklung siehe auch *Staupe*, Parlamentsvorbehalt und Delegationsbefugnis, 1986, S. 162 bis 200.
[1136] Zusammenfassend siehe dazu, *Staupe*, Parlamentsvorbehalt und Delegationsbefugnis, 1986, S. 327 f. m.w.N. (Fn. 157 bzgl. Schrifttum und Rspr., z.B. BVerfGE 34, 52 (59) oder BVerwGE 47, 194 (200)).
[1137] *Schnapauff*, in: Hömig/Wolff Handkommentar GG, 12. Aufl. 2018, Vorb. Art. 70 GG Rn. 9 mit Verweis auf u.a. BVerfGE 90, 286 (383 ff.); 98, 218 (252); 111, 191 (217). In diesem Sinne auch *Huster/Rux*, in: Epping/Hillgruber Beck´scher Online Kommentar GG, 1.12.2019, Art. 20 GG Rn. 106 mit Verweis auf BVerfGE 104, 151 (208); 121, 135 (135). So auch *Sachs*, in: Sachs GG-Kommentar, 8. Aufl. 2018, Art. 20 GG Rn. 88 m.w.N., wobei er Zweifel am schlichten Beschluss erhebt.
[1138] Diesen Begriff führt ein, *Morlok*, VVDStRL 62 (2003), 37 (58 ff.).

ligungen des Parlaments ohne Durchführung des Gesetzgebungsverfahrens.[1139] Denn das Parlament handelt nicht ausschließlich durch Gesetze, sondern vielmehr durch andere Handlungsformen. So kann es Fälle geben, in denen über eine Frage wegen des Parlamentsvorbehalts der Bundestag zur Entscheidung berufen ist, diese Entscheidung aber nicht in einem Gesetzesbeschluss ergehen muss. Man kann insoweit auch vom schlichten Parlamentsvorbehalt sprechen, der ausdrückliche Regelung, z.B. in Art. 115a Abs. 1 Satz 1, Art. 115 Abs. 2 Satz 6 GG, gefunden hat.[1140] Der parlamentarische Entscheidungsvorbehalt erstreckt sich auf diese Weise dann auch auf den Erlass nichtlegislativer Beschlüsse, wie z.B. die konstitutive Zustimmung des Bundestages für den Einsatz der Streitkräfte (wehrverfassungsrechtlicher Parlamentsvorbehalt)[1141] oder aber auch im Rahmen der Integrationsverantwortung[1142] bei Vertragsänderung- und Rechtsetzungsverfahren der Europäischen Union oder der Budgetverantwortung[1143]. Der Parlamentsvorbehalt ebenso wie der Vorbehalt des Gesetzes haben gemein, dass der Bundestag an einer Entscheidung beteiligt werden muss. Beim Vorbehalt des Gesetzes ist es insbesondere erforderlich, weil er das gesetzgebende Organ ist, beim Parlamentsvorbehalt hingegen, weil er das unmittelbar legitimierte Organ ist. Beide Begriffe sind aufgrund der Wesentlichkeit der Entscheidung miteinander eng verbunden und tauchen bei der Rechtsetzungsfunktion des Bundestages auf. Zum Beispiel der Abschluss von Staatsverträgen der Länder, wie in dem Freistaat Bayern in Art. 72 Abs. 2 BV vorgesehen, der keiner Gesetzesform bedarf und als schlichter Parlamentsbeschluss ergeht, wird aus systematischen Gründen der Rechtssatzfunktion zugeordnet.[1144] Er steht neben dem förmlichen Gesetz.[1145] Zu erwähnen ist auch der in der Recht-

---

[1139] *Kisker*, in: Schule im Rechtsstaat, Bd. II, 1980, 7 (14 ff. und 46 ff.); *Scholz/Bismark*, in: Schule im Rechtsstaat, Bd. II, 1980, 73 (121); *Wiefelspütz*, ZParl 2007, 3 (10); *Morlok*, in: Dreier/GG-Kommentar, Bd. II, 3. Aufl. 2015, Art. 38 GG Rn. 36. So zu verstehen wohl auch *Schnapauff*, in: Hömig/Wolff Handkommentar GG, 12. Aufl. 2018, Vorb. Art. 70 GG Rn. 9; *Butzer*, in: Epping/Hillgruber Beck'scher Online Kommentar GG, 1.12.2019, Art. 38 GG Rn. 25.
[1140] *Morlok*, in: Dreier/GG-Kommentar, Bd. II, 3. Aufl. 2015, Art. 38 GG Rn. 36.
[1141] Siehe BVerfGE 90, 286 (388 f.), dazu auch BVerfGE 123, 267 (422); 140, 160 (188).
[1142] Siehe BVerfGE 123, 267 (434 ff.).
[1143] Siehe BVerfGE 129, 124 (180 ff.).
[1144] Siehe dazu *Achterberg*, Grundzüge des Parlamentsrechts, 1971, S. 55.
[1145] Siehe dazu Teil 1 II. 7.

sprechung[1146] anerkannte Zustimmungsbeschluss des Bundestages zu Rechtsverordnungen, der ausdrücklich als „eine Beteiligung an der Rechtsetzung" bezeichnet wird. Auch die erstgenannten Beschlüsse zu den Streitkräften, der Integrations- und Budgetverantwortung gehören dieser Funktion an, weil sie auch unter der Gesetzgebungsfunktion des Bundestages bzw. in Zusammenhang mit dem Vorbehalt des Gesetzes aufgeführt werden.[1147]

Damit geht der Parlamentsvorbehalt über den Begriff des Vorbehalts des Gesetzes und erfasst nicht nur normative Regelungen, sondern Entscheidungen in konkreten Fällen.[1148] Der Parlamentsvorbehalt hat viele Überschneidungen mit dem Vorbehalt des Gesetzes. Wie bereits dargestellt, beschäftigt sich der Vorbehalt des Gesetzes voranging mit der Frage, was die Exekutive selbstständig tun darf und wozu sie eine parlamentsgesetzliche Rechtsgrundlage braucht, um zu handeln. Der Parlamentsvorbehalt geht in ähnliche Richtung, fragt aber, welche Entscheidungen das Parlament selbst treffen muss und der ausführenden Gewalt nicht allein überlassen kann.[1149] Damit erfasst der Parlamentsvorbehalt ausschließliche Parlamentskompetenzen, die nicht übertragbar sind. Diese waren aber auch in dem herkömmlichen Verständnis des Vorbehalts des Gesetzes mitenthalten. Denn mit der Feststellung, dass ein Regelungsgegenstand einem Gesetzesvorbehalt unterliegt, wird zugleich ausgesagt, dass die Grundentscheidung in der Fallgestaltung nur durch das Parlament entschieden werden darf.[1150] Ein weiteres Beispiel ist die Übertragung der Rechtsetzungsmacht gemäß Art. 80 Abs. 1 GG, wonach dort der Bundestag Inhalt, Zweck und Ausmaß einer Regelung selbst bestimmen muss. So ist der Parlamentsvorbehalt einerseits enger als der Vorbehalt des Gesetzes, weil er sich ausschließlich auf das Organ des Bundestages bezieht, andererseits aber auch weiter, weil er anders als der Vorbehalt des Gesetzes nicht nur förmlich beschlossene Gesetze

---

[1146] Siehe BVerfGE 8, 274 (322).
[1147] Siehe *Butzer*, in: Epping/Hillgruber Beck´scher Online Kommentar GG, 1.12.2019, Art. 38 GG Rn. 25, aber auch *Schnapauff*, in: Hömig/Wolff Handkommentar GG, 12. Aufl. 2018, Vorb. Art. 70 GG Rn. 9.
[1148] *Ossenbühl*, in: HStR, Bd. V, 3. Aufl. 2007, § 101 Rn. 14.
[1149] *Ossenbühl*, in: HStR, Bd. V, 3. Aufl. 2007, § 101 Rn. 14.
[1150] *Ossenbühl*, in: HStR, Bd. V, 3. Aufl. 2007, § 101 Rn. 15 in Anlehnung an BVerfGE 58, 257 (274) – Schulverhältnis.

einbezieht, sondern auch andere Handlungsformen zulässt, wie z.B. den schlichten Parlamentsbeschluss.

### a) Parlamentsvorbehalt als Organzuweisungskompetenz

Der so verstandene Parlamentsvorbehalt[1151] regelt deshalb in diesen Fällen eine Organzuweisungskompetenz.[1152] Der Sache nach liegt darin eine Zuweisung der zentralen Entscheidungsgewalt an das Parlament, aber nur im Rahmen der verfassungsrechtlichen Kompetenzordnung und in den Formen und Verfahren, die das Grundgesetz dafür bereithält.[1153] Anders ausgedrückt soll das Parlament nicht alle wesentlichen Entscheidungen selbst treffen können, was zur Verschiebung der Kompetenzverteilung zwischen den Verfassungsorganen führen würde, sondern als zentrales Bestimmungsorgan eines Staates an den grundlegenden und richtungsbestimmenden Entscheidungen über das politische Gemeinwesen beteiligt sein[1154] – das heißt ein Mitbestimmungsrecht im Sinne von: „größtmögliche Teilhabe der Bürger an den Regierungsfunktionen bis zur Identität von Regierenden und Regierten"[1155]. Das lässt sich damit begründen, dass der Vorbehalt des Gesetzes auf die Handlungsform, der Parlamentsvorbehalt hingegen, auf die handelnde Institution abzielt.[1156] Darin ist die überragende Rolle des Demokratieprinzips erkennbar. Während aus dem Rechtsstaatsgebot insbesondere die Rechtssicherheit folgt, die durch ein Gesetz geschaffen wird (u.a. Kontinuität, Schutz des Individuums) und für den Vorbehalt des Gesetzes spricht, folgt aus dem Demokratiegebot für den Parlamentsvorbehalt die parlamentarische Öffentlichkeitsfunktion, die einerseits wegen des Entscheidungsverfahrens in den Vordergrund gestellt wird, und andererseits die demokratische Legitimation begründet.[1157] Legt man den Schwerpunkt auf das Demokratieprinzip, so folgt daraus die Sicherung der Mitgestaltungsrechte des

---

[1151] Kritik zu dem „demokratischen Parlamentsvorbehalt", siehe *Busch*, Das Verhältnis des Art. 80 Abs. 1 S. 2 GG zum Gesetzes- und Parlamentsvorbehalt, 1992, S. 68 ff.

[1152] *Kisker*, in: Schule im Rechtsstaat, 1980, 7 (14 ff. und 46 ff.); *Reimer*, in: Grundlagen des VerwR, Bd. 1, 2. Aufl. 2012, § 9 Rn. 24.

[1153] *Brenner*, in: HStR, Bd. III, 3. Aufl. 2005, § 44 Rn. 27.

[1154] So *Mössle*, Regierungsfunktionen, 1986, S. 140 f.

[1155] *Wieacker*, Industriegesellschaft, 1974, S. 13.

[1156] *Schnapp*, VVDStRL 43 (1985), 172 (184).

[1157] Zu Funktionen des Vorbehalts des Gesetzes, *Reimer*, in: Grundlagen des VerwR, Bd. 1, 2. Aufl. 2012, § 9 Rn. 30; *Degenhart*, Staatsrecht I, 35. Aufl. 2019, § 2 Rn. 37 f.

Bundestages, unabhängig davon, in welcher Form sie wahrgenommen werden. Denn Entscheidungen von substantiellem Gewicht sollten nicht ohne eine parlamentarische Beteiligung ergehen, zumal der Bundestag das einzige Organ ist, das unmittelbar legitimiert ist.

Eine primäre Funktion des Vorbehalts des Gesetzes ist die Handlungssperre der Exekutive, die jegliche Handlungsform erfasst, in der sie handelt.[1158] Der Parlamentsvorbehalt erfüllt auch diese Funktion, indem er für wichtige politische Entscheidungen die Handlungsspielräume der Exekutive verkürzt.[1159] Das gilt insbesondere für die Fälle, die eine Zustimmung des Bundestages erfordern, damit die Exekutive, so wie sie es will, handeln darf, z.B. beim Auslandseinsatz der Streitkräfte,[1160] beim Abstimmungsverhalten des deutschen Vertreters im Europäischen Rat oder im Rat,[1161] oder auch beim Erlass[1162] von Rechtsverordnungen. An den Parlamentsvorbehalt wird auch gleichzeitig das Gebot geknüpft, dass die Regelung der wesentlichen, nicht nur der grundrechtsrelevanten Fragen, der Exekutive nicht überlassen bleiben kann, sondern durch das unmittelbar legitimierte Organ mitgeregelt werden muss. Mit den schlichten Parlamentsbeschlüssen kann auch dieses Gebot erfüllt werden, weil allein das Parlament seinen Willen in den Beschlüssen bekundet. Durch den Parlamentsvorbehalt änderte bzw. erweiterte sich daher die verfassungspolitische Funktion des Vorbehalts des Gesetzes, die sich ursprünglich als Festlegung von Entscheidungsrechten nur gegen die Exekutive richtete, nun aber als Entscheidungspflicht vom Parlament selbst fordert, seine Regelungsaufgabe nicht zu vernachlässigen.[1163]

---

[1158] *Reimer*, in: Grundlagen des VerwR, Bd. 1, 2. Aufl. 2012, § 9 Rn. 26 mit Verweis auf *Bethge*, NVwZ 1983, 577 (578).
[1159] So auch *Degenhart*, Staatsrecht I, 35. Aufl. 2019, § 2 Rn. 38 f.
[1160] BVerfGE 90, 286 (388 f.); 121, 135 (153 ff. und 169 f.).
[1161] BVerfGE 123, 267 (434 ff.); 129, 124 (180 ff.).
[1162] BVerfGE 8, 274 (323) im Sinne von: Die Notwendigkeit der Zustimmung des Bundestages erschwere die Ausübung der Ermächtigung.
[1163] Funktionenwandel des Vorbehaltsprinzips, *Staupe*, Parlamentsvorbehalt und Delegationsbefugnis, 1986, S. 171 f.; demokratischer Parlamentsvorbehalt, *Ossenbühl*, in: HStR, Bd. V, 3. Aufl. 2007, § 101 Rn. 49.

### b) Parlamentsvorbehalt als Sachvorbehalt

Der Parlamentsvorbehalt setzt sich aus zwei Komponenten, dem Vorbehalt des Gesetzes und der Wesentlichkeitstheorie, mit gewissen Aufweichungen von dem traditionellen Verständnis, zusammen. Zum einen wird auf die Gesetzesform als solche verzichtet und zum anderen findet eine Abkehr von dem individualrechtlichen Ansatz über Eingriffe in Freiheit und Eigentum statt. Beiden Vorbehaltsformen ist jedoch gemein, dass der Bundestag tätig werden muss, weil es sich um wesentliche Entscheidungen von erheblicher Tragweite für das Gemeinwesen handelt. So kann mittels beider Formen die Funktion der Rechtssatzgebung genüge getan werden. Es stellt sich nur die Frage, wann es unumgänglich ist, dass sich das Parlament der Gesetzesform bedienen muss, und wann ein nichtlegislativer Parlamentsakt ausreichend ist.

Teilweise wird vertreten, dass diese Frage durch die Wesentlichkeitslehre selbst beantwortet wird. Aufgrund ihrer Anknüpfung an die rechtsstaatliche Komponente des Vorbehalts des Gesetzes folgert man nicht nur eine Kompetenzzuweisung, dass der parlamentarische Gesetzgeber wesentliche Rechtsbereiche selbst regeln muss, und zwar mittels eines Gesetzes, sondern ferner auch eine Regelungsdichteanweisung, dass er in diesen Rechtsbereichen die wesentlichen normativen Grundlagen des zu regelnden Rechtsbereichs selbst festgelegen muss (Delegationsverbot).[1164] Damit entscheidet die Wesentlichkeit darüber, wer die Regelung, ob und wie trifft. Zu kritisieren ist, dass auf diese Weise die Rolle der nicht parlamentarischen Rechtsakte unklar ist, darunter z.B. der Rechtsverordnung oder der Satzung, was zur Verkennung der spezifischen Legitimation führt.[1165] Der Parlamentsvorbehalt (in hier verstandenem Sinn an das Wesentlichkeitskriterium angelehnt, ohne mit ihm identisch zu sein)[1166] entscheidet über das „Wer" und „Ob", nicht aber über das „Wie". Das stützt

---

[1164] *Reimer,* in: Grundlagen des VerwR, Bd. 1, 2. Aufl. 2012, § 9 Rn. 47 gestützt auf BVerfGE 83, 130 (152) und BVerfGE 49, 89 (127) und zahlreichen Nachweisen, aber auch *Schulze-Fielitz,* in: Dreier/GG-Kommentar, Bd. II, 3. Aufl. 2015, Art. 20 GG Rn. 119 f.; *Grzeszick,* in: Maunz/Dürig Kommentar GG, Oktober 2019, Art. 20 GG VI. Rn. 76 und 106.

[1165] *Kloepfer,* JZ 1984, 685 (692 f.), der auch auf weiteren Mangel der Unbestimmtheit des Wesentlichkeitskriteriums hinweist, sie sei zu unscharf und zu leicht manipulierbar, um verlässliche Resultate zu ermöglichen, gleichzeitig aber auch einräumt, dass der Parlamentsvorbehalt demselben Einwand ausgesetzt sei.

[1166] So auch *Luch,* in: Morlok/Schliesky/Wiefelspütz Parlamentsrecht, 2016, § 10 Rn. 55.

sich auf das demokratische Element des Vorbehalts des Gesetzes. Die grundlegenden Entscheidungen sind von der Legislative, das heißt vom Volk gewählten Organen, zu treffen und nicht von der Exekutive.

Unter dem Gesichtspunkt der Wesentlichkeit, etwa im Sinne der substantiellen politischen Tragweite einer Entscheidung, ergibt sich aber eine Gesetzespflichtigkeit nicht selbstständig.[1167] Daher ist zwischen weiteren Vorbehaltskategorien zu unterscheiden: die der Sachvorbehalte, die sich auf Regelungsgegenstände (Sachmaterie) beziehen; und die der Formvorbehalte, die sich auf Entscheidungsformen (z.B. förmliche Gesetze, schlichte Parlamentsbeschlüsse) beziehen.[1168] Der Parlamentsvorbehalt zählt zu den Sachvorbehalten, weil er nur festlegen soll, bei welchen Angelegenheiten das Parlament tätig werden muss, ihm also die Entscheidung vorbehalten ist, nicht dagegen in welcher Entscheidungsform es sie treffen muss. Welche von den dem Parlament zur Verfügung stehenden Entscheidungsformen gewählt wird, hängt wiederum von der Sachmaterie und dem intendierten Verbindlichkeitsgrad der zu treffenden Regelung ab.[1169] Für dieses Verständnis spricht auch, dass bei der Wesentlichkeitstheorie an den Vorbehalt des Gesetzes angeknüpft, also von dem parlamentarischen „Gesetzgeber" gesprochen wird, das heißt ein Gesetzgebungsverfahren unter Beteiligung anderer Verfassungsorgane, wie dem Bundesrat, gemeint ist.[1170] Dagegen ist beim „Parlaments"-vorbehalt, wie der Name schon sagt, das Parlament allein entscheidungsbefugt. Damit ist die Formfrage von nebensächlicher Bedeutung. Letztlich geht es um die Frage, welche Entscheidungen wegen ihrer herausragenden Bedeutung vom einzigen unmittelbar demokratisch legitimierten Verfassungsorgan – dem Bundestag – zu treffen sind.[1171] Damit greift der Parlamentsvorbehalt den hinter der Wesentlichkeitstheorie stehenden Rechtsgedanken auf und überträgt ihn über die Gesetzgebung hinaus auf andere rechtserhebliche Rechtsakte des Bundestages.

---

[1167] So such BVerfGE 68, 1 (2, 4. LS und 109 f.).
[1168] *Ossenbühl*, in: HStR, Bd. V, 3. Aufl. 2007, § 101 Rn. 50.
[1169] *Ossenbühl*, in: HStR, Bd. V, 3. Aufl. 2007, § 101 Rn. 50.
[1170] So auch *Wagner*, Parlamentsvorbehalt und PBG, 2010, S. 31.
[1171] *Wagner*, Parlamentsvorbehalt und PBG, 2010, S. 32.

## c) Parlamentsvorbehalt vs. Formvorbehalt des Gesetzes

Bislang ist nicht abschließend entschieden worden, in welchen Bereichen ein förmliches Gesetz zwingend erforderlich ist, wenn es nicht vom Grundgesetz selbst ausdrücklich[1172] vorgeschrieben ist. Auch die Wesentlichkeitstheorie hilft aufgrund ihrer Unbestimmtheit[1173] nicht weiter.[1174] Wenn aber keine allgemein anerkannten und eindeutigen Abgrenzungskriterien bestehen, wann es einer gesetzlichen Regelung bedarf, so kann die nichtlegislative Form eines parlamentarisches Rechtsaktes nicht von vornherein aus der Rechtsetzungsfunktion aufgrund des Vorbehalts des Gesetzes pauschal ausgeschlossen werden. Die Frage der Form ist aber insofern von entscheidender Bedeutung, denn mit einem Formgebot ist ein spiegelbildlicher Ausschluss anderer Rechtsetzungsformen im Sinne eines Verbotes mit dem Inhalt verbunden, dass der parlamentarische Gesetzgeber die dem Vorbehalt unterliegende Entscheidung nicht in Form von Geschäftsordnungsbeschlüssen oder schlichten Parlamentsbeschlüssen treffen darf.[1175]

Ein Parlamentsgesetz ist vor allem in den Bereichen zu fordern, in denen Regelungen für das Leben der Gemeinschaft vorgesehen werden, die die wirklich grundlegenden und dauerhaften Bedingungen der Ordnung, Sicherheit und Wirksamkeit des Staates und des Daseins und der Entfaltungsmöglichkeiten seiner Bürger betreffen.[1176] Dabei geht es nicht allein darum, die Materien nach der Lehre des Vorbehalts des Gesetzes zu bestimmen, die durch oder auf Grund eines Gesetzes geregelt werden sollen, sondern auch darum, in welcher

---

[1172] Genauere Beschreibung der Arten der Gesetzesvorbehalte, siehe *Reimer*, in: Grundlagen des VerwR, Bd. 1, 2. Aufl. 2012, § 9 Rn. 32 bis 44; *Grzeszick*, in: Maunz/Dürig Kommentar GG, Oktober 2019, Art. 20 GG VI. Rn. 91 bis 96.
[1173] Zu Schwierigkeiten mit dem Kriterium der Wesentlichkeit in Bezug auf das Gesetzeserfordernis, *Hoffmann-Riem*, AöR 130 (2005), 5 (50 f.).
[1174] Es gibt keine verlässlichen Fallgruppen, aber man bedient sich positiver bzw. negativer Indikatoren, genauer dazu *Staupe*, Parlamentsvorbehalt und Delegationsbefugnis, 1986, S. 261 ff.; *Reimer*, in: Grundlagen des VerwR, Bd. 1, 2. Aufl. 2012, § 9 Rn. 48 m.w.N.; *Grzeszick*, in: Maunz/Dürig Kommentar GG, Oktober 2019, Art. 20 GG VI. Rn. 107.
[1175] *Reimer*, in: Grundlagen des VerwR, Bd. 1, 2. Aufl. 2012, § 9 Rn. 27; *Grzeszick*, in: Maunz/Dürig Kommentar GG, Oktober 2019, Art. 20 GG VI. Rn. 84.
[1176] *Stern*, Staatsrecht, Bd. 2, 1980, § 37 I 4, S. 575.

Verdichtung dies im Verhältnis zu der Exekutive durch den Gesetzgeber, das Parlament, erfolgen muss.[1177]

Im Vordergrund stehen hierbei die Funktionen eines Gesetzes. Die Idee des Rechtsstaats ist eng mit dem Gedanken der Dauerhaftigkeit und Unverrückbarkeit von Recht verbunden.[1178] Daher soll ein Gesetz nach dem klassischen Verständnis einen dauerhaften Regelungssatz begründen, der einen Ordnungsrahmen für die Gesellschaft vorgibt und damit Rechtssicherheit schafft.[1179] Mit der Rechtssicherheit wird objektiv ein Maßstab an Kontinuität des Rechts verlangt, vor allem für die Modalitäten seiner Änderung, mit dem Ziel der Erhaltung einer verlässlichen Rechtsordnung.[1180] Das führt dazu, dass ein Gesetzeserlass dann nötig ist, wenn bestimmte Lebensbedingungen zur Wahrung der Rechtsgleichheit möglichst generalisierend und auf gewisse Dauer geregelt werden sollen.[1181] In diesen Fällen ist eine erhöhte Legitimität[1182] des Gesetzes und die daraus resultierende Akzeptanz sowie die Chance zur Befriedigung sozialer Konflikte gefordert.[1183] Das stellt das gesetzgeberische Verfahren in den Vordergrund. Aus den Gesetzesvorbehalten wird nämlich eine spezifische demokratische Legitimation parlamentarischer Entscheidungen geschaffen sowie Publizität und Rationalität des Gesetzgebungsverfahrens hervorgehoben.[1184] Daher richtet sich die Wahl der Entscheidungsform nach den Überlegungen, ob das parlamentarische Gesetzgebungsverfahren aufgrund seines (hervorste-

---

[1177] *Erichsen*, VerwArch Bd. 70 (1979), 249 (250); *Stern*, Staatsrecht, Bd. 2, 1980, § 37 I 4, S. 575.
[1178] *Schulze-Fielitz*, in: Dreier/GG-Kommentar, Bd. II, 3. Aufl. 2015, Art. 20 GG Rn. 146 m.w.N.
[1179] *Schulze-Fielitz*, in: Dreier/GG-Kommentar, Bd. II, 3. Aufl. 2015, Art. 20 GG Rn. 146 m.w.N.
[1180] *Schulze-Fielitz*, in: Dreier/GG-Kommentar, Bd. II, 3. Aufl. 2015, Art. 20 GG Rn. 146 m.w.N.
[1181] *Busch*, Das Verhältnis des Art. 80 Abs. 1 S. 2 GG zum Gesetzes- und Parlamentsvorbehalt, 1992, S. 70; *Butzer*, AöR 119 (1994), 61 (85).
[1182] *Hermes*, Der Bereich des Parlamentsgesetzes, 1988, S. 78 f. „Der allgemeine Gesetzesvorbehalt gilt – vorbehaltlich expliziter Kompetenzzuweisungen durch das Gesetz – überall dort, wo für hoheitliche Regelung ein hoher Legitimationsbedarf besteht, er wird ausgestaltet und begrenzt durch die Leistungsfähigkeit des Parlaments und die Struktur des Gesetzes."
[1183] *Butzer*, AöR 119 (1994), 61 (85).
[1184] *Grzeszick*, in: Maunz/Dürig Kommentar GG, Oktober 2019, Art. 20 GG VI. Rn. 84 mit Verweis auf BVerfGE 85, 386 (403); 105, 279 (303).

chenden) Aufwandes, Legitimationsgrades und der Dauer der Rechtsetzung für den jeweiligen Regelungsbereich angemessen ist.[1185]

Entscheidungsorgane, Entscheidungsverfahren[1186] und Regelungsstruktur unterscheiden den Gesetzeserlass von dem schlichten Parlamentsbeschluss. Sie haben aber auch vieles gemeinsam. Mit beiden Verfahrensarten wird das Regeln und Handeln der Exekutive, das unter weitgehendem Ausschluss der Öffentlichkeit geschieht, unmöglich gemacht.[1187] Denn innerhalb der beiden Verfahrensarten wird die Funktion der öffentlichen politischen Konsenssicherung oder -bildung im Rahmen einer öffentlichen Auseinandersetzung in bedeutenden politischen Entscheidungen gewährleistet, die lebenswichtige Grundübereinstimmung zwischen der demokratischen Führung und der Bürgschaft absichert.[1188] Sowohl beim förmlichen Gesetzgebungs- als auch beim reinen Beschlussverfahren findet eine breite öffentliche Diskussion statt, bei der alle Interessen berücksichtigt werden können und über alle entscheidungserheblichen Gesichtspunkte ein gerechter Ausgleich gefunden werden kann. Insofern kommt dem Gesetz allein aus Verfahrensgründen kein demokratischer Mehrwert zu.[1189] Dafür spricht auch, dass die Anzahl von drei Lesungen im Rahmen des Gesetzgebungsverfahrens kein unverzichtbarer Bestandteil ist, sowie dass beim reinen Beschlussverfahren die Besetzung der Beteiligten mit Gesetzgebungsverfahren teilweise übereinstimmt, z.B. Parlamentsausschüsse, Präsidium, Ältestenrat, Fraktionen, Plenum.[1190] Auf diese Weise kann auch den Interessen der jeweiligen parlamentarischen Opposition genüge getan werden, deren Aufmerksamkeit frühzeitig geweckt wird und so im Rahmen einer Plenardebatte das Für und Wider einer Konzeption ausdiskutiert werden muss, um einen mehrheitlichen Beschluss im Sinne des Art. 42 Abs. 2 Satz 1 GG zu fas-

---

[1185] *Schulze-Fielitz*, in: Dreier/GG-Kommentar, Bd. II, 3. Aufl. 2015, Art. 20 GG Rn. 120 m.w.N.
[1186] Siehe oben in Teil 1 I. 2.
[1187] *Butzer*, AöR 119 (1994), 61 (85), aber in die Richtung auch BVerfGE 40, 237 (249).
[1188] *Kloepfer*, JZ 1984, 685 (694).
[1189] Von einem demokratischen Mehrwert des Gesetzes im Vergleich zum schlichten Parlamentsbeschluss geht aus, *Busch*, Das Verhältnis des Art. 80 Abs. 1 S. 2 GG zum Gesetzes- und Parlamentsvorbehalt, 1992, S. 71 f.
[1190] Siehe oben in Teil 1 I. 2. Auch *Butzer*, AöR 119 (1994), 61 (85 f.) m.w.N.; *Bleckmann*, DVBl. 1984, 6 (9), weist darauf hin, dass die dreifache Lesung eine Förmlichkeit sei, und wie die Überweisungsmöglichkeit an den Ausschuss, kein Verfassungsrecht sind.

sen.[1191] Damit werden einige Unterschiede zwischen den beiden Handlungsformen relativiert. Sofern es also nicht auf die besondere Wirkung des Gesetzes ankommt, steht es dem Parlament frei, für welche Handlungsform es sich entscheidet.

### d) Der Anwendungsbereich des schlichten Parlamentsbeschlusses innerhalb des Parlamentsvorbehaltes

Der dargestellte Vorbehalt des Gesetzes würde der Anwendung von nichtlegislativen Rechtsakten im Bereich der Rechtsetzung per se nicht entgegenstehen. Aufgrund der „Vitalität" des Parlamentsvorbehalts und der Wesentlichkeitstheorie, kann es gerade im Sinne einer dynamischen Verfassungsentwicklung liegen, wenn das Parlament bei Sachverhalten, die sich rasch ändern, von einer detaillierten gesetzlichen Regelung absieht und auf außergesetzliche Handlungsformen zurückgreift. Für eine derartige „Aufwertung"[1192] des nichtlegislativen Rechtsaktes, abgesehen von den obengenannten Argumenten, spricht auch die Flexibilität[1193], die im Vergleich zu dem relativ schwerfälligen Gesetzgebungsverfahren auf der Hand liegt. Seine Anwendung bietet sich in Situationen an, die kurzfristiges und bzw. oder situationsadäquates Handeln des Staates erfordern.[1194] Angesichts hochkomplexer Wirkungszusammenhänge wäre der Bundestag überfordert,[1195] wenn er alles ausschließlich mittels förmlichen Gesetzes regeln müsste. Die ständige Dynamik und die mit ihr in immer kürzeren Abständen auftretenden Veränderungen geraten in Widerspruch zu Gesetzesfunktionen wie Stabilität, Rechtssicherheit, Dauerhaftigkeit.[1196] Diese Aufgabe kann nicht mit dem Mittel eines Gesetzes abschließend gelöst werden. Es muss eine Rechtsmöglichkeit gesucht werden, die dem ohnehin überlasteten Bundestag eine Möglichkeit der Entlastung einräumt. Solche Regelungsbereiche könnten das technische Sicherheitsrecht, das Immissionsschutzrecht, das Gentechnikrecht, das Schulrecht oder Wirtschafts- und Steuerrecht sein, die

---

[1191] In diesem Sinne auch *Kisker,* NJW 1977, 1313 (1315); *Butzer,* AöR 119 (1994), 61 (85).
[1192] *Lerche,* NJW 1961, 1758 (1759).
[1193] Siehe oben in Teil 1 I. 2.
[1194] Darauf hinweisend *Busch,* Das Verhältnis des Art. 80 Abs. 1 S. 2 GG zum Gesetzes- und Parlamentsvorbehalt, 1992, S. 70 f.
[1195] *Kisker,* NJW 1977, 1313 (1315 f.); *Huster/Rux,* in: Epping/Hillgruber Beck'scher Online Kommentar GG, 1.12.2019, Art. 20 GG Rn. 180.
[1196] So auch *Ossenbühl,* DÖV 1982, 833 (833).

aufgrund ihrer Komplexität einen ständigen Anpassungs- und Änderungsbedarf haben, aber derzeit mittels Rechtsverordnungen oder auch Verwaltungsvorschriften geregelt werden.[1197] Bis jetzt haben weder die Rechtswissenschaft noch die Praxis zu einer Systementwicklung in der Rechtsordnung geführt, die insbesondere der technischen Entwicklung adäquat wäre, noch ist die Ausformung eines juristischen Instrumentariums vollendet, um der Fortentwicklung gerecht zu werden.[1198] Dabei ist es wünschenswert, eine Lösung zu finden, die eine schnelle Reaktion erlaubt und zugleich eine entsprechende rechtliche Qualität besitzt, die beachtet werden muss. Der Einsatz des „qualifizierten Parlamentsbeschlusses" unter Festlegung bestimmter Kriterien und Beachtung aller verfassungsrechtlichen Vorgaben könnte hierbei behilflich sein.

Jedes neue Gesetz führt zur Inflexibilität des politischen Handelns und kann eine Übernormierung bzw. Norminflation in Bereichen zur Folge haben, die Materien beispielsweise der Wissenschaft oder des Umweltschutzes betreffen, in denen Detailfragen bzw. kleinliche Angelegenheiten geregelt werden sollen.[1199] Es besteht die Gefahr einer Erstarrung,[1200] weil jede Gesetzesänderung ein aufwendiges Verfahren auslöst. Ein Gesetz hat auch typischerweise eine geringere Regelungsdichte[1201] und behilft sich oft mit Generalklauseln oder unbestimmten Rechtsbegriffen, um nicht jede Frage selbst entscheiden zu müssen, insbesondere bei komplexen wissenschaftlichen oder technischen Zusammenhängen.[1202] Deshalb eignet es sich nicht dafür, Bereiche zu regeln, die eine hohe Regelungsdichte erfordern, aber gleichzeitig von substantiellem Gewicht für das Gemeinwesen sind und einer Entscheidung des Parlaments bedürfen. Der Ausweg über auslegungsfähige und – bedürftige Begriffe bzw. Generalklauseln und ihre häufige Nutzung ist ein weiterer Hinweis auf das

---

[1197] *Lukes*, NJW 1978, 241 (242 ff.); *Ossenbühl*, DÖV 1982, 833 (837 und 839); *Butzer*, AöR 119 (1994), 61 (88).
[1198] Das Problem wird schon 1978 auch in Bezug auf das Sicherheitsrecht in Zusammenhang mit der Kernenergie erkannt, *Lukes*, NJW 1978, 241 (241 ff.) m.w.N. in Fn. 1.
[1199] *Kloepfer*, JZ 1984, 685 (689) mit Verweis auf *Kisker*, NJW 1977, 1313 (1315 f.).
[1200] *Kloepfer*, JZ 1984, 685 (689) und stützt sich dabei auf BVerfGE 41, 260 (265).
[1201] *Kloepfer*, JZ 1984, 685 (689) mit Verweis auf *Rupp*, VVDStRL 23 (1966), 274 (275) und BVerfGE 58, 257 (271).
[1202] *Schulze-Fielitz*, in: Dreier/GG-Kommentar, Bd. II, 3. Aufl. 2015, Art. 20 GG Rn. 133 mit Verweis auf BVerfGE 56, 1 (12); 79, 106 (120).

Problem der Anpassungsfähigkeit und -bedürftigkeit und die Überforderung des Parlaments in Sachen der Steuerungs- und Kontrollaufgaben. Sie stellen eine versteckte Delegation[1203] an die Exekutive bzw. die Judikative dar. Die abstrakten und unbestimmten Formulierungen sollen den anderen Gewalten erlauben, ihre Aufgaben den besonderen Umständen eines Einzelfalles angemessen zu erfüllen und den schnell wechselnden Situationen des Lebens gerecht zu werden.[1204] Aber genau das birgt auch die Gefahr von Unsicherheit bei zu vagen Formulierungen und kann dazu führen, dass der Gesetzgeber eine wichtige Entscheidung doch nicht selbst trifft. Damit kommt der Gesetzgeber seiner Regelungsaufgabe nicht nach und erlegt die Unsicherheit solcher Regelungen den potentiellen Adressaten auf.[1205]

Die Grenzziehung ist nicht einfach. So kann gerade mittels nichtlegislativer Rechtsakte dieses Risiko in bestimmten Fällen erfolgreich beseitigt werden. Wenn man bedenkt, dass die Wesentlichkeitsrechtsprechung auf der einen Seite dazu dient, der Exekutive nichts Wesentliches zur Regelung zu überlassen, auf der anderen Seite aber auch mit Rücksicht auf die Funktionsfähigkeit des Parlaments davor warnt, allzu rigoros auf der Respektierung des Vorbehalts des Gesetzes zu bestehen, um „Unwesentliches" vor einer gesetzlichen Normierung zu ersparen, spricht es dafür, andere Möglichkeiten der Rechtsetzung zu nutzen.[1206] Damit führt die Wesentlichkeitstheorie sowohl zu einer Ausdehnung des Vorbehalts des Gesetzes über neue Sachmaterien als auch zu einer Erweiterung um Entscheidungsmitteln neben dem Gesetz.

### aa) Relevanz der Grundrechtsbetroffenheit und der Eingriffsbegriff

Überwiegend betreffen die Gesetze das Verhältnis zwischen Bürger und Staat. Angesichts der Bedeutung des Gesetzes ist ein Gesetz überall dort erforderlich, wo es zu einem Eingriff in die Grundrechte kommt. Das ergibt sich aus den Verfassungsbestimmungen selbst, die eine gesetzliche Regelung ausdrücklich vorsehen, aber auch aus Grundrechtsgarantien und allgemeinen Verfas-

---

[1203] So auch *Lukes*, NJW 1978, 241 (243), der zusätzlich darauf hinweist, dass das zu Unvorhersehbarkeit führe; *Staupe*, Parlamentsvorbehalt und Delegationsbefugnis, 1986, S. 37 ff. und 139; *Butzer*, AöR 119 (1994), 61 (84).
[1204] Ähnlich BVerfGE 8, 274 (326); 13, 153 (161).
[1205] *Lukes*, NJW 1978, 241 (243).
[1206] In diese Richtung *Kisker*, NJW 1977, 1313 (1317).

sungsgrundsätzen. Hier ist der „schlichte", wenn auch „qualifizierte Parlamentsbeschluss" definitiv nicht anwendbar. Durch die Wesentlichkeitstheorie wurde der Anwendungsbereich des Parlamentsvorbehalts jedoch erweitert und erfasst auch nun Bereiche, in denen kein Eingriff in die Grundrechte stattfindet. Daher ist es erforderlich zu klären, ob die nichtlegislativen Rechtsakte bei Materien eingesetzt werden können, die die Grundrechtssphäre nicht berühren bzw. die nur eine irgendwie geartete Grundrechtsbetroffenheit auslösen.

Der klassische Eingriffsbegriff verlangt, dass der Eingriff final (nicht bloße unbeabsichtigte Folge eins auf die Ziele gerichteten Staatshandelns), unmittelbar (nicht bloß zwar beabsichtigte, aber mittelbare Folge des Staatshandelns), mittels Rechtsakt mit rechtlicher und nicht bloß tatsächlicher Wirkung und mit Befehl und Zwang angeordnet bzw. durchgesetzt wird.[1207] Das entspricht auch dem klassischen Verständnis vom Vorbehalt des Gesetzes, der einen Formvorbehalt bei Eingriffen in Freiheit und Eigentum bezweckte.

Diese Definition vom Eingriffsbegriff wurde aber von dem modernen Grundrechtsverständnis als zu eng gesehen, und um den modernen Eingriffsbegriff erweitert, der alle vier Kriterien ausweitet.[1208] Demnach ist von einem Eingriff auszugehen, wenn das staatliche Handeln die grundrechtlich geschützte Freiheit ganz oder teilweise unmöglich macht oder wesentlich erschwert.[1209] Bei sehr weitem Verständnis dieser Definition können jegliche Beschränkungen, die sich negativ auf die Bürger auswirken, erfasst werden. Das heißt, dass es zu Situationen kommen kann, in denen der Staat zwar handelt, aber sein Handeln nicht an die Bürger gerichtet ist, sondern vielmehr einen anderen Adressaten hat, sich aber trotzdem ungewollt oder sogar unbewusst und geringfügig auf die Bürger als Drittbetroffene auswirkt.[1210] Damit würde man den Staat für alle

---

[1207] Siehe BVerfGE 105, 279 (300); *Kingreen/Porscher*, Grundrechte Staatsrecht II, 35. Aufl. 2019, § 6 Rn. 292.
[1208] *Kingreen/Porscher*, Grundrechte Staatsrecht II, 35. Aufl. 2019, § 6 Rn. 293 f.
[1209] *Kloepfer*, VerfR II, 2010, § 51 Rn. 31; *Kingreen/Porscher*, Grundrechte Staatsrecht II, 35. Aufl. 2019, § 6 Rn. 294; *v. Coelln*, in: Studienkommentar GG, 3. Aufl. 2017, Vorbem. Grundrechte vor Art. 1 GG Rn. 93.
[1210] *Koch*, Der Grundrechtsschutz des Drittbetroffenen, 2000, S. 211 ff.; *Kingreen/Porscher*, Grundrechte Staatsrecht II, 35. Aufl. 2019, § 6 Rn. 297; als auch *Butzer*, AöR 119 (1994), 61 (87) mit der Anmerkung, dass es Kriterien geben muss, mittels welcher dem Staat die Ver-

tatsächlichen Wirkungen seines Handelns verantwortlich machen und den Gesetzgeber dazu verpflichten, alles per Gesetz zu entscheiden. Das kann aber wegen der Planungs- und Handlungsfähigkeit des Staates nicht gewollt sein.[1211] Es ist notwendig zu unterscheiden, wann ein Unmöglichmachen bzw. eine wesentliche Erschwerung vorliegt, die von der Zielsetzung und Wirkung einer staatlichen Maßnahme, die als Grundrechtseingriff im klassischen Sinne zu qualifizieren wäre und wann ein bloßes Erschweren gegeben ist, das keine Beeinträchtigung, sondern eine Art Belästigung bzw. unbeabsichtigte Nebenfolge darstellt.[1212]

Viele Handlungen des Staates sind auf andere Effekte gerichtet, haben aber eine Folgewirkung, einen unerwünschten Nebeneffekt. Den Anforderungen des Vorbehalts des Gesetzes mit der Folge eines Gesetzeserlasses sollen daher nur die Maßnahmen unterfallen, die demokratisch besonders legitimationsbedürftig und daher rechtsstaatlich besonders rechtfertigungsbedürftig sind.[1213] Die Frage, welche Merkmale gegenwärtig einen Grundrechtseingriff konstruieren und bestimmte Staatsakte von anderen Staatsakten im grundrechtlich geschützten Bereich abgrenzen, ist nicht eindeutig zu beantworten und die diesen Bereich betreffenden Entscheidungen des BVerfG haben keine Klarheit gebracht.[1214] In den problematischen Bereichen wie bei staatlichen Warnungen, Empfehlungen oder öffentlich geäußerter Kritik wird von einem Eingriff in grundrechtlich geschützte Freiheit ausgegangen, wenn diese unter Inanspruchnahme staatlicher Amtsautorität erfolgen *und* entweder auf Verhaltenslenkung in dem geschützten Freiheitsbereich abzielen (Finalität) *oder* die Lenkung des Verhaltens Dritter bezwecken, als dessen Kehrseite Nachteile im grundrechtlich geschützten Freiheitsbereich des Grundrechtssubjekts notwendig auftreten (Finalitätsäquivalent), *oder* wenn sie im geschützten Freiheitsbereich erhebliche (schwerwiegende) Nachteile hervorrufen, die vom Staat vorhergesehen

---

antwortung für Grundrechtsbeeinträchtigung zugerechnet werden kann, um eine Begrenzung zu schaffen.
[1211] So *Butzer*, AöR 119 (1994), 61 (87 Fn. 104).
[1212] So ähnlich BVerfGE 105, 252 (273); 105, 279 (300 f.); 113, 63 (76 f.); *Gusy*, NJW 2000, 977 (982 f.).
[1213] *Gusy*, NJW 2000, 977 (982).
[1214] *Gusy*, NJW 2000, 977 (983); *Murswiek*, NVwZ 2003, 1 (1) mit Verweis auf BVerfGE 105, 252 ff. – Glykol; 105, 279 ff. – Osho.

werden konnten und in Kauf genommen wurden.[1215] Eine genaue Grenzziehung ist schwierig und eine Grauzone bleibt bestehen. Festzuhalten ist aber, dass im Übrigen bei bloßen Bagatellen, alltäglichen Lästigkeiten, subjektiven Empfindlichkeiten noch keine Beeinträchtigung oder Eingriff vorliegt und damit ein Bereich eröffnet ist,[1216] in dem sich das Parlament mittels anderer Rechtsakte als dem Gesetz bedienen kann.

### bb) Regelungsrichtung: Verhältnis zwischen Parlament und Exekutive

Damit liegt der Hauptanwendungsbereich der schlichten Parlamentsbeschlüsse vor allem im Regelungsverhältnis des Parlaments zur Exekutive, also nicht im bürgergerichteten Handeln des Parlaments.[1217] Das ergibt sich auch aus der oben ausgewerteten[1218] Rechtsprechung. Welche Bereiche[1219] an sich erfasst sind, folgt teilweise bereits aus der Verfassung selbst. Daran ist zu erkennen, dass sie unterschiedlichen Charakter[1220] haben können und für den Adressaten verbindlich sind. Sie helfen dabei Sachen zu organisieren, zu kontrollieren und zu überwachen, zu kreieren, sie erlauben aber auch schnell zu agieren.

Bereiche, in denen auf die Gesetzesform verzichtet werden kann, sind jene, die typische, originäre Regierungsverantwortung betreffen, z.B. außen-, verteidigungs- und bündnispolitische Entscheidungen.[1221] Eine der ersten Entscheidungen des BVerfG, die genau diesen Bereich betraf und die Diskussion[1222] über Notwendigkeit eines Gesetzeserlasses belebte, war die Nachrüstungsentscheidung vom 18.12.1984. Dabei ging es um die Verletzung der Rechte des Bundestages im Rahmen eines Organstreitverfahrens, weil die Bundesregierung bei der Aufstellung von nuklear bestückten amerikanischen Mittelstreckenraketen, Pershing-2 und Marschflugkörpern, in der BRD ohne spezielle gesetzliche Er-

---

[1215] *Murswiek*, NVwZ 2003, 1 (2).
[1216] So auch *Detterbeck*, Jura 2002, 235 (237); *Kloepfer*, VerfR II, 2010, § 51 Rn. 36; *Kingreen/Porscher*, Grundrechte Staatsrecht II, 35. Aufl. 2019, § 6 Rn. 301. Andere Ansicht *Stern*, Staatsrecht, Bd. 3 2. Halbband, 1994, § 78 IV, S. 204 ff.
[1217] *Butzer*, AöR 119 (1994), 61 (88).
[1218] Siehe dazu in Teil 1 II.
[1219] Siehe dazu in Teil 1 I. 3. a).
[1220] Siehe dazu in Teil 1 I. 3. a).
[1221] *Butzer*, AöR 119 (1994), 61 (65).
[1222] Zu diesem Urteil (BVerfGE 68, 1 ff.) äußerten sich z.B. *Bleckmann*, DVBl. 1984, 6 ff.; *v. Münch*, NJW 1984, 577 ff.; *Broß*, RiA 2/1985, 28 ff.; *Eckertz*, EuGRZ 1985, 165 ff.; *Bryde*, Jura 1986, 363 ff.

mächtigung zustimmte, davor den Bundestag aber mehrfach befasst hatte, der die erteilte Zustimmungserklärung der Bundesregierung ausdrücklich billigte.[1223] In dieser umfangreichen[1224] Entscheidung, in der das BVerfG eine Verletzung der Rechte des Bundestages verneinte, verwies es darauf, dass sich Gesetzgebungsbefugnisse des Bundestages nicht selbstständig aus dem Demokratieprinzip oder aus der Bedeutung und Tragweite einer Entscheidung für das Staatsganze ergeben und dass unter der demokratisch-parlamentarischen Herrschaftsordnung des Grundgesetzes auch die Regierung institutionell, funktionell und personell demokratisch legitimiert und nicht von vornherein auf die Vornahme politisch weniger bedeutsamer Akte beschränkt sei.[1225] Damit wird die Grenze aufgezeichnet, dass der Gesetzeserlass die Exekutive handlungsunfähig machen würde und eben auch der Exekutive ein Raum belassen werden muss, in der sie Entscheidungen selbst treffen kann. Gleichzeitig wird in einem kleinen Absatz aber auch die Bedeutung der schlichten Parlamentsbeschlüsse angedeutet. „Das Grundgesetz kennt weder einen Totalvorbehalt des Gesetzes noch eine Kompetenzregel, die besagte, daß alle "objektiv wesentlichen" Entscheidungen vom Gesetzgeber zu treffen wären. (...) Dies bedeutet nicht, daß "objektiv wesentliche" Entscheidungen "am Bundestag vorbei" getroffen werden könnten. Der Bundestag kann sein Frage-, Debatten- und Entschließungsrecht ausüben, seine Kontroll- und Haushaltsbefugnisse wahrnehmen und dadurch auf die Entscheidungen der Regierung einwirken oder durch Wahl eines neuen Bundeskanzlers die Regierung stürzen (Art. 67 Abs. 1 Satz 1 GG)."[1226] In diesem Zusammenhang ist die Billigung des Bundestages, die als einfacher Beschluss nach Art. 42 Abs. 2 Satz 1 GG ergeht, die Erfüllung des erforderlichen Mitwirkungsrechts des Bundestages bei wesentlichen Entscheidungen und stellt eine Alternative zum Gesetzeserlass dar. Damit ist der einfache Beschluss ein milderes Mittel zum Gesetz mit ähnlichen Funktionen, nämlich der Legitimation und der öffentlichen Diskussion. Wäre die Bundesregierung komplett frei in ihrer Entscheidungswahl, würde sie sich nicht bemühen, den Bundestag mit ihrer beabsichtigten Zustimmung mehrfach zu befas-

---

[1223] BVerfGE 68, 1 ff.
[1224] Zu den Einzelheiten siehe *Broß*, RiA 2/1985, 28 f.
[1225] BVerfGE 68, 1 (1, LS 4).
[1226] BVerfGE 68, 1 (109 f.).

sen. Nach *Weber* könne der Bundestag in dieser Form die Entscheidung der Bundesregierung mittragen und bekräftigen, was verfassungspolitisch sogar zu begrüßen sei.[1227] Das BVerfG macht auch deutlich, dass die einfachen Beschlüsse auf die Entscheidungen der Bundesregierung einwirken müssen und sogar mit Druck durchgesetzt werden können. Damit wird die Gesetzesähnlichkeit, vor allem eine Bindungswirkung der Beschlüsse erkennbar. Leider wird dem Teil der Entscheidung nicht genügend Beachtung geschenkt, sodass sich die Frage stellt, wie das BVerfG entschieden hätte, wenn die Bundesregierung den Bundestag an ihrer Entscheidung vorher gar nicht beteiligt hätte.[1228]

Eine Antwort auf die gestellte Frage gibt die Entscheidung[1229] des BVerfG zu dem sog. wehrverfassungsrechtlichen Parlamentsvorbehalt. Er lässt sich genau in diese Kategorie einordnen. Der Bundestag erteilt seine Zustimmung zum bewaffneten Einsatz der Bundeswehr im Ausland, der die Bundesregierung insofern bindet, als sie dadurch überhaupt befugt, aber nicht verpflichtet wird, den „Marschbefehl" zu geben.[1230] Teilweise wird bestritten, ob das Urteil in die Wesentlichkeitsrechtsprechung mitzuzählen sei.[1231] Das mag zutreffend sein,

---

[1227] *Weber*, JZ 1984, 589 (594).
[1228] Vielmehr wird das Problem an einer anderen Stelle verortet, inwiefern es einer gesetzlichen Grundlage für die Zustimmung der Bundesregierung zur Stationierung bedurfte, weil es sich bei der Stationierung um eine mit dem Völkerrecht im Einklang stehende Maßnahme handelt und woraus sich diese Grundlage ableiten könnte, aus Art. 59 Abs. 2 Satz 1 oder Art. 2 Abs. 2 Satz 3 GG.
[1229] Siehe dazu in Teil 1 II. 5. a).
[1230] *Degenhart*, Staatsrecht I, 35. Aufl. 2019, § 2 Rn. 41.
[1231] So zu verstehen, *Heun*, JZ 1994, 1073 (1074), der die Wesentlichkeitstheorie als zusätzliche Abstützung sieht; *Kokott*, DVBl. 1996, 937 (939); *Stern*, VVDStRL 56 (1997), 97 (99) spricht von „wehrverfassungsrechtlicher Wesentlichkeitstheorie"; *Epping*, AöR 124 (1999), 423 (448), der über die fehlende Erwähnung staunt und eine Begründung mit Wesentlichkeitstheorie für überzeugender hält; *Paulus*, in: Einsatz der Bundeswehr im Ausland, 2007, 81 (86), der eine Interpretation im Sinne der Wesentlichkeitstheorie auch in weiteren Entscheidungen des BVerfGE erblickt; *Rojahn*, in: v. Münch/Kunig GG-Kommentar, Bd. 1, 6. Aufl. 2012, Art. 59 GG Rn. 19, der von einer auf den militärischen Bereich begrenzten Aktivierung der sog. „Wesentlichkeitstheorie" spricht; *Streinz*, in: Sachs GG-Kommentar, 8. Aufl. 2018, Art. 59 GG Rn. 27, der aber darauf hinweist, dass das BVerfG diesen Gesichtspunkt nicht aufgreift, sondern den Parlamentsvorbehalt aus Bestimmungen der Wehrverfassung ableitet. Andere Ansicht *Blumenwitz*, NZWehrr 1988, 133 (145); *Limpert*, Auslandseinsatz der Bundeswehr, 2002, S. 56; *Sester*, Der Parlamentsbeschluss, 2007, S. 154 ff., wonach das Streitkräfte-Urteil kein Fall der Wesentlichkeitsrechtsprechung sein solle, weil das BVerfG an keiner Stelle die Wesentlichkeit oder das Demokratieprinzip anführe, um den Parlamentsvor-

wenn man davon ausgeht, dass die Wesentlichkeitstheorie nur im Verhältnis zwischen Staat und Bürger und nicht auch im Verhältnis zwischen zwei gleichgeordneten Grundrechtsträgern gilt.[1232] Dem folgend spricht erst recht viel dafür, in Angelegenheiten, die keinen Bürgerbezug aufweisen, keine formal gesetzliche Regelung zu fordern.[1233] In dem Beschluss wäre eine weitere Absicherung gegen Machtmissbrauch zu erblicken, die es gewährleistet, dass grundsätzlich von jedem Streitkräfteeinsatz eine parlamentarische Debatte stattfindet.[1234] Hier liegt ein Verhältnis zwischen zwei Grundrechtsverpflichteten vor, in dem kein unmittelbares bürgergerichtetes Handeln zur Debatte steht, aber durchaus eine Grundrechtsrelevanz[1235] nach sich zieht, wenn der Einsatz durchgeführt wird, weil die an ihm teilnehmenden Soldaten und Soldatinnen einer unmittelbaren Gefahr für Leib und Leben ausgesetzt werden und sie durch die Entscheidung über den Einsatz in ihrem Recht auf Leben und körperliche Unversehrtheit berührt werden.[1236] Da die Aktivierung der Wesentlichkeitstheorie vom Maß und Grad der rechtlichen Betroffenheit abhängt, ist die Anwendung der Theorie nicht völlig ausgeschlossen und das Argument der öffentlichen Debatte hebt gerade das demokratische Element des Parlamentsvorbehalts hervor, das ihn ausmacht. Bei Berücksichtigung der Begründung des BVerfG für diesen Parlamentsvorbehalt, insbesondere Art. 45a, 45b und 87a Abs. 1 Satz 2 GG und der Verfassungstradition seit 1918 sowie des Umstands, dass die Entscheidung über Krieg und Frieden dem Bundestag von Grundgesetz wegen anvertraut wird,[1237] wird unmissverständlich, dass eine wesentliche Entscheidung von substantiellem Gewicht vorliegt, die genau in die Wesentlichkeitsrechtsprechung passt und es nicht notwendig ist, sie explizit zu erwähnen. Ferner kann gemutmaßt werden, dass das BVerfG sogar bewusst darauf ver-

---

behalt zu begründen. So zu verstehen wohl *Müller-Franken*, in: v. Mangoldt/Klein/Starck, GG Bd. 3, 7. Aufl. 2018, Art. 87a GG Rn. 101.
[1232] Siehe *Detterbeck*, Jura 2002, 235 (238); *Hofmann*, in: Schmidt-Bleibtreu/Hofmann/Henneke GG-Kommentar, 14. Aufl. 2017, Art. 20 GG Rn. 69.
[1233] *Detterbeck*, Jura 2002, 235 (238).
[1234] *Sester*, Der Parlamentsbeschluss, 2007, S. 226.
[1235] „Der Einsatz bewaffneter Gewalt bedeutet nicht nur ein erhebliches Risiko für Leben und Gesundheit deutscher Soldaten (...)" BVerfGE 121, 135 (161).
[1236] *Paulus*, in: Einsatz der Bundeswehr im Ausland, 2007, 81 (86).
[1237] BVerfGE 121, 135 (153); 140, 160 (187); ebenfalls schon so *Ipsen*, DÖV 1971, 583 (588); *Kersting*, NZWehrr 1982, 84 (86).

zichtet, die Wesentlichkeit „in den Mund zu nehmen", um denjenigen nicht noch mehr Angriffsfläche zu bieten, die mit der Wesentlichkeitstheorie zwingenderweise einen Gesetzeserlass einfordern. Der Versuch ist jedoch nicht wirklich geglückt.[1238]

Der ergehende zustimmende Beschluss hat Gesetzesähnlichkeit, weil er eine Art „nichtgesetzlicher" Ermächtigung zum Handeln der Exekutive darstellt. Er hat eine Bindungswirkung, wird im Rahmen einer öffentlichen Auseinandersetzung vom unmittelbar legitimierten Verfassungsorgan, dem Bundestag, als eine wesentliche Entscheidung erlassen. Man könnte darin sogar eine Parallele zu den gesetzlichen Ermächtigungen ziehen, die den Erlass einer Verordnung seitens der Exekutive im Sinne von Art. 80 GG erlauben. Die Bundesregierung wird nicht verpflichtet, sondern lediglich ermächtigt, und ihr verbleibt weiterhin die Entscheidungsgewalt über den Einsatz, allerdings nur in einem vorgegebenen Rahmen. Die inhaltliche Beschreibung des § 3 Abs. 2 ParlBG, der die Parameter festlegt, die in dem von der Regierung und dem Bundestag getragenen Beschluss enthalten sein müssen, ist an dem Art. 80 Abs. 1 Satz 2 GG der gesetzlichen Bestimmung über Inhalt, Zweck und Ausmaß angelehnt.[1239] Auch der Umstand eines Erfordernisses einer Parlamentszustimmung für eine Rechtsverordnung ist zulässig und nicht außergewöhnlich.[1240] Der Vergleich zu der Rechtsverordnung hinkt insofern, als hier die Bundesregierung mit einem Vorschlag an den Bundestag heranrückt und sie die wesentlichen Modalitäten eines Einsatzes, z.B. Truppenstärke, Ziele und Ort des Einsatzes, vorgibt.[1241] Es kommt zu einer Umkehrung: Bei der Rechtsverordnung kommt es zu einer Delegation von den Aufgaben der Legislative auf die Exekutive, während beim Einsatz von Streitkräften sich die Legislative an exekutiven Aufgaben beteiligt, wenn man die Rechtsprechung des BVerfG zugrunde legt.[1242] Die Parlamentszustimmung divergiert von der Rechtsverordnung in zweierlei Hinsicht, zum

---

[1238] Siehe dazu in Teil 1 II. 5. a).
[1239] *Paulus*, in: Einsatz der Bundeswehr im Ausland, 2007, 81 (98).
[1240] *Paulus*, in: Einsatz der Bundeswehr im Ausland, 2007, 81 (99) mit Verweis auf BVerfGE 8, 274 (319 bis 321); siehe auch *Möstl*, in: Ehlers/Pünder, Allg. VerwR, 15. Aufl. 2016, § 20 Rn. 6.
[1241] *Sester*, Der Parlamentsbeschluss, 2007, S. 155 mit Verweis auf *Pofalla*, ZRP 2004, 221 (222).
[1242] *Paulus*, in: Einsatz der Bundeswehr im Ausland, 2007, 81 (99).

einen formell durch die Beteiligung des Parlaments an der Beschlussfassung, und zum anderen materiell durch die Konkretisierung des (einen) Anwendungsfalls.[1243] Dennoch ist der Beschluss nicht nur bloßer einmaliger Zustimmungsakt.[1244] Denn wenn sich die rechtlichen oder tatsächlichen Umstände eines Streitkräfteeinsatzes nach Erteilung der parlamentarischen Zustimmung verändern, ist ein neuer Zustimmungsbeschluss des Bundestages erforderlich.[1245] Der erlassene Parlamentsbeschluss weist daher dem Bundestag eine fortlaufende Mitverantwortung zu.[1246] Damit nimmt ein derartiger Beschluss eine Zwitterstellung ein, weil er nicht in Gesetzesform ergeht, aber auch kein einfacher/ schlichter unverbindlicher Parlamentsbeschluss ist. Vielmehr hebt er sich durch diese Eigenschaften innerhalb der einfachen Beschlüsse ab. Damit stellt dieser „qualifizierte Parlamentsbeschluss", der mit der Mehrheit der abgebebenen Stimmen beschlossen wird (Art. 42 Abs. 2 Satz 1 GG), eine ausreichende Legitimationsgrundlage in höchst kontroversen und das Staatsganze berührenden Entscheidungen der Exekutive dar, was durch zahlreiche Urteile bestätigt wird.[1247] Außerdem ist er die Antwort und Lösung zugleich für das Bedürfnis nach flexibler Reaktion, ohne zu stark in die Zuständigkeit der Exekutive einzugreifen. Daher wird auch in den neueren Urteilen des BVerfG zum „parlamentsfreundlichen" auszulegenden wehrverfassungsrechtlichen Parlamentsvorbehalt ausdrücklich vom „Entscheidungsverbund" von Parlament und Regierung gesprochen, der „keine Durchbrechung der alleinigen Verantwortung der Exekutive im auswärtigen Bereich", sondern „vielmehr ein prägender Teil der grundgesetzlichen Gewaltenteilung" sei.[1248]

---

[1243] *Paulus*, in: Einsatz der Bundeswehr im Ausland, 2007, 81 (98).
[1244] Andere Ansicht *Sester*, Der Parlamentsbeschluss, 2007, S. 155.
[1245] BVerfGE 124, 267 (276).
[1246] *Kokott*, in: Sachs GG-Kommentar, 8. Aufl. 2018, Art. 87a GG Rn. 42 mit Verweis auf BVerfGE 124, 267 (276).
[1247] So *Brinktrine*, Jura 2000, 123 (129), der sich neben dem Streitkräfte – (BVerfGE 90, 286 (383 ff.)) und Nachrüstungs-Urteil (BVerfGE 68, 1 (109)) auch auf weitere Entscheidungen des BVerfG bezieht z.B. zur Einführung eines neuen Reaktortyps-Kalkar I (BVerfGE 49, 89 (125 ff.)); zur Lagerung chemischer Waffen (BVerfGE 77, 170 (230 ff.)). Weitere Entscheidungen: BVerfGE 100, 266 (269); 104, 151 (208); 108, 34 (42); 121, 135 (154); 123, 267 (360 f.); 126, 55 (69 f.); 140, 160 (194).
[1248] *Streinz*, in: Sachs GG-Kommentar, 8. Aufl. 2018, Art. 59 GG Rn. 27 mit Verweis auf BVerfGE 140, 160 (189 und 194), aber auch bereits BVerfGE 121, 135 (162 f.).

Mittels „qualifizierter Beschlüsse" kann sich der Bundestag neue Einflussmöglichkeiten eröffnen, die bislang ausschließlich der Exekutive oblagen. Der mit der Streitkräfteentscheidung ins Leben gerufene konstitutive Parlamentsbeschluss kommt in anderen Bereichen zur Anwendung, was an den Entscheidungen[1249] des BVerfG zu erkennen ist. So wird der „qualifizierte Parlamentsbeschluss" insbesondere im Bereich der europäischen Integration gefordert und kommt dort in unterschiedlichen Ausprägungen zum Vorschein. Daran ist zu erkennen, dass sich die Erkenntnisse zu dem Streitkräfteeinsatz im Ausland verallgemeinern lassen und auf andere Bereiche übertragen werden können. Damit lässt sich der „qualifizierte Parlamentsbeschluss" zum festen Handlungsinstrument des Parlaments etablieren. Durch „qualifizierte Beschlüsse" kann der Bundestag öffentlichkeitswirksam an der Politik beteiligt werden und hat die Chance zu kontrollieren, zu partizipieren und mitzugestalten.

### 5. Vorrang des Gesetzes

Untrennbar mit dem Vorbehalt des Gesetzes verbunden ist der Vorrang des Gesetzes. Daher stellt sich die Frage der Vereinbarkeit der sog. „qualifizierten Parlamentsbeschlüsse", die Bindungswirkung haben, mit diesem Grundsatz. Mit dem Prinzip des Vorrangs des Gesetzes ist die „Herrschaft des Gesetzes"[1250] gemeint, mit dem Ziel die Exekutive und die Judikative zu binden.[1251] Diese ursprüngliche Zielrichtung änderte sich mit der Neuorientierung des Rechtsstaatsprinzips (vgl. Art. 20 Abs. 3 GG) und führte zur erweiterten Interpretation.[1252] In dem gegenwärtigen Verständnis tritt die technische Bedeutung des Vorrangs des Gesetzes als Rangordnungsregel stärker hervor, die dazu dient, das Rechtsquellensystem im Interesse der Einheit der Rechtsordnung zu einer geschlossenen Normenhierarchie auszuprägen.[1253] Der Vorrang des Gesetzes fordert zum einen die Gesetzmäßigkeit des Verhaltens von Exekutive und Judikative und zum anderen wirkt er als eine Kollisionsregel, nach der alle untergesetzlichen Rechtsakte dem parlamentarischen Gesetz nicht widersprechen

---

[1249] Siehe dazu in Teil 1 II. 5. b).
[1250] Von „Herrschaft des Gesetzes" spricht *Schmitt*, Verfassungslehre, 1928, Nachdruck 7. Aufl. 1989, S. 138; *Ossenbühl*, in: HStR, Bd. V, 3. Aufl. 2007, § 101 Rn. 1.
[1251] *Grzeszick*, in: Maunz/Dürig Kommentar GG, Oktober 2019, Art. 20 GG VI. Rn. 72 f. m.w.N.
[1252] *Stern*, Staatsrecht, Bd. 1, 2. Aufl. 1984, § 20 IV 4, S. 802.
[1253] *Ossenbühl*, in: HStR, Bd. V, 3. Auf. 2007, § 101 Rn. 2.

dürfen.[1254] Diese Gesetzesbindung hat zweifache Bedeutung: eine Handlungspflicht, so zu agieren wie die Gesetze es vorschreiben, und eine Unterlassungspflicht, wonach das Handeln nicht gegen die Gesetze verstoßen darf.[1255] Die Reichweite und das Ausmaß der Bindung richten sich nach dem Inhalt der jeweiligen gesetzlichen Norm.[1256] Nach diesem verfahrensrechtlich angelegten Gesetzesbegriff ist der einfache Parlamentsbeschluss mit dem Vorrang des Gesetzes insofern unvereinbar, als er dessen besonderer Form entbehrt. Er steht ihm aber nicht entgegen, wenn man von der Form des Gesetzes absieht und sich auf den Inhalt konzentriert. Der Bundestag kann wesentliche Entscheidungen in anderen Formen als in förmlichen Gesetzen treffen und dennoch von der Vorrangswirkung profitieren. Hierbei geht es schließlich um die Schaffung von Rechtssätzen.

### a) Art. 20 Abs. 3 GG „Gesetz und Recht" – Bedeutung des Begriffs „Recht"

Die verfassungsrechtliche Verankerung und Reichweite des Vorrangs des Gesetzes lässt sich aus Art. 20 Abs. 3 Halbsatz 2 GG entnehmen,[1257] der über Art. 28 Abs. 1 GG auch in den Bundesländern zum Tragen kommt.[1258] Demnach sind die vollziehende Gewalt und die Rechtsprechung an Gesetz und Recht gebunden. Die Vorrangwirkung ist vom Wortlaut her – „Gesetz" – zunächst auf förmliche Gesetze beschränkt.[1259] In Art. 20 Abs. 3 GG ist von „Gesetz und

---

[1254] *Schulze-Fielitz*, in: Dreier/GG-Kommentar, Bd. II, 3. Aufl. 2015, Art. 20 GG Rn. 92 mit Verweis auf BVerfGE 8, 155 (169); 40, 237 (247); 56, 216 (241); *Grzeszick*, in: Maunz/Dürig Kommentar GG, Oktober 2019, Art. 20 GG VI. Rn. 73.

[1255] *Detterbeck*, Jura 2002, 235 (235); *Hofmann*, in: Schmidt-Bleibtreu/Hofmann/Henneke GG-Kommentar, 14. Aufl. 2017, Art. 20 GG Rn. 69.

[1256] *Schulze-Fielitz*, in: Dreier/GG-Kommentar, Bd. II, 3. Aufl. 2015, Art. 20 GG Rn. 92; *Grzeszick*, in: Maunz/Dürig Kommentar GG, Oktober 2019, Art. 20 GG VI. Rn. 73.

[1257] *Windthorst*, in: Studienkommentar GG, 3. Aufl. 2017, Art. 20 GG Rn. 121.

[1258] *Grzeszick*, in: Maunz/Dürig Kommentar GG, Oktober 2019, Art. 20 GG VI. Rn. 153 mit Verweis auf u.a. BVerfGE 2, 307 (319); 34, 52 (58); 41, 251 (261); 90, 60 (85 ff.). Er weist aber darauf hin, dass BVerfG die Frage offengelassen habe, ob neben Art. 28 Abs. 1 Satz 1 GG auch Art. 20 Abs. 3 GG die Landesverfassungen unmittelbar binde (siehe BVerfGE 90, 60 (86)).

[1259] *Schmidt-Aßmann*, in: HStR, Bd. II, 3. Aufl. 2004, § 26 Rn. 37 f.; *Sommermann*, in: v. Mangoldt/Klein/Starck, GG Bd. 2, 7. Aufl. 2018, Art. 20 GG Rn. 264. Andere Ansicht *Windthorst*, in: Studienkommentar GG, 3. Aufl. 2017, Art. 20 GG Rn. 110; *Grzeszick*, in: Maunz/Dürig Kommentar GG, Oktober 2019, Art. 20 GG VI. Rn. 60 f., der auf den Regelungszweck von Art. 20 Abs. 3 GG abstellt und für die Einbeziehung exekutiv geschaffener Normen mit unmittelbarer Außenwirkung plädiert.

Recht" die Rede, sodass ein Auseinanderklaffen der Begriffe möglich ist.[1260] Die Vorrangwirkung ist also nicht nur für Parlamentsakte reserviert, die im förmlichen Gesetzgebungsverfahren ergangen sind,[1261] sondern um „Recht" erweitert. Zu klären bleibt, was mit dem Begriff „Recht" gemeint ist und ob man darunter die schlichten, insbesondere die „qualifizierten Parlamentsbeschlüsse", fassen kann.

Im Detail ist der Begriff des „Rechts" in seiner Gegenüberstellung zum „Gesetz" umstritten.[1262] Zusammenfassend kann auf vier unterschiedliche Richtungen verwiesen werden: (1) als sprachliche Verdoppelung des Gesetzes als (gerechtes oder billiges) Recht, (2) als überpositives (Natur-)Recht, (3) als neben das geschriebene auch ungeschriebenes (Gewohnheits- oder Richterrecht) umfassendes Recht oder (4) in negativer Ausgrenzung als das Recht, das nicht „Gesetz" nur im Sinne parlamentarisch verabschiedeter Gesetze ist.[1263] In der ersten Deutung wird eine Tautologie angenommen, um einen Widerspruch zu Art. 97 Abs. 1 GG vermeiden zu können und eine Bindung an die Entscheidungen des Gesetzgebers zu gewährleisten.[1264] Die zweite Deutung hat das BVerfG in seiner frühen Rechtsprechung vertreten. Es erkennt die Existenz des überpositiven Rechts an, an das auch der Verfassungsgeber gebunden ist, mit der Folge, dass das gesetzte Recht an diesem Maßstab zu prüfen ist.[1265] Bislang wurde jedoch kein Verstoß gegen das überpositive Recht festgestellt.[1266] Bei der dritten Deutung werden Bedenken geäußert. Zum einen spricht gegen das Richterrecht, wenn man es im Sinne der Normsetzung versteht, dass dann eine Rechtsfortbildung der Gerichte wegen der Bindung nach Art. 20 Abs. 3 GG

---

[1260] BVerfGE 3, 225 (232); 34, 269 (286 f.); *Stern*, Staatsrecht, Bd. 1, 2. Aufl. 1984, § 20 IV 4, S. 798 f.; *Schulze-Fielitz*, in: Dreier/GG-Kommentar, Bd. II, 3. Aufl. 2015, Art. 20 GG Rn. 94 m.w.N.
[1261] *Butzer*, AöR 119 (1994), 61 (97).
[1262] *Butzer*, AöR 119 (1994), 61 (97); *Hoffmann*, Das Verhältnis von Gesetz und Recht, 2003, S. 31 f. m.w.N.; *Schulze-Fielitz*, in: Dreier/GG-Kommentar, Bd. II, 3. Aufl. 2015, Art. 20 GG Rn. 94; *Grzeszick*, in: Maunz/Dürig Kommentar GG, Oktober 2019, Art. 20 GG VI. Rn. 63 ff.
[1263] *Schulze-Fielitz*, in: Dreier/GG-Kommentar, Bd. II, 3. Aufl. 2015, Art. 20 GG Rn. 94 m.w.N.
[1264] *Schnapp*, in: v. Münch/Kunig GG-Kommentar, Bd. 1, 6. Aufl. 2012, Art. 20 GG Rn. 61, wobei er den Scheinwiderspruch wieder auflöst. Zum Streitstand siehe *Gusy*, JuS 1983, 189 (193). Dagegen *Di Fabio*, in: HStR, Bd. II, 3. Aufl. 2004, § 27 Rn. 26.
[1265] BVerfGE 1, 14 (18, LS 27).
[1266] BVerfGE 29, 166 (176); 34, 269 (286 f.). Auf diese Entsch. verweist auch *Schnapp*, in: v. Münch/Kunig GG-Kommentar, Bd. 1, 6. Aufl. 2012, Art. 20 GG Rn. 59.

unterbunden wäre (Zirkelschluss).[1267] Zum anderen wird gegen das Gewohnheitsrecht eingewandt, dass dem Grundgesetz die Rechtsgemeinschaft als Rechtsetzer unbekannt sei und man davon ausgehen könne, dass die Betroffenen eine Überzeugung von der rechtlichen Geltung des Gewohnheitsrechts nicht bilden würden.[1268] Außerdem hat das Gewohnheitsrecht eine geringe Relevanz und spielt in der heutigen Praxis nur eine untergeordnete Rolle.[1269] Die vierte Deutung erleichtert zwar die Abgrenzung, weil es eine generelle Bindung der Exekutive an alle verfassungs- und gesetzesmäßig zustande gekommenen Rechtsnormen erfasst, auch der Exekutive selbst, gleichzeitig lässt sie aber die „Idee der Gerechtigkeit"[1270] außer Acht.[1271]

Die unterschiedlichen Ansätze auf diese Frage sind zum Teil ähnlich und überlappen sich oder sind miteinander kombinierbar.[1272] Daher bleibt die von Anfang an umstrittene und unklare, rhetorisch motivierte Formulierung ohne ein eindeutiges Auslegungsergebnis.[1273] Letztlich kann der herrschenden Ansicht gefolgt werden, dass angesichts des deutlichen Willens des Verfassungsgesetzgebers nicht geleugnet werden kann, dass der Begriff des Rechts in Art. 20 Abs. 3 GG vom positiven Gesetz zu unterscheiden und als Verweis auf fundamentale Gerechtigkeitsvorstellungen zu verstehen ist.[1274] Darin kann jedoch

---

[1267] *Schnapp*, in: v. Münch/Kunig GG-Kommentar, Bd. 1, 6. Aufl. 2012, Art. 20 GG Rn. 63.
[1268] *Schnapp*, in: v. Münch/Kunig GG-Kommentar, Bd. 1, 6. Aufl. 2012, Art. 20 GG Rn. 63.
[1269] *Maurer/Waldhoff*, Allg. VerwR, 19. Aufl. 2017, § 4 Rn. 34.
[1270] *Schmidt-Aßmann*, in: HStR, Bd. II, 3. Aufl. 2004, § 26 Rn. 41 und *Di Fabio*, in: HStR, Bd. II, 3. Aufl. 2004, § 27 Rn. 26; *Grzeszick*, in: Maunz/Dürig Kommentar GG, Oktober 2019, Art. 20 GG VI. Rn. 66.
[1271] *Sommermann*, in: v. Mangoldt/Klein/Starck, GG Bd. 2, 7. Aufl. 2018, Art. 20 GG Rn. 265.
[1272] *Grzeszick*, in: Maunz/Dürig Kommentar GG, Oktober 2019, Art. 20 GG IV. Rn. 65 mit Verweis auf *Hoffmann*, Das Verhältnis von Gesetz und Recht, 2003, S. 136 ff. m.w.N.
[1273] *Jarass*, in: Jarass/Pieroth-GG-Kommentar, 15. Aufl. 2018, Art. 20 GG Rn. 52; *Huster/Rux*, in: Epping/Hillgruber Beck´scher Online Kommentar GG, 1.12.2019, Art. 20 GG Rn. 169.1. Dies schadet nicht, wenn eine umfassende Rechtsbindung der Exekutive gewährleistet wird und es nicht zu einer Relativierung der Geltung des positiven Rechts durch überpositive Gerechtigkeitsgrundsätze kommt.
[1274] *Stern*, Staatsrecht, Bd. 1, 2. Aufl. 1984, § 20 IV 4, S. 799; so auch *Hoffmann*, Das Verhältnis von Gesetz und Recht, 2003, S. 157 f.; *Schmidt-Aßmann*, in: HStR, Bd. II, 3. Aufl. 2004, § 26 Rn. 41 und *Di Fabio*, in: HStR, Bd. II, 3. Aufl. 2004, § 27 Rn. 26; *Schulze-Fielitz*, in: Dreier/GG-Kommentar, Bd. II, 3. Aufl. 2015, Art. 20 GG Rn. 94 m.w.N.; *Grzeszick*, in: Maunz/Dürig Kommentar GG, Oktober 2019, Art. 20 GG VI. Rn. 66; *Robbers*, in: Bonner Kommentar, Februar 2020, Art. 20 GG Rn. 3338 f. (mit Hinweis darauf, dass der Begriff mehr als nur ein Ap-

keine Ermächtigung zur gesetzesunabhängigen Rechtsanwendung, sondern vielmehr ein Aufruf gesehen werden, im problematischen Fall das positive Recht auf der Grundlage des geltenden Rechts verfassungskonform auszulegen oder verfassungsrechtlich zu kontrollieren.[1275] Im Allgemeinen lässt sich die Aussage treffen, dass die Bindung an Gesetz und Recht die Bindung an die Verfassung und an förmliche Gesetze meint, aber auch alle anderen Rechtsvorschriften, insbesondere Rechtsverordnungen, Satzungen sowie das Gewohnheitsrecht, das unmittelbar anwendbare EU-Recht und das innerstaatlich geltende Völkerrecht erfasst.[1276] Nicht ausgeschlossen ist, dass auch schlichte Parlamentsbeschlüsse als andere Rechtsvorschrift miteingeschlossen sind, wenn sie Rechtssätze enthalten.

**b) Rechtssatzbegriff und der „qualifizierte Parlamentsbeschluss"**
Wenn also Gesetz und Recht nicht das Gleiche sind, beide sich jedoch auf Rechtssätze stützen, gilt zu bestimmen, was ein Rechtssatz ist. Diese Diskussion[1277] kam bereits bei der Bestimmung des Begriffs des Gesetzes auf, wonach zwischen einem Gesetz im formellen und im materiellen Sinne zu unterscheiden ist. Während das formelle Gesetz eine von einem besonders dafür vorgesehenen Organ oder den gesetzgebenden Organen (der Legislative) meist in feierlicher Form erlassene Anordnung meint, ist das materielle Gesetz jede An-

---

pell sei, Rn. 3344). Andere Ansicht, der Hinweis auf das „Recht" in Art. 20 Abs. 3 GG sei lediglich tautologischer Natur: *Gusy*, JuS 1983, 189 (193); *Schnapp*, in: v. Münch/Kunig GG-Kommentar, Bd. 1, 6. Aufl. 2012, Art. 20 GG Rn. 61; *Jarass*, in: Jarass/Pieroth-GG-Kommentar, 15. Aufl. 2018, Art. 20 GG Rn. 52; *Sommermann*, in: v. Mangoldt/Klein/Starck, GG Bd. 2, 7. Aufl. 2018, Art. 20 GG Rn. 266 f.
[1275] *Stern*, Staatsrecht, Bd. 1, 2. Aufl. 1984, § 20 IV 4, S. 799; so auch *Hoffmann*, Das Verhältnis von Gesetz und Recht, 2003, S. 157 f.; *Schmidt-Aßmann*, in: HStR, Bd. II, 3. Aufl. 2004, § 26 Rn. 41 und *Di Fabio*, in: HStR, Bd. II, 3. Aufl. 2004, § 27 Rn. 26; *Schulze-Fielitz*, in: Dreier/GG-Kommentar, Bd. II, 3. Aufl. 2015, Art. 20 GG Rn. 94 m.w.N.; *Grzeszick*, in: Maunz/Dürig Kommentar GG, Oktober 2019, Art. 20 GG VI. Rn. 66; *Robbers*, in: Bonner Kommentar, Februar 2020, Art. 20 GG Rn. 3338 f.
[1276] *Schulze-Fielitz*, in: Dreier/GG-Kommentar, Bd. II, 3. Aufl. 2015, Art. 20 GG Rn. 93 m.w.N; *Jarass*, in: Jarass/Pieroth-GG-Kommentar, 15. Aufl. 2018, Art. 20 GG Rn. 53 mit Verweis auf BVerfGE 78, 214 (227); 112, 1 (24 f.); 120, 248 (269); BVerwGE 74, 241 (248 f.), aber keine Bindung an Richterrecht (BVerfGE 84, 212 (227); BVerfG, Beschl. v. 5.7.2015 – 2 BvR 2292/13 – juris, Rn. 71)); *Grzeszick*, in: Maunz/Dürig Kommentar GG, Oktober 2019, Art. 20 GG VI. Rn. 152 f.; *Huster/Rux*, in: Epping/Hillgruber Beck´scher Online Kommentar GG, 1.12.2019, Art. 20 GG Rn. 169 f.
[1277] Siehe zum Streitstand, *Starck*, Der Gesetzesbegriff des GG, 1970, S. 77 ff.

ordnung einer Rechtsnorm bzw. jeder Rechtssatz, ohne Rücksicht auf den Erzeuger und auf die Gesetzlichkeit (Positivität).[1278] Trotz vielfacher Versuche, die Unterscheidung zwischen Gesetzen im formellen und materiellen Sinne in Einklang zu bringen, bleibt das Problem bis heute erhalten. Dieser Unterscheidung hat an mehreren Stellen im Grundgesetz Eingang gefunden. Zu nennen sind beispielsweise Art. 104 Abs. 1 Satz 1 GG „förmlichen Gesetz", Art. 59 Abs. 2 Satz 1 GG „Form eines Bundesgesetzes" oder Art. 19 Abs. 1 Satz 1 GG „das Gesetz allgemein und nicht nur für den Einzelfall", Art. 5 Abs. 2 GG „allgemeines Gesetz", Art. 4 Abs. 3 Satz 2 GG, Art. 21 Abs. 3 GG „Bundesgesetze".[1279] Auch das BVerfG hat früh erkannt, dass der Gesetzesbegriff im Grundgesetz nicht einheitlich gebraucht wird und dessen Bedeutung im Einzelfall ermittelt werden muss.[1280] Es ist vertretbar, unter Gesetz im Art. 20 Abs. 3 GG nur förmliche Gesetze zu verstehen, ohne in einen Widerspruch mit Art. 97 Abs. 1 GG zu geraten. Bei Art. 20 Abs. 3 GG geht es um das Prinzip, während es bei Art. 97 Abs. 1 GG um die Ausformung für den Regelfall des Rechtsprechens geht, wodurch dem Richter die Berufung auf „Freirecht", „Naturrecht" oder auf subjektiv für Recht Gehaltenes verwehrt wird.[1281] Unter Recht dagegen wird vor allem die generelle Bindung an die verfassungsmäßige Rechtsordnung verstanden, die außerhalb der förmlichen Parlamentsgesetze zunächst die Normen des Grundgesetzes erfasst und im Übrigen auch das primäre und sekundäre Unionsrecht, die allgemeinen Regeln des Völkerrechts sowie das Gewohnheitsrecht einbezieht.[1282] Die Bindung an Recht bedeutet schließlich auch, dass die Organe der vollziehenden Gewalt an alle verfassungs- und gesetzmäßig zustande gekommenen Rechtsnormen, also auch solche der Exekutive selbst (z.B. Rechtsverordnung, Satzung), solange gebunden bleiben, wie diese Normen nicht in dem dafür vorgesehenen Verfahren aufgehoben oder geändert wer-

---

[1278] *Stern*, Staatsrecht, Bd. 2, 1980, § 37 I 3, S. 564 m.w.N.
[1279] Weitere Bsp. siehe *Stern*, Staatsrecht, Bd. 2, 1980, § 37 I 4, S. 567.
[1280] BVerfGE 1, 184 (189). Diese Entsch. wird bestätigt und konkretisiert durch BVerfGE 24, 184 (195 f.), „Das Wort "Bundesgesetz" (oder "Gesetz") hat im Grundgesetz nicht überall dieselbe Bedeutung. Welche Bedeutung das Wort hat, ist jeweils aus dem Zusammenhang, in dem es verwendet wird, aus dem Zusammenhang der Vorschrift mit anderen Bestimmungen der Verfassung sowie aus ihrem Sinn und Zweck zu ermitteln."
[1281] *Stern*, Staatsrecht, Bd. 1, 2. Aufl. 1984, § 20 IV 4, S. 798. Ähnlich auch *Robbers*, in: Bonner Kommentar, Februar 2020, Art. 20 GG Rn. 3353.
[1282] *Sommermann*, in: v. Mangoldt/Klein/Starck, GG Bd. 2, 7. Aufl. 2018, Art. 20 GG Rn. 265.

den.[1283] Damit wird dem Begriff „Recht" eine Auffangfunktion gegenüber dem Gesetz zuerkannt.[1284] Dem folgend ist zu prüfen, ob ein schlichter, insbesondere der „qualifizierte Beschluss", einen Rechtssatz enthält und infolgedessen als Gesetz im materiellen Sinne verstanden werden kann und so unter den Rechtsbegriff des Art. 20 Abs. 3 GG fällt.

### aa) Merkmal: abstrakt-generelle Regelung vs. Einzelfall

Es haben sich viele Rechtssatzbegriffe[1285] entwickelt. Nach einer Auffassung versteht man unter einem materiellen Gesetz eine Rechtsregel, die abstrakt und generell ist, dabei bezieht sich die Generalität auf die Zahl der Betroffenen und die Abstraktheit auf die Zahl der zu regelnden Sachverhalte.[1286] Der Rechtssatz soll also eine allgemeine[1287] Regel sein. Versucht man unter diese Definition die „qualifizierten Parlamentsbeschlüsse" zu subsumieren, so scheitert man bei dem ersten Versuch. Der „qualifizierte Parlamentsbeschluss" hat i.d.R. nur einen Adressaten, nämlich die Exekutivorgane.

Der zu regelnde Sachverhalt, wie beim Streitkräfteeinsatz, ist die Zustimmung zu einem konkreten Einsatz, der bereits in Bezug auf Truppenstärke, Ziele und Ort des Einsatzes präzisiert ist. Damit könnte der „qualifizierte Parlamentsbeschluss" einerseits als eine konkrete und individuelle Entscheidung gesehen werden. Damit würde er einem Verwaltungsakt[1288] ähneln. Andererseits wird der Einsatz in dem Einzelfall nur abstrakt beschrieben, die Einzelheiten der Aus-

---

[1283] *Sommermann*, in: v. Mangoldt/Klein/Starck, GG Bd. 2, 7. Aufl. 2018, Art. 20 GG Rn. 265.

[1284] *Robbers*, in: Bonner Kommentar, Februar 2020, Art. 20 GG Rn. 3337.

[1285] Einen Überblick über die Rechtssatzbegriffe bietet, *Obermeier*, Die schlichten Parlamentsbeschlüsse nach dem Bonner GG, 1965, S. 55 ff.

[1286] Siehe dazu *Jesch*, Gesetz und Verwaltung, Bd. 2, 2. Aufl. 1968, S. 13 f. m.w.N. u.a. *Thoma*, in: HdbDStR, Bd. 2, 1932, § 71 S. 124 f. der noch neben der Allgemeinheit die unmittelbare Berührung der Freiheits- und Eigentumssphäre verlangt. Statt vieler auch *Obermeier*, Die schlichten Parlamentsbeschlüsse nach dem Bonner GG, 1965, S. 66 Fn. 2 m.w.N.

[1287] Von einem generellen Charakter des Gesetzes spricht *Schmitt*, Verfassungslehre, 1928, Nachdruck 7. Aufl. 1989, S. 138 und 151 ff.

[1288] Es gibt einige Unterschiede zu der Handlungsform des Verwaltungsaktes: weder der Antrag der Bundesregierung noch die Zustimmung des Bundestages werden von einer Behörde erlassen; mit der Zustimmung des Bundestages wird der Einsatz autorisiert, nicht aber angeordnet (keine Entscheidung); es fehlt eine endgültige Regelung, weil die Bundesregierung nicht gezwungen ist, den Einsatzbefehl zu erteilen; es fehlt die Außenwirkung, weil der Status des Soldaten nicht berührt wird. Zu diesem siehe genauer *Paulus*, in: Einsatz der Bundeswehr im Ausland, 2007, 81 (98).

führung verbleiben im Konkreten der Befehlsgewalt des Verteidigungsministers (vgl. Art. 65a GG), ebenso ist der Personenkreis, der von dem Einsatz erfasst ist, unbestimmt, also generell gefasst.[1289]

Etwas einfacher ist es von Abstraktheit und Generalität des Sachverhalts bei dem Integrationsveratwortungsbeschluss auszugehen. So gilt z.B. nach § 3 Abs. 3 IntVG, dass für den Fall des Beschlusses nach Art. 42 Abs. 2 UAbs. 1 Satz 2 EUV (Einführung einer gemeinsamen Verteidigung) im ersten Schritt für die Zustimmung des deutschen Vertreters im Europäischen Rat zu einem solchen Beschlussvorschlag ein zustimmender Beschluss des Bundestages ergangen sein muss. Welche Dimension die gemeinsame Verteidigung hat, ist nicht einfach zu bestimmen. Einerseits fallen darunter keine Gegenstände, die sich schon mit dem Inhalt der Beistandspflicht decken und andererseits die, – bereits ohne förmlichen Beschluss schrittweise festlegbare (Abs. 2 S. 1) – die unter „gemeinsame Verteidigungspolitik" fallen.[1290] Mögliche Gegenstände könnten sein, die Etablierung rechtlicher Verpflichtungen der Mitgliedstaaten, sich an militärischen Einsätzen zu beteiligen oder der Aufbau eines eigenständigen, integrierten militärischen Instrumentariums (Kampftruppen und Unterstützungsverbände mit integrierter Kommandostruktur).[1291] Mit dem Beschlussvorschlag wird das Vorhaben festgelegt, nicht aber seine konkrete Umsetzung ins Detail geregelt. Gerade der offene Wortlaut des Art. 42 Abs. 2 UAbs. 1 EUV erfordert die konstitutive Beteiligung des Parlaments in wehrverfassungsrechtlichen Fragen, um den Zugriff des Parlaments auf „Parlamentsherr" abzusichern, und um auf die koordinierte Willensbildung im Europäischen Rat Einfluss zu nehmen.[1292] Dass der Sachverhalt nicht konkret genug ist, wird deutlich, wenn man den Umstand berücksichtigt, dass es noch eine zweite Stufe gibt. Hat der Europäische Rat nämlich einen Beschluss gefasst, so muss dann noch ein Zustimmungsgesetz im Sinne von Art. 23 Abs. 1 GG ergehen.[1293] Damit hat der Zustimmungsbeschluss des Bundestages zu dem Beschlussvorschlag über die Einführung der gemeinsamen Verteidigung einen vorbereitenden Cha-

---

[1289] So auch *Paulus*, in: Einsatz der Bundeswehr im Ausland, 2007, 81 (98).
[1290] *Cremer*, in: Callies/Ruffert EUV/AEUV, 5. Aufl. 2016, Art. 42 EUV Rn. 9 ff.
[1291] *Cremer*, in: Callies/Ruffert EUV/AEUV, 5. Aufl. 2016, Art. 42 EUV Rn. 9 ff.
[1292] *Rathke*, in: Kommentar zu den Lissabon-Begleitgesetzen, 2011, S. 215 Rn. 63.
[1293] Hölscheidt/Menzenbach/Schröder, ZParl 2009, 758 (762).

rakter für die spätere Ratifikation.[1294] Ähnlich verhält es sich bei dem Beschluss nach § 5 und 6 IntVG bzgl. der besonderen Brückenklauseln. Diese erlauben nämlich für konkrete Sachbereiche den Übergang von dem im jeweiligen Regelungsbereich als Regelfall vorgesehenen besonderen zum ordentlichen Rechtsetzungsverfahren nach Art. 294 AEUV mit stärkerer Beteiligung des Europäischen Parlaments (Art. 153 Abs. 2 UAbs. 4, Art. 192 Abs. 2 UAbs. 2, Art. 333 Abs. 2 AEUV) oder den Übergang von der regelmäßig notwendigen Einstimmigkeit zur Entscheidung mit qualifizierter Mehrheit (Art. 31 Abs. 3 EUV, Art. 312 Abs. 2 UAbs. 2, Art. 333 Abs. 1 AEUV).[1295] Mit dem zustimmenden Beschluss des Bundestages wird dem deutschen Vertreter erlaubt, seine Zustimmung zu einer Verfahrenserleichterung abzugeben. Diese wiederum bezieht sich auf verschiedene Bereiche, z.B. Festlegung des mehrjährigen Finanzrahmens, Schutz der Arbeitnehmer und der Umwelt, und dient überwiegend dem schnelleren Erlass von Rechtsakten in diesen Bereichen. Damit ist der von dem Zustimmungsbeschluss des Bundestages erfasste Sachverhalt nur grob umrissen, z.B. Regelungen bzgl. Arbeitslosengeld, -hilfe, Sozialhilfe oder Mutterschutz, Unfall-, Kranken-, Pflegeversicherungehemaliger Arbeitnehmer.[1296] Andererseits kann man argumentieren, dass genau vorgegeben ist, worauf sich der Zustimmungsbeschluss des Bundestages bezieht, nämlich auf Abstimmungsverfahren im konkret bestimmten Bereich, zum bestimmten Zweck. Außerdem beziehen sich die speziellen Brückenklauseln auf Sachbereiche, die durch den Vertrag von Lissabon bereits hinreichend bestimmt sind.[1297] In dem Beschlussvorschlag auf der EU-Ebene geht es um die Normierung von bestimmten Sachverhalten, die von einem zukünftigen Rechtsakt geregelt werden sollen, und die erst durch einen Einzelfall aktualisiert werden müssen. Die konkreten Maßnahmen und ihre Auswirkungen, die aus dem in der Zukunft beschlossenen Rechtsakt resultieren werden, sind nur umrissen. Damit dient der Zustimmungsbeschluss des Bundestages dazu, dass eine abstrakt-generelle Regelung in der Zukunft erst erlassen werden kann.

---

[1294] *Rathke*, in: Kommentar zu den Lissabon-Begleitgesetzen, 2011, S. 215 Rn. 63.
[1295] *Rathke*, in: Kommentar zu den Lissabon-Begleitgesetzen, 2011, S. 232 Rn. 97.
[1296] *Krebber*, in: Callies/Ruffert EUV/AEUV, 5. Aufl. 2016, Art. 153 AEUV Rn. 18 ff.
[1297] BVerfGE 123, 267 (391).

Selbst wenn man dem „qualifizierten Beschluss" nur einen konkreten und individuellen Charakter beimisst, stellt sich jedoch die Frage, ob nicht eine Ausnahme zulässig und damit eine Modifikation der Definition erforderlich ist. So kann es begrifflich möglich ein, dass ein Rechtssatz seiner Bestimmung nach nur einen Adressaten und einen einzigen Tatbestand hat. Mit dem Einzelfallgesetz verbindet den Parlamentsbeschluss das parlamentarische Verfahren, wenn auch kein gesetzgeberisches, und der Umstand, dass der „qualifizierte Parlamentsbeschluss" als Rechtsgrundlage dient. Das sieht man z.B. an der Parlamentszustimmung beim Streitkräfteeinsatz, die eine Ermächtigung für den Verteidigungsminister zur Ausübung seiner Befehls- und Kommandogewalt darstellt.[1298] Da der Streitkräftebeschluss einen spezifischen Einsatz regelt, aber selbst keine konkret-individuellen Anordnungen enthält, sondern die Rechtsgrundlage des jeweiligen Einsatzes ist, kommt er dem Einzelfallgesetz am nächsten.[1299] Berücksichtigt man die Rechtsprechung zu den Maßnahmegesetzen, so muss die geschilderte Rechtssatzdefinition in Bezug auf ihre Eigenschaften der Generalität und Abstraktheit revidiert werden. Zulässig ist nämlich eine Regelung eines Einzelfalles, wenn der Sachverhalt so beschaffen ist, dass es nur einen Fall dieser Art gibt und die Regelung dieser singulären Sachverhalte von sachlichen Gründen getragen wird.[1300] Damit ist die ursprüngliche Definition des Rechtssatzes (abstrakt-generelle Regelung) hinfällig, denn das Gesetz als materieller Rechtssatz ist nicht an inhaltliche Kriterien gebunden und kann generell oder individuell, abstrakt oder konkret, Dauer oder Zeitgesetz, Rechts- oder Maßnahmegesetz sein.[1301] So haben zwar Gesetze und Rechtsverordnungen das Merkmal des generell-abstrakten Charakters gemein. Das erklärt aber nicht die verfassungsrechtlichen Unterschiede bzgl. ihrer Voraussetzungen und Wirkungen, die wegen der unterschiedlichen Beteiligung von Parlament und

---

[1298] *Paulus*, in: Einsatz der Bundeswehr im Ausland, 2007, 81 (99).
[1299] *Paulus*, in: Einsatz der Bundeswehr im Ausland, 2007, 81 (99).
[1300] BVerfGE 13, 225 (228 f.); 25, 371 (396 und 399); 85, 360 (374) sowie BVerfGE 10, 89 (108), "Maßnahmegesetze" sind als solche weder unzulässig noch unterliegen sie einer strengeren verfassungsrechtlichen Prüfung als andere Gesetze." und BVerfGE 121, 30 (49). Von Individualgesetzen geht aus, *Meyer/Anschütz*, Lehrbuch des dt. Staatsrechts, 7. Aufl. 1919, Nachdruck 8. Aufl. 2005, S. 641.
[1301] *Stern*, Staatsrecht, Bd. 2, 1980, § 37 I 4, S. 577 mit Verweis auf *Starck*, Der Gesetzesbegriff des GG, 1970, S. 77 ff.

Regierung gerade entscheidend sind.[1302] Außerdem gibt es eine nicht unbedeutende Anzahl an Lebensverhältnistypen innerhalb einer Gesellschaft, sog. individuelle Verhältnisse, die von einer Rechtsregel nicht erfasst werden können, sei es weil es sie noch nicht gibt, sei es weil sich das betreffende Verhältnis nicht unter sie subsumieren lassen kann oder aber weil die Regel die Eigenart des Verhältnisses nicht ausreichend beachtet und damit ungerecht wäre.[1303] In allen diesen Fällen muss ein Akt der Rechtsetzung vorgenommen werden, denn auch solche Verhältnisse verlangen ihr Recht.[1304] Infolgedessen ist nach weiteren Merkmalen zu suchen, um eine Aussagekraft herbeizuführen, was aber zugleich heißt, dass die Gesetzgebung (bzw. die Rechtssatzregel) nicht mit dem Kriterium der Allgemeinheit abgrenzt werden kann.[1305] Damit ist das Merkmal der Allgemeinheit ein neutrales, aber nicht ein essenzielles Element des Rechtssatzes.[1306] Daher kann auch der „qualifizierte Parlamentsbeschluss" ein Rechtssatz sein.

**bb) Merkmal des Wirkungsbereichs: Staatsinternum**
Bei all den Überlegungen ist auch der Wirkungsbereich des „qualifizierten Parlamentsbeschlusses" zu klären. Er betrifft die Ebene zwischen der Exekutive und der Legislative. So wurde eine Zeit lang der Einwand vorgebracht, dass Verhaltensmaßnahmeregeln als Recht nur zwischen zwei verschiedenen Rechtssubjekten qualifiziert werden können, demnach also Rechtssubjekte untereinander zu einer Einheit verbunden sind und ein einheitliches, geschlossenes Rechtssubjekt, den Staat, darstellen (sog. Impermeabilitätstheorie).[1307] Das hat zur Folge, dass die Normen, die das innere Gefüge des Staates regeln, nicht

---

[1302] *Magiera*, Parlament und Staatsleitung, 1979, S. 199.
[1303] *Jellinek*, Gesetz und Verordnung, 1887, Neudruck 1964, S. 239.
[1304] *Jellinek*, Gesetz und Verordnung, 1887, Neudruck 1964, S. 239.
[1305] *Magiera*, Parlament und Staatsleitung, 1979, S. 199. Das Merkmal der Allgemeinheit wird ebenfalls ausdrücklich von Vertretern der traditionellen Lehre abgelehnt, *Laband*, Staatsrecht, Bd. II, 4. Aufl. 1901, S. 2; *Jellinek*, Gesetz und Verordnung, 1887, Neudruck 1964, S. 238 f. oder *Meyer/Anschütz*, Lehrbuch des dt. Staatsrechts, 7. Aufl. 1919, Nachdruck 8. Aufl. 2005, S. 640.
[1306] *Laband*, Staatsrecht, Bd. II, 4. Aufl. 1901, S. 2.
[1307] So auch *Jellinek*, Gesetz und Verordnung, 1887, Neudruck 1964, S. 240; *Laband*, Staatsrecht Bd. I, 5. Aufl. 1911, Neudruck 1964, S. 181 f.; *Böckenförde*, Gesetz und gesetzgebende Gewalt, 2. Aufl. 1981, S. 234. Zusammenfassend dazu *Obermeier*, Die schlichten Parlamentsbeschlüsse nach dem Bonner GG, 1965, S. 58 f.

dem Recht angehören, sog. Nicht-Rechtssätze, weshalb das gesamte Staatsorganisationsrecht, einschließlich des organisatorischen Verfassungsrechts, sowie überhaupt alle Beziehungen zwischen staatlichen Organen, aus dem Rechtssatzbegriff ausgeklammert werden.[1308] So würde der „qualifizierte Parlamentsbeschluss" kein Rechtssatz sein und ein Staatsinternum regeln. Dieses Verständnis würde aber zu einem rechtsfreien Raum führen. So wird zutreffend im Schrifttum vertreten, dass es eine relativ gesicherte Erkenntnis sei, dass die Zweiteilung vielmehr auf einen je unterschiedlichen Kreis der Rechtsnormadressaten verweise und dazu diene, besondere Geltungsbereiche von Rechtssätzen hervorzuheben.[1309] Damit sind staatliche Organe auch Träger von Rechten und Pflichten, um die ihnen zugewiesenen Funktionen zu erfüllen.[1310] Dabei wird darauf hingewiesen, dass eine Unterscheidung zwischen Rechtssätzen und Nicht-Rechtssätzen unhaltbar sei, vor allem in den Fällen, in denen staatsorganisatorische Regelungen zugleich in den Bereich der Bürger wirken.[1311] Außerdem entstand diese Begriffsbildung in der Zeit der konstitutionellen Monarchie, in der es u.a. darum ging, politische Tendenzen logisch zu rechtfertigen und die Innensphäre des Staates, vor allem das besondere Gewaltverhältnis, der Gestaltungsmöglichkeit des Gesetzgebers durch die Manipulation des Rechtssatzbegriffes zu entziehen.[1312] In einem demokratischen Staat hingegen, entfällt diese Gefahr, sodass es nicht zu rechtfertigen ist, die Regelungen des Staatsinternums der Exekutive vorzubehalten.[1313] Damit gibt es Rechtssätze auch innerhalb des Staatsinternums, insbesondere dann, wenn das Verhältnis von Rechtssubjekten verschiedener Gewalten betroffen ist. Damit lässt sich der „qualifizierte Parlamentsbeschluss" als Rechtssatz unter den Begriff des Rechts von Art. 20 Abs. 3 GG subsumieren.

---

[1308] *Obermeier*, Die schlichten Parlamentsbeschlüsse nach dem Bonner GG, 1965, S. 59 m.w.N.; *Krebs*, Jura 1981, 569 (572 f.).
[1309] *Schnapp*, AöR 105 (1980), 243 (250) m.w.N.; *Krebs*, Jura 1981, 569 (572 f.).
[1310] Genauer dazu *Krebs*, Jura 1981, 569 (573 f.).
[1311] *Magiera*, Parlament und Staatsleitung, 1979, S. 199 m.w.N. Zuvor schon zu den Rechtssatzbegriffen, *Heller*, VVDStRL 4 (1927), 98 (110).
[1312] *Obermeier*, Die schlichten Parlamentsbeschlüsse nach dem Bonner GG, 1965, S. 61.
[1313] *Obermeier*, Die schlichten Parlamentsbeschlüsse nach dem Bonner GG, 1965, S. 61.

cc) Merkmal: Freiheits- und Eigentumsklausel

Eine andere Auffassung orientiert sich an der Freiheits- und Eigentumsklausel. „Denn es ist die Eigenschaft jedes Gesetzes im materiellen Sinne, jeder Rechtsnorm, dass es der Freiheit der Willensbestimmung im allgemeinen und der Eigentumsfreiheit im besonderen Schranken zieht (...). Die Formel trennt, noch anders ausgedrückt, nicht gewisse Rechtsnormen von gewissen andern Rechtsnormen, sondern sie trennt alle Normen, die Rechtsnormen sind, von den Normen, die es nicht sind."[1314] Damit wurde der Rechtssatzbegriff mit der Individualsphäre verknüpft, sodass Eingriffe der Exekutive in diesen Bereichen nur auf gesetzlicher Grundlage ergehen können.[1315] Diese Formel beschreibt den Hauptanwendungsbereich der Gesetzgebung und hat gleichzeitig eine kompetenzzuweisende Funktion.[1316]

Der „qualifizierte Parlamentsbeschluss" über die Streitkräfte betrifft im engeren Sinne lediglich das Verhältnis zwischen zwei Staatsorganen und greift nicht in Eigentum oder Freiheit eines Bürgers ein. Es liegt kein bürgergerichtetes Handeln vor. Damit wäre der Definition nach der „qualifizierte Beschluss" kein Rechtssatz. Ähnlich wie bei der Impermeabilitätstheorie würden aus dem Rechtssatzbegriff die Organisationsnormen herausfallen, die die Einrichtung oder das Verfahren seiner Organe regeln.[1317] Die Theorie erfasst jedoch nicht genau genug den Begriff des Eingriffs und übersieht seine Weiterentwicklungen zum modernen Eingriffsbegriff. Der Streitkräftebeschluss im weiteren Sinne hat erhebliche Auswirkungen auf Leben und Freiheit der Soldaten und Soldatinnen und kann somit durchaus als Rechtssatz verstanden werden. Genauso sieht es bei dem Integrationsverantwortungsbeschluss aus, der z.B. bei den besonderen Brückenklauseln den Weg zum erleichterten Erlass von Rechtsakten ebnet, die dann in die Sphäre der Bürger und Bürgerinnen einwirken (z.B. Arbeitnehmer/-in und Arbeitgeber/-in oder Umweltschutz). Daher leidet diese Freiheits- und

---

[1314] *Meyer/Anschütz,* Lehrbuch des dt. Staatsrechts, 7. Aufl. 1919, Nachdruck 8. Aufl. 2005, S. 657.
[1315] *Busch,* Das Verhältnis des Art. 80 Abs. 1 S. 2 GG zum Gesetzes- und Parlamentsvorbehalt, 1992, S. 87.
[1316] *Krebs,* Vorbehalt des Gesetzes und Grundrechte, 1975, S. 20.
[1317] *Obermeier,* Die schlichten Parlamentsbeschlüsse nach dem Bonner GG, 1965, S. 63.

Eigentumsklausel an einer erheblichen Unschärfe.[1318] Einerseits kann die Klausel sehr weit verstanden werden, sodass aufgrund ihrer Unbestimmtheit im Zweifel ein Rechtssatz vorliegen würde, der die allgemeine Handlungsfreiheit und das gesamte Vermögen sowie alle Regelungen erfassen würde, die auf jegliche Art und Weise diese Güter berühren.[1319] Anderseits aber kann die Klausel auch sehr eng verstanden werden und sich nur auf körperliche Bewegungsfreiheit und das Sacheigentum sowie auf Eingriffe in diese beschränken und damit nicht mal alle Bestimmungen des Strafrechts oder Zivilrechts erfassen.[1320] So oder so bleibt eine Angrenzung des Rechtssatzbegriffs weiterhin im Ungewissen. Diese Theorie hängt eng zusammen mit dem Verständnis des Vorbehalts des Gesetzes, insofern wird auf die vorherigen Ausführungen verwiesen.[1321]

Zu kritisieren ist, dass damit zwei Begriffe miteinander vermengt werden. Die spätkonstitutionelle Staatslehre verwendete die Freiheits- und Eigentumsklausel ursprünglich zur Umschreibung des Vorbehalts des Gesetzes.[1322] Die Formel ist zur Bestimmung des Rechtssatzbegriffs ungeeignet, weil sie den Rechtssatzbegriff umschreibt, nicht aber zu seiner Einschränkung oder Teilung dient.[1323] Die Eigentums- und Freiheitsformel orientierte sich an rechtsstaatlichen, der spezifischen Begrenzung der Aufgaben des liberalen Staates ausgerichteten Komponenten, die heute nicht mehr zeitgemäß sind und nunmehr einen Teil-

---

[1318] *Böckenförde*, Gesetz und gesetzgebende Gewalt, 2. Aufl. 1981, S. 75 und S. 271. So auch *Magiera*, Parlament und Staatsleitung, 1979, S. 200 mit Verweis auf *Krebs*, Vorbehalt des Gesetzes und Grundrechte, 1975, S. 17 ff.
[1319] In die Richtung auch *Forsthoff*, DVBl. 1957, 724 (725), der Gesetzesbegriff entspreche nicht mehr der Realität und sei nicht nur für Eingriffe vorbehalten, sondern erfasse auch Leistungen des Staates. Ferner *Magiera*, Parlament und Staatsleitung, 1979, S. 200 mit Verweis auf *Jesch*, Gesetz und Verwaltung, Bd. 2, 2. Aufl. 1968, S. 129 bis 132 (Begriff von Freiheit der Person und des Eigentums) und S. 143 bis 146, wo auf die Ungenauigkeit der Formel hingewiesen wird, nur Eingriffsnormen zu erfassen sei zu wenig, alle allg. Anordnungen sollen erfasst werden, ganz gleich, ob es sich um Eingriffe, Belastungen oder Schmälerungen der Rechtsstellung, um Begünstigungen und Verbesserungen der Rechtsstellung, um nähere Erläuterungen und Wiederholungen oder Begriffsbestimmungen etc. handele.
[1320] *Obermeier*, Die schlichten Parlamentsbeschlüsse nach dem Bonner GG, 1965, S. 64.
[1321] Siehe dazu in Teil 2 I. 2., 3. und 4. d).
[1322] *Obermeier*, Die schlichten Parlamentsbeschlüsse nach dem Bonner GG, 1965, S. 63 m.w.N. u.a. auf *Heller*, VVDStRL 4 (1927), 98 (124).
[1323] *Obermeier*, Die schlichten Parlamentsbeschlüsse nach dem Bonner GG, 1965, S. 63 m.w.N. u.a. auf *Heller*, VVDStRL 4 (1927), 98 (124) mit der Aussage „Der Rechtssatzcharakter sagt aber über den Vorbehalt des Gesetzes gar nichts aus."

bereich der sozialstaatlichen Wirklichkeit erfassen.[1324] Damit bedarf die Formel der Anpassung an die neuen Staatsaufgaben.[1325] Es geht nicht mehr vorwiegend um die Verteidigung und den Schutz des Eigentums und der Freiheit des Einzelnen gegenüber dem Staat, sondern um die Rolle der Volksvertretung in der Demokratie, die Themen über die Freiheits- und Eigentumsklausel hinaus betreffen.[1326]

### dd) Weitere zu berücksichtigende Elemente

Weitere Bedenken kommen auch auf, wenn man das Zustandekommen des „qualifizierten Beschlusses" betrachtet. Beim Streitkräftebeschluss rückt ausschließlich die Bundesregierung an den Bundestag heran, um die Zustimmung einzuholen. Allerdings liegt auch bei einem förmlichen Gesetz die Gesetzesinitiative nicht nur bei dem Bundestag, vgl. Art. 76 Abs. 1 GG. Es gibt mehrere Berechtigte, darunter die Bundesregierung, die, gemessen an der Zahl der Initiativen, sogar die häufigsten Gesetzesinitiativen des Bundes einbringt.[1327] Ebenso wenig kann der Inhalt des Beschlusses angezweifelt werden. Auch Art. 76 GG sagt nichts zu dem Inhalt der förmlichen Gesetzesvorlagen aus.[1328] Eine Vorlage, vgl. § 75 Abs. 1a GOBT, setzt aber voraus, dass sie als der urkundlich festgelegte Entwurf des Gesetzes im Blick auf Demokratie- und Rechtsstaatsprinzip, einen verständlichen, schriftlich fixierten, auf ein Erst- oder Änderungsgesetz gerichteten und endgültig gemeinten beschlussfreien Textvorschlag darstellt, der sich als Gegenstand eines Gesetzesbeschlusses des Bundestages eignet.[1329] Diese Anforderungen werden durch die „qualifizierten Parlamentsbeschlüsse", wie z.B. durch Streitkräftebeschluss oder Integrationsverantwortungsbeschluss, gleichsam eingehalten.

---

[1324] *Mössle*, Regierungsfunktionen, 1986, S. 140.
[1325] *Mössle*, Regierungsfunktionen, 1986, S. 140.
[1326] So *Mössle*, Regierungsfunktionen, 1986, S. 140.
[1327] *Wolff*, in: Hömig/Wolff Handkommentar GG, 12. Aufl. 2018, Art. 76 GG Rn. 5; genauer dazu *Masing/Risse*, in: v. Mangoldt/Klein/Starck, GG Bd. 2, 7. Aufl. 2018, Art. 76 GG Rn. 23 mit zahlreichen Nachweisen in den einzelnen Wahlperioden (bis einschließlich der 17. Wahlperiode) Rn. 26 f.
[1328] *Wolff*, in: Hömig/Wolff Handkommentar GG, 12. Aufl. 2018, Art. 76 GG Rn. 6.
[1329] *Wolff*, in: Hömig/Wolff Handkommentar GG, 12. Aufl. 2018, Art. 76 GG Rn. 6; genauer dazu *Masing/Risse*, in: v. Mangoldt/Klein/Starck, GG Bd. 2, 7. Aufl. 2018, Art. 76 GG Rn. 68 ff.

### ee) Moderne Rechtssatzdefinition

Keiner der vorgestellten Ansätze zum Rechtssatzbegriff führt zu seiner eindeutigen und in sich widerspruchsfreien Bestimmung.[1330] Denn weder erweist sich das von seiner Form isolierte materielle Gesetz noch das von seinem Inhalt gelöste formelle Gesetz als geeignet, den Bereich des Gesetzes und die Zuständigkeit zum Erlass von Gesetzen innerhalb der verfassungsrechtlichen Kompetenzordnung zu bestimmen.[1331] Folgt man nun dem modernen Ansatz des Rechtssatzbegriffes, so versteht man darunter jede sprachlich objektivierte Verhaltenserwartung mit Verbindlichkeitsanspruch (und zwar unabhängig davon, ob sie sich auf Bereiche des staatlichen Internums bezieht oder nicht, ob sie allgemein formuliert ist oder nicht).[1332] Der Gesetzesbegriff selbst gibt keine Antwort auf die Frage, wann ein formelles und wann ein materielles Gesetz erforderlich ist. Im Zusammenhang mit dem Parlamentsvorbehalt stellt sich keine Frage mehr, wann das Parlament durch Gesetz handeln muss, sondern ob auch andere Rechtssätze, die vom Parlament erlassen werden, den Erfordernissen des Gesetzes genügen.

Der „qualifizierte Parlamentsbeschluss" ist verbindlich für die Exekutive und enthält eine Regelung. Beispielsweise bei dem Streitkräftebeschluss regelt er die Zustimmung zu dem konkreten Einsatz mit Mitspracherecht bzgl. des Umfangs und Dauer des Einsatzes, die von der parlamentarischen Autorität getragen wird. Bei dem Beschluss nach § 3 Abs. 3 IntVG wird gerade eine Einflussmöglichkeit des Parlaments auf die Willensbildung im Europäischen Rat eröffnet, denn ohne die Zustimmung ist das Vorhaben einer gemeinsa-

---

[1330] So auch *Magiera*, Parlament und Staatsleitung, 1979, S. 188 bis 195 (Versagen des formellen Gesetzesbegriffs) und S. 195 bis 205 (Versagen des materiellen Gesetzesbegriffs) m.w.N. Ferner setzt er sich mit anderen Ansichten zum Rechtssatzbegriff („allgemeine Regel" oder „Freiheit und Eigentum-Klausel") auseinander und kommt zum Ergebnis, dass die Unterscheidung zwischen formellen und materiellen Gesetzen ungeeignet sei, den Rechtssatzbegriff zu bestimmen, S. 201. Ebenfalls hat bereits *Heller* sich mit den drei Rechtssatzbegriffen (Allgemeinheit, Rechtssätze-Nichtrechtssätze, Eingriffe in Freiheit und Eigentum) beschäftigt und kam zum Ergebnis, dass sich alle drei als eine willkürliche Einschränkung eines theoretisch haltbaren Rechtssatzbegriffs erweisen, *Heller*, VVDStRL 4 (1927), 98 (110).
[1331] *Magiera*, Parlament und Staatsleitung, 1979, S. 205.
[1332] *Schnapp*, AöR 105 (1980), 243 (250) mit Verweis auf *Meyer-Cording*, Die Rechtsnormen, 1971, S. 6 f. und 19 und *Henkel*, Einführung in die Rechtsphilosophie, 1977, S. 46 ff.; ebenfalls *Krebs*, Jura 1981, 569 (572 f.).

men Verteidigung der Union von dem deutschen Vertreter im Europäischen Rat abzulehnen. Damit scheitert das Vorhaben insgesamt, weil für das Zustandekommen von Beschlüssen im Europäischen Rat Einstimmigkeit erforderlich ist.[1333] Ob andere Rechtssätze dem Erfordernis des Gesetzes genügen, hängt von der Auslegung der verfassungsrechtlichen Vorschriften, in denen entweder der Begriff ausdrücklich verwendet wird oder ohne ausdrückliche Vorgabe nach Sinn und Regelungszusammenhang herauszufinden ist, ob eine Regelung durch Parlamentsgesetz verlangt wird oder nicht.[1334] Gerade die ungeschriebenen Fälle der „qualifizierten Parlamentsbeschlüsse" stellen den Fall einer Regelung dar, die aus den Verfassungsbestimmungen hergeleitet wird. In diesen Fällen ist ein Parlamentsgesetz nicht erforderlich, stattdessen aber ist ein Parlamentsbeschluss als Rechtssatz ausreichend. Die Einzelfallbezogenheit dieser Beschlüsse widerspricht nicht der zu Beginn dargestellten Rechtssatzdefinition einer abstrakt-generellen Regelung und ihre Zulässigkeit ist mit dem Grundgesetz vereinbar.

### c) Rangordnung der „qualifizierten Parlamentsbeschlüsse"

Der Vorrang des Gesetzes wirkt sich dort aus, wo ein Widerspruch zwischen dem Gesetz und der Willensäußerung niederen Ranges besteht.[1335] Als Willensäußerung niederen Ranges sind verschiedene Erscheinungsformen denkbar, z.B. Rechtsverordnungen, Satzungen, Verwaltungsvorschriften, Allgemeinentscheidungen und Einzelentscheidungen der Verwaltung oder auch Entscheidungen und Anordnungen der Rechtsprechung.[1336] Das hängt damit zusammen, dass in der parlamentarischen Demokratie die förmlichen Gesetze vom dem Staatsorgan erlassen werden, das sich als einziger auf ein unmittelbares Mandat des Staatsvolkes berufen kann.[1337] Damit steht das Parlament in der Stufen-

---

[1333] Hölscheidt/Menzenbach/Schröder, ZParl 2009, 758 (762).
[1334] Stern, Staatsrecht, Bd. 2, 1980, § 37 I 4, S. 570.
[1335] Ossenbühl, in: HStR, Bd. V, 3. Aufl. 2007, § 101 Rn. 9 mit Verweis auf BVerfGE 40, 237 (247).
[1336] Ossenbühl, in: HStR, Bd. V, 3. Aufl. 2007, § 101 Rn. 9.
[1337] Grzeszick, in: Maunz/Dürig Kommentar GG, Oktober 2019, Art. 20 GG VI. Rn. 72 m.w.N., der darauf hinweist, dass der Vorrang des Gesetzes aber auch für die Ergebnisse solcher Gesetzgebungsverfahren gelte, an denen das Parlament ausnahmsweise nicht oder jedenfalls nicht als Ganzes beteiligt sei, also für die im Gesetzgebungsnotstand nach Art. 81 GG und die in der Notstandsgesetzgebung nach Art. 115e GG erlassenen Gesetze, nicht aber für weitere, nur materielle Gesetze.

leiter dem Volkswillen näher, was den Vorrang von parlamentarischen Akten rechtfertigt.[1338]

Mit der Anerkennung, dass der „qualifizierte Parlamentsbeschluss" ein Rechtssatz mit unmittelbarer Rechtsverbindlichkeit ist, könnte er im gewissen Umfang an dem in Art. 20 Abs. 3 GG verankerten Grundsatz des Vorrangs des Gesetzes teilhaben. Das bringt ein neues Problem mit sich. Es kommt zu einem unauflösbaren Konflikt mit der vom Grundgesetz vorgesehenen Normtypik und -hierarchie.[1339] Der „qualifizierte Parlamentsbeschluss" muss sich normhierarchisch einordnen lassen. Als ein Rechtsakt des Parlaments würde er eine Rechtsposition zwischen dem formellen Gesetz und einer Rechtsverordnung oder Satzung einnehmen können oder aber vielleicht sogar mit dem förmlichen Gesetz auf einer Stufe stehen. Die bisherige überwiegende Auffassung ging von der Unverbindlichkeit der schlichten Parlamentsbeschlüsse aus, weshalb das Problem nur am Rande angesprochen wurde, und zwar als ein weiterer Grund, um ihnen die Verbindlichkeit abzusprechen.[1340] Das ist nicht mehr haltbar, weil feststeht, dass es schlichte rechtsverbindliche Parlamentsbeschlüsse gibt, sog. „qualifizierte Parlamentsbeschlüsse".

Grundsätzlich kommt der Vorrang des Gesetzes in dem Verhältnis des Parlamentsgesetzes zur gesetzesausführenden vollziehenden Gewalt zum Vorschein.[1341] Gemeint ist damit, dass bestehende formelle Gesetze nicht durch eine Rechtsverordnung und Satzung verdrängt oder ersetzt werden können oder, allgemein ausgedrückt, die von der Exekutive erlassenen Normen nicht

---

[1338] *Butzer*, AöR 119 (1994), 61 (97).

[1339] *Busch*, Das Verhältnis des Art. 80 Abs. 1 S. 2 GG zum Gesetzes- und Parlamentsvorbehalt, 1992, S. 72.

[1340] Siehe etwa *Lerche*, NJW 1961, 1758 (1759 f.); *Sellmann*, Der schlichte Parlamentsbeschluss, 1966, S. 140; *Busch*, Das Verhältnis des Art. 80 Abs. 1 S. 2 GG zum Gesetzes- und Parlamentsvorbehalt, 1992, S. 72. Letzterer stützt sich auf einen Beschluss des BayVGH v. 6.7.1988, in dem es heißt: „Aus dem Grundsatz der formellen rechtsstaatlichen Gesetzesmäßigkeit des Art. 20 Abs. 3 GG folgt der Vorbehalt des Gesetzes und nicht etwa auch der Vorbehalt der Zustimmungsbeschlüsse. Das Grundgesetz kennt weder gesetzesgleiche Beschlüsse des Bundestages (vgl. Art. 59 Abs. 2 S. 1 GG) noch lässt es solche der Länderparlamente zu. Eine zusätzliche Kategorie parlamentarischen Gesetzesrechts neben dem förmlichen Gesetz ist nach Bundesrecht ausgeschlossen." BayVGH, BayVBl. 1988, 685 (690).

[1341] *Staupe*, Parlamentsvorbehalt und Delegationsbefugnis, 1986, S. 229.

gegen die höherrangingen Normen verstoßen dürfen.[1342] Diese Rangordnung folgt aber nicht unmittelbar aus Art. 20 Abs. 3 GG.[1343] Würde man nur das jeweils handelnde Staatsorgan in Blick nehmen und die Art der Maßnahme außer Acht lassen, so könnte jede Tätigkeit der Exekutivorgane zur vollziehenden Gewalt gezählt werden und zwar unabhängig davon, wie sie materiell oder funktionell zu qualifizieren ist.[1344] Damit wäre z.B. der Erlass von Rechtsverordnungen der Exekutive zuzurechnen. Anders ist es aber, wenn man bei der Interpretation von Art. 20 Abs. 3 GG auf die Staatsfunktionen und nicht allein auf das handelnde Organ abstellt.[1345] Dann wäre der Erlass von Rechtsverordnungen bei funktioneller Betrachtungsweise als Rechtsetzung und infolgedessen als Gesetzgebung im Sinne von Art. 20 Abs. 3 GG anzusehen.[1346] Welche Betrachtungsweise nun herangezogen werden soll, kann bei Rechtsverordnungen dahinstehen, weil sich der Vorrang des Parlamentsgesetzes durch funktionelle Interpretation aus Art. 80 Abs. 1 GG ergibt.[1347] Bei der Einordnung des „qualifizierten Parlamentsbeschlusses" ist das jedoch nicht geklärt, sodass sowohl auf das handelnde Organ als auch die Funktion und Art der Beschlusses abgestellt werden kann und andere ihn betreffende Vorschriften Berücksichtigung finden müssen.

Der „qualifizierte Parlamentsbeschluss" wird von dem Bundestag als Organ der Legislative beschlossen. Ferner lässt sich durch das Fallenlassen solcher Kriterien, wie die der abstrakt-generellen Regelung oder der Impermeablität sowie der Eigentums- und Freiheitsklausel, eine Vielzahl an Rechtssätzen bilden, die als Gesetz im materiellen Sinn subsumiert werden können, darunter auch der Beschluss. Funktionell gesehen zählt der „qualifizierte Parlamentsbeschluss" zur Gesetzgebung, woraus eine Bindung an die verfassungsmäßige Ordnung folgt (Art. 20 Abs. 3 Halbsatz 1 GG). Aus Art. 20 Abs. 3 Halbsatz 2 GG ergibt sich die Bindung der Exekutive und Judikative zuvörderst an das formelle Gesetz,

---

[1342] *Robbers*, in: Bonner Kommentar, Februar 2020, Art. 20 GG Rn. 3357; so auch *Jarass*, in: Jarass/Pieroth-GG-Kommentar, 15. Aufl. 2018, Art. 20 GG Rn. 54.
[1343] *Robbers*, in: Bonner Kommentar, Februar 2020, Art. 20 GG Rn. 3357.
[1344] *Staupe*, Parlamentsvorbehalt und Delegationsbefugnis, 1986, S. 229.
[1345] *Staupe*, Parlamentsvorbehalt und Delegationsbefugnis, 1986, S. 229.
[1346] *Staupe*, Parlamentsvorbehalt und Delegationsbefugnis, 1986, S. 229.
[1347] *Staupe*, Parlamentsvorbehalt und Delegationsbefugnis, 1986, S. 229; *Robbers*, in: Bonner Kommentar, Februar 2020, Art. 20 GG Rn. 3357.

das allen anderen Hoheitsakten im Rang vorgeht, solange es seinerseits gültig ist, also nicht gegen höherrangiges Recht, wie das Grundgesetz, verstößt.[1348]

Der „qualifizierte Beschluss" ist kein formelles Gesetz, demzufolge auch kein höherrangiges Recht, an das die Exekutive und Judikative sich halten müssten. Sie hätten demnach keine Teilhabe an dem Vorrang des Gesetzes i.S.d. Art. 20 Abs. 3 GG. Andererseits aber sind die „qualifizierten Beschlüsse", z.B. der über die Streitkräfte oder zur Integrationsverantwortung, solche die unmittelbar aus der Verfassung hergeleitet werden. Der Vorrang der Verfassung ergibt sich für die Legislative aus Art. 20 Abs. 3 Halbsatz 1 GG und Art. 20 Abs. 2 GG und Art. 38 GG, für die Exekutive und Judikative aus Art. 20 Abs. 3 Halbsatz 2, wenn man vom dem Merkmal Gesetz auch die Verfassung als umfasst sieht, oder aus einem Erst-recht-Schluss zu Art. 20 Abs. 3 Halbsatz 1 GG oder aus Art. 1 Abs. 3 GG.[1349] Demnach sind diese Beispiele von „qualifizierten Beschlüssen" zu beachten und binden die Exekutive, weil sie an sie gerichtet sind und eine grundgesetzliche Grundlage haben. Stellt man wiederum auf die gesetzlichen Ermächtigungsnormen i.S.v. Art. 80 GG ab, die ein Mitwirkungsrecht des Bundestages vorsehen, z.B. Zustimmungsvorbehalt, so ist die Rechtsgrundlage für diesen Beschluss ein Parlamentsgesetz, das seinerseits vom Vorrang des Gesetzes i.S.d. Art. 20 Abs. 3 Halbsatz 2 GG teilnimmt. Demnach kann sich die Exekutive auch nicht über diesen Beschluss hinwegsetzen, weil sie dann gegen höherrangiges Recht verstoßen würde. Das erklärt jedoch nicht das Rangverhältnis der „qualifizierten Beschlüsse" an sich zu den anderen Rechtsakten wie formellen Gesetzen, Rechtsverordnungen oder Satzungen, weil sie selbst eben nicht in der Verfassung niedergeschrieben sind bzw. nicht als formelles Gesetz ergehen.

Art. 20 Abs. 3 GG ist auf eine rangmäßige Abstufung angelegt, sodass daraus zum einen die Bindung des Gesetzgebers an die Verfassung (vgl. Art. 20 Abs. 2 i.V.m. Art. 38 GG) und zum anderen die Bindung der Exekutive an die Parlamentsgesetze folgt.[1350] So findet er grundsätzlich Anwendung auf Rechtsformtypen, die zwischen dem Verfassungsgeber und dem Gesetzgeber bzw. der

---

[1348] *Windthorst*, in: Studienkommentar GG, 3. Aufl. 2017, Art. 20 GG Rn. 121.
[1349] *Windthorst*, in: Studienkommentar GG, 3. Aufl. 2017, Art. 20 GG Rn. 116.
[1350] *Sommermann*, in: v. Mangoldt/Klein/Starck, GG Bd. 2, 7. Aufl. 2018, Art. 20 GG Rn. 264.

Exekutive und Legislative erlassen werden. Viel schwieriger ist er auf Rechtsformtypen einen und derselben Gewalt anzuwenden, wie hier des Parlaments. Eine ähnliche Überlegung findet bei Rechtsakten der Exekutive statt, z.B. Rechtsverordnung und Satzung. Geht man davon aus, dass das Merkmal des Gesetzes auch materielle Normen erfasst (z.B. Satzung, Rechtsverordnung),[1351] so bedeutet das, dass auch in den Fällen, in denen das Recht, das unmittelbar im Range unter der materiellen Norm steht, z.B. ein Verwaltungsakt, mit der materiellen Norm vereinbar sein müsste.[1352] Die notwendige Bedingung dafür ist, dass die materielle Norm ihrerseits nicht gegen höherrangiges Gesetz verstößt. So nehmen zwar die exekutiven Formen wie die Rechtsverordnung oder Satzung nicht an dem Vorrang des Gesetzes teil, werden aber wegen des Regelungszwecks des Art. 20 Abs. 3 GG (Bindung des staatlichen Handelns an bestehende Normen, um die Rechtsstaatlichkeit und Rechtsförmigkeit des staatlichen Verhaltens zu sichern und dem Bürger und der Bürgerin Vorhersehbarkeit und Sicherheit hinsichtlich des Verfahrens der staatlichen Organe zu gewährleisten) miteinbezogen, wenn sie unmittelbare Außenwirkung haben.[1353] Ihre Bindungs- und Rangwirkung richtet sich aber nach den differenzierten Regeln des einfachen Rechts über die Bestandskraft und den Rang exekutiver Rechtsakte.[1354] Wenn man das auf die „qualifizierten Beschlüsse" überträgt, bedeutet das, dass sie auch nicht am Vorrang des Gesetzes teilhaben, aber vom Regelungszweck insofern erfasst sind, dass wenn die „qualifizierten Beschlüsse" ihre Rechtsgrundlage in der Verfassung haben, sie mit der Verfassung, falls sie ihre Rechtsgrundlage im einfachen Gesetz haben, sie mit diesem vereinbar sein müssten. Auch hier ist ein gestufter Vorrang unter Berücksichtigung der jeweiligen Rechtsgrundlage anzunehmen. Unklar bleibt aber z.B. welche Auswirkungen ein Verstoß eines Parlamentsgesetzes oder einer Rechtsverordnung gegen einen „qualifizierten Beschluss" haben, vor allem dann, wenn sie inhaltlich denselben Gegenstand wie der „qualifizierte Beschluss" anders regeln.

---

[1351] *Grzeszick*, in: Maunz/Dürig Kommentar GG, Oktober 2019, Art. 20 GG VI. Rn. 62. Ausdrücklich dagegen *Schmidt-Aßmann*, in: HStR, Bd. II, 3. Aufl. 2004, § 26 Rn. 37 f.; *Sommermann*, in: v. Mangoldt/Klein/Starck, GG Bd. 2, 7. Aufl. 2018, Art. 20 GG Rn. 263 f.
[1352] *Windthorst*, in: Studienkommentar GG, 3. Aufl. 2017, Art. 20 GG Rn. 121.
[1353] *Grzeszick*, in: Maunz/Dürig Kommentar GG, Oktober 2019, Art. 20 GG VI. Rn. 62.
[1354] *Schmidt-Aßmann*, in: HStR, Bd. II, 3. Aufl. 2004, § 26 Rn. 38; *Grzeszick*, in: Maunz/Dürig Kommentar GG, Oktober 2019, Art. 20 GG VI. Rn. 61 f.

Festzuhalten ist, dass Art. 20 Abs. 3 GG eine in einzelnen Facetten durchgearbeitete Hierarchie[1355] an Normen nicht hergibt und es sonst keine Norm im Grundgesetz gibt, die das Verhältnis des schlichten Parlamentsbeschlusses zu einem förmlichen Gesetz ausdrücklich regelt.[1356] Wenn aber kein Anwendungsvorrang des förmlichen Gesetzes zu dem schlichten Parlamentsgesetz angeordnet ist, kann auch nicht behauptet werden, dass in diesem Verhältnis grundsätzlich das formelle Gesetz Vorrang vor dem Beschluss hat.

Ferner kommt ein weiteres Problem hinzu. Denn die Frage des Rangverhältnisses wird relevant und erfordert eine Klärung, wenn eine Situation entsteht, in der es zu einer Kollision zwischen dem schlichten Parlamentsbeschluss und dem förmlichen Gesetz kommen würde. Von einer Kollision ist dann auszugehen, wenn beide Vorschriften auf denselben Sachverhalt anwendbar sind und miteinander unvereinbare Rechtsfolgen anordnen.[1357] Damit geht das Postulat der Vermeidung der Widersprüchlichkeit der Rechtsordnung[1358] einher. Gemeint ist damit, die aus dem Rechtsstaatsprinzip hergeleitete Pflicht, dass alle rechtsetzenden Organe, ihre Regelungen jeweils so aufeinander abstimmen, dass den Normadressaten nicht gegenläufige Regelungen erreichen, die die Rechtsordnung widersprüchlich machen.[1359]

Das Rangverhältnis gewinnt erhebliche Bedeutung in den Fällen, in denen ein „qualifizierter", nicht bürgergerichter Parlamentsbeschluss eine Änderung, Anpassung oder Aufhebung eines förmlichen Gesetzes anordnen würde. Hier stellt sich zum einen die Frage, ob ein „qualifizierter Parlamentsbeschluss" solche Anordnungen inhaltlich treffen kann, weil zumindest bei inhaltlichen Modifikationen von förmlichen Gesetzen grundsätzlich das förmliche Verfahren erforderlich wäre. Zudem stellt sich die Frage, ob damit Gleichstufigkeit zwischen den beiden Formen herrscht und infolgedessen die traditionellen Kollisionsregeln, u.a. vom Vorrang des lex specialis oder lex posterior bzw. lex superior,

---

[1355] *Robbers*, in: Bonner Kommentar, Februar 2020, Art. 20 GG Rn. 3357.
[1356] So auch *Butzer*, AöR 119 (1994), 61 (99) mit Hinweisen zu weiterführenden Kollisionsproblemen.
[1357] v. *Coelln*, in: Studienkommentar GG, 3. Aufl. 2017, Art. 31 GG Rn. 5.
[1358] „Grundsatz der Widerspruchsfreiheit der Rechtsordnung", BVerfGE 116, 164 (186 f.).
[1359] BVerfGE 98, 106 (118 f.).

Anwendung finden würden. Damit steht der Rechtsanwender wieder vor der Wahl, welche Regelung maßgeblich sein soll.

### aa) Der schlichte Parlamentsbeschluss als Rechtsquelle

Um die aufgeworfenen Fragen beantworten zu können, ist vorerst zu klären, wie die Rechtsquellenhierarchie vom geschriebenen Recht zu verstehen ist und wie die zusammentreffenden Rechtssätze im Allgemeinen koordiniert werden können. Sinn und Zweck von der Rangordnung von Rechtssätzen ist, dass die Vielzahl an bestehenden Rechtsnormen, die sowohl von den Staatsbürgern und Staatsbürgerinnen als auch von den Staatsorganen zu befolgen sind, in eine systematische Ordnung gebracht werden müssen.[1360] Auf diese Weise wird ein Überblick über den gesamten Normbestand gewährleistet und eine Lösung von Normwidersprüchen angeboten.[1361] Das wiederum dient der Gewährleistung von Rechtssicherheit und Vertrauen. Die Rangordnung der Rechtsnormen orientiert sich, wie bereits oben festgestellt, vor allem an den Normgebern, kann aber auch den Entstehungsgrund und Funktion des Rechtssatzes berücksichtigen. Die „qualifizierten Parlamentsbeschlüsse" betreffen die geschriebenen Rechtsquellen, insbesondere den Rechtskreis des Bundesrechts. Dieses setzt sich zusammen, aus dem Grundgesetz, das als Verfassung die Grundlage der gesamten Staats- und Rechtsordnung erfasst, aus den (formellen) Gesetzen, die vom Parlament unter Mitwirkung des Bundesrates verabschiedet werden, aus den Rechtsverordnungen, die von den Exekutivorganen des Bundes (Bundesregierung, Bundesminister, Verwaltungsbehörden des Bundes) nach Maßgabe des Art. 80 GG erlassen werden, und aus Satzungen, die von Organen der dem Bund zuzuordnenden juristischen Personen des öffentlichen Rechts (rechtsfähige Körperschaften, Anstalten und Stiftungen des öffentlichen Rechts) erlassen werden.[1362] Die Aufzählung bildet verkürzt das Stufenverhältnis ab, ist aber nicht vollständig, weil es keinen numerus clausus an Rechtsquellen gibt.[1363] Einen ausdrücklichen Verfassungsvorbehalt für Form und Verfahren der Rechtsetzung enthält das Grundgesetz nicht, sodass der Gesetzgeber Freiheit in der

---

[1360] *Maurer*, Staatsrecht I, 6. Aufl. 2010, § 17 Rn. 17.
[1361] *Maurer*, Staatsrecht I, 6. Aufl. 2010, § 17 Rn. 17.
[1362] *Maurer*, Staatsrecht I, 6. Aufl. 2010, § 17 Rn. 20.
[1363] *Reimer*, Juristische Methodenlehre, 2016, Rn. 182 mit Verweis auf *Kaltenborn*, Rechtstheorie 34 (2003), 459 (477 ff.).

Gestaltung der Rechtsetzungsformen besitzt, also den überkommenen Kanon der klassischen Rechtsquellen (Gesetze, Rechtsverordnungen, Satzungen) durch neuartige Rechtsetzungsverfahren ergänzen und anreichern kann.[1364] Dabei wird eine veränderte Rechtsetzungsform nicht als Novum verstanden, sondern als Variante einer herkömmlichen klassischen Rechtsetzungsform betrachtet und für zulässig erachtet, wenn sie den verfassungsrechtlichen Anforderungen demokratischer Legitimation genügen (Prüfungsmaßstab ist nicht der bekannte Kanon an Rechtsetzungsformen, sondern Legitimationsmuster).[1365] Daher kann der schlichte Parlamentsbeschluss eine weitere Kategorie des parlamentarischen Gesetzesrechts neben oder unter formellen Gesetzen darstellen.

In diesem Zusammenhang stellt sich die Problematik der Rechtsquellenlehre, also wonach genau sich die Staatsgewalten richten müssen bzw. was als Recht akzeptiert und angewendet werden kann. Die Rechtsquellenlehre beschäftigt sich mit den Entstehungsgründen bzw. Erkenntniskriterien verbindlicher Rechtssätze, um sie alle zu erfassen und eine Grundlage für eine rechtmäßige Entscheidung zu schaffen.[1366]

Es lassen sich zwei Rechtsquellenbegriffe unterscheiden. Der weitere Begriff der Rechtsquelle ist soziologisch orientiert. Demnach erfasst eine Rechtsquelle alle Einflussfaktoren, die das objektive Recht maßgeblich prägen.[1367] Erfasst werden davon etwa die rechtswissenschaftliche Literatur („Juristenrecht"), die Exekutive (z.B. „Verwaltungsübung"), die Gerichtspraxis („ständige Rechtsprechung"), die Volksanschauung („allgemeines Rechtsbewusstsein", wie Medienberichte, die öffentliche Meinung aber auch das Bestechungsgeld).[1368] Davon zu unterscheiden ist der juristische Rechtsquellenbegriff, wonach als Rechtsquelle nur solche Regeln erkannt werden, die verbindliche Rechtssätze im Sinne des

---

[1364] *Ossenbühl*, in: HStR, Bd. V, 3. Aufl. 2007, § 100 Rn. 44.
[1365] *Ossenbühl*, in: HStR, Bd. V, 3. Aufl. 2007, § 100 Rn. 45 in Anlehnung an BVerfGE 107, 59 (89 ff.); 111, 191 (215 ff.).
[1366] *Beaucamp/Treder*, Methoden und Technik der Rechtsanwendung, 3. Aufl. 2015, Rn. 322.
[1367] So auch *Röhl/Röhl*, Allg. Rechtslehre, 3. Aufl. 2008, S. 519; *Rüthers/Fischer/Birk*, Rechtstheorie, 11. Aufl. 2020, Rn. 217.
[1368] *Röhl/Röhl*, Allg. Rechtslehre, 3. Aufl. 2008, S. 519; *Beaucamp/Treder*, Methoden und Technik der Rechtsanwendung, 3. Aufl. 2015, Rn. 323; *Rüthers/Fischer/Birk*, Rechtstheorie, 11. Aufl. 2020, Rn. 217.

Art. 20 Abs. 3 GG und Art. 97 Abs. 1 GG erzeugen.[1369] Das präskriptive Verständnis des juristischen Rechtsquellenbegriffs ist im Folgenden auch zugrunde zu legen, damit der Rechtsstab Regeln hat, aus denen er Entscheidungen ableiten kann.[1370] Eine Rechtsquelle bilden daher vor allem alle „qualifizierten Parlamentsbeschlüsse", weil sie ihre Adressaten rechtlich binden und damit eine zu einhaltende rechtliche Vorgabe machen. Außerdem enthalten sie einen Rechtssatz im Sinne von Art. 20 Abs. 3 GG. Rechtsquellen haben unterschiedliche Formen und Urheber, unterschiedliche Reichweite und einen unterschiedlichen Rang.[1371] Welche der Rechtsquellen die maßgebliche ist, entscheidet sich nach ihrem Rangverhältnis[1372] zueinander. Daher kann sich nicht der Rechtsanwender im Konfliktfall die ihm genehme Rechtsnorm aussuchen. Die Anzahl der Rechtsquellen ist ständig in Bewegung und schafft eine stetige Flut an Rechtssätzen innerhalb moderner Staaten, z.B. durch Völkerrecht und Europarecht etc.[1373] Der genaue Inhalt der Rechtsquelle muss daher für jede einzelne Rechtsfrage immer neu ermittelt werden.[1374]

Innerhalb der jeweiligen Ebene ist die Anwendbarkeit einer Norm i.d.R. davon abhängig, zu welcher Normschicht sie innerhalb der Rechtsquellenhierarchie zuzuordnen ist.[1375] Das heißt, es besteht ein Verhältnis zwischen rangniederen und ranghöheren Normen. Der Geltungsvorrang der überschneidenden Norm kann teilweise mit Vorrangregeln – lex specialis, lex posterior oder lex superior – bestimmt werden.[1376] Aber auch innerhalb einer Normstufe kann es Rangverhältnisse geben, z.B. genießt Art. 79 Abs. 3 GG einen höheren Rang als die an-

---

[1369] *Röhl/Röhl*, Allg. Rechtslehre, 3. Aufl. 2008, S. 519 f.; *Rüthers/Fischer/Birk*, Rechtstheorie, 11. Aufl. 2020, Rn. 218.
[1370] *Röhl/Röhl*, Allg. Rechtslehre, 3. Aufl. 2008, S. 519 f.
[1371] *Beaucamp/Treder*, Methoden und Technik der Rechtsanwendung, 3. Aufl. 2015, Rn. 327 mit Verweis auf u.a. *Schwintowski*, Juristische Methodenlehre, 2005, S. 13; *Rüthers/Fischer/Birk*, Rechtstheorie, 11. Aufl. 2020, Rn. 217.
[1372] Die Lehre vom Stufenbau der Rechtsordnung stammt von *Merkl* (Das doppelte Rechtsantlitz, Jur. Blätter 1918, 425 (425 ff.) und wurde durch *Kelsen*, Reine Rechtslehre, 2. Aufl. 1960, Nachdruck 1976, S. 228 ff., übernommen und ist als herrschend anzusehen, so *Rüthers/Fischer/Birk*, Rechtstheorie, 11. Aufl. 2020, Rn. 272.
[1373] Zur gegenwärtigen Problematik der Rechtsetzung, siehe *Ossenbühl*, in: HStR, Bd. V, 3. Aufl. 2007, § 100 Rn. 70 ff.
[1374] *Rüthers/Fischer/Birk*, Rechtstheorie, 11. Aufl. 2020, Rn. 270.
[1375] *Reimer*, Juristische Methodenlehre, 2016, Rn. 182.
[1376] *Reimer*, Juristische Methodenlehre, 2016, Rn. 187.

deren Verfassungsnormen, weil Verfassungsänderungen, die die in den Art. 1 GG und Art. 20 GG niedergelegten Grundsätze berühren, verfassungswidrig sind.[1377] So könnte sich der „qualifizierte Parlamentsbeschluss" zwar mit dem förmlichen Gesetz auf ein und derselben Normstufe befinden, aber innerhalb dieser anderen Rang einnehmen. Da die Begründung des Parlamentsvorbehalts bei dem Streitkräfteeinsatz mit den in Art. 20 GG niedergelegten Grundsätzen zusammenhängt, bringt sie den „qualifizierten Parlamentsbeschluss" bedenklich in die Nähe der „Ewigkeitsklausel" des Art. 79 Abs. 3 GG.[1378] Das trifft auf den Integrationsbeschluss ebenso zu, weil mit der Wahrnehmung der Verantwortung darüber gewacht wird, ob die europäischen Entscheidungsverfahren in einer Gesamtbetrachtung sowohl das politische System Deutschlands als auch das der Europäischen Union demokratischen Grundsätzen im Sinne des Art. 20 Abs. 1 und Abs. 2 in Verbindung mit Art. 79 Abs. 3 GG entsprechen.[1379] Das zeichnet die „qualifizierten Parlamentsbeschlüsse" von allen anderen einfachen Beschlüssen aus und verhilft ihnen die Eigenschaft der Gesetzesähnlichkeit zuzuschreiben. Darauf allein einen höheren Rang dieser Beschlüsse im Verhältnis zu Gesetzesbeschlüssen zu begründen, wird wohl nicht ausreichen, zumal Art. 79 Abs. 3 GG als Sonderfall zu betrachten ist und diese Beschlüsse nur ihm angenähert sind.

**bb) Die Bedeutung der Rechtsgrundlage und des Entstehungsprozesses**
Von einem Rangverhältnis innerhalb der schlichten Parlamentsbeschlüsse ist dann auszugehen, wenn sie unterschiedliche Rechtsgrundlagen, z.B. Grundgesetz oder einfaches Gesetz, haben. Dann lebt das oben beschriebene Stufenverhältnis wieder auf. Ein Beschluss, der ausschließlich das einfache Gesetz als Rechtsgrundlage hat, steht unter einem Beschluss, der unmittelbar aus der Verfassung entspringt. Der Beschluss des Bundestages, vgl. Art. 40 Abs. 2 GG, meint eine verbindliche Entscheidung des Parlaments als Abschluss eines Willensbildungsprozesses, gleichviel worum es geht.[1380] Der Begriff erfasst alle Entscheidungen des Bundestages, damit auch des förmlichen Gesetzes und des

---

[1377] *Stern*, Staatsrecht, Bd. 1, 2. Aufl. 1984, § 4 II, S. 113 f.; *Dreier*, in: Dreier/GG-Kommentar, Bd. II, 3. Aufl. 2015, Art. 79 III GG Rn. 14.
[1378] *Wagner*, Parlamentsvorbehalt und PBG, 2010, S. 32.
[1379] BVerfGE 123, 267 (356).
[1380] *Morlok*, in: Dreier/GG-Kommentar, Bd. II, 3. Aufl. 2015, Art. 42 GG Rn. 32.

nichtlegislativen Rechtsaktes, insbesondere der „qualifizierten Parlamentsbeschlüsse". Ein Rangverhältnis zwischen den beiden ist aus dieser zentralen Norm nicht zu entnehmen. Vielmehr ist der Gesetzgeberwille entscheidend und der Bundestag als Normautor bestimmt, welche Form er wählt. Aus dem Verhältnis zu anderen Normen könnte sich aber etwas Anderes ergeben.

Beim förmlichen Gesetz gibt es einige Vorschriften im Grundgesetz, die vorschreiben, wie das Verfahren abzulaufen hat, und es werden Fälle vorgegeben, in welchen ein förmliches Gesetz erforderlich ist.[1381] Dabei werden Inhalte und Schwerpunkte der Gesetzgebung festgelegt. Das aufwendige Entstehungsverfahren zeichnet die Bedeutsamkeit der jeweiligen Regelungsgegenstände aus. Ein förmliches Gesetz und ein „qualifizierter Parlamentsbeschluss" sind nicht einfach austauschbar. Der Umstand, dass beide Regelungsarten vom Bundestag erlassen werden, entschärft die bestehenden erheblichen Unterschiede nicht. Diese beziehen sich auf den Erlass, weil der „qualifizierte Parlamentsbeschluss" ausschließlich vom Bundestag, das förmliche Gesetz nur unter weiterer Mitwirkung anderer Verfassungsorgane, wie z.B. Bundesrat und Bundespräsident, beschlossen wird. Der „qualifizierte Parlamentsbeschluss" ergeht in einem einfachen Beschlussverfahren, das förmliche Gesetz hingegen in einem detaillierten von der Verfassung her geregelten Gesetzgebungsverfahren. Die Möglichkeiten der Abänderung der Regelungsarten verlaufen unterschiedlich. Das förmliche Gesetz kann nur im Wege eines erneuten Gesetzgebungsverfahrens geändert werden,[1382] um u.a. die Beteiligungsrechte anderer Organe nicht auszuhebeln und Sicherheitsmechanismen nicht zu umgehen. Einen weiteren Unterschied stellt die Publikation dar, die beim einfachen Beschluss i.d.R. ausbleibt und auch Auswirkungen auf seine Geltung hat. Eine Publikation wäre rechtstatsächlich möglich, was anhand der Veröffentlichungen der parlamentarischen Zustimmungsbeschlüsse zu Staatsverträgen in Bayern und des Beschlusses der Geschäftsordnung des Bundestages ersichtlich ist; gleichzeitig ginge damit

---

[1381] Siehe dazu Teil 1 I. 2. a) und 3. a).
[1382] So v. Coelln, in: Studienkommentar GG, 3. Aufl. 2017, Art. 76 GG Rn. 5; Masing/Risse, in: v. Mangoldt/Klein/Starck, GG Bd. 2, 7. Aufl. 2018, Art. 78 GG Rn. 4, die darauf hinweisen, dass Berichtigungen grdsl. das erneute Durchlaufen des gesamten Gesetzgebungsverfahrens verlangen, aber bei Korrektur von eindeutigen und unstreitigen äußerlichen Fehlern, dass das zu einem sinnlosen und funktionswidrigen Formalismus führen würde. Dabei verweisen sie auf BVerfGE 48, 1 (18 f.).

aber, worauf *Butzer* zutreffend hinweist, ein wesentlicher Vorteil des einfachen Beschlussverfahrens verloren.[1383] Ebenfalls ist die Geltungskraft des förmlichen Gesetzes zu beachten, weil von dem Gesetz im Einzelfall nicht einfach abgewichen werden kann und sein Inhalt erst mit Verkündung existent wird. Mit Blick auf die Funktionen[1384] eines förmlichen Gesetzes bewegt sich die Waagschale zugunsten des förmlichen Gesetzes, ihm einen höheren Rang zuzugestehen.

cc) Der Anwendungsbereich des „qualifizierten Beschlusses"

Andererseits aber ist der Einsatzbereich des „qualifizierten Parlamentsbeschlusses" zu berücksichtigen.[1385] Er soll eben nicht in allen Gebieten eingesetzt werden können. Er beschränkt sich auf das Verhältnis der Legislative und Exekutive und hat keine bürgerbezogenen Regelungen zum Inhalt. Der Gesetzesbeschluss dagegen ist – abgesehen von den speziellen Vorbehalten und ausschließlichen Kompetenzzuweisungen – immer dann einzusetzen, wenn staatliche Regelungen im besonderen Maße legitimationsbedürftig sind, und soweit das förmliche Gesetz geeignet ist, legitimierend zu wirken.[1386] Daher ist die Betrachtung der Relation zwischen förmlichen und einfachen Beschluss darauf zu richten. Hier kann zwischen den beiden Formen durchaus ein Gleichgewicht hergestellt werden. Die Exekutive kann bei einem Zusammentreffen eines sie bindenden „qualifizierten Beschlusses" mit einem inhaltsgleichen gesetzesförmigen Beschluss nicht nach Belieben entscheiden.

Es stellt sich aber die Frage, ob es zu einer solchen Kollision überhaupt kommen kann. Sowohl der Streitkräftebeschluss als auch der Integrationsbeschluss stellen Instrumentarien dar, die noch nicht gesetzlich geregelt waren, aber u.a. aus Verfahrensgründen gesetzlich ausgestaltet worden sind (vgl. Parlamentsbeteiligungsgesetz und Integrationsverantwortungsgesetz). Ihre rechtliche Grundlage entspringt jedoch unmittelbar der Verfassung. Dennoch können sie kein bereits bestehendes Gesetz ändern oder aufheben. Sie haben einen anderen Sinn und Zweck. Bei ihnen geht es darum, eine Erlaubnis oder Zustimmung zu erteilen. Ob der Empfänger beim Vorliegen dieser Erlaubnis von ihr Gebrauch machen

---

[1383] *Butzer*, AöR 119 (1994), 61 (100).
[1384] Siehe dazu Teil 1 I. 2. a) und c).
[1385] Siehe dazu Teil 1 I. 3. und II.
[1386] *Hermes*, Der Bereich des Parlamentsgesetzes, 1988, S. 138.

wird, bleibt offen und kann bei ihrem Nichtgebrauch wirkungslos bleiben. Lediglich beim Verweigern der Erteilung der Erlaubnis gibt es keinen Spielraum mehr für weitere Handlungen. Daher sichern diese Entscheidungsformen hauptsächlich das Beteiligungsrecht des Bundestages. Außerdem sind die „qualifizierten Parlamentsbeschlüsse" ein Teil eines größeren Rechtsvorhabens, der von der Exekutive vorgenommen und auch nur ihr zugerechnet wird. Trennt man die „qualifizierten Parlamentsbeschlüsse" von den Handlungen der Exekutive, für die sie benötigt werden, so haben sie keine Funktion mehr und damit auch keinen eigenständigen Stellenwert. Die „qualifizierten Parlamentsbeschlüsse" wirken auch nur im Verhältnis zur Exekutive. Ein förmlicher Gesetzesbeschluss hingegen wirkt i.d.R. im Verhältnis zu Staatsbürgern und Staatsbürgerinnen. Damit ist die mögliche Schnittmenge der Bereiche, in denen beide Formen Wirkungen entfalten, sehr gering. Es ist auch unwahrscheinlich, dass ein „qualifizierter Parlamentsbeschluss", der vom Bundestag erlassen wurde, einem bereits erlassenen Gesetzesbeschluss widerspricht, dessen maßgeblicher Urheber ebenfalls der Bundestag war. Der Inhalt beider Handlungsformen ist unterschiedlich. Während der „qualifizierte Parlamentsbeschluss" ein „Ja" oder ein „Nein" zum Inhalt hat, beinhaltet der Gesetzesbeschluss i.d.R. ein komplexes Regelungsgerüst. Ein Kollisionsfall ist daher kaum denkbar.

Relevant könnte der „qualifizierte Parlamentsbeschluss" werden, wenn er in der Lage wäre, punktuell Inhalte des Gesetzes zu ändern. Eine Änderung des Gesetzes bedarf aber grundsätzlich eines erneuten Gesetzgebungsverfahrens, dessen Voraussetzungen das einfache Beschlussverfahren nicht genügt. Damit ein nichtlegislativer Rechtsakt Einfluss auf ein bereits bestehendes förmliches Gesetz haben kann, bedarf es hierfür vielmehr einer expliziten Ermächtigung innerhalb des Gesetzes selbst. Diese Ermächtigung müsste aber hinreichend bestimmt sein. Insofern ist darin eine Ähnlichkeit zu der Ermächtigung zum Erlass von Rechtsverordnungen zu sehen. Art. 80 GG wirkt vorsorgend, indem er beabsichtigt es zu verhindern, dass das Parlament sich nicht seiner Verantwortung als gesetzgebendes Organ entäußert bzw. dass sich die Normsetzung der Exekutive an die Vorgaben des Art. 80 GG hält, sich also nicht entgrenzend verselbstständigt.¹³⁸⁷ Damit zielt Art. 80 GG darauf ab, einerseits dem Gesetzgeber die Möglichkeit zu eröffnen, sich zu entlasten, und andererseits der (Selbst-) Entmachtung des Gesetzgebers dadurch vorzubeugen, dass dem Erlass von Rechtsverordnungen Grenzen gesetzt werden.¹³⁸⁸ So müsste auch die Ermächtigung in dem jeweiligen Gesetz diesen Zweck verwirklichen, indem sie den Gesetzgeber entlastet und allein dem Bundestag damit erlaubt, dem „Normierungsbedürfnis"¹³⁸⁹ mit flexiblen und kurzfristigen Lösungen, wie z.B. mit den „qualifizierten Parlamentsbeschlüssen", zu begegnen. Zugleich wirkt man so aber einer Selbstentmachtung des Gesetzgebers entgegen und setzt dem Parlament Grenzen, indem die Anforderungen des Grundgesetzes, insbesondere die Beachtung der Vorschriften über die Zuständigkeit und das Gesetzgebungsverfahren, eingehalten werden müssen.¹³⁹⁰ Etwas Anderes könnte lediglich in den Bereichen gelten, in denen der Gesetzgeber noch nicht tätig geworden ist und der Bundestag mittels eines nichtlegislativen Rechtsaktes erst neue Regelungen festlegt, die nicht eingreifend in die Sphäre des Bürgers oder der Bürgerin wirken, wie z.B. im Bereich der Subventionen oder der Entwicklungshilfe¹³⁹¹. Dass in diesen Bereichen ein nichtlegislativer Beschluss als Rechtsgrundlage für die anschließende Verteilung von Mitteln durch die Exekutivorgane dienen kann, wurde in der Rechtsprechung¹³⁹² deutlich zum Ausdruck gebracht.

**dd) Die Bedeutung des Verbindlichkeitsgrades**
Der förmliche Gesetzesbeschluss und der „qualifizierte Parlamentsbeschluss" sind auch im Hinblick auf ihre Verbindlichkeitswirkung miteinander zu vergleichen. Nach *Butzer* habe das Parlament weder beim Gesetz noch beim schlichten Beschluss eine rechtsförmige Möglichkeit zur selbstständigen Durchsetzung

---

¹³⁸⁷ *Uhle*, in: Epping/Hillgruber Beck´scher Online Kommentar GG, 1.12.2019, Art. 80 GG Vor Rn. 1.
¹³⁸⁸ *Uhle*, in: Epping/Hillgruber Beck´scher Online Kommentar GG, 1.12.2019, Art. 80 GG Vor Rn. 1.
¹³⁸⁹ So *Ossenbühl*, in: HStR, Bd. V, 3. Aufl. 2007, § 100 Rn. 78.
¹³⁹⁰ In diesem Sinne in Bezug auf Art. 80 GG, *Brenner*, in: v. Mangoldt/Klein/Starck, GG Bd. 2, 7. Aufl. 2018, Art. 80 GG Rn. 28. Es wird hingewiesen, auf das Diktum „Normhunger der Verwaltung" von *Forsthoff*, VerwR, Bd. I, 10. Aufl. 1973, S. 136.
¹³⁹¹ Genauer zur Entwicklungshilfe siehe *Wiedmann*, DÖV 1990, 688 (688 ff. insb. 690).
¹³⁹² Siehe zum Bereich der Leistungsverwaltung Teil 1 II. 3.

seines Willens,[1393] weil es nicht selbst exekutiv gleichermaßen im Wege der Ersatzvornahme tätig werden könne, sodass dem Parlament bis auf die ultima ratio des Regierungssturzes[1394] die Hände gebunden seien.[1395] Dem einfachen Beschluss ist auch immanent, dass mit seinem Erlass zugleich die Drohung ergeht, den Beschlussinhalt gegebenenfalls förmlich zu erlassen.[1396] Er geht davon aus, dass sich die Exekutive, die die Prärogative des Parlaments akzeptiert und sich an dessen Vorgaben gebunden fühlt, gleichermaßen an Gesetz und schlichten Parlamentsbeschluss halten werde und von vorherein keine dem (erklärten) Willen des Parlaments widersprechenden Normierungen und Einzelentscheidungen treffen oder solche Maßnahmen – soweit sie bestehen – jedenfalls aufheben werde.[1397] Damit kommt es nicht mehr darauf an, ob die Bindungswirkung vom gesetzförmigen oder einfachen Beschluss herrührt. Laut *Butzer* komme die faktische Bindungswirkung der rechtlichen Verbindlichkeit des Gesetzes so nahe,[1398] dass sie an der Vorrangwirkung des Art. 20 Abs. 3 GG teilnehme und eine Differenzierung zwischen den Entscheidungsformen in ihrem Rangverhältnis zu Rechtssätzen der Exekutive nicht geboten erscheine, sodass nur das Parlament als Normautor seiner Regelungsformen, pauschal oder vom Fall zu Fall, eine Hierarchie festlegen könne.[1399] Demnach ist ein einfacher Beschluss infolge der Anwendung der Regeln lex specialis oder lex posterior in der Lage, einen förmlichen Gesetzesbeschluss abzuändern.

Dem Ansatz ist insoweit zuzustimmen, als er von einer möglichen Bindungswirkung beider Rechtsakte ausgeht. Es wird eine Parallelität in der Sanktionsmöglichkeit der Exekutive durch das Parlament gesehen, indem es bei Nichtbefolgung des Beschlusses entweder ein entsprechendes Gesetz verabschieden oder sogar einen Regierungssturz herbeiführen kann. Hierbei vermischt *Butzer*

---

[1393] So bereits *Herzog*, VVDStRL 24 (1966), 183 (185).
[1394] Die Möglichkeit des Regierungssturzes sieht auch *Herzog*, VVDStRL 24 (1966), 183 (185 f.) und *Sellmann*, Der schlichte Parlamentsbeschluss, 1966, S. 137.
[1395] *Butzer*, AöR 119 (1994), 61 (97 f.).
[1396] *Butzer*, AöR 119 (1994), 61 (93 f.).
[1397] *Butzer*, AöR 119 (1994), 61 (98).
[1398] Ähnlich auch *Ipsen*, DVBl. 1956, 498 (500), der feststellt, dass u.a. Entschließungen sich zu parlamentarischen Willensäußerungen aufgrund ihres politischen Gewichts verdichten können, denen zu entsprechen die Regierung staatsrechtlich verpflichtet sei.
[1399] *Butzer*, AöR 119 (1994), 61 (98 f.).

jedoch faktische Bindungswirkung mit rechtlicher Bindungswirkung eines förmlichen Gesetzes, die ihm von der Rechtsordnung zugewiesen wird.[1400] Trotz der mangelnden Vollstreckbarkeit wird dadurch nicht die rechtliche Verbindlichkeit des förmlichen Gesetzes gemindert bzw. dem einfachen Beschluss dadurch rechtliche Bindungskraft verliehen.[1401] Außerdem liegen seiner Analyse alle einfachen Beschlüsse ohne jegliche Differenzierung[1402] zugrunde.

Dabei gibt es auch innerhalb der einfachen Beschlüsse Unterschiede. Hervorzuheben ist der „qualifizierte Parlamentsbeschluss", der wie bereits beschrieben, nicht nur faktisch bindet. Es besteht ein signifikanter Unterschied in der rechtlichen Qualität der Beschlüsse, die zum einen verfassungsrechtlich in der Lage sind, ein anderes Verfassungsorgan zu binden, zum anderen aber bloße unverbindliche Meinungsbekundungen beinhalten.[1403] Die Drohung, den einfachen Beschluss in ein förmliches Gesetz umzugießen, rückt zwar die faktische Verbindlichkeit qualitativ in die Nähe der Verbindlichkeit von förmlichen Gesetzen. Gleichzeitig aber verdeutlicht sie gerade eine Abstufung seiner Bindungskraft, weil damit der einfache Beschluss höchstens nur eine Positivierungsankündigung darstellt.[1404] Die Charakterisierung der Beschlüsse als positivierungsankündigend passt auf die „qualifizierten Beschlüsse" nicht. Gerade der Parlamentsbeschluss über den Einsatz der Streitkräfte positiviert bereits die Zustimmung des Bundestages und bindet die Bundesregierung, weil der Einsatz ohne oder gegen den Wortlaut der Zustimmung unzulässig ist.[1405] Ebenfalls im Rahmen der Integrationsverantwortung führt ein Verweigern der Zustimmung des Parlaments zur Ablehnung des Beschlussvorschlags im Europä-

---

[1400] *Kühnreich*, Das Selbstorganisationsrecht des Deutschen Bundestages, 1997, S. 112; *Sester*, Der Parlamentsbeschluss, 2007, S. 302.
[1401] *Sester*, Der Parlamentsbeschluss, 2007, S. 303.
[1402] Siehe dazu Teil 1 I. 4. Aufgrund der Annahme über unterschiedlichen Verbindlichkeitsgrad haben sich unterschiedliche Bezeichnungen herausgebildet, die eine Stufenordnung innerhalb der einfachen Beschlüsse bilden könnten: echte (verbindliche) und schlichte (unverbindliche) Parlamentsbeschlüsse. Der konstitutive Parlamentsbeschluss wird als ein Unterfall des echten Parlamentsbeschlusses gesehen, der als Zwischenkategorie neben dem Gesetz und schlichtem Parlamentsbeschluss eingeordnet wird. So auch *Paulus*, in: Einsatz der Bundeswehr im Ausland, 2007, 81 (95); *Wiefelspütz*, ZParl 2007, 3 (15 f.) m.w.N.
[1403] Siehe dazu Teil 1 II. sowie auch *Luch*, in: Morlok/Schliesky/Wiefelspütz Parlamentsrecht, 2016, § 10 Rn. 52.
[1404] So ähnlich *Sester*, Der Parlamentsbeschluss, 2007, S. 303.
[1405] *Paulus*, in: Einsatz der Bundeswehr im Ausland, 2007, 81 (95).

ischen Rat oder im Rat. Das kann unter Umständen sogar dazu führen, dass der Beschlussvorschlag auf der EU-Ebene insgesamt scheitert, falls Einstimmigkeit als Voraussetzung erforderlich ist.[1406] Außerdem ist darauf hinzuweisen, dass der Bundestag seine Drohung nicht immer verwirklichen kann. Es ist sehr zweifelhaft, ob der Bundestag in jedem Falle, in dem er einen einfachen Beschluss verabschiedet, auch die Möglichkeit zum Erlass eines förmlichen Gesetzes hat. Oftmals wird er aufgrund fehlender grundgesetzlicher Kompetenz scheitern oder aber durch den Bundesrat, der an dem Gesetzgebungsverfahren zwingend zu beteiligen ist, verhindert werden können.[1407]

Das Mittel des Regierungssturzes ist ebenfalls schwer durchführbar und hat nicht zwangsweise die Umsetzung des Beschlusses zur Folge. Es ist richtig, dass die Regelung des Art. 67 GG als notwendiger Bestandteil des parlamentarischen Regierungssystems die schärfste Waffe des Parlaments gegen die Bundesregierung ist, indem ihr Bestand vom Vertrauen des Parlaments abhängig gemacht wird.[1408] Gleichzeitig wird durch die Form des Misstrauensvotums gewährleistet, dass ein neuer Bundeskanzler gewählt wird, um die „lähmende Dissonanz zwischen dem Parlament und der Regierung"[1409] zu vermeiden. Damit wird aber nicht abgesichert, dass die Neuwahl zur Befolgung des einfachen Beschlusses führen wird, wenn auch die Tendenz hierzu groß ist. Zu bedenken ist auch, dass das allein gegen den Bundeskanzler zulässige Misstrauensvotum nur bedingt dazu geeignet ist, stabile Regierungen hervorzubringen, da die meisten parlamentarischen Regierungen ihr vorzeitiges Ende durch politische Krisen etwa durch Auseinanderfallen der sie tragenden Koalitionen, Fraktions- und Parteiaustritte oder den Verfall der Autorität des Regierungschefs finden.[1410]

Gem. Art. 67 Abs. 1 GG ist ein Antrag mit dem Misstrauensausspruch zu stellen, der gem. § 97 Abs. 1 S. 2 GOBT von einem Viertel der Mitglieder des Bundes-

---

[1406] Siehe dazu § 3 Abs. 3 und §§ 5, 6 IntVG mit der Kommentierung *Hölscheidt/Menzenbach/Schröder*, ZParl 2009, 758 (762 ff.).
[1407] *Kühnreich*, Das Selbstorganisationsrecht des Deutschen Bundestages, 1997, S. 113.
[1408] *Küster*, in: Hömig/Wolff Handkommentar GG, 11. Aufl. 2016, Art. 67 GG Rn. 1; *Gröpl*, in: Studienkommentar GG, 3. Aufl. 2017, Art. 67 GG Rn. 4.
[1409] BVerfGE 112, 118 (141).
[1410] *Küster*, in: Hömig/Wolff Handkommentar GG, 12. Aufl. 2018, Art. 67 GG Rn. 1; *Pieper*, in: Epping/Hillgruber Beck'scher Online Kommentar GG, 1.12.2019, Art. 67 GG vor Rn. 1.

tages (vgl. Art. 121 GG) oder einer Fraktion, die mindestens ein Viertel der Mitglieder des Bundestages umfassen muss, zu unterzeichnen ist. Gleichzeitig muss mit dem Antrag dem Bundestag ein namentlich benannter Kandidat als Nachfolger zur Wahl vorgeschlagen werden. Das erfordert, dass sich im Bundestag eine Mehrheit finden muss, die sich nicht nur in der Ablehnung der alten Regierung, sondern auch positiv über die Wahl eines neuen Bundeskanzlers, mithin einer neuen Regierung, einig ist.[1411] So mag mittels schlichter Beschlüsse eine generelle Missbilligung[1412] der Regierungspolitik, ein ausdrücklich ausgesprochenes Misstrauensvotum gegen den Bundeskanzler und Rücktrittsaufforderung des Bundestages gefordert werden. Sie haben aber nur dann Rechtsfolgen, wenn die Wahl eines neuen Kanzlers dazukommt, ansonsten bleibt die Regierung, wenn auch als Minderheitsregierung, mit allen Rechten im Amt.[1413] Damit würde die verbindliche Wirkung von schlichten Parlamentsbeschlüssen ausschließlich von der praktischen Realisierung der Drohung mit dem Regierungssturz abhängen. Da sich die Umsetzung des Art. 67 GG in der Staatspraxis als kompliziert gestaltet, kann die Wirksamkeit dieser Drohung auch aus politischer Sicht nicht überzeugen. Art. 67 GG hat nur im äußersten Fall aller Fälle die Umsetzung des Inhalts des schlichten Parlamentsbeschlusses zur Folge. Da er ansonsten weder Leistungsansprüche noch Schadensansprüche des Bürgers / der Bürgerin bzw. strafrechtliche oder disziplinarrechtliche Folgen für die Exekutivorgane auslöst, kann nicht aus derartig schwachen Abhängigkeit der Exekutive eine Verbindlichkeit der schlichten Parlamentsbeschlüsse gefolgert werden.[1414] Außerdem hängt es nur von den politischen Machtverhältnissen ab, inwiefern die schlichten Parlamentsbeschlüsse erwähnenswerte Impulse für die Exekutive geben.[1415] Es ist auch keine Regierung gestürzt worden, weil dem Willen des Bundestages, der im schlichten Parlamentsbeschluss zum Ausdruck kam, nicht gefolgt wurde. Ignoriert die Bundesregierung einen schlichten Par-

---

[1411] *Küster*, in: Hömig/Wolff Handkommentar GG, 12. Aufl. 2018, Art. 67 GG Rn. 3.
[1412] Siehe hierzu auch in Teil 1 I. 4. Das sind Beschlüsse, die schon in ihrer Zulässigkeit bestritten werden.
[1413] *Küster*, in: Hömig/Wolff Handkommentar GG, 12. Aufl. 2018, Art. 67 GG Rn. 3.
[1414] So ähnlich *Herzog*, VVDStRL 24 (1966), 183 (186).
[1415] *Herzog*, VVDStRL 24 (1966), 183 (186).

lamentsbeschluss, so bleibt das streng genommen sanktionslos.[1416] So ist die Begründung von rechtsverbindlichen, – „qualifizierten Parlamentsbeschlüssen" – die bei der Handlungsweise der Exekutive steuernd wirken und bei deren Nichtbefolgung die Exekutive gehindert ist, ihr Vorhaben umzusetzen, anzuerkennen und sie sind zwingend von den anderen schlichten Parlamentsbeschlüssen zu unterscheiden.

Zu widersprechen ist auch der Aussage, dass der Bundestag selbst eine Hierarchie seiner Rechtsakte festlegen kann. So mag es sein, dass Art. 20 Abs. 3 GG nur das Rangverhältnis von Rechtsakten des Parlaments zu den Rechtsakten der Exekutive, nicht aber ein Rangverhältnis von Rechtsakten des Parlaments untereinander regelt, dennoch kann daraus nicht die Schlussfolgerung gezogen werden, dass der Bundestag allein bestimmen kann, welchen Rang seine jeweiligen Rechtsakte haben sollen. Die Anerkennung der gleichrangigen Verbindlichkeit würde den Willensbildungs- und Entscheidungsprozess im Verhältnis der anderen Verfassungsorgane in Frage stellen.[1417] Die Autorität des Gesetzes folgt nämlich aus dem aufwendigen Gesetzgebungsverfahren und aus seinem hohen Rang in der Normenhierarchie des Grundgesetzes. Damit ist er mehr als bloß die Addition von parlamentarischer Entscheidung und Rechtssatz.[1418] Aufgrund der Unterscheidung der schlichten Parlamentsbeschlüsse untereinander ist auch zweifelhaft, ob der schlichte Parlamentsbeschluss in der Lage ist, die ihm zugedachte Rolle der Sicherung parlamentarischer Mitwirkungsbefugnis zu übernehmen.[1419] Damit löst nicht jede Kundgabe des Parlaments zugleich eine rechtliche Bindungswirkung aus.[1420] Nur bei den „qualifizierten Parlamentsbeschlüssen" ist unweigerlich von einer Rechtsverbindlichkeit auszugehen.

---

[1416] In dem Sinne *Möller/Limpert*, ZParl 1993, 21 (28 f.) in Bezug auf ablehnende Abstimmung des Bundestages zum Erlass einer EG-Verordnung.
[1417] So ähnlich auch *Magiera*, Parlament und Staatsleitung, 1979, S. 214; *Busch*, Das Verhältnis des Art. 80 Abs. 1 S. 2 GG zum Gesetzes- und Parlamentsvorbehalt, 1992, S. 73.
[1418] *Hermes*, Der Bereich des Parlamentsgesetzes, 1988, S. 77.
[1419] *Hermes*, Der Bereich des Parlamentsgesetzes, 1988, S. 77.
[1420] *Busch*, Das Verhältnis des Art. 80 Abs. 1 S. 2 GG zum Gesetzes- und Parlamentsvorbehalt, 1992, S. 73.

ee) Die Gesetzesähnlichkeit des „qualifizierten Parlamentsbeschlusses" im Unterschied zum Äquivalent eines Gesetzesbeschlusses

Der Rechtscharakter der „qualifizierten Parlamentsbeschlüsse" ist mittels klassischer Kriterien nicht eindeutig zu erfassen. Eine Gleichstellung des „qualifizierten Parlamentsbeschlusses" mit dem förmlichen Gesetz lässt sich unter dem einen oder anderen Aspekt zwar aufrechterhalten. Schließlich gibt es jedoch mehr Argumente dafür dem „qualifizierten Parlamentsbeschluss" nur die Eigenschaft einer Gesetzesähnlichkeit zuzusprechen, sie können aber keine Synonymität oder Äquivalenz rechtfertigen. Denn der Bundestag allein ist nicht der Gesetzgeber. Es würde zum einen dem Demokratieprinzip widersprechen, ihm hier eine Alleinzuständigkeit zu geben, und zum anderen den Grundsatz der Gewaltenteilung praktisch aufheben.[1421] Das einerseits formalisierte, auf Beteiligung anderer Verfassungsorgane basierte (vor allem aus föderativer Sicht des Bundesrates) Gesetzgebungsverfahren, erlaubt angesichts des Kontrastes zu dem grundsätzlich formfreien, in alleiniger Regie des Parlaments durchführbaren einfachen Beschlussverfahren keine Austauschbarkeit.[1422] Wenn einfach erlassene Beschlüsse auch nur punktuell einem Gesetz gleich wären, bestünde die Gefahr, dass der Überblick an den zu beachtenden Normen verloren ginge und es so zur Rechtsunsicherheit käme.

Es spricht aber vieles dafür, dem Bundestag die Kompetenz zu erteilen, rechtserhebliche Entscheidungen mit Bindungswirkung in einem vereinfachten Verfahren zu treffen, um so eine ausreichende Kontrolle der Exekutive zu gewährleisten und wesentliche Entscheidungen zu legitimieren, und zwar in einem entsprechenden Tempo. Die besten Beispiele dafür sind die Beschlüsse aus dem Bereich der auswärtigen Politik, wie der Streitkräftebeschluss, oder aus dem Bereich der Europapolitik, wie der Integrationsverantwortungsbeschluss. Insbesondere der „qualifizierte", das heißt zwingend notwendige (konstitutive) Parlamentsbeschluss, der die Exekutive rechtlich unmittelbar bindet, hat die gleiche legitimierende Wirkung wie ein Gesetz, zusätzlich aber die von der Par-

---

[1421] So auch *Wagner*, Parlamentsvorbehalt und PBG, 2010, S. 31.
[1422] *Busch*, Das Verhältnis des Art. 80 Abs. 1 S. 2 GG zum Gesetzes- und Parlamentsvorbehalt, 1992, S. 71. In diesem Sinne auch *Paulus*, in: Einsatz der Bundeswehr im Ausland, 2007, 81 (102).

lamentspraxis geforderte erhöhte Flexibilität.[1423] Hierbei geht es nicht darum, den Voraussetzungen des Vorbehalts des Gesetzes zu genügen, sondern die unmittelbare demokratische Legitimation zu wahren bzw. zu erhöhen, sodass die Form der Entscheidung letztendlich nachgeordnete Bedeutung hat.[1424] Das ergibt sich auch daraus, dass der Parlamentsvorbehalt z.B. über die Streitkräfte nicht durch Unionsrecht eingeschränkt oder beseitigt werden kann und zur integrationsfesten Identität der Verfassung gehört,[1425] sodass auch der verfassungsändernde Gesetzgeber nicht die Kompetenz hat, ihn einzuschränken oder zu verändern.[1426] Auch bei dem Integrationsverantwortungsbeschluss geht es vor allem um die Verantwortung für die Einhaltung der Vorgaben des Grundgesetzes im Hinblick auf die europäische Integration.[1427] Diesem Verständnis folgend ist es auch zutreffend, in förmlichem Gesetzesbeschluss und schlichtem Parlamentsbeschluss einander ausschließende Regelungsformen mit unterschiedlichen Anwendungsbereichen zu sehen.[1428] Die „qualifizierten Beschlüsse" sind lediglich in dem Verhältnis zwischen der Exekutive und der Legislative rechtlich von Bedeutung, sie wirken staatsintern.[1429] Sie berühren nicht den Status des Soldaten und der Soldatin oder der Staatsbürger und Staatsbürgerinnen, dennoch haben sie evident eine Außenwirkung, weil sie die Exekutive binden.[1430]

Der „qualifizierte Parlamentsbeschluss" gelangt auch nicht nachträglich zu voller Wirksamkeit, wenn die Exekutive sich nicht an ihn gehalten hat und im Rahmen des Organstreitverfahrens festgestellt wurde, dass das Exekutivorgan

---

[1423] *Paulus*, in: Einsatz der Bundeswehr im Ausland, 2007, 81 (96); *Wiefelspütz*, ZParl 2007, 3 (14) mit Verweis auf *Kreß*, ZaöRV 1997, 329 (357); *Luch*, in: Morlok/Schliesky/Wiefelspütz Parlamentsrecht, 2016, § 10 Rn. 52 mit Verweis auf *Kokott*, DVBl. 1996, 937 (944); *Geiger*, NZWehrr 2001, 133 (146).
[1424] So ähnlich *Wagner*, Parlamentsvorbehalt und PBG, 2010, S. 32.
[1425] BVerfGE 123, 267 (361).
[1426] *Müller-Franken*, in: v. Mangoldt/Klein/Starck, GG Bd. 3, 7. Aufl. 2018, Art. 87a GG Rn. 99.
[1427] *Mayer*, in: Morlok/Schliesky/Wiefelspütz Parlamentsrecht, 2016, § 43 Rn. 62.
[1428] *Busch*, Das Verhältnis des Art. 80 Abs. 1 S. 2 GG zum Gesetzes- und Parlamentsvorbehalt, 1992, S. 71.
[1429] So auch *Sellmann*, Der schlichte Parlamentsbeschluss, 1966, S. 132; *Luch*, in: Morlok/Schliesky/Wiefelspütz Parlamentsrecht, 2016, § 10 Rn. 52.
[1430] So ähnlich *Wiefelspütz*, ZParl 2007, 3 (12).

sich grundgesetzwidrig verhalten hat.[1431] Das ergibt Sinn vor dem Hintergrund, dass eine rechtsgestaltende Wirkung im öffentlichen Recht nur Anfechtungs- und Verpflichtungsklagen in Bezug auf subjektive Rechte sowie der Feststellung der Rechts- oder Verfassungswidrigkeit einer Norm zukommt, beim Organstreitverfahren hingegen die objektive bzw. auch interorganschaftliche Rechtsordnung aufgrund der Rechts- und Verfassungstreue der Organe – spätestens nach bloßer gerichtlicher Feststellung eines Verstoßes – befolgt wird.[1432] Die „qualifizierten Parlamentsbeschlüsse" wirken nur in dem Verhältnis zwischen Exekutive und Parlament, sodass für die Bedeutung der Verbindlichkeit der Beschlüsse die Verfassungstreue der Verfassungsorgane maßgeblich ist.[1433] Die Rechtsakte der Exekutive können daher nur dann unmittelbar rechtserhebliche Wirkung haben, wenn sie von der Verfassung vorgesehen sind oder auf einer sonstigen Rechtsgrundlage ergehen, die verfassungskonform ist,[1434] denn der Entscheidungsmaßstab des BVerfG ist das Verfassungsrecht, einschließlich des ungeschriebenen Verfassungsrechts.[1435] Das BVerfG kann die Rechtsakte der Exekutive bei Missachtung des „qualifizierten Beschlusses" nicht aufheben oder für nichtig erklären oder die Exekutive dazu verpflichten sich an den „qualifizierten Beschluss" zu halten, um ihn auszuführen.[1436] Dennoch ist die Feststellungsentscheidung des BVerfG nicht bedeutungslos. Sie hat eine faktische[1437] Wirkung, die grundsätzlich eine Verpflichtung zur Korrektur der verfassungswidrigen Maßnahme, die über ein bloßes Wiederholungsverbot hinausgeht, zur Folge hat.[1438] So kann zwar von der Exekutive nicht die Durchsetzung des verbindlichen Beschlusses gefordert werden, sie wird sich aber in der Regel an ihn

---

[1431] *Sellmann*, Der schlichte Parlamentsbeschluss, 1966, S. 135 f.; *Luch*, in: Morlok/Schliesky/Wiefelspütz Parlamentsrecht, 2016, § 10 Rn. 52.
[1432] *Luch*, in: Morlok/Schliesky/Wiefelspütz Parlamentsrecht, 2016, § 10 Rn. 52.
[1433] *Sellmann*, Der schlichte Parlamentsbeschluss, 1966, S. 132; *Luch*, in: Morlok/Schliesky/Wiefelspütz Parlamentsrecht, 2016, § 10 Rn. 53.
[1434] *Sellmann*, Der schlichte Parlamentsbeschluss, 1966, S. 132; *Luch*, in: Morlok/Schliesky/Wiefelspütz Parlamentsrecht, 2016, § 10 Rn. 52.
[1435] *Morgenthaler*, in: Epping/Hillgruber Beck´scher Online Kommentar GG, 1.12.2019, Art. 93 GG Rn. 18 mit Verweis auf BVerfGE 6, 309 (328).
[1436] *Morgenthaler*, in: Epping/Hillgruber Beck´scher Online Kommentar GG, 1.12.2019, Art. 93 GG Rn. 18.
[1437] *Sellmann*, Der schlichte Parlamentsbeschluss, 1966, S. 137.
[1438] *Detterbeck*, in: Sachs GG-Kommentar, 8. Aufl. 2018, Art. 93 GG Rn. 44; *Morgenthaler*, in: Epping/Hillgruber Beck´scher Online Kommentar GG, 1.12.2019, Art. 93 GG Rn. 18.

halten, um sich nicht der Gefahr auszusetzen, durch das BVerfG die Verfassungswidrigkeit ihres Verhaltens vor aller Öffentlichkeit feststellen zu lassen.[1439] Ein besonderes Gewicht des Organstreitverfahrens ergibt sich auch aus dem Antragsrecht[1440] einer Bundestagsfraktion. So kann auch eine Fraktion, die sich in der Minderheit im Parlament befindet, das BVerfG anrufen und Verfassungswidrigkeit des Verhaltens der Regierung feststellen lassen, auch wenn die Mehrheit des Parlaments vor einer Anrufung des BVerfG abgesehen hat. Damit liegt es letztlich an der Exekutive darüber zu entscheiden, ob bzw. welche Parlamentsbeschlüsse sie unbeachtet lässt, gleichzeitig aber mit möglichen Konsequenzen ihres Verhaltens rechnen muss.[1441] Je nachdem wie erheblich es war, den Beschluss zu befolgen, und wie häufig die Exekutive einen Beschluss missachten sollte, wird sich das Parlament dazu veranlasst sehen, die Tätigkeit der Exekutive zu behindern oder das äußerste Mittel des konstruktiven Misstrauensvotums zu ergreifen.[1442]

Der „qualifizierte Parlamentsbeschluss" ist gesetzesähnlich, hat aber nicht dieselbe gesetzliche Wirkung, die an dem Vorrang des Gesetzes teilnimmt, weil er einer Konkretisierung bedarf, um letztlich umgesetzt zu werden.[1443] Er selbst ist kein Gesetz. Das wird an dem Streitkräftebeschluss besonders deutlich. In dem Fall hat der Bundestag kein Initiativrecht, er wird über die wesentlichen Elemente des militärischen Einsatzes informiert, wird aber nicht selbst zum „Feldherren"; letztendlich kann er nur seine Zustimmung begrenzen, nicht aber mit verbindlicher Wirkung einen anderen als den von der Regierung gewollten Einsatz regeln oder ausweiten.[1444] Das heißt, dass neben den verfahrensrecht-

---

[1439] So auch *Sellmann*, Der schlichte Parlamentsbeschluss, 1966, S. 137.
[1440] Siehe dazu BVerfGE 100, 266 (270); *Detterbeck*, in: Sachs GG-Kommentar, 8. Aufl. 2018, Art. 93 GG Rn. 46.
[1441] *Sellmann*, Der schlichte Parlamentsbeschluss, 1966, S. 137 mit dem Hinweis, dass sich die Situation ändern würde, falls die Mehrheit im Parlament den umstrittenen Beschluss wieder aufheben würde und die Bundesregierung damit aus der Bindung entlassen würde.
[1442] So auch *Sellmann*, Der schlichte Parlamentsbeschluss, 1966, S. 137; *Luch*, in: Morlok/Schliesky/Wiefelspütz Parlamentsrecht, 2016, § 10 Rn. 53.
[1443] So auch in Bezug auf Streitkräftebeschluss, *Paulus*, in: Einsatz der Bundeswehr im Ausland, 2007, 81 (101 f.). Ähnlich bereits auch, aber in Bezug auf das Verhältnis zwischen einfachen Parlamentsbeschlüssen zu Rechtsverordnungen, *Staupe*, Parlamentsvorbehalt und Delegationsbefugnis, 1986, S. 330.
[1444] *Wiefelspütz*, ZParl 2007, 3 (12).

lichen Einbußen auch erhebliche Unterschiede in der Regelungsstruktur vorhanden sind, die ihm die Äquivalenz zum formellen Gesetz versagen.[1445]

Im Ergebnis lässt er sich unter den Rechtsakten des Parlaments zwischen dem formellen Gesetz und der GOBT einordnen, wobei die Nähe zum Gesetz sehr eng ist.[1446] In dem Verhältnis zur Exekutive ist der „qualifizierte Parlamentsbeschluss" als eine zusätzliche Außenrechtsquelle anzuerkennen,[1447] die eine relativierte Form des Gesetzes ist. Damit wird deutlich, dass das neue Instrument des „qualifizierten Parlamentsbeschlusses" sich nicht in das gewöhnliche System der Rechtsakte zwischen exekutiven und legislativen Gewalt einordnen lässt und die bisherige Aufteilung sprengt.[1448] Dieses Mittel sichert durch seine verbindliche Rechtswirkung, dass der Bundestag seiner Rolle, die ihm durch das Grundgesetz eingeräumt wird, gerecht wird, und sorgt für das Erhaltenbleiben der strukturellen Vorteile der Exekutive.

## 6. Begrenzte Wahlfreiheit zwischen förmlichem Gesetzesbeschluss und „qualifiziertem Parlamentsbeschluss" unter Abwägung verfassungsrechtlicher Aspekte

Anknüpfend an die Darstellungen ist die Frage der echten Wahlfreiheit zwischen Rechtsakten des Bundestages zu klären. Es ist festzuhalten, dass sowohl der Gesetzesbeschluss als auch der „qualifizierte Beschluss" Handlungsformen des Parlaments sind, die vorgesehen sind und eingesetzt werden können (vgl. Art. 40 Abs. 2 S. 1 GG, Art. 76 bis Art. 78 GG). Die Neutralität der Handlungsform bedingt, dass der jeweilige Rechtsakt nicht nur von der Funktion und Aufgabe bestimmt wird, sondern unterschiedliche bzw. mehrere Bereiche gleichzeitig erfassen kann.[1449] Der Rückschluss, ob ein Parlamentsgesetz oder ein Beschluss die richtige Wahl ist, lässt sich nicht eindeutig ausschließlich anhand des

---

[1445] So ähnlich allerdings in Bezug auf die Frage der Parlamentsbeteiligung beim Erlass von Rechtsverordnungen, *Staupe*, Parlamentsvorbehalt und Delegationsbefugnis, 1986, S. 330.
[1446] *Paulus*, in: Einsatz der Bundeswehr im Ausland, 2007, 81 (103).
[1447] So auch *Butzer*, AöR 119 (1994), 61 (105).
[1448] So auch *Paulus*, in: Einsatz der Bundeswehr im Ausland, 2007, 81 (103).
[1449] So ähnlich *Luch*, in: Morlok/Schliesky/Wiefelspütz Parlamentsrecht, 2016, § 10 Rn. 54 mit Verweis zur genaueren Ausführungen bei *Lutterbeck*, Parlament und Information, 1977, S. 118 ff., mit der Begründung, dass auch ein Gesetz als Mittel der vorauswirkenden Kontrolle eingesetzt werden kann, wie eben auch ein Beschluss nicht nur als Kontrollinstrument, sondern als Auskunftsmittel zum Gesetzgebungsverfahren dienen kann.

Anwendungsbereichs der verwendeten Handlungsform ziehen, wenn auch eine gewisse Tendenz gefolgert werden kann. Es ist anerkannt, dass das Handeln des Bundestages mittels eines Gesetzesbeschlusses durch das Verhältnis Bürger/-innen zum Staat geprägt ist und daraus auch seine besondere Funktion und auch das aufwendige Verfahren resultieren, wohingegen der „qualifizierte Beschluss" das Verhältnis im legislativen und exekutiven Bereich regelt.[1450] Sie schließen insofern einander aus und haben ein anderes Einsatzfeld. Daher kann auch nicht von einer Funktionsgleichheit[1451] gesprochen werden.

Zusätzlich wird das durch den Vorrang des Gesetzes untermauert, von dessen Wirkung der „qualifizierte Beschluss" eben anders als das förmliche Gesetz nicht erfasst ist.[1452] Das ist auch gerechtfertigt und wird dadurch bestätigt, dass es zu einer gewissen Verlagerung der an sich der Exekutive zugewiesenen Aufgabe auf die Legislative kommen würde und die Exekutive um eine Funktion mehr entledigt wäre, wenn die Legislative, in den Fällen, in denen der „qualifizierte Beschluss" zum Einsatz kommt, nun mittels eines Gesetzes handeln würde. Denn die ausführende Gewalt könnte das erlassene Gesetz nicht ändern und wäre daran gebunden, weil es zu seiner Änderung oder Aufhebung eines neuen Gesetzes bedürfte und sie nur die Initiative bzgl. solchen Gesetzes hätte. Selbst die Maßnahmen, die nicht unter die Wesentlichkeitstheorie fallen würden, wären der Exekutive bzgl. der Regelungs- und Entscheidungszuständigkeit versagt.[1453] Eine gesetzliche Regelung im Bereich der Exekutive würde aufgrund der Vorrangwirkung des Gesetzes zum Übergang der Sachherrschaft auf die Legislative führen und auf diese Weise dem Parlament eine wirksame Waffe geben, falls die Kooperation zwischen dem Bundestag und der Bundesregierung misslingt und in eine Konfrontation umschlägt.[1454] Das Parlament ist den anderen Verfassungsorganen nicht grundsätzlich überlegen. Es kann nur in dem Maße auf die Exekutive rechtserheblich einwirken, wie das Grundgesetz es er-

---

[1450] So auch *Butzer*, AöR 119 (1994), 61 (101).
[1451] Anderer Ansicht *Butzer*, AöR 119 (1994), 61 (101 f.).
[1452] Siehe dazu Teil 2 I. 5.
[1453] *Böckenförde*, NJW 1999, 1235 (1235).
[1454] *Böckenförde*, NJW 1999, 1235 (1236) mit dem Hinweis, dass die die Regierung tragende parlamentarische Mehrheit wohl nicht oder nur zögerlich davon Gebrauch machen wird, dies allerdings aber von dem politischen Kräftespiel zwischen Regierung und Parlament abhängt.

laubt.[1455] Im Grundgesetz selbst gibt es kein „umfassendes Zugriffsrecht" der Legislative auf die Exekutive und es gibt keinen ungeschriebenen „globalen Vorbehalt des Gesetzes", sondern einen Vorbehalt der Verfassung.[1456] Es ist zwar richtig, dass aufgrund der demokratischen Struktur, die Exekutive erheblich an ihrer Führungsrolle im Vergleich zu einer konstitutionellen Monarchie eingebüßt hat.[1457] Das bedeutet aber nicht, dass aus der Stellung des Parlaments als höchstes Staatsorgan die Notwendigkeit einer parlamentarischen Ermächtigung für jegliches exekutive Handeln folgt.[1458] So einen „Totalvorbehalt des Gesetzes" kann es schon deshalb nicht geben, weil nicht jeder Lebenssachverhalt und jede gegebenenfalls notwendig oder sinnvoll werdende Tätigkeit der Exekutive gesetzlich erfassbar ist.[1459] Das hat auch das BVerfG[1460] erkannt: „Das Grundgesetz kennt weder einen Totalvorbehalt des Gesetzes noch eine Kompetenzregel, die besagte, daß alle "objektiv wesentlichen" Entscheidungen vom Gesetzgeber zu treffen wären." und „Das Grundgesetz spricht dem Parlament nicht einen allumfassenden Vorrang bei grundlegenden Entscheidungen zu. Es setzt durch die gewaltenteilende Kompetenzzuordnung seinen Befugnissen Grenzen."[1461] Auch die Exekutive ist zu schützen, um eine funktionsgerechte Gewaltenteilung aufrechtzuerhalten. Denn die Exekutive verfügt über eine eigenständige demokratische Legitimation sowie über einen eigenen „Kernbereich exekutiver Eigenverantwortung".[1462] Der Vorbehalt des Gesetzes unterliegt verfassungsrechtlichen Grenzen, die man als Regierungsvorbehalte[1463] und Verwaltungsvorbehalte[1464] bezeichnen könnte. Unter dem

---

[1455] *Isensee*, JZ 1999, 1113 (1114).
[1456] *Isensee*, JZ 1999, 1113 (1114). Genauer zu dem Vorbehalt der Verfassung, *Isensee*, in: FS für W. Leisner, 1999, 259 (393 ff.).
[1457] *Ossenbühl*, in: HStR, Bd. V, 3. Aufl. 2007, § 101 Rn. 23 mit Verweis auf *Jesch*, Gesetz und Verwaltung, Bd. 2, 2. Aufl. 1968.
[1458] So auch *Ossenbühl*, in: HStR, Bd. V, 3. Aufl. 2007, § 101 Rn. 23.
[1459] So *Lindner*, in: Verf. des FS Bayern Kommentar, 2. Aufl. 2017, Art. 55 BV Rn. 21.
[1460] BVerfGE 6, 1 (109).
[1461] BVerfGE 49, 89 (124 ff.).
[1462] So BVerfGE 68, 1 (87); *Ossenbühl*, in: HStR, Bd. V, 3. Aufl. 2007, § 101 Rn. 23.
[1463] Anzumerken ist, dass der Regierungsvorbehalt dem deutschen Staatsrecht fremd ist, siehe *Ossenbühl*, in: HStR, Bd. V, 3. Aufl. 2007, § 101 Rn. 67.
[1464] Der Verwaltungsvorbehalt ist ein bekanntes Thema der deutschen Staatslehre und wird als Inbegriff eines verfassungskräftigen, gegen Zugriffe des Parlaments abgesicherten, eige-

Regierungsvorbehalt wäre das zu verstehen, was das BVerfG als „Kernbereich exekutiver Eigenverantwortung" bezeichnet, z.B. interne Willensbildung[1465] der Regierung, sowie Personalhoheit und Initiativbereich.[1466] Verwaltungsvorbehalte erfassen hingegen z.B. die Selbstverwaltung, den Gesetzesvollzug, die Organisationsgewalt etc.[1467] Mit dem Vorrang der Verfassung wird die funktionsgerechte Gewaltenteilung in der Weise gewährleistet, dass auch der übermäßige Gebrauch parlamentarischer Einflussrechte gegenüber Exekutive verhindert wird. Der Vorrang des Gesetzes wird durch den Vorrang der Verfassung abgelöst bzw. überhöht diesen und bedeutet mit den Worten von *Ossenbühl* „(...) den Nachrang des förmlichen Gesetzes und den Nachrang des Gesetzgebers, nicht nur gegenüber dem Verfassungsgeber, sondern auch gegenüber der Instanz, die die Verfassung letztverbindlich interpretiert."[1468] Der Vorrang der Verfassung folgt ausdrücklich aus Art. 20 Abs. 3 GG, wonach die Gesetzgebung an die verfassungsmäßige Ordnung gebunden ist. Das bedeutet, dass ein Gesetz nur dann wirksam zustande gekommen ist, wenn es mit den ausdrücklichen Regelungen des Grundgesetzes und den sich durch die Auslegung gewonnenen Grundsätzen des Verfassungsrechts vereinbar ist.[1469] In Art. 1 Abs. 3 GG wird der Vorrang des Verfassung für die Grundrechte noch einmal unterstreicht. Insgesamt wird die Verfassung rechtssystematisch in das staatliche Normengefüge einbezogen.[1470] Mit Art. 79 Abs. 3 GG wird mittelbar die Existenz und die besonderer Qualität des Verfassungsgesetzes abgesichert, weil die dort erwähnten Artikeln und enthaltenen Grundsätze zugleich den Bestand der Verfassung mit einem Mindestgehalt gewährleisten.[1471] Damit ist das Grundgesetz die ranghöchste innerstaatliche Rechtsquelle, die differenzierte Modelle und gestufte Wirkungen, die für den politischen Gestaltungsraum staatlicher

---

nen Gestaltungsbereich der Exekutive verstanden, so *Ossenbühl*, in: HStR, Bd. V, 3. Aufl. 2007, § 101 Rn. 68.
[1465] BVerfGE 68, 1 (87).
[1466] *Ossenbühl*, in: HStR, Bd. V, 3. Aufl. 2007, § 101 Rn. 67.
[1467] Im einzelnen dazu *Ossenbühl*, in: HStR, Bd. V, 3. Aufl. 2007, § 101 Rn. 68 ff.
[1468] *Ossenbühl*, in: HStR, Bd. V, 3. Aufl. 2007, § 101 Rn. 2.
[1469] *Badura*, Staatsrecht, 7. Aufl. 2018, S. 429 Rn. 50.
[1470] *Schmidt-Aßmann*, in: HStR, Bd. II, 3. Aufl. 2004, § 26 Rn. 38; *Sommermann*, in: v. Mangoldt/Klein/Starck, GG Bd. 2, 7. Aufl. 2018, Art. 20 GG Rn. 17; *Grzeszick*, in: Maunz/Dürig Kommentar GG, Oktober 2019, Art. 20 GG VI. Rn. 2.
[1471] *Grzeszick*, in: Maunz/Dürig Kommentar GG, Oktober 2019, Art. 20 GG VI. Rn. 2.

Entscheidungsträger und den individuellen Freiheitsraum privater Rechtsträger wichtig sind, ermöglicht.[1472] Aufgrund der Verfassungsbindung ist jeder Rechtssatz, insbesondere der normative Gehalt der Gesetze, auf verfassungsschranken, Verfassungsaufträge und Verfassungsdirektiven zu untersuchen.[1473] Die Gewaltenteilung in der repräsentativen Demokratie, in der die Organe der jeweiligen Gewalt selbstständige Aufgaben und Befugnisse haben, ist damit verfassungsrechtlich abgesichert.[1474] Die durch das Grundgesetz vorgenommene Verteilung der Gewichte muss aufrechterhalten bleiben, damit Entscheidungen und Aufgaben von den Organen getroffen und wahrgenommen werden können, die dafür legitimiert sind und über entsprechende Voraussetzungen verfügen, um sie optimal zu erfüllen. Anderenfalls würde ein nicht vom Grundgesetz vorgesehenes Übergewicht einer Gewalt über die andere entstehen bzw. eine Gewalt würde der für die Erfüllung ihrer verfassungsmäßigen Aufgaben erforderlichen Kompetenzen beraubt werden.[1475] So lässt dieser Grundsatz auch Ausnahmen zu. Im Sinne der effektiven Gewaltenteilung wirken die Gewalten auch zusammen und kontrollieren sich gegenseitig.[1476] Damit hat zwar der Bundestag die Befugnis zur Kontrolle und zur Missbilligung, er hat aber nicht die Entscheidungskompetenz.[1477]

Gerade bei gesetzesähnlichen Rechtsformen, wie das der Fall beim „qualifizierten Parlamentsbeschluss" ist, sind Kompetenzschranken von Verfassung wegen zu ziehen, die an die äußersten Grenzen anknüpfen, die für die Handlungsform parlamentarischer Aktivität – das Parlamentsgesetz – gelten. Denn Gesetzesähnlichkeit heißt, dass der von der Rechtsform ausgehende Druck einen Intensitätsgrad erreicht, der den Wirkungen eines Parlamentsgesetzes mindestens vergleichbar ist.[1478] Daher müssen die Grenzen für den Erlass des „qualifizierten Beschlusses" sich an denen des Gesetzeserlasses orientieren und enger sein als solche, die ohnehin für den Erlass sonstiger Beschlüsse gelten.

---

[1472] *Schmidt-Aßmann*, in: HStR, Bd. II, 3. Aufl. 2004, § 26 Rn. 29.
[1473] *Schmidt-Aßmann*, in: HStR, Bd. II, 3. Aufl. 2004, § 26 Rn. 29.
[1474] *Badura*, Staatsrecht, 7. Aufl. 2018, S. 428 Rn. 48.
[1475] BVerfGE 9, 268 (279 f.); 22, 106 (111); 34, 52 (59); *Badura*, Staatsrecht, 7. Aufl. 2018, S. 428 Rn. 48.
[1476] *Badura*, Staatsrecht, 7. Aufl. 2018, S. 428 Rn. 48.
[1477] *Badura*, Staatsrecht, 7. Aufl. 2018, S. 428 Rn. 48.
[1478] *Pestalozza*, Formenmißbrauch, 1973, S. 149.

Aus den Volksbefragungsurteilen des BVerfG folgt, dass „(...) das Tätigwerden als Staatsorgan – gleichgültig in welcher Form und mit welcher Wirkung es geschieht – im freiheitlich-demokratischen Rechtsstaat durch Kompetenznormen verfassungsrechtlich begrenzt"[1479] ist. Diese Aussage ist sehr allgemein gehalten, weist aber die Verfassung, insbesondere die Kompetenzordnung, als Grenze für staatliches Handeln auf, auch bei Handlungsformen, die kein Gesetz sind. Die Entscheidung des BVerfG vom 30.7.1958 betraf zwar das Verhältnis zwischen den Ländern und dem Bund, führte aber zu einer ähnlichen Problemstellung wie bei den „qualifizierten Parlamentsbeschlüssen" und ihrer Einflussnahme auf die Regierung. Es entbrannte eine Diskussion[1480] über mögliche Grenzen des Handelns der Länder, wenn die von ihnen gewählte Handlungsform kein Landesgesetz ist, sondern eine andere an sich zulässige Rechtsform der Einflussnahme, darunter auch der schlichten Parlamentsbeschlüsse. Die Folgerungen aus dieser Entscheidung werden durch eine Reihe von Entscheidungen des BVerfG, die diesen Bereich betreffen, bestätigt, nämlich dass selbst wenn der Aufgaben- und Kompetenzbereich nicht ausdrücklich geregelt ist, dieser aus der Verfassung und den dort verankerten Grundsätzen zu ermitteln ist und eine Grenze für das Handeln der Organe darstellt.[1481] Hiernach folgt für

---

[1479] BVerfGE 8, 104 (115 f.). So auch BVerfGE 8, 122 (135 ff.), in dem es um Gemeindebeschlüsse zur Durchführung von Volksbefragungen ging, die einen Übergriff in die ausschließliche Zuständigkeit des Bundes darstellten.
[1480] *Uhle*, in: Maunz/Dürig Kommentar GG, Oktober 2019, Art. 71 GG Rn. 41. Es ist die „(...) Frage diskutiert worden, ob eine generelle Ausstrahlungswirkung der Sperrwirkung auf den Bereich politischer Meinungsbildung zu bejahen ist, wenn die Länder auf die ausschließliche Gesetzgebung des Bundes durch amtliche Instrumente Einfluss zu nehmen versuchen, die nicht auf einer landesgesetzlichen Grundlage beruhen bzw. keinen Gesetzentwurf zum Gegenstand haben; hierzu zählen etwa Volksbefragungen, die unabhängig von dem Erlass eines förmlichen Gesetzes durchgeführt werden, schlichte Parlamentsbeschlüsse, informales Handeln sowie informatorische Äußerungen der Landesregierungen."
[1481] Siehe dazu z.B. BVerfGE 44, 125 (149) – Öffentlichkeitsarbeit der Bundesregierung: „Öffentlichkeitsarbeit ist nur zulässig, soweit sie sich im Rahmen des vom Grundgesetz der Bundesregierung zugewiesenen Aufgabenbereiches und Zuständigkeitsbereiches hält." Siehe auch BVerfGE 105, 252 (270) – Glykol; BVerfGE 105, 279 (306) – Osho, Zuordnung des Informationshandelns zur Staatsleitung, deren Bereich nicht ausdrücklich geregelt, aber unter Beachtung der Kompetenzordnung (darunter Gesetzgebungsvorschriften) zu ermitteln sei. Zustimmend und auf diese Entscheidungen verweisend, *Uhle*, in: Maunz/Dürig Kommentar GG, Oktober 2019, Art. 71 GG Rn. 41; aber auch *Clemens/Umbach*, in: Umbach/Clemens GG-Kommentar, Bd. II, 2002, Art. 71 GG Rn. 10; *Pieroth*, in: Jarass/Pieroth-GG-Kommentar, 15. Aufl. 2018, Art. 71 GG Rn. 2.

den Erlass „qualifizierter Parlamentsbeschlüsse", dass die wechselseitige Achtung der Kompetenzsphären von Bundestag und Bundesregierung auch dort gefordert ist, wo ein Handeln in nicht unmittelbar gesetzesförmlicher Weise vorliegt und Gebot der Bundestreue bzw. die Pflicht zu bundesfreundlichem Verhalten aktualisiert werden.[1482] Die „qualifizierten Beschlüsse" müssen im Kontext einer Parlamentsfunktion und -kompetenz stehen sowie aus dem Grundgesetz herzuleiten sein. Eine völlige Gestaltung- und Entscheidungsfreiheit steht dem Bundestag nicht offen. Das erfasst sowohl die Erschaffung neuer Handlungsformen als auch deren beliebige Vermischung. Die absolute Grenze der Wahlfreiheit ist erreicht, wenn die jeweilige Teilrechtsordnung entsprechende Formen nicht bereithält bzw. im konkreten Zusammenhang den Gebrauch nur einer bestimmten Form erlaubt oder den Gebrauch anderer verbietet oder Gebote für den Gebrauch einer bestimmten Form enthält.[1483]

### a) Der Gesetzesbeschluss als reguläre Handlungsform und die Gefahr der Überdehnung der Kontrollfunktion des Parlaments

Laut *Hoffmann-Riem* werde heute weitgehend anerkannt, dass den Staatsorganen, soweit die Rechtsordnung keine Grenzen vorsehe, die Auswahl zwischen unterschiedlichen, ihnen grundsätzlich verfügbaren Formen der Problembewältigung freistehe.[1484] Daraus kann aber nicht der „Erst-recht-Schluss" gezogen werden, wonach der Bundestag, weil er legislativ tätig ist, sich generell eine Beschlusskompetenz per Gesetz geben könnte.[1485] Der Bundestag ist nicht allzuständig und hat keine allumfassende Befugnis. Zudem soll das im Grundgesetz vorgesehene Gesetzgebungsverfahren, das als reguläre Rechtsform der Rechtsetzung vorgesehen wurde, auch als typische Handlungsform verbleiben. Alles andere würde der Formentypik widersprechen. Es wird darauf verwiesen, dass die Aufwertung des einfachen Beschlusses bereits an dem Gesetzmäßigkeitsprinzip des Art. 20 Abs. 3 GG scheitere, das auf dem Begriff des förmlichen

---

[1482] So ähnlich, aber im Verhältnis von Land und Bund, *Uhle*, in: Maunz/Dürig Kommentar GG, Oktober 2019, Art. 70 GG Rn. 41 mit Verweis auf BVerfGE 81, 310 (337) – Kalkar II; BVerfGE 92, 203 (230) – EG-Fernsehrichtlinie.
[1483] *Hoffmann-Riem*, in: Grundlagen des VerwR, Bd. 2, 2. Aufl. 2012, § 33 Rn. 101.
[1484] *Hoffmann-Riem*, in: Grundlagen des VerwR, Bd. 2, 2. Aufl. 2012, § 33 Rn. 97.
[1485] So *Luch*, in: Morlok/Schliesky/Wiefelspütz Parlamentsrecht, 2016, § 10 Rn. 57, der damit die Entscheidung des BVerfG kritisiert, BVerfGE 8, 274 (321), in der es um die Einräumung von Zustimmungsvorbehalten für den Bundestag bei Rechtsverordnungen ging.

Gesetzes aufbaue (denn die rechtsstaatliche Formentypik stützt sich auf den Begriffen Gesetz, Rechtsverordnung, Verwaltungsakt) sodass der einfache Parlamentsbeschlusses sich dort nur schwer einordnen lasse und unweigerlich die Abwertung des Gesetzesbeschlusses zur Folge hätte.[1486] Ferner gibt es vorgeschriebene Fälle, in denen ein Gesetzeserlass notwendig ist, z.B. beim qualifizierten Gesetzesvorbehalt bei Grundrechtseingriffen, der ein spezifisches Rechtsformgebot[1487] darstellt, und aufgrund seines allgemeinverbindlichen Charakters nicht gegen einen „qualifizierten Beschluss" ausgetauscht werden kann. Dem Bundestag ist es verwehrt, seinen einfachen Beschlüssen Verbindlichkeit zu verleihen, soweit dafür keine verfassungsrechtliche Grundlage ausfindig gemacht werden kann.[1488] Nach dem Grundsatz der Zweckmäßigkeit und Wirksamkeit der Problemlösung ist die Handlungsform je nach dem Handlungsziel zu wählen, falls die Rechtsordnung ein Parlamentsgesetz nicht zwingend vorschreibt und sie ihrer Funktion umfassend gerecht wird.[1489] Die rechtlichen Grenzen der Formenwahl orientieren sich, insbesondere an den Zuständigkeitsregeln, Grundrechten, allgemein rechtsstaatlich wichtigen Grundsätzen wie Verhältnismäßigkeitsgrundsatz oder Regeln der Ermessensausübung und -abwägung.[1490] Das gilt auch im Bereich der Kontrollfunktion des Bundestages gegenüber der Exekutive. Das Grundgesetz hält bestimmte Instrumentarien für die Legislative bereit, um auf die Exekutive einzuwirken, z.B. durch das Informations- und Interpellationsrecht (vgl. Art. 43 GG), das Recht zur Einsetzung von Untersuchungsausschüssen (vgl. Art. 44 GG), die parlamentarische Finanz- und Haushaltskontrolle (vgl. Art. 110 ff. GG) oder das Misstrauensvotum (vgl. Art. 67 GG). Diese Kontrollmittel sind ganz spezifisch und stehen in einem fragilen Gleichgewicht zueinander.[1491] Ihre Unzulänglichkeit oder Ungeeignetheit können politisch bedauerlich sein oder kritisiert werden,[1492] dennoch bleibt es

---

[1486] *Luch*, in: Morlok/Schliesky/Wiefelspütz Parlamentsrecht, 2016, § 10 Rn. 58.
[1487] Siehe *Hoffmann-Riem*, in: Grundlagen des VerwR, Bd. 2, 2. Aufl. 2012, § 33 Rn. 108.
[1488] So *Luch*, in: Morlok/Schliesky/Wiefelspütz Parlamentsrecht, 2016, § 10 Rn. 60.
[1489] In dem Sinne *Hoffmann-Riem*, in: Grundlagen des VerwR, Bd. 2, 2. Aufl. 2012, § 33 Rn. 100.
[1490] *Hoffmann-Riem*, in: Grundlagen des VerwR, Bd. 2, 2. Aufl. 2012, § 33 Rn. 99. Auf die Kompetenzordnung, die Strukturprinzipien und die von den Grundrechten ausgehenden Hindernissen als Grenzen der Wahl weist bereits hin, *Goerlich*, DÖV 1985, 945 (948).
[1491] *Pegatzky*, Parlament und Verordnungsgeber, 1999, S. 86 f.
[1492] *Kewenig*, Staatsrechtliche Probleme, 1970, S. 24 f.

die Aufgabe des Verfassungsgesetzgebers Abhilfe zu schaffen.[1493] Das Grundgesetz ist dahingehend abschließend und kennt keine beliebigen Mittel, sodass der Bundestag keine neuen Mittel kreieren kann, die nicht bereits im Grundgesetz angelegt sind. Denn die Legislative kann nur mit den ihr verfassungsgesetzlich zur Verfügung gestellten Mitteln hantieren, um die Exekutive zu kontrollieren, abweichenden Gesetzesvollzug zu monieren, durch gesetzliche Klarstellung zu korrigieren oder die Regierung zu stürzen.[1494] Im Falle des Einsatzes der Streitkräfte oder des Beschlusses bzgl. EU-Rechtsakte handelt es sich um verfassungsrechtlich geforderte Parlamentsvorbehalte.[1495] Derartige Einflussmöglichkeiten auf die Exekutive sind zwar nicht ausdrücklich in der Verfassung niedergeschrieben, werden aber aus den Verfassungsbestimmungen hergeleitet. Sie wurden damit nicht neu kreiert, sondern waren in der Verfassung verankert und sind konkretisiert worden.

**b) Bedenken beim übergemäßen Gebrauch von „qualifizierten Parlamentsbeschlüssen" aus verfahrensrechtlicher Sicht**

Eine weitere Grenze bzgl. der Wahl kann sich aus bestimmten Verfahrensvoraussetzungen ergeben. Entweder entschließt sich das Parlament für das komplexe Gesetzgebungsverfahren oder es wählt das „abgekürzte, summarische Verfahren."[1496] So ist zwischen dem Gebrauch und Missbrauch der Form zu unterscheiden, um die Disponibilitätsreichweite aufzuzeigen. Die Entscheidung für eine bestimmte Handlungsform sollte nicht willkürlich erfolgen, sondern an rechtlich legitimen Zielen ausgerichtet werden.[1497] Dabei sind Gründe zu nennen, die den Verzicht der einen und die Bevorzugung der anderen Form begründen.

Als Maßstab kann das Kriterium der funktionalen Äquivalenz dienen, um zu klären, ob die Formenwahl in nicht gerechtfertigter Weise zur Vermeidung an sich

---

[1493] In diesem Sinne *Pegatzky*, Parlament und Verordnungsgeber, 1999, S. 87; zustimmend *Luch*, in: Morlok/Schliesky/Wiefelspütz Parlamentsrecht, 2016, § 10 Rn. 56.
[1494] *Zimmer*, Funktion-Kompetenz-Legitimation, 1979, S. 226.
[1495] Siehe dazu Teil 1 II. 5. BVerfGE 90, 286 (390); 123, 267 (391 f., 413 f. und 430 f.).
[1496] *Luch*, in: Morlok/Schliesky/Wiefelspütz Parlamentsrecht, 2016, § 10 Rn. 58 mit Verweis auf *Forsthoff*, Zur Problematik der Verfassungsauslegung, 1961, S. 23 ff.
[1497] So ähnlich *Hoffmann-Riem*, in: Grundlagen des VerwR, Bd. 2, 2. Aufl. 2012, § 33 Rn. 113.

maßgeblicher rechtlicher Vorgaben geführt hat oder führen wird.[1498] Denn die Komplexität von manchen Konfliktlagen erfordert die Abwägung und Zuordnung unterschiedlicher Interessen, um damit eine ausgleichende Optimierung zu erlangen.[1499] Damit geht aus der vor allem im Schrifttum geäußerten Warnung ein Diktum einher, das insbesondere den Bereich der Formenwahl betrifft, nämlich des Verbots der Flucht ins schlichte Verfahren.[1500] Wegen der Verbindlichkeit parlamentarischer Beschlüsse könnte der Bundestag dazu verleitet werden, je nach Sachlage auf das Gesetzgebungsverfahren zu verzichten. Dadurch würde das spezielle Verfahren nach Art. 70 ff. GG ausgehebelt werden und an Bedeutung verlieren.[1501] *Pestalozza* warnt daher vor leichthändigen Umgang mit der Sanktion des Verstoßes bei Nichteinhaltung von Verfahrensvorschriften, insbesondere innerhalb des Gesetzgebungsverfahrens, und vor der Aufwertung formloser Verfahren: „Da das Gesetz als Gesetz qua Verfahren und nur so qualifiziert wird, (...). So gesehen, bilden die Verfahrensvorschriften, weil hier die Qualifikationskompetenz des Staates am weitesten reicht, das eigentliche Zentrum der Verfassung; hier wo der Spielraum des Staates am größten ist, muß er am nachhaltigsten auf die genaue Einhaltung der Spielregeln verpflichtet werden."[1502] So besteht bei einem formlosen Verfahren die Gefahr, dass keine offene und ausgleichende Entscheidung hervorgebracht werden kann, wie es aber der Fall im Gesetzgebungsverfahren ist, weil es an einer ausreichenden Kontrolle durch die Öffentlichkeit fehlt.[1503] Zu den Aufgaben des Gesetzgebers beim Erlass eines Gesetzes gehört nämlich die Einbeziehung plu-

---

[1498] *Hoffmann-Riem*, in: Grundlagen des VerwR, Bd. 2, 2. Aufl. 2012, § 33 Rn. 113, der darauf hinweist, dass der Gedanke an die Entscheidung des BVerfG angelehnt ist, in der im Rahmen der Prüfung des § 47 Abs. 1 Nr. 1 VwGO der als Gesetz erlassene hamburgische Bebauungsplan in eine Satzung umgedeutet wurde, um dadurch eine verwaltungsrechtliche Kontrolle zu ermöglichen, BVerfGE 70, 35 (55 ff.).
[1499] *Hoffmann-Riem*, in: Grundlagen des VerwR, Bd. 2, 2. Aufl. 2012, § 33 Rn. 110.
[1500] *Hoffmann-Riem*, in: Grundlagen des VerwR, Bd. 2, 2. Aufl. 2012, § 33 Rn. 110. Grundlegend dazu aber *Pestalozza*, Formenmißbrauch, 1973, S. 143 ff. In dem 2. Abschnitt geht es um den „Formenmißbrauch durch Manipulation des Sachverhalts oder des Rechtsinhalts". Zustimmend auch *Goerlich*, DÖV 1985, 945 (948 f.); *Busch*, Das Verhältnis des Art. 80 Abs. 1 S. 2 GG zum Gesetzes- und Parlamentsvorbehalt, 1992, S. 71.
[1501] So BVerwGE 12, 11 (14). Dazu auch *Magiera*, Parlament und Staatsleitung, 1979, S. 215.
[1502] *Pestalozza*, Formenmißbrauch, 1973, S. 159.
[1503] *Luch*, in: Morlok/Schliesky/Wiefelspütz Parlamentsrecht, 2016, § 10 Rn. 58.

ralistischer Gruppeninteressen.[1504] Dieses Argument kann jedoch wiederlegt werden, weil auch beim einfachen Beschlussverfahren eine breite Diskussion mit Meinungsaustausch stattfindet.[1505] Es kann hingegen nicht widersprochen werden, dass das gemeinsame Handeln der Verfassungsorgane beim Gesetzeserlass, einen gesteigerten Vertrauenstatbestand schafft.[1506] Das Fehlen weiterer Verfahrensschritte wie der Publikation, bringt das Problem der mangelnden Evidenz mit sich, sowie einer unübersehbaren Vielzahl punktueller Einzelmaßnahmen und -ermächtigungen, die die Justiz vor kaum zu bewältigenden Aufgabe einer nachträglichen Kontrolle stellen würde.[1507] Darin ist der richtige Ansatz zu erkennen, soweit darauf hingewiesen wird, dass beim Verbot des Gebrauchs einer bestimmten Handlungsform unabdingbare rechtsstaatliche Sicherungen vereitelt werden könnten, die mit einer bestimmten Handlungsform einhergehen, z.b. etwa Möglichkeiten[1508] des Rechtsschutzes.[1509] Hinzuweisen ist aber darauf, dass das BVerfG sich im Hinblick auf Art. 19 Abs. 4 GG zwar für einen effektiven Rechtsschutz ausspricht, aber keine bestimmte oder gar überall gleiche Art des Rechtsschutzes garantiert und es betont auch, dass kein Anspruch auf bestmöglichen Rechtsschutz besteht.[1510]

### c) Die Entbehrlichkeit des Gesetzesbeschlusses und die Anerkennung von formfreien Regelungsbereichen

Aus der Systematik des Grundgesetzes lässt sich keine eindeutige Beschränkung der Wahl bzgl. der Handlungsform erblicken. Das Grundgesetz benennt einige Fälle, in denen ein Gesetz bzw. ein einfacher Beschluss möglich ist, ist aber nicht abschließend, sodass nur im Ansatz angenommen werden kann, dass im staatsinternen Bereich der einfache Beschluss die Regelform ist, während er in den anderen Bereichen eine Ausnahmeform darstellt.[1511] Das lässt sich damit

---

[1504] *Scheuner*, DÖV 1960, 601 (609).
[1505] Siehe dazu Teil 2 I. 4. c).
[1506] *Kühnreich*, Das Selbstorganisationsrecht des Deutschen Bundestages, 1997, S. 116.
[1507] So *Luch*, in: Morlok/Schliesky/Wiefelspütz Parlamentsrecht, 2016, § 10 Rn. 58.
[1508] Zum Rechtsschutz und Folgen des Verstoßes, *Pestalozza*, Formenmißbrauch, 1973, S. 165; *Goerlich*, DÖV 1985, 945 (949).
[1509] *Hoffmann-Riem*, in: Grundlagen des VerwR, Bd. 2, 2. Aufl. 2012, § 33 Rn. 110 und 112.
[1510] BVerfGE 10, 89 (105); 70, 35 (56). So auch *Hoffmann-Riem*, in: Grundlagen des VerwR, Bd. 2, 2. Aufl. 2012, § 33 Rn. 112.
[1511] *Luch*, in: Morlok/Schliesky/Wiefelspütz Parlamentsrecht, 2016, § 10 Rn. 54.

begründen, dass es im Grundgesetz keinen Vorbehalt der Staatsaufgaben gibt, sondern nur den Vorbehalt der Normerzeugung.[1512] Damit propagiert das Grundgesetz eine weitgehende programmatische Enthaltung, die aber dem politischen Prozess den Bewegungsraum offenhält, um die Staatsaufgaben dem Wandel der Mittel und Bedürfnisse anzupassen, und um den beteiligten Organen für ihre Entscheidungen die erforderliche kompetenzadäquate demokratische Legitimation zu verschaffen.[1513] Dafür ist der „qualifizierte Beschluss" prädestiniert und bietet die nötige Flexibilität. Der Unterschied zum Parlamentsgesetz liegt darin, dass der Beschluss nicht ein „Müssen", sondern eher ein „Dürfen" bedeutet und der Exekutive die Möglichkeit einräumt, von einer Art Erlaubnis Gebrauch zu machen. So ist Vorsicht geboten, wenn es um die Übertragung der Wesentlichkeitstheorie und den Erlass von Gesetzen aus der Staat-Bürger/-in-Beziehung in den Bereich des Verhältnisses zwischen Staatsorganen geht.[1514] Das jeweils Wesentliche soll durchaus vom Parlament entschieden werden, insbesondere grundrechtsrelevante Bereiche, in denen das Parlament als Gesetzgeber tätig werden muss. Es ergibt aber wenig Sinn das Parlament als Gesetzgeber zu fordern, das Verhältnis zwischen Staatsorganen regeln zu lassen. Denn das Grundgesetz als gewaltengegliederte demokratische Verfassungsordnung ist die Grundlage und Legitimation für alle Staatsfunktionen und konstruiert ein institutionell und verfahrensmäßig ausgeformtes Gefüge, in dem die verschiedenen Funktionen und Aufgaben nicht nur wahrgenommen werden können, sondern auch aufeinander einwirken, voneinander abhängig sind und sich wechselseitig begrenzen.[1515] Das Instrument des Gesetzes in dem Bereich würde dem Parlament eine Prärogative einräumen und die im Grundgesetz angelegte Gewaltenteilung um ihr Gleichgewicht bringen. Mittels eines „qualifizierten Beschlusses" wird ein Mittelweg beschritten, der sich ins institutionelle und verfahrensmäßige Gefüge des Grundgesetzes

---

[1512] *Isensee*, in: FS für W. Leisner, 1999, 259 (380).
[1513] *Isensee*, in: FS für W. Leisner, 1999, 259 (380).
[1514] So ähnlich *Böckenförde*, NJW 1999, 1235 f. und *Isensee*, JZ 1999, 1113 ff. bzgl. des Urteils des VerfGH NRW v. 9.2.1999 – VerfGH 11/98, in dem es um Zusammenlegung von Innen- und Justizministerium in NRW ging, insbesondere ob der Ministerpräsident durch seinen Organisationserlass, mit dem er Innen- und Justizministerium zusammenlegte und das Justizministerium als eigenständiges Ministerium aufhob, dadurch die Rechte des Landtags verletzte, was der VerfGH NRW bejahte.
[1515] *Böckenförde*, NJW 1999, 1235 (1236).

einebnen lässt. Der „qualifizierte Beschluss" ist im Vergleich zum Parlamentsgesetz als Rechtsetzungsakt ein Minus.

Aus dem Vorbehalt des Gesetzes ist eine klare Trennung ebenso wenig herzuleiten. Die Gesetzesform wird für hochpolitische Angelegenheiten oder für Fälle mit föderativem Charakter oder aber für freiheitsbeschränkende Maßnahmen gewählt. Daher ist der Aussage zu folgen, dass das Grundgesetz das Parlamentsgesetz auch als die reguläre Form der Rechtsetzung erkenne und sich ihm unter den Aspekten von Zustandekommen und Ausführung, Kompetenz und Verfahren, Gebundenheit der Gesetzgebung an die Verfassung und Bindung der vollziehenden Gewalt an das Gesetz, als Schranke der Grundrechte und als Gegenstand der Normenkontrolle widme.[1516] Der Versuch, mittels der Wesentlichkeitstheorie und des Parlamentsvorbehaltes den Bereich der Anwendung des Gesetzes genauer zu bestimmen, ist aus mehreren Gründen nicht gelungen.[1517] Das Verständnis der Begriffe ist nicht eindeutig und lässt es zu, die „qualifizierten Beschlüsse" darunter zu subsumieren bzw. sie nicht auszuschließen. Damit eignen sich diese nicht dafür, eine Abgrenzung vorzunehmen. So kann zwar der „qualifizierte Beschluss" den Vorbehalt des Gesetzes bzw. Gesetzesvorbehalt seinerseits nicht ersetzen oder modifizieren (wo eine Gesetzesform und das Gesetzgebungsverfahren verlangt werden, sind diese auch zwingend einzuhalten), neben diesen steht jedoch der „qualifizierte Parlamentsbeschluss" als legitime Handlungsform parlamentarischer Entscheidungsmacht.[1518]

Eine Folgerung lässt sich insoweit aus der Wesentlichkeitstheorie ziehen: zum einen, dass sie nicht zur Verschiebung der Kompetenzverteilung zwischen den Verfassungsorganen führt, wenn der Bundestag mitentscheidet, zum anderen aber, dass die Form der Entscheidung, in der der Bundestag entscheidet, nicht vorherbestimmt ist.[1519] Denn der Status und die Kompetenzen der Verfassungsorgane werden von Verfassung wegen abschließend normiert, sei es die Mitwirkung des Bundesrates an der Gesetzgebung, sei es die Gegenzeich-

---

[1516] *Isensee*, in: FS für W. Leisner, 1999, 259 (381).
[1517] Siehe dazu Teil 2 I. 3. und 4.
[1518] *Scholz/Bismark*, in: Schule im Rechtsstaat, Bd. II, 1980, 73 (121).
[1519] *Luch*, in: Morlok/Schliesky/Wiefelspütz Parlamentsrecht, 2016, § 10 Rn. 55.

nungsbedürftigkeit der Akte durch den Bundespräsidenten oder aber die vorzeitige Auflösung des Bundestages.[1520] Dadurch bedarf jede Ingerenz seitens eines Staatsorgans auf ein anderes einer verfassungsrechtlichen Grundlage. Das ist aus den „qualifizierten Beschlüssen" bzgl. der Streitkräfte als auch der Beteiligung des Bundestags auf der europäischen Ebene zu entnehmen. Damit sowohl der Bundestag als auch der Bundesrat rechtswirksam das Verhalten der Bundesregierung bei der Außenvertretung der BRD in den europäischen Gremien durch Einräumung von Rechten beeinflussen können, war eine förmliche Verfassungsrevision erforderlich (Art. 23 GG).[1521] Bei dem Streitkräftebeschluss war diese nicht erforderlich. Das BVerfG ging von einem Verfassungsvorbehalt aus, der den Einsatz der Bundeswehr im Rahmen des Bündnisses, ungeachtet der verfassungsrechtlichen Organkompetenz der Bundesregierung, von einer konstitutiven Zustimmung des Parlaments abhängig machte.[1522] Denn das Gericht leitet diesen ungeschriebenen „Parlamentsvorbehalt" aus dem Grundgesetz her und rechtfertigt seine Geltung aus dessen Implikation heraus.[1523]

### d) Angemessene Berücksichtigung der Mitwirkungsrechte anderer Organe

Ein weiterer Einwand gegen die Wahlfreiheit ist, dass die im Gesetzgebungsverfahren vorgesehenen Mitwirkungsbefugnisse anderer Verfassungsorgane im einfachen Beschlussverfahren umgangen werden. Das gilt insbesondere für den Bundesrat als Organ, über den die Länder bei der Gesetzgebung und Verwaltung des Bundes und in Angelegenheiten der Europäischen Union mitwirken (Art. 50 GG), aber auch für den Bundespräsidenten, der für die Ausfertigung und Verkündung des Gesetzes zuständig ist (Art. 82 GG), womit sein Prüfungsrecht[1524] einhergeht. Wenn man die Verfahren miteinander vergleicht, ist auch

---

[1520] *Isensee*, in: FS für W. Leisner, 1999, 259 (393 f.).
[1521] So bereits *Isensee*, in: FS für W. Leisner, 1999, 259 (393).
[1522] *Isensee*, in: FS für W. Leisner, 1999, 259 (393) bzgl. BVerfGE 90, 286 ff.
[1523] *Isensee*, in: FS für W. Leisner, 1999, 259 (393) mit Verweis auf BVerfGE 90, 286 (381 ff.).
[1524] Nach überwiegender Auffassung ist im Grundsatz anerkannt, dass dem Bundespräsidenten ein Prüfungsrecht zusteht, lediglich die Reichweite ist bis heute umstritten, *Brenner*, in: v. Mangoldt/Klein/Starck, GG Bd. 2, 7. Aufl. 2018, Art. 82 GG Rn. 22 ff.; *Nierhaus/Mann*, in: Sachs GG-Kommentar, 8. Aufl. 2018, Art. 82 GG Rn. 6 ff. Ausführlich dazu aber auch *Nettesheim*, in: HStR, Bd. III, 3. Aufl. 2005, § 62 Rn. 36 ff. Ebenfalls das BVerfG hat mehrfach auf das Prüfungsrecht hingewiesen, aber nicht dessen Umfang näher konkretisiert, BVerfGE 1, 396 (413); 2, 143 (169); 34, 9 (22 f.); 131, 47 (53). Genauer dazu, *Pieper*, in: Gesetzgebung, 2014, § 20 Rn. 34 ff., 57 ff.

dem zuzustimmen. Bei dem einfachen Beschlussverfahren sind den Art. 76, 77 und 82 GG vergleichbare Vorschriften nicht zu finden. Mit den Worten von *Butzer*: „Hier „manövriert" der Bundestag durch seine Formenwahl die Hürde der für Gesetze vorgesehenen Mitwirkungsrechte und Zustimmungsvorbehalte aus."[1525] Dafür könnte man Ausgleichsmöglichkeiten vorsehen. So dürfte es unkompliziert sein, dem Bundesrat ein Initiativrecht einzuräumen oder aber Einwirkungsmöglichkeiten, die sich aus dem Interpellationsrecht des Art. 43 Abs. 2 GG ergeben, sowie informelle Mittel der Einflussnahme auf die Fraktionen oder einzelne Abgeordneten zu nutzen, um Gegenvorstellungen oder Änderungswünsche der Länder in die Beratungen einzubringen.[1526] Eine weitere Kompensationsmöglichkeit wären Ermächtigungen[1527] mit Kenntnis-, Zustimmungs-, Änderungs- oder Aufhebungsvorbehalten für den Bundesrat oder den Bundespräsidenten. Auf Landesebene spielt diese Ausgleichmöglichkeit keine Rolle, weil es auf der Ebene keine dem Bundesrat vergleichbaren Kammern oder Landespräsidenten gibt.[1528] Der Sinn und Zweck von solchen Vorbehalten ist es, dem „legitimen Interesse" der anderen Verfassungsorgane Rechnung zu tragen, um sich – wegen der Bedeutung der zu treffenden Regelung – entscheidenden Einfluss auf Erlass und Inhalt der Regelung vorzubehalten.[1529] Auf diese Art und Weise könnte dem Gebot der Organtreue und dem Grundsatz der Zurechenbarkeit normativer Verantwortung entsprochen werden. Mit der Einschaltung des Bundesrates oder aber des Bundespräsidenten würden wiederum die entscheidenden Vorteile, die mit der Wahl der Beschlussform verbunden sind, verloren gehen.[1530] Denn gerade diese Vorteile – schnelle Entscheidungsfindung und Flexibilität – sind auch jene, die nach dieser Handlungsform verlangen. Als

---

[1525] *Butzer*, AöR 119 (1994), 61 (102).
[1526] *Butzer*, AöR 119 (1994), 61 (102 f.) mit Verweis auf *Schürmann*, AöR 115 (1990), 45 (58 f.) bzgl. der Rechte des Bunderates.
[1527] Das ist die Typologie der Mitwirkungsrechte des Bundestages im Rahmen der Verordnungsgebung, dazu *Nierhaus*, in: Bonner Kommentar, Februar 2020, Art. 80 GG Rn. 188.
[1528] *Butzer*, AöR 119 (1994), 61 (103). Das gilt auch für den Freistaat Bayern, in dem der Bayerische Senat Mitwirkungsrechte zur Landesgesetzen hatte (vgl. Art. 34 bis 42 a.F. BV – die Rechte beinhalteten aber kein Zustimmungsrecht), aber ab 1.1.2000 durch Gesetz v. 20.2.1998 (GVBl. S. 42) der Senat abgeschafft worden ist.
[1529] So ähnlich, aber in Bezug auf den Erlass von Rechtsverordnungen und den Vorbehalten des Parlaments, auch *Mössle*, Regierungsfunktionen, 1986, S. 142 mit Verweis auf BVerfGE 8, 274 (321).
[1530] So auch *Butzer*, AöR 119 (1994), 61 (104).

schonendste Beteiligungsform, ohne die Vorteile des Beschlusses einzukassieren, kämen daher nur Anhörungs- und Kenntnisvorbehalte in Betracht. Diese würden den anderen Organen keine Mitentscheidungs-, dafür aber Äußerungsrechte ohne rechtliche Bindungswirkung einräumen. Damit würden diese Vorbehalte die Informationsbedürfnisse erfüllen und der Rechtanwendungssicherheit und Transparenz dienen.[1531]

Näherer Betrachtung bedarf das Prinzip der Verfassungsorgantreue[1532], aus dem sich eine Pflichtenbindung für alle Verfassungsorgane ergibt, die zu wechselseitiger Achtung, Rücksichtnahme und Kooperation bei der Erfüllung der Aufgaben verpflichtet.[1533] Es stellt sich die Frage, ob der Grundsatz der Verfassungstreue nicht bloß eine stumpfe Waffe im politischen Meinungskampf ist und aufgrund mangelnder Justiziabilität wirkungslos ist.[1534] Diese Bedenken lassen sich ausräumen. Der Grundsatz hat eine verfassungsrechtliche Verankerung, die die Erwartungen an ein respektvolles Miteinander legitimiert und die dazu zwingt, sie zu konkretisieren.[1535] Außerdem möchte keiner der politischen Spieler das Verdikt verfassungsrechtlicher Kritik auf sich ziehen, an Glaubwürdigkeit verlieren und sich bewusst, nach außen erkennbar außerhalb der Verfassung bewegen, was Sanktionen nach sich ziehen kann.[1536] Das Wissen über die rechtliche Bindung ist aus sich heraus von besonderem Gewicht und entfaltet „heilsame Wirkung" auf den politischen Stil der Verfassungsorgane untereinander.[1537] Infolgedessen darf dem Bundestag nicht unterstellt werden, dass er

---

[1531] *Nierhaus*, in: Bonner Kommentar, Februar 2020, Art. 80 GG Rn. 215.
[1532] Umfassend zum Thema der Verfassungsorgantreue, *Schenke*, Verfassungstreue, 1977, insb. S. 22 ff., 26 ff., 37 ff., 48 ff., sowie *Stern*, Staatsrecht, Bd. 1, 2. Aufl. 1984, § 19 III, S. 699 bis 704 m.w.N.
[1533] BVerfGE 35, 193 (199); 45, 1 (39); 90, 286 (337); *Scholz*, AöR 105 (1980), 564 (600). *Unger*, in: v. Mangoldt/Klein/Starck, GG Bd. 2, 7. Aufl. 2018, Art. 44 GG Rn. 40.
[1534] Hinweis zu diesen Bedenken, *Voßkuhle*, NJW 1997, 2216 (2218 f.).
[1535] *Voßkuhle*, NJW 1997, 2216 (2219).
[1536] *Voßkuhle*, NJW 1997, 2216 (2219). Zu den Sanktionen gehören u.a. das Recht des Bundespräsidenten, offensichtliche zur Provokation des BVerfG von der Regierungsmehrheit verabschiedete Gesetzeswiederholungen nicht gegenzuzeichnen und auszufertigen oder das Recht des Bundestagspräsidenten z.B. bei unzulässiger Kritik im Bundestag das Wort zu entziehen (§§ 36, 37 GOBT). Wobei er auf sparsamen Umgang mit den entsprechenden Vorwürfen verfassungswidriger Urteilsschelte hinweist.
[1537] So auch *Voßkuhle*, NJW 1997, 2216 (2219) mit Verweis auf *Schenke*, Verfassungstreue, 1977, insb. S. 34 f., 148 ff.

generell das einfache Beschlussverfahren deshalb wählt, um sich damit absichtlich illoyal gegenüber dem Bundesrat oder dem Bundepräsidenten zu verhalten.[1538] Wenn überhaupt, kann es sich hierbei nur um eine billigend in Kauf zu nehmende Nebenfolge handeln,[1539] weil im Vordergrund für die Wahl der Handlungsform, die Relevanz des Regelungsgegenstandes, die Zielsetzung, das Tempo der Entscheidungsfindung und die Legitimation stehen.

### e) „Qualifizierter Parlamentsbeschluss" als legitime Handlungsform des Parlaments

Alles in allem lässt sich sagen, dass grundsätzlich eine Wahlfreiheit möglich ist, solange es keine zwingenden Gründe gibt, die eine bestimmte Handlungsform vorschreiben. Die Entscheidung für die jeweilige Handlungsform muss sich verfassungsrechtlich rechtfertigen lassen und darf nicht gegen die im Grundgesetz verankerten Prinzipien verstoßen. Insofern ist die Wahl der Handlungsziele freier als die Wahl der Umsetzungsmittel.[1540] Der Vorbehalt des Gesetzes und seine auf dem Demokratieprinzip angelegte Ausweitung zum Parlamentsvorbehalt ermöglichen es, unter bestimmten Voraussetzungen mittels „qualifizierter Beschlüsse" „wesentliche" Entscheidungen zu treffen, ohne dafür eine Rechtsgrundlage in Gestalt des förmlichen Gesetzes zu fordern und ohne dabei zu sehr in den Verantwortungsbereich anderer Organe einzugreifen. Aus gesteigertem Flexibilitätsbedürfnis, der ungewöhnlichen Vielgestaltigkeit der zu regelnden Materie und den häufigen Fällen des Zweifels über die richtige Zuordnung zu dem Begriff „wesentlich/unwesentlich" spricht daher einiges dafür, auf exakte Vorprogrammierung der wesentlichen Fragen durch den Gesetzgeber notfalls zu verzichten.[1541] Ein Mitwirkungsrecht des Parlaments ist im Hinblick auf die Bedeutung und das Ausmaß der zu regelnden Materie in Anlehnung an den Grundgedanken der Wesentlichkeitstheorie auszulegen. Dabei kann das Wort „wesentlich" auch so zu verstehen sein, dass die zu treffende Entscheidung zwar nicht so wesentlich ist, dass sie eines gesetzesförmigen Beschlusses bedarf, gleichzeitig aber nicht so unwesentlich ist, dass sie ohne jegliche Beteiligung des Bundestages getroffen werden kann. Insofern kann eine

---

[1538] *Butzer*, AöR 119 (1994), 61 (103).
[1539] *Butzer*, AöR 119 (1994), 61 (103).
[1540] *Luch*, in: Morlok/Schliesky/Wiefelspütz Parlamentsrecht, 2016, § 10 Rn. 61.
[1541] *Kisker*, in: Schule im Rechtsstaat, Bd. II, 1980, 7 (19).

Zwischenstufe zwischen dem, was „Wesentlich" und „Unwesentlich" ist, eingeführt werden, für die der „qualifizierte Beschluss", als Zwischenform zwischen Gesetzesbeschluss und dem rechtlich unverbindlichen Beschluss, die Brücke bildet und das nötige Verbindungsstück darstellt.

Es ist anzuerkennen, dass in funktionell-rechtlicher Hinsicht eine Substitution[1542] des förmlichen Gesetzesbeschlusses durch einen „qualifizierten Parlamentsbeschluss" nicht möglich ist. Gleichzeitig muss „der verfassungsrechtliche Rahmen offener Gesetzgebung und konkretisierender Rechtsetzung"[1543] zugestanden werden, der sich durch die stürmische Entwicklung von einzelnen Materien im Laufe der Zeit immer mehr hervorgetan hat und nach Handlungsformen als Lösungsmöglichkeit verlangt, die zunehmend häufiger und bevorzugt in der Staatspraxis gewählt werden, wie die „qualifizierten Beschlüsse". Die gesetzesfeindliche Dynamik fordert ein Mittel, das zwar kein Gesetz ist, ihm aber ähnlich ist, sodass in den „qualifizierten Parlamentsbeschlüssen" eine neue[1544] bzw. unbekannte Rechtsetzungsform sui generis zu sehen ist. Damit haben die schlichten Parlamentsbeschlüsse als „qualifizierte Parlamentsbeschlüsse" einen Anwendungsbereich gefunden, der im Umfeld der Gesetzgebung zu verorten ist, wo man sie bislang nicht vermutet hat.

## II „Qualifizierte Parlamentsbeschlüsse" und deren Bedeutung in der Rechtsverordnungsgebung nach Art. 80 GG

Die Wirkung des „qualifizierten Parlamentsbeschlusses" kommt, wie bereits mehrfach erörtert, insbesondere bei dem Streitkräftebeschluss oder dem Integrationsverantwortungsbeschluss zum Tragen. Das Einsatzfeld beschränkt sich aber nicht nur auf diese häufig genannten und bekannten Fallbeispiele. Es eröffnet sich ein weiterer Anwendungsbereich, nämlich der Rechtsverordnungsgebung. Daher muss der Bereich genauer untersucht werden, wie derartige Beschlüsse dort praktikabel und sinnvoll eingesetzt werden könnten.

---

[1542] Für eine mögliche Substitution *Butzer*, AöR 119 (1994), 61 (104 f.).
[1543] *Ossenbühl*, DVBl.1999, 1 (1).
[1544] In dem Sinne *Ossenbühl*, in: HStR, Bd. V, 3. Aufl. 2007, § 103 Rn. 63. Er spricht von einer dritten Form der Rechtsetzung in Bezug auf Rechtsverordnungen, die unter dem Zustimmungsvorbehalt des Bundestages erlassen worden sind. Diese Form solle in der Rechtsetzung zwischen dem förmlichen Gesetz einerseits und der exekutiven Verordnungsgebung andererseits stehen.

Schlichte Parlamentsbeschlüsse spielen eine Rolle beim Erlass von Rechtsverordnungen. In der Zeit zwischen 1949 bis 1994 sind 65 Gesetze erlassen worden, die eine Mitwirkung des Bundestages beim Verordnungserlass vorsahen.[1545] Es ist auch statistisch belegt, dass Rechtsverordnungen fast dreimal so viel erlassen werden wie Gesetze.[1546] Bereits die Zahlen sowie der Umstand, dass Rechtsverordnungen – wenngleich in unterschiedlichem Ausmaß – in fast allen Themenfeldern der Bundespolitik zum Einsatz kommen, bestätigen sowohl die in der Literatur mehrfach zitierte Aussage, dass Rechtsverordnungen die „häufigste Fundstelle für geltende Rechtssätze"[1547] sind, als auch, dass es sich bei der Rechtsverordnung um ein Instrument handelt, dessen Indienstnahme nicht mehr wegzudenken ist.[1548] Damit kann die Vorstellung, dass das förmliche Gesetz die beherrschende Rechtsquelle ist und die Rechtsverordnungen lediglich ergänzende Regelungen sind, nur schwerlich aufrechterhalten werden.[1549] Bei den vorgetragenen Zahlen und ihrer Deutung ist Vorsicht walten zu lassen.[1550] Dennoch zeigt die imposante Anzahl, wie wichtig das Instrument der Rechtsverordnung in der Staatspraxis ist und dass es schlechthin unentbehrlich für die Entlastung des Gesetzgebers und dessen Konzentration auf

---

[1545] *Ossenbühl*, in: HStR, Bd. V, 3. Aufl. 2007, § 103 Rn. 57 mit Verweis auf *Schindler*, Datenhandbuch zur Geschichte des Deutschen Bundestages 1949 bis 1999, 1999, Bd. II, S. 2593 ff.
[1546] Das belegen die statistischen Angaben zur Anzahl der erlassenen Rechtsverordnungen und Gesetze in der jeweiligen Wahlperiode, siehe etwa zusammenfassend: *Brenner*, in: v. Mangoldt/Klein/Starck, GG Bd. 2, 7. Aufl. 2018, Art. 80 GG Rn. 18; *Remmert*, in: Maunz/Dürig Kommentar GG, Oktober 2019, Art. 80 GG Rn. 1. So sind in den ersten zehn Wahlperioden (1949-1987) 12639 Rechtsverordnungen und 3990 Gesetze, bis zur Ende der 12. Wahlperiode (bis 1994) über 15000 Rechtsverordnungen und nur knapp 5000 Gesetze, in der 16. Wahlperiode (2005-2009) 1516 Rechtsverordnungen und nur 613 Gesetze erlassen worden (Statistisches Jahrbuch 2011, S. 111). Für die 17. (2009-2013) und 18. Wahlperiode (2013-2017) liegen keine vergleichbaren Zahlen vor. Bekannt ist die Anzahl der erlassenen Gesetze, in 17. Wahlperiode 553 und in 18. Wahlperiode 555 Gesetze (Datenhandbuch des Bundestages, 2018, Kap. 10.1, 5 (13). Siehe dazu auch *Sommermann*, JZ 1997, 434 (436); *Martini*, AöR 133 (2008), 155 (164).
[1547] *Kirchhof*, in: BVerfG und GG, Bd. 2, 1976, S. 82.
[1548] So ähnlich *v. Danwitz*, Die Gestaltungsfreiheit, 1989, S. 21; *Remmert*, in: Maunz/Dürig Kommentar GG, Oktober 2019, Art. 80 GG Rn. 2.
[1549] *Martini*, AöR 133 (2008), 155 (164).
[1550] Zurückhaltung bzgl. der großen Anzahl der Rechtsverordnungen und ihrer Deutung, *Maurer*, Staatsrecht I, 6. Aufl. 2010, § 17 Rn. 142.

Wesentliches[1551] geworden ist.[1552] Wenn aber die Rechtsverordnung eine so wichtige Rolle einnimmt, stellt sich die Frage, ob die Normsetzung der Exekutive einer stärkeren Parlamentsbeteiligung unterworfen werden sollte, die durch Mitwirkungsrechte verwirklicht werden könnte.

Es gibt viele Gründe für die wachsende Anzahl der Rechtsverordnungen. So hat sich mittlerweile eine große Bandbreite an Rechtsgebieten herausgebildet, die aufgrund ihrer Eigenheiten und Eigengesetzlichkeiten von Natur aus regelungsfeindlich sind oder deren Normierung sehr umständlich und nur schwer möglich ist.[1553] Der Fortschritt der Technik sowie ständiger Wandel der Gesellschaft und Umwelt geht mit der Entstehung neuer Risiken[1554] einher, die das Recht mit seinen typisch klassischen Instrumenten, wie die eines Gesetzes, nicht mehr einfangen kann bzw. dessen wohlbekannte und grundsätzlich positiven Merkmale nicht in der Lage sind, sie vollumfänglich abzufedern und infolgedessen das Recht als „hinkendes oder humpelndes Recht" bezeichnet werden kann. Das Recht steht vor der Herausforderung, was insbesondere in Umweltrecht, in Sicherheitsrecht und in Produktrecht erkennbar ist, von dem Konzept der Gefahrenabwehr abzugehen und sich auf vorverlagerte, sich als vorsorgend oder vorbeugend verstehende Risikogestaltung und Risikominderung zu konzentrieren.[1555] Damit begegnet der Staat einem dynamisch wachsenden Aufgabenkanon, der nach Neuerungen auf allen Ebenen schreit.[1556]

---

[1551] Zu politischer Leitentscheidung des Parlaments, BVerfGE 34, 52 (59); BVerwGE 57, 130 (137).
[1552] *Maurer*, Staatsrecht I, 6. Aufl. 2010, § 17 Rn. 141; *Uhle*, in: Gesetzgebung, 2014, § 24 Rn. 9.
[1553] *Ossenbühl*, ZG 1997, 305 (312). In diesem Sinne wohl auch BVerfGE 101, 1 (35): „Die Eigenart des zu regelnden Sachbereichs legt es gerade nahe, von einer detaillierten gesetzlichen Regelung abzusehen." Diese Aussage wurde in Bezug auf Tierschutzgesetz getroffen. Ferner auch *Martini*, AöR 133 (2008), 155 (172).
[1554] Auf die Ermittlung und Bewertung technischer und medizinischer Risiken, die aufgrund fester Rechtsnormen nicht zu bewältigen sind, sondern einen angepassten Prozess der prognostischen Abwägung erfordern, weist zusammenfassend hin, *Ossenbühl*, ZG 1997, 305 (313 f.) mit Bezugnahme auf *Di Fabio*, Risikoentscheidungen, 1994, S. 454.
[1555] *Di Fabio*, Risikoentscheidungen, 1994, S. 3. Auf Herausforderungen technischer und wissenschaftlicher Entwicklungen sowie die Notwendigkeit einer Reform wurde viel früher in den Berichten hingewiesen, *Ipsen*, VVDStRL 49 (1990), 177 (190 ff.; 206); *Murswiek*, VVDStRL 49 (1990), 207 (227 ff.; 234); *Schlink*, VVDStRL 49 (1990), 235 (235 ff.).
[1556] In dem Sinne *Di Fabio*, Risikoentscheidungen, 1994, S. 3.

Vor diesem Hintergrund soll der Eingang des schlichten Parlamentsbeschlusses in die Normsetzung der Exekutive und seine Rolle bei der Verordnungsgebung dargestellt werden. Zu diesem Zweck wird der Erlass der Rechtsverordnung in den Mittelpunkt gestellt, um die Bedeutung der Rechtsverordnung in der Rechtsetzung aufzuzeigen. Gleichzeitig werden einige verfassungsrechtliche Streitfragen herausgegriffen, die mit der Änderung der Rechtsverordnung durch den Gesetzgeber zusammenhängen. Diese bilden den Anknüpfungspunkt für die Überlegung, ob der Gesetzgeber die parlamentarischen Mitwirkungsrechte, die mittels „qualifizierter Parlamentsbeschlüsse" vollzogen werden, in Anspruch nehmen kann, um auf den unaufhaltsamen Fortschritt schnell reagieren zu können, ohne das Gesetzgebungsverfahren in Gang setzen zu müssen.

### 1. Der Weg des schlichten Parlamentsbeschlusses in die Rechtsverordnungsgebung und seine Erscheinungsformen

Die Verbindung zwischen einfachen Beschlüssen und Rechtsverordnungen ist auf den ersten Blick nicht sofort zu erkennen. Der Grundtypus der Verordnungsgebung, wie er in Art. 80 Abs. 1 GG als zentrale Norm für den Rechtsverordnungserlass abgebildet ist, sieht eine uneingeschränkte Delegation vor, bei der der Gesetzgeber mit Verabschiedung des Gesetzes zur Verordnungsermächtigung auf jede Einflussnahme im Rahmen dieser Ermächtigung verzichtet.[1557] Neben der Mitwirkung des Bundesrates nach Art. 80 Abs. 2 GG sind gleichgeartete Mitwirkungsvorbehalte des Bundestages nicht explizit vorgesehen.[1558] Die Art. 76 ff. GG, die die Beteiligung des Bundestages bei der Gesetzgebung regeln, enthalten ebenso wenig eine Aussage zu darüber hinausgehenden Beteiligungsrechten.[1559] In der Staatspraxis wird jedoch eine vielfältig ausgestaltete Beteiligung des Bundestages an der Rechtsverordnungsgebung geübt.[1560] Sie ist seit langem etabliert und lässt sich bis zu den Tagen des Norddeutschen Bundes und des Kaiserreiches zurückverfolgen; spätestens seit Beginn der Weimarer Republik stellt sie eine gängige Praxis dar.[1561] Un-

---

[1557] So auch *Sommermann*, JZ 1997, 434 (436).
[1558] *Rubarth*, NJW 1952, 957 (959).
[1559] *Kotulla/Rolfsen*, NVwZ 2010, 943 (944).
[1560] *Kotulla/Rolfsen*, NVwZ 2010, 943 (943); *Uhle*, in: Gesetzgebung, 2014, § 24 Rn. 84.
[1561] *Grupp*, NVwZ 1974, 177 (177) m.w.N.; *Uhle*, in: Gesetzgebung, 2014, § 24 Rn. 84. Sehr ausführlich dazu, *Uhle*, Parlament und RVO, 1999, S. 15 ff.

ter der Geltung des Grundgesetzes haben sich Spielarten einer eingeschränkten Delegation herausgebildet, die dem Bundestag Mitwirkungsbefugnisse einräumen. Sie haben nicht nur in quantitativer Hinsicht zugenommen, sondern sind auch aus verfahrensrechtlicher Sicht ausdifferenziert worden.[1562] Diese Beteiligungsformen werden überwiegend mittels Beschlüssen, die keine Gesetzesbeschlüsse sind, vollzogen. Sie haben den Sinn, dass der Bundestag trotz der gesetzgeberischen Ermächtigung seine Regelungskompetenz nicht voll aus der Hand gibt, sondern sich eine gewisse Einflussnahme auf den Rechtsverordnungserlass absichert bzw. vorbehält.[1563] Es hat sich ein umfangreich ausgeprägtes Spektrum verordnungsspezifischer Beteiligungsbefugnisse des Parlaments herausgebildet.[1564] Grob lassen sie sich in zwei Gruppen einordnen.

Die erste Gruppe erfasst Teilhaberechte, die eine Tür für eine ausschließlich politische Einflussnahme auf die exekutive Rechtsetzung eröffnet, z.B. durch die Verpflichtung des Rechtsverordnungsgebers, dem Bundestag den erarbeiteten Verordnungsentwurf noch vor seinem Erlass zur Kenntnis zu geben, damit er die Möglichkeit hat, Stellung zu beziehen (z.B. sog. Kenntnis- bzw. Anhörungsvorbehalte).[1565] Die zweite Gruppe dagegen beinhaltet Mitwirkungsrechte, die eine rechtlich bindende Einflussnahme des Bundestages auf den Verordnungsgeber, z.B. durch Zustimmungs-, Änderungs-, Ablehnung- und Aufhebungsvorbehalte ermöglicht.[1566] Diese Rechte führen zur Einwirkung des Bundestages auf die exekutive Rechtsetzung, vor, während oder nach Erlass der Rechtsverordnung. So können die Beteiligungsbefugnisse nach ihrer Beteiligungsintensität in einer Stufenreihenfolge abgebildet werden, die das Maß der Einflussnahme des Bundestages auf die Rechtsverordnungsgebung als entscheidenden Faktor ausweist.[1567] Einerseits lassen sich parlamentarische Beteiligungen ohne Bindungswirkung (konsensab- und unabhängige Mitwirkung

---

[1562] *Uhle*, in: Gesetzgebung, 2014, § 24 Rn. 84.
[1563] In diesem Sinne auch *Rupp*, NVwZ 1993, 756 (757).
[1564] *Uhle*, in: Gesetzgebung, 2014, § 24 Rn. 84. Ein umfassender Überblick dazu, *Studenroth*, DÖV 1995, 525 (521 ff.); *Seiler*, ZG 2001, 50 (63 ff.); *Schmidt*, Die Beteiligung des BT, 2002, S. 58 ff.; *Ossenbühl*, in: HStR, Bd. V, 3. Aufl. 2007, § 103 Rn. 58 f.; *Nierhaus*, in: Bonner Kommentar, Februar 2020, Art. 80 GG Rn. 185 ff.
[1565] *Uhle*, NVwZ 2002, 15 (15).
[1566] *Uhle*, NVwZ 2002, 15 (15).
[1567] So *Schwanengel*, Einwirkungen der Landesparlamente, 2002, S. 42.

vorbereitender, informierender, empfehlender Natur) unterscheiden.[1568] Andererseits gibt es parlamentarische Beteiligungen mit Bindungswirkung, die formeller Art sind und als Wirksamkeitsvoraussetzung des Verordnungserlasses fungieren, oder materieller Art sind und eine inhaltliche Ausgestaltung der Rechtsverordnung ermöglichen, unterscheiden.[1569] Dadurch wird eine intermediäre Form parlamentarischer Beteiligung geschaffen, die zwischen dem Erlass der traditionellen Rechtsverordnung, die ohne jegliche Beteiligung des Bundestages vollzogen wird, und dem parlamentarischen Gesetzgebungsverfahren steht.[1570] Es kommt zu einer Verschränkung legislativer und exekutiver Tätigkeiten.[1571]

### a) Die steigende Tendenz der Anwendung von Rechtsverordnungen und die Erweiterung ihrer Funktion

Das Augenmerk ist nicht nur auf die Quantität der Rechtsverordnungen, sondern auch ihre Qualität zu richten, weshalb die Rechtsverordnung „eine immer schwergewichtigere Rolle im Konzert staatlicher Rechtsquellen"[1572] einnimmt. Das gilt für viele Bereiche, beginnend mit Finanz- und Wirtschaftsrecht sowie Verkehrs- und Sozialrecht, bis hin in den Bereich des Umwelt- und Technikrechts.[1573] Einen weiteren Siegeszug erlebt die Rechtsverordnung „als praktikables und reaktionsschnelles Rüstzeug" zur Umsetzung von europäischen Rechtsakten durch die europarechtlich indizierte Transformationslast.[1574] Durch die Ermächtigung, Rechtsverordnungen zu erlassen, erübrigt sich zum einen die

---

[1568] Dazu genauer, *Schwanengel*, Einwirkungen der Landesparlamente, 2002, S. 42 f. m.w.N.
[1569] Dazu genauer, *Schwanengel*, Einwirkungen der Landesparlamente, 2002, S. 42 f. m.w.N.
[1570] *v. Bogdandy*, Gubernative Rechtsetzung, 2000, S. 416.
[1571] *Seiler*, ZG 2001, 50 (51).
[1572] *Martini*, AöR 133 (2008), 155 (164 f.). Von nicht nur statisch-quantitativer, sondern auch außerordentlich erheblicher qualitativer Bedeutung von Rechtsverordnungen spricht auch *Uhle*, in: Gesetzgebung, 2014, § 24 Rn. 10.
[1573] So auch *Jekewitz*, NVwZ 1994, 956 (959); ähnlich *v. Danwitz*, Jura 2002, 93 (94); *Martini*, AöR 133 (2008), 155 (164 f.); *Uhle*, in: Gesetzgebung, 2014, § 24 Rn. 9.
[1574] *Martini*, AöR 133 (2008), 155 (167). Als Bsp. sind zu nennen: § 23 WHG (v. 31.7.2009, BGBl. I S. 2585, zuletzt am 2.12.2018 geänd., BGBl. I S. 2254); § 65 KrWG (v. 24.2.2012, BGBl. I S. 212, zuletzt am 20.7.2017 geänd., BGBl. I S. 2808); § 21a TierSchG (v. 18.5.2006, BGBl. I S. 1206, S. 1313, zuletzt am 20.11.2019 geänd., BGBl. I S. 1626); § 7 und § 48a BImSchG (v. 17.5.2013, BGBl. I S. 1274, zuletzt am 8.4.2019 geänd., BGBl. I S. 432); § 22 BBodSchG (v. 17.3.1998, BGBl. I S. 502, zuletzt am 27.9.2017 geänd., BGBl. I S. 3465); § 57 PBefG (v. 8.8.1990, BGBl. I S. 1690, zuletzt am 3.3.2020 geänd., BGBl. I S. 433).

Verabschiedung von umständlichen und zeitintensiven Umsetzungsgesetzen; zum anderen wird die Rechtsverordnung zu einer geeigneten Alternative, die den vom EuGH aufgestellten Anforderungen an Rechtsklarheit und Rechtssicherheit bei der Umsetzung von EU-Rechtsakten genügt und dennoch leichter zu erlassen und zu ändern ist als formelle Gesetze.[1575] Die Flexibilität und Anpassungsfähigkeit der Rechtsverordnung korrespondiert mit der Forderung nach einer schnellen Regelung bedürftiger Materien, die sachgerecht, sachverständig und zeitnah normiert werden müssen.[1576] Daher kam es zum beschriebenen Wandel der Rechtsetzung, mit der Folge der Funktionserweiterung der Rechtsverordnung.

Zu den klassischen Funktionen zählt vor allem die Entlastung des parlamentarischen Gesetzgebers. Das betrifft insbesondere Fragen, die nur temporär regelungsbedürftig sind oder lediglich (rechts-) technische Details sowie fachspezifische Besonderheiten (bei deren Regelung der Gesetzgeber auf den Sachverstand der Ministerialbürokratie angewiesen wäre) beinhalten.[1577] Mit dem vereinfachten Rechtsetzungsverfahren wird eine rasche und einfache Anpassung an die Änderung der tatsächlichen Verhältnisse ermöglicht.[1578] Neben den erwähnten Funktionen, die überwiegend auf Normierung technischer Details

---

[1575] So auch *Calliess*, NVwZ 1998, 8 (13); *Martini*, AöR 133 (2008), 155 (168) mit Verweis auf Entsch. von EuGH in der Fn. 56. u.a. EuGH Urt. v. 30.5.1991, Rs. 59/89, Slg. 1991, I-2567 (Luftverschmutzung). Ferner auch *Schnelle*, Eine Fehlerfolgenlehre, 2007, S. 32 ff. m.w.N., der einen Überblick über die Überlegungen zu den Anforderungen an Art. 80 Abs. 1 Satz 2 GG im Rahmen der Umsetzung supranationaler Rechtsvorschriften gibt. So ähnlich bereits auch *Scheuing*, EuR 20 (1985), 229 (234 f.), der auch für großzügige Handhabung des Bestimmtheitsgebots des Art. 80 Abs. 1 Satz 2 GG plädiert, wenn und soweit die Rechtsetzungsverantwortung des Parlaments auf die Gemeinschaft übergegangen ist und dem deutschen Parlament also ohnehin diese nicht mehr zusteht – keine Gefahr der Verlagerung der Rechtsetzung auf die Exekutive mehr, weil die normative Grundentscheidung auf Gemeinschaftsebene übergegangen ist.
[1576] So auch *Brenner*, in: v. Mangoldt/Klein/Starck, GG Bd. 2, 7. Aufl. 2018, Art. 80 GG Rn. 12.
[1577] *Uhle*, in: Gesetzgebung, 2014, § 24 Rn. 7. Siehe dazu BVerfGE 8, 274 (311, 321); 55, 207 (228, 241 f.); 101, 1 (35). Ferner auch *Maurer*, Staatsrecht I, 6. Aufl. 2010, § 17 Rn. 141; *Ruffert*, in: Grundlagen des VerwR, Bd. 1, 2. Aufl. 2012, § 17 Rn. 60; *Bauer*, in: Dreier/GG-Kommentar, Bd. II, 3. Aufl. 2015, Art. 80 GG Rn. 12 „sog. Entlastungs- und Flexibilitätswahrungsfunktion bzw. sog. Funktionssicherungs- und Begrenzungsfunktion"; *Brenner*, in: v. Mangoldt/Klein/Starck, GG Bd. 2, 7. Aufl. 2018, Art. 80 GG Rn. 12; *Remmert*, in: Maunz/Dürig Kommentar GG, Oktober 2019, Art. 80 GG Rn. 7.
[1578] *Uhle*, in: Gesetzgebung, 2014, § 24 Rn. 8.

und sachbedingte Einzelkonkretisierung beschränkt waren, tritt die Funktion der Rechtsverordnung das betreffende Gesetz durch ausgestaltende Bestimmungen erst anwendungsfähig zu machen.[1579] Diese Vollzugsermächtigungsfunktion führt zu einer Verschränkung der Rechtsverordnung mit dem Ermächtigungsnorm, sodass beide Rechtsquellen eine inhaltliche Einheit bilden.[1580] Die Rechtsverordnung ist damit ein Schnittpunkt zwischen Gesetzgebung und Exekutive als Gesetzesvollziehung und Gesetzgebung zugleich.[1581]

**b) Verordnungsermessen und seine Auswirkungen**

Einen weiteren Aspekt spielt in diesem Zusammenhang das Verordnungsermessen (vgl. Art. 80 Abs. 1 Satz 1 GG „können"). Grundsätzlich wird dem Verordnungsgeber im Rahmen der Delegation eine selbstständige Entscheidung über die Ausübung der Verordnungsmacht übertragen, das heißt er erhält eine eigene und eigenständige Gestaltungs- und Entscheidungsprärogative.[1582] Dennoch kann es Fälle[1583] geben, in denen der Verordnungsgeber zum Erlass einer bestimmten Rechtsverordnung verpflichtet wird. Diese Pflicht kann sich ausdrücklich[1584] aus der Ermächtigungsnorm ergeben oder aber aus dem Regelungszusammenhang.[1585] Der häufigste Anwendungsfall ist wohl, dass ein Gesetz ohne eine konkretisierende oder ergänzende Rechtsverordnung überhaupt nicht anwendbar wäre bzw. vollzogen werden könnte,[1586] oder das Untätigblei-

---

[1579] *Uhle*, in: Gesetzgebung, 2014, § 24 Rn. 8. In diesem Sinne auch *Ruffert*, in: Grundlagen des VerwR, Bd. 1, 2. Aufl. 2012, § 17 Rn. 60 „Zentrale Gesetze einzelner verwaltungsrechtlicher Referenzgebiete wie BauGB, WHG, KrW-/AbfG, GenTG oder TKG bleiben ohne ihr jeweiliges verordnungsrechtliches Umfeld leere Hülle und toter Buchstabe"; *Brenner*, in: v. Mangoldt/Klein/Starck, GG Bd. 2, 7. Aufl. 2018, Art. 80 GG Rn. 12 „Konkretisierung und Umsetzung"; *Nierhaus*, in: Bonner Kommentar, Stand Februar 2020, Art. 80 GG Rn. 77 spricht von „gesetzeskonkretisierender und gesetzesvollziehender Aufgabe" der Rechtsverordnung.
[1580] *Uhle*, in: Gesetzgebung, 2014, § 24 Rn. 8.
[1581] *Maurer/Waldhoff*, Allg. VerwR, 19. Aufl. 2017, § 4 Rn. 23.
[1582] *Bauer*, in: Dreier/GG-Kommentar, Bd. II, 3. Aufl. 2015, Art. 80 GG Rn. 56; *Brenner*, in: v. Mangoldt/Klein/Starck, GG Bd. 2, 7. Aufl. 2018, Art. 80 GG Rn. 72. So auch zuvor *Schneider*, Gesetzgebung, 3. Aufl. 2002, S. 174 Rn. 248; *Ossenbühl*, in: HStR, Bd. V, 3. Aufl. 2007, § 103 Rn. 40. Genauer dazu *v. Danwitz*, Die Gestaltungsfreiheit, 1989, S. 161 ff.
[1583] Zu den einzelnen Fällen genauer, *Schmidt*, Die Beteiligung des BT, 2002, S. 68 ff.
[1584] Genauer dazu *Nierhaus*, in: Bonner Kommentar, Februar 2020, Art. 80 GG Rn. 344 mit Verweis auf BVerfGE 34, 165 (194).
[1585] *Brenner*, in: v. Mangoldt/Klein/Starck, GG Bd. 2, 7. Aufl. 2018, Art. 80 GG Rn. 75.
[1586] Siehe bspw. BVerfGE 13, 248 (254); 78, 249 (272 ff.): „Würde der Exekutive ein Ermessen in diesen Fällen zustehen, so könnte sie über die Anwendbarkeit der Gesetze entscheiden,

ben[1587] des Verordnungsgebers einen Verstoß gegen Art. 3 Abs. 1 GG darstellt, oder sich die Regelungspflicht aus von Grundrechtsnormen abgeleiteten Schutzpflichten ergibt.[1588] Eine Pflicht zum Verordnungserlass ergibt sich vor allem aus der bereits erwähnten Umsetzung von Richtlinien im Sinne von Art. 288 Abs. 3 AEUV.[1589] Ob dem Verordnungsgeber ein Ermessen zusteht oder er zum Normerlass verpflichtet ist, kann sich auf die Bewertung der Zulässigkeit der Mitwirkungsvorbehalte des Bundestages auswirken. Nach der Ansicht von *Sommermann* verbleibe bei bestehendem Ermessen die Letztentscheidung bzgl. des „Ob" des Verordnungserlasses unabhängig von der Mitwirkungsform bei der Exekutive (sog. fakultative Wirkung), während bei einer Verpflichtung die Exekutive an die Beschlüsse des Bundestages gebunden sei (sog. obligatorische Wirkung) und gegebenenfalls gezwungen werden könne, Normen zu erlassen, deren Inhalt der exekutiven Willensbildung zuwiderläuft.[1590]

### c) Kurzbewertung der bisherigen Rechtsentwicklung

Sowohl die Funktionserweiterung als auch die beträchtliche Anzahl der Rechtsverordnungen, die mit dem Ruf nach besonderer Dynamik verschiedener Regelungswerke einhergeht, sind kritisch zu betrachten. Zwischen dem Anspruch, das Institut der Rechtsverordnungsgebung gewissermaßen legislativ einzufangen und in engen Grenzen zu halten, und der Praxis, einer objektiven Notwendigkeit einer immer umfassenderen Verordnungsgebung, zeichnet sich eine

---

dass mit dem Grundgedanken unvereinbar ist, dass in einer Rechtsverordnung niemals ein originärer politischer Gestaltungswille zum Ausdruck kommen darf." mit Verweis auf *Starck*, Der Gesetzesbegriff des GG, 1970, S. 288 f. So auch *Schnelle*, Eine Fehlerfolgenlehre, 2007, S. 39. In diesem Sinne auch, *Nierhaus*, in: Bonner Kommentar, Februar 2020, Art. 80 GG Rn. 345.
[1587] Siehe bspw. BVerfGE 13, 248 (254 f.); 16, 332 (338); *Remmert*, in: Maunz/Dürig Kommentar GG, Oktober 2019, Art. 80 GG Rn. 132.
[1588] *Dette/Burfeind*, ZG 1998, 257 (259 f.); *Ossenbühl*, in: HStR, Bd. V, 3. Aufl. 2007, § 103 Rn. 50; *Schnelle*, Eine Fehlerfolgenlehre, 2007, S. 39; *Bauer*, in: Dreier/GG-Kommentar, Bd. II, 3. Aufl. 2015, Art. 80 GG Rn. 56; *Brenner*, in: v. Mangoldt/Klein/Starck, GG Bd. 2, 7. Aufl. 2018, Art. 80 GG Rn. 75; *Nierhaus*, in: Bonner Kommentar, Februar 2020, Art. 80 GG Rn. 346.
[1589] *Bauer*, in: Dreier/GG-Kommentar, Bd. II, 3. Aufl. 2015, Art. 80 GG Rn. 56; *Brenner*, in: v. Mangoldt/Klein/Starck, GG Bd. 2, 7. Aufl. 2018, Art. 80 GG Rn. 75. *Nierhaus*, in: Bonner Kommentar, Februar 2020, Art. 80 GG Rn. 347 ff.
[1590] *Sommermann*, JZ 1997, 434 (437 ff., 440 f.).

Auseinanderentwicklung.[1591] Trotz der umfassenden Gesetzesakzessorietät gewinnt die exekutive Rechtsetzung an inhaltlicher Bedeutung und materiellem Gewicht, was insbesondere auf dem Gebiet des Umweltrechts zu beobachten ist und zu der Entwicklung der sog. „umgekehrten Wesentlichkeitstheorie"[1592] geführt hat.[1593] So bilden die formellen Gesetze nicht mehr das Wesentliche ab, weil die Dynamik des technischen Wandels, der wissenschaftlichen Erkenntnisfortschritte und zu diagnostizierenden Umweltveränderungen in wachsendem Umfang nach flexiblen Handlungs- und Reaktionsformen verlangt und sie in Rechtsverordnungen, die die gesetzlichen Bestimmungen mit Leben erfüllen, gefunden hat.[1594] So weisen *Maurer* und *Waldhoff* auf die Gefahr hin, dass sich das Schwergewicht der Rechtsetzung auf die Exekutive verlagere, zumal das „Grundsätzliche" oft erst im Detail virulent werde.[1595] Das wiederum verlangt nach einer Lösung, die in der Staatspraxis zur Entstehung von Mitwirkungsvorbehalten des Parlaments führte und verfassungsrechtliche Fragen aufgeworfen hat.

## 2. Hintergrund der Rechtsverordnungsgebung

Vor dem Hintergrund der dargestellten Entwicklung ist zunächst kurz darzulegen, was die Rechtsverordnung ist und wie sie rechtlich ausgestaltet und verfassungsrechtlich einzuordnen ist, um das Problem in Bezug auf die Zulässigkeit von Vorbehalten für die Beteiligung des Parlaments im Rahmen der Verordnungsgebung bewerten zu können. Dabei ist einerseits darauf einzugehen, wie eine Rechtsverordnung überhaupt erlassen werden kann und welche Besonderheiten sie aufweist. Andererseits ist abzuwägen, wie der Inhalt einer

---

[1591] *Brenner*, in: v. Mangoldt/Klein/Starck, GG Bd. 2, 7. Aufl. 2018, Art. 80 GG Rn. 12. Siehe dazu auch *Ossenbühl*, ZG 1997, 305 (310 ff., 317); v. *Bogdandy*, Gubernative Rechtsetzung, 2000, S. 1 ff.
[1592] *Ossenbühl*, DVBl. 1999, 1 (3) mit Verweis auf *Wahl*, VBlBW 1988, 387 (391), der den Gedanken aus der Diskussion mit *Salzwedel* hatte. Aber auch *Gusy*, NVwZ 1995, 105 ff. bzgl. Verrechtlichung technischer Standards im Sicherheits- und Umweltrecht.
[1593] *Uhle*, in: Gesetzgebung, 2014, § 24 Rn. 10. In diesem Sinne auch *Ossenbühl*, in: HStR, Bd. V, 3. Aufl. 2007, § 103 Rn. 5, der auf technisches Sicherheitsrecht hinweist.
[1594] *Martini*, AöR 133 (2008), 155 (165).
[1595] *Maurer/Waldhoff*, Allg. VerwR, 19. Aufl. 2017, § 4 Rn. 22. Ebenfalls *Martini* sieht in der funktionssichernden Entlastung des Parlaments durch Rechtsverordnungen die Gefahr einer Erosion der zentralen Stellung des Parlaments im verfassungsrechtlichen Gefüge bzw. das Wanken des Steuerungsprimats, *Martini*, AöR 133 (2008), 155 (158).

Rechtsverordnung wieder geändert werden kann und welche Probleme sich hierbei stellen. Diese Erkenntnisse tragen zum besseren Verständnis bei, wie weit der Gesetzgeber bei der Einräumung von Beteiligungsrechten des Parlaments gehen kann und welche verfassungsrechtliche Schwierigkeiten zu bewältigen sind.

### a) Rechtsnatur der Rechtsverordnung

Das Grundgesetz erwähnt die Rechtsverordnung in Art. 80 GG, definiert sie aber nicht ausdrücklich. Allgemein wird unter der Rechtsverordnung ein untergesetzlicher und allgemeinverbindlicher Rechtssatz verstanden, der von der Exekutive auf der Grundlage einer parlamentsgesetzlichen Delegation der Rechtsetzungsbefugnis erlassen wird.[1596] Die „spärliche"[1597] Regelung der Rechtsverordnung in der Verfassung, insbesondere in Art. 80 GG, legitimiert den besonders bedeutsamen Komplex der Rechtsetzung durch die ausführende Gewalt.[1598] Das so erzeugte Recht steht in der Rangfolge der Rechtsquellen unter dem Gesetz, gleichzeitig erzeugt es aber ebenso wie ein förmliches Gesetz allgemeinverbindliches Recht im Sinne von „Gesetzen im materiellen Sinne".[1599] Damit hat ein Beschluss des Parlaments Einfluss auf exekutive Rechtsetzung, die allgemeinverbindliches Recht schafft, aber unter dem Gesetz steht. Der Gesetzgeber gibt seine Rechtsetzungsbefugnis zugunsten der Exekutive ab, belässt aber dem Parlament gewisse Mitwirkungsrechte, um auf sie einzuwirken, falls der/die Adressat/-in der Ermächtigung tätig wird. Dabei bleibt offen, ob die im Einzelfall vorgesehene Beteiligung des Bundestages wohl eher eine kontrollie-

---

[1596] *Stern*, Staatsrecht, Bd. 2, 1980, § 38 I 4a, S. 653; *Ossenbühl*, in: HStR, Bd. V, 3. Aufl. 2007, § 103 Rn. 1; *Brenner*, in: v. Mangoldt/Klein/Starck, GG Bd. 2, 7. Aufl. 2018, Art. 80 GG Rn. 16; *Uhle*, in: Epping/Hillgruber Beck'scher Online Kommentar GG, Stand 1.12.2019, Art. 80 GG Rn. 2.
[1597] So *Sommermann*, JZ 1997, 434 (436).
[1598] *Brenner*, in: v. Mangoldt/Klein/Starck, GG Bd. 2, 7. Aufl. 2018, Art. 80 GG Rn. 11.
[1599] *Uhle*, in: Gesetzgebung, 2014, § 24 Rn. 1 f. So auch *Stern*, Staatsrecht, Bd. 2, 1980, § 38 I 4a, S. 653; *Ossenbühl*, in: HStR, Bd. V, 3. Aufl. 2007, § 103 Rn. 1; *Schnapauff*, in: Hömig/Wolff Handkommentar GG, 12. Aufl. 2018, Art. 80 GG Rn. 1. Zum Überblick, siehe *Uhle*, in: Epping/Hillgruber Beck'scher Online Kommentar GG, 1.12.2019, Art. 80 GG Rn. 2, der auch auf einen formalisierten Verordnungsbegriff hinweist, der sich entwickelt hat, siehe z.B. *Busch*, Das Verhältnis des Art. 80 Abs. 1 S. 2 GG zum Gesetzes- und Parlamentsvorbehalt, 1992, S. 109 ff., 111; *Brenner*, in: v. Mangoldt/Klein/Starck, GG Bd. 2, 7. Aufl. 2018, Art. 80 GG Rn. 19; *Pieroth*, in: Jarass/Pieroth-GG-Kommentar, 15. Aufl. 2018, Art. 80 GG Rn. 2. Kritisch dazu, siehe *v. Danwitz*, Die Gestaltungsfreiheit, 1989, S. 26 f.

rende Aufgabe bei der Rechtsetzung erfüllt und damit keinen Akt der Gesetzgebung darstellt oder selbst eine Rechtsetzungsqualität aufweist, weil gerade mit dem Mitwirkungsvorbehalt keine volle Delegation der gesetzgeberischen Rechtsetzungsbefugnis auf die Exekutive erfolgte und dem Bundestag daher ein Teil der Rechtsetzungsbefugnis verbleibt.[1600]

### b) Der rechtliche Rahmen der Rechtsverordnung und die Grenzen der Delegationsbefugnis des Parlaments

Art. 80 Abs. 1 GG regelt das Verhältnis von der Legislative und Exekutive. Satz 1 bestimmt erschöpfend[1601], wer die (Erst-)Adressaten sind, die um Landesparlamente als Alternativadressaten in Abs. 4 ergänzt werden. Satz 2 dagegen legt fest, welche Voraussetzungen zu erfüllen sind, um den Verordnungserlass zu ermöglichen. Dabei werden aus dem Bestimmtheits- bzw. Konkretisierungsgebot sowohl Anforderungen an den delegierenden Gesetzgeber gestellt, der das ermächtigende Gesetz erlässt, als auch an den jeweiligen Ermächtigungsadressaten, der die Ermächtigung zur Verordnungsgebung in Anspruch nimmt. So sind Inhalt, Zweck und Ausmaß nach der Rechtsprechung des BVerfG nicht genau konkretisiert worden, sodass die entsprechenden Kriterien mit Hilfe der allgemeinen Auslegungsregeln zu ermitteln sind, insbesondere durch den Sinnzusammenhang der Norm mit anderen Vorschriften sowie dem Ziel der gesetzlichen Regelung und ihrer Historie.[1602] Die Anforderungen[1603] sind dann nicht

---

[1600] Zu dem Streit siehe *Uhle*, Parlament und RVO, 1999, S. 314 ff. Er selbst geht von einem Kontrollinstrument aus, *Uhle*, NVwZ 2002, 15 (16 ff.,19 ff.). So bereits auch *Lichtenhahn*, Besondere parlamentarische Kontrollen, 1967, S. 70 ff., 83 ff. Ferner *v. Danwitz*, Die Gestaltungsfreiheit, 1989, S. 113 f.; *Rupp*, NVwZ 1993, 756 (758). Dagegen ausdrücklich *Grupp*, DVBl. 1974, 177 (179) „Wirkt der Delegant bei der Rechtsetzung durch den Delegatar mit, so übt er eigene Rechtsetzungsgewalt aus."; *Ossenbühl*, in: HStR, Bd. V, 3. Aufl. 2007, § 103 Rn. 63 „Die Zustimmungsverordnung ist demnach entgegen der Auffassung des Bundesverfassungsgerichts [BVerfGE 8, 274 (322)] eine dritte Form der Rechtsetzung zwischen förmlichen Gesetz einerseits und der exekutiven Verordnungsgebung andererseits."
[1601] So BVerfGE 11, 77 (84 ff.); *Wolff*, AöR 78 (1952/53), 194 (216); *v. Danwitz*, Jura 2002, 93 (96) „numerus clausus der Erstdelegatare".
[1602] BVerfGE 8, 274 (307); 19, 354 (362); 55, 207 (226); 80, 1 (20). So auch *Sommermann*, JZ 1997, 434 (435); *Schnapauff*, in: Hömig/Wolff Handkommentar GG, 12. Aufl. 2018, Art. 80 GG Rn. 7.
[1603] An die Anforderungen knüpfen drei Formeln an, die sog. Selbstentscheidungs-, Vorhersehbarkeits- und Programmformel, *Busch*, Das Verhältnis des Art. 80 Abs. 1 S. 2 GG zum Gesetzes- und Parlamentsvorbehalt, 1992, S. 115 mit Verweis auf *Wolff*, AöR 78 (1952/53),

erfüllt, wenn nicht vorauszusehen ist, in welchen Fällen und mit welcher Tendenz von der Ermächtigung Gebrauch gemacht wird oder welches Ziel und welchen Inhalt die auf Grund der Ermächtigung erlassenen Verordnungen haben werden.[1604] Eine weitere Einschränkung der Delegationsbefugnis bildet die Wesentlichkeitstheorie, die den Gesetzgeber dazu verpflichtet, wesentliche Entscheidungen selbst zu treffen und die es ihm verbietet, diese an den Verordnungsgeber abzugeben, sodass im Rahmen des Art. 80 GG nur Regelungsbefugnisse übertragen werden können, die unwesentlich sind.[1605] Art. 80 Abs. 1 Satz 3 GG enthält ein Zitiergebot, das der Rechtsklarheit, Verantwortungszurechenbarkeit und der Bestimmung der Rechtsnatur der Rechtsverordnung dient.[1606] Abgesehen von den Determinanten in Art. 80 Abs. 1 GG, der prägende und ausgestaltende Bestimmungen enthält, befinden sich weitere Maßgaben in Art. 80 Abs. 1 Satz 4 GG zur Subdelegation, in Abs. 2 zum Erlass von zustimmungsbedürftigen Rechtsverordnungen und in Abs. 3 zum Verordnungsinitiativrecht des Bundesrates.[1607]

Es gibt außer Art. 80 GG weitere verfassungsrechtliche Regelungen der Rechtsverordnung: Art. 82 Abs. 1 Satz 2 GG trifft Bestimmungen bzgl. der Ausfertigung und Verkündung der Rechtsverordnung, Art. 82 Abs. 2 GG regelt ihr Inkrafttreten. Ferner betreffen u.a. Art. 115k Abs. 1 GG, Art. 119 Satz 1 GG, Art. 127 GG, Art. 129 GG und Art. 132 Abs. 4 GG Sonderfälle, die neben der Fragen der Fortgeltung und Überleitung auch besondere Konstellationen des Verordnungserlasses normieren, z.B. im Verteidigungsfall.[1608]

---

194 ff. Siehe auch *Schnelle*, Eine Fehlerfolgenlehre, 2007, S. 23 f. m.w.N., der auch auf die Formel der Deutlichkeitskriterien hinweist. Die Deutlichkeitsformel findet sich neben den anderen Formeln auch bei *v. Danwitz*, Die Gestaltungsfreiheit, 1989, S. 91 Fn. 122 mit entsprechenden Belegen aus der Rspr. des BVerfG.
[1604] Siehe etwa BVerfGE 1, 14 (60); 19, 354 (361); 23, 62 (73); 45, 142 (163 f.).
[1605] In diesem Sinne, *Kisker*, in: Schule im Rechtsstaat, Bd. II, 1980, 7 (16 f.); *Studenroth*, DÖV 1995, 525 (526); *Sommermann*, JZ 1997, 434 (435); *Brenner*, in: v. Mangoldt/Klein/Starck, GG Bd. 2, 7. Aufl. 2018, Art. 80 GG Rn. 36 m.w.N.; *Schnapauff*, in: Hömig/Wolff Handkommentar GG, 12. Aufl. 2018, Art. 80 GG Rn. 7.
[1606] *Nierhaus*, in: Bonner Kommentar, Februar 2020, Art. 80 GG Rn. 63.
[1607] *Brenner*, in: v. Mangoldt/Klein/Starck, GG Bd. 2, 7. Aufl. 2018, Art. 80 GG Rn. 14.
[1608] *Studenroth*, DÖV 1995, 525 (526) und *Brenner*, in: v. Mangoldt/Klein/Starck, GG Bd. 2, 7. Aufl. 2018, Art. 80 GG Rn. 24, die auf den historischen Charakter der Sonderregelungen von Art. 119 Satz 1 GG, Art. 127 GG, Art. 132 Abs. 4 GG verweisen bzw. wenig Bedeutung oder keine Relevanz.

Eine ungeschriebene Delegationsgrenze stellt die Wesentlichkeitstheorie dar. Aus der Wesentlichkeitstheorie[1609] lässt sich der Umkehrschluss ziehen, dass „Unwesentliches" der Exekutive übertragen werden kann, sodass unmittelbar aus der formal gesetzlichen Ermächtigung alle wesentlichen Entscheidungen im Kern getroffen sind.[1610] Angelegenheiten von besonderer Wichtigkeit bedürfen einer parlamentsgesetzlichen Regelung, z.B. bei sehr intensiven Grundrechtseingriffen oder der Harmonisierung miteinander kollidierenden Grundrechten.[1611] Über die Wesentlichkeitstheorie hinaus gibt es auch ausdrücklich normierte Verbote, die der Delegation entgegenstehen. Zu diesen gehören die im Grundgesetz vorgesehenen Vorbehalte, die zwingend eine Vollregelung durch den parlamentarischen Gesetzgeber erfordern. All das entscheidet darüber, wann der Gesetzgeber selbst tätig werden muss und nicht weiterdelegieren kann. Wird die Frage bejaht, so wird gleichzeitig auch darüber entschieden, welcher Gegenstand überhaupt gesetzlich geregelt werden muss und wie weit die Regelungen im Einzelnen zu gehen haben.[1612] Die Delegationsverbote können grundrechtlicher, organisationsrechtlicher, finanzverfassungsrechtlicher Natur sein oder sich aus anderen speziellen oder allgemeinen Vorbehalt des Gesetzes ergeben.[1613] Exemplarisch zu nennen sind Art. 23 Abs. 1 Satz 2 GG, Art. 24 Abs. 1 GG, Art. 29 Abs. 2 Satz 1 GG, Art. 59 Abs. 2 Satz 1, Art. 79 Abs. 1 Satz 1 GG, Art. 110 Abs. 2 Satz 1, Art. 115 Abs. 1 Satz 1 GG. In diesen Bereichen kann eine Übertragung der Regelungsbefugnis per Ermächtigungsnorm nicht stattfinden.

### c) Rechtsverordnung im Kontext des Gewaltenteilungsgrundsatzes

Die Verordnungsgebung ist eine Art vereinfachte Gesetzgebung. Damit hat das Parlament kein Rechtsetzungsmonopol mehr, sondern hat nur ein Regelungs-

---

[1609] Zu der Diskussion um das Bestimmtheitsgebot des Art. 80 Abs. 1 Satz 2 GG und der Wesentlichkeitstheorie bzw. Parlamentsvorbehalt siehe genauer: *Nierhaus*, in: Bonner Kommentar, Februar 2020, Art. 80 GG Rn. 89 ff.; auch *Schnelle*, Eine Fehlerfolgenlehre, 2007, S. 24 ff.
[1610] *Kisker*, in: Schule im Rechtsstaat, Bd. II, 1980, 7 (16 f.); *Scholz/Bismark*, in: Schule im Rechtsstaat, Bd. II, 1980, 73 (103); *Studenroth*, DÖV 1995, 525 (526).
[1611] *Mann*, in: Sachs GG-Kommentar, 8. Aufl. 2018, Art. 80 GG Rn. 22.
[1612] BVerfGE 49, 89 (126 f.); 83, 130 (142, 151 f.); 101, 1, (34); 136, 69 (114 ff.). So auch *Hermes*, Der Bereich des Parlamentsvorbehalts, 1988, S. 130; *Brenner*, in: v. Mangoldt/Klein/Starck, GG Bd. 2, 7. Aufl. 2018, Art. 80 GG Rn. 36.
[1613] *Remmert*, in: Maunz/Dürig Kommentar GG, Oktober 2019, Art. 80 GG Rn. 57.

primat inne.[1614] Es bleibt der Herr der Rechtsetzung, was sich aus dem Vorrang des Gesetzes (Art. 20 Abs. 3 GG, aber auch aus Art. 80 Abs. 1 Satz 1 GG) und der in Art. 80 Abs. 1 Satz 2 GG festgeschriebenen Gesetzesakzessorietät ergibt.[1615] Der Gesetzgeber behält trotz der Verordnungsermächtigung seine Regelungskompetenz und kann von seinem Zugriffsrecht auf die von der Verordnungsermächtigung erfasste Materie jederzeit Gebrauch machen, indem er die auf der Grundlage seiner Ermächtigung erlassene Rechtsverordnung ganz oder teilweise aufheben, zeitlich begrenzen oder ganz außer Kraft setzen bzw. durch ein formelles Gesetz novellieren kann.[1616] Die starke parlamentarische Abhängigkeit der Rechtsverordnungsgebung wird ebenfalls durch die systematische Stellung des Art. 80 GG im VII. Abschnitt des Grundgesetzes über die Gesetzgebung verdeutlicht. Ferner wird mit Art. 80 GG eine klare Absage an ein selbstständiges Verordnungsrecht erteilt, um eine Selbstentmachtung zu verhindern, eine funktionsfähige Demokratie zu sichern und den Weg einer Flucht aus der Verantwortung zu versperren.[1617] Die delegierte Rechtsetzung erfordert Fingerspitzengefühl, denn die Aussagen des Art. 80 GG sind vor dem Hintergrund leidvoller Grenzerfahrungen deutscher Verfassungsentwicklung zu sehen, insbesondere durch den schleichenden Missbrauch der Rechtsverordnung zur Umgehung des parlamentarischen Steuerungsprimats in der Weimarer Zeit.[1618] Vom Verständnis des Gewaltenteilungsprinzips her wurde die Rechtsetzung der Exekutive auch als „Durchbrechung"[1619] des Drei-Gewaltensystems oder als seine

---

[1614] *Martini*, AöR 133 (2008), 155 (160); *Brenner*, in: v. Mangoldt/Klein/Starck, GG Bd. 2, 7. Aufl. 2018, Art. 80 GG Rn. 29.

[1615] *Nierhaus*, in: Bonner Kommentar, Februar 2020, Art. 80 GG Rn. 77.

[1616] So auch BVerfGE 22, 330 (346); 114, 196 (232), „Verordnungsermächtigung wirkt nur zuweisend, nicht auch abschiebend". Dem folgend *Kirchhof*, in: BVerfG und GG, Bd. 2, 1976, S. 83 mit Verweis auf *Triepel*, Delegation, 1942, Nachdruck 1974, S. 51 ff., der von unechter Delegation spricht, die keinen Kompetenzverlust des Gesetzgebers herbeiführt (Fall der konservierenden Delegation, S. 53 ff.); *Lepa*, AöR 105 (1980), 337 (350 f.); *Lippold*, ZRP 1991, 254 (255); *Jekewitz*, NVwZ 1994, 956 (957); *Studenroth*, DÖV 1995, 525 (527); *Brenner*, in: v. Mangoldt/Klein/Starck, GG Bd. 2, 7. Aufl. 2018, Art. 80 GG Rn. 14; *Mann*, in: Sachs GG-Kommentar, 8. Aufl. 2018, Art. 80 GG Rn. 8.

[1617] *Martini*, AöR 133 (2008), 155 (161).

[1618] *Martini*, AöR 133 (2008), 155 (160). In diesem Sinne auch *Schönenbroicher*, BayVBl. 2001, 624 (624). Zu geschichtlicher Entwicklung siehe *Remmert*, in: Maunz/Dürig Kommentar GG, Oktober 2019, Art. 80 GG Rn. 11 bis 23.

[1619] BVerfGE 3, 225 (248); 8, 274 (321); 18, 52 (59). So auch *Studenroth*, DÖV 1995, 525 (526); *Uhle*, Parlament und RVO, 1999, S. 157; *Sannwald*, in: Schmidt-Bleibtreu/Hofmann/

"Ausnahme"[1620] bezeichnet. Gleichsam ist aber Art. 80 GG ein Ausdruck[1621] "kooperativer Rechtsetzungszuständigkeit", der den Gewaltenteilungsgrundsatz bestätigt im Sinne eines „gewaltenverzahnendes Ineinandergreifens"[1622] durch arbeitsteilige Organisation.[1623]

### d) Problemfall der Änderung einer Rechtsverordnung durch einen förmlichen Gesetzesbeschluss

Im Verfassungsgefüge stellt die Zuweisung der Rechtsverordnungssetzung eine Form der Rechtserzeugung dar, die traditionell von der Exekutive und nicht von der Legislative geschaffen wird. Denn nach dem Gewaltenteilungsgrundrundsatz gilt grundsätzlich, dass die Legislative die gesetzgebende und die Exekutive die ausführende Gewalt ist. Mit Art. 80 GG kommt es zu einer Art Verschränkung der Tätigkeiten beider Gewalten, indem der Gesetzgeber aufgrund gesetzlicher Grundlage die Exekutive dazu befähigt, rechtsschaffend tätig zu werden. Dem parlamentarischen Gesetzgeber wird ausweislich des Textes im Grundgesetz (Art. 76 ff. GG) nur das Handlungsmittel des förmlichen Gesetzes (neben einfachen Beschlüssen) zugewiesen.[1624] Rechtsverordnungen, die im Gesetzgebungsverfahren ergehen, scheint die Verfassung nicht zu kennen, weshalb es nahe liegt anzunehmen, dass der Gesetzgeber zwar die Exekutive zum Rechtsverordnungserlass ermächtigen kann, aber selbst keine Rechtssätze, die den Rang der Rechtsverordnung haben, schaffen kann.[1625] Dennoch hat sich in der Staatspraxis eine Normgebung entwickelt, die in das dargestellte Konzept nur schwer hineinpasst.

---

Henneke GG-Kommentar, 14. Aufl. 2017, Art. 80 GG Rn. 5; *Brenner*, in: v. Mangoldt/Klein/Starck, GG Bd. 2, 7. Aufl. 2018, Art. 80 GG Rn. 13.
[1620] BVerfGE 24, 184 (197).
[1621] *v. Danwitz*, Die Gestaltungsfreiheit, 1989, S. 48.
[1622] So *Nierhaus*, in: Bonner Kommentar, Februar 2020, Art. 80 GG Rn. 72 ff. mit Verweis auf BVerfGE 3, 225 (247).
[1623] In diesem Sinne auch *Reimer*, in: Grundlagen des VerwR, Bd. 1, 2. Aufl. 2012, § 9 Rn. 70 mit dem Ausdruck „Scharnier kooperativer Normsetzung"; zusammenfassend siehe *Remmert*, in: Maunz/Dürig Kommentar GG, Oktober 2019, Art. 80 GG Rn. 7.
[1624] *Seiler*, ZG 2001, 50 (51).
[1625] *Seiler*, ZG 2001, 50 (51); *Remmert*, in: Maunz/Dürig Kommentar GG, Oktober 2019, Art. 80 GG Rn. 88 ff. m.w.N.

So wird die Handlungsform der Rechtsverordnung sowohl von der Exekutive als auch von der Legislative in Anspruch genommen. Das passiert, indem einerseits der Gesetzgeber dem Bundestag die einfache Mitwirkung an dem exekutiven Verordnungserlass mit bindender Wirkung in der Ermächtigungsnorm vorbehält und so an der Rechtsverordnungsgebung aktiv teilnimmt.[1626] Diese Erscheinungsform ist von Bedeutung, weil sie mittels nichtgesetzesförmiger Beschlüsse geschieht, die unterschiedliche Inhalte haben können. Andererseits wiederum kann der Gesetzgeber Verordnungsänderung im Gesetzgebungsverfahren vornehmen, dessen Ergebnis aber keine förmliche Gesetzesvorschrift ist, sondern Vorschriften mit Rechtsverordnungsrang.[1627] Beide Erscheinungsformen sind aus verfassungsrechtlichen Gesichtspunkten nicht unbedenklich und bergen die Gefahr mangelnder Transparenz. Sowohl die eine als auch die andere Vorgehensweise führt zu der Frage, ob der Gesetzgeber selbst Rechtsverordnungen erlassen kann. Diese Frage erscheint auf den ersten Blick fast abwegig[1628], nach *Ossenbühl* ist das „eine absurde Vorstellung."[1629]

Vorerst ist auf die Verordnungsänderung mittels eines Gesetzesbeschlusses einzugehen, um mögliche Parallelen mit der ersteren Form zu entdecken, sowie Vor- und Nachteile der beiden aufzuzeigen. So kommen in der Praxis Fälle vor, bei denen „der Gesetzgeber bei Gelegenheit einer Novelle, sozusagen in einem Aufwaschen, mit dem bisherigen Gesetz auch die dazugehörige Rechtsverordnung der geänderten Rechtslage anpasst."[1630] Ebenso werden im Rahmen von „sog. Artikelgesetzen, die ein in mehreren Normen auch unterschiedlichen Ranges geregeltes Rechtsgebiet umgestalten wollen, nicht nur bestehende Gesetze geändert, sondern auch die sie ausführenden oder ergänzenden Rechtsverordnungen durch Gesetz ersetzt."[1631] Dieses Handeln wirft u.a. die Fragen

---

[1626] Solche Aufteilung nimmt vor, *Seiler*, ZG 2001, 50 (51).
[1627] *Ossenbühl*, in: HStR, Bd. V, 3. Aufl. 2007, § 103 Rn. 39.
[1628] *Remmert*, in: Maunz/Dürig Kommentar GG, Oktober 2019, Art. 80 GG Rn. 88.
[1629] *Ossenbühl*, JZ 2003, 1066 (1066).
[1630] *Schneider*, Gesetzgebung, 3. Aufl. 2002, S. 369 Rn. 663; *Remmert*, in: Maunz/Dürig Kommentar GG, Oktober 2019, Art. 80 GG Rn. 89.
[1631] *Remmert*, in: Maunz/Dürig Kommentar GG, Oktober 2019, Art. 80 GG Rn. 89. *Sendler*, NJW 2001, 2859 (2859) spricht in diesem Zusammenhang davon: „Ersichtlich will man eine Regelung – hoffentlich! – aus einem Guss schaffen (...)". Dem anschließend, *Külpmann*, NJW 2002, 3436 (3436 f.), der von der „politisch oftmals gewollte[n] Reform „aus einem Guss" spricht.

auf, ob das entstandene Gebilde die Rechtsnatur einer Rechtsverordnung mit Verordnungsrang teilt, das sie ändert, oder die Rechtsnatur des Gesetzes mit Gesetzesrang hat, dem es entstand.[1632] Die Beantwortung dieser Frage hat praktische Auswirkungen für den Rechtsschutz des Bürgers/der Bürgerin, die Verwerfungskompetenzen der Gerichte und die Geltungsvoraussetzungen der Norm.[1633]

### aa) Lösungsvorschlag des BVerfG: Die Befürwortung der Änderung einer Rechtsverordnung per Gesetzesbeschluss mit Rechtsverordnungsqualität

Diese Vorgehensweise wird mittlerweile vom BVerfG[1634] und inzwischen ihm folgend auch zum Teil im Schrifttum[1635] als verfassungsrechtlich zulässig angesehen. Das BVerfG liefert eine methodisch nicht ganz überzeugende Begründung: 1. Es wird anerkannt, dass ein praktisches Bedürfnis für den parlamentarischen Gesetzgeber bestehe, bei der Änderung komplexer Regelungsgefüge, in denen förmliches Gesetzesrecht und auf ihm beruhendes Verordnungsrecht ineinander verschränkt sind, auch das Verordnungsrecht anzupassen.[1636] 2. Dabei dürfe aber keine Rechtslage entstehen, die gegen das Rechtsstaatsprinzip und die daraus folgenden Prinzipien der Rechtssicherheit und der Rechtsmittelklarheit verstößt.[1637] 3. Ändere das Parlament wegen des sachlichen Zusam-

---

[1632] *Martini*, AöR 133 (2008), 155 (178).
[1633] *Martini*, AöR 133 (2008), 155 (178). Aber auch, *Studenroth*, DÖV 1995, 525 (533).
[1634] BVerfGE 114, 196 (235 ff.) – Beitragssatzsicherungsgesetz, mit Sondervotum der Richterin *Osterloh* und des Richters *Gerhardt* (250 ff.); BVerfGE 114, 303 ff. sowie schon zuvor *Schneider*, Gesetzgebung, 3. Aufl. 2002, S. 369 Rn. 663 f.; *Sendler* NJW 2001, 2859 ff.; *Külpmann* NJW 2002, 3436 ff. Ferner wird klargestellt, *BMJ*, Handbuch der Rechtsförmlichkeit, 3. Aufl. 2008, Rn. 695 „Hat der Gesetzgeber eine bestehende Rechtsverordnung geändert, so ist das dadurch entstandene Normgebilde aus Gründen der Normenklarheit insgesamt als Rechtsverordnung zu qualifizieren."
[1635] *Sannwald*, in: Schmidt-Bleibtreu/Hofmann/Henneke GG-Kommentar, 14. Aufl. 2017, Art. 80 GG Rn. 14 ff., 20; in diesem Sinne wohl auch, *Brenner*, in: v. Mangoldt/Klein/Starck, GG Bd. 2, 7. Aufl. 2018, Art. 80 GG Rn. 30 ff.; eher als Wiedergabe bei *Mann*, in: Sachs GG-Kommentar, 8. Aufl. 2018, Art. 80 GG Rn. 9. Ablehnend schon *Uhle*, DÖV 2001, 241, (246 ff.); *Ossenbühl*, JZ 2001, 1066 (1066 ff.); *Bauer*, in: FS R. Schmidt, 2006, 237 (245 ff.; 258 f.); *Brosius-Gersdorf*, ZG 2007, 305 ff.; *Möllers*, Jura 2007, 932 (936); *Martini*, AöR 133 (2008), 155 (178 ff.); *Remmert*, in: Maunz/Dürig Kommentar GG, Oktober 2019, Art. 80 GG Rn. 93 ff.; *Uhle*, in: Epping/Hillgruber Beck'scher Online Kommentar GG, 1.12.2019, Art. 80 GG Rn. 50 ff.
[1636] BVerfGE 114, 196 (234).
[1637] BVerfGE 114, 196 (235 und 237).

menhangs eines Reformvorhabens bestehende Verordnungen oder füge in diese neue Regelungen ein, so ist das dadurch entstandene Normgebilde aus Gründen der Normenklarheit insgesamt als Verordnung zu qualifizieren.[1638]

4. Da dem Gesetzgeber bei der Rechtsetzung aber keine freie Formenwahl zwischen Normen mit Gesetzesrang und solchen mit Verordnungsrang zustehe, sei der Weg, im förmlichen Gesetzgebungsverfahren Recht mit dem Rang einer Rechtsverordnung zu erlassen,[1639] nur unter folgenden Voraussetzungen eröffnet: Es müsse ein Zusammenhang mit einer gesetzgeberischen Gesamtmaßnahme bestehen,[1640] es sei das Verfahren[1641] der Art. 76 ff. GG einzuhalten und es seien nach Art. 80 Abs. 1 Satz 2 GG die Grenzen der für die Verordnung einschlägigen Ermächtigungsgrundlage zu wahren.[1642] Ob ein Zustimmungserfordernis des Bundesrates bestehe, richte sich nicht nach Art. 80 Abs. 2 GG, sondern nach den für Gesetze geltenden Bestimmungen des Grundgesetzes.[1643] Zusammengefasst lässt sich sagen, dass das BVerfG einen Dreischritt anwendet, in dem es das praktische Bedürfnis für „verordnungsändernde Gesetze"[1644] voranstellt, den Gesetzen den Rang einer Verordnung zuweist, um letztendlich die Voraussetzungen und Rechtsfolgen eines neu geschaffenen Rechtsinstituts zu entwerfen und zu billigen.[1645] Das BVerfG versucht die gängige Praxis verfassungsrechtlich zu rechtfertigen, indem es in den Vordergrund das Rechtsstaatsprinzip mit seinen Ausprägungen stellt.

### bb) Kritik an der in der Praxis umgesetzten Lösung des BVerfG

Die präsentierte Lösung des BVerfG wurde jedoch nicht widerspruchslos hingenommen, im Gegenteil bietet sie immer noch einen nahrhaften Boden für regen Diskurs. So ist die scharfe Kritik beispielsweise an den Aussagen von *Uhle*, dass die parlamentsgesetzliche Verordnungsänderung einen Bruch mit der

---

[1638] BVerfGE 114, 196 (238).
[1639] BVerfGE 114, 196 (238); 114, 303 (311).
[1640] BVerfGE 114, 196 (238).
[1641] BVerfGE 114, 196 (238).
[1642] BVerfGE 114, 196 (239).
[1643] BVerfGE 114, 196 (240).
[1644] Statt vieler *Uhle*, DÖV 2001, 241 (241 ff.), der auf Formen, Verordnungsänderung durch Gesetz und Gesetzesänderung durch Verordnung, verweist.
[1645] So *Bauer*, in: FS für R. Schmidt, 2006, 237 (246).

überkommenen Dogmatik von Gesetz und Rechtsverordnung darstelle[1646] oder von *Bauer*, dass die in mehreren Jahrzehnten herangewachsene Verordnungsrechtsdogmatik vom BVerfG nunmehr verabschiedet und durch eine neu entwickelte Rechtsetzungs-Kategorie ersetzt worden sei,[1647] zu erkennen. Dass die Entscheidung nicht unumstritten ist, wird bereits an dem Sondervotum[1648] der Richterin *Osterloh* und des Richters *Gerhardt* ersichtlich, die mit der mehrheitlichen Auffassung nicht ganz übereinstimmten.

**(1) Zweifel an der Rechtsaktqualität**
Durch die seitens des BVerfG gebilligter Vorgehensweise wird das Gesetzgebungsverfahren für den Erlass von Normen sowohl mit Gesetzesrang als auch mit Rechtsverordnungsrang in Anspruch genommen, wodurch ein Problem mit der Qualifikation von Rechtsakten auftritt. Ob ein Rechtsakt ein Gesetz und eine Verordnung ist, richtet sich nach seinem Urheber.[1649] Eine dritte Form von Rechtsetzungsakten, die eine Kombination von einem Gesetz und einer Rechtsverordnung wäre, ist dem Grundgesetz nicht zu entnehmen.[1650] Der strengen[1651] Dogmatik folgend, müssten also die im Gesetzgebungsverfahren geänderten Teile der Rechtsverordnung nach den allgemeinen Regeln dann eigentlich Gesetzesqualität erlangen. So sah das auch früher das BVerfG selbst: „Der Erlass von Rechtsverordnungen, also von Normen mit Rang unterhalb des Gesetzes, gehört zum Aufgaben- und Kompetenzbereich der Exekutive. Die vom Gesetzgeber erlassenen Normen sind Gesetze. Es ist ihm verwehrt, Verordnungen zu erlassen. Der Gesetzgeber kann nicht außerhalb seiner verfassungsrechtlichen Aufgaben tätig werden."[1652] Wenn Verordnungsermächti-

---

[1646] *Uhle*, in: Epping/Hillgruber Beck´scher Online Kommentar GG, 1.12.2019, Art. 80 GG Rn. 50.
[1647] *Bauer*, in: FS für R. Schmidt, 2006, 237 (245).
[1648] Sondervotum von *Osterloh/Gerhardt*, BVerfGE 114, 196 (250 ff.).
[1649] *Remmert*, in: Maunz/Dürig Kommentar GG, Oktober 2019, Art. 80 GG Rn. 94 mit Verweis auf *Brosius-Gersdorf*, ZG 2007, 305 (312). In diesem Sinne auch *Osterloh/Gerhardt*, Sondervotum, BVerfGE 114, 196 (251).
[1650] *Remmert*, in: Maunz/Dürig Kommentar GG, Oktober 2019, Art. 80 GG Rn. 94 mit Verweis auf *Brosius-Gersdorf*, ZG 2007, 305 (312). In diesem Sinne auch *Osterloh/Gerhardt*, Sondervotum, BVerfGE 114, 196 (251).
[1651] Von einem Verfassungsverstoß aus Gründen der Formstrenge spricht u.a. *Seiler*, ZG 2001, 50 (54 ff.).
[1652] BVerfGE 22, 330 (346); in dem Sinne auch BVerfGE 24, 184 (199).

gungen geschaffen worden sind, kann der Gesetzgeber die Materie weiterhin regeln, jedoch nur durch Gesetz. Das Bundesministerium der Justiz und für Verbraucherschutz stellt dies vorbildlich kurz und prägnant fest: „Es ist abzulehnen, dass der Gesetzgeber selbst vollständige Verordnungen erlässt. Die Bezeichnung solcher Regelungen als „Verordnung" wäre irreführend, da sie nicht deren Rechtscharakter entspräche. Bei so geschaffenen „Verordnungen" bestände außerdem stets die Gefahr, dass einzelne Regelungen über bestehende Ermächtigungsgrundlagen hinausgehen. Deshalb sind solche **Gesetze im Verordnungsgewand** in Gesetzentwürfen der Bundesregierung **nicht** vorzusehen."[1653] Wenn nun dem Parlament erlaubt werde, in einem Gesetz selbst zu bestimmen, dass die formalgesetzliche Regelung nicht als solche, sondern als Rechtsverordnung gelten solle, so werde der oben dargestellte Grundsatz umgangen.[1654] Aus dem Umstand, dass der parlamentarische Gesetzgeber selbst die Kompetenz zum Rechtsverordnungserlass übertragen hat und er jederzeit auf das Verordnungsrecht Einfluss nehmen kann, folgt nämlich, dass er das mittels Gesetzes tun kann, das als förmliches Gesetz und nicht Verordnung wirkt und mit Vorrang des Gesetzes ausgestattet ist; ansonsten scheint eine Trennung von Verordnungs- und Gesetzgeber nicht möglich zu sein.[1655] So mag es sein, dass die parlamentarische Einflussnahme keinen Eingriff in den Kernbereich der Exekutive darstellt, sie überschreitet aber die Kompetenz des Gesetzgebers, wenn er „unter falscher Flagge" sog. verdecktes Verordnungsrecht schafft.[1656] Das Verordnungsrecht der Exekutive sei also im Verhältnis zur parlamentarischen Gesetzgebung kein Minus, sondern ein Aliud.[1657]

---

[1653] *BMJ*, Handbuch der Rechtsförmlichkeit, 3. Aufl. 2008, Rn. 382 (Hervorhebungen im Original). Es wird aber auf die Ausnahme bei der Änderungsgesetzgebung mit Hervorhebung hingewiesen bei Rn. 690 ff. und mit ausdrücklichen Bezug auf BVerfGE 114, 196 (196 ff.); 114, 303 (303 ff.).
[1654] *Studenroth*, DÖV 1995, 525 (533); *Dette/Burfeind*, ZG 1998, 257 (261 f.).
[1655] *Studenroth*, DÖV 1995, 525 (533). *Bauer*, in: FS für R. Schmidt, 2006, 237 (239), spricht von der Verabschiedung der Exekutive als allein denkbaren Urheber von Verordnungen und von Verwässerung der Abgrenzung zur Rechtsform des parlamentarischen Gesetzgebers mit beträchtlichen Anschlussproblemen.
[1656] *Studenroth*, DÖV 1995, 525 (529) mit Verweis auf *Rupp*, NVwZ 1993, 756 (758).
[1657] *Rupp*, NVwZ 1993, 756 (758); *Studenroth*, DÖV 1995, 525 (533); *Dette/Burfeind*, ZG 1998, 257 (262).

Dass die Entscheidungen des BVerfG im Widerspruch zu den vorgestellten Prinzipien stehen, ist nicht zu übersehen. Bereits in der Entscheidung selbst wird in dem Sondervotum der Richterin *Osterloh* und des Richters *Gehrhardt* von einer „Neuschöpfung"[1658] gesprochen. Damit wird eine Parlamentsverordnung[1659] oder Legislativverordnung[1660] als neue Rechtsform kreiert.[1661] Ein solches Mischgebilde, ein „mixtum compositum" von Normen unterschiedlicher Qualität,[1662] konterkariert aber das rechtsstaatliche Gebot der Rechtssicherheit (Klarheit des Ranges der Normen; Postulat der Rechtsmittelklarheit; Grundsatz der Normenwahrheit)[1663] und sollte wieder aufgegeben werden.[1664] Ferner wird das Argument, die Entsteinerungsklausel[1665] so zu verstehen, dass sie die geänderte Rechtsverordnung uno actu nach Ablauf einer logischen Sekunde vom Rang des formellen Gesetzes herabstufe,[1666] abgelehnt.[1667] Der Entsteinerungsklausel erteilt auch das BVerfG eine Absage, indem es nur noch beiläufig am Ende mit einem knappen Satz feststellt, dass diese insoweit nur klarstellende

---

[1658] BVerfGE 114, 196 (256) – Sondervotum *Osterloh/Gerhardt*.
[1659] So bezeichnet von u.a. *Bauer*, in: FS für R. Schmidt, 2006, 237 (237), bereits als Überschrift des Beitrags.
[1660] So bezeichnet von u.a. *Uhle*, in: Gesetzgebung, 2014, § 24 Rn. 105.
[1661] *Bauer*, in: FS für R. Schmidt, 2006, 237 (240).
[1662] *Martini*, AöR 133 (2008), 155 (178), er spricht auch vom hybriden Mischgebilde. *Bauer*, in: FS für R. Schmidt, 2006, 237 (239) spricht von „Verwirbelungen der Rechtsformtypologie"; *Uhle*, in: Gesetzgebung, 2014, § 24 Rn. 104 spricht davon, dass „Elemente der Gesetzgebung mit dem Erfolg der Verordnungsgebung zu einem Rechtsquellencocktail vermischt [werden], dem es an einer stringenten Rezeptur mangelt".
[1663] Wiedergebend *Mann*, in: Sachs GG-Kommentar, 8. Aufl. 2018, Art. 80 GG Rn. 9 mit Verweis auf BVerfGE 108, 1 (20). So bereits *Lepa*, AöR 105 (1980), 337 (351 ff.). In dem Sinne auch *Conradi*, NVwZ 1994, 977 (978) „Die Vermischung von Gesetzgebung und Verordnungsgebung ist kein Beitrag zur Klarheit der Gesetzgebung."
[1664] *Bauer*, in: FS für R. Schmidt, 2006, 237 (259).
[1665] „Sie ermächtigen den Verordnungsgeber, die neu gefassten Regelungen mit Gesetzesrang bei Bedarf inhaltlich zu ändern und zugleich auf den Rang einer Rechtsverordnung herabzustufen." *Remmert*, in: Maunz/Dürig Kommentar GG, Oktober 2019, Art. 80 GG Rn. 91.
[1666] *Sendler*, NJW 2001, 2859 (2860).
[1667] Sondervotum, BVerfGE 114, 196 (251). Auch *Ossenbühl*, JZ 2003, 1066 (1066). Gegen die Entsteinerungsklausel an sich *Conradi*, NVwZ 1994, 977 (977); *Uhle*, DÖV 2001, 241 (243 ff., 246).

Bedeutung hat.[1668] Damit kann sie bei der Problemlösung vernachlässigt[1669] werden, obwohl sie vor den Entscheidungen ihre Befürworter[1670] hatte.

**(2) Die Dimension des Gesetzes und die Abmilderung seiner „Autorität" sowie weitere Widersprüche innerhalb der vorgeschlagenen Problemlösung des BVerfG**

Es verwundert nicht, dass die Entscheidungen so viel Kritik[1671] hervorrufen. Es drängt sich der Eindruck auf, das BVerfG versucht mit allen Mitteln einen Weg zur Rechtfertigung dieser Praxis zu finden.[1672] Dabei scheut es nicht davor, missliche Kniffe anzuwenden und führt „ein Lehrstück für die Kunst juristischen Argumentierens"[1673] vor. Es präsentiert eine Art Spiel zwischen Realität und Praxis, indem auf der ersten Ebene eine normative Betrachtung vorgenommen wird, die auf der zweiten Ebene mit der Realität konfrontiert wird, um ein praktikables Ergebnis hervorzubringen. Noch weniger überzeugend ist sie im Lichte einer Entscheidung des BVerwG. Dort entschied es, dass ein Gesetz, das eine Verordnungsnorm ändert, nur Rechtsverordnungsrang haben solle und im Vergleich zum förmlichen Gesetz demzufolge als Gesetz minderen Ranges bzw. als Norm mit geringerer Bedeutung anzusehen sei, weil sein Erlass als förmliches

---

[1668] BVerfGE 114, 196 (240). So bereits *Schneider*, Gesetzgebung, 3. Aufl. 2002, S. 369 Rn. 663 mit den Worten „(…) was m.E. eine sinnvolle Interpretation ohnehin ergeben müsste." Die Verabschiedung begrüßt auch *Uhle*, in: Gesetzgebung, 2014, § 24 Rn. 105. So wird das auch übernommen von *BMJ*, Handbuch der Rechtsförmlichkeit, 3. Aufl. 2008, Rn. 695, (Hervorhebungen im Original) „Die früher in Schlussvorschriften von Änderungsgesetzen üblichen sog. **Entsteinerungsklauseln**, mit denen die durch den Gesetzgeber geänderten Verordnungsteile vom Gesetzes- zum Verordnungsrang herabgestuft werden sollten, sind **nicht mehr erforderlich."**
[1669] *Bauer*, in: FS für R. Schmidt, 2006, 237 (247), spricht von einer Verkümmerung der Entsteinerungsklausel zu einer quantité négligeable.
[1670] BayVGH, NJW 2001, 2905 (2906); *Sendler*, NJW 2001, 2859 (2860) und DVBl. 2005, 423 (423). Ebenfalls *Jekewitz*, NVwZ 1994, 956 (958); *Studenroth*, DÖV 1995, 525 (534); *Schwanengel*, Einwirkungen der Landesparlamente, 2002, S. 57 ff.
[1671] „Den gordischen Knoten einer drohenden normenhierarchischen Gemengelage hat das Bundesverfassungsgericht kürzlich zu zerschlagen versucht.", so *Martini*, AöR 133 (2008), 155 (178) mit Verweis auf BVerfGE 114, 196 ff.; BVerwGE 117, 313 ff. sowie auf Stimmen in Schrifttum.
[1672] In diesem Sinne auch *Schönenbroicher*, BayVBl. 2011, 624 (625) „Es hat die Erlaubnis zum Weiterpraktizieren dieser Art der Rechtsetzung mit angeblichen Erfordernissen einer jahrzehntalten Staatspraxis begründet und lediglich bestimmte Restriktionen im Einzelnen verhängt, die im Drang der Staatspraxis allerdings mitunter außer Sicht geraten könnten."
[1673] So *Ossenbühl*, JZ 2003, 1066 (1066) in Bezug auf BVerwGE 117, 313 (313 ff.).

Gesetz Zufall sei.[1674] Damit wird die Bedeutung des Gesetzes im Ganzen hinsichtlich seines Entstehens und seiner Rechtsfolgen in Frage gestellt und im Hinblick auf den Grundsatz des Vorrangs des Gesetzes erheblich abgeschwächt. Es kommt eine gewisse Herabwürdigung gegenüber der Gesetzgebung zum Ausdruck. Dem Verordnungsgeber wird die Möglichkeit eröffnet, die Wirkung des förmlichen Gesetzes zu überspielen und eine Verordnung zu erlassen, die dem Willen des Gesetzgebers widerspricht.[1675] Er könnte die Regelung „umgehend wieder außer Kraft setzen oder modifizieren, und zwar ohne Rücksicht auf die Absichten und Erwägungen, die der parlamentarische Gesetzgeber bei formalgesetzlichen Änderung der Verordnung angestellt hat."[1676] Die automatische Rückstufung des formellen Gesetzes zum Verordnungsrang nimmt dem eigentlichen Gesetz die kompetenzielle Sperrwirkung im Sinne des Art. 72 Abs. 3 GG.[1677] Außerdem bestehen Bedenken hinsichtlich der vom BVerfG aufgezeigten Grenzen bzw. Voraussetzungen, insbesondere der Bindung an Art. 80 Abs. 1 Satz 2 GG. Zum einen stellt sich die Frage, weshalb der Gesetzgeber als Herr der Gesetzgebung an seine Delegationsnorm gebunden sein soll, wenn er eine Rechtsverordnung durch eine Gesetz ändert und zum anderen welche Rechtsfolgen ein über die bestehende Delegationsnorm hinausgehendes Gesetz auslöst, insbesondere ob es in solchem Fall als verfassungswidrig und nichtig anzusehen ist.[1678] Ferner ist die Nichtanwendung des Art. 80 Abs. 1 Satz 3 GG und Art. 80 Abs. 2 GG nicht nachvollziehbar.[1679] Das Zitiergebot aus Art. 80 Abs. 1 Satz 3 GG dient gerade der Rechtsklarheit, um die Rechtsverordnung auch formal als Rechtsverordnung einzuordnen, damit sowohl der Verordnungsgeber sich vergewissern kann, auf welche Ermächtigungsnorm er sich

---

[1674] BVerwGE 117, 313 (318 und 321).
[1675] *Martini*, AöR 133 (2008), 155 (179).
[1676] *Ossenbühl*, JZ 2003, 1066 (1068).
[1677] *Martini*, AöR 133 (2008), 155 (181).
[1678] *Martini*, AöR 133 (2008), 155 (180). So ähnlich *Remmert*, in: Maunz/Dürig Kommentar GG, Oktober 2019, Art. 80 GG Rn. 93 „So leuchtet schon nicht recht ein, warum der Gesetzgeber bei der Schaffung von Recht mit Verordnungsrang zwar an Art. 80 Abs. 1 S. 2 GG, nicht aber auch an Art. 80 Abs. 1 S. 3 GG gebunden sein soll. Schwierigkeiten wirft auch die Beteiligung des Bundesrates auf." In dem Sinne auch *Osterloh/Gerhardt*, Sondervotum, BVerfGE 114, 196 (257); *Seiler*, ZG 2001, 50 (58 ff.); *Bauer*, in: FS R. Schmidt, 2006, 237 (256 f.); *Brosius-Gersdorf*, ZG 2007, 305 (314 ff.); *Möllers*, Jura 2007, 932, (936 f.).
[1679] So *Seiler*, ZG 2001, 50 (60 ff.); *Bauer*, in: FS R. Schmidt, 2006, 237 (257); *Brosius-Gersdorf*, ZG 2007, 305 (314 f.); *Möllers*, Jura 2007, 932, (937).

stützt, und ob die erlassenen Vorschriften von ihr gedeckt sind, als auch dem Adressaten der Rechtsverordnung erleichtert werden soll, sie darauf zu überprüfen, ob der Rahmen der Ermächtigungsnorm eingehalten wurde.[1680] Art. 80 Abs. 3 GG dient dem Schutz der Verwaltungszuständigkeit der Länder, der durch sein Außerachtlassen deutlich geschwächt ist, wenn man bedenkt, dass Vorschriften desselben Inhaltes als Regelungen mit Gesetzesrang anders zu beurteilen sind als solche mit Verordnungsrang.[1681]

Das BVerfG geht davon aus, dass es zur Gestaltungsfreiheit des Parlaments gehöre, sein Änderungsvorhaben umfassend selbst zu verwirklichen.[1682] Als Begründung führt es aus: „Wäre es [das Parlament] darauf beschränkt, nur förmliche Gesetze zu ändern, so müsste das Änderungsvorhaben entweder zerteilt werden, um den Gesetzesänderungen die von der Exekutive zu erledigenden Verordnungsänderungen nachfolgen zu lassen; oder der parlamentarische Gesetzgeber müsste die bislang durch Verordnung geregelten Gegenstände wieder in förmliches Gesetzesrecht übernehmen."[1683] Beide Lösungswege werden von dem BVerfG jedoch aus Gründen der zeitlichen Verzögerung, der Sicherung einer punktgenauen Umsetzung des Reformvorhabens und der eingeschränkten Flexibilität bei zukünftigen Rechtsänderungen abgelehnt und nicht als überzeugende Alternativen verworfen.[1684] Das entstandene Konstrukt vereinigt in sich Normen verschiedener Rangstufen kombinierter Rechtsetzung und führt zu einer gewissen Unübersichtlichkeit über die Rechtsfolgen der jeweils zu betrachtenden Vorschrift. Dazu gehören zum einen Fragen bzgl. späterer Änderungen der gesetzesförmlichen Regelung, die dem Gesetzgeber vorbehalten und dem Verordnungsgeber entzogen sind (aufgrund des Vorrangs des Gesetzes),[1685] zum anderen Fragen des Rechtsschutzes, denn Vorschriften mit Gesetzesrang können nur mit verfassungsrechtlichen Rechtsbehelfen vor den Verwaltungsgerichten angegriffen werden, während Regelungen mit Verord-

---

[1680] *Bauer*, in: FS R. Schmidt, 2006, 237 (257) mit Verweis auf BVerfGE 101, 1 (42) und *Nierhaus*, in: Bonner Kommentar, Februar 2020, Art. 80 GG Rn. 322.
[1681] Genauer dazu *Seiler*, ZG 2001, 50 (61); *Lenz*, NVwZ 2006, 296 (296 ff.).
[1682] BVerfGE 114, 196 (235).
[1683] BVerfGE 114, 196 (235).
[1684] *Bauer*, in: FS R. Schmidt, 2006, 237 (246) in Bezug auf BVerfGE 114, 196 (235).
[1685] Wenn man der isolierten Betrachtung folgt, *Studenroth*, DÖV 1995, 525 (533); *Uhle*, Parlament und RVO, 1999, S. 169 ff. und DÖV 2001, 241 (241 f.).

nungsrang durch jedes Fachgericht als ungültig verworfen werden können.[1686] Den Rechtscharakter der Norm, die in Form des Gesetzes eine Rechtsverordnung ändert, einheitlich als Rechtsverordnung aus Gründen der Normklarheit und zweifelhaften Rechtsschutzmöglichkeiten zu qualifizieren,[1687] und damit einen Rundumschlag einer Rangänderung zu veranstalten, bedurfte es nach *Martini* aufgrund anderer zur Verfügung stehender prozessualer Lösungen nicht.[1688] Der Rechtsweg gegen gesetzlich geänderte Rechtsverordnungen gestaltet sich schwierig, insbesondere auf der Landesebene. § 47 Abs. 1 Nr. 1 VwGO erlaubt die Überprüfung von Rechtsvorschriften, die unter dem Rang eines Landesgesetzes stehen, wenn das Landesrecht dies bestimmt. Im Freistaat Bayern ist diese Vorschrift in Art. 5 S. 1 BayVwGO[1689] zu finden. So hat der VGH[1690] München entschieden, dass die gesetzlich modifizierten Vorschriften einer landesrechtlicher Verordnung nicht mit der verwaltungsgerichtlichen Normenkontrolle angegriffen werden könne, denn auf solche Weise geänderter Teil der Verordnung ein formelles Gesetz bleibe. Das hat das BVerwG[1691] anders gesehen und postulierte, dass auch gesetzlich geänderte Verordnungen zur Überprüfung durch jedes damit befasste Gericht stehen, gegebenenfalls auch im Verfahren nach § 47 Abs. 1 Nr. 2 VwGO, sodass Art. 100 Abs. 1 GG nicht anwendbar und eine Vorlage an das BVerfG unzulässig sei, weil die Autorität des parlamentarischen Gesetzgebers nicht betroffen sei, wenn andere Gerichte als das BVerfG Normen für unwirksam erklären, die der Gesetzgeber im Zusammenhang der Änderung von (formellen und materiellen) Gesetzen ergänzend als materielles Verordnungsrecht erlassen habe. So steht die verwaltungsgerichtliche Normenkontrolle (§ 47 Abs. 1 Nr. 2 VwGO) nur für untergesetzliche Normen (für landesrechtliche Verordnungen und nicht förmliche Landesgesetze) und für förmliche Gesetze, etwa die konkrete Normenkontrolle nach

---

[1686] *Bauer*, in: FS R. Schmidt, 2006, 237 (244 f.).
[1687] BVerfGE 114, 196 (236 f., 238).
[1688] *Martini*, AöR 133 (2008), 155 (182 f.). In Fn. 115 werden bei verordnungsändernden Gesetzen neben durch die Überschrift der Vorschrift ausgelösten Rechtsscheins verwaltungsrechtlichen Normenkontrolle (§ 47 VwGO) bzw. verwaltungsrechtlichen Feststellungsklage (§ 43 VwGO) weitere konkrete Möglichkeiten vorgeschlagen.
[1689] Gesetz zur Ausführung der Verwaltungsgerichtsordnung (AGVwGO) v. 20.6.1992 (GVBl. S. 162) zuletzt am 26.3.2019 (GVBl. S. 98) geänd.
[1690] BayVGH, NJW 2001, 2905 (2905 f.).
[1691] BVerwGE 117, 313 (318 ff.).

Art. 100 Abs. 1 GG zur Verfügung. Mit der Entscheidung wird diese Systematik durcheinandergebracht, weil eine im Gesetzgebungsverfahren erlassene Vorschrift, die eigentlich formelles Gesetz ist, wie eine Rechtsverordnung zu behandeln ist. Dabei ließe sich bei verordnungsändernden Gesetzen, die eine Mixtur von Gesetz und Rechtsverordnung sind, anhand der Verkündungsblätter zweifelsfrei feststellen bzw. im Wege herkömmlicher juristischer Methoden der Auslegung[1692] bestimmen, welchen Rang die infrage stehende Vorschrift hat und welcher Rechtsschutz und welche Kompetenzen offenstehen.[1693] Damit wird dem BVerfG vorgeworfen, durch eine Vernebelung des förmlichen Gesetzes mit der Rechtsverordnung den von ihm so ausartend hochgehaltenen Bürgerschutz unmöglich zu machen.[1694] Nach der Ansicht von *Bauer* führe die Forderung des BVerfG, wonach aus Gründen der Normwahrheit „Überschrift und Einleitung eines Regelwerkes (...) auch nach zahlreichen Änderungen noch halten" müssen, „was sie versprechen,"[1695] daher schon in der eigenen Konzeption zu Inkonsistenzen und verstricke das ganze Konstrukt in unauflösbare innere Widersprüche.[1696]

**(3) Die Bedeutung der Vorgehensweise für die Etablierung eines „qualifizierten Beschlusses" im Rahmen der Rechtsverordnungsgebung**

So mag die Entscheidung vielen Einwänden begegnen und erhebliche Schwächen hinsichtlich ihrer Begründung aufwerfen. Dennoch lässt es sich nicht leugnen, dass sich diese Vorgehensweise in der Staatspraxis langfristig gesehen etablieren wird und das Zeichen setzt, Reformen um das Gesetzesrecht mit einer schnellen und verlässlichen Anpassung der Verordnungsgebung zu verbinden.[1697] Eine alternative Lösung könnten daher die Mitwirkungsvorbehalte des

---

[1692] *Bauer*, in: FS R. Schmidt, 2006, 237 (252). Das BVerfG hat bis dahin die Bestimmtheit der Norm nicht an Auslegungsbedürftigkeit scheitern lassen, BVerfGE 17, 67 (82); 83, 130 (145).
[1693] *Ossenbühl*, JZ 2003, 1066 (1067); *Martini*, AöR 133 (2008), 155 (182).
[1694] So *Ossenbühl*, JZ 2003, 1066 (1067); *Martini*, AöR 133 (2008), 155 (182).
[1695] Es wird verwiesen auf BVerfGE 114, 196 (237); 114, 303 ff.
[1696] *Bauer*, in: FS R. Schmidt, 2006, 237 (252).
[1697] In dem Sinne *Uhle*, in: Gesetzgebung, 2014, § 24 Rn. 106, der sich aber eine andere Lösung wünscht als die Vermischung von Gesetz und Rechtsverordnung. Genauer dazu *Uhle*, DVBl. 2004, 1272 (1277 f.), „eine vollwertige Ersatzmöglichkeit und zwar die der (artikel-) gesetzlichen Verpflichtung der Exekutive zur Anpassung des Verordnungsrechts an das umgestaltete Gesetzesrecht."

Bundestages in der Verordnungsgebung bilden. Sie stellen zwar auch eine Art Intervention des Bundestages in das Verordnungsrecht dar, sie werden allerdings nicht mittels eines Gesetzes vorgenommen, sondern durch einfachen Beschluss, der im ermächtigenden Gesetz vorgesehen ist, sodass ein Konflikt durch das Nebeneinanderstehen von Normen unterschiedlichen Ranges vermieden wird. Trotz der grundsätzlichen Zulässigkeit der Beteiligungsformen wird der Änderungsvorbehalt überwiegend für verfassungswidrig[1698] gehalten, obwohl er dem Ziel, das auch durch die oben beschriebene Legislativverordnung erreicht werden soll, fast gleich ist. Dabei hat er den Vorteil, Einfluss auf den Inhalt der Rechtsverordnung zu nehmen, ohne dabei das Gesetzgebungs- und das Rechtsverordnungsverfahren miteinander zu vermischen.[1699] Außerdem ist ein Beschlussverfahren wesentlich schneller als ein Gesetzgebungsverfahren, was die Effektivität der Rechtsetzung steigern würde. Der Gesetzgeber kann auch nicht, wie aufgezeigt, voraussetzungslos die Rechtsverordnung erlassen, sondern nur im Falle einer übergreifenden Regelung eines gesamten Sachgebiets, die Änderungen des Gesetzes und der Rechtsverordnung notwendig machen.[1700] Solche Voraussetzungen sind bei der Verordnungsgebung unter Mitwirkung des Bundestages nicht gefordert worden. Sie könnten aber eventuell eine Rolle spielen, um den Verordnungserlass mit der Beteiligung des Bundestages statthaft zu machen, d.h. dass alternativ zu fragen wäre, ob die Voraussetzungen für den Erlass einer Rechtsverordnung durch den Gesetzgeber im Rahmen der Regelung eines gesamten Sachgebiets im Zusammenhang mit der Gesetzesnovelle vorliegen.

Der Beschluss des Bundestages bleibt ein Teil des Rechtsverordnungsverfahrens, sodass das Ergebnis immer eine Rechtsverordnung ist und ein Streit um

---

[1698] Bsp. *Rupp*, NVwZ 1993, 756 (757 ff.); *Konzak*, DVBl. 1994, 1107 (1110 ff.); *Studenroth*, DÖV 1995, 525 (534 f.); *Thomsen*, DÖV 1995, 989 (990 ff.; 993); *Bogler*, DB 1996,1505 (1506 f.); *Seiler*, ZG 2001, 50 (67 ff.); *Saurer*, NVwZ 2003, 1176 (1179 ff.); *Brenner*, in: v. Mangoldt/Klein/Starck, GG Bd. 2, 7. Aufl. 2018, Art. 80 GG Rn. 107. Differenzierend Verfassungswidrigkeit nur bei obligatorischen Änderungsvorbehalten: *Sommermann*, JZ 1997, 434 (437 ff., 440 f.); *Schmidt*, Die Beteiligung des BT, 2002, S. 112 f.; *Uhle*, in: Gesetzgebung, 2014, § 24 Rn. 92; *Remmert*, in: Maunz/Dürig Kommentar GG, Oktober 2019, Art. 80 GG Rn. 107 ff.; *Nierhaus*, in: Bonner Kommentar, Februar 2020, Art. 80 GG Rn. 190 ff.
[1699] *Studenroth*, DÖV 1995, 525 (534).
[1700] *Hushahn*, JA 2007, 276 (283).

den Normrang sich erst gar nicht stellt.[1701] So liegt der Fall auch bei Beteiligung des Bundesrates. Ein Gesetz ist und bleibt ein Gesetz, hat den gleichen Rang, unabhängig davon, ob es ein Zustimmungs- oder Einspruchsgesetz war. Für die Beurteilung spielt es ebenso keine Rolle, ob eine Rechtsverordnung des Ermächtigungsadressaten vorliegt, wenn der Bundesrat ihrem Erlass nach Art. 80 Abs. 2 GG zugestimmt hat.[1702] Ferner verbleibt für einen Rückgriff auf die Konstruktion der sog. Entsteinerungsklauseln kein Raum mehr. Sie würden auch nicht weiterhelfen. Es geht nicht mehr darum, eine Rückkehr zum einheitlichen Verordnungsrang zu ermöglichen, weil der vom Bundestag eingebrachte Änderungsteil von Anfang an keinen Gesetzesrang hat, sondern ein Bestandteil der Rechtsverordnung ist.[1703] Er greift zeitlich gesehen i.d.R. bereits während des Prozesses der Verordnungsgebung ein und nicht erst nach seinem Abschluss auf die bereits bestehende Rechtsverordnung (wie das der Fall bei den verordnungsändernden Gesetzen ist). Außerdem wird nicht der parlamentarische Gesetzgeber tätig, sondern lediglich der Bundestag. Daher treten bei der Anwendung dieser Form auch keine Widersprüche auf, wie bei der vom BVerfG geschaffenen Form von Rechtsetzung, die gleichzeitig die formellen Anforderungen des Gesetzgebungsverfahrens sowie materiellen Anforderungen der Rechtsverordnungsgebung (z.B. Bindung an Art. 80 Abs. 1 Satz 2 GG) erfüllen soll.[1704]

Aufgrund der Ähnlichkeit mit den verordnungsvertretenden Gesetzen und zugleich feinen Unterschieden ist der Änderungsvorbehalt auch auf Einwände, die gegen die obigen Entscheidungen erhoben wurden, zu überprüfen. Das liegt auch nahe, weil es sich in beiden Fällen um Rechtserzeugung handelt, in der Gesetz und Verordnung wechselseitig aufeinander bezogen sind und so ein Zusammenspiel von zwei Gewalten durch unterschiedliche Regelungstechniken

---

[1701] In dem Sinne auch *Staupe*, in: Jarass/Petersen/Weidemann KrW-/AbfG, 2011, § 59 KrW-/AbfG Rn. 63. Andere Ansicht *Lippold*, ZRP 1991, 254 (255) „Verfahren der Rechtserzeugung sui generis"; *Ossenbühl*, in: HStR, Bd. V, 3. Aufl. 2007, § 103 Rn. 63 „Dritte Form der Rechtsetzung."
[1702] *Staupe*, in: Jarass/Petersen/Weidemann KrW-/AbfG, 2011, § 59 KrW-/AbfG Rn. 104; *Klement*, in: Schmehl GK-KrWG, 2013, § 67 KrWG Rn. 10, das Parlament steht auf einer Stufe mit dem Bundesrat (vgl. § 67 KrWG und Art. 80 Abs. 2 GG).
[1703] In dem Sinne *Nierhaus*, in: Bonner Kommentar, Februar 2020, Art. 80 GG Rn. 202, auch *Schneider*, Gesetzgebung, 3. Aufl. 2002, S. 369 Rn. 664.
[1704] Darauf verweist *Schnelle*, Eine Fehlerfolgenlehre, 2007, S. 54.

ermöglicht wird. Die Einwirkungsmöglichkeiten auf die Verordnungsgebung vollziehen sich entweder durch ein Gesetz oder aufgrund eines Gesetzes. Der Änderungsvorbehalt kommt in der Staatspraxis zwar vor, über dessen Verfassungsmäßigkeit besteht aber keine Rechtsprechung des BVerfG. So kann spekuliert werden, dass falls es zu einer gerichtlichen Entscheidung käme, das BVerfG auch hier aus ähnlichen Erwägungen eine praxisgerechte Lösung wie bei den Legislativverordnungen suchen würde. Die Kernfrage ist und bleibt, inwiefern und durch welche Mittel kann der Bundestag auf die exekutive Rechtsetzung Einfluss nehmen. Die Antwort ist vor dem Hintergrund der Auswirkungen der Delegation der Rechtsetzungsbefugnis und ihrer Ausgestaltung im Einzelnen zu suchen.

### e) Grundsätzliche Zulässigkeit der Parlamentsbeteiligung bei der Rechtsverordnungsgebung

An den dargestellten Regelungen in Art. 80 GG wird deutlich, dass für das Parlament selbst keine besonderen Rechte eingeräumt werden, sondern solche nur für sonstige Organe bestimmt werden. An anderer Stelle im Grundgesetz wird ebenso wenig darauf Bezug genommen, dass der Bundestag an der Rechtsverordnungssetzung teilnehmen kann. Lediglich für den Bundesrat wird ein Zustimmungsvorbehalt in Art. 80 Abs. 2 GG zugestanden, woraus man den Umkehrschluss ziehen könnte, dass Zustimmungserfordernisse ausnahmsweise bzw. zugunsten bestimmter Organe ausdrücklich angeordnet werden müssen und sonstige Mitwirkungsrechte für andere Organe ausgeschlossen sind, weil die Regelungen abschließenden Charakter haben.[1705] Diese an dem Wortsinn orientierte Auslegung wird aber aus mehreren Gründen abgelehnt. Art. 80 Abs. 2 GG sieht vor, dass die vorgesehene Mitwirkung des Bundesrates zur Disposition des Gesetzgebers steht („vorbehaltlich anderweitiger bundesgesetzlicher Regelungen") und ihm damit eine gewisse Autonomie zur Regelung des Verfahrens der Verordnungsgebung zugesprochen wird.[1706] Es ist anzunehmen, dass der Verfassungsgeber davon ausging, der Gesetzgeber könne grundsätz-

---

[1705] Diesen Gedanken greifen auf und lehnen übereinstimmend ab u.a. *Grupp*, NVwZ 1974, 177 (179); *Kisker*, in: Schule im Rechtsstaat, Bd. II, 1980, 7 (26 f.); *Studenroth*, DÖV 1995, 525 (527); *Kotulla/Rolfsen*, NVwZ 2010, 943 (943 f.); *Remmert*, in: Maunz/Dürig Kommentar GG, Oktober 2019, Art. 80 GG Rn. 109.

[1706] *Remmert*, in: Maunz/Dürig Kommentar GG, Oktober 2019, Art. 80 GG Rn. 109.

lich Vorbehalte einräumen, aber er sicherstellen wollte, dass für bestimmte Sachbereiche Zustimmungsvorbehalte begründet werden und ihm allein die Möglichkeit dessen nicht ausgereicht haben dürfte.[1707] Aus dem Fehlen der Verfassungsregelungen dazu kann ebenso wenig gefolgert werden, dass eine Ermächtigung zum Verordnungserlass vorbehaltlos erteilt werden muss und damit ein Verbot von Beteiligungsrechten impliziert wird.[1708] Vielmehr bleibt die Frage bzgl. etwaiger Vorbehalte der Wortlautauslegung ergebnisoffen.

Besonderer Aufmerksamkeit bedarf an der Stelle der frühere Art. 109 Abs. 4 Satz 1 bis Satz 4 GG[1709], der mit dem Gesetz[1710] zur Änderung des Grundgesetzes vom 29.7.2009 aufgehoben wurde. Dieser sah vor, dass in Zusammenhang mit Maßnahmen zur Abwehr einer Störung des gesamtwirtschaftlichen Gleichgewichts nur die Bundesregierung zum Erlass zustimmungspflichtiger Rechtsverordnungen ermächtigt werden konnte und der Bundestag die Aufhebung der Rechtsverordnung (durch einfachen, aber verbindlichen Beschluss) von der Bundesregierung verlangen kann. Er enthielt zweierlei Besonderheiten: zum einen, dass nur die Bundesregierung der Adressat der Ermächtigung werden konnte, und zum anderen, dass unmittelbare Mitwirkungsrechte des Bundestages im Rahmen der Verordnungsgebung normiert wurden. Diese Regelung bildete die Grundlage für vielerlei Argumentation[1711] bzgl. der Beteiligungsrech-

---

[1707] *Kisker*, in: Schule im Rechtsstaat, Bd. II, 1980, 7 (27 f.); *Studenroth*, DÖV 1995, 525 (527). Beide nehmen Bezug auf Art. 9 Abs. 2 Satz 2 BV, der Gebietseinteilung durch Rechtsverordnung der Staatsregierung ermöglicht, aber nur mit Zustimmung des Landtages. Auch hiervon ist kein Umkehrschluss zu ziehen, dass sonstige Mitwirkungsrechte unstatthaft seien, sondern nur, dass bei diesem Spezialfall ein Mitwirkungserfordernis bestehe als Ausdruck von Kontrolle. Ins Visier wird Art. 47 Abs. 1 Satz 2 BlnVerf. (BlnVerf. v. 1.9.1950 – VOBl. I S. 433 – zuletzt geänd. durch Gesetz v. 8.6.1995 – GVBl. S. 339 – außer Kraft gesetzt durch Art. 101 Abs. 1 BlnVerf. v. 23.11.1995 – GVBl. S. 779 – mit Wirkung zum 29.11.1995) genommen, in dem ein Abänderungs- bzw. Ablehnungsvorbehalt vorgesehen war. Insgesamt könne aus der Tatsache, dass relativ schwache Form der Verordnungskontrolle stets geboten sei, kein Rückschluss gezogen werden, dass stärkere Formen der Kontrolle in anderen Fällen unzulässig seien, wo im Einzelfall ein besonderes legitimes Interesse der Legislative daran bestehe.
[1708] *Studenroth*, DÖV 1995, 525 (527); *Kotulla/Rolfsen*, NVwZ 2010, 943 (944).
[1709] Art. 109 GG neu gef. durch Gesetz v. 8.6.1967 (BGBl. I S. 581).
[1710] Gesetz zur Änderung des Grundgesetzes v. 29.7.2009 (BGBl. I S. 2248).
[1711] Bsp. von einer abschließenden grundgesetzlichen Sonderregelung ausgehend: *Lepa*, AöR 105 (1980), 337 (346 f.); *Pegatzky*, Parlament und Verordnungsgeber, 1999, S. 130; dem noch heute zustimmend *Kotulla/Rolfsen*, NVwZ 2010, 943 (944). Dagegen *Grupp*, NVwZ 1974, 177 (179); *Stern*, Staatsrecht, Bd. 2, 1980, § 38 II 4, S. 664 f.; *Rupp*, NVwZ 1993, 756

te des Bundestages an der Rechtsverordnungsgebung, nunmehr hat sie lediglich einen historischen Charakter. Überwiegend wird die Möglichkeit von Vorbehaltsbegründung an sich (unabhängig von der Mitwirkungsart) sowohl im Schrifttum[1712] als auch in der Rechtsprechung[1713] für grundsätzlich zulässig erachtet. Die Argumentation divergiert strak je nach Mitwirkungsform und orientiert sich an verfassungsrechtlichen Grundsätzen. Das wird besonders deutlich an dem sog. Änderungsvorbehalt.

### 3. Die Neuausrichtung der Rechtsverordnung vor dem Hintergrund der wirtschaftlichen, technischen, gesellschaftlichen Entwicklungen und die damit einhergehenden Folgeprobleme

Bei der Zulässigkeit der Vorbehalte zugunsten der Mitwirkung des Parlaments ist Vielerlei zu beachten. Die Bestimmungen bzgl. der Rechtsverordnung lassen viel Spielraum für die Auslegung. Einengend wirkt sich der geschichtliche Hintergrund der Rechtsverordnung aus, „unter dem Stigma der Weimarer Erfahrungen"[1714] betrachtet, und teilweise die ursprünglich der Rechtsverordnung zugedachte Aufgabe der Entlastung des Gesetzgebers durch Konkretisierungs- und Umsetzungsfunktion, die mittlerweile durch dazugewonnene Funktion für die Erweiterung der Befugnisse der Exekutive spricht. Da die Rechtsetzungskompetenz der Exekutive keine Konkurrenz zur Gesetzgebung sein soll, sind Gewaltenteilungs-, Demokratie- und Rechtsstaatsprinzip mit ihren Ausprägungen hierbei von besonderer Bedeutung.

---

(757) m.w.N; *Schmidt*, Die Beteiligung des BT, 2002, S. 99 ff.; *Ossenbühl*, in: HStR, Bd. V, 3. Aufl. 2007, § 103 Rn. 60; *Schnelle*, Eine Fehlerfolgenlehre, 2007, S. 44.

[1712] Exemplarisch mit zahlreichen Unterschieden in der Bewertung bzgl. der Begründung: *Grupp*, NVwZ 1974, 177 (179 f.); *Kisker*, in: Schule im Rechtsstaat, Bd. II, 1980, 7 (26 ff., 32 f.); *v. Danwitz*, Die Gestaltungsfreiheit, 1989, S. 112 ff., 116; *Jekewitz*, NVwZ 1994, 956 (958 ff.); *Konzak*, DVBl. 1994, 1107 (1110 ff.); *Studenroth*, DÖV 1995, 525 (527 f.); *Sommermann*, JZ 1997, 434 (435 f., 440 f.); *Uhle*, Parlament und RVO, 1999, S. 103 ff., 199 ff., 477 ff.; *Seiler*, ZG 2001, 50 (63 ff.); *Schmidt*, Die Beteiligung des BT, 2002, S. 96 ff.; *Ossenbühl*, in: HStR, Bd. V, 3. Aufl. 2007, § 103 Rn. 60 m.w.N.; *Schnelle*, Eine Fehlerfolgenlehre, 2007, S. 44; *Brenner*, in: v. Mangoldt/Klein/Starck, GG Bd. 2, 7. Aufl. 2018, Art. 80 GG Rn. 106 ff. m.w.N.; *Remmert*, in: Maunz/Dürig Kommentar GG, Oktober 2019, Art. 80 GG Rn. 103 ff. m.w.N. Andere Ansicht vertreten wohl *Rupp*, NVwZ 1993, 756 (758 f.); *Pegatzky*, Parlament und Verordnungsgeber, 1999, S. 71 ff., 116; *Kotulla/Rolfsen*, NVwZ 2010, 943 (944 f.).

[1713] Bsp. BVerfGE 2, 237 (255 ff.); 8, 274 (319 ff.); 24, 184 (199); BVerwGE 59, 48 (49 f.); BayVGH, DVBl. 1157 (1158).

[1714] *Ossenbühl*, ZG 1997, 305 (310).

Der Einsatz der Parlamentsbeschlüsse innerhalb der Rechtsverordnungsgebung gewinnt an Aktualität in Anbetracht der wachsenden Zahl der Rechtsverordnungserlasse und der immer fortwährenden gesellschaftlichen und wirtschaftlichen Entwicklung,[1715] die mit den traditionellen Rechtsformen, wie sie bisher verstanden und angewendet wurden, nicht bewältigt werden kann. Die Vorteile des Rechtsverordnungsverfahrens machen die Rechtsverordnung praktikabler im Vergleich zum Gesetzerlass und führen zwangsweise zum Ausweichen in (teil-)verfassungskonforme und -widrige Regelungsformen bzw. zur Entstehung neuer Normierungsformen, wie die Staats- und Verwaltungspraxis bereits aufzeigt.[1716] Die Mitwirkungsvorbehalte, die überwiegend durch bindende (also qualifizierte) Beschlüsse vollzogen werden, stellen einen Ausgleich für die immer mehr in den Hintergrund tretende Rechtsfunktion des Gesetzes, das nun dominierend zum Steuerungsinstrument[1717] wird. Der Gesetzgeber räumt sich durch die Mitwirkung des Bundestages ein gewisses Einflussrecht ein, das unterschiedlich intensiv in den Verordnungsgebungsprozess interveniert. Dabei bleibt ihm der Schritt der Ingangsetzung der schwerfälligen Maschinerie des Gesetzgebungsverfahrens erspart und gibt ihm die Möglichkeit adäquater Reaktion auf die schnelllebigen Veränderungen.

Das Gesetz und seine auszeichnenden Eigenschaften der Dauerhaftigkeit, Nachvollziehbarkeit im Rechtsgefühl und Speicherung im Rechtsbewusstsein[1718] stellen zunehmend ein Hindernis und keinen Vorteil mehr dar. So soll mittels Rechtsverordnung die Arbeit der Legislative erleichtert werden, indem der Exekutive Aufgaben übertragen werden, weil sie die entsprechende Sachkompetenz und Sachnähe zum Regelungsthema besitzt und das Verordnungsverfahren Vorteile der Anpassungsfähigkeit und Flexibilität mit sich bringt. Das hat zur Folge, dass es zu einer Art Überlagerung von Gesetz und Rechtsverordnung kommt, in dem Sinne, dass die als Ausnahmefall gedachte Rechtsverordnung sich zum unentbehrlichen und mit erheblichen Regelungsgewicht faktisch dem

---

[1715] Von einem fehlenden praktischen Bedarf der Mitwirkungsvorbehalte, insb. der Änderungsvorbehalte geht aus, *Seiler*, ZG 2001, 50 (69) mit dem Verweis auf *Jekewitz*, NVwZ 1994, 956 (959).
[1716] So *Ossenbühl*, ZG 1997, 305 (318).
[1717] *Ossenbühl*, ZG 1997, 305 (311).
[1718] *Ossenbühl*, ZG 1997, 305 (312).

Gesetz teilweise gleichwertigen Regelungsinstrument entwickelt hat, was insbesondere an der Umsetzung europäischer Richtlinien deutlich wird.[1719] Diese Entwicklung korrespondiert teileweise mit dem Verordnungsermessen. Es kann die Formel aufgestellt werden, dass das Verordnungsermessen um so weiter ist, je unsicherer die gesetzlichen Vorgaben und Entscheidungsgrundlagen sind, vor allem bei der Einschätzung wirtschaftlicher Lagen oder Prognosen im Wirtschaftsrecht, technischen Sicherheitsrecht, Planungsrecht, Sozialrecht oder Finanzrecht.[1720] Die Gerichte beschränken sich bei der Überprüfung von Rechtsverordnungen in diesen Bereichen auf Evidenz- und Willkürkontrolle.[1721] So stellt sich die zentrale Frage, wie präzise der Gesetzgeber in der Ermächtigungsnorm sein muss, um der Exekutive „einen Fahrplan" zu geben, gleichzeitig aber die Flexibilität und Vielgestaltigkeit der zu regelnden Materie zu gewährleisten.[1722]

Es liegt nahe, von einer detaillierten gesetzlichen Regelung abzusehen, wenn die nähere Ausgestaltung dem Verordnungsgeber überlassen bleibt, weil er die Regelungen schneller und einfacher auf den neuesten Stand zu halten vermag als der Gesetzgeber.[1723] Teilweise wird von einem Bestimmtheitsdefizit[1724] gesprochen, das durch Mitwirkungsvorbehalte kompensiert werden könnte, indem die erforderliche Genauigkeit der Legislative legal durch erneute Einschaltung des Parlaments beim Erlass der Rechtsverordnung erreicht wird.[1725]

---

[1719] *Ossenbühl*, ZG 1997, 305 (317). So ähnlich mit dem Hinweis, dass die Rechtsverordnungen selbst die Funktion des Gesetzes übernehmen, *Jekewitz*, NVwZ 1994, 956 (959) und *Martini*, AöR 133 (2008), 155 (165) „Erst die Verordnungen erfüllen die gesetzlichen Vorschriften mit Leben." Und er verweist auf den Bedeutungszuwachs der Rechtsverordnung als Regelungsform auf S. 164 und S. 171.
[1720] *Ossenbühl*, in: HStR, Bd. V, 3. Aufl. 2007, § 103 Rn. 49.
[1721] *Ossenbühl*, in: HStR, Bd. V, 3. Aufl. 2007, § 103 Rn. 49 mit Verweis auf BVerfGE 106, 1 (16 ff.).
[1722] *Kisker*, in: Schule im Rechtsstaat, Bd. II, 1980, 7 (15 ff., 18 ff.).
[1723] BVerfGE 101, 1 (35); *Martini*, AöR 133 (2008), 155 (164).
[1724] So auch *Martini*, AöR 133 (2008), 155 (165) „Art. 80 Abs. 1 Satz 2 GG scheint zu einer Erblast zu mutieren, welche die Verfassungswirklichkeit durch die Uminterpretation in ein Gebot hinreichend begründeter Unbestimmtheit klandestin abstreift."; *Uhle*, in: Gesetzgebung, 2014, § 24 Rn. 55 f. Das Bestimmtheitsgebot wirke nur unzureichend disziplinierend. Bsp. aus der Rspr.: BVerfGE 20, 257 (269 ff.) – Kartellrecht; 23, 62 (72 ff.) – Steuerrecht; 102, 197 (222 f.) – Wirtschaftsrecht.
[1725] Genauer dazu *Kisker*, in: Schule im Rechtsstaat, Bd. II, 1980, 7 (39 ff.). Diesen Gedanken greift auf, *Sommermann*, JZ 1997, 434 (438). Dazu genauer, die parlamentarische Beteili-

Um also auch einer möglichen Entwertung des Gesetzes entgegenzuwirken und die Verselbstständigung der Rechtsverordnungsgebung zu verhindern, werden Mitwirkungsbefugnisse einerseits zur Mitbestimmung und Mitgestaltung der Rechtsverordnungsinhalte genutzt sowie zur Kontrolle und Absicherung andererseits, dass die Normierungen nicht nur contra legem sind, sondern auch als Lösung der Staatswirklichkeit die Stirn bieten können.

Die Kompetenz, dem Bundestag Mitwirkungsrechte in den Ermächtigungsnormen zuzuschreiben, mag zwar vor dem Hintergrund fehlender Regelungen in der Verfassung ungewöhnlich erscheinen, ist aber unbestritten gegeben, da sich der Gesetzgeber bei der Delegation nicht seiner Gesetzgebungsbefugnis entäußert hat und weiterhin ein Zugriffsrecht auf die delegierten Rechtsmaterien hat.[1726] Zudem ist eine derartige Mitwirkung des Bundestages, nicht des Gesetzgebers, in der deutschen Verfassungsgeschichte kein Novum.[1727] Vor den Entwicklungen jüngster Zeit kann diese Regelungstechnik durch ihre Intensität und Form der Einflussnahme des Parlaments auf Erlass, Inhalt und Bestand der Rechtsverordnungen nicht unbeachtet gelassen werden und lässt Fragen hinsichtlich verfassungsrechtlicher Grenzen aufkommen. In den Vordergrund rücken die Grundprinzipien, die eine Antwort darauf geben sollen, ob die Verschränkung der Gewalten an der Stelle nicht zur Verwischung vom Zulässigen führt und der Bundestag im Ergebnis selbst Rechtsverordnungen erlässt. Dieselbe Frage kam bei der Änderung der Rechtsverordnungen durch ein Gesetz auf, das einen Rechtsverordnungsrang hat, und löste eine kontroverse Diskussion[1728] aus. Daher ist die Aufmerksamkeit auf die bindenden Beschlüsse und deren Einsatz im Rahmen der Rechtsverordnungsgebung zu lenken, um neue Rückschlüsse hinsichtlich ihrer Funktionen zu gewinnen und um über deren Zulässigkeit zu befinden.

---

gungsform als Kompensationsform ablehnend, v. *Danwitz*, Die Gestaltungsfreiheit, 1989, S. 125 ff.
[1726] *Nierhaus*, in: Bonner Kommentar, Februar 2020, Art. 80 GG Rn. 185.
[1727] *Ossenbühl*, in: HStR, Bd. V, 3. Aufl. 2007, § 103 Rn. 57 beginnend im Kaiserreich und fortlaufend in der Weimarer Ära, m.w.N.
[1728] Siehe dazu Teil 2 II. d).

## III. Parlamentarische Mitwirkungsvorbehalte unter Hervorhebung des Änderungsvorbehalts

Es gibt viele Möglichkeiten, wie der Bundestag bei der Normsetzung der Exekutive mitwirken kann. Die Mitwirkungsformen sind nicht unbekannt und wurden bereits in der zweiten Hälfte des vorigen Jahrhunderts eingesetzt.[1729] Trotz der langen Praxis wurde die grundsätzliche Mitwirkung des Parlaments weder gesetzlich noch verfassungsrechtlich ausdrücklich normiert und definiert. Vielmehr hat je nach Sinn und Zweck der jeweiligen Vorschrift die Beteiligung eine andere Bedeutung.[1730] Außerdem variieren die Mitwirkungsformen, je nachdem welches Ziel mit ihnen verfolgt wird und welches Gewicht der Teilnahme des Parlaments zukommen soll. Sie können in jedem Stadium des Verordnungserlasses eingesetzt werden und lösen unterschiedliche Folgen für ihren Adressatenkreis aus. Die Vielfalt der Formen ermöglicht dem Parlament unterschiedlich stark auf den Erlass von Rechtsverordnungen Einfluss zu nehmen. Daher ist zunächst auf jede einzelne Erscheinungsform einzugehen, um die Besonderheiten des Änderungsvorbehalts aufzuzeigen.

Das Verfahren, in welchem Rechtsverordnungen erlassen werden, ist weniger formalisiert als das Gesetzgebungsverfahren.[1731] Dadurch konnte der Gesetzgeber ungehindert unterschiedliche Mitwirkungsformen erschaffen. Das führte zu der Entstehung des sog. Änderungsvorbehalts. Er lässt eine gestalterische Einflussmöglichkeit des Parlaments auf die Verordnungsgebung unmittelbar zu. Daher sind die wichtigsten in der Staatspraxis anzutreffenden Fallgruppen des Änderungsvorbehalts unter Berücksichtigung der bereits außer Kraft getretenen Regelungen vorzustellen. Die chronologische Begutachtung der einzelnen Ausgestaltungen des Änderungsvorbehalts wird einen Entwicklungsfortschritt dieser Form zeigen. So ist der Änderungsvorbehalt kein Relikt der 90er Jahre, sondern ein dynamisches Instrument des Parlaments, das einen verstärkten Einzug in die Staatspraxis gefunden hat, der noch steigen könnte. Vor dem Hintergrund der gewonnenen Erkenntnisse ist daher anschließend zu prüfen, welchen Vorwürfen sich der Änderungsvorbehalt ausgesetzt sieht.

---

[1729] *Schmidt*, Die Beteiligung des BT, 2002, S. 23 m.w.N.
[1730] So ähnlich BVerwGE 22, 5 (342 ff.).
[1731] *Schmidt*, Die Beteiligung des BT, 2002, S. 56.

## 1. Erscheinungsformen parlamentarischer Mitwirkungsvorbehalte

Die Mitwirkungsvorbehalte lassen sich je nach Einflussstärke in verschiedene Fallgruppen einordnen. Aus der ersten Stufe stehen die sog. Anhörungs- und Kenntnisvorbehalte, auf der zweiten Stufe die sog. Zustimmungs- und Aufhebungsvorbehalte und auf der dritten Stufe die sog. Änderungsvorbehalte. Die einzelnen Stufen symbolisieren die Erheblichkeit der Rechtsfolgen bzw. das Ausmaß der Parlamentsbeteiligung, die bzw. das die jeweiligen Vorbehalte mit sich bringen. Die Mitwirkungsbefugnisse, die durch die auf der zweiten und dritten Stufe stehenden Vorbehalte vom Parlament wahrgenommen werden, werden mittels „qualifizierter Parlamentsbeschlüsse" vollzogen und können von dem Adressaten nicht unbeachtet gelassen werden.

Um die Bedeutung und Unterschiede der Mitwirkungsvorbehalte zu verdeutlichen, werden sie nebeneinandergestellt und es wird auf ihre verfahrensrechtlichen Besonderheiten hingewiesen. Gleichzeitig wird der rechtliche Kontext beleuchtet, um einen Überblick über mögliche Probleme in Zusammenhang mit ihrer Anwendung zu geben. Es wird wenig überraschen, dass die meisten Konflikte der Änderungsvorbehalt bereitet. In Relation zu den anderen Vorbehalten wird nämlich angenommen, dass er die schärfste Form der Parlamentsmitwirkung an dem Erlass von Rechtsverordnungen darstellt. Dennoch soll trotz all der Unterschiede der Vorbehalte auch auf ihre Gemeinsamkeiten hingewiesen werden.

### a) Sog. Anhörungs- und Kenntnisvorbehalte

Die schwächste[1732] Form der Mitwirkung stellen die Anhörungs- und Kenntnisvorbehalte[1733] dar. Bei der Ausübung dieser Vorbehalte ist der Verordnungsgeber verpflichtet, den Bundestag (oder ein anderes Gremium) vor Verordnungserlass anzuhören oder ihm lediglich Gelegenheit zur Stellungnahme zu

---

[1732] *Grupp*, DVBl. 1974, 177 (181); *Pegatzky*, Parlament und Verordnungsgeber, 1999, S. 174; *Martini*, AöR 133 (2008), 155 (173).

[1733] Nach der Ansicht von *Schmidt* seien die Kenntnisvorbehalte heutzutage bedeutungslos, da die Publizitätsvorschrift des Art. 82 Abs. 1 GG in Verbindung mit dem Gesetz über die Verkündung von Rechtsverordnungen vom 30.1.1950 dem Bundestag ohnehin immer Kenntnisnahme vom Inhalt der Rechtsverordnung ermögliche, *Schmidt*, Die Beteiligung des BT, 2002, S. 58.

geben.[1734] In beiden Fällen trifft der Bundestag weder eine Entscheidung über das Wirksamwerden der Rechtsverordnung noch gestaltet er den Inhalt von dieser. Deren Sinn und Zweck erschöpft sich vor allem in der Information des Parlaments bzw. zielt a priori auf die Kontrolle[1735] des Verordnungsgebers ab. So könne das Parlament seine Kenntnis vom Inhalt der Verordnung später zum Anlass gesetzgeberischer Maßnahmen nehmen, um die vom Verordnungsgeber geschaffene Rechtslage zu korrigieren.[1736] Im Rahmen der Anhörung hingegen kann der Bundestag zusätzliche Aspekte einbringen und durch Formulierungsvorschläge etc. auch zur Entstehung einer präziseren, sachangemessenen, „besseren" Rechtsverordnung beitragen.[1737] Zu dieser Gruppe gehört auch die Statuierung der Begründungspflicht des Verordnungsgebers (sog. Begründungsvorbehalt) gegenüber dem Bundestag. Durch diese Vorbehalte kann der parlamentarische Sachverstand in das Rechtsverordnungsverfahren miteinfließen; zugleich eröffnet das die Möglichkeit der Ausübung von politischem Druck auf die Exekutive.[1738] Das kann im Einzelfall zu massiver Einflussnahme führen, das Schicksal der Rechtsverordnung wird aber davon nicht berührt, weil es der Exekutive überlassen bleibt, ob sie den Einwänden oder Anregungen nachgeben wird.[1739] In diesem Sinne ist diese Regelungstechnik von politischer Natur, aber ohne rechtlich bindende Wirkung für den Verordnungsgeber.[1740]

**b) Sog. Zustimmungs- und Aufhebungsvorbehalte**
Weniger bescheiden und von weitaus höherer Bedeutung in der Praxis sind die Zustimmungs- (Genehmigung-)vorbehalte. Die entsprechenden Verordnungsermächtigungen sehen entweder ausdrücklich vor, dass eine Rechtsverordnung erst in Kraft tritt, wenn der Bundestag die Zustimmung dazu durch einen dem Verordnungsgeber gegenüber verbindlichen Beschluss, der kein Gesetzesbe-

---

[1734] Bspw. *Lichtenhahn*, Besondere parlamentarische Kontrollen, 1967, S. 62 ff.; *Studenroth*, DÖV 1995, 525 (528); *Remmert*, in: Maunz/Dürig Kommentar GG, Oktober 2019, Art. 80 GG Rn. 104; *Nierhaus*, in: Bonner Kommentar, Februar 2020, Art. 80 GG Rn. 188.
[1735] *Uhle*, in: Epping/Hillgruber Beck'scher Online Kommentar GG, 1.12.2019, Art. 80 GG Rn. 55.
[1736] *Remmert*, in: Maunz/Dürig Kommentar GG, Oktober 2019, Art. 80 GG Rn. 104.
[1737] *Remmert*, in: Maunz/Dürig Kommentar GG, Oktober 2019, Art. 80 GG Rn. 104.
[1738] *Martini*, AöR 133 (2008), 155 (173).
[1739] *Grupp*, DVBl. 1974, 177 (181).
[1740] So auch *Uhle*, in: Gesetzgebung, 2014, § 24 Rn. 85.

schluss ist,[1741] erklärt oder die Ermächtigungsgrundlagen sehen vor, dass eine Zustimmung nach Ablauf einer bestimmten Frist als erteilt gilt oder entbehrlich wird.[1742] Das Wirksamwerden der Rechtsverordnung wird rechtstechnisch also durch die Zustimmung des Bundestages aufschiebend bedingt.[1743] Die Terminologie[1744] ist uneinheitlich. So wird der Zustimmungsvorbehalt auch als Genehmigungsvorbehalt[1745] bezeichnet oder es werden Untergruppen gebildet wie Einspruch- oder Vetorecht[1746] des Bundestages. Der Zustimmungsvorbehalt stellt eine Grundform der Mitwirkung der Legislative bei der Verordnungsgebung dar und kann in unterschiedlichen Varianten auftreten.[1747] Der Sinn und Zweck von diesem Vorbehalt liegt u.a. in der präventiven und nachträglichen Kontrolle[1748] des Verordnungserlasses. Der Zustimmungsvorbehalt wird weitestgehend anerkannt und wurde durch die Entscheidung[1749] des BVerfG zum Preisgesetz geprägt. Zu den wesentlichen Aussagen des BVerfG gehört, dass der Zustimmungsvorbehalt im Vergleich zur vollen Delegation der Rechtsetzung auf die Exekutive ein Minus und damit in der durch Art. 80 Abs. 1 Satz 1 GG gewährten Befugnis mit enthalten sei.[1750] Das gelte jedenfalls für solche Sachbereiche, für die ein legitimes Interesse der Legislative anerkannt werden muss, zwar einerseits die Rechtsetzung auf die Exekutive zu delegieren, sich aber andererseits – wegen der Bedeutung der zu treffenden Regelungen – entscheidenden Einfluss auf Erlass und Inhalt der Verordnungen vorzubehalten.[1751] Diese Argumentation für die Annahme verfassungsrechtlicher Unbedenklichkeit

---

[1741] *Lichtenhahn*, Besondere parlamentarische Kontrollen, 1967, S. 84.
[1742] *Remmert*, in: Maunz/Dürig Kommentar GG, Oktober 2019, Art. 80 GG Rn. 105 mit Bsp.; *Nierhaus*, in: Bonner Kommentar, Februar 2020, Art. 80 GG Rn. 188 mit Bsp.
[1743] Bspw. *Lichtenhahn*, Besondere parlamentarische Kontrollen, 1967, S. 89 f.; *Martini*, AöR 133 (2008), 155 (174); *Bauer*, in: Dreier/GG-Kommentar, Bd. II, 3. Aufl. 2015, Art. 80 GG Rn. 30; *Remmert*, in: Maunz/Dürig Kommentar GG, Oktober 2019, Art. 80 GG Rn. 105; *Nierhaus*, in: Bonner Kommentar, Februar 2020, Art. 80 GG Rn. 217.
[1744] Dazu insgesamt *Ossenbühl*, in: HStR, Bd. V, 3. Aufl. 2007, § 103 Rn. 58 f.
[1745] *Konzak*, DVBl. 1994, 1107 (1109); *Schmidt*, Die Beteiligung des BT, 2002, S. 59.
[1746] *Kisker*, in: Schule im Rechtsstaat, Bd. II, 1980, 7 (22).
[1747] *Schmidt*, Die Beteiligung des BT, 2002, S. 59.
[1748] Dazu genauer *Uhle*, NVwZ 2002, 15 (19 ff.).
[1749] BVerfGE 8, 274 (274 ff.) Siehe dazu genauer Teil 1 II. 8. b).
[1750] BVerfGE 8, 274 (321).
[1751] BVerfGE 8, 274 (321).

hat sich die herrschende Meinung im Schrifttum zu eigen gemacht.[1752] Vereinzelt wird entgegen der Ansicht des BVerfG zwar von der Zulässigkeit der Vorbehalte ausgegangen, aber eine andere Begründung zugrunde gelegt. Die Statthaftigkeit derartiger Vorbehalte liege nicht darin, dass sie „im Vergleich zur vollen Delegation der Rechtsetzung auf die Exekutive ein Minus" enthalten würden, weil derartige Mitwirkungsvorbehalte bei Lichte betrachtet kein Minus, sondern ein Aliud zur regulären Ermächtigung des Verordnungsgebers darstellen sollen.[1753] Ihre Nutzung, die die Grenzen des parlamentarischen Kontrollrechts wahre, sei grundsätzlich soweit zulässig, sofern der Erlass der betroffenen Verordnung in der Freiheit des Verordnungsgebers stehe.[1754]

Einer ähnlichen Argumentation wird in Bezug auf die Aufhebungsvorbehalte, einem Gegenstück zu den Zustimmungsvorbehalten, gefolgt. Der Unterschied zwischen ihnen liegt im Zeitpunkt der Entscheidung; nicht der erstmalige Erlass der Verordnung, sondern ihre spätere Fortgeltung wird Gegenstand des Bundestagsbeschlusses.[1755] Die Aufhebungsvorbehalte sind in zwei Erscheinungsformen möglich. Zum einen kann der Bundestag bereits erlassene Rechtsverordnungen durch Beschluss aufheben, zum anderen deren Aufhebung durch die Exekutive verlangen.[1756] Für die erste Erscheinungsform spricht, dass es dem Gesetzgeber ohnehin jederzeit und ohne jeden Vorbehalt möglich sei, eine

---

[1752] *Saurer*, NVwZ 2003, 1176 (1178); *Remmert*, in: Maunz/Dürig Kommentar GG, Oktober 2019, Art. 80 GG Rn. 105. Bsp. *Studenroth*, DÖV 1995, 525 (530 ff.); *Seiler*, ZG 2001, 50 (64); *Bauer*, in: Dreier/GG-Kommentar, Bd. II, 3. Aufl. 2015, Art. 80 GG Rn. 30; *Brenner*, in: v. Mangoldt/Klein/Starck, GG Bd. 2, 7. Aufl. 2018, Art. 80 GG Rn. 106; *Mann*, in: Sachs GG-Kommentar, 8. Aufl. 2018, Art. 80 GG Rn. 41; *Pieroth*, in: Jarass/Pieroth-GG-Kommentar, 15. Aufl. 2018, Art. 80 GG Rn. 11. Kritisch etwa *Uhle*, NVwZ 2002, 15 (16 ff.). Für Verfassungswidrigkeit *Kotulla/Rolfsen*, NVwZ 2010, 943 (943 ff.).
[1753] *Uhle*, Parlament und RVO, 1999, S. 314 ff., 320 ff.; *Uhle*, NVwZ 2002, 15 (16 ff.). Weitere Kritik wird am legitimen Interesse der Legislative ausgeübt, das von der Art der zur regelnden Sachmaterie zu begründen wäre, weil ein solches Korrektiv zur Einschränkung der Befugnisse des Parlaments sachlich nicht begründbar, praktisch nicht überprüfbar und verfassungsgerichtlich letztlich nicht beurteilbar sei. So *Uhle*, in: Epping/Hillgruber Beck´scher Online Kommentar GG, 1.12.2019, Art. 80 GG Rn. 55.
[1754] *Uhle*, Parlament und RVO, 1999, S. 427 ff., 430 ff.; *Uhle*, NVwZ 2002, 15 (19 ff.); *Schmidt*, Die Beteiligung des BT, 2002, S. 64 f., 112 ff., 184; *Uhle*, in: Epping/Hillgruber Beck´scher Online Kommentar GG, 1.12.2019, Art. 80 GG Rn. 56.
[1755] *Seiler*, ZG 2001, 50 (67).
[1756] *Nierhaus*, in: Bonner Kommentar, Februar 2020, Art. 80 GG Rn. 188.

Rechtsverordnung durch Gesetz aufzuheben.[1757] Gleichzeitig werden jedoch Bedenken hervorgebracht, dass sie möglicherweise verfassungswidrig sind, weil sich der Gesetzgeber dazu ermächtigt, von den Vorschriften über das Gesetzgebungsverfahren abzuweichen, indem die Aufhebung mittels Beschlusses, der kein Gesetzesbeschluss ist, erfolgt.[1758] Die Relevanz dieser Form ist jedoch fraglich und wie *Remmert* hinweist, bleibt es unsicher, ob sich dieses Vorgehen empirisch überhaupt nachweisen lässt.[1759] Bei der zweiten Erscheinungsform wird das Aufhebungsverlangen des Bundestages als auflösend bedingte Ermächtigung zum Verordnungserlass begriffen, das heißt als spezieller Zustimmungsvorbehalt, und dementsprechend kann es ebenfalls als zulässiges Minus zur vollen Rechtsetzungsermächtigung gedeutet werden.[1760]

### c) Geregeltes Verfahren nur für Zustimmungs- und Aufhebungsvorbehalte

Sowohl für die Zustimmungsvorbehalte als auch für die Aufhebungsvorbehalte ist ein besonderes Verfahren vorgesehen. § 92 GOBT ist bislang die einzige Vorschrift, die Regelungen in Bezug auf Mitwirkungsrechte bei Rechtsverordnungsgebung enthält.[1761] Demnach sind Rechtsverordnungen der Bundesregierung, die der Zustimmung des Bundestages bedürfen oder deren Aufhebung der Bundestag innerhalb einer bestimmten Frist verlangen kann, unmittelbar von dem Bundestagspräsidenten im Benehmen mit dem Ältestenrat an die zuständigen Ausschüsse zu überweisen. Dabei hat er eine Frist zu bestimmen, innerhalb der der federführende Ausschuss dem Bundestag einen Bericht vorzulegen hat. Der Bericht des Ausschusses ist auf die Tagesordnung der nächsten Sitzung des Bundestages zu setzen. Legt der Ausschuss diesen Bericht

---

[1757] *Remmert*, in: Maunz/Dürig Kommentar GG, Oktober 2019, Art. 80 GG Rn. 106.
[1758] *Studenroth*, DÖV 1995, 525 (535 f.); *Mann*, in: Sachs GG-Kommentar, 8. Aufl. 2018, Art. 80 GG Rn. 42.
[1759] *Remmert*, in: Maunz/Dürig Kommentar GG, Oktober 2019, Art. 80 GG Rn. 106 mit Verweis auf die umfassende Analyse der Staatspraxis bei *Uhle*, Parlament und RVO, 1999, S. 139 ff., in der nur das Aufhebungsverlangen an den Verordnungsgeber besprochen wird. Ebenso auch *Schnelle*, Eine Fehlerfolgenlehre, 2007, S. 43.
[1760] *Studenroth*, DÖV 1995, 525 (535 f.); *Martini*, AöR 133 (2008), 155 (173); *Bauer*, in: Dreier/GG-Kommentar, Bd. II, 3. Aufl. 2015, Art. 80 GG Rn. 30; *Brenner*, in: v. Mangoldt/Klein/Starck, GG Bd. 2, 7. Aufl. 2018, Art. 80 GG Rn. 106; *Mann*, in: Sachs GG-Kommentar, 8. Aufl. 2018, Art. 80 GG Rn. 42; *Pieroth*, in: Jarass/Pieroth-GG-Kommentar, 15. Aufl. 2018, Art. 80 GG Rn. 11; *Nierhaus*, in: Bonner Kommentar, Februar 2020, Art. 80 GG Rn. 217.
[1761] In dem Sinne *Lippold*, ZRP 1991, 254 (254); *Konzak*, DVBl. 1994, 1107 (1109).

nicht rechtzeitig vor, ist die Vorlage auch ohne Ausschussbericht zur Beschlussfassung auf die Tagesordnung der nächsten Sitzung des Bundestages zu setzen. Hierbei handelt es sich um eine Verfahrensregelung, die eine automatische[1762] Befassung des Bundestages vorsieht. Durch die Einbindung des Ausschusses entspricht diese Praxis der der Gesetzgebung.[1763] Eine Erleichterung gegenüber dem Gesetzgebungsverfahren ist darin zu sehen, dass nicht über einzelne Paragrafen des Verordnungsentwurfs abgestimmt wird, dass eine zweite und dritte Lesung sowie dass die Ausfertigung und Verkündung durch den Bundespräsidenten (Art. 82 Abs. 1 Satz 1 GG) entfallen.[1764]

### d) Sog. Änderungsvorbehalte

Eine weitere und aus verfassungsrechtlicher Sicht interessante Kategorie der Mitwirkungsrechte stellen die Änderungsvorbehalte, auch sog. Jo-Jo-Klauseln,[1765] dar. Während auf der ersten Stufe die Mitwirkungsformen (wie Anhörung-, Begründungs-, Kenntnisvorbehalte), die rechtlich unverbindlich sind und die Gestaltungsfreiheit des Verordnungsgebers nur unter politischem Aspekt beeinflussen, stehen auf der zweiten Stufe (wie Zustimmungs- und Aufhebungsvorbehalte) Regelungstechniken, die den Erlass einer Verordnung erst möglich machen bzw. zu ihrer Unwirksamkeit führen können, aber deren inhaltliche Gestaltung dem Verordnungsgeber im Wesentlichen frei überlassen bleibt. Indes befinden sich auf der dritten Stufe die Änderungsvorbehalte, bei denen der Gesetzgeber die Exekutive zum Erlass einer Rechtsverordnung ermächtigt und gleichzeitig dem Bundestag das Recht vorbehält, diese Verordnung durch Beschluss, der kein Gesetzesbeschluss ist, vor ihrem Inkrafttreten inhaltlich zu ändern.[1766] Diese auch als stärkste[1767], intensivste[1768], einschnei-

---

[1762] *Lippold*, ZRP 1991, 254 (255).
[1763] *Kisker*, in: Schule im Rechtsstaat, Bd. II, 1980, 7 (21 f.).
[1764] *Grupp*, DVBl. 1974, 177 (178); *Kisker*, in: Schule im Rechtsstaat, Bd. II, 1980, 7 (22).
[1765] *Sommermann*, JZ 1997, 434 (436); *Uhle*, in: Epping/Hillgruber Beck´scher Online Kommentar GG, 1.12.2019, Art. 80 GG Rn. 57.
[1766] *Remmert*, in: Maunz/Dürig Kommentar GG, Oktober 2019, Art. 80 GG Rn. 107.
[1767] *Schnelle*, Eine Fehlerfolgenlehre, 2007, S. 43.
[1768] *Nierhaus*, in: Bonner Kommentar, Februar 2020, Art. 80 GG Rn. 189. Andere Ansicht, *Uhle*, in: Epping/Hillgruber Beck´scher Online Kommentar GG, 1.12.2019, Art. 80 GG Rn. 57 m.w.N., der den Änderungsvorbehalt auf gleicher Stufe sieht wie den Zustimmungsvorbehalt, der im Rahmen der antizipierten Zustimmungserteilung mit Maßgabebeschlüssen verbunden wird.

denste[1769] Form oder von völlig anderer Qualität[1770] bezeichnete Einflussmöglichkeit auf die Verordnungsgebung wird auch von den Autoren, die auf der Grundlage der zuvor geschilderten Prämissen Zustimmungs- und Aufhebungsvorbehalte für grundsätzlich zulässig halten, für verfassungswidrig erachtet.[1771] Als höchst bedenklich wird angesehen, dass sie dem Bundestag unmittelbar Einfluss auf den Inhalt der Rechtsverordnung erlaubt, der durch einfachen, aber verbindlichen Beschluss erzeugt wird und sogar zu einer kompletten Neugestaltung des Regelungsgehaltes, einer Ersetzung, führen kann.[1772]

### e) Gemeinsamkeiten der parlamentarischen Mitwirkungsvorbehalte

Es haben sich zahlreiche Formen der Mitwirkungsvorbehalte des Bundestages bei der Rechtsverordnungsgebung entwickelt. Allen Mitwirkungsformen ist gemein, dass ihre Missachtung durch den Verordnungsgeber grundsätzlich zur Nichtigkeit der betreffenden Verordnung führt.[1773] Ferner ist auch unbestritten, dass sie einen Teil des Verordnungsverfahrens sind und daher verlieren derartige Rechtsverordnungen durch die Mitwirkung des Parlaments nicht den Charakter einer Rechtsverordnung.[1774] Weitere Gemeinsamkeiten entdeckt man im Hinblick auf den Sinn und Zweck von den Beteiligungsformen des Bundestages, die sehr mannigfaltig sind. Sie sind im Schrifttum zutreffend wie folgt zusammengefasst worden: „Wiederkehrende und übergreifende Motive sind die Information des Parlaments, die Erleichterung und Stärkung (präventiver und

---

[1769] *Pegatzky*, Parlament und Verordnungsgeber, 1999, S. 181.
[1770] *Rupp*, NVwZ 1993, 756 (757); *Konzak*, DVBl. 1994, 1107 (1109); *Pegatzky*, Parlament und Verordnungsgeber, 1999, S. 151; *Seiler*, ZG 2001, 50 (68). In dem Sinne auch *Lippold*, ZRP 1991, 254 (256); *Studenroth*, DÖV 1995, 525 (535).
[1771] *Remmert*, in: Maunz/Dürig Kommentar GG, Oktober 2019, Art. 80 GG Rn. 107. So auch *Thomsen*, DÖV 1995, 989 (991).
[1772] *Rupp*, NVwZ 1993, 756 (757); *Konzak*, DVBl. 1994, 1107 (1109); *Studenroth*, DÖV 1995, 525 (535); *Thomsen*, DÖV 1995, 989 (990); *Pegatzky*, Parlament und Verordnungsgeber, 1999, S. 151; *Seiler*, ZG 2001, 50 (68).
[1773] So ausdrücklich bei *Uhle*, Parlament und RVO, 1999, S. 199 ff., *Uhle*, in: Gesetzgebung, 2014, § 24 Rn. 87; *Uhle*, in: Epping/Hillgruber Beck'scher Online Kommentar GG, 1.12.2019, Art. 80 GG Rn. 54. So bereits bzgl. Anhörungsvorbehalte BVerfGE 10, 221 (221, LS und 227) und bzgl. Begründungsvorbehalt *Wilke*, AöR 93 (1968), 270 (306). Andere Ansicht bzgl. Kenntnis- und Anhörungsvorbehalte vertritt *Lichtenhahn*, Besondere parlamentarische Kontrollen, 1967, S. 63, 64 f., jedoch ohne Angabe besonderer Begründung.
[1774] *Uhle*, in: Gesetzgebung, 2014, § 24 Rn. 87. So ausdrücklich bzgl. Zustimmungsverordnungen BVerfGE 2, 237 (255) m.w.N.; 8, 237 (322).

nachträglicher) parlamentarischer Kontrolle über die exekutive Normsetzung, die Entlastung des Parlaments, die Verbesserung der Rechtsetzungseffektivität, die Rückbindung der Verordnungsgebung an den Willen des Parlaments, die Abstimmung bzw. Harmonisierung von parlamentarischer und exekutiver Willensbildung, die Initialisierung eines Dialogs zwischen gesetzgebendem Parlament und verordnungsgebender Exekutive, die Ingangsetzung eines Prozesses gegenseitiger Einflussnahme, schließlich und nicht zuletzt auch die Durchsetzung der Vorgaben und Maßstäbe der Ermächtigungsnorm unter Recht- und Zweckmäßigkeitsgesichtspunkten."[1775] In diesem Zusammenhang als weiteren Motiv für deren Einsatz wurde überlegt, ob es möglich ist, Defizite bei der inhaltlichen gesetzlichen Vorprogrammierung von Rechtsverordnungen durch die Mitwirkung des Parlaments am Verfahren zu kompensieren.[1776] Die einzelnen Mitwirkungsbefugnisse können auch miteinander kombiniert werden,[1777] um noch effektiver zu sein.

## 2. Gesetzlich geregelte Fallgruppen des Änderungsvorbehaltes

Vor dem Hintergrund der Eingriffsintensität und der daraus resultierenden Kritik des Schrifttums sollen im Folgenden die Änderungsvorbehalte genauer betrachtet werden. Sie sind die einzigen, von denen behauptet wird, dass sie die gravierendste Wirkung haben und die am meisten umstritten sind. Sie stellen ein weiteres Beispiel eines verbindlichen nichtlegislativen Beschlusses dar, der zu den „qualifizierten Beschlüssen" gezählt wird. Die Änderungsvorbehalte haben keine lange Tradition und haben erst Anfang der 90er Jahre, vor allem im Umweltrecht verstärkt Einzug in gesetzliche Normierungen gefunden.[1778] Einige der Normen sind außer Kraft getreten, dennoch finden sie Beachtung als Vorläuferregelungen, auf die immer wieder Bezug genommen wird. Außerdem finden sich noch geltende bzw. neue Änderungsvorbehalte in parlamentarischen

---

[1775] *Bauer*, in: Dreier/GG-Kommentar, Bd. II, 3. Aufl. 2015, Art. 80 GG Rn. 29; *Remmert*, in: Maunz/Dürig Kommentar GG, Oktober 2019, Art. 80 GG Rn. 103.
[1776] *Remmert*, in: Maunz/Dürig Kommentar GG, Oktober 2019, Art. 80 GG Rn. 103 mit Verweis u.a. auf *Kisker*, in: Schule im Rechtsstaat, Bd. II, 1980, 7 (26 ff.); *v. Danwitz*, Die Gestaltungsfreiheit, 1989, S. 125 ff.; *Uhle*, Parlament und RVO, 1999, S. 308 ff.; *Schmidt*, Die Beteiligung des BT, 2002, S. 130 ff.; *Ossenbühl*, in: HStR, Bd. V, 3. Aufl. 2007, § 103 Rn. 63.
[1777] *Nierhaus*, in: Bonner Kommentar, Februar 2020, Art. 80 GG Rn. 189.
[1778] *Schmidt*, Die Beteiligung des BT, 2002, S. 73; *Saurer*, NVwZ 2003, 1176 (1177).

Gesetzen, sodass die gegen sie vorgebrachten Kritikpunkte, die im Schrifttum sehr umstritten sind, aber durch die Rechtsprechung noch nicht aufgegriffen werden konnten, weiterhin angeführt werden können und durch den Wandel technischer und wissenschaftlicher Entwicklungen die Wahrscheinlichkeit der Inanspruchnahme dieses Instruments deutlich gestiegen ist.

Im weiteren Verlauf werden Regelungen präsentiert, die einen Änderungsvorbehalt beinhalten. Mit Hilfe dieser Fallgruppen werden die Gemeinsamkeiten und Unterschiede der Ausgestaltung des Änderungsvorbehaltes offenkundig. Dabei werden die geäußerten Bedenken aus dem Schrifttum aufgegriffen und im rechtlichen Kontext bewertet, um die Komplexität dieses parlamentarischen Mintwirkungsrechts und die sich daran anschließenden Folgeprobleme zu veranschaulichen.

### a) Vorbildfunktion der gesetzlichen Regelungen (1985 bis 2002)

Die chronologisch dargestellten gesetzlichen Fallgestaltungen zeigen, was den Gesetzgeber dazu bewogen hat, den Änderungsvorbehalt einzuführen und mit welchen Hürden er bei seiner Gestaltung zu kämpfen hatte. Jede dieser Regelungen weist gewisse Eigenheiten auf. Gleichzeitig haben sie vieles gemeinsam, weil sie der jeweils anderen als Muster gedient haben.

### aa) § 292 Abs. 4 Satz 2 HGB a.F.

Die erste Regelung, die einen Änderungsvorbehalt beinhaltete war § 292 Abs. 4 Satz 2 HGB[1779] und stammt aus dem Jahr 1985.

*§ 292 HGB a.F.*

***Rechtsverordnungsermächtigung für befreiende Konzernabschlüsse und Konzernlageberichte***

*(1) [1]<u>Der Bundesminister der Justiz wird ermächtigt</u>, im Einvernehmen mit dem Bundesminister der Finanzen und dem Bundesminister für Wirtschaft durch Rechtsverordnung, die <u>nicht der Zustimmung des Bundesrates bedarf</u>, zu bestimmen, daß (...).*

---

[1779] § 292 HGB wurde durch Bilanzrichtlinien-Gesetz v. 19.12.1985 (BGBl. I S. 2355) eingeführt und aufgehoben mit Wirkung v. 23.7.2015 durch Gesetz v. 17.7.2015 (BGBl. I S. 1245), (Hervorhebungen im Gesetz durch die Verfasserin).

*(4) ¹Die Rechtsverordnung ist vor Verkündung dem Bundestag zuzuleiten. ²Sie kann durch <u>Beschluß des Bundestages geändert</u> oder abgelehnt werden. ³Der Beschluß des Bundestages wird dem Bundesminister der Justiz zugeleitet. ⁴Der Bundesminister der Justiz ist bei der Verkündung der Rechtsverordnung <u>an den Beschluß gebunden</u>. ⁵Hat sich der Bundestag nach <u>Ablauf von drei Sitzungswochen</u> seit Eingang einer Rechtsverordnung nicht mit ihr befaßt, so wird die unveränderte Rechtsverordnung dem Bundesminister der Justiz zur Verkündung zugeleitet. ⁶Der Bundestag befaßt sich mit der Rechtsverordnung auf Antrag von so vielen Mitgliedern des Bundestages, wie zur <u>Bildung einer Fraktion erforderlich</u> sind.*

§ 292 HGB a.F. enthielt eine Rechtsverordnungsermächtigung für den Bundesminister der Justiz für befreiende Konzernabschlüsse und Konzernlageberichte. Der Rechtsausschuss gab in seiner Beschlussempfehlung und seinem Bericht zu dem von der Bundesregierung eingebrachten Entwurf folgende Begründung für die Beteiligung des Bundestages an: „Der Verordnungsermächtigung kommt große Bedeutung zu, weil sie das Verhältnis zu anderen Staaten betrifft. (...) Die Mitwirkung des Bundestages ist in solchen Fällen für das Verhältnis von Parlament und Exekutive von besonderer Bedeutung. Um die Arbeitsbelastung des Bundestages aber nicht noch mehr zu erhöhen, soll sich der Bundestag mit einer Rechtsverordnung nach dieser Vorschrift nur unter bestimmten Voraussetzungen befassen müssen. Der Ausschuß führt damit eine flexible Form der Mitwirkung des Bundestages ein, die seine Mitwirkung immer dann gewährleistet, wenn er dies für notwendig hält."[1780] Dieser Änderungsvorbehalt soll einen fakultativen[1781] Charakter haben und wird von dem Ausschuss[1782] rechtlich als ein Unterfall einer Zustimmungsverordnung behandelt.

Die in der Vorschrift niedergelegte Änderungsbefugnis des Bundestages ordnete im Falle eines Änderungsbeschlusses in § 292 Abs. 4 Satz 4 HGB a.F. ausdrücklich eine Bindungswirkung des zuständigen Adressaten an. Aus Satz 1 war zu entnehmen, dass der Bundestag das Letztentscheidungsrecht über den Inhalt des Rechtsverordnungsentwurfs hatte. Damit könnte eine Letztverantwor-

---

[1780] BT-Drs. 10/4268 (Beschlussempfehlung und Bericht), S. 113.
[1781] *Sommermann*, JZ 1997, 434 (437); *Schmidt*, Die Beteiligung des BT, 2002, S. 74.
[1782] BT-Drs. 10/4268 (Beschlussempfehlung und Bericht), S. 113.

tung des Bundestages und nicht des Verordnungsgebers, hier des Bundesjustizministers (§ 292 Abs. 1 Satz 1 HGB a.F.), abgeleitet werden, wenn die Exekutive an dem Verordnungsvorhaben festhält, oder aber eine Parallelbefugnis angenommen werden.[1783] Ferner könnte es auf diese Weise zu einem Auseinanderfallen von formeller (Kompetenz zum Erlass der Verordnung lag beim Bundesjustizminister) und materieller Kompetenz (durch die inhaltliche Änderung und Bindungswirkung des Beschlusses läge die materielle Befugnis beim Bundestag) kommen.[1784] Auffällig ist überdies, dass in dem Absatz keine Rede von der Zustimmung des Bundestages ist, diese jedoch in Satz 5 impliziert wird, wenn sich der Bundestag nicht innerhalb von drei Sitzungswochen seit Eingang der Rechtsverordnung mit dieser befasst. Im Endergebnis wird nach Ablauf der Frist die Zustimmung fingiert bzw. das Mitwirkungsrecht des Parlaments an der Rechtsverordnung als verbraucht angesehen.[1785]

Unklar in dem Zusammenhang ist, wann genau von einem Befassen[1786] des Bundestages auszugehen ist. Eindeutig ist aber, dass spätestens mit dem Vorliegen des Antrags von der erforderlichen Anzahl der Bundestagsabgeordneten (Satz 6 – Fraktionsstärke, vgl. § 10 Abs. 1 Satz 1 GOBT – fünf vom Hundert der Bundestagsmitglieder) ein Befassen unabdingbar ist. Das könnte eine gewisse Erschwernis bedeuten, weil ein bestimmtes Quorum erreicht werden muss.

---

[1783] In diesem Sinne, *Pegatzky*, Parlament und Verordnungsgeber, 1999, S. 153 f. m.w.N.
[1784] *Thomsen*, DÖV 1995, 989 (992); *Pegatzky*, Parlament und Verordnungsgeber, 1999, S. 154 f.
[1785] So ähnlich *Rupp*, NVwZ 1993, 756 (757). In diesem Zusammenhang auch: *Frenz*, KrW-/AbfG, 3. Aufl. 2002, § 59 KrW-/AbfG Rn. 9. Als Zustimmungsfiktion kraft Gesetzes: *Hoffmann*, DVBl. 1996, 347 (350); *Jarass*, in: Jarass/Petersen KrWG, 2014, § 67 KrWG Rn. 12; *Pawlik*, in: Kopp-Assenmacher/KrWG, 2015, § 67 KrWG Rn. 13; *Jarass*, in: BImSchG, 12. Aufl. 2017, § 48b BImSchG Rn. 7; *Hofmann*, in: BeckOK UmweltR, 1.1.2020, § 48b BImSchG Rn. 5. Dagegen: *Lippold*, ZRP 1991, 254 (254); *Staupe*, in: Jarass/Petersen/Weidemann KrW-/AbfG, 2011, § 59 KrW-/AbfG Rn. 64, das Änderungsrecht erlösche und sei verbraucht; *Schimnasky*, in: Kotulla/BImSchG, September 2017, § 48b BImSchG Rn. 14, „Vielmehr erlischt das Aufhebungs- bzw. Änderungsrecht und die Befassung wird also fingiert."; *Kropp*, in: Lersner/Wendenburg, 2018, § 67 KrWG Rn. 7 „verbraucht"; *Thiel*, in: Landmann/Rohmer, UmweltR, September 2019, § 48b BImSchG Rn. 16, der Verfahrensschritt „Beschlussfassung des Bundestags" werde schlicht übersprungen.
[1786] Ebenfalls auf diese Ungenauigkeit wird in § 20 Abs. 2 UmweltHG hingewiesen. Genauer dazu siehe *Rupp*, NVwZ 1993, 756 (757 f.).

Diese spezifische Parlamentsbefassung wird als „Befassungsklausel" bezeichnet.[1787]

Vorbestimmt ist, dass das Resultat des Befassens ausschließlich mit einem Änderungs- oder einem Ablehnungsbeschluss determiniert ist. Ein Beschluss anderen Inhalts wie der einer Zustimmung scheint ausgeschlossen zu sein. Darin kann eine widersinnige Einschränkung gesehen werden. So stellt sich die Frage, welche Möglichkeit dem Bundestag offensteht, um sein Einverständnis auszudrücken und das Verfahren fortzusetzen.[1788] Es kann davon ausgegangen werden, dass auch das Verstreichenlassen der Frist durch ein gesammeltes Schweigen des Bundestagsplenums keine Zustimmungsfiktion des Gesetzes zur Folge hat, weil der die Befassung fingierende Befassungsantrag bzw. die effektive Befassung des Bundestages kraft Gesetzes die Fristversäumung verhindert.[1789] Andererseits stellt diese „Beschränkung" eine Verfahrensvereinfachung dar. Zum einen ist es eine Arbeitserleichterung[1790], weil sich der Bundestag nur damit befassen soll, wenn der Inhalt der Rechtsverordnung nicht den Vorstellungen des Bundestages entspricht (Entlastungsfunktion) und ein langsames Vorgehen den schnellen Erlass der Verordnung nicht hindert. Zum anderen bestätigt es, dass die Schaffung von Rechtsverordnungen grundsätzlich in der Hand der Exekutive liegt und es keiner zusätzlichen Zustimmung oder eines Plazets des Bundestages bedarf. Dieses Verständnis findet seine Stütze in der kongruenten Begründung zu der Regelung.

Im Vordergrund der Begründung für die Einführung des Änderungsvorbehalts stehen die Bedeutung der zu regelnden Materie, die wegen ihrer Wichtigkeit

---

[1787] So *Uhle*, Parlament und RVO, 1999, S. 246.
[1788] *Rupp*, NVwZ 1993, 756 (757).
[1789] Von einer Beschränkung, die gegen jede Logik verstoße und auch nicht gewollt sein könne, geht in Zusammenhang mit § 20 Abs. 2 UmweltHG aus, *Rupp*, NVwZ 1993, 756 (757). Ein schlichtes Liegenlassen kommt in der Praxis nicht vor, insbesondere im Hinblick auf § 92 GOBT, der eine automatische Befassung vorsieht, sodass in der Parlamentspraxis regelmäßig Zustimmungsbeschlüsse ergehen, womit die Regelungsidee leerläuft, so *Klement*, in: Schmehl GK-KrWG, 2013, § 67 KrWG Rn. 5; *Bleckmann*, in: Landmann/Rohmer, UmweltR, September 2019, § 67 KrWG Rn. 3. Bsp. siehe bei *Frenz*, KrW-/AbfG, 3. Aufl. 2002, § 59 KrW-/AbfG Rn. 10.
[1790] So ähnlich in Bezug auf § 59 KrW-/AbfG, *Frenz*, KrW-/AbfG, 3. Aufl. 2002, § 59 KrW-/AbfG Rn. 9.

nicht allein und ausschließlich dem Verordnungsgeber überlassen werden soll, sondern der Kontrolle und weitergehender Einflussmöglichkeit des Bundestages unterliegt, sowie auch die Flexibilität für das Handeln des Bundestages. Deutlich wird, dass der Bundestag nicht in jedem Falle tätig werden soll, sonst würde der Zweck der Delegation verfehlt und der Bundestag zusätzlich belastet. Genauere Voraussetzungen für die Einschaltung des Bundestages werden nicht bestimmt, vielmehr entscheidet der Bundestag autark, wann und unter welchen Voraussetzungen sowie in welchem Ausmaß sein Tätigwerden gefordert ist.

**bb) § 40 Abs. 1 GenTG a.F.**

Der nächste Anwendungsfall war § 40 Abs. 1 GenTG[1791] aus dem Jahr 1990.

*§ 40 Abs. 1 GenTG a.F.*

***Beteiligung des Bundestages beim Erlaß von Rechtsverordnungen***

*(1) ¹Rechtsverordnungen nach §§ 7 und 14 Abs. 4 dieses Gesetzes sind dem Bundestag zuzuleiten. ²Die Zuleitung erfolgt <u>vor der Zuleitung an den Bundesrat</u>. ³Die Rechtsverordnungen können <u>durch Beschluß des Bundestages geändert</u> oder abgelehnt werden. ⁴Der Beschluß des Bundestages wird der Bundesregierung zugeleitet. ⁵Hat sich der Bundestag nach <u>Ablauf von drei Sitzungswochen</u> seit Eingang der Rechtsverordnung nicht mit ihr befaßt, so wird die unveränderte Rechtsverordnung <u>dem Bundesrat zugeleitet</u>.*

§ 40 Abs. 1 GenTG a.F. ermächtigte den Bundestag zur Änderung von Rechtsverordnungen zur Regelung von Sicherheitsstufen und Sicherheitsmaßnahmen (§ 7 GenTG) sowie zur Bestimmung des vereinfachten Verfahrens zur Freisetzung von gentechnisch veränderten Organismen, bei denen eine Gefährdung der in § 1 Nr. 1 GenTG bezeichneten Rechtsgüter ausgeschlossen war (§ 14 Abs. 4 GenTG).[1792] Hierbei handelt es sich um einen erstmalig statuierten parlamentarischen Änderungs- und Ablehnungsvorbehalt bezüglich einer Rechtsverordnung, die zugleich auch der Zustimmung des Bundesrates unterlag (vgl.

---

[1791] Gesetz zur Regelung von Fragen der Gentechnik v. 20.6.1990 (BGBl. I S. 1080) und durch Erstes Gesetz zur Änderung des Gentechnikgesetzes v. 16.12.1993 (BGBl. I S. 2059) wieder aufgehoben, (Hervorhebungen im Gesetz durch die Verfasserin).
[1792] Genauer dazu *Schmidt*, Die Beteiligung des BT, 2002, S. 74 ff.

Art. 80 Abs. 2 GG), sodass die Ausgestaltung dieser Regelung vor der Herausforderung stand, die Mitwirkung von Bundestag und Bundesrat in verfahrensmäßiger Hinsicht mit- und aufeinander abzustimmen.[1793]

Der Änderungs- bzw. Ablehnungsvorbehalt war in dem ursprünglichen Gesetzentwurf[1794] der Bundesregierung nicht vorgesehen und fand ihren Einzug auf Vorschlag des Rechtsausschusses[1795] des Deutschen Bundestages. Dieser ging aber weiter als die letztlich beschlossene Fassung. Zum einen sollte der Änderungs- und Ablehnungsvorbehalt nicht nur ausdrücklich in den in § 40 Abs. 1 GenTG a.F. enumerierten Fällen angewendet werden, sondern als Generalklausel in nahezu allen Fällen einer auf der Grundlage des GenTG ergehenden Rechtsverordnungen.[1796] Zum anderen sollte der Bundestag erst im Anschluss an den Bundesrat eingeschaltet werden (eine erneute Befassung des Bundesrates im Falle eines Änderungs- oder Ablehnungsbeschlusses war nicht vorgesehen).[1797] Zusätzlich war ein Mindestquorum für die Befassung durch den Bundestag, wie beim § 292 Abs. 4 Satz 6 HGB a.F., vorgesehen.[1798] Letztlich wurden diese Formulierungen in den weiteren parlamentarischen Beratungen nicht übernommen und das Regel-Ausnahme-Verhältnis umgekehrt. Indem auf ein Mindestquorum verzichtet wurde, wird zum Ausdruck gebracht, dass eine positive Befassung des Bundestages mit einem Verordnungsentwurf den Fristablauf verhindert und bereits dann zu laufen beginnt, wenn die Beratung des Entwurfs auf die Tagesordnung eines Ausschusses gesetzt wurde.[1799]

---

[1793] So *Uhle*, Parlament und RVO, 1999, S. 131.
[1794] BR-Drs. 387/89 (Gesetzentwurf) und BT-Drs. 11/5622 (Gesetzentwurf).
[1795] BT-Drs. 11/6778 (Beschlussempfehlung und Bericht), S. 21 f., 48.
[1796] BT-Drs. 11/6778 (Beschlussempfehlung und Bericht), S. 22 und dazu *Uhle*, Parlament und RVO, 1999, S. 131 f.
[1797] BT-Drs. 11/6778 (Beschlussempfehlung und Bericht), S. 22 und dazu *Uhle*, Parlament und RVO, 1999, S. 131 f.
[1798] BT-Drs. 11/6778 (Beschlussempfehlung und Bericht), S. 22.
[1799] BT-Drs. 11/6778 (Beschlussempfehlung und Bericht), S. 48. Kritik dazu, siehe *Rupp*, NVwZ 1993, 756 (757). Er zweifelt, ob die Entscheidung über die Nichtbefassung nach § 61 Abs. 1 GOBT in die Hände des Ausschußvorsitzenden gelegt werden sollte; eine Entscheidung des Parlamentsplenums über die Nichtbefassung sei auch problematisch, denn das Gesetz behalte nach seinem Wortlaut dem Plenum nur die Änderung oder Ablehnung des Verordnungsentwurfs vor, scheine aber die "Nichtbefassung" irgendwie einem vereinfachten Vorverfahren zuzuordnen.

In der Beschlussempfehlung und dem Bericht des Ausschusses für Jugend, Familie, Frauen und Gesundheit zu dem Gesetzentwurf der Bundesregierung fand die Beteiligung des Bundestages folgende Begründung: „Sie soll sicherstellen, daß sich der Deutsche Bundestag in den grundlegenden Punkten, die nach der Konzeption des Gesetzes die Basis für alle Überwachungsmaßnahmen sind, unverzüglich in das Verfahren zum Erlaß der Rechtsverordnungen einschalten kann, wenn er dies für erforderlich hält, ohne erst ein Gesetzgebungsverfahren einzuleiten. (...) Hinsichtlich der erstmalig zu diesem Gesetz erlassenen Vorschriften mußte eine Übergangsvorschrift gefunden werden, die auf der einen Seite das Inkrafttreten der Rechtsverordnungen zusammen mit dem Gesetz ermöglicht, andererseits aber dem Deutschen Bundestag die Möglichkeit eröffnet, sich auch hier einzuschalten."[1800] Daran wird erkennbar, dass dieser teilweise obligatorische[1801] Änderungsvorbehalt eine kontrollierende Funktion haben soll, die bereits beim Erlass der Rechtsverordnung durchschlagen soll, was erhebliche Vorteile gegenüber dem Gesetzgebungsverfahren hat und auf diese Weise den Bundestag durch diese Einflussnahme auf die Verordnungsgebung entlastet. Dass diese Vorschrift den Charakter einer Übergangsregelung hat, wird nicht nur aus der Beschlussempfehlung und dem Bericht des Ausschusses deutlich, sondern bereits an der nur drei Jahre später erfolgten Aufhebung der Vorschrift, zu der sich aus den Materialien zur Gesetzesänderung bzgl. der Begründung zur Streichung der Vorschrift und der fehlenden Nachfolgeregelung wenig Argumente finden.[1802]

---

[1800] BT-Drs. 11/6778 (Beschlussempfehlung und Bericht), S. 48 f.
[1801] *Schmidt*, Die Beteiligung des BT, 2002, S. 75 f. Beide Verordnungsermächtigungen formulierten für die Bundesregierung einen Ermessensspielraum hinsichtlich des „Ob" einer Regelung per Verordnung (§ 7 Abs. 1 Satz 2 GenTG a.F.: „Die Bundesregierung wird ermächtigt, nach Anhörung der Kommission durch Rechtsverordnung mit Zustimmung des Bundesrates (...)" und § 14 Abs. 4 Satz 1 GenTG a.F.: „Die Bundesregierung kann nach Anhörung der Kommission durch Rechtsverordnung mit Zustimmung des Bundesrates bestimmen, (...)."). Eine Umsetzungspflicht ergab sich auch nicht aufgrund der Richtlinien 90/219/EWG und 90/220/EWG des Rates, jedoch waren Rechtsverordnungen zumindest bzgl. § 7 Abs. 1 GenTG a.F. für die Anwendbarkeit des Gentechnikgesetzes unabdingbar.
[1802] *Uhle*, Parlament und RVO, 1999, S. 132; *Saurer*, NVwZ 2003, 1176 (1177). Zu den Gesetzesmaterialien, siehe BT-Drs. 12/5145, S. 18; BT-Drs. 12/5614, S.16; BT-Drs. 12/5789; BT-Drs. 12/5810; dazu *Jekewitz*, NVwZ 1994, 956 (959) „zur Begründung war schlicht auf die mangelnde Bewährung verwiesen." Die letztendliche komplette Streichung der Norm geht auf

### cc) § 20 Abs. 2 UmweltHG

Nur ein halbes Jahr nach dem Erlass von § 40 GenTG a.f. ist § 20 UmweltHG[1803] in Kraft getreten. Der Änderungs- und Ablehnungsvorbehalt ist der Regelung des § 40 Abs. 1 a.f. GenTG inhalts-, wenn auch nicht wortgleich, und unterscheidet sich durch den letzten Satz, mit dem ein Mindestquorum für den Antrag gefordert wird (Befassungsklausel), um sich mit dem Rechtsverordnungsentwurf befassen zu können.[1804] Die als „Ausreißer"[1805] bezeichnete Regelung[1806] gilt auch weiterhin, obwohl sie „nicht als Meisterwerk der Gesetzgebungskunst"[1807] gesehen wird.

### § 20 UmweltHG

#### Ermächtigung zum Erlaß von Rechtsverordnungen

*(1)* ¹*Die Bundesregierung wird durch Rechtsverordnung mit* <u>*Zustimmung des Bundesrates*</u> *Vorschriften erlassen über (...)*

*(2)* ¹*Die Rechtsverordnung ist* <u>*vor Zuleitung an den Bundesrat*</u> *dem Deutschen Bundestag zuzuleiten.* ²*Sie kann durch* <u>*Beschluß des Bundestages geändert*</u> *oder abgelehnt werden.* ³*Der Beschluß des Bundestages wird der Bundesregierung zugeleitet.* ⁴*Hat sich der Deutsche Bundestag nach* <u>*Ablauf von drei Sitzungswochen*</u> *seit Eingang der Rechtsverordnung nicht mit ihr befaßt, so wird die unveränderte Rechtsverordnung der Bundesregierung zugeleitet.* ⁵*Der Deutsche Bundestag befaßt sich mit der Rechtsverordnung auf Antrag von so vielen Mitgliedern des Bundestages, wie zur* <u>*Bildung einer Fraktion*</u> *erforderlich sind.*

Der Vorbehalt geht auf den inhaltgleichen und parallel eingebrachten Gesetzentwurf der Bundesregierung[1808] und der Koalitionsfraktionen[1809] zurück

---

den Bundesrat zurück, der seine Rechte als nicht hinreichend gewahrt sah (BT-Drs. 12/6093, S. 2).
[1803] Gesetz über die Umwelthaftung v. 10.12.1990 (BGBl. I S. 2634). (Hervorhebungen im Gesetz durch die Verfasserin).
[1804] So auch *Uhle*, Parlament und RVO, 1999, S. 132.
[1805] *Jekewitz*, NVwZ 1994, 956 (959).
[1806] UmweltHG v. 10.12.1990 (BGBl. I S. 2634) zuletzt geänd. durch Art. 6 des Gesetzes v. 17.7.2017 (BGBl. I S. 2421). Insbesondere § 20 Abs. 1 Nr. 5 geänd. mit Wirkung v. 1.1.2008 durch Gesetz v. 23.11.2007 (BGBl. I S. 2631).
[1807] *Rupp*, NVwZ 1993, 756 (757).
[1808] BR-Drs. 127/90 (Gesetzentwurf), S. 11 f.

und war ursprünglich in § 21 geregelt. Zentrales Anliegen des UmweltHG ist insbesondere, einen gerechten Schadensausgleich bei individuellen Rechtsgutverletzungen herbeiführen, die durch Umwelteinwirkungen bestimmter potentiell gefährlicher Anlagen verursacht werden können.[1810] Neben den ordnungsrechtlichen Instrumenten des Umweltschutzes soll dem Umwelthaftungsrecht eine indirekte verhaltenssteuernde Wirkung der Haftungsvorschriften zukommen.[1811] Dazu zählt die Bindung der Deckungsvorsorge an anlagenbezogene Gefährdungstatbestände.[1812] Gem. § 19 UmweltHG werden die Inhaber von bestimmten Anlagen verpflichtet, dafür Sorge zu tragen, dass sie gesetzlichen Schadensverpflichtungen nachkommen können, indem sie eine sog. Deckungsvorsorge treffen. § 20 Abs. 1 UmweltHG ermächtigt die Bundesregierung, die Deckungsvorsorge im Einzelnen (Ausgestaltung und Überwachung im Rahmen detaillierter Vorgaben)[1813] zu regeln. Die Anwendbarkeit des § 19 UmweltHG hängt deshalb von der in § 20 UmweltHG[1814] beschriebenen Rechtsverordnung ab, da diese zentrale Punkte (wie z.B. Zeitpunkt und Umfang sowie Höhe der Pflicht zur Deckungsvorsorge) bestimmt.[1815] Daraus folgt, dass die Verpflichtung aus § 19 UmweltHG zur obligatorischen Deckungsvorsorge erst mit dem Rechtsverordnungserlass rechtlich wirksam wird.[1816] Der Grund für die Delega-

---

[1809] BT-Drs. 11/7104 (Gesetzentwurf), S. 7.
[1810] So BR-Drs. 127/90 (Gesetzentwurf), S. 33; BT-Drs. 11/7104 (Gesetzentwurf), S. 14.
[1811] BR-Drs. 127/90 (Gesetzentwurf), S. 33, BT-Drs. 11/7104 (Gesetzentwurf), S. 14.
[1812] *Schmidt*, Die Beteiligung des BT, 2002, S. 77 mit Verweis auf BT-Drs. 11/7104 (Gesetzentwurf), S. 15.
[1813] BR-Drs. 127/90 (Gesetzentwurf), S. 57; BT-Drs. 11/7104 (Gesetzentwurf), S. 22.
[1814] § 20 Abs. 1 UmweltHG: „(...) den Zeitpunkt, ab dem der Inhaber einer Anlage nach § 19 Deckungsvorsorge zu treffen hat, 2. Umfang und Höhe der Deckungsvorsorge, 3. die an Freistellungs- und Gewährleistungsverpflichtungen von Kreditinstituten zu stellenden Anforderungen, 4. Verfahren und Befugnisse der für die Überwachung der Deckungsvorsorge zuständigen Behörde, 5. die zuständige Stelle gemäß § 117 Abs. 2 des Versicherungsvertragsgesetzes sowie über die Erstattung der Anzeige im Sinne des § 117 Abs. 2 des Versicherungsvertragsgesetzes, 6. die Pflichten des Inhabers der Anlage, des Versicherungsunternehmens und desjenigen, der eine Freistellungs- oder Gewährleistungsverpflichtung übernommen hat, gegenüber der für die Überwachung der Deckungsvorsorge zuständigen Behörde. (Hervorhebungen durch die Verfasserin).
[1815] *Nitsch*, in: BeckOGK UmweltHG, 1.3.2020, § 20 UmweltHG Rn. 3.
[1816] *Peter*, in: Salje/Peter, UmweltHG, 2. Aufl. 2005, § 20 UmweltHG Rn. 1 f.; *Hager*, in: Landmann/Rohmer, UmweltR, September 2019, § 20 UmweltHG Rn. 1; *Nitsch*, in: BeckOGK UmweltHG, 1.3.2020, § 20 UmweltHG Rn. 3.

tion war, dass im Zeitpunkt des Gesetzgebungsverfahrens nicht vorhersehbar war, ob und welche Deckungskonzepte am Versicherungsmarkt für Ansprüche nach dem UmweltHG auftreten würden.[1817] Bis jetzt wurde eine derartige Verordnung nicht erlassen,[1818] was aus rechtspolitsicher Sicht einen unhaltbaren Zustand darstellt und Fragen der Notwendigkeit dieser Norm und ihrer Aufhebung aufkommen lassen.[1819]

Das Erfordernis eines parlamentarischen Vorbehalts wurde, wie bei § 40 GenTG a.F., mit der Bedeutung der zu regelnden Materie und Flexibilität der Regelung begründet. So wird ausgeführt, dass einerseits eine solche Mitwirkung im Hinblick auf die große Bedeutung der Deckungsvorsorge für die Geschädigten und die Unternehmen erforderlich erscheine und dass andererseits, um eine schnellere Anpassung auch an zukünftige Entwicklungen zu gewährleisten, der Weg einer Regelung durch Rechtsverordnung gewählt werde, die an die Mitwirkung des Deutschen Bundestages gebunden sei.[1820] Eine vergleichbare Ermächtigung und Verpflichtung der Bundesregierung zum Erlass einer Deckungsvorsorgeverordnung ist z.B. auch in § 36 GenTG[1821] zu finden.[1822] Da der Deckungsvorsorge der Begründung nach erhebliche Bedeutung zukommt, verwundert es, dass in übrigen Fällen der Ermächtigungen zum Erlass der Deckungsvorsorge (vgl. § 36 GenTG[1823] oder § 54 i.V.m. § 13 AtG[1824]) eine entspre-

---

[1817] *Peter*, in: Salje/Peter, UmweltHG, 2. Aufl. 2005, § 20 UmweltHG Rn. 1; *Nitsch*, in: BeckOGK UmweltHG, 1.3.2020, § 20 UmweltHG Rn. 4.
[1818] *Nitsch*, in: BeckOGK UmweltHG, 1.3.2020, § 20 UmweltHG Rn. 3.
[1819] In dem Sinne *Peter*, in: Salje/Peter, UmweltHG, 2. Aufl. 2005, § 20 UmweltHG Rn. 1 f. (er lehnt eine Drittwirkung aufgrund der Untätigkeit des Gesetzgebers ab); *Peter*, LKV 2007, 493 (497).
[1820] BR-Drs. 127/90 (Gesetzentwurf), S. 58; BT-Drs. 11/7104 (Gesetzentwurf), S. 22.
[1821] Gesetz zur Regelung der Gentechnik (Gentechnikgesetz – GenTG) v. 16.12.1993 (BGBl. I S. 2066) zuletzt geänd. durch Art. 21 des Gesetzes v. 20.11.2019 (BGBl. I S. 1626).
[1822] *Hager*, in: Landmann/Rohmer, UmweltR, September 2019, § 20 UmweltHG Rn. 2.
[1823] Eine solche Verordnung wurde bis heute nicht erlassen, *Bleckwenn*, in: BeckOGK GenTG, 1.6.2019, § 36 GenTG Rn. 1; *Wache*, in: Erbs/Kohlhaas, Strafrechtl. Nebengesetze, Januar 2020, § 36 GenTG Rn. 1.
[1824] Gesetz über die friedliche Verwendung der Kernenergie und den Schutz gegen ihre Gefahren (Atomgesetz) v. 15.7.1985 (BGBl. I S. 1565) zuletzt geänd. durch Art. 2 des Gesetzes v. 12.12.2019 (BGBl. I S. 2510).

chende Mitwirkungsform des Bundestages fehlt.[1825] Dabei müssten alle Fälle der Deckungsvorsorge gleichermaßen wichtig sein.[1826]

Darüber hinaus wird ausdrücklich auf § 292 Abs. 4 HGB a.F. Bezug genommen, der als Vorbild für § 20 Abs. 2 UmweltHG diente.[1827] Beide Vorschriften enthalten eine eigene Verfahrensregelung.[1828] Sie unterscheiden sich aber darin, dass beim UmweltHG der Bundesrat beteiligt wird. Ferner fällt der abweichende Wortlaut auf. Während bei § 292 Abs. 4 HGB a.F. die Rechtsverordnung vor Verkündung dem Bundestag zugeleitet werden soll (genauer formuliert), ist hingegen die Formulierung bei § 20 Abs. 2 UmweltHG (genauso auch bei § 40 GenTG a.F., § 59 KrW-/AbfG) unpräzise, weil von einer Rechtsverordnung anstatt einer Vorlage oder einem Entwurf gesprochen wird, ohne die Verkündung zu erwähnen.[1829] Außerdem fehlt im UmweltHG eine ausdrückliche Regelung über die Bindung der Bundesregierung an den Beschluss, von welcher jedoch aufgrund des Verweises auf das Regelungsvorbild des § 292 Abs. 4 HGB a.F. auszugehen ist.[1830] Die gegenüber den beiden Regelungen zu stellenden Zweifelsfragen, u.a. über den Fall der ausdrücklichen Zustimmung des Bundestages (eine solche muss ergänzend möglich sein), blieben weiterhin ungeregelt.[1831]

Trotz wesentlicher Übereinstimmungen dieser Regelung zu ihren Vorläufern wurden Bedenken gegen sie erhoben und deren Streichung expressis verbis gefordert.[1832] Der Bundesrat monierte, dass einer solchen Verfahrensregelung aus grundsätzlichen verfassungsrechtlichen und verfassungspolitischen Erwä-

---

[1825] *Jekewitz*, ZRP 1991, 281 (285); *Konzak*, DVBl. 1994, 1107 (1110). Von Vergleichbarkeit mit dem GenTG geht aus, *Peter*, in: Salje/Peter, UmweltHG, 2. Aufl. 2005, § 20 UmweltHG Rn. 4.
[1826] *Konzak*, DVBl. 1994, 1107 (1110). Die Vergleichbarkeit der Deckungsvorsorgeverordnung des AtG mit dem UmweltHG wird wegen der Besonderheiten des Kernenergierechts verneint, *Peter*, in: Salje/Peter, UmweltHG, 2. Aufl. 2005, § 20 UmweltHG Rn. 3.
[1827] BR-Drs. 127/90 (Gesetzentwurf), S. 58; BT-Drs. 11/7104 (Gesetzentwurf), S. 22.
[1828] So *Lippold*, ZRP 1991, 254 (254); *Konzak*, DVBl. 1994, 1107 (1108) bzgl. § 20 Abs. 2 UmweltHG; ausdrücklich als Verfahrensregelung in der Stellungnahme des Bundesrates bezeichnet, BR-Drs. 127/90 (Gesetzentwurf), S. 80; BT-Drs. 11/7104 (Gesetzentwurf), S. 28.
[1829] In dem Sinne *Lippold*, ZRP 1991, 254 (254).
[1830] *Peter*, in: Salje/Peter, UmweltHG, 2. Aufl. 2005, § 20 UmweltHG Rn. 22
[1831] *Peter*, LKV 2007, 493 (498) mit Verweis auf *Rupp*, NVwZ 1993, 756 (757).
[1832] Stellungnahme des Bundesrates BR-Drs. 127/90 (Gesetzentwurf), S. 80 ff.; BT-Drs. 11/7104 (Gesetzentwurf), S. 28 f.

gungen nur in Ausnahmefällen zugestimmt werden könne.[1833] Mit dem Ausnahmefall hat es besondere Bewandtnis. An eine solche Ausnahme seien hohe Anforderungen zu stellen, die sich zum einen aus dem Gebot einer klaren Trennung der jeweiligen Verantwortungsbereiche von Legislative und Exekutive ergeben, und zum anderen jeder möglichen Entwicklung vorbeugen, durch allzu selbstverständlichen Rückgriff auf zusätzliche Verfahrensregelungen die verfassungsrechtlichen Anforderungen an die Bestimmtheit der Ermächtigungsnorm (Art. 80 Abs. 1 Satz 2 GG) abzusenken.[1834] „[Dementgegen] steht auch nicht der Hinweis dieser Vorbehalt sei nur ein generelles „Minus" gegenüber den verfassungsrechtlichen Zuständigkeiten des Deutschen Bundestages, jedwede Rechtsverordnung durch ein Änderungsgesetz nach eigener Vorstellung neu zu gestalten. Eine solche Argumentation verkennt, daß ein entsprechendes Änderungsgesetz nicht allein durch den Deutschen Bundestag, sondern nur unter erneuter Einschaltung des Bundesrates zustande käme, dieser also ebenfalls bereit sein müßte, die zuvor mit seiner Zustimmung ergangene Rechtsverordnung wieder in Frage zu stellen."[1835] Damit wird auf eine mögliche Aushöhlung der Rechte des Bundesrates aufmerksam gemacht und die Verfassungskonformität der gesamten Regelung in Frage gestellt. Trotz der geäußerten Zweifel wurde an der Regelung festgehalten und der Dissens auch nicht mehr in der Beschlussempfehlung und dem Bericht des Rechtsausschusses und in den abschließenden Beratungen im Plenum thematisiert.[1836]

Die Kritik dieser Regelung wird durch den Umstand beflügelt, dass der niedergeschriebene Änderungsvorbehalt aufgrund der Verpflichtung[1837] der Bundes-

---

[1833] Stellungnahme des Bundesrates BR-Drs. 127/90 (Gesetzentwurf), S. 80; BT-Drs. 11/7104 (Gesetzentwurf), S. 28.
[1834] Stellungnahme des Bundesrates BR-Drs. 127/90 (Gesetzentwurf), S. 81; BT-Drs. 11/7104 (Gesetzentwurf), S. 28.
[1835] Stellungnahme des Bundesrates BR-Drs. 127/90 (Gesetzentwurf), S. 81 f.; BT-Drs. 11/7104 (Gesetzentwurf), S. 28 f.
[1836] So *Jekewitz*, ZRP 1991, 281 (284) mit Verweis auf BT-Drs. 11/7881 (Beschlussempfehlung und Bericht).
[1837] Das ergibt sich aus dem Wortlaut des § 20 Abs. 1 UmweltHG „Die Bundesregierung wird durch Rechtsverordnungen (...) Vorschriften erlassen (...)." und aus den Gesetzesmaterialien. Die Bundesregierung sah diese Formulierung als ausdrückliche Verpflichtung an, siehe ihre Gegenäußerung zur Stellungnahme des Bundesrates, BT-Drs. 11/7104 (Gesetzentwurf), S. 32. Auch aus dem Kontext ergibt sich, dass ohne den Erlass der Rechtsverordnung das Ge-

regierung zum Rechtsverordnungserlass obligatorische Wirkung hat. Mit anderen Worten würde dem Parlament die Befugnis zukommen, auf den Inhalt der Verordnung verbindlich Einfluss zu nehmen, und der Verordnungsgeber wäre aufgrund des gesetzlichen Änderungsbeschlusses verpflichtet, diese durch den Bundestag vorformulierte Bestimmung zu erlassen.[1838]

### dd) § 42d Abs. 1 BRAO a.F.

Ein weiteres Beispiel stellt die Regelung des § 42d BRAO[1839] a.F. dar, der Voraussetzungen für die Erteilung einer Erlaubnis zum Führen einer Fachanwaltsbezeichnung betraf, die mittels einer Rechtsverordnung geregelt werden konnten.

*§ 42d Abs. 1 BRAO a.F.*

**Ermächtigung**

*(1) [1]Die Bundesregierung wird ermächtigt, durch Rechtsverordnung nach Anhörung der Bundesrechtsanwaltskammer und mit Zustimmung des Bundesrates Vorschriften zu erlassen, durch die im Interesse der Rechtspflege die Anforderungen an den Nachweis der besonderen Kenntnisse und Erfahrungen oder eine auf dem Fachgebiet notwendige Fortbildung geregelt werden. [2]Die Rechtsverordnung ist vor Verkündung dem Bundestag zuzuleiten. [3]Sie kann durch Beschluß des Bundestages geändert oder abgelehnt werden. [4]Der Beschluß des Bundestages wird der Bundesregierung zugeleitet. [5]Die Bundesregierung ist bei der Verkündung der Rechtsverordnung an den Beschluß gebunden. [6]Hat sich der Bundestag nach Ablauf von drei Sitzungswochen seit Eingang einer Rechtsverordnung nicht mit ihr befaßt, so wird die unveränderte Rechtsverordnung der Bundesregierung zur Verkündung zugeleitet. [7]Der Bundestag befaßt sich mit der Rechtsverordnung auf Antrag von so vielen Mitgliedern des Bundestages, wie zur Bildung einer Fraktion erforderlich sind.*

---

setz, insb. § 19 UmweltHG, unanwendbar wäre. So auch *Sommermann*, JZ 1997, 434 (437 f.); *Schmidt*, Die Beteiligung des BT, 2002, S. 77 f.; *Peter*, LKV 2007, 493 (496 f.).
[1838] *Brandner*, UTR 40 (1997), 119 (134). In diesem Sinne bereits *Lippold*, ZRP 1991, 254 (255).
[1839] § 42d Abs. 1 BRAO eingeführt durch Gesetz zur Änderung des Berufsrechts der Notare und der Rechtsanwälte v. 29.1.1991 (BGBl. I S. 150), (Hervorhebungen im Gesetz durch die Verfasserin).

Zur Begründung führte der Rechtsausschuss zu dem Gesetzentwurf der Bundesregierung aus, dass die Beteiligung des Gesetzgebers u.a. wegen der Bedeutung der Materie geboten sei, um seine Möglichkeit der Einflussnahme auf die Gestaltung der Rechtsverordnung zu wahren, was insbesondere durch die Sätze 2 bis 7 des Abs. 1 Rechnung getragen werde.[1840] Der fakultative[1841] Änderungsvorbehalt wird vom Rechtsausschuss dem Gesetzgeber als Mitwirkenden zugeschrieben, obwohl die Ausführung des Vorbehaltes ausschließlich dem Bundestag zustand. Dem Beschluss kam ausdrücklich bindende Wirkung zu (vgl. § 42d Abs. 1 Satz 5 BRAO a.F.) und er sah eine Befassungsklausel vor (vgl. § 42d Abs. 1 Satz 7 BRAO a.F.). Insofern gleicht die Regelung vom Wortlaut her dem § 292 Abs. 4 HGB a.F. Sie unterscheidet sich aber von dem genannten Paragrafen, weil die Rechtsverordnung der Zustimmung des Bundesrates bedurfte. Im Vergleich zu § 40 Abs. 1 GenTG a.F. war das Mitwirkungsrecht des Bundestages aber der Zustimmung des Bundesrates nachgeordnet. Diese Ausgestaltung war hier neu und führte bereits bei der Beratung des so ausgestalteten Änderungs- und Ablehnungsvorbehalts zugunsten des Parlaments zu erheblichen Bedenken seitens des Bundesrates.[1842] So wies der bayerische Staatssekretär *Sauter* darauf hin, die Verordnungsermächtigung sei nicht nur aus verfassungspolitischen Gründen abzulehnen, sondern sei auch **verfassungswidrig** (Verstoß gegen Art. 80 GG); damit erhalte der Bundestag nicht nur ein im Grundgesetz nicht vorgesehenes Mitgestaltungsrecht bei Erlass von Rechtsverordnungen, sondern auch die Möglichkeit, der Verordnung einen Inhalt zu geben, dem der Bundesrat so nicht zugestimmt habe; der Bundestag hätte somit das letzte Wort; das verwische die vom Grundgesetz geforderte und aus rechtsstaatlicher Sicht unverzichtbare klare Trennung der Zuweisung der Verantwortlichkeit für Verordnungsrecht, zuletzt verfassungsrechtlich garantierte **Rechte des Bundesrates** und widerspreche letztendlich dem **Gewaltenteilungsprinzip**.[1843] Dennoch gab der Bundesrat seine erforderliche Zustimmung zu dem Gesetzesentwurf trotz erheblicher verfassungsrechtlicher Zweifel. Gleichwohl behielt sich die Bayeri-

---

[1840] BT-Drs. 11/8307 (Beschlussempfehlung und Bericht), S. 20.
[1841] *Schmidt*, Die Beteiligung des BT, 2002, S. 79.
[1842] So *Uhle*, Parlament und RVO, 1999, S. 135.
[1843] So *Staatssekretär Sauter*, Beratung der 625. BR-Sitzung am 14.12.1990, BR-PlPr. 605, 625 (574 (A-C)), (Hervorhebungen im Original).

sche Staatsregierung ausdrücklich vor, „§ 42d einer **verfassungsrechtlichen Überprüfung** zuzuführen".[1844] Hätte sich der Gesetzgeber eine andere Reihenfolge überlegt, wäre die Vorschrift womöglich auf weniger Widerstand gestoßen. Das wäre auch machbar gewesen, wenn er sich an den Vorgängerlösungen (vgl. § 40 Abs. 1 GenTG a.F., § 20 Abs. 2 UmweltHG), seit deren Erlass nicht einmal ein Jahr vergangen war, orientiert hätte. Dieses Abweichen von den dort gewählten Formulierungen wirkte wie eine glatte Umgehung des Bundesrates.[1845]

Aus diesen Gründen verweigerte der Bundesrat[1846] später auch die Zustimmung zu der von der Bundesregierung vorgelegten Verordnung über Fachanwaltsbezeichnungen, die auf § 42d Abs. 1 BRAO a.F. gestützt werden sollte. Den von Seiten des Bundesrates geäußerten verfassungsrechtlichen und politischen Bedenken ist der Bundestag durch die ersatzweise Streichung der Vorschrift schließlich nachgekommen.[1847] § 42d BRAO a.F. wurde durch ein neues Gesetz[1848] bereits nach ca. einem Jahr wieder aufgehoben. Er ist dennoch besonders hervorzuheben, weil er alle Elemente, die die Vorgängerregelungen voneinander unterschieden haben, miteinander kombinierte und aufgrund seiner Kurzlebigkeit brennpunktartig auf die Problematik derartiger Mitwirkungsbefugnisse des Bundestages bei Verordnungsgebung aufmerksam machte.[1849]

---

[1844] *Staatssekretär Sauter*, Beratung der 625. BR-Sitzung am 14.12.1990, BR-PlPr. 605, 625 (574 (C-D)), (Hervorhebungen im Original).
[1845] *Pegatzky*, Parlament und Verordnungsgeber, 1999, S. 159 mit Verweis auf BR-Drs. 381/91 (Beschluss), S. 5.
[1846] Pressemitteilung des Bundesrates, NJW 1991, 3204 (3204), „(...) Diese weitgehende Einflußmöglichkeit auf den Erlaß und den konkreten Inhalt der Verordnung ist aber nach Auffassung des Bundesrates mit dem Grundgesetz nicht vereinbar. Eine Mischform der Normsetzung kenne das Grundgesetz nicht. Mit Blick auf das Gewaltenteilungsprinzip seien die einschlägigen Bestimmungen des Grundgesetzes über das Gesetzgebungsverfahren und die Delegation von Normsetzungsbefugnissen, das heißt die Verordnungsgebung, strikt einzuhalten. (...) Das Konkretisierungsgebot des Art. 80 Abs. 1 GG zeige, daß der Verfassungsgeber eine Mitwirkung des Bundestages bei der Formulierung konkreter Verordnungsinhalte nicht habe zulassen wollen. Dieses Konkretisierungsgebot verlöre seinen Sinn, (...)".
[1847] BT-Drs. 12/1956 (Beschlussempfehlung und Bericht), S. 1 und 9; *Konzak*, DVBl. 1994, 1107 (1108).
[1848] Gesetz über Fachanwaltsbezeichnungen nach der Bundesrechtsanwaltsordnung und zur Änderung der Bundesrechtsanwaltsordnung v. 27.2.1992 (BGBl. I S. 369).
[1849] So *Pegatzky*, Parlament und Verordnungsgeber, 1999, S. 161.

### ee) § 59 KrW-/AbfG a.F. und § 67 KrWG

Einen Änderungsvorbehalt enthielt auch § 59 KrW-/AbfG[1850] a.F., der insbesondere Verordnungen zur Konkretisierung der Vermeidungs- und Verwertungspflichten erfasste und in Einzelermächtigungen enthalten war (§ 6 Abs. 3: Verordnungen zum Vorrang der stofflichen oder energetischen Verwertung, nach § 7 Abs. 1 Nr. 1: Verordnungen über das Einbinden von Rückständen in Produkte, nach § 7 Abs. 1 Nr. 4: Verordnungen zur Beschränkung der Verwertung oder des Inverkehrbringens für bestimmte umweltrelevante Sekundärrohstoffe, die Verordnungen zur Konkretisierung der Produktverantwortung nach §§ 23 und 24 sowie die Verordnungen nach § 55, durch die Rechtsakte der Europäischen Gemeinschaft in das nationale Recht umgesetzt werden).[1851] Die betreffenden Rechtsverordnungen bilden das Kernstück[1852] des neuen Abfallwirtschaftsrechts, denn ohne die Regelungen, wäre das KrW-/AbfG ein Torso mit abstrakten Vorstellungen des Gesetzgebers geblieben.[1853] Die Einzelermächtigungen räumen ihrem Wortlaut nach der Bundesregierung Ermessen ein (i.d.R. „Die Bundesregierung wird ermächtigt (...)" bzw. „(...) kann (...)"). Nach genauer Analyse ergibt sich für die Bestimmungen der §§ 23, 24 sowie § 57 KrW-/AbfG a.f. eine Verpflichtung für den Erlass einer Rechtsverordnung.[1854]

*§ 59 KrW-/AbfG a.F.*

**Beteiligung des Bundestages beim Erlaß von Rechtsverordnungen**

*¹Rechtsverordnungen nach § 6 Abs. 1, § 7 Abs. 1 Nr. 1 und 4 und den §§ 23, 24 und 57 dieses Gesetzes sind dem Bundestag zuzuleiten. ²Die Zuleitung erfolgt vor der Zuleitung an den Bundesrat. ³Die Rechtsverordnungen können durch Beschluß des Bundestages geändert oder abgelehnt werden. ⁴Der Beschluß des Bundestages wird der Bundesregierung zugeleitet. ⁵Hat sich der Bundestag nach Ablauf von drei Sitzungswochen seit Eingang der Rechtsverordnung nicht mit ihr befaßt, so wird die unveränderte Rechtsverordnung dem Bundesrat zugeleitet.*

---

[1850] Gesetz zur Vermeidung, Verwertung und Beseitigung von Abfällen v. 27.9.1994 (BGBl. I S. 2705), (Hervorhebungen im Gesetz durch die Verfasserin).
[1851] BT-Drs. 12/7284 (Bericht), S. 27.
[1852] *Ossenbühl*, DVBl. 1999, 1 (4); *Kloepfer*, UmweltR, 4. Aufl. 2016, § 21 Rn. 197.
[1853] *Bogler*, DB 1996, 1505 (1507).
[1854] *Schmidt*, Die Beteiligung des BT, 2002, S. 80 bis 85.

Diese auch als „Novum des Abfallrechts"[1855] bezeichnete Vorschrift hatte keine gesonderte Begründung bzgl. der Beteiligung des Bundestages. Der Vorbehalt war in dem Regierungsentwurf[1856] des Gesetzes auch nicht enthalten und wurde erst als § 57 KrW-/AbfG in der Beschlussempfehlung[1857] erwähnt und im Bericht[1858] des Ausschusses für Umwelt, Naturschutz und Reaktorsicherheit eingefügt. In den Ausführungen des Ausschusses wird nur darauf verwiesen, dass die Regelung konstruktiv § 40 Abs. 1 GenTG a.f. entspreche und dass auch andere Umweltschutzgesetze entsprechende Regelungen vorsahen, z.b. etwa § 48a BImSchG oder § 20 Abs. 2 UmweltHG.[1859] Die Vorschrift trat am 1.6.2012 außer Kraft infolge der Gesetzesinitiative der Bundesregierung durch das Gesetz[1860] vom 2012, womit das gesamte KrW-/AbfG aufgehoben wurde und durch KrWG[1861] ersetzt wurde. So ist auch dort eine dem § 59 KrW-/AbfG a.f. nachgebildete[1862] Vorschrift enthalten, § 67 KrWG, die einen Änderungsvorbehalt vorsieht. Eine zusätzliche Begründung zur Übernahme der Vorschrift ist nicht vorhanden, es erfolgte lediglich der Hinweis auf die Vorgängerregelung.

Der Rechtsverordnungserlass steht unter dem Zustimmungsvorbehalt des Bundesrates (anders als bei § 292 HGB a.F.), dessen Ausübung der Mitwirkung des Bundestages nachfolgt. Damit wurden die Lehren aus § 42d Abs. 1 BRAO a.F. gezogen, was die Problematik der zeitlichen Vorlagerung des Änderungs- und Ablehnungsbeschlusses angeht. Ein Mindestquorum für den Befassungsantrag

---

[1855] *Frenz*, KrW-/AbfG, 3. Aufl. 2002, § 59 KrW-/AbfG Rn. 1; *Schmidt*, Die Beteiligung des BT, 2002, S. 79 m.w.N. So ähnlich auch *Thomsen*, DÖV 1995, 989 (990).
[1856] BT-Drs. 12/5672 (Gesetzentwurf).
[1857] BT-Drs. 12/7240 (Beschlussempfehlung).
[1858] BT-Drs. 12/7284 (Bericht), S. 27.
[1859] BT-Drs. 12/7284 (Bericht), S. 27.
[1860] Art. 6 Abs. 1 Satz 2 des Gesetzes zur Neuordnung des Kreislaufwirtschafts- und Abfallrechts v. 24.2.2012 (BGBl. I S. 212).
[1861] Gesetz zur Förderung der Kreislaufwirtschaft und Sicherung der umweltverträglichen Bewirtschaftung von Abfällen (Kreislaufwirtschaftsgesetz–KrWG) eingeführt durch Art. 1 des Gesetzes zur Neuordnung des Kreislaufwirtschafts- und Abfallrechts v. 24.2.2012 (BGBl. I S. 212) zuletzt geänd. durch Art. 2 des Gesetzes v. 20.7.2017 (BGBl. I S. 2808).
[1862] BR-Drs. 216/11 (Gesetzentwurf), S. 245: „Die Vorschrift bestimmt entsprechend der Vorgängerregelung des § 59 KrW-/AbfG die Mitwirkung des Bundestages beim Erlass bestimmter Rechtsverordnungen. Der Kreis der mitwirkungspflichtigen Verordnungen wird inhaltlich nicht verändert, lediglich die Verweise wurden angepasst."; wortgleich, BT-Drs. 17/6052 (Gesetzentwurf), S. 104.

wird nicht gefordert und eine ausdrückliche Anordnung der Bindungswirkung des Beschlusses fehlt (so auch bei § 40 GenTG a.f., anders dagegen § 292 HGB a.f. und § 42d BRAO a.f.). § 59 KrW-/AbfG a.f. enthielt, abgesehen von den dort erwähnten Verordnungsermächtigungen, eine dem § 40 Abs. 1 GenTG a.f. wortgleiche Regelung.[1863] Beide Regelungen sahen auch vor, dass im Falle der Nichtbefassung durch den Bundestag die Zuleitung an den Bundesrat erfolgen soll und eben nicht, wie in den Vorgängerregelungen, an den Delegatar. Aufgrund des Verweises auf Regelungsvorbilder sowie den Sinn und Zweck der Vorschrift wird aber unmissverständlich zum Ausdruck gebracht, wie der Regelungsgehalt zu verstehen ist. Inhaltlich ist die Bundesregierung an die Änderungen gebunden und kann sie nicht mehr korrigieren, mithin erschöpft sich die Funktion der Zuleitung an die Bundesregierung vor allem in der Informationsleistung.[1864] Damit geht auch einher, dass sowohl zum Zeitpunkt der Einfügung des § 59 KrW-/AbfG a.f. im Jahr 1994 als auch bei der Überführung der Bestimmung in § 67 KrWG im Jahr 2012 die schon bestehenden Bedenken gegen solche Änderungsvorbehalte weiterhin ungeklärt geblieben sind bzw. als nicht erheblich genug angesehen wurden, um von der Bestimmung des Änderungsvorbehaltes abzusehen.

Der Verweis aus dem ursprünglichen Gesetzgebungsverfahren auf § 48a Abs. 1 BImSchG[1865] ist indes nicht ganz zutreffend. Dieser ist dem § 59 KrW-/AbfG a.f. nicht unmittelbar vergleichbar, weil er den Rechtsverordnungserlass zur Erfüllung von bindenden Beschlüssen der Europäischen Gemeinschaften mit Zustimmung des Bundestages verlangt, nicht aber die Möglichkeit einer Änderung

---

[1863] So *Staupe*, in: Jarass/Petersen/Weidemann KrW-/AbfG, 2011, § 59 KrW-/AbfG Rn. 42.
[1864] *Staupe*, in: Jarass/Petersen/Weidemann KrW-/AbfG, 2011, § 59 KrW-/AbfG Rn. 73; *Fischer*, in: KrWR, AbfR und BodSchR, Bd. 2, Oktober 2018, § 67 KrWG Rn. 18.
[1865] Der Verweis bezieht sich auf: Das Bundes-Immissionsschutzgesetz in der Fassung der Bek. v. 14.5.1990 (BGBl. I S. 880) und lautete: Zur Erfüllung von bindenden Beschlüssen der Europäischen Gemeinschaften kann die Bundesregierung zu dem in § 1 genannten Zweck mit Zustimmung des Bundesrates Rechtsverordnungen über die Festsetzung von Immissions- und Emissionswerten einschließlich der Verfahren zur Ermittlung sowie Maßnahmen zur Einhaltung dieser Werte und zur Überwachung und Messung erlassen. In den Rechtsverordnungen kann auch geregelt werden, wie die Bevölkerung zu unterrichten ist. Rechtsverordnungen auf Grund der Ermächtigung der Sätze 1 und 2 bedürfen auch der <u>Zustimmung des Bundestages</u>. Die Zustimmung gilt als erteilt, wenn der Bundestag nicht innerhalb von drei Sitzungswochen nach Eingang der Vorlage der Bundesregierung die Zustimmung verweigert hat. (Hervorhebungen durch die Verfasserin).

vorsieht.[1866] § 67 KrWG entspricht demgegenüber der inhaltsgleichen Vorschrift des § 48b BImSchG.[1867] Der Verweis auf § 48a Abs. 1 BImSchG ist dennoch beachtlich und bietet eine Interpretationshilfe für § 59 KrW-/AbfG a.F. Er zeigt das Zusammenspiel von drei Beteiligten bei der Verordnungsgebung (Bundesregierung, Bundestag und Bundesrat) und bringt den Änderungsvorbehalt in die Nähe des Zustimmungsvorbehalts. Die Begründung des Ausschusses für Umwelt, Naturschutz und Reaktorsicherheit, auf dessen Empfehlung der Vorbehalt erst eingeführt wurde, war, dass im Hinblick auf die Steuerungsfunktion des § 48a BImSchG für die Festsetzung von Immissions- und Emissionswerten ein legitimes Interesse des Gesetzgebers bestehe, sich einen entscheidenden Einfluss auf Erlass und Inhalt der Rechtsverordnungen vorzubehalten.[1868] Außerdem sei es im Übrigen auch verfassungsrechtlich anerkannt, dass der Gesetzgeber seine Rechtsetzungskompetenz auf die Exekutive unter dem Vorbehalt seiner Zustimmung delegieren könne.[1869] Damit wird die Zielsetzung des § 59 KrW-/AbfG a.f. deutlich, dass sie in der Sicherung des parlamentarischen Einflusses auf den Regierungsinhalt derjenigen Rechtsverordnungen aufgrund des KrW-/AbfG liege, die der Bundesgesetzgeber selbst als besonders bedeutsam angesehen habe.[1870] Das deckt sich mit der Begründung der Beteiligung des Bundestages zum Antrag von der Fraktion der SPD: „Aus den Erfahrungen mit der Verpackungsverordnung, in der elementare Veränderungen in der Abfallpolitik und Abfallwirtschaft festgelegt worden sind, ohne daß der Bundestag daran beteiligt gewesen wäre, entspringt die Forderung, daß der Bundestag an Rechtsverordnungen, die für die Umsetzung der Zielsetzung des Gesetzes wesentlich sind, beteiligt wird."[1871]

---

[1866] *Kunig*, in: Kunig/Paetow/Versteyl KrW-/AbfG, 2. Aufl. 2003, § 59 KrW-/AbfG Rn. 1.
[1867] So auch *Versteyl*, in: Versteyl/Mann/Schomerus KrWG, 3. Aufl. 2012, § 67 KrWG Rn. 1; *Beckmann*, in: Landmann/Rohmer, UmweltR, September 2019, § 67 KrWG Rn. 9.
[1868] BT-Drs. 11/6633 (Beschlussempfehlung und Bericht), S. 19 und 47.
[1869] BT-Drs. 11/6633 (Beschlussempfehlung und Bericht), S. 47.
[1870] So *Staupe*, in: Jarass/Petersen/Weidemann KrW-/AbfG, 2011, § 59 KrW-/AbfG Rn. 2.
[1871] BT-Drs. 12/7284 (Bericht), S. 58, Antrag der Fraktion der SPD zum Entwurf eines Gesetzes zur Vermeidung von Rückständen, Verwertung von Sekundärrohstoffen und Entsorgung von Abfällen; Drs. 12/5672 zur Einfügung von § 56 „Beteiligung des Bundestages beim Erlaß von Rechtsverordnungen."

§ 59 KrW-/AbfG a.F. kann als Konsequenz gesehen werden, dass das KrW-/AbfG lediglich einen ausfüllungsbedürftigen Rahmen aufstellt.[1872] So lässt sich die Einflussnahme des Bundestages durch Änderungsvorbehalte statt nur durch Zustimmungs- bzw. Ablehnungsvorbehalte mit gesteigertem Interesse des Bundestages an der Regelung gewichtiger Materien rechtfertigen.[1873] Der Gesetzgeber bringt damit zum Ausdruck, dass vor allem im Bereich des Umwelt- und Technikrechts entscheidende Regelungen, die u.a. die Festlegung von Grenzwerten, Mess- und Analyseverfahren betreffen, erst auf der untergesetzlichen Verordnungsebene zustande kommen.[1874] Die zahlreichen Verordnungsermächtigungen im KrWG sind ein Beleg dafür.[1875] Dazu gehören u.a. die EAK-Verordnung[1876], Batterieverordnung[1877], Altautoverordnung[1878] oder Verpackungsverordnung[1879]. Mit Worten von *Versteyl* und *Wendeburg* ausgedrückt: „In der Tat müssen es Abgeordnete wie Bürger als unbefriedigend empfinden, wenn oft scheinbare Banalitäten, die der Form des Gesetzes bedürfen, vom Bundestag verabschiedet werden, Lebenssachverhalte, wie sie die Verpackungsverordnung aber für jedermann tagtäglich mit oft mehr als Lästigkeitswert vorschreibt, jedoch ohne Mitwirkung der gewählten Volksvertreter geregelt werden."[1880] Außerdem hebt der Gesetzgeber mit der Einbeziehung der Umsetzungsvorschriften (vgl. § 65 KrWG) die Bedeutung des Unionsrechts für

---

[1872] *Frenz*, KrW-/AbfG, 3. Aufl. 2002, § 59 KrW-/AbfG Rn. 7; ähnlich *Kunig*, in: Kunig/Paetow/Versteyl KrW-/AbfG, 2. Aufl. 2003, § 59 KrW-/AbfG Rn. 2; *Versteyl*, in: Versteyl/Mann/Schomerus KrWG, 3. Aufl. 2012, § 67 KrWG Rn. 2.
[1873] In dem Sinne *Frenz*, KrW-/AbfG, 3. Aufl. 2002, § 59 KrW-/AbfG Rn. 6; *Versteyl*, in: Versteyl/Mann/Schomerus KrWG, 3. Aufl. 2012, § 67 KrWG Rn. 2; *Fischer*, in: KrWR, AbfR und BodSchR, Bd. 2, Oktober 2018, § 67 KrWG Rn. 1.
[1874] *Kropp*, in: Lersner/Wendenburg, 2018, § 67 KrWG Rn. 8; *Beckmann*, in: Landmann/Rohmer, UmweltR, September 2019, § 67 KrWG Rn. 6.
[1875] *Pawlik*, in: Kopp-Assenmacher, KrWG, 2015, § 67 KrWG Rn. 2; *Beckmann*, in: Landmann/Rohmer, UmweltR, September 2019, § 67 KrWG Rn. 6.
[1876] Verordnung zur Einführung des Europäischen Abfallkatalogs v. 13.9.1996 (BGBl. I S. 1428).
[1877] Verordnung über die Rücknahme und Entsorgung gebrauchter Batterien und Akkumulatoren v. 27.3.1998 – BattV (BGBl. I S. 658).
[1878] Verordnung über die Entsorgung von Altautos und die Anpassung straßenverkehrsrechtlicher Vorschriften v. 4.7.1997 (BGBl. I S. 1666).
[1879] Verordnung über die Vermeidung und Verwertung von Verpackungsabfällen (VerpackV) v. 21.8.1998 (BGBl. I S. 2379).
[1880] *Versteyl/Wendenburg*, NVwZ 1994, 833 (840).

das Abfallrecht hervor und zeigt, welche wichtige Rolle der Bundestag dabei hat: er vermittelt die ergänzende demokratische Legitimation für das europäisch induzierte Recht und für die Zusammenführung von nationalem Recht und Unionsrecht.[1881] Dennoch ist die praktische Bedeutung dieses Änderungsvorbehalts gering. Von diesem Recht machte der Bundestag nur im Fall der Altautoverordnung Gebrauch, wobei die vorgenommenen Änderungen eher kosmetischer Natur waren und geringfügige Änderungen der Formulierungen zur Folge hatten.[1882]

**ff) § 48b BImSchG**

Eine weitere Regelung, die einen Parlamentsvorbehalt enthält, ist der § 48b BImSchG.[1883]

*§ 48b BImSchG*

***Beteiligung des Bundestages beim Erlass von Rechtsverordnungen***

*[1]Rechtsverordnungen nach § 7 Absatz 1 Satz 1 Nummer 2, § 23 Absatz 1 Satz 1 Nummer 2, § 43 Absatz 1 Satz 1 Nummer 1, § 48a Absatz 1 und § 48a Absatz 1a dieses Gesetzes sind dem Bundestag zuzuleiten. [2]Die Zuleitung erfolgt <u>vor der Zuleitung an den Bundesrat</u>. [3]Die Rechtsverordnungen können durch <u>Beschluss des Bundestages geändert</u> oder abgelehnt werden. [4]Der Beschluss des Bundestages wird der Bundesregierung zugeleitet. [5]Hat sich der Bundestag nach <u>Ablauf von drei Sitzungswochen</u> seit Eingang der Rechtsverordnung nicht mit ihr befasst, wird die unveränderte Rechtsverordnung dem <u>Bundesrat</u> zugeleitet.*

---

[1881] *Klement*, in: Schmehl GK-KrWG, 2013, § 67 KrWG Rn. 2. Bereits *Calliess*, NVwZ 1998, 8 (8), weist auf die vordergründige Aufgabe der Vorschrift, Umsetzung der EG-Rechtsakte ins nationale Recht. Das ist in der Begründung in BT-Drs. 12/5672 (Gesetzentwurf), S. 52, bestätigt: „Die Regelung soll die formell ordnungsgemäße Umsetzung von Rechtsakten der EG sicherstellen, die nach der Rechtsprechung des EuGH überwiegend durch nationale Rechtsetzung erfolgen muß."

[1882] Siehe dazu AltautoVO BT-Drs. 13/5998; BT-Drs. 13/6517, S. 5 und BT-Drs. 13/7931. Auch bei Verordnung über die Verwertung von Abfällen auf Deponien über Tage und zur Änderung der Gewerbeabfallverordnung (DepVerwV) BT-Drs. 15/5748, bei der der Bundestag nur ein Redaktionsversehen des Verordnungsgebers korrigierte. So *Klement*, in: Schmehl GK-KrWG, 2013, § 67 KrWG Rn. 3.

[1883] Siebtes Gesetz zur Änderung des Bundes-Immissionsschutzgesetzes v. 11.9.2002 (BGBl. I S. 3622). Das Gesetz dient der Umsetzung der Richtlinie 96/62/EG des Rates v. 27.7.1996 über die Beurteilung und die Kontrolle der Luftqualität (ABl. EG Nr. L 296 S. 55) in deutsches Recht. (Hervorhebungen im Gesetz durch die Verfasserin.)

Er wurde im Jahr 2002 in das BImSchG eingefügt, knüpft an den Wortlaut des § 20 Abs. 2 UmweltHG an (verzichtet aber auf § 20 Abs. 2 Satz 5 UmweltHG – Quorum) und entspricht inhaltlich weitgehend § 67 KrWG (ausdrückliche Bezugnahme[1884] in Gesetzgebungsunterlagen). Die in § 48a Abs. 1 Satz 3, Satz 4 BImSchG enthaltene Vorgängerregelung enthielt einen bloßen Zustimmungsvorbehalt des Bundestages. § 48b BImSchG dehnt den zuvor enthaltenen Parlamentsvorbehalt in mehrfacher Hinsicht aus.[1885] Zum einen erstreckt sich das Beteiligungserfordernis auf die Festlegung von Emissionsgrenzwerten (§ 7 Abs. 1 Satz 1 Nr. 2, § 23 Abs. 1 Nr. 2 BImSchG), Immissionsgrenzwerten und Verfahren zur Ermittlung von Emissionen und Immissionen (§ 43 Abs. 1 Satz 1 Nr. 1 BImSchG) sowie die Erfüllung bindender Rechtsakte der EU oder die Festsetzung von darüber hinaus gehenden Immissionswerten (§ 48a Abs. 1 und § 48a Abs. 1a BImSchG).[1886] Es kam also zur Erweiterung der Regelungsgegenstände. Zum anderen statuiert diese Vorschrift eine Verfahrensvorgabe für den Erlass bestimmter Rechtsverordnungen sowie auch ein materielles Änderungs- und Verwerfungsrecht, wodurch der Bundestag maßgeblichen[1887] Einfluss auf die exekutive Rechtsetzung ausübt.[1888] Die Rechtsverordnungen sollen der Konkretisierung im BImSchG verwendeter unbestimmter Rechtsbegriffe (z.B. schädliche Umwelteinwirkungen, Stand der Technik) dienen, bei der der Bundestag zu beteiligen ist.[1889]

Die „Verzahnung" durch die spätere Zuleitung an den Bundesrat bezieht die Länder mit ein, wodurch einerseits die fachliche Qualität, andererseits die demokratische Legitimation der in der Rechtsverordnung erhaltenen Regelungen

---

[1884] BT-Drs. 14/8895 (Beschlussempfehlung), S. 4, „Ihr Wortlaut orientiere sich an § 59 Kreislaufwirtschafts- und Abfallgesetz."
[1885] *Thiel*, in: Landmann/Rohmer, UmweltR, September 2019, § 48b BImSchG Rn. 4; *Hofmann*, in: BeckOK UmweltR, 1.1.2020, § 48b BImSchG Rn. 2.
[1886] *Hentschel/Roßnagel*, in: Führ/GK-BImSchG, 2016, § 48b BImSchG Rn. 3.
[1887] *Saurer*, NVwZ 2003, 1176 (1178) „Intensivierung der Mitwirkungsbefugnisse"; *Jarass*, in: BImSchG, 12. Aufl. 2017, § 48b BImSchG Rn. 1.
[1888] *Hentschel/Roßnagel*, in: Führ/GK-BImSchG, 2016, § 48b BImSchG Rn. 1; *Schimnasky*, in: Kotulla/BImSchG, September 2017, § 48b BImSchG Rn. 1; *Thiel*, in: Landmann/Rohmer, UmweltR, September 2019, § 48b BImSchG Rn. 1.
[1889] *Schimnasky*, in: Kotulla/BImSchG, September 2017, § 48b BImSchG Rn. 1; *Thiel*, in: Landmann/Rohmer, UmweltR, September 2019, § 48b BImSchG Rn. 2.

sichergestellt wird.[1890] Weil dem Verordnungsgeber ein weit gefasster Entscheidungsspielraum bei der materiellen Konkretisierung unbestimmter Rechtsbegriffe eingeräumt wurde, soll der Bundestag bei dem Verordnungserlass korrigierend eingreifen dürfen.[1891] Daraus wird gefolgert, dass der Änderungsvorbehalt eine neue Form der Regierungskontrolle ist. Ferner wird dieses Mitwirkungsrecht als Notbremse bezeichnet, wenn die Abstimmung zwischen federführendem Ministerium und Führung der Mehrheitsfraktionen vergessen oder verfehlt worden ist.[1892]

Im Rahmen der Beratungen des Bundestages hat der federführende Ausschuss für Umwelt, Naturschutz und Reaktorsicherheit die Aufnahme der Norm initiiert, um Klarheit hinsichtlich der Frage einer Beteiligung des Bundestages bei der Festsetzung namentlich von Grenzwerten zu schaffen.[1893] In der Begründung des Ausschusses heißt es auch, dass eine solche Regelung wegen der großen politischen Bedeutung solcher Grenzwertfestsetzungen für erforderlich gehalten werde.[1894] Überdies sei es aus Anlass dieses Gesetzentwurfs auch wichtig gewesen, „(...) welche Rolle der Deutsche Bundestag zukünftig bei der Grenzwertfestlegung haben solle. In den letzten Jahren sei zwar der Bundesrat im Rahmen des Erlasses von Verordnungen in dieser Sache beteiligt worden, der Deutsche Bundestag mehrfach aber nicht, wobei die Beteiligung z.T. auch strittig gewesen sei. Deshalb habe man nun indem neuen § 48b eindeutig und klar geregelt, dass bei Grenzwertfestlegungen in Verordnungen der Deutsche Bundestag zu beteiligen sei. Zwar könne man nachvollziehen, dass die Exekutive damit gewisse Probleme habe. Gleichwohl halte man eine solche Regelung

---

[1890] *Thiel*, in: Landmann/Rohmer, UmweltR, September 2019, § 48b BImSchG Rn. 2.
[1891] *Thiel*, in: Landmann/Rohmer, UmweltR, September 2019, § 48b BImSchG Rn. 2; *Hofmann*, in: BeckOK UmweltR, 1.1.2020, § 48b BImSchG Vorb.
[1892] *Hentschel/Roßnagel*, in: Führ/GK-BImSchG, 2016, § 48b BImSchG Rn. 23, das wird zum einen mit der kurzen Zeit der Sitzungswochen begründet, die als unzureichend für vollständige Prüfung angesehen werden und zum anderen dem Umstand, dass das Grundgesetz eine solche Form nicht vorgesehen hat.
[1893] BT-Drs. 14/8895 (Beschlussempfehlung), S. 4. Die Initiative geht auf einen Änderungsantrag der Fraktionen der SPD und von BÜNDNIS 90/DIE GRÜNEN zurück, BT-Drs. 14/8895, S. 10 Anlage 1 Nr. 9; *Thiel*, in: Landmann/Rohmer, UmweltR, September 2019, § 48b BImSchG Rn. 2.
[1894] BT-Drs. 14/8895 (Beschlussempfehlung), S. 4.

dringend für erforderlich."[1895] Damit wird die Verknüpfung zwischen der Statuierung von Beteiligungsrechten und der Schwierigkeit der Determinierung und Schrankenziehung exekutiver Rechtsetzung hervorgehoben.[1896] Zum Vorschein kommen Kompetenzkonflikte, die aus der starken Position des Bundesrates im Normsetzungsprozess resultieren (vgl. Art. 80 Abs. 2 GG).[1897]

Mit dem Gesetz[1898] zur Umsetzung der Richtlinie über Industrieemissionen vom 8.4.2013 wurde die Regelung um Satz 6 ergänzt und in Satz 5 wurde die Frist von bisher drei auf vier Sitzungswochen verlängert. Der Änderungsvorbehalt gelte für den Erlass neuer Rechtsverordnungen auf der Grundlage der in Satz 1 genannten Ermächtigungsgrundlagen sowie für deren spätere Änderungen.[1899] § 48b Satz 6 BImSchG statuiert eine Ausnahme. Auf Rechtsverordnungen, die auf der Grundlage des § 48b Satz 6 BImSchG erlassen werden, findet § 48b Satz 1 bis 5 BImSchG keine Anwendung. Die Verkürzung der Mitwirkungsrechte des Bundestages wird einerseits mit dem Bedürfnis einer zeitnahen[1900] Umsetzung von BVT-Schlussfolgerungen und andererseits geringen „Gestaltungsspielräume[n] bei der Festlegung neuer innerstaatlicher Emissionsgrenzwerte auf Grund der verbindlichen Bandbreiten der BVT-Schlussfolgerungen"[1901] begründet. Die Suspendierung dürfte sich nur auf Rechtsverordnungen beziehen, die allein der Umsetzung von BVT-Schlussfolgerungen im Sinne des § 7 Abs. 1a BImSchG dienen.[1902] Sofern weitere Änderungen von den Rechtsverordnungen enthalten sind, werden die Sätze 1 bis 5 anzuwenden sein, mit der Folge ihrer

---

[1895] BT-Drs. 14/8895 (Beschlussempfehlung), S. 5.
[1896] So *Saurer*, NVwZ 2003, 1176 (1179).
[1897] So *Saurer*, NVwZ 2003, 1176 (1179).
[1898] BGBl. I S. 734. § 48b Satz 5 und Satz 6 BImSchG: „Hat sich der Bundestag nach Ablauf von vier Sitzungswochen seit Eingang der Rechtsverordnung nicht mit ihr befasst, wird die unveränderte Rechtsverordnung dem Bundesrat zugeleitet. Die Sätze 1 bis 5 gelten nicht bei Rechtsverordnungen nach § 7 Absatz 1 Satz 1 Nummer 2 für den Fall, dass wegen der Fortentwicklung des Standes der Technik die Umsetzung von BVT-Schlussfolgerungen nach § 7 Absatz 1a erforderlich ist."
[1899] *Hentschel/Roßnagel*, in: Führ/GK-BImSchG, 2016, § 48b BImSchG Rn. 3.
[1900] BR-Drs 314/12 (Gesetzentwurf), S. 51, 97.
[1901] BR-Drs 314/12 (Gesetzentwurf), S. 105.
[1902] *Hentschel/Roßnagel*, in: Führ/GK-BImSchG, 2016, § 48b BImSchG Rn. 22; *Thiel*, in: Landmann/Rohmer, UmweltR, September 2019, § 48b BImSchG Rn. 17; *Hofmann*, in: BeckOK UmweltR, 1.1.2020, § 48b BImSchG Vorb. und Rn. 9.

Zuleitung an den Bundestag.[1903] Das Beschleunigungsbestreben hat dann den Zielen der Bundestagsbeteiligung zu weichen.[1904] Um eine schnelle Umsetzung von neuen BVT-Schlussfolgerungen zu bewirken, ist denkbar, dass der Verordnungsgeber zukünftige Änderungen einer Rechtsverordnung aufteilen wird, sodass nur ein Teil dem Bundestag zuzuleiten ist.[1905]

**b) Weitere Regelungsbeispiele mit unterschiedlich geregelten Verfahrensabläufen (seit 2012)**

Mit den vorherigen Vorschriften vergleichbare Regelungen sind in anderen Gesetzen enthalten und weiterhin in Kraft. Sie zeigen, dass die Änderungsvorbehalte an Aktualität gewonnen haben und weiterhin in bestimmten Bereichen als erforderlich angesehen werden. Trotz einiger zu beachtender Divergenzen in der Umsetzung des Änderungsvorbehaltes ähneln sich all diese Vorschriften sehr und lassen erkennen, dass die Regelungsvorgänger, insbesondere § 48b BImSchG und § 67 KrWG, ihnen als Vorbilder gedient haben. In den Gesetzesmaterialien sucht man aber vergeblich nach Gründen, weshalb ein Parlamentsvorbehalt für den jeweiligen Rechtsverordnungserlass vorgesehen wurde, ebenso fehlen direkte Verweise auf Vorläufernormen.

**aa) § 47k und § 113 GWB**

Ein Änderungsvorbehalt ist in § 47k[1906] und § 113[1907] GWB enthalten.

---

[1903] *Hentschel/Roßnagel*, in: Führ/GK-BImSchG, 2016, § 48b BImSchG Rn. 22; *Thiel*, in: Landmann/Rohmer, UmweltR, September 2019, § 48b BImSchG Rn. 17.
[1904] *Thiel*, in: Landmann/Rohmer, UmweltR, September 2019, § 48b BImSchG Rn. 17.
[1905] *Hentschel/Roßnagel*, in: Führ/GK-BImSchG, 2016, § 48b BImSchG Rn. 22.
[1906] Gesetz zur Einrichtung einer Markttransparenzstelle für den Großhandel mit Strom und Gas v. 5.12.2012 (BGBl. I S. 2403), mit welchem das Gesetz gegen Wettbewerbsbeschränkungen v. 15.7.2005 (BGBl. I S. 2114; 2009 I S. 3850), zuletzt geänd. durch Art. 2 des Gesetzes v. 22.12.2011 (BGBl. I S. 3044), (Hervorhebungen im Gesetz durch die Verfasserin). Die jetzige Fassung des Gesetzes gegen Wettbewerbsbeschränkungen v. 26.6.2013 (BGBl. I S. 1750, 3245), zuletzt durch Art. 1 des Gesetzes v. 25.3.2020 (BGBl. I S. 674) geänd., unterscheidet sich lediglich in der Bezeichnung des Ministeriums vom Bundesministerium für Wirtschaft und Technologie zum Bundesministerium für Wirtschaft und Energie.
[1907] Gesetz zur Modernisierung des Vergaberechts (Vergaberechtsmodernisierungsgesetz-VergRModG) v. 17.12.2016, mit welchem das Gesetz gegen Wettbewerbsbeschränkungen v. 26.6.2013 (BGBl. I S. 1750, 3245), zuletzt durch Art. 1 des Gesetzes v. 25.3.2020 (BGBl. I S. 674) geänd. wurde. (Hervorhebungen im Gesetz durch die Verfasserin).

## § 47k GWB

### Marktbeobachtung im Bereich Kraftstoffe

*(8) ¹Das Bundesministerium für Wirtschaft und Technologie wird ermächtigt, im Wege der Rechtsverordnung, die <u>nicht der Zustimmung des Bundesrates</u> bedarf, Vorgaben zur Meldepflicht nach Absatz 2 und zur Weitergabe der Preisdaten nach Absatz 5 zu erlassen, insbesondere [...].*

*²Die Rechtsverordnung ist dem Bundestag vom Bundesministerium für Wirtschaft und Technologie zuzuleiten. ³Sie kann durch <u>Beschluss des Bundestages geändert</u> oder abgelehnt werden. ⁴Änderungen oder die Ablehnung sind dem Bundesministerium für Wirtschaft und Technologie vom Bundestag zuzuleiten. ⁵Hat sich der Bundestag nach <u>Ablauf von drei Sitzungswochen</u> nach Eingang der Rechtsverordnung nicht mit ihr befasst, <u>gilt die Zustimmung des Bundestages als erteilt</u>.*

Mit § 47k GWB werden die Markttransparenzstelle für Kraftstoffe und ihre Aufgaben geregelt, was – anders als die Vorschriften über die Markttransparenzstelle für den Großhandel mit Strom und Gas, §§ 47a bis 47j GWB – nicht europarechtlich impliziert wurde.[1908] § 47k Abs. 8 GWB erlaubt den Erlass von Verordnungen, wie die MTSKraftV[1909], mit der der Regelungsbedarf ergänzt und konkretisiert wird.[1910] Im Gesetzentwurf[1911] war die Verordnungsermächtigung mit dem Parlamentsvorbehalt nicht enthalten und fand ihren Einzug[1912] ohne sachliche Begründung in Beschlussempfehlung und Bericht des Ausschusses für Wirtschaft und Technologie. Mit Satz 5 wird ausdrücklich die Zustimmungsfiktion angeordnet, die nach Ablauf von drei Sitzungswochen eintritt.

---

[1908] Knauff, in: I/M-WettbewerbsR, Bd. 2, 6. Aufl. 2020, § 47k GWB Rn. 1.
[1909] Verordnung zur Markttransparenzstelle für Kraftstoffe v. 22.03.2013 (BGBl. I S. 595).
[1910] Knauff, in: I/M-WettbewerbsR, Bd. 2, 6. Aufl. 2020, § 47k GWB Rn. 1.
[1911] BT-Drs. 17/10060 (Gesetzentwurf), S. 15.
[1912] BT-Drs. 17/11386 (Beschlussempfehlung und Bericht), S. 7 f. und 21.

## § 113 GWB

### Verordnungsermächtigung

¹*Die Bundesregierung wird ermächtigt, durch Rechtsverordnungen <u>mit Zustimmung des Bundesrates</u> die Einzelheiten zur Vergabe von öffentlichen Aufträgen und Konzessionen sowie zur Ausrichtung von Wettbewerben zu regeln. [...].*
³*Die Rechtsverordnungen sind dem Bundestag zuzuleiten.* ⁴*Die Zuleitung erfolgt <u>vor der Zuleitung an den Bundesrat</u>.* ⁵*Die Rechtsverordnungen können durch <u>Beschluss des Bundestages geändert</u> oder abgelehnt werden.* ⁶*Der Beschluss des Bundestages wird der Bundesregierung zugeleitet.* ⁷*Hat sich der Bundestag nach <u>Ablauf von drei Sitzungswochen</u> seit Eingang der Rechtsverordnungen nicht mit ihnen befasst, so werden die <u>unveränderten Rechtsverordnungen dem Bundesrat zugeleitet</u>.*

§ 113 GWB ermächtigt die Bundesregierung zum Erlass von Rechtsverordnungen, die die Einzelheiten der unionsrechtlich determinierten Auftrags- und Konzessionsvergabe regeln und damit für eine vollständige Umsetzung der EU-Vergaberichtlinien sorgen.[1913] Zusammen mit § 114 Abs. 2 Satz 4 bildet er die rechtliche Grundlage für die Schaffung der einzelnen Vergabeverordnungen (KonzVgV, SektVO, VgV, VSVgV)[1914] sowie für die (Mantel-)Verordnung zur Modernisierung des Vergaberechts.[1915] Er geht auf das VergRModG[1916] 2016 zurück und verknüpft die zuvor in § 97 Abs. 6 und § 127 GWB a.F. enthaltenen Verordnungsermächtigungen miteinander, für deren Trennung kein sachlicher Grund bestand[1917] und die in einer Regelungsnorm nun vereinfacht werden.[1918] Der

---

[1913] *Dörr*, in: Beck'scher VergabeRKomm, 3. Aufl. 2017, § 113 GWB Rn. 1.
[1914] Verordnung über die Vergabe von Konzessionen (KonzVgV) v. 12.4.2016 (BGBl. I S. 624, 683); Verordnung über die Vergabe von öffentlichen Aufträgen im Bereich des Verkehrs, der Trinkwasserversorgung und der Energieversorgung (SektVO) v. 12.4.2016 (BGBl. I S. I S. 624, 657); Vergabeverordnung (VgV) v. 12.4.2016 (BGBl. I S. 624); Vergabeverordnung Verteidigung und Sicherheit (VSVgV) v. 12.7.2012 (BGBl. I S. BGBl. I S. 1509).
[1915] *Alexander*, in: P/S-VergabeR, 3. Aufl. 2019, § 113 GWB Rn. 1.
[1916] Gesetz zur Modernisierung des Vergaberechts (Vergaberechtsmodernisierungsgesetz-VergRModG) v. 17.2.2016 (BGBl. I S. 203).
[1917] *Dörr*, in: Beck'scher VergabeRKomm, 3. Aufl. 2017, § 113 GWB Rn. 1.
[1918] Siehe BT-Drs. 18/6281 (Gesetzentwurf), S. 88; *Alexander*, in: P/S-VergabeR, 3. Aufl. 2019, § 113 GWB Rn. 2.

Gesetzentwurf[1919] enthielt eine Ermächtigung ohne die Zustimmung des Bundestages. Erst auf Änderungsantrag der Regierungsfraktionen wurde der Parlamentsvorbehalt eingebracht und im federführenden Bundestagsausschuss für Wirtschaft und Energie beschlossen, weil mit den Verordnungen, in die auch die VOL[1920] und die VOF[1921] aufgingen, weitere materiell-rechtliche Fragen zu regeln gewesen seien.[1922] Aus den Gesetzesmaterialien ergibt sich kein sachlicher Grund für die Einfügung der Parlamentsbeteiligung.[1923] Allenfalls habe eine gewisse Unsicherheit unter den befassten Abgeordneten des Bundestages darüber bestanden, ob der Verordnungsgeber die gesetzlich und unionsrechtlich gebotenen Anpassungen denn ordnungsgemäß vornehmen würde.[1924] Darin wird deutlich, dass der Zweck des Parlamentsvorbehalts nicht nur der Flexibilität, sondern auch der Kontrolle dient und das parlamentarische Einflussrecht auf materielle Inhalte sichern soll.[1925] Die eingeräumten Mitwirkungsrech-

---

[1919] BT-Drs. 18/6281 (Gesetzentwurf), S. 24.
[1920] Verdingungsordnung für Leistungen (VOL) v. 20.11.2009 (BAnz. 196a, ber. 2010 S. 755), zuletzt geänd. durch Unterschwellenvergabeordnung v. 2.2.2017 (BAnz AT 07.02.2017 B1) und seit dem Inkrafttreten der VgV am 18.4.2016 nicht mehr anzuwenden.
[1921] Verdingungsordnung für freiberufliche Leistungen (VOF) in der Fassung der Bek. v. 26.8.2002 (BAnzBeil. Nr. 203a S. 1).
[1922] BT-Drs. 18/7086 (Beschlussempfehlung und Bericht), S. 6. Für den Änderungsantrag wird auf die Ausschussdrucksache 18(9)650 verwiesen, S. 12 und 14.
[1923] BT-Drs. 18/7086 (Beschlussempfehlung und Bericht), S. 15. So auch *Dörr*, in: Beck'scher VergabeRKomm, 3. Aufl. 2017, § 113 GWB Rn. 2; *Ziekow*, in: Z/V-VergabeR, 3. Aufl. 2018, § 113 GWB Rn. 3.
[1924] *Dörr*, in: Beck'scher VergabeRKomm, 3. Aufl. 2017, § 113 GWB Rn. 2 mit Verweis auf 2. Beratung, BT-PlPr 18/146, S. 14419B – 14428C. In diese Richtung vgl. die Äußerungen der Abg. *Held* (SPD) und *Dr. Gundelach* (CDU(CSU) S. 14419 f. und 14422.
[1925] BT-PlPr 18/146, S. 14419B – 14428C. Vgl. die Äußerungen der Abg. *Held* (SPD), S. 14420, „Das Vergaberecht, liebe Kolleginnen und Kollegen, ist in Bewegung, und es wird auch in Zukunft in Bewegung bleiben, allein schon, weil sich die Rechtsprechung regelmäßig verändert. Auch deshalb werden wir die weiteren Details in einer Verordnung regeln. Wenn ich „wir" sage, dann deshalb, weil wir heute beschließen wollen, dass diese Verordnung dem Parlamentsvorbehalt unterliegt. Wir können deshalb im Hause regelmäßig kontrollieren, ob es durch die entsprechenden Vorgaben zu Veränderungen kommt." und *Dr. Gundelach* (CDU(CSU) S. 14422, „Dabei handelt es sich keineswegs nur um Verfahrensfragen, sondern durchaus auch um materielle Inhalte, wie unsere Diskussionen ergeben haben; denn, wie gesagt, wir betreten mit der jetzigen Struktur Neuland. Deshalb haben wir uns auch dazu entschieden – der Kollege Held – hat schon darauf hingewiesen – einen sogenannten Zustimmungsvorbehalt für die Verordnung im Gesetz zu verankern. Konkret haben wir es so geregelt, dass die Verordnung dem Bundestag nach der Verabschiedung im Kabinett zugeleitet werden muss und dass der Bundestag dann drei Sitzungswochen Zeit hat, darüber zu

te des Parlaments werden als Zustimmungsvorbehalt[1926] verstanden, was auch durch die Formulierung, die eine Zuleitung des Verordnungsentwurfs an den Bundestag fest vorschreibt, bestätigt wird (§ 113 Satz 3 GWB). Ferner sind die Rechte des Bundestages fast deckungsgleich mit den Mitwirkungsrechten gemäß § 48b BImSchG und § 67 KrWG,[1927] auch in Bezug auf die Zustimmung des Bundesrates und die Vorgehensweise im Falle der Nichtbefassung durch den Bundestag.

### bb) § 26 StandAG und § 11 DüngG

Eine weitere Regelung im Bereich des Umweltrechts befindet sich in § 26 StandAG[1928].

§ 26 StandAG

*Sicherheitsanforderungen*

*„(3) ¹Das Bundesministerium für Umwelt, Naturschutz, Bau und Reaktorsicherheit wird ermächtigt, durch Rechtsverordnung auf Grundlage der Sicherheitsprinzipien nach Absatz 2 Sicherheitsanforderungen für die Endlagerung festzulegen. ²Soweit erforderlich, sind wirtsgesteinsabhängige Anforderungen für jedes der nach § 23 Absatz 1 zu betrachtenden Wirtsgesteine festzulegen. ³Die festzulegenden Anforderungen umfassen insbesondere: [...].*

*(4) ¹Die Rechtsverordnung nach Absatz 3 ist dem Bundestag zuzuleiten. ²Die Rechtsverordnung kann durch <u>Beschluss des Bundestages geändert</u> oder abgelehnt werden. ³Der Beschluss des Bundestages wird dem Bundesministerium für Umwelt, Naturschutz, Bau und Reaktorsicherheit zugeleitet. ⁴Hat sich der Bundestag nach <u>Ablauf von vier Sitzungswochen</u> seit Eingang der Rechtsverordnung nicht mit ihr befasst, wird die unveränderte Rechtsverordnung dem Bundesministerium für Umwelt, Naturschutz, Bau und Reaktorsicherheit zugeleitet.*

---

entscheiden, ob die vorgesehenen Änderungen eine Beschäftigung des Bundestages erforderlich machen. Wenn nicht, läuft das Verfahren wie üblich weiter."
[1926] BT-PlPr 18/146, S. 14419B – 14428C, *Dr. Gundelach* (CDU(CSU) S. 14422.
[1927] So auch *Dörr*, in: Beck'scher VergabeRKomm, 3. Aufl. 2017, § 113 GWB Rn. 2.
[1928] Gesetz zur Fortentwicklung des Gesetzes zur Suche und Auswahl eines Standortes für ein Endlager für Wärme entwickelnde radioaktive Abfälle und anderer Gesetze v. 5.5.2017 (BGBl. I S. 1074), zuletzt geänd. durch Art. 3 des Gestzes v. 12.12.2019 (BGBl. I S. 2510), (Hervorhebungen im Gesetz durch Verfasserin).

Mit § 26 StandAG wird das Bundesministerium für Umwelt, Naturschutz, Bau und Reaktorsicherheit ermächtigt, Sicherheitsanforderungen für die Endlagerung festzulegen. Der bereits im Gesetzentwurf[1929] enthaltene Parlamentsvorbehalt wurde nicht sachlich begründet. Ähnlich verhält sich mit dem Änderungsvorbehalt in § 11 DüngG[1930] über Klärschlamm-Entschädigungsfonds.

### § 11 DüngG

#### Klärschlamm-Entschädigungsfonds

*(3) Das Bundesministerium wird ermächtigt, im Einvernehmen mit dem Bundesministerium für Umwelt, Naturschutz und Reaktorsicherheit und dem Bundesministerium für Wirtschaft und Technologie durch Rechtsverordnung mit Zustimmung des Bundesrates Vorschriften zu erlassen über [...].*

*(4) ¹Eine Rechtsverordnung nach Absatz 3 ist dem <u>Bundestag vor der Zuleitung an den Bundesrat zuzuleiten</u>. ²Die Rechtsverordnung kann durch <u>Beschluss des Bundestages geändert</u> oder abgelehnt werden. ³Der Beschluss des Bundestages wird <u>der Bundesregierung zugeleitet</u>. ⁴Hat sich der Bundestag nach <u>Ablauf von drei Sitzungswochen</u> seit Eingang der Rechtsverordnung nicht mit ihr befasst, so wird die unveränderte Rechtsverordnung dem Bundesrat zugeleitet. ⁵Soweit die Rechtsverordnung auf Grund des <u>Beschlusses des Bundesrates geändert wird, bedarf es einer erneuten Zuleitung an den Bundestag nicht</u>.*

Die Verordnungsermächtigung war bereits im Gesetzentwurf[1931] enthalten, aber ein Grund für die Mitwirkung des Bundestages fehlte. Anzumerken ist, dass die Zuleitung des Beschlusses des Bundestages über den Rechtsverordnungsentwurf nicht wie üblich an den Ermächtigungsadressaten zu erfolgen hat, sondern an die Bundesregierung (vgl. Abs. 4 Satz 3). Auffällig ist aber vor allem die Regelung in Abs. 4 letzter Satz, mit dem klargestellt wird, dass selbst wenn der Bundesrat die Rechtsverordnungsvorlage durch Beschluss ändert, es zu keiner erneuten Befassung des Bundestages kommt. Eine solche war in den früheren Normen nicht enthalten. So stellt sich die Frage, ob dieser Modus die

---

[1929] BT-Drs. 18/11398 (Gesetzentwurf), S. 20 f. und 72 f.
[1930] Düngegesetz v. 9.1.2009 (BGBl. I S. 54), zuletzt geänd. durch Art. 1 des Gesetzes v. 5.5.2017 (BGBl. I S. 1068), (Hervorhebungen im Gesetz durch Verfasserin).
[1931] BT-Drs. 16/10032 (Gesetzentwurf), S. 8 und 13.

Praxis abbilden soll und seine Niederschrift klarstellstellende Funktion hat oder aber genau das Gegenteil ist, also eine Ausnahme von der Regel statuiert und deshalb ausdrücklichen Einzug in die Norm gefunden hat.

### cc) § 34e GewO

§ 34e Abs. 1 GewO[1932] ordnet ebenfalls beim Rechtsverordnungserlass ein mehrstufiges Verfahren unter Beteiligung des Bundestages an.

*§ 34e GewO*

**Verordnungsermächtigung**

*(1) ¹Das Bundesministerium für Wirtschaft und Energie kann im Einvernehmen mit dem Bundesministerium der Justiz und für Verbraucherschutz und dem Bundesministerium der Finanzen durch Rechtsverordnung, die der <u>Zustimmung des Bundesrates bedarf</u>, zur Umsetzung der Richtlinie [...].*

*²Die Rechtsverordnung nach Satz 1 ist dem Bundestag zuzuleiten. ³Die Zuleitung erfolgt <u>vor der Zuleitung an den Bundesrat</u>. ⁴Die Rechtsverordnung kann durch <u>Beschluss des Bundestages geändert</u> oder abgelehnt werden. ⁵Der Beschluss des Bundestages wird <u>der Bundesregierung zugeleitet</u>. ⁶Hat sich der Bundestag nach <u>Ablauf von drei Sitzungswochen</u> seit Eingang der Rechtsverordnung nicht mit ihr befasst, so wird die unveränderte Rechtsverordnung dem Bundesrat zugeleitet.*

Er ermächtigt das Bundesministerium für Wirtschaft und Energie im Einvernehmen mit dem Bundesministerium der Justiz und für Verbraucherschutz und dem Bundesministerium der Finanzen durch Rechtsverordnung, die der Zustimmung des Bundesrates bedarf, zur Umsetzung der in Abs. 1 Satz 1 genannten EU-Richtlinien oder zum Schutz der Allgemeinheit und der Versicherungsnehmer, Vorschriften zu den im Einzelnen genannten Bereichen zu erlassen.[1933] Die möglichen Verordnungen erfassen sowohl das Gewerbe der Versicherungs-

---

[1932] Gesetz zur Umsetzung der Richtlinie (EU) 2016/97 des Europäischen Parlaments und des Rates v. 20.1.2016 über Versicherungsvertrieb und zur Änderung weiterer Gesetze v. 20.7.2017 (BGBl. I S. 2789), das mit Art. 1 die Gewerbeordnung v. 22.2.1999 (BGBl. I S. 202) ändert, die zuletzt durch Art. 15 des Gesetzes v. 22.11.2019 (BGBl. I S. 1746) geänd. wurde. (Hervorhebungen im Gesetz durch die Verfasserin).
[1933] *Will*, in: BeckOK GewO, 1.3.2020, § 34e GewO Rn. 5.

vermittler nach § 34d Abs. 1 GewO wie auch der Versicherungsberater nach § 34d Abs. 2 GewO.[1934] Das ergibt sich auch aus dem Gesetzentwurf[1935], in dem vorerst die innovative Bundestagsbeteiligung nicht vorgesehen war. Der Vorschlag[1936] kam erst durch den federführenden Ausschuss für Wirtschaft und Energie ohne Angabe von Gründen. Eine ausdrückliche Zustimmung des Bundestages wird nicht verlangt, wohl aber erwartet aufgrund der festen Anordnung der Zuleitung des Entwurfs an den Bundestag. Sein Einspruchsrecht verfällt nach Ablauf von drei Sitzungswochen, worauf der dann unveränderte Entwurf dem Bundesrat zur Zustimmung zugeleitet und dort im üblichen Verfahren weiter beraten wird.[1937] Etwas verwirrend ist auch hier, dass ein durch den Beschluss der Bundestages geänderter bzw. abgelehnter Verordnungsentwurf der Bundesregierung und nicht den Ermächtigungsadressaten zuzuleiten ist. Nach *Schönleiter* habe in diesen Fällen die Bundesregierung den Entwurf neu zu konzipieren und erneut einzubringen, denn durch die Befassung bzw. Beteiligung des Verfassungsorgans Bundestag mit dem Verordnungsentwurf, dem die Bundesregierung nachkommt, habe der ursprüngliche Entwurf seine Qualität als Regierungsentwurf, wie er in Abs. 1 Satz 1 angesprochen ist, verloren.[1938] Anzumerken ist aber, dass der Verordnungsentwurf ursprünglich kein Regierungsentwurf war, sondern seine Wurzeln auf Ministerialebene hatte. Es stellt sich die Frage, ob mit der Zuleitung an die Bundesregierung nun sie der Ermächtigungsadressat ist und wenn ja, warum diese Verfahrensweise hier gewählt und nicht dem üblichen Muster gefolgt wurde. *Schönleiter* geht auch davon aus, dass falls der Bundesrat seinerseits Änderungen verlangt, die die Bundesregierung übernehmen will, der dann zu ändernde Entwurf nicht wieder erneut dem Bundestag vorzulegen sei, weil es einerseits hierfür an einer entsprechenden Vorschrift fehle, andererseits bei einer zweiten Beteiligung des Bundestages die Bundesregierung höchstens daran gehindert sein könnte, den Änderungswünschen des Bundesrates Folge zu leisten und der Verordnungsentwurf damit scheitern würde.[1939] Genauso gut könnte man aber

---

[1934] *Schönleiter*, in: L/R-GewO, Oktober 2019, § 34e GewO Rn. 6.
[1935] BT-Drs. 18/11627 (Gesetzentwurf), S. 10 f. und 36 f.
[1936] BT-Drs. 18/13009, S. 16 und 51.
[1937] In dem Sinne *Schönleiter*, in: L/R-GewO, Oktober 2019, § 34e GewO Rn. 11.
[1938] *Schönleiter*, in: L/R-GewO, Oktober 2019, § 34e GewO Rn. 11 f.
[1939] *Schönleiter*, in: L/R-GewO, Oktober 2019, § 34e GewO Rn. 12.

vor dem Hintergrund der Vorläuferregelungen gegenteilig argumentieren. Gerade weil es an einer ausdrücklichen Regelung, wie z.B. der in § 11 Abs. 4 letzter Satz DüngG, diesbezüglich fehlt, sollte eine erneute Befassung des Bundetages erfolgen.

#### dd) § 56 PflBG

Vor diesem Hintergrund ist letztlich auf § 56 PflBG[1940] einzugehen, der neben Anpassungen in den Abs. 1 bis 3, in Abs. 1 mit den Sätzen 2 bis 5 eine Beteiligung des Bundestages bei Erlass der Ausbildungs- und Prüfungsverordnung regelt.[1941]

*§ 56 PfBG*

**Ausbildungs- und Prüfungsverordnung, Finanzierung; Verordnungsermächtigungen**

*(1) ¹Das Bundesministerium für Familie, Senioren, Frauen und Jugend und das Bundesministerium für Gesundheit werden ermächtigt, gemeinsam durch Rechtsverordnung <u>mit Zustimmung des Bundesrates</u> in einer Ausbildungs- und Prüfungsverordnung [...] zu regeln. ²Die Rechtsverordnung ist dem Bundestag zur Beschlussfassung zuzuleiten. ³Die Zuleitung erfolgt <u>vor der Zuleitung an den Bundesrat</u>. ⁴Die Rechtsverordnung kann durch <u>Beschluss des Bundestages</u> <u>geändert</u> oder abgelehnt werden. ⁵Der Beschluss des Bundestages wird <u>der Bundesregierung zugeleitet</u>. ⁶Hinsichtlich Satz 1 Nummer 1 und 2 erfolgt der Erlass der Rechtsverordnung im Benehmen, hinsichtlich Satz 1 Nummer 5 und 6 im Einvernehmen mit dem Bundesministerium für Bildung und Forschung. ⁷Hinsichtlich Satz 1 Nummer 6 erfolgt der Erlass der Rechtsverordnung zudem im Benehmen mit dem Bundesministerium der Finanzen.*

Der Gesetzentwurf[1942] sah keine Beteiligung des Bundestages vor. Erst in der Beschlussempfehlung und dem Bericht des Ausschusses für Gesundheit wurde die Änderung eingefügt und mit der Sicherstellung der Beteiligung des Bundes-

---

[1940] Gesetz zur Reform der Pflegeberufe (Pflegeberufereformgesetz–PflBRefG) v. 17.7.2017 (BGBl. I S. 2581), zuletzt geänd. durch Art. 3a des Gesetzes v. 13.1.2020 (BGBl. I S. 66). (Hervorhebungen im Gesetz durch Verfasserin).
[1941] So *Weiß/Meißner/Kempa*, PflBRefG-Komm, 2018, S. 276.
[1942] BT-Drs. 18/7823 (Gesetzentwurf), S. 37 f.

tages im Verfahren sowie seinem zügigen Abschluss, damit die Länder ihre Rechtsakte an das Gesetz anpassen und weitere Handlungen rechtzeitig veranlassen können, um das Gesetz entsprechend umzusetzen, begründet.[1943] Daran wird die besondere Bedeutung dieser Ausbildungs- und Prüfungsverordnung im neuen Beruferecht, neben ihren erheblichen praktischen Auswirkungen, verdeutlicht.[1944] Ungewöhnlich im Vergleich zu den anderen Vorschriften ist, dass keine Frist geregelt wird, innerhalb welcher sich der Bundestag mit dem Verordnungsentwurf zu befassen hat. Satz 2 regelt, dass die Rechtsverordnungsvorlage dem Bundestag zur Beschlussfassung zuzuleiten ist, woraus der Schluss zu ziehen ist, dass der Bundestag dem Rechtsverordnungserlass, wenn er ihn nicht ändert oder ablehnt, zustimmen muss. Der dem § 67 KrWG nachgebildete Paragraf enthält somit in zweierlei Hinsicht stärker ausgestaltete Beteiligungsrechte des Bundestages, nämlich eine fristlose Vorbehaltsausübung und eine Beschlussklausel.[1945] Unklar ist, warum im Falle des Änderungs- bzw. Ablehnungsbeschlusses dieser nicht dem Verordnungsermächtigten selbst (Bundesministerium für Familie, Senioren, Frauen und Jugend sowie Bundesministerium für Gesundheit), sondern der Bundesregierung zuzuleiten ist.

**ee) Bewertender Vergleich der Regelungen und der verfahrensrechtlichen Besonderheiten**

Überwiegend dienen die Verordnungsermächtigungen der Umsetzung von EU-Rechtsakten, bei welcher mittels mehrstufigen Verfahrens die Rechte des Bundestages abgesichert werden. Gleichzeitig sollen die Rechtsverordnungsermächtigungen der zögerlichen Umsetzung und dem mangelhaften Vollzug der europäischen Gesetzgebung im Bereich des Umweltrechts entgegenwirken. Durch die Beteiligung einer dritten politischen Institution, falls die Zustimmung des Bundesrates erforderlich ist, kann sich das Verordnungsverfahren aber auch verlängern und unübersichtlich werden.[1946] Im Einzelfall kann es dazu kommen, dass das Europarecht wegen nicht rechtzeitiger Umsetzung verletzt wird. Das hat aber nicht zur Folge, dass der so innerstaatlich ausgestaltete Par-

---

[1943] Siehe BT-Drs. 18/12847 (Beschlussempfehlung und Bericht), S. 112.
[1944] So *Weiß/Meißner/Kempa*, PflBRefG-Komm, 2018, S. 278.
[1945] So *Wissenschaftliche Dienste BT*, WD 3 -3000 -200/18, 2018, S. 4.
[1946] So *Schönleiter*, in: L/R-GewO, Oktober 2019, § 34e GewO Rn. 12.

lamentsvorbehalt aufgehoben wird, sondern es hat Konsequenzen im Verhältnis des Mitgliedstaats zu der Europäischen Union.[1947]

Es sind aber auch Unterschiede in der Formulierung und bzgl. des Verfahrensablaufs zu vernehmen. So sieht § 56 PflBG eine Beschlussklausel vor, also das Erfordernis einer Beschlussfassung durch den Bundestag. Er geht sogar noch weiter und entbindet als einziger den Bundestag von einer Frist, innerhalb welcher der Bundestag seine Mitwirkungsrechte auszuüben hat. In § 11 DüngG werden zum ersten Mal Vorgaben gemacht, wie im Falle von Änderungsbeschlüssen des Bunderates zu verfahren ist, wenn der Wille besteht, sie zu übernehmen, sodass keine erneute Befassung des Bundestages erfolgen muss. Unter all diesen Normen enthält ausschließlich § 47k GWB eine ausdrücklich angeordnete Zustimmungsfiktion, die bei den anderen Paragrafen wie bei seinen Vorgängernormen eventuell hineinzulesen ist. All das zeigt, dass die Änderungs- und Ablehnungsvorbehalte unterschiedlich stark ausgestaltet sind und es eine allgemeingültige Musterklausel nicht gibt.

Teilweise wie in § 11 DüngG, § 56 PflBG, § 34e GewO wird der Änderungs- bzw. Ablehnungsbeschluss des Bundestages nicht an diejenigen zugeleitet, die zum Verordnungserlass ermächtigt worden sind, sondern an die Bundesregierung. Das ist unüblich im Vergleich zu den Regelungen in § 292 Abs. 4 HGB a.F., § 47k GWB, § 26 StandAG, wobei diese eine Beteiligung des Bundesrates zum Rechtsverordnungserlass nicht vorschreiben. In den angesprochenen Fällen will der Gesetzgeber einen weiteren Beteiligten – die Bundesregierung –, der die Führungsposition der Exekutive ist, einschalten bzw. ihn möglicherweise zum Verordnungsgeber machen. In den Gesetzgebungsmaterialien als auch im Schrifttum wird diese Vorgehensweise nicht problematisiert oder näher erläutert.

Grundsätzlich ist der Gesetzgeber frei in der Auswahl des Verordnungsgebers innerhalb des Adressatenkreises aus Art. 80 Abs. 1 Satz 1.[1948] Dabei orientiert er

---

[1947] So *Wissenschaftliche Dienste BT*, WD 3-3000-200/18, 2018, S. 5.
[1948] BVerfGE 56, 298 (311); *Stern*, Staatsrecht, Bd. 2, 1980, § 38 III 1, S. 667; *Brenner*, in: v. Mangoldt/Klein/Starck, GG Bd. 2, 7. Aufl. 2018, Art. 80 GG Rn. 53.

sich an Sachgesetzlichkeiten.[1949] So sprechen wichtige politische „Querschnittsthemen" für die Zuständigkeit der Bundesregierung als Kollegialorgan, Ressortangelegenheiten für den zuständigen Minister und landesspezifischer Gesetzesvollzug für die Landesregierung.[1950] „Wenn das Parlament die Rechtsetzungsbefugnis nicht einem einzelnen Bundesminister, sondern der Bundesregierung insgesamt überträgt, trifft es damit nicht nur eine formale Zuständigkeitsbestimmung, sondern auch eine materielle Qualitätsentscheidung."[1951] Daraus folgt, dass zusätzliche Umstände vorliegen müssten, weshalb der Gesetzgeber eine andere sachliche Zuständigkeit, der Bundesregierung, anordnen würde. Das wäre in den Fällen der Bundestagsbeschlüsse wohl gegeben. Es ist sehr fraglich, ob das allein ausreicht, um eine Zuständigkeitsänderung annehmen zu können, zumal vom Wortlaut her lediglich von „Zuleitung" gesprochen wird und nicht von „Ermächtigung" oder „Zuständigkeit".

Das Verfahren zum Rechtsverordnungserlass ist gesetzlich nicht geregelt, sondern in Geschäftsordnungen festgelegt. So legen die Regelungen in der GOBReg (§ 15 Abs. 1 lit. c) und GGO (§ 62 Abs. 3 Nr. 2) fest, dass Verordnungsentwürfe, die von besonderer politischer Bedeutung sind, der Beratung und Beschlussfassung der Bundesregierung unterliegen, obwohl der Erstdelegatar nicht die Bundesregierung war. Das gilt auch im Falle der Unstimmigkeiten unter beteiligten Ministern (vgl. § 62 Abs. 3 Nr. 3 GGO). Hervorzuheben ist, dass falls ein Bundesminister zum Erlass einer Rechtsverordnung ermächtigt wurde, an seiner Stelle nicht das Kabinett handeln kann und er weiterhin für die endgültige Festlegung des Inhaltes der Rechtsverordnung und die Ausfertigung dieser berechtigt ist (vgl. § 30 Abs. 1 Satz 2 GOBReg; § 67 GGO), trotz der Regelung des

---

[1949] *Nierhaus*, in: Bonner Kommentar, Februar 2020, Art. 80 GG Rn. 237 sowie *Remmert*, in: Maunz/Dürig Kommentar GG, Oktober 2019, Art. 80 GG Rn. 75 m.w.N. Alle mit Bezug auf BVerfGE 68, 1 (86 f.); 98, 218 (251 f.) „Zu berücksichtigen ist im übrigen auch, daß die in Art. 20 Abs. 2 GG als Grundsatz normierte organisatorische und funktionelle Unterscheidung und Trennung der Gewalten auch darauf zielt, daß staatliche Entscheidungen möglichst richtig, das heißt von den Organen getroffen werden, die dafür nach ihrer Organisation, Zusammensetzung, Funktion und Verfahrensweise über die besten Voraussetzungen verfügen."
[1950] *Nierhaus*, in: Bonner Kommentar, Februar 2020, Art. 80 GG Rn. 237.
[1951] BVerfGE 91, 148 (166).

§ 15 Abs. 1 lit. c GOBReg.[1952] Das gilt auch dann, wenn andere Organe Zustimmungs- und sonstige Beteiligungsrechte haben.[1953]

In den vorstehenden Fällen gibt der Gesetzgeber nur vor, wann die Bundesregierung auf jeden Fall zu beteiligen ist und legt den Ablauf fest. Liegt ein Änderungs- bzw. Ablehnungsbeschluss vor, so ist dieser der Bundesregierung zuzuleiten. Was aber anschließend passieren soll, darüber schweigen die gesetzlichen Regelungen. Mit der Zuleitung wird eindeutig die Informations- und Kontrollfunktion erfüllt. So wird die Bundesregierung als Kollegialorgan den Verordnungsinhalt letztverbindlich durch Kabinettsbeschluss festlegen, wenn sie das Vorhaben eines Rechtsverordnungserlasses aufrechterhalten wird. Anschließend wird dieser dem Bundesrat zugeleitet. Die Beteiligung der Bundesregierung lässt sich mit dem Umstand der Komplexität der Regelung und den vielen Beteiligten mit eigenen Mitwirkungsrechten rechtfertigen. So werden mehrere Bundesminister, gewissermaßen kollektiv, zum Erlass einer gemeinsamen Rechtsverordnung ermächtigt bzw. zusätzliche Regelungen zum einvernehmlichen Vorgehen getroffen. Durch den Bundestagsbeschluss wird der Verordnungserlass um weitere Komponenten erweitert, was ein einstimmiges Verfahren unter den Ministern erschweren könnte. So erscheint es sinnvoll, sämtliche Mitglieder der Bundesregierung zu beteiligen, zum einen weil der Kanzler die Verordnungsgebung durch rechtlich bindende Vorgaben steuern kann (Richtlinienkompetenz des Bundeskanzlers Art. 65 GG, Kabinettssolidarität).[1954] Zum anderen wird so die Entscheidung bzgl. des Inhaltes des Verordnungsentwurfs von der Mehrheit der Beteiligten getragen und sie können gemeinsam die Verantwortung[1955] für sie übernehmen. Denn ein Beschluss kann der Bundesregierung nur dann zugerechnet werden, wenn die Anforde-

---

[1952] So BVerfGE 11, 77 (84 f.); *Kloepfer*, VerfR I, 2011, § 21 Rn. 333; *Wallrabenstein*, in: v. Münch/Kunig GG-Kommentar, Bd. 2, 6. Aufl. 2012, Art. 80 GG Rn. 17; *Busse*, GOBReg.-Komm., 3. Aufl. 2018, § 30 GOBReg. Rn. 2; *Nierhaus*, in: Bonner Kommentar, Februar 2020, Art. 80 GG Rn. 245 f. In dem Sinne *Uhle*, Parlament und RVO, 1999, S. 256.
[1953] In dem Sinne *Wild*, Die Ausfertigung, 1969, S. 72 f.; *Uhle*, Parlament und RVO, 1999, S. 256.
[1954] *Wallrabenstein*, in: v. Münch/Kunig GG-Kommentar, Bd. 2, 6. Aufl. 2012, Art. 80 GG Rn. 19; *Bauer*, in: Dreier/GG-Kommentar, Bd. II, 3. Aufl. 2015, Art. 80 GG Rn. 23; *Nierhaus*, in: Bonner Kommentar, Februar 2020, Art. 80 GG Rn. 245.
[1955] *Wallrabenstein*, in: v. Münch/Kunig GG-Kommentar, Bd. 2, 6. Aufl. 2012, Art. 80 GG Rn. 17.

rungen an eine sog. materielle Qualitätsentscheidung erfüllt sind.[1956] Das ist dann der Fall, wenn alle Mitglieder Gelegenheit zur Mitwirkung an der Entscheidung erhalten haben (Information), so viele Mitglieder der Bundesregierung an ihr beteiligt waren, dass von einer Entscheidung des Kollegiums gesprochen werden kann (Quorum) und von den Beteiligten eine Mehrheit die Vorlage befürwortet hat (Majorität).[1957] Dabei wird das Fachwissen eines Bundesministeriums oder mehrerer Bundesministerien für den Entwurf auf erster Stufe in Anspruch genommen und auf zweiter Stufe bei Änderungsverlangen des Bundestages entsprechend angepasst.

Daher ist die gesetzliche Anordnung der Beteiligung der Bundesregierung ein weiterer Verfahrensschritt, der den Rechtsverordnungserlass erleichtern soll. Darin ist eine Verfahrensregelung, mit der die Bundesregierung eine Mittlerfunktion innehat, und keine eigenständige Zuständigkeitsregel zu sehen. Gerade weil das Verfahren bei Änderungsvorbehalten mit Regelungslücken behaftet ist, wollte der Gesetzgeber diese ausdrücklich ausfüllen. Ministerverordnungen mit Vorbehalten werden regelmäßig von allgemeinpolitischer Bedeutung im Sinne von § 15 Abs. 1 lit. c GOBReg bzw. § 62 Abs. 3 Nr. 2 GGO sein, zumal die in Rede stehenden Regelungen eine Zustimmung des Bundesrates zum Rechtsverordnungserlass fordern. Die Bundesregierung ist staatsrechtlich das dem Bundestag gegenüberstehende Verfassungsorgan. Hier wird der Bundestag neben dem Bundesrat tätig, sodass nach Sinn und Zweck die Bundesregierung zum Mitentscheidungsträger berufen sein sollte. Das positive Votum im Kabinett hat also nicht zur Folge, dass die Ministerverordnung staatsorganisationsrechtlich zu einer Rechtsverordnung der Bundesregierung wird, der Kabinettsbeschluss hat insoweit keine Außenwirkung. Dafür spricht auch die Regelung in § 64 Abs. 2 GGO, wonach auch Ministerverordnungen, die der Zustimmung des Bundesrates bedürfen, nicht direkt zwischen Ministerium und Bundesrat zugeleitet werden, sondern von der Chefin oder dem Chef des Bundeskanzleramtes mit der Bitte übersendet werden, die Zustimmung des Bundesrates herbeizuführen. Das entspricht auch dem Verständnis des Art. 80 Abs. 1 Satz 2 GG, dass zum Rechtsverordnungserlass derjenige zuständig sein soll, der Empfänger der

---

[1956] BVerfGE 91, 148 (166).
[1957] BVerfGE 91, 148 (148, LS 2); *Kloepfer*, VerfR I, 2011, § 21 Rn. 332.

gesetzlichen Ermächtigung ist.[1958] Im Übrigen dürfte das keinen wesentlichen Unterschied für den Erlass der Rechtsverordnung darstellen, denn die verkündete Rechtsverordnung bleibt im Ergebnis ein Rechtserzeugungsakt der Exekutive.

### c) Der sog. „Änderungswunsch" als neue Ausprägung des Änderungsvorbehaltes

Weitere Beispiele, die eine Änderungsmöglichkeit des Inhalts einer Rechtsverordnung vorsehen, aber sich durch andere Formulierung hervorheben, sind Normen, die das Energierecht betreffen. In ihnen wird nicht davon gesprochen, dass der Bundestag mittels eines Beschlusses den Verordnungsentwurf ändern kann, sondern dass er seine Zustimmung zu dem Entwurf von der Übernahme seiner Änderungswünsche abhängig machen kann. Wie es zu dem abweichenden Wortlaut kam und wie er zu verstehen ist, wird durch die Hintergrundinformationen zur Entstehung der jeweiligen Norm und durch die Berücksichtigung der bereits gewonnenen Erkenntnisse zu den dargestellten Regelungen deutlich.

### aa) § 10 TEHG a.F.

Eine solche energierechtliche Vorschrift befand sich in Treibhausgas-Emissionshandelsgesetz (TEHG). Der Sinn und Zweck des TEHG liegt in der Etablierung des Emissionshandels als kosteneffizientes, marktwirtschaftliches Instrument, das durch die Einbeziehung der Hauptemittenten den Ausstoß an Treibhausgasemissionen reduzieren (vgl. § 1 TEHG) und dabei als Bestandteil des europäischen Emissionshandelssystems[1959] zugleich den weltweiten Klimaschutz fördern soll.[1960] § 10 TEHG[1961] a.F. ermächtigte die Bundesregierung zur

---

[1958] In dem Sinne *Wild*, Die Ausfertigung, 1969, S. 72.
[1959] Das geht auf die am 25.10.2003 in Kraft getretene Emissionshandelsrichtlinie (RL 2003/87/EG über ein System für den Handel mit Treibhausgasemissionszertifikaten in der Gemeinschaft und zur Änderung der RL 96/61/EG) v. 13.10.2003 (ABl. L 275, S. 32) zurück, die zuletzt mit der RL 2009/29/EG (ABl. L 140, S. 63) erheblich novelliert wurde. *Frenz*, EmissionshandelsR, 3. Aufl. 2012, § 1 TEHG S. 100 Rn. 1.
[1960] *Frenz*, EmissionshandelsR, 3. Aufl. 2012, § 1 TEHG S. 100 Rn. 1.
[1961] Gesetz zur Anpassung der Rechtsgrundlagen für die Fortentwicklung des Emissionshandels v. 21.7.2011 (BGBl. I S. 1475) und wieder aufgehoben durch Art. 1 des Gesetzes v. 18.1.2019 (BGBl. I S. 37). (Hervorhebungen im Gesetz durch die Verfasserin).

Umsetzung europäischer Richtlinienvorgaben, sodass durch Rechtsverordnung, die nicht der Zustimmung des Bundesrates bedurfte (§ 10 Satz 1 TEHG a.F.), Einzelheiten der Zuteilung von kostenlosen Berechtigungen an Anlagenbetreiber näher zu konkretisieren waren.

§ 10 TEHG a.F.

### Rechtsverordnung über Zuteilungsregeln

*¹Die Bundesregierung wird ermächtigt, nach Maßgabe der Richtlinie 2003/87/EG in der jeweils geltenden Fassung und des Beschlusses 2011/278/EU der Kommission vom 27. April 2011 zur Festlegung EU-weiter Übergangsvorschriften zur Harmonisierung der kostenlosen Zuteilung von Emissionszertifikaten gemäß Artikel 10a der Richtlinie 2003/87/EG (ABl. L 130 vom 17.5.2011, S. 1) nach Anhörung der beteiligten Kreise die Einzelheiten der Zuteilung von kostenlosen Berechtigungen an Anlagenbetreiber durch Rechtsverordnung, die nicht der Zustimmung des Bundesrates bedarf, zu bestimmen. ²In dieser Rechtsverordnung kann die Bundesregierung insbesondere regeln: (...)*

*³Die Rechtsverordnung nach den Sätzen 1 und 2 bedarf der Zustimmung des Bundestages. ⁴Der Bundestag kann diese Zustimmung davon abhängig machen, ob Änderungswünsche übernommen werden. ⁵Übernimmt die Bundesregierung die Änderungen, ist eine erneute Beschlussfassung durch den Bundestag nicht erforderlich. ⁶Hat sich der Bundestag nach Ablauf von sechs Sitzungswochen seit Eingang der Rechtsverordnung nicht mit ihr befasst, gilt seine Zustimmung zu der unveränderten Rechtsverordnung als erteilt.*

Die Regeln für die Zuteilung sind weitestgehend unionsrechtlich in der Handelsperiode 2013 bis 2020 sowie durch den in § 10 Satz 1 TEHG a.F. genannten Beschluss der Kommission vorbestimmt, sodass dem deutschen Gesetzgeber nur die Kompetenz zum Ausfüllen von Umsetzungsspielräumen verbleibt (§ 9 TEHG).[1962] Das wird auch durch die Begründung des Mitwirkungsvorbehalts des Bundestages bestätigt. „Für die Handelsperiode 2013 bis 2020 ist die Zuteilung jedoch so stark durch den Beschluss der Europäischen Kommission zur Festlegung EU-weiter Übergangsvorschriften zur Harmonisierung der kostenlosen

---

[1962] *Frenz*, EmissionshandelsR, 3. Aufl. 2012, § 10 TEHG S. 318 Rn. 2; *Spieth/Hamer*, in: BerlKomm EnR, 3. Aufl. 2014, § 10 TEHG Rn. 1.

Zuteilung von Emissionszertifikaten gemäß Artikel 10a der Richtlinie 2003/87/EG determiniert, dass auf nationaler Ebene nur ein geringer Umsetzungsspielraum verbleibt. Dem deutschen Normgeber verblieben eher technische Entscheidungen, wie sie üblicherweise durch das Instrument der Rechtsverordnung getroffen werden. Der Bundestag sollte jedoch aufgrund seiner bisherigen Befassung mit dem Thema weiterhin beteiligt sein."[1963] Trotz lediglich rechtsverordnungstypischer Inhalte wird die Beteiligung des Bundestages aufgrund der Bedeutung der zu regelnden Materie als erforderlich gesehen. Das geht aus den Beiträgen während der Plenarsitzung hervor.[1964] Der Beschluss der Kommission selbst enthält wenige Details.[1965] Die Mitgliedstaaten müssen ihn gesondert umsetzen. Erst bei seiner nicht rechtzeitigen oder defizitären Umsetzung innerhalb der dafür festgesetzten Frist wirkt er unmittelbar.[1966]

In dem Gesetzentwurf der Bundesregierung war ein Änderungsvorschlagsrecht des Bundestages nicht enthalten, sondern ausschließlich ein Zustimmungsvorbehalt.[1967] Erst in der Beschlussempfehlung und dem Bericht des Ausschusses für Umwelt, Naturschutz und Reaktorsicherheit wird die Zustimmung des Bundestages an ein bestimmtes Änderungsverlangen geknüpft. Eine gesonderte Begründung hierfür gibt es nicht. Es wird lediglich darauf verwiesen, dass diese Verknüpfung der bisherigen Staatspraxis entspreche.[1968]

---

[1963] BR-Drs. 88/11 (Gesetzentwurf), S. 89 f.
[1964] 1. Beratung: BT-PlPr. 17/102, S. 11690D – 11699C, S. 11691C. *Parlamentarische Staatssekretärin Heinen-Esser*, beim Bundesminister für Umwelt, Naturschutz und Reaktorsicherheit: „Weil es aber ein besonderes politisches Thema ist und auch immer wieder besondere politische Aufmerksamkeit bekommt, wird vorgeschrieben, dass die Zustimmung des Deutschen Bundestages zu der Zuteilungsverordnung erforderlich ist. Damit ist gewährleistet, dass es immer wieder hier im Parlament diskutiert wird." und 1. Beratung: BT-PlPr. 17/102, S. 11690D – 11699C, S. 11697C, *Jung* für die CDU/CSU-Fraktion. „Union und FDP haben darauf gedrungen, dass diese Verordnung der Zustimmungspflicht des Deutschen Bundestages unterliegt. Es geht dabei um maßgebliche Fragen, zum Beispiel um die Regelung zur kostenlosen Zuteilung im Bereich der Industrie. Wir finden, es ist richtig und notwendig, dass der Deutsche Bundestag an dieser Stelle ein Mitspracherecht hat. Wir wollen uns deswegen Zeit für die Beratung dieser Fragen nehmen." (Hervorhebungen durch die Verfasserin).
[1965] *Frenz*, EmissionshandelsR, 3. Aufl. 2012, § 10 TEHG S. 318 Rn. 3.
[1966] *Frenz*, EmissionshandelsR, 3. Aufl. 2012, § 10 TEHG S. 318 Rn. 3.
[1967] BR-Drs. 88/11 (Gesetzentwurf), S. 12.
[1968] BT-Drs. 17/6124 (Beschlussempfehlung und Bericht), S. 14.

Die Regelung des § 10 TEHG a.F. unterscheidet sich stark von den Vorherigen. Grundsätzlich wird von einer Zustimmung des Bundestages ausgegangen (§ 10 Satz 3 TEHG a.F.), die von der Annahme der „Änderungswünsche" abhängig gemacht wird. Bringt also das Parlament entsprechende Änderungswünsche vor, so entscheidet die Bundesregierung, inwieweit das Verfahren tatsächlich abgekürzt wird (§ 10 Satz 4 TEHG a.F.).[1969] Entscheidet sich die Bundesregierung dafür, die Änderungen zu übernehmen, so ist nach § 10 Satz 5 TEHG a.f. eine erneute Beschlussfassung durch den Bundestag nicht erforderlich. Im Umkehrschluss ist das sehr wohl der Fall, wenn die Bundesregierung die Änderungen nicht übernehmen will.[1970] Es wird also nicht ausdrücklich von einem Änderungsbeschluss gesprochen, sondern eher von einer „bedingten Zustimmung."[1971] Der so formulierte Vorbehalt lässt sich einfacher als ein Unterfall des Zustimmungsbeschlusses subsumieren, obwohl er im Endergebnis, wenn auch etwas versteckt, einen Änderungsvorbehalt[1972] darstellt. Das verdeutlicht die Konstruktion der Vorschrift bzgl. des Verfahrensablaufs. Denn der Bundestag könnte so lange seine Zustimmung verweigern, bis die fragliche Rechtsverordnung seinen Vorstellungen entspricht.[1973] Der Verordnungsgeber kann von den Änderungswünschen des Gesetzgebers umso schwerer Abstand nehmen, je mehr er durch rechtliche oder faktische Umstände zum entsprechenden Verordnungserlass gehalten ist.[1974] Außerdem kann der Erlass der Rechtsverordnung nicht durch bloßes Nichtstun des Bundestages blockiert werden, weil nach sechs Sitzungswochen (längerer Zeitraum als bei den Vorgängerregelungen) eine Zustimmungsfiktion, die ausdrücklich angeordnet ist, greift.[1975] Damit soll die Zügigkeit des Verfahrens sichergestellt werden.[1976]

---

[1969] *Frenz*, EmissionshandelsR, 3. Aufl. 2012, § 10 TEHG S. 318 Rn. 5.
[1970] *Frenz*, EmissionshandelsR, 3. Aufl. 2012, § 10 TEHG S. 318 Rn. 5; *Spieth/Hamer*, in: BerlKomm EnR, 3. Aufl. 2014, § 10 TEHG Rn. 5.
[1971] So genannt durch *Wissenschaftliche Dienste BT*, WD 3-3000-024/15, 2018, S. 5.
[1972] Anders hingegen *Altrock/Thomas*, in: A/O/T EEG, 4. Aufl. 2013, § 64h EEG Rn. 11, der lediglich von einer Annährung der „Änderungswünsche" des Bundestages an einem Änderungsvorbehalt spricht.
[1973] *Säcker/Steffens*, in: BerlKomm EnR, 4. Aufl. 2018, § 96 EEG Rn. 12.
[1974] *Altrock/Thomas*, in: A/O/T EEG, 4. Aufl. 2013, § 64h EEG Rn. 11.
[1975] So *Frenz*, EmissionshandelsR, 3. Aufl. 2012, § 10 TEHG S. 318 Rn. 6.
[1976] BT-Drs. 17/6124 (Beschlussempfehlung und Bericht), S. 14.

Die Regelung wurde mit Wirkung vom 25.1.2019 aufgehoben,[1977] da sie ausweislich ihres Wortlaut eine Übergangsvorschrift zur Harmonisierung der kostenlosen Allokation der Zertifikate, mithin von vorherein in ihrem zeitlichen Geltungsbereich begrenzt war.[1978] Das findet auch die Stütze in der Begründung[1979] zur Streichung des § 10 TEHG a.F.

**bb) § 64 EEG 2009 / § 96 EEG 2017**
Bei der Ausgestaltung des Mitspracherechts des Parlaments in § 10 TEHG a.F. bediente man sich eines Musterbeispiels. So wurde Art. 1 Nr. 9b EAG EE[1980] zur Änderung des § 64 EEG[1981] 2009 als Vorlage[1982] genutzt. Mit diesem wurde § 64 EEG 2009 u.a. um folgenden Abs. 5 ergänzt.

*§ 64 Abs. 5 EEG*

*¹Soweit Rechtsverordnungen nach Absatz 1, 2 oder 3 der Zustimmung des Bundestages bedürfen, kann diese Zustimmung davon abhängig gemacht werden, ob Änderungswünsche übernommen werden. ²Übernimmt der Verordnungsgeber die Änderungen, ist eine erneute Beschlussfassung durch den Bundestag nicht erforderlich. ³Hat sich der Bundestag nach Ablauf von sechs Sitzungswochen seit Eingang der Rechtsverordnung nicht mit ihr befasst, gilt seine Zustimmung zu der unveränderten Rechtsverordnung als erteilt.*

Die Einführung des § 64 Abs. 5 EEG 2009 wurde mit der Sicherstellung, dass der Bundestag bei zustimmungsbedürftigen Verordnungen auch Änderungen vor-

---

[1977] § 10 aufgehoben mit Wirkung v. 25.1.2019 durch Gesetz v. 18.1.2019 (BGBl. I S. 37).
[1978] So *Schlüter*, Emissionshandel, 2013, S. 142.
[1979] BR-Drs. 387/18 (Gesetzentwurf), S. 34 f.
[1980] Gesetz zur Umsetzung der Richtlinie 2009/28/EG zur Förderung der Nutzung von Energie aus erneuerbaren Quellen (Europarechtsanpassungsgesetz Erneuerbare Energien – EAG EE) v. 12.4.2011 (BGBl. I S. 619).
[1981] Art. 1 EAG EE verweist auf die Fassung: Das Erneuerbare-Energien-Gesetz v. 25.10.2008 (BGBl. I S. 2074), das zuletzt durch Art. 1 des Gesetzes v. 11.08.2010 (BGBl. I S. 1170) geänd. worden ist, auch als EEG 2009 bezeichnet. Das EEG 2009 wurde durch Art. 23 des Gesetzes v. 21.7.2014 (BGBl. I S. 1066) aufgehoben. (Hervorhebungen im Gesetz durch Verfasserin).
[1982] BT-Drs. 17/6124 (Beschlussempfehlung und Bericht), S. 14, „Die Regelung entspricht der Regelung in § 65 Absatz 5 des Erneuerbare-Energien-Gesetzes in der Fassung des Europarechtsanpassungsgesetzes Erneuerbare-Energien.", gemeint ist wohl § 64 Abs. 5 EEG, weil das EAG EE genau diesen neu eingefügt hat, mit dem eine Zustimmung des Bundestages, die an Änderungswünsche geknüpft ist, zu erteilen erst möglich war.

nehmen kann, sowie mit der bisherigen Staatspraxis begründet.[1983] Auf dieses Mitspracherecht legte das Parlament großen Wert, da es sich hierbei um ein Kernelement des Erneuerbare-Energien-Gesetzes handelte.[1984] Es wurde klargestellt, dass falls der Bundestag Änderungswünsche hätte, die Bundesregierung über sie erneut per Kabinettsbeschluss befinden müsse.[1985] Die Zustimmungsfiktion, die neuerdings expressis verbis ihren Einzug in Gesetzestext gefunden hat, wurde als „allgemein üblich"[1986] mit Bezugnahme auf § 48b BImSchG und § 59 KrW-/AbfG a.F. bezeichnet. Sonderbar ist aber, dass diese Regelungen keine solche ausdrückliche Zustimmungsfiktion enthalten. Vielmehr wurde sie teilweise hineininterpretiert, teilweise aber auch aufgrund der fehlenden Regelung verneint.[1987] Es ist daher davon auszugehen, dass der Gesetzgeber schon damals in diesen Regelungen von einer Zustimmungsfiktion ausgegangen ist. Die Sicherstellung eines schnellen Verordnungsverfahrens einerseits und das Widerspiegeln des grundsätzlichen Verständnisses der Gewaltenteilung andererseits, wonach Rechtsverordnungen von der Exekutive zu erlassen seien,[1988] sind die tragenden Argumente für die Fiktion. Auffällig ist, dass die Anzahl der Sitzungswochen, nach welchen die Zustimmungsfiktion greift, von den in der ursprünglichen Fassung des Gesetzentwurfes enthaltenen

---

[1983] BR-Drs. 647/10 (Gesetzentwurf), S. 72.
[1984] So wird das in dem Änderungsantrag der Fraktion der SPD ausgedrückt, BT-Drs. 17/4895 (Beschlussempfehlung und Bericht), S. 35.
[1985] BR-Drs. 647/10 (Gesetzentwurf), S. 72.
[1986] BR-Drs. 647/10 (Gesetzentwurf), S. 72.
[1987] Siehe dazu Teil 2 III. 2. a) aa) – § 292 HGB a.F. So ähnlich *Rupp*, NVwZ 1993, 756 (757). In diesem Zusammenhang auch: *Frenz*, KrW-/AbfG, 3. Aufl. 2002, § 59 KrW-/AbfG Rn. 9. Als Zustimmungsfiktion kraft Gesetzes: *Hoffmann*, DVBl. 1996, 347 (350); *Jarass*, in: Jarass/Petersen KrWG, 2014, § 67 KrWG Rn. 12; *Pawlik*, in: Kopp-Assenmacher/KrWG, 2015, § 67 KrWG Rn. 13; *Jarass*, in: BImSchG, 12. Aufl. 2017, § 48b BImSchG Rn. 7; *Hofmann*, in: BeckOK UmweltR, 1.1.2020, § 48b BImSchG Rn. 5. Dagegen: *Lippold*, ZRP 1991, 254 (254); *Staupe*, in: Jarass/Petersen/Weidemann KrW-/AbfG, 2011, § 59 KrW-/AbfG Rn. 64, das Änderungsrecht erlösche und sei verbraucht; *Schimnasky*, in: Kotulla/UmweltR, September 2017, § 48b BImSchG Rn. 14, „Vielmehr erlischt das Aufhebungs- bzw. Änderungsrecht und die Befassung wird also fingiert"; *Kropp*, in: Lersner/Wendenburg, 2018, § 67 KrWG Rn. 7 „verbraucht"; *Thiel*, in: Landmann/Rohmer, UmweltR, September 2019, § 48b BImSchG Rn. 16, der Verfahrensschritt „Beschlussfassung des Bundestags" werde schlicht übersprungen.
[1987] Ebenfalls auf diese Ungenauigkeit wird in § 20 Abs. 2 UmweltHG hingewiesen. Genauer dazu siehe *Rupp*, NVwZ 1993, 756 (757 f.).
[1988] BR-Drs. 647/10 (Gesetzentwurf), S. 72.

drei[1989] auf sechs[1990] Sitzungswochen verlängert wurde. Der Vorschlag einer gänzlichen Streichung einer Frist, weil es dem Parlament als Gesetzgeber überlassen sein sollte, wann es eine Entscheidung treffe,[1991] lehnte man ab. An dieser Aussage ist bemerkenswert, dass zum einen das Parlament dem Gesetzgeber gleichgestellt wird und zum anderen ein gewisser Konflikt zwischen dem Sinn und Zweck von Rechtsverordnungserlass als zügige und flexible Reaktionsmöglichkeit gegenüber dem Gesetzgebungsverfahren aufgezeigt wird.

Vor diesem Hintergrund ist auf den § 96 EEG[1992] 2017 einzugehen.

### 96 EEG

#### Gemeinsame Bestimmungen

*(1) Die Rechtsverordnungen auf Grund der §§ 88, 88c, 88d, 89, 91, 92 und 95 Nummer 2 bedürfen der <u>Zustimmung des Bundestages</u>.*

*(2) ¹Wenn Rechtsverordnungen nach Absatz 1 der Zustimmung des Bundestages bedürfen, <u>kann diese Zustimmung davon abhängig gemacht werden, dass dessen Änderungswünsche übernommen werden</u>. ²Übernimmt der Verordnungsgeber die Änderungen, ist eine <u>erneute Beschlussfassung durch den Bundestag nicht erforderlich</u>. ³Hat sich der Bundestag nach <u>Ablauf von sechs Sitzungswochen</u> seit Eingang der Rechtsverordnung nicht mit ihr befasst, gilt seine <u>Zustimmung zu der unveränderten Rechtsverordnung als erteilt</u>.*

*(3) ¹Die Ermächtigungen zum Erlass von Rechtsverordnungen aufgrund der §§ 88b, 91 bis 93 können durch Rechtsverordnung ohne Zustimmung des Bun-*

---

[1989] BR-Drs. 647/10 (Gesetzentwurf), S. 13.
[1990] BT-Drs. 17/4895 (Beschlussempfehlung und Bericht), S. 5 und S. 35 auf Änderungsantrag der Fraktion der SPD, die darin eine ungerechtfertigte Beschneidung der Mitspracherechte des Deutschen Bundestages sieht.
[1991] BT-Drs. 17/4895 (Beschlussempfehlung und Bericht), S. 13 f.
[1992] Gesetz für den Ausbau erneuerbarer Energien (Erneuerbare-Energien-Gesetz – EEG) v. 21.7.2014 (BGBl. I S. 1066), zuletzt geänd. durch Art. 3 des Gesetzes v. 20.11.2019 (BGBl. I S. 1719). Der Text der heute geltenden Fassung des § 96 EEG wurde durch Art. 1 Gesetzes v. 13.10.2016 (BGBl. I S. 2258) mit Wirkung v. 1.1.2017 (EEG 2017) geänd., indem er im Abs. 1 um weitere §§ 88, 88c, 88d, 89, 91, 92 und 95 Nummer 2 (zuvor §§ 89, 91, 92) erweitert wurde, der Abs. 2 Satz 3 gilt für alle Rechtsverordnungen ohne Einschränkungen (zuvor im Fall der §§ 89 und 91) und Abs. 3 Satz 1 wurde um § 88b erweitert (zuvor §§ 91 bis 93). (Hervorhebungen im Gesetz durch Verfasserin).

*desrates und im Fall der §§ 91 und 92 mit Zustimmung des Bundestages auf eine Bundesoberbehörde übertragen werden. ²Die Rechtsverordnungen, die auf dieser Grundlage von der Bundesoberbehörde erlassen werden, bedürfen nicht der Zustimmung des Bundesrates oder des Bundestages.*

Abs. 1 des § 96 EEG 2017 regelt, welche Rechtsverordnungen zustimmungsbedürftig sind, Abs. 2 bestimmt den Ablauf des Verfahrens bei zustimmungsbedürftigen Rechtsverordnungen und Abs. 3 erlaubt eine Übertragung der Zuständigkeit zum Rechtsverordnungserlass auf eine Bundesbehörde. Das EEG, insbesondere EEG 2014, ist das maßgebliche Instrument für die Förderung der Energie aus erneuerbaren Energiequellen.[1993] Um zu der heutigen Ausgestaltung zu gelangen, hat es zahlreiche Änderungen erfahren.[1994] § 96 EEG 2017 geht auf § 64h EEG 2012 zurück, seinem Wortlaut nach entspricht er § 64 Abs. 5 EEG 2009.[1995] § 96 EEG 2017 führt zu einer Bündelung formeller Anforderungen beim Rechtsverordnungserlass (vgl. § 96 Abs. 1 EEG 2017) zugunsten der Normklarheit und Transparenz der sehr umfangreichen Verordnungsermächtigungen des EEG im Sinne einer Präzisierung gem. Art. 80 Abs. 1 GG.[1996] Aufgrund der zahlreichen Verweise auf die bereits dargestellten Vorläuferregelungen, insbesondere § 64 Abs. 5 EEG 2009, sind in den Gesetzesbegründungen keine zusätzlichen Argumente für die Handhabung der Regelung enthalten. Bis auf die Änderungen bzgl. der zustimmungsbedürftigen Rechtsverordnungen sind mit den Novellen von 2014 und 2017 nur redaktionelle Anpassungen vorgenommen worden.[1997] Ansonsten spielen immer wieder sowohl die geltende

---

[1993] *Kloepfer*, UmweltR, 4. Aufl. 2016, § 18 Rn. 171.
[1994] *Kloepfer*, UmweltR, 4. Aufl. 2016, § 18 Rn. 171, seit 2000 wurde das EEG sechs Mal novelliert: 2004, 2008, 2009, 2012, 2014, 2016. Zu der Entstehungsgeschichte, siehe *Säcker/ Steffens*, in: BerlKomm EnR, 4. Aufl. 2018, § 96 EEG Rn. 3 ff.; *Schomerus*, in: F/M/C/H/S EEG, 5. Aufl. 2018, § 96 EEG Rn. 1 ff.
[1995] Siehe u.a. BT-Drs. 17/6071 (Gesetzentwurf), S. 93; BR-Drs. 157/14 (Gesetzentwurf), S. 265.
[1996] *Säcker/Steffens*, in: BerlKomm EnR, 4. Aufl. 2018, § 96 EEG Rn. 2. In diesem Sinne bereits *Sommerfeldt*, in: Hk-EEG, 4. Aufl. 2014, § 64h EEG Rn. 2 f.
[1997] *Salje*, EEG 2017, 8. Aufl. 2017, § 96 EEG Rn. 1 mit Bezugnahme auf BT-Drs. 18/1304 (Gesetzentwurf), S. 61 f. und 175 „Die Änderungen in § 92 EEG 2014 gegenüber § 64h Absatz 2 und 3 EEG 2012 sind redaktionelle Folgeänderungen auf Grund der Änderungen durch die §§ 89, 90 und 91 EEG 2014 sowie der Aufhebung des § 64g EEG 2014." Ursprünglich war § 96 in § 92 im Gesetzentwurf geregelt. Das änderte sich in BT-Drs. 18/1891 (Beschlussempfehlung und Bericht), S. 112 f.

Staatspraxis als auch die Verfahrensökonomie die Hauptrollen. Anzusprechen ist § 96 Abs. 3 EEG 2017. Eine Zustimmung des Bundestages wird bei Verordnungsübertragung auf Bundesbehörden gefordert, aber nicht mehr beim Erlass dieser selbst. Die aufgrund der Subdelegation erlassenen Rechtsverordnungen erfordern nämlich eine beschleunigte administrative Regelungssetzung, dem würde ein Zustimmungsvorbehalt entgegenwirken.[1998] Überdies soll diese Vorgehensweise dem in der Vergangenheit praktizierten Verständnis entsprechen.[1999]

### cc) § 33c KWKG

In diesem Zusammenhang ist § 33c KWKG[2000] ebenfalls zu erwähnen, der sich in den Kanon der Normen einfügt.

*§ 33c KWKG*

***Gemeinsame Bestimmungen zu den Verordnungsermächtigungen***

*(1) Die Rechtsverordnungen aufgrund von § 33a Absatz 1 und 2 und § 33b Absatz 1 bedürfen der <u>Zustimmung des Bundestages</u>.*

*(2) ¹Wenn Rechtsverordnungen nach Absatz 1 der Zustimmung des Bundestages bedürfen, <u>kann diese Zustimmung davon abhängig gemacht werden, dass dessen Änderungswünsche übernommen werden</u>. ²Übernimmt der Verordnungsgeber die Änderungen, ist eine <u>erneute Beschlussfassung durch den Bundestag nicht erforderlich</u>. ³Hat sich der Bundestag nach <u>Ablauf von drei Sitzungswochen</u> seit Eingang der Rechtsverordnung nicht mit ihr befasst, <u>gilt seine Zustimmung</u> zu der unveränderten Rechtsverordnung <u>als erteilt</u>.*

*(3) ¹Die Ermächtigungen zum Erlass von Rechtsverordnungen aufgrund der §§ 33a und 33b können durch Rechtsverordnung ohne Zustimmung des Bundesrates und im Fall der §§ 33a Absatz 1 und 2und 33b Absatz 1 mit Zustimmung des Bundestages auf die Bundesnetzagentur oder die nach § 33a Absatz 4*

---

[1998] *Schomerus*, in: F/M/C/H/S EEG, 5. Aufl. 2018, § 96 EEG Rn. 7.
[1999] BT-Drs. 17/6071 (Gesetzentwurf), S. 93 „(...) dies entspricht dem bisherigen Verständnis, wie etwa die Ausgleichsmechanismus- und Ausführungsverordnung oder die Ermächtigung für die Herkunftsnachweisverordnung belegen."
[2000] Das Kraft-Wärme-Kopplungsgesetz (KWKG) v. 21.12.2015 (BGBl. I S. 2498), zuletzt geänd. durch Art. 4 des Gesetzes v. 20.11.2019 (BGBl. I S. 1719). (Hervorhebungen im Gesetz durch Verfasserin).

*Nummer 1 oder § 33b Absatz 2 Nummer 1 beauftragte Person übertragen werden. ²Absatz 2 ist entsprechend anzuwenden. ³Die Rechtsverordnungen, die auf dieser Grundlage von der Bundesnetzagentur oder der betrauten oder beauftragten Person erlassen werden, <u>bedürfen nicht der Zustimmung des Bundesrates oder des Bundestages</u>.*

§ 33c KWKG ist eine Ergänzung der in §§ 33 bis 33b KWKG enthaltenen Ermächtigungen, indem sie gemeinsame Bestimmungen im Sinne von vor die Klammer gezogenen Verfahrens- und Kompetenzregelungen für die Rechtsverordnungen (§ 33a, § 33b KWKG) enthält.[2001] Vom Wortlaut als auch Regelungsaufbau und -inhalt her entspricht § 33c KWKG dem § 96 EEG 2017. In Abs. 1 wird ein Zustimmungserfordernis zugunsten des Bundestages für den Verordnungserlass normiert, ohne die Beteiligung des Bundesrates (vgl. § 33a Abs. 1 und 2; § 33b Abs. 1 KWKG). Abs. 2 regelt das Verfahren, das auch die Änderungswünsche des Bundestages erfasst. Ihre Übernahme wird als „hartes Zustimmungsrecht"[2002] bezeichnet. Im Unterschied zu den Bestimmungen des TEHG und EEG tritt die Zustimmungsfiktion bereits nach Ablauf von drei Sitzungswochen ein. Eine Begründung, die die Einführung des § 33c KWKG erklärt, fehlt.[2003] Da das Gesetz aber eng an das EEG angelegt ist, ist die Regelung wohl aus ähnlichen Gründen eingefügt worden.[2004] Verweise auf Vorgängerregelungen sind nicht vorhanden.

Ebenfalls wie im EEG wird in Abs. 3 eine Delegationsmöglichkeit vorgesehen, die erst infolge der Beschlussempfehlung des Ausschusses für Wirtschaft und Energie in das Gesetz eingefügt wurde. Dies sei sinnvoll, da die Regelung der Einzelheiten der Ausschreibungen eine teils sehr technische Dimension habe,

---

[2001] *Küper/Mussaeus*, in: BerlKomm EnR, 4. Aufl. 2018, § 33c KWKG Rn. 1.
[2002] *Küper/Mussaeus*, in: BerlKomm EnR, 4. Aufl. 2018, § 33c KWKG Rn. 4.
[2003] Siehe BR-Drs. 619/16 (Gesetzentwurf), S. 114.
[2004] Siehe BT-Drs. 18/10209 (Gesetzentwurf), S. 1 f. „Die beiden wesentlichen Bestandteile dieses Gesetzes sehen Änderungen des Kraft-Wärme-Kopplungsgesetzes (KWKG) sowie der Regelungen zur Eigenversorgung im Erneuerbare-Energien-Gesetz (EEG 2017) vor, die eng miteinanderverbunden sind. (...) Durch diese Maßnahmen werden zugleich das KWKG und das EEG 2017 stärker aneinander angepasst, um im Interesse eines konsistenten Energierechts einen besseren Gleichlauf dieser beiden wichtigen energiepolitischen Gesetze zu erreichen. Damit verbunden ist auch eine bessere Verzahnung der Bestimmungen zur Eigenversorgung im EEG 2017 und KWKG. Dies steht im Zusammenhang mit dem zweiten Schwerpunkt des Gesetzes: (...)."

für die bei der Bundesnetzagentur – gerade vor dem Hintergrund der Erfahrungen mit Ausschreibungen im EEG 2017 – die erforderlichen speziellen Fachkenntnisse vorhanden seien.[2005] Die Subdelegation ermögliche auch ein flexibles Nachsteuern für den Fall, dass sich nach Erlass einer Rechtsverordnung durch die Bundesregierung weiterer Regelungsbedarf hinsichtlich konkreter Ausgestaltungen der Ausschreibungen ergeben sollte.[2006] Die Übertragung zustimmungsbedürftiger Rechtsverordnungen auf die Bundesnetzagentur ist dem Verfahren nach Abs. 2 unterworfen (anders als bei EEG, in dem eine entsprechende Bestimmung fehlt), der Erlass der Rechtsverordnung selbst von der beauftragten Stelle hingegen ist von der weiteren Zustimmung des Bundestages ausdrücklich befreit.

**dd) Beurteilung der neuen Form und ihre Einordnung**

Die so formulierten Mitwirkungsrechte des Bundestages in § 10 TEHG a.F., § 96 EEG 2017 und § 33c KWKG heben sich von den Vorgängerregelungen ab und stellen eine rechtliche Besonderheit dar. Sie statuieren vom Wortlaut her eine Aufweichung des typischen Änderungsvorbehaltes. Damit schlagen sie eine Brücke zwischen dem grundsätzlich zulässigen Zustimmungsvorbehalt und dem überwiegend als unzulässig angesehenen Änderungsvorbehalt. Dennoch sind sie im Lichte der Änderungsvorbehalte zu sehen und als solche zu behandeln. Sie stehen im engen Zusammenhang zu den ersten Vorläufernormen mit einem Änderungsvorbehalt, auf die sie auch explizit verweisen, greifen deren Schwächen auf, um sie aufzulösen (z.B. Zustimmungsfiktion) und erfüllen den gleichen Sinn und Zweck. Sie stellen ein aktives Mitgestaltungsrecht dar und versetzen den Verordnungsgeber in eine schwierige Lage, wenn er die vorgeschlagenen Änderungen nicht übernehmen will. Die häufigen Novellierungen des EEG zeigen auch die Notwendigkeit wandelbarer Vorschriften, die mittels Mitwirkungsrechte des Parlaments gut bewältigt werden können, ohne das langatmige Gesetzgebungsverfahren in Anspruch nehmen zu müssen, was angesichts der rechtzeitigen Umsetzung von EU-Rechtsakten einen erheblichen Vorteil bringt. Dass die zusätzliche Beteiligung des Parlaments bei dem Verordnungserlass von besonderer „Qualität" und schwer einzuordnen ist, wird in der

---

[2005] BT-Drs. 18/10668 (Beschlussempfehlung und Bericht), S. 138.
[2006] BT-Drs. 18/10668 (Beschlussempfehlung und Bericht), S. 138.

Kommentierung von *Salje* zum § 96 EEG 2014 sowie § 64g EEG 2012 deutlich. Bis 2017 ging er davon aus, dass die zustimmungsbedürftigen Verordnungen durch die Beteiligung des Bundestages „quasi in den Rang von Gesetzen erhoben werden."[2007] Diese Auffassung wird später revidiert, sie „werden damit zwar nicht in den Rang von Gesetzen erhoben, wohl aber an Kenntnisnahme und Kontrolle durch das Parlament gekoppelt."[2008] Eine Erklärung für das eine oder andere fehlt gänzlich. Dabei sind die genannten Paragrafen inhaltlich gleich und verfolgen lediglich redaktionelle Änderungen. So wundert es, was den Verfasser zu der Korrektur bewogen hat. Diese hat nämlich erhebliche Folgen für die Bewertung von Rechtswirkungen der Parlamentsbeteiligung.

3. **Kritische Würdigung der Umsetzung von Änderungsvorbehalten mit Besprechung diverser Einwände zu ihrer Anwendung und ihren Auswirkungen**

Die Einräumung von Vorbehalten zugunsten des Bundestages bzw. des Bundesrates ist grundsätzlich unbedenklich. Die erteilte Ermächtigung wird durch sie inhaltlich nicht begrenzt, sondern sie erschweren lediglich ihre Ausübung.[2009] Aus den Begründungen zur Einführung der Änderungsvorbehalte stehen Flexibilität und Bedeutung der zu regelnden Materie, auf die sich der Bundestag mitgestaltende Einflussbefugnis sichern möchte, im Vordergrund. Das Mitwirkungsrecht wird so zum starken politischen Instrument. Es wird versucht, eine für politisch wichtig und notwendig erachtete Regelung, die politisch stark umstritten sein kann und eilbedürftig ist, auf den Verordnungsgeber zu delegieren, um auf diese Weise das zeitaufwendige Gesetzgebungsverfahren zu vermeiden und die Ankündigungswirkung der Rechtsverordnungen für sich zu nutzen.[2010] Das Motiv für eine Delegation kann die eines „Schwarzen Peters" sein, insbesondere bei unpopulären Entscheidungen.[2011] Zu bedenken ist, dass bei Änderungsvorschlägen das Verfahren sich auch verzögern kann, z.B. je nachdem wie lange der Bundestag für den Änderungsvorschlag braucht oder es zu Meinungs-

---

[2007] *Salje*, EEG 2012, 6. Aufl. 2012, § 64g EEG Rn. 1; *Salje*, EEG 2014, 7. Aufl. 2014, § 96 EEG Rn. 1.
[2008] *Salje*, EEG 2017, 8. Aufl. 2017, § 96 EEG Rn. 1.
[2009] In dem Sinne BVerfGE 8, 274 (323) bzgl. „Zustimmungsverordnungen" und *Hoffmann*, DVBl. 1996, 347 (359).
[2010] So *Staupe*, in: Jarass/Petersen/Weidemann KrW-/AbfG, 2011, § 59 KrW-/AbfG Rn. 111.
[2011] *Kropp*, in: Lersner/Wendenburg, 2018, § 67 KrWG Rn. 9.

verschiedenheiten[2012] zwischen Bundestag und Bundesrat kommen sollte, die den Erlass der Verordnung erschweren oder sogar unmöglich machen könnten.

### a) Bedeutung der Änderungsvorbehalte bei der Umsetzung des EU-Rechts

Sinn und Zweck der Regelungen ist eine schnellere und flexiblere Anpassung sowie Entlastung des Gesetzgebers zu ermöglichen.[2013] Das wird anhand der Regelungen ersichtlich, die europarechtsbedingt[2014] einer Umsetzung bedürfen. Dabei handelt es sich überwiegend um „unionsrechtsspezifische Verordnungsermächtigungen"[2015] bzw. um „zweistufige[2016] Exekutivrechtsetzung." Sie erlauben das Unionsrecht besonders einfach und zügig umzusetzen, insbesondere bei jeweils thematisch sehr eng begrenzten Regelungsbereichen. Eine umfassende Ermächtigung an die Exekutive zur Ausführung von EU-Rechtsakten, bspw. bei den Richtlinien, fehlt jedoch.[2017] So eine generelle gesetzliche Ermächtigung[2018] wäre aber wünschenswert. Die dargestellten Regelungen spiegeln bereits eine dahingehende Tendenz ab. Die Verordnungs-

---

[2012] *BMJ*, Handbuch der Rechtsförmlichkeit, 3. Aufl. 2008, Rn. 402. So such *Schönleiter*, in: L/R-GewO, Oktober 2019, § 34e GewO Rn. 12.

[2013] In diesem Sinne auch *Breuer*, ZfW 1999, 220 (223), der auf zunehmend komplexer werdende Lebensverhältnisse hinweist, sodass die Entlastung des Gesetzgebers durch Verordnungsgebung der Exekutive begründet sei, sogar dringende Desiderate darstellen würden, wenngleich deren Konkretisierung und Erfüllung offenbar eine Crux sei. Zustimmend *Schlüter*, Emissionshandel, 2013, S. 141.

[2014] Die Umsetzung der zahlreichen und dichter werdenden EG-Richtlinien gerade für Bundesrepublik Deutschland habe sich als schwieriges Feld erwiesen. Die Verurteilungen der Bundesrepublik durch den EuGH wegen fehlender, verzögerter oder für unzureichend erachteter Umsetzung von EG- Richtlinien hätten sich in bedenklichen Maße erhöht, so *Breuer*, ZfW 1999, 220 (223) mit Nachweisen aus der EuGH-Rspr. Auf das Problem mangelnder Umsetzung der EG-Gesetzgebung im Bereich der Umweltpolitik verweist auch *Callies*, NVwZ 1998, 8 (9) m.w.N.

[2015] *Bauer*, in: Dreier/GG-Kommentar, Bd. II, 3. Aufl. 2015, Art. 80 GG Rn. 37; zuvor *Scheuing*, EuR 20 (1985) 229 (234) noch „gemeinschaftsrechtsspezifische Verordnungsermächtigungen".

[2016] *Breuer*, ZfW 1999, 220 (229) bzgl. § 6a WHG (BGBl. I S. 1690), zweistufige Exekutivrechtsetzung sei gegeben, wenn im ersten Schritt auf der supranationalen Ebene eine EG-Richtlinie und im zweiten Schritt zur nationalen Umsetzung der Richtlinie eine Rechtsverordnung der Bundesregierung erlassen werde.

[2017] *Scheuing*, EuR 20 (1985) 229 (234).

[2018] Eine generelle gesetzliche Ermächtigung an die Bundesregierung zur Ausführung von EG-Richtlinien durch Rechtsverordnungen werde für zulässig gehalten, sofern nicht bestehende Gesetze zu ändern seien oder verfassungsrechtliche Gesetzesvorbehalte eingreifen würden. Dabei wird auf Zustimmungs- oder Aufhebungsvorbehalte zugunsten des Bundestages, mit welchen diese versehen werden könnten, hingewiesen, *Scheuing*, EuR 20 (1985) 229 (235).

ermächtigungen sind oft europaoffen und mit Vorwürfen konturloser und programmabstineter Vorgaben, die den klassischen Anforderungen des Art. 80 GG widerstreben, behaftet.[2019] Durch Einräumung von Beteiligungsrechten des Parlaments könnte dem Einwand der Verlagerung der Rechtsetzungsverantwortung auf die Exekutive entgegengewirkt werden. Es führt zu einem Zusammenspiel zwischen dem Bundestag und der Exekutive bei der Rechtsetzung, bei der die Vorteile des Rechtsverordnungsverfahrens ohne Umgehung des Parlaments ausgenutzt werden können.

### b) Bewertung der Kombinationsmöglichkeiten von Vorbehalten

In den dargestellten Regelungen, die keine Gewähr auf Vollständigkeit erheben und als gut zu präsentierende Beispiele dienen, steht der Änderungs- neben dem Ablehnungsvorbehalt bzw. sie werden beide miteinander kombiniert. Keines der Mittel hat Vorrang vor dem anderen. Sie sind als gleichrangig zu betrachten, vor allem besteht keine Pflicht für den Bundestag, zunächst das angeblich „mildere Mittel" der Änderung anzuwenden, bevor er die Rechtsverordnung komplett ablehnt.[2020] Ob der Bundestag den Entwurf ändert oder ablehnt, steht in seinem politischem Ermessen, das keinen rechtlichen Beschränkungen unterliegt.[2021] Ferner wurde bemängelt, dass die gesetzlichen Ermächtigungen einen Zustimmungsvorbehalt des Bundestages nicht vorsehen, sodass eine „positive" Äußerung des Einverständnisses oder einer ausdrücklichen Zustimmungserklärung seitens des Bundestages nicht möglich sein soll.[2022] Aus der Praxis ergibt sich aber, dass sie regelmäßig ergeht,[2023] um eben einen unverzüglichen Fortgang des Verfahrens zu ermöglichen.[2024] Nur wegen

---

[2019] In diese Richtung *Breuer*, ZfW 1999, 220 (233) bzgl. § 6a WHG. Für verfassungsrechtliche Zulässigkeit solcher Rechtsverordnungen, *Calliess*, NVwZ 1998, 8 (8 ff.).
[2020] *Staupe*, in: Jarass/Petersen/Weidemann KrW-/AbfG, 2011, § 59 KrW-/AbfG Rn. 62.
[2021] *Staupe*, in: Jarass/Petersen/Weidemann KrW-/AbfG, 2011, § 59 KrW-/AbfG Rn. 62; *Schimnasky*, in: Kotulla/BImSchG, September 2017, § 48b BImSchG Rn. 12.
[2022] *Staupe*, in: Jarass/Petersen/Weidemann KrW-/AbfG, 2011, § 59 KrW-/AbfG Rn. 63. *Beckmann*, in: Landmann/Rohmer, UmweltR, September 2019, § 67 KrWG Rn. 12.
[2023] *Staupe*, in: Jarass/Petersen/Weidemann KrW-/AbfG, 2011, § 59 KrW-/AbfG Rn. 63; *Klement*, in: Schmehl GK-KrWG, 2013, § 67 KrWG Rn. 5; *Hentschel/Roßnagel*, in: Führ/GK-BImSchG, 2016, § 48b BImSchG Rn. 15; *Jarass*, in: BImSchG, 12. Aufl. 2017, § 48b BImSchG Rn. 8; *Bleckmann*, in: Landmann/Rohmer, UmweltR, September 2019, § 67 KrWG Rn. 3; *Konzak*, in: BeckOK UmweltR, 1.1.2020, § 67 KrWG Rn. 4. Bsp. siehe bei *Frenz*, KrW-/AbfG, 3. Aufl. 2002, § 59 KrW-/AbfG Rn. 10.
[2024] So auch *Kropp*, in: Lersner/Wendenburg, 2018, § 67 KrWG Rn. 17.

des Fehlens einer expliziten Normierung kann nicht gefolgert werden, dass der Bundestag statt eines Änderungs- oder Ablehnungsbeschlusses einen Zustimmungsbeschluss fassen kann. Außerdem sind in einigen Regelungen Beschlussklauseln[2025] enthalten, die eine Beschlussfassung des Bundestages unentbehrlich machen (vgl. § 56 PflBG). Abgesehen davon kann der Änderungsvorbehalt auch in kombinierter Form auftreten, indem die Zustimmung des Bundestages an einen bestimmten Änderungswunsch gebunden wird. Man könnte von einer „bedingten"[2026] oder „harten"[2027] Zustimmung sprechen (vgl. § 10 TEHG a.F., § 96 Abs. 2 EEG oder § 33c Abs. 2 KWKG).

### c) Verständnis von ungenauen Formulierungen in den Ermächtigungsnormen und von Unstimmigkeiten über die Verfahrensabläufe

Zudem gibt es Unstimmigkeiten, was unter einzelnen Begriffen zu verstehen ist. Insbesondere fällt hier der Begriff des „sich Befassens" auf, der die Frage aufwirft, ob darin eine erstmalige Beschäftigung oder abschließende Entscheidungsfindung zu verstehen ist.[2028] Hier wird vertreten, es sei sachgerecht, statt „befasst", „Beschluss gefasst", zu lesen.[2029] Eine bloße Debatte im Plenum oder ein Ausschussbeschluss sollen demgegenüber nicht genügen, um eine „Befassung" anzunehmen, es müsse ein Plenarbeschluss vorliegen.[2030] Die Setzung auf die Tagesordnung eines Ausschusses wurde aber als ausreichend für die Befassung bei dem GenTG angesehen.[2031] Das könnte damit zusammenhängen, dass dort ein Mindestquorum für den Befassungsantrag nicht vorgesehen war. Damit hätte der jeweilige Ausschussvorsitzende es in der Hand, nach § 61 GOBT über die Befassung zu entscheiden, mit der Folge des Verlustes der Vorbe-

---

[2025] So genannt durch *Wissenschaftliche Dienste BT*, WD 3 -3000 -200/18, 2018, S. 4.
[2026] *Wissenschaftliche Dienste BT*, WD 3-3000-024/15, 2018, S. 5.
[2027] *Küper/Mussaeus*, in: BerlKomm EnR, 4. Aufl. 2018, § 33c KWKG Rn. 4.
[2028] So *Uhle*, Parlament und RVO, 1999, S. 249.
[2029] *Jarass*, in: BImSchG, 12. Aufl. 2017, § 48b BImSchG Rn. 7; *Thiel*, in: Landmann/Rohmer, UmweltR, September 2019, § 48b BImSchG Rn. 16.
[2030] *Jarass*, in: Jarass/Petersen KrWG, 2014, § 67 KrWG Rn. 12; *Hentschel/Roßnagel*, in: Führ/GK-BImSchG, 2016, § 48b BImSchG Rn. 14; *Jarass*, in: BImSchG, 12. Aufl. 2017, § 48b BImSchG Rn. 7; *Thiel*, in: Landmann/Rohmer, UmweltR, September 2019, § 48b BImSchG Rn. 16; *Hofmann*, in: BeckOK UmweltR, 1.1.2020, § 48b BImSchG Rn. 6.
[2031] BT-Drs. 11/6778 (Beschlussempfehlung und Bericht) S. 48. Dem schließen sich an: *Staupe*, in: Jarass/Petersen/Weidemann KrW-/AbfG, 2011, § 59 KrW-/AbfG Rn. 85; *Schimnasky*, in: Kotulla/BImSchG, September 2017, § 48b BImSchG Rn. 14; *Kropp*, in: Lersner/Wendenburg, 2018, § 67 KrWG Rn. 22.

haltsausübung.[2032] Eine so weite Auslegung würde auch dem Bundestag erhebliche Verzögerungsmöglichkeiten eröffnen, die die verfahrensbeschleunigende Zielsetzung der Fristsetzung konterkarieren könnte.[2033] Zweifel an diesem Verständnis ergeben sich in Zusammenhang[2034] mit der AltautoVO, bei der der Umweltausschuss um eine Verlängerung der Beratungsfrist bat. Das könnte nämlich darauf hindeuten, dass der Ausschuss selbst davon ausgegangen sei, dass die Erörterung eines Entwurfs noch keine Befassung des Bundestages sei.[2035] Möglich wäre es auch, dem Vorgehen lediglich eine klarstellende Wirkung zuzuschreiben und als Ausdruck gegenseitiger Rücksichtnahme zu sehen. Daher wird in Anlehnung an § 92 GOBT und übrige Ermächtigungsnormen ein Befassen des Plenums gefordert, das durch einen Antrag eines Abgeordneten gem. § 20 Abs. 2 Satz 3 GOBT herbeigeführt werden kann.[2036] Damit ist die Hürde für die Vorbehaltsausübung höher als bei Regelungen, die das Antragsrecht von der Fraktionsstärke anhängig machen, weil für den Beschluss die Mehrheit des Plenums vorliegen muss.[2037]

Es ist davon auszugehen, so die Praxis, dass eine geringfügige Überschreitung der Frist wohl toleriert wird, sodass eine Weiterleitung erst mit Beschlussfassung erfolgt, der Bundestag allerdings daran gehalten ist, im Sinne des Grundsatzes der Verfassungsorgantreue die statuierte Frist nicht in gravierender Weise zu überschreiten, um so ein missbräuchliches Verzögern auszuschließen.[2038] Aus dem Sinn und Zweck der Weiterleitungsklausel, die einerseits die Entlastung des Gesetzgebers durch Einbindung des Parlaments in den Verordnungserlass zum Ziel hat und andererseits die Gewährleistung einer sachorientierten, flexiblen und kurzfristigen Rechtsetzung bezweckt, sprechen die besseren Gründe dafür, eine abschließende Befassung anzunehmen.[2039] Was Beschlussfassung meint, wird umso schwieriger bei nicht fristgebundenem Mitwirkungs-

---

[2032] *Rupp*, NVwZ 1993 756 (757); *Schmidt*, Die Beteiligung des BT, 2002, S. 88.
[2033] *Staupe*, in: Jarass/Petersen/Weidemann KrW-/AbfG, 2011, § 59 KrW-/AbfG Rn. 85.
[2034] Siehe dazu Teil 2 III. 2. a) ee).
[2035] *Kropp*, in: Lersner/Wendenburg, 2018, § 67 KrWG Rn. 22 mit Verweis auf BT-Drs. 13/6517 (Beschlussempfehlung und Bericht) S. 5.
[2036] *Schmidt*, Die Beteiligung des BT, 2002, S. 89.
[2037] So *Schmidt*, Die Beteiligung des BT, 2002, S. 67 ff.
[2038] So *Uhle*, Parlament und RVO, 1999, S. 249.
[2039] In dem Sinne *Uhle*, Parlament und RVO, 1999, S. 250.

klauseln (vgl. § 56 Abs. 1 PflBG). So dürfte dort eine Entscheidung in der Sache erst mit Kenntnisnahme und Weiterleitung an den Bundesrat, Zustimmung oder Ablehnung bedeuten, während bei fristgebundenen Beschlüssen bereits die Entscheidung über eine Vertagung eine Entscheidung in der Sache wäre, die die Ausübung des Vorbehalts verfristet.[2040]

Die Vorschriften schreiben dem Bundestag überwiegend eine Frist vor, innerhalb welcher er sich mit dem Verordnungsentwurf zu befassen hat. Die Anzahl von Sitzungswochen variiert zwischen drei und sechs. Das ist nicht außer Acht zu lassen, denn aus der Fristdauer lässt sich das Gewicht der Beteiligung des Parlaments deuten. Sollte die Frist zu kurz sein, senkt das das Gewicht, weil das Änderungsrecht nicht mehr ausgeübt werden kann.[2041] Als „Sitzungswochen" sind alle Wochen anzusehen, in denen mindestens eine Sitzung des Plenums des Bundestages stattfindet.[2042] Wie im Bundestag mit dem ihm zugeleiteten Verordnungsentwurf umzugehen ist, ergibt sich nicht direkt aus den beschriebenen Vorschriften, sondern folgt teilweise aus der GOBT.[2043] Nach § 75 Abs. 1 lit. m GOBT können Rechtsverordnungen, soweit sie aufgrund gesetzlicher Grundlagen dem Bundestag zuzuleiten sind, als selbstständige Vorlagen auf die Tagesordnung gesetzt werden. Diese Regelung bezieht sich jedoch nur auf Vorlagen von Mitgliedern des Bundestages, was sich aus § 76 GOBT ergibt, der sich auf § 75 GOBT bezieht. Damit findet diese Regelung keine Anwendung in Fällen, in denen ein Mindestquorum für Befassungsanträge nicht vorgeschrieben ist.[2044] Ebenfalls findet § 92 GOBT vom Wortlaut her keine Anwendung auf Änderungsvorbehalte, da er nur ein Verfahren bei Zustimmungs- bzw. Ablehnungsbeschlüssen des Bundestages regelt. Außerdem verbietet ein gesetzlich

---

[2040] So *Wissenschaftliche Dienste BT*, WD 3-3000-200/18, 2018, S. 4 mit Verweis auf *Ritzel/Bücker/Schreiner*, HdbPP, 2010, § 92 GOBT Nr. 4b.
[2041] *Schmidt*, Die Beteiligung des BT, 2002, S. 87. In diesem Sinne wohl auch *Kloepfer*, UmweltR, 4. Aufl. 2016, § 21 Rn. 62 bzgl. der 3-Wochen-Frist in § 67 Satz 5 KrWG. Ebenso *Calliess*, NVwZ 1998, 8 (12), der bei § 59 KrW-/AbfG die nur 3-Wochen-Frist als relativ kurz beschreibt, aber durch die Verknüpfung mit inhaltlichem Änderungsbeschluss wieder als kompensiert ansieht.
[2042] *Jarass*, in: Jarass/Petersen KrWG, 2014, § 67 KrWG Rn. 12; *Beckmann*, in: Landmann/Rohmer, UmweltR, September 2019, § 67 KrWG Rn. 13.
[2043] So *Staupe*, in: Jarass/Petersen/Weidemann KrW-/AbfG, 2011, § 59 KrW-/AbfG Rn. 55; *Beckmann*, in: Landmann/Rohmer, UmweltR, September 2019, § 67 KrWG Rn. 10.
[2044] So *Kropp*, in: Lersner/Wendenburg, 2018, § 67 KrWG Rn. 13.

angeordnetes Mindestquorum für die Befassung mit dem Verordnungsentwurf die in § 92 GOBT vorgesehene automatische Befassung.[2045] Darin kann ein weiteres Indiz für eine eigenständige Variante der Mitwirkungsform des Bundestages bei Verordnungserlassen der Exekutive erblickt werden und nicht nur ein Unterfall des Zustimmungsbeschlusses gesehen werden.[2046] Nicht ausgeschlossen ist aber, § 92 GOBT entsprechend auf die Rechtsverordnung anzuwenden, die mit einem Änderungsvorbehalt erlassen wird, denn die Rechtsverordnung abzulehnen oder abzuändern kann inhaltlich einem Zustimmungserfordernis gleichwertig sein.[2047] Die analoge Anwendung müsste zumindest für die Vorschriften möglich sein, die ein Mindestquorum nicht vorsehen.[2048] Insofern wären die Folgen des § 92 GOBT lediglich verfahrensrechtlicher Natur.[2049] Die Verfahrensvorschriften für den Rechtsverordnungserlass sind heteronom[2050] und so ist es nicht ungewöhnlich, dass der Gesetzgeber selbst für Änderungsvorbehalte Verfahrensbestimmungen in die Ermächtigungsnormen aufgenommen hat.

### d) Entschärfung des Arguments zur Umgehungsgefahr der Mitwirkungsrechte des Bundesrates

Aus den Regelungen[2051] wird deutlich, dass eine weitere Schwierigkeit bei den Änderungsvorbehalten die Beteiligung des Bundesrates bei zustimmungspflich-

---

[2045] *Lippold*, ZRP 1991, 254 (254 f.); *Konzak*, DVBl. 1994, 1107 (1109) z.B. § 292 Abs. 4 Satz 6 HGB a.F., § 20 Abs. 2 Satz 6 UmweltHG.
[2046] In dem Sinne *Lippold*, ZRP 1991, 254 (255); *Konzak*, DVBl. 1994, 1107 (1109); *Bogler*, DB 1996,1505 (1507); entgegen der ausdrücklichen Einstufung des Änderungsvorbehaltes als Unterfall der Zustimmungsverordnung, siehe § 292 Abs. 4 HGB a.F., BT-Drs. 10/4268 (Beschlussempfehlung und Bericht), S. 113.
[2047] In dem Sinne *Frenz*, KrW-/AbfG, 3. Aufl. 2002, § 59 KrW-/AbfG Rn. 7. Für eine analoge Anwendung bei Änderungsbeschlüssen auch *Uhle*, Parlament und RVO, 1999, S. 246 ff. und *Wissenschaftliche Dienste BT*, WD 3-3000-200/18, 2018, S. 3. Gegen eine analoge Anwendung *Schmidt*, Die Beteiligung des BT, 2002, S. 87 f. m.w.N.
[2048] In dem Sinne *Staupe*, in: Jarass/Petersen/Weidemann KrW-/AbfG, 2011, § 59 KrW-/AbfG Rn. 57. Für eine analoge Anwendung bei Änderungsbeschlüssen auch bei Mindestquorum, *Uhle*, Parlament und RVO, 1999, S. 246 ff. und *Wissenschaftliche Dienste BT*, WD 3-3000-200/18, 2018, S. 3.
[2049] *Frenz*, KrW-/AbfG, 3. Aufl. 2002, § 59 KrW-/AbfG Rn. 7.
[2050] *Nierhaus*, in: Bonner Kommentar, Februar 2020, Art. 80 GG Rn. 380.
[2051] Zum Vergleich bspw.: § 42d Abs. 1 BRAO a.F. vs. § 40 Abs. 1 GenTG a.F., § 20 Abs. 2 UmweltHG, § 59 KrW-/AbfG a.F. und § 67 KrWG.

tigen Rechtsverordnungen ist. Sind zwei Kompetenzträger mit gleichen Entscheidungsbefugnissen hinsichtlich einer Materie berufen, so kann der (einfache) Gesetzgeber bereits durch die Anordnung der Reihenfolge, in der jene an der Verordnungsgebung zu beteiligen sind, entscheidenden Einfluss auf die Wirkung dieser Befugnisse ausüben.[2052] Je nachdem wann der Bundesrat an dem Verordnungserlass beteiligt werden sollte (vor oder nach dem Erlass eines Änderungsbeschlusses des Bundestages), könnte die Zustimmung des Bundesrates als entwertet betrachtet werden. Die Erteilung der Zustimmung beinhaltet nämlich eine Prüfung des vorgelegten Gegenstandes durch den Bundesrat, sodass sich diese nur auf abgeschlossene Willensbildungsvorgänge der jeweiligen Entscheidungsträger beziehen kann.[2053] Wird der Bundestag erst nach Erteilung der Zustimmung des Bundesrates beteiligt und würde er einen Änderungsbeschluss erlassen, der Bundesrat aber nicht erneut beteiligt, wäre das eine Umgehung der Rechte des Bundesrates (weitreichende Änderungen der Rechtsverordnung unterlagen nicht der Prüfung bei Zustimmungserlass) und würde gleichzeitig eine Bindung nicht nur der Exekutive, sondern auch des Bundesrates an den Beschluss des Bundestages bedeuten.[2054] Diese Deutung wird durch § 66 f. GGO bestätigt. Nach § 66 Abs. 2 Satz 1 GGO kommt es zur Ausfertigung und Verkündung der Rechtsverordnung, wenn deren Wortlaut endgültig feststeht. Das ist bei zustimmungsbedürftigen Rechtsverordnungen nach § 67 Abs. 1 Satz 2 GGO erst dann der Fall, wenn die Zustimmung des Bundesrates vorliegt. Zum Zeitpunkt der Zustimmungserteilung war der Wortlaut der Rechtsverordnung aber nicht endgültig, wenn der Bundestag seinen Inhalt durch Änderungsbeschluss verändert hat. Damit stünde die Zustimmung des Bundesrates stets unter dem Vorbehalt der Wirkungslosigkeit.[2055] Bei der GGO handelt es sich aber nur um eine Geschäftsordnung, deren Rangstufe in der Hierarchie der Rechtsnormen und deren Bindungswirkung für Dritte, ähnlich

---

[2052] In diesem Sinne *Jekewitz*, ZRP 1991, 281 (286); *Pegatzky*, Parlament und Verordnungsgeber, 1999, S. 157.
[2053] So *Jekewitz*, ZRP 1991, 281 (285).
[2054] In diesem Sinne *Pegatzky*, Parlament und Verordnungsgeber, 1999, S. 158 f.; *Uhle*, Parlament und RVO, 1999, S. 135 f.
[2055] *Pegatzky*, Parlament und Verordnungsgeber, 1999, S. 160.

wie bei der GOBT, zweifelhaft ist.[2056] Eine andere Reihenfolge bei der Beteiligung (erst Bundestag und dann Bundesrat) lässt die Frage aufkommen, ob der Bundesrat insoweit das „letzte Wort" habe, dass er vor Änderungen des Bundestages abweichende Maßgabebeschlüsse[2057] fassen und damit das Votum des Bundestages verdrängen könne, oder die Verordnung gescheitert sei oder aber ein Abstimmungsverfahren zwischen Bundesrat und Bundestag stattfinde.[2058] Insofern gleicht diese Reihenfolge der bei Zustimmungsgesetzen, bei denen das Risiko besteht, dass die vom Bundestag gebilligte und gewollte Fassung letztlich nicht die Zustimmung des Bundesrates findet.[2059] In diesem Sinne ist § 11 Abs. 4 Satz 5 DüngG als eine Ausnahmeregelung zu verstehen, der ausdrücklich keine erneute Befassung des Bundestags nach übernommenen Änderungsvorschlägen des Bundesrates, vorschreibt.

Vor diesem Hintergrund ist anzumerken, dass es eine Art Vermittlungsverfahren zwischen dem Bundestag und dem Bundesrat nicht gibt, also nur ein sog. „navette"-Verfahren möglich ist, bei dem zwischen den Verfassungsorganen der Verordnungsentwurf so lange hin und hergeschickt wird, bis eine konsensfähige Verordnungsvorlage erzielt wird oder das Verfahren scheitert und auf den Rechtsverordnungserlass verzichtet wird.[2060] Auf diese Weise wird die Sachherrschaft über die Rechtsverordnungsgebung auf alle Verfahrensbeteiligten gleichmäßig[2061] verteilt und kann unter Umständen bedeuten, dass das „letzte Wort" beim Verordnungsgeber liegt, wenn er keine der Änderungen der anderen Verfahrensorgane übernehmen will bzw. es ihm nicht gelingt die an-

---

[2056] Kleiner Hinweis darauf in Bezug auf §§ 63 ff. GGO (i.d.F. v. 15.10.1976, GMBl. 550, zuletzt geänd. durch Beschl. des Bundeskabinetts v. 4.10.1989, GMBl. 649) bei *Jekewitz*, ZRP 1991, 281 (285).
[2057] Näheres zu den Maßgabebeschlüssen des Bundesrates, siehe *Riese*, Der Massgabebeschluss, 1992, S. 72 ff.; *Uhle*, in: Gesetzgebung, 2014, § 24 Rn. 80 f. m.w.N.
[2058] *Jekewitz*, ZRP 1991, 281 (285) mit Verweis auf Sitzung v. 24.9.1990, R 90/90, Prot. S. 12 f.
[2059] *Jekewitz*, ZRP 1991, 281 (284).
[2060] *Ziller*, DVBl. 1963, 795 (796) zum „navette-Verfahren"; *Schmidt*, Die Beteiligung des BT, 2002, S. 91.
[2061] *Ziller*, DVBl. 1963, 795 (796), der bei Zustimmungsverordnungen mit Beteiligung des Bundesrates, die Tätigkeit jedes einzelnen Organs als Teilakt der Rechtsetzung sieht, die erst zusammen das Recht setzen können.

deren Beteiligten durch Verhandlungen umzustimmen.[2062] Da eine Einigung der Bundesorgane für den Erlass der Rechtsverordnung erforderlich ist, sind weitaus größere Anforderungen an die Erzielung der Übereinstimmung zu erfüllen als bei einem Zustimmungsgesetz, bei dem der Vermittlungsausschuss (Art. 77 Abs. 2 GG) einberufen werden kann.[2063]

### e) Ungewissheit über die Bedeutung des Wortes „Änderung", insbesondere über das Ausmaß und die Reichweite

Beim Abstellen auf den Wortlaut der dargestellten Änderungsvorbehalte ist erkennbar, dass die Vorschriften keine inhaltlichen Einschränkungen enthalten. So werden Zweifel erhoben, dass damit dem Bundestag im äußersten Fall auch erlaubt sei, eine völlige Neugestaltung[2064] des Regelungsinhaltes des Verordnungsentwurfes vorzunehmen, da jedenfalls kein interpretatorisches Kriterium oder sonstiger Maßstab vorliege, die eine verlässliche Abgrenzung zwischen un- und zulässigen Veränderungen erlauben würden.[2065] Überlegenswert wäre eine verfassungskonforme Auslegung[2066] der Änderungsvorbehalte, in dem Sinne, dass der Bundestag lediglich geringfügige Änderungen an den Verordnungsentwürfen der Verordnungsgeber vornehmen könnte, also Änderungen, die den wesentlichen Inhalt der Verordnung nicht berühren würden.[2067] Das wäre

---

[2062] *Schmidt*, Die Beteiligung des BT, 2002, S. 91. So auch *Riese*, Der Massgabebeschluss, 1992, S. 85 f. in Bezug auf Zustimmung des Bundesrates zur Rechtsverordnung. So gilt wohl gleiches für das Verhältnis zum Bundestag.

[2063] *Ziller*, DVBl. 1963, 795 (796).

[2064] *Lippold*, ZRP 1991, 254 (255) „völlige Neufassung"; *Rupp*, NVwZ 1993, 756 (757); *Konzak*, DVBl. 1994, 1107 (1109); *Bogler*, DB 1996, 1505 (1507) „(...) kann der Bundestag die (...) Rechtsverordnung ändern, ja sogar völlig neu fassen."; *Hoffmann*, DVBl. 1996, 347 (350), spricht davon, dass der Verordnungsentwurf durch den Beschluss unbegrenzt geändert werden könne.

[2065] *Lippold*, ZRP 1991, 254 (255); *Rupp*, NVwZ 1993, 756 (757 f.); *Konzak*, DVBl. 1994, 1107 (1109); *Thomsen*, DÖV 1995, 989 (990); *Pegatzky*, Parlament und Verordnungsgeber, 1999, S. 151; *Staupe*, in: Jarass/Petersen/Weidemann KrW-/AbfG, 2011, § 59 KrW-/AbfG Rn. 117 f.

[2066] Verfassungskonforme Auslegung ist geboten, bei der diejenige Auslegung der Vorschrift gewählt wird, bei der der Normsinn weitestgehend erhalten bleibt, wobei Wortlaut und Gesetzeszweck nicht außer Acht gelassen werden dürfen. In dem Sinne BVerfGE 2, 266 (282); 8, 28 (34); 18, 97 (111); 54, 277 (299 f.); *Bogler*, DB 1996, 1505 (1508); *Thomsen*, DÖV 1995, 989 (993).

[2067] So *Bogler*, DB 1996,1505 (1508), die im Ergebnis diese Auslegung in Bezug auf § 59 KrW-/AbfG a.F. verneint. Schon zuvor beim § 20 UmweltHG angedeutet, als Normalfall war gedacht, dass das Parlament nur Einzelheiten in der Regierungslage verändert, *Lippold*, ZRP

von dem Wortlaut her noch vertretbar, schließlich wird von „geändert" und nicht von „neu gefaßt" gesprochen, allerdings ist unklar, ob diese Auslegung mit den Vorstellungen des Gesetzgebers vereinbar ist und ggf. sonstige Widersprüche mit den Grundsätzen der Rechtsklarheit und -sicherheit entstehen.[2068]

Zu denken wäre auch an eine verfassungskonforme Reduktion der Änderungsvorbehalte auf eine Ablehnungsbefugnis oder auf eine Zustimmungsbefugnis. Beim letzteren würde die Änderung durch den Bundestag lediglich einen Vorschlag und eine bedingte Zustimmung darstellen.[2069] Einerseits wäre damit der Ermächtigungsadressat nicht etwa zu einer Umsetzung des Willens des Parlaments verpflichtet (Wirkung eines Vorschlags), andererseits auch darf er sich nicht über diesen Beschluss hinwegsetzen, sondern muss, möchte er das Vorhaben weiter betreiben, die Änderungen übernehmen (bedingte Zustimmung); eigene Änderungen darf er auch nicht mehr vornehmen, weil in diesem Fall erneut der Bundestag zu befassen wäre.[2070] Zu bezweifeln ist, ob das nicht der ursprünglichen Absicht des Gesetzgebers zuwiderläuft, sich ein inhaltliches Einflussnahmerecht zu sichern bzw. von dem Wortlaut her erfasst ist.[2071] Eine Befugnis des Delegatars zur Zurückziehung oder nochmaligen Änderung einer bereits vom Parlament geänderten Verordnungsvorlage würde das dem Parlament eingeräumte Beschlussrecht wie durch eine Hintertür auf Änderungs-Vorschlagsrecht reduzieren – das heißt ein Ablehnungsrecht für die Ermächtigungsadressaten einräumen – und die Beteiligungsrechte ins Gegenteil verkehren (keine revolvierende Wirkung der Zuleitung des Änderungsbe-

---

1991, 254 (255). Für geringfügige Änderungen: *Calliess*, NVwZ 1998, 8 (11) mit Begründung, dass bei § 59 KrW-/AbfG a.F. Rechtsakte der EG umgesetzt werden, die verbindliche Vorgaben geben, an die der Bundestag sich zu halten hat und so seine Änderungsbefugnis auf allenfalls geringfügige Änderungen des Verordnungsentwurfs beschränkt ist; mit anderen Argumenten auch *Kunig*, in: Kunig/Paetow/Versteyl KrW-/AbfG, 2. Aufl. 2003, § 59 KrW-/AbfG Rn. 5.

[2068] *Bogler*, DB 1996, 1505 (1508), die eine Verletzung des Grundsatzes auf Rechtsklarheit-und sicherheit bejaht.

[2069] *Jarass*, in: Jarass/Petersen KrWG, 2014, § 67 KrWG Rn. 1.

[2070] *Frenz*, KrW-/AbfG, 3. Aufl. 2002, § 59 KrW-/AbfG Rn. 11; *Hentschel/Roßnagel*, in: Führ/GK-BImSchG, 2016, § 48b BImSchG Rn. 19; *Thiel*, in: Landmann/Rohmer, UmweltR, September 2019, § 48b BImSchG Rn. 14; *Konzak*, in: BeckOK UmweltR, 1.1.2020, § 67 KrWG Rn. 4.

[2071] *Thomsen*, DÖV 1995, 989 (993), der eine verfassungskonforme Auslegung auch im Sinne einer Reduktion als gescheitert sieht.

schlusses).[2072] Eine derartige Interpretation ist aufgrund des Wortlauts der Regelungen, die es offenlassen, wie die Rechtsverordnungsgeber auf die Zuleitung eines Abänderungsbeschlusses zu reagieren haben, sie auch nicht dazu zwingen, jede Verordnungsvorlage an den Bundesrat (bei zustimmungspflichtigen Verordnungen) zu übermitteln, zumindest nicht ausgeschlossen.[2073]

### f) Beanstandung des Umfangs der Parlamentsbefugnisse im verfassungsrechtlichen Kontext

Eine weitere Frage, auf die *Rupp* aufmerksam macht ist, ob sich das Parlament an die in der Ermächtigungsnorm festgelegten Anforderungen aus Art. 80 Abs. 1 Satz 2 GG halten müsse, wenn es eine Änderung der Rechtsverordnungsinhalts beschließen wolle, oder aber aus dem Umstand, dass das Parlament bei der Gesetzgebung frei sei, ein a maiore ad minus Schluss zu ziehen sei, dass es auch bei der Gestaltung des Rechtsverordnungsinhalts ungebunden sei.[2074] Zu weiteren großen Zweifeln zählen, ob zu einer Änderung solcher Verordnungen die Regierung überhaupt noch zuständig sei und bei wem die Verantwortung und die Haftung für normatives Unrecht läge.[2075] Es wird nach Bewertungskriterien gesucht, weil der Bundestag durch nichtlegislativen Beschluss Recht setzt, das in der Form in der Verfassung nicht ausdrücklich niedergeschrieben ist.[2076] Bei Änderungsvorbehalten handle es ich um eine Inhaltsbestimmung oder „in-

---

[2072] *Lippold*, ZRP 1991, 254 (255); *Staupe*, in: Jarass/Petersen/Weidemann KrW-/AbfG, 2011, § 59 KrW-/AbfG Rn. 74 f. Beide berufen sich auf die Vorläuferregelung § 292 Abs. 4 HGB a.F.
[2073] *Klement*, in: Schmehl GK-KrWG, 2013, § 67 KrWG Rn. 7.
[2074] *Rupp*, NVwZ 1993, 756 (758). Um eine derartige Sichtweise zu verneinen, verweist er ferner auf die ablehnende Reaktion des Bundesrates während der Beratungen zum UmweltHG, BT-Drs. 11/7104 (Gesetzentwurf), S. 29. „Bei Beratung des Umwelthaftungsgesetzes hat der Bundesrat sich mit Recht gegen eine solche Argumentation gewandt: Sie verkenne, „daß ein entsprechendes Änderungsgesetz nicht allein durch den Deutschen Bundestag, sondern nur unter erneuter Einschaltung des Bundesrates zustandekäme" und schon deshalb ein Erst-recht-Schluß in Bezug auf eine parlamentarische Verordnungsänderung unzulässig sei." Dem schließt sich an mit etwas anderer Argumentation, *Pegatzky*, Parlament und Verordnungsgeber, 1999, S. 151.
[2075] Zusammenfassende Aufstellung von Fragen, z.B. *Rupp*, NVwZ 1993, 756 (758).
[2076] In diesem Sinne aber noch schärfer formuliert, *Studenroth*, DÖV 1995, 525 (534), „Die Rechtsetzung durch Parlamentsbeschluss – und nichts anderes ist die Verordnungsänderung aufgrund eines solchen Beschlusses – ist nicht vorgesehen und widerspricht dem Verfassungsgefüge."

haltliches Zugriffsrecht,"[2077] die eine andere Qualität habe, sodass sich hier die Frage nach der parlamentarischen Legitimation anders und schärfer als bei bloßen Zustimmungs- oder Kassationsvorbehalten stelle.[2078] Teilweise wird von einer Spielart der Rückholermächtigung gesprochen.[2079]

Die zentralen Fragen sind, ob der Bundestag nicht in unzulässiger Weise in den Bereich der Exekutive eingreift, materiell gesehen selbst[2080] eine Rechtsverordnung erlässt bzw. dieser Vorbehalt zur Umgehung des förmlichen Gesetzgebungsverfahrens und der damit verbundenen Rechte und Sicherungen führt.[2081] Im Endeffekt hat er also die Befugnis zum Verordnungserlass inne, ohne das Initiativrecht, das allein den Delegataren vorbehalten ist.[2082] Grupp geht sogar noch weiter. Für ihn stellen die unter Mitwirkung des Parlaments erlassenen Rechtsverordnungen Parlamentsgesetze niederen Ranges dar, die die Exekutive mehr entwirft als beschließt.[2083] Allerdings ist das fehlende Initiativrecht der gravierendste Unterschied zu den Rechten des Verordnungsgebers. Dem Bundestag wird ein Gestaltungsrecht nur auf die Entwürfe des Initiators gebilligt.[2084] Er kann nach eigenen Vorstellungen wohl nicht nur Detailfragen, aber auch weitgehende Umgestaltungen des Verordnungsentwurf vornehmen, jedoch nur unter der Voraussetzung, dass sich die Umgestaltung des Entwurfs noch innerhalb des von der Bundesregierung vorgegebenen inhaltlichen Rahmens bewegt.[2085]

Mitberücksichtigt werden muss auch die Ausgestaltung des Rechtsverordnungserlasses, ob der Rechtsverordnungsermächtigte einen Entscheidungsspielraum hat, sog. Entschließungsermessen des Verordnungsgebers. Je nach-

---

[2077] *Martini*, AöR 133 (2008), 155 (174).
[2078] *Rupp*, NVwZ 1993, 756 (758).
[2079] So *Martini*, AöR 133 (2008), 155 (174).
[2080] *Thomsen*, DÖV 1995, 989 (992 f.); *Hoffmann*, DVBl. 1996, 347 (350) „echte Verordnungsgebung"; *Nierhaus*, in: Bonner Kommentar, Februar 2020, Art. 80 GG Rn. 203, „Mit dem Änderungsvorbehalt erhebt sich das Parlament „additiv zum Adressaten der Verordnungsermächtigung" – (*Hoffmann*, DVBl. 1996, 347 (350)).
[2081] In dem Sinne zusammenfassend, *Brandner*, UTR 40 (1997), 119 (128).
[2082] In dem Sinne *Lippold*, ZRP 1991, 254 (255); *Rupp*, NVwZ 1993, 756 (758); *Bogler*, DB 1996, 1505 (1507).
[2083] *Grupp*, DVBl. 1974, 177 (178); zustimmend *Thomsen*, DÖV 1995, 989 (992).
[2084] *Frenz*, KrW-/AbfG, 3. Aufl. 2002, § 59 KrW-/AbfG Rn. 1.
[2085] *Fischer*, in: KrWR, AbfR und BodSchR, Bd. 2, Oktober 2018, § 67 KrWG Rn. 17.

dem, ob ein solches vorhanden ist, kann zwischen einem Änderungsbeschluss mit obligatorischer oder fakultativer Wirkung unterschieden werden. Obligatorische Änderungsvorbehalte sollen verfassungswidrig sein, in diesen Fällen habe der Verordnungsgeber keine Wahl, ob er von der Ermächtigung Gebrauch mache oder nicht, sodass der Gesetzgeber mit Hilfe des Änderungsvorbehalts letztlich den Inhalt der Verordnung diktieren könne.[2086] Ein Beispiel dafür wäre der § 20 Abs. 2 UmweltHG. Demgegenüber will *Brandner* die Regelung anders auslegen, „verordnungsgeberfreundlicher", dass zwar der Verordnungsgeber an den Beschluss des Bundestages gebunden bleibe, ihm aber dennoch die Entscheidung zugestehen, ob er nach dem der Bundestag Änderungen vorgenommen hat, die Verordnung bis zur Verkündungsreife gelangen lassen und in Wirksamkeit setzen wolle oder nicht.[2087] Außerdem wird in dem Zusammenhang die Entwicklung im Umweltrecht und die Tendenz, wesentliche Entscheidungen auf den Verordnungsgeber zu delegieren, zu beachten sein, weil das Spannungsverhältnis zur Wesentlichkeitstheorie durch Einflussnahmemöglichkeiten des Parlaments aufgrund demokratischer Legitimation begegnet werden soll.[2088] Aus den Gesetzgebungsmaterialien folgt auch, dass der Gesetzgeber den Änderungsvorbehalt für Materien vorgesehen hat, die er als besonders bedeutsam im Sinne von wesentlich erachtet hat.

### g) Aktualität der Änderungsvorbehalte und die Notwendigkeit ihrer Überprüfung

Die Bedeutung der Änderungsvorbehalte ist nicht nur marginal und sie haben ihren festen Platz in der Staatspraxis, insbesondere im Bereich des Umweltrechts gefunden, der noch anwachsen wird. Die gesetzlichen Regelungsbeispiele bieten einen Vorgeschmack der zunehmenden Tendenz zu Parlamentsbeteiligungsformen an der Rechtsverordnungsgebung. Rückblickend gab es einen Boom in den 90er Jahren (vgl. § 292 Abs. 4 HGB a.F., § 40 GenTG a.F., § 20

---

[2086] *Sommermann*, JZ 1997, 434 (438 ff.).

[2087] *Brandner*, UTR 40 (1997), 119 (138); so ähnlich *Frenz*, KrW-/AbfG, 3. Aufl. 2002, § 59 KrW-/AbfG Rn. 11.

[2088] *Peter*, LKV 2007, 493 (498). So ähnlich *Kropp*, in: Lersner/Wendenburg, 2018, § 67 KrWG Rn. 8 „die verfassungsrechtliche Bedeutung von § 67 (liegt) in dem Versuch, der Tendenz des modernen Umweltrechts zur Unterwanderung der parlamentarischen Demokratie entgegenzuwirken: Bei bestimmten, besonders wichtigen Rechtsverordnungen soll der Bundestag beteiligt werden."

UmweltHG, § 42d BRAO a.F.), ein „Quasi-Moratorium"[2089] für die Zeit zwischen dem Erlass des § 59 KrW-/AbfG a.F. im Jahr 1994 und des § 48b BImSchG im Jahr 2002 bzw. des § 11 DüngG im Jahr 2009, ein stichprobeartiges Wiederaufleben seit 2010 (vgl. § 10 TEHG a.f. von 2011, § 47k GWB von 2012, § 96 EEG von 2014) und eine erneut verstärkte Normierung seit 2016 (aus 2016: § 34e GewO, § 33c KWKG, § 113 GWB; aus 2017: § 26 StandAG und § 56 PflBG). Die Mitwirkungsklauseln bringen zum Ausdruck, das Gefühl der Ohnmacht des Gesetzgebers einerseits und sein Bemühen andererseits, eine stärkere Steuerung und Kontrolle delegierter Rechtsetzung durch verschiedene Einwirkungsinstrumente auszuüben.[2090] So bilden die Beteiligungsformen des Bundestages zwar nicht die Regel, sondern eher die Ausnahme.[2091] Mit diesen förmlichen Einwirkungsformen des Bundestages, insbesondere der Änderungsvorbehalte, begibt sich der Gesetzgeber auf „verfassungsrechtlich dünnes Eis."[2092] Umso mehr wäre der Gesetzgeber oder Verfassungsgeber gut beraten, die erhobenen verfassungsrechtlichen und verfassungspolitischen Bedenken ernst zu nehmen. Daher sind die verfassungsrechtlichen Einwände, auf ihre Schlüssigkeit hin zu überprüfen.

### IV. Diskurs um die Zulässigkeit von parlamentarischen Änderungsvorbehalten

Der Änderungsvorbehalt erfolgt im Rahmen der Übertragung der Rechtsetzungsbefugnis auf die Exekutive, die mittels eines formellen Gesetzes angeordnet wird. Daher haben diese Vorbehalte ihren Ursprung in dem Rang eines Gesetzes, ihre Ausführung vollzieht sich aber mittels eines schlichten Parlamentsbeschlusses. Mit diesem drückt das Parlament ein Änderungsverlangen im Sinne einer typischen Willenserklärung des Bundestages aus. Überwiegend wird der Vorbehalt als „ein verordnungsspezifisches Kontrollmittel des Parlaments"[2093] eingesetzt, das sich von der Intensität der Einflussnahme her auf die exekutive Rechtsetzung unterschiedlich auswirken kann. Grundsätzlich bezwecken die Vorbehalte eine Harmonisierung von parlamentarischer und exe-

---

[2089] Begriff bei *Saurer*, NVwZ 2003, 1176 (1177).
[2090] *Staupe*, in: Jarass/Petersen/Weidemann KrW-/AbfG, 2011, § 59 KrW-/AbfG Rn. 130.
[2091] So auch *Schönleiter*, in: L/R-GewO, Oktober 2019, § 34e GewO Rn. 12.
[2092] *Staupe*, in: Jarass/Petersen/Weidemann KrW-/AbfG, 2011, § 59 KrW-/AbfG Rn. 132.
[2093] *Uhle*, Parlament und RVO, 1999, S. 242.

kutiver Willensbildung, die im Ergebnis eine konsensfähige Rechtsverordnung hervorbringen sollen.[2094] Durch die Einbindung des Parlaments beim Verordnungserlass soll eine effektive Rechtsetzung, bei der das aufwendige Gesetzgebungsprozess vermieden wird, ermöglicht werden.[2095] So wirkt der Bundestag auf die Rechtsverordnungsgebung in mehrfacher Hinsicht ein. Zunächst entscheidet das Parlament per Gesetz darüber mit, ob die Exekutive überhaupt ermächtigt wird, Rechtsverordnungen zu erlassen. Wegen Art. 80 Abs. 1 Satz 2 GG nimmt vor allem das Parlament sodann Einfluss auf den Rechtsverordnungserlass, indem es mit der Bestimmung von Inhalt, Zweck und Ausmaß der Ermächtigung die Grenzen der Normsetzungsbefugnis des Delegatars determiniert.[2096] Diese über die Ermächtigungsgrundlage erfolgten indirekten[2097] Maßgaben dirigieren den Inhalt der Rechtsverordnung. Mit den Änderungsvorbehalten hingegen hat der Bundestag allein eine direkte Einflussnahme auf die Rechtsverordnung und ihren Inhalt. Denn um die Rechtsverordnung erlassen zu können, hat sich der Verordnungsgeber bei der inhaltlichen Gestaltung der Verordnung an gewissen Vorgaben des Bundestages zu orientieren. Diese Ausrichtung an dem Willen des Parlaments, der in dem schlichten Parlamentsbeschluss ausgedrückt wird,[2098] ist in der Ermächtigungsnorm abgesichert und garantiert, sodass nach der Delegation der Rechtsetzungsbefugnis das Parlament keine Regelung hinnehmen muss, die es nicht billigen würde bzw. es erneut tätig werden müsste, um auf die Aufhebung bzw. Änderung der Rechtsverordnung hinzuwirken. Das entspricht auch grundsätzlich der verfassungsrechtlichen Stellung des Verordnungsgebers, wonach der Gesetzgeber grundsätzlich einen weiten Spielraum für seine Gestaltung besitze, während der Verordnungsgeber enger gebunden sei.[2099] Auf diese Weise trägt das Parlament die Entscheidung des Verordnungsgebers mit. Es bestehen aber große Zweifel da-

---

[2094] *Uhle*, Parlament und RVO, 1999, S. 243.
[2095] So *Uhle*, Parlament und RVO, 1999, S. 243.
[2096] *Kloepfer*, VerfR I, 2011, § 15 Rn. 20 und § 21 Rn. 354.
[2097] *Kloepfer*, VerfR I, 2011, § 15 Rn. 20 und § 21 Rn. 355.
[2098] In diesem Sinne auch *Hüser*, Die Mitwirkung, 1978, S. 125, der in Fn. 3 von einem Anweisungsvorbehalt der Legislative spricht, bei dem die Exekutive durch schlichten Parlamentsbeschluss dazu verpflichtet werden könne, von der Ermächtigung in bestimmter Weise Gebrauch zu machen.
[2099] BVerfGE 13, 248 (255), „Nur so wird die Gestaltungsfreiheit des Gesetzgebers auch im Verhältnis zum Verordnungsgeber gewahrt."

ran, wie weit das Ausmaß des Mitgestaltungsrechts gehen darf und ob es in dieser Form verfassungsrechtlich zulässig ist. Die Wirkung der Änderungsvorbehalte ist vom substanziellen Gewicht für das Zustandekommen der Rechtsverordnungen. Auf diese Weise wird die Rechtsverordnungsdelegation in einer Rechtsverordnungsermächtigung limitiert, was umso schwerer wiegt in Anbetracht der allgemeinen Einsetzungsmöglichkeiten, dass per Gesetz Regelungen in Rechtsverordnungen unwirksam gemacht werden können bzw. die Ermächtigungsnorm selbst geändert oder aufgehoben werden kann.[2100] Außerdem entsteht die Gefahr der Beförderung der Delegationshäufigkeit[2101], mit anderen Worten also der Flucht des Bundestages in die Verordnungsgebung.

Die einzeln dargestellten Regelungen, die einen Änderungsvorbehalt enthalten, zeigen auf, dass Vieles ungeklärt ist. Man ist sich uneins, inwiefern der Änderungsvorbehalt tragbar ist und auch aus den Gesetzgebungsmaterialien[2102] werden verfassungspolitische und verfassungsrechtliche Bedenken herangetragen. Überwiegend wird der Änderungsvorbehalt als verfassungswidrig angesehen.[2103] Teilweise wird zwischen fakultativen (der Rechtsverordnungsgeber hat ein Entschließungsermessen) und obligatorischen Änderungsvorbehalten (der Rechtsverordnungsgeber ist zum Rechtsverordnungserlass verpflichtet) differenziert, wobei die ersteren verfassungskonform sein sollen.[2104] Eine vermit-

---

[2100] *Kloepfer*, VerfR I, 2011, § 15 Rn. 20 und § 21 Rn. 354 f.; *Badura*, Staatsrecht, 7. Aufl. 2018, S. 661 Rn. 55.
[2101] *Uhle*, Parlament und RVO, 1999, S. 243.
[2102] Bspw. *Staatsekretär Sauter*, Beratung der 625. BR-Sitzung am 14.12.1990, BR-PlPr. 605, 625 (574 (A-C)) zu § 42d BRAO a.F.
[2103] *Rupp*, NVwZ 1993, 756 (757 ff.); *Konzak*, DVBl. 1994, 1107 (1110 ff.); *Studenroth*, DÖV 1995, 525 (534 f.); *Thomsen*, DÖV 1995, 989 (990 ff.); *Bogler*, DB 1996, 1505 (1507 f.); *Hoffmann*, DVBl. 1996, 347 (350 f.); *Pegatzky*, Parlament und Verordnungsgeber, 1999, S. 149 ff.; *Seiler*, ZG 2001, 50 (67 ff.); *Rubel*, in: Umbach/Clemens GG-Kommentar, Bd. II, 2002, Art. 80 GG Rn. 53; *Saurer*, NVwZ 2003, 1176 (1179 ff.); *Kotulla/Rolfsen*, NVwZ 2010, 943 (944); *Bauer*, in: Dreier/GG-Kommentar, Bd. II, 3. Aufl. 2015, Art. 80 GG Rn. 31; *Brenner*, in: Mangoldt/Klein/Starck, GG Bd. 2, 7. Aufl. 2018, Art. 80 GG Rn. 107; *Mann*, in: Sachs GG-Kommentar, 8. Aufl. 2018, Art. 80 GG Rn. 43; *Pieroth*, in: Jarass/Pieroth-GG-Kommentar, 15. Aufl. 2018, Art. 80 GG Rn. 11; *Nierhaus*, in: Bonner Kommentar, Februar 2020, Art. 80 GG Rn. 203 ff.; wohl zustimmend *Jekewitz* NVwZ 1994, 956 (958 ff.).
[2104] *Sommermann*, JZ 1997, 434 (436 ff.); *Uhle*, Parlament und RVO, 1999, S. 491 ff.; *Schmidt*, Die Beteiligung des BT, 2002, S. 67 ff., der terminologisch zwischen unechten und echten Änderungsvorbehalten spricht; in diese Richtung wohl auch *Sannwald*, in: Schmidt-

telnde Ansicht geht von einer verfassungskonformen Auslegung mit unterschiedlichen Begründungsansätzen aus.[2105] Immer zunehmender wird von der grundsätzlichen Zulässigkeit der Änderungsvorbehalte ausgegangen.[2106] So ist zwar die grundsätzliche Beteiligung des Parlaments an der Verordnungsgebung nicht ausgeschlossen, klärungsbedürftig ist die Frage, welchen Grenzen diese unterliegt.

## 1. Vergleichbarkeit der Zustimmungsvorbehalte mit den Änderungsvorbehalten

Das BVerfG[2107] äußerte sich lediglich zu der Zulässigkeit der Zustimmungsvorbehalte und stellte gewisse Anforderungen an die Beteiligung des Bundestages. Die Argumentation des BVerfG wird modelartig für und gegen die Änderungsvorbehalte angeführt. So ist voranzustellen, inwiefern die Zustimmungs- und Änderungsvorbehalte miteinander vergleichbar sind und infolgedessen die seitens des BVerfG angeführten Gründe auf Änderungsvorbehalte übertragbar sind.

Festzustellen ist zunächst, dass sowohl Änderungs- als auch Zustimmungsvorbehalte durch schlichten Parlamentsbeschluss umgesetzt werden und diese für den Rechtsverordnungsgeber verbindlich sind. Beide entspringen einer Ermächtigungsnorm und räumen dem Bundestag ein Mitwirkungsrecht ein. Während der Zustimmungsvorbehalt vom Wortlaut her als eine „Ja"-Entscheidung zu verstehen ist, ist der Äderungsvorbehalt hingegen eine Gestaltungsentscheidung, die über das bloße „Ja" hinausgeht, und viel mehr zu einer „Ja, aber nur wenn" – Entscheidung wird. Wie bereits erwähnt, wird u.a. deshalb im

---

Bleibtreu/Hofmann/Henneke GG-Kommentar, 14. Aufl. 2017, Art. 80 GG Rn. 122; wohl zustimmend *Remmert*, in: Maunz/Dürig Kommentar GG, Oktober 2019, Art. 80 GG Rn. 110.

[2105] Nach Argumenten differenzierend, siehe Teil 2 III. 3. e); *Calliess*, NVwZ 1998, 8 (11) bzgl. § 59 KrW-/AbfG a.F.; *Frenz*, KrW-/AbfG, 3. Aufl. 2002, § 59 KrW-/AbfG Rn. 11; *Kunig*, in: Kunig/Paetow/Versteyl KrW-/AbfG, 2. Aufl. 2003, § 59 KrW-/AbfG Rn. 5; *Jarass*, in: Jarass/Petersen KrWG, 2014, § 67 KrWG Rn. 1; *Hentschel/Roßnagel*, in: Führ/GK-BImSchG, 2016, § 48b BImSchG Rn. 19; *Thiel*, in: Landmann/Rohmer, UmweltR, September 2019, § 48b BImSchG Rn. 14. Ähnlich *Brandner*, UTR 40 (1997), 119 (137 ff.).

[2106] *Lippold*, ZRP 1991, 254 (257); *Ossenbühl*, DVBl. 1999, 1 (3 f.); *v. Bogdandy*, Gubernative Rechtsetzung, 2000, S. 415 ff. und 431; *Hushahn*, JA 2007, 276 (283); *Schnelle*, Eine Fehlerfolgenlehre, 2007, S. 44 ff.

[2107] BVerfGE 8, 274 (318 ff.), genauere Ausführungen siehe dazu Teil 1 IV. 8 b) und f).

Schrifttum überwiegend davon ausgegangen, dass der Änderungsvorbehalt ein materiell bindender Vorbehalt sei, der dem Parlament eine direkte, unmittelbar-verbindliche Einflussnahme auf die inhaltliche Ausgestaltung der Rechtsverordnung ohne Einschränkungen erlaube, somit eine andere Qualität als der Zustimmungsbeschluss aufweise und als ein Aliud zu begreifen sei.[2108] Das aktive Einwirken auf den Inhalt der Rechtsverordnung solle den gewichtigen Unterschied zu dem Zustimmungsvorbehalt bilden.[2109] Das hat zur Folge, dass der Verordnungsgeber sogar verpflichtet werden könne,[2110] eine Rechtsverordnung zu erlassen, deren Inhalt er nicht selbst bestimmt habe.[2111] Daraus könnte sich eine Zwangslage entwickeln, in der Verordnungsgeber entgegen seinen Willen eine Regelung erlassen würde.[2112] Im Ergebnis würde das Parlament in die Rolle des (Mit-) Verordnungsgebers schlüpfen.[2113] Das bei dem Zustimmungsvorbehalt vorhandene Initiativrecht wird dabei mit der Kreativfunktion, das heißt, dass der Inhalt durch das verordnungsgebende Organ bestimmt wird, gleichgesetzt. Durch die Ausübung des Änderungsvorbehalts würde dieser entscheidende Vorteil verloren gehen, weil die Exekutive sich an die Vorgaben des Parlaments halten müsste.[2114]

Dieser Auffassung ist aus mehreren Gründen zu widersprechen. Zunächst ist aus dem Sinn und Zweck der Änderungs- und Zustimmungsvorbehalte die gleiche Intensität der Einflussnahme zu folgern. Dabei ist hervorzuheben, dass der Erlass der Rechtsverordnung verhindert wird, wenn deren Inhalt nicht von dem Bundestag gebilligt wird. In Bezug auf den Zustimmungsvorbehalt bedeutet

---

[2108] So z.B.: *v. Danwitz*, Die Gestaltungsfreiheit, 1989, S. 113 f.; *Lippold*, ZRP 1991, 254 (255); *Rupp*, NVwZ 1993, 756 (758); *Konzak*, DVBl. 1994, 1107 (1109); *Studenroth*, DÖV 1995, 525 (534); *Bogler*, DB 1996, 1505 (1507); *Hoffmann*, DVBl. 1996, 347 (350); *Dette/Burfeind*, ZG 1998, 257 (262); *Pegatzky*, Parlament und Verordnungsgeber, 1999, S. 78 f.; *Schwanengel*, Einwirkungen der Landesparlamente, 2002, S. 43 und 53; *Staupe*, in: Jarass/Petersen/Weidemann KrW-/AbfG, 2011, § 59 KrW-/AbfG Rn. 117 f.
[2109] In dem Sinne *Thomsen*, DÖV 1995, 989 (990); *Seiler*, ZG 2001, 50 (65 und 67 f.).
[2110] So *Studenroth*, DÖV 1995, 525 (534).
[2111] So auch *Sommermann*, JZ 1997, 434 (439).
[2112] *Wolff*, AöR 78 (1952/53), 194 (217).
[2113] In dem Sinne *Lippold*, ZRP 1991, 254 (255); *Rupp*, NVwZ 1993, 756 (758); *Studenroth*, DÖV 1995, 525 (534); *Staupe*, in: Jarass/Petersen/Weidemann KrW-/AbfG, 2011, § 59 KrW-/AbfG Rn. 115 „Co-Verordnungsgeber."
[2114] So *Schnelle*, Eine Fehlerfolgenlehre, 2007, S. 49.

das, dass der Bundestag seine Zustimmung so lange verweigern kann und damit den Rechtsverordnungserlass blockieren wird, bis der Verordnungsgeber, wenn er an dem Erlass festhält, einlenkt und die Rechtsverordnung exakt nach den Vorstellungen des Bundestages gestaltet.[2115] Die ähnliche Wirkung der Änderungs- und Zustimmungsvorbehalte wird deutlicher, wenn man die Möglichkeit einer antizipierten Zustimmung berücksichtigt, wonach der Bundestag sein Recht nicht nur auf bloße Zustimmung beschränkt, sie stattdessen an die Einhaltung bestimmter Bedingungen knüpft.[2116] Durch diese Maßgabebeschlüsse[2117] wird die Zustimmung bei der Nichtentsprechung seiner Änderungswünsche zunächst verweigert, bei gleichzeitiger Ankündigung seiner Zustimmungserteilung im Falle der Modifizierung des Rechtsverordnungsinhalts nach seinen Vorstellungen.[2118] Faktisch bleibt damit dem Verordnungsgeber die Wahl, entweder die Vorschläge anzunehmen und sich so dem Willen des Bundestages zu beugen oder auf den Erlass gänzlich zu verzichten, falls kei-

---

[2115] In dem Sinne *Sommermann*, JZ 1997, 434 (437) jedenfalls wenn der Erlass der Verordnung in der Freiheit des Verordnungsgebers steht; dem zustimmend auch *Seiler*, ZG 2001, 50 (67); *Schmidt*, Die Beteiligung des BT, 2002, S. 112; *Uhle*, NVwZ 2002, 15 (20) damit schlägt die Kontrollfunktion des Bundestages in eine Letztentscheidungsbefugnis um. Ohne Einschränkung *Kersten*, Die Übertragung rechtsetzender Gewalt, 1964, S. 40; *Grupp*, DVBl. 1974, 177 (180); *Schnelle*, Eine Fehlerfolgenlehre, 2007, S. 48 ff.; so auch *Sannwald*, in: Schmidt-Bleibtreu/Hofmann/Henneke GG-Kommentar, 14. Aufl. 2017, Art. 80 GG Rn. 121 m.w.N.
[2116] *Pegatzky*, Parlament und Verordnungsgeber, 1999, S. 164.
[2117] Anfangs war die Staatspraxis von Maßgabebeschlüssen des Bundesrates geprägt, siehe genauer *Riese*, Der Massgabebeschluss, 1992, S. 72 ff. m.w.N., der in dem Zeitraum v. 1.1.1978 bis zum 20.12.1990 eine Quote von ca. 43 % der Zustimmungsbeschlüsse des Bundesrates unter Änderungsmaßgaben feststellt. *Schmidt*, Die Beteiligung des BT, 2002, S. 57 verweist darauf, dass aus Art. 80 Abs. 2 GG geregelter Beteiligung des Bundesrates in Form von Zustimmungsvorbehalten, eine Parallelwertung für den Bereich der Mitwirkung des Bundestages vorgenommen werden könne. Ferner zeigt er, dass seit 1955 sich der Bundestag der Praxis des Bundesrates angenommen habe, siehe S. 64 Fn. 48 mit Bsp. Von einer gängigen Staatspraxis, die auch für die Änderungsvorbehalte gelten soll, *Wissenschaftliche Dienste BT*, WD 3-3000-024/15, 2018, S. 5 f. mit Verweis auf *Uhle*, in: Gesetzgebung, 2014, § 24 Rn. 91 und auf Bsp. für diese Verfahrensweise: Verordnung über Vereinbarungen zu abschaltbaren Lasten (Verordnung zu abschaltbaren Lasten) v. 28.12.2012 (BGBl. I S. 2998) mit der dazugehörigen BT-Drs. 17/11886, S. 3 oder Verordnung zur Markttransparenzstelle für Kraftstoffe (MTS-Kraftstoff-Verordnung) v. 22.3.2013 (BGBl. I S. 595) mit der dazugehörigen BT-Drs. 17/12746, S. 3.
[2118] So *Uhle*, Parlament und RVO, 1999, S. 262.

ne Erlasspflicht besteht.[2119] Im Falle der Verpflichtung hingegen bleibt ihm nicht mal eine Fluchtmöglichkeit übrig, weil er sowohl beim Zustimmungs- als auch Änderungsvorbehalt gezwungen wird, den Willen des Bundestages umzusetzen.[2120] Im Vergleich dazu wird mit dem Änderungsvorbehalt die Vorgehensweise im Sinne der effektiven Verfahrensgestaltung vereinfacht, weil die Änderungsverordnung von Anfang an nur dann erlassen wird, wenn und soweit sich der Verordnungsgeber an den Änderungsbeschluss hält und sich so den konstruktiven Umweg erspart.[2121] In beiden Situationen werden inhaltliche Abänderungen durch den Bundestag angestoßen und vorangetrieben, die der Verordnungsgeber in seinen Willen letztendlich aufnimmt. Somit trifft der Vorwurf der materiellen Verordnungsgebereigenschaft nicht nur auf die Änderungsvorbehalte, sondern in gleicher Weise auf die Zustimmungsvorbehalte zu. Der einzige Unterschied ist, dass bei Zustimmungsvorbehalten das parlamentarische Einwirkungspotential bzgl. unmittelbarer Inhaltsänderungen von Rechtsverordnungen etwas versteckt ist, während es bei Änderungsvorbehalten ausdrücklich kenntlich gemacht wird.[2122]

So ist der Änderungsvorbehalt als ein Unterfall der Zustimmung zu verstehen, was bereits einmal unmissverständlich in den Gesetzgebungsmaterialien[2123] zum Ausdruck gebracht wurde. Auch die Gesetzgebertätigkeit spricht dafür. In den neueren Regelungen wird der Ausdruck, dass mit Beschluss der Inhalt geändert wird, durch ein Abhängigkeitsverhältnis des Rechtsverordnungserlasses von Änderungswünschen des Bundestages aufgeweicht.[2124] Dieses wird auch als „bedingte Zustimmung"[2125] bezeichnet. Das stellt den Änderungsvorbehalt

---

[2119] So *Kersten*, Die Übertragung rechtsetzender Gewalt, 1964, S. 40; *Pegatzky*, Parlament und Verordnungsgeber, 1999, S. 164; *Uhle*, Parlament und RVO, 1999, S. 262.
[2120] So *Uhle*, Parlament und RVO, 1999, S. 383; so ähnlich *Remmert*, in: Maunz/Dürig Kommentar GG, Oktober 2019, Art. 80 GG Rn. 110.
[2121] In dem Sinne *Pegatzky*, Parlament und Verordnungsgeber, 1999, S. 164; *Uhle*, Parlament und RVO, 1999, S. 262 und 382.
[2122] in dem Sinne *Pegatzky*, Parlament und Verordnungsgeber, 1999, S. 165; *Uhle*, Parlament und RVO, 1999, S. 263 f.
[2123] BT-Drs. 10/4268 (Beschlussempfehlung und Bericht), S. 113, so der Ausschuss zu § 292 Abs. 4 HGB a.F.
[2124] Siehe hierzu die Regelungen § 10 TEHG a.F., § 64 EEG 2009, § 96 EEG 2017, § 33c KWKG; genauer dazu Teil 2 III. 2. c).
[2125] So *Wissenschaftliche Dienste BT*, WD 3-3000-024/15, 2018, S. 5.

mit einer antizipierten Zustimmung bzw. mit den Maßgabebeschlüssen auf eine Stufe.[2126]

In diesem Zusammenhang ist ein Exkurs auf den oben angeführten Begriff „aliud"[2127] zu machen, der eine Andersartigkeit des Änderungsbeschlusses im Vergleich zum Zustimmungsvorbehalt ausdrücken soll.[2128] Zum einen ist bereits fraglich, was genau unter „aliud"[2129] zu verstehen ist und wie er zu bestimmen ist. Zum anderen ist festzuhalten, dass aufgrund des Mitwirkungsumfangs des Parlaments, in beiden Konstellationen kein Wesensunterschied besteht, der zu einer unterschiedlichen verfassungsrechtlichen Bewertung der Beteiligungsformen führen würde.[2130] Die Tatsache, dass sowohl die Zustimmung als auch das Änderungsverlangen im Verordnungsverfahren in Form eines Beschlusses und eben nicht eines Gesetzes ergeht, kann gegenüber der Gesetzgebung immer als ein Aliud bewertet werden.[2131] Das a maiore ad minus Argument ist nicht ganz eindeutig. Einerseits kann der Änderungsvorbehalt ebenso wie der Zustimmungsvorbehalt als Minus gegenüber der vollständigen Übertragung der Rechtsetzungsbefugnisse begriffen werden.[2132] Andererseits erfolgt die Übertragung in beiden Konstellationen unter zusätzlichen Bedingungen, also einem Plus gegenüber den Bedingungen in Art. 80 GG.[2133] Im Ergebnis ist daher der Änderungsbeschluss dem Zustimmungsbeschluss gleichzustellen und mit den geäußerten Bedenken gegenüber der Argumentation des BVerfG zu konfrontieren.

---

[2126] So auch *Sannwald*, in: Schmidt-Bleibtreu/Hofmann/Henneke GG-Kommentar, 14. Aufl. 2017, Art. 80 GG Rn. 121 f. Zuvor schon *Sommermann*, JZ 1997, 434 (437).
[2127] *Duden*, https://www.duden.de/rechtschreibung/Aliud, Abrufdatum 25.6.2019, zum Wort Aliud: Bedeutung – „etwas anderes als der vereinbarte Gegenstand, als die vertraglich festgelegte Leistung", Herkunft – „lateinisch aliud = anderes."
[2128] So bspw. *Mann*, in: Sachs GG-Kommentar, 8. Aufl. 2018, Art. 80 GG Rn. 43; *Nierhaus*, in: Bonner Kommentar, Februar 2020, Art. 80 GG Rn. 204.
[2129] Das Problem „aliud" wird insbesondere im öffentlichen Baurecht behandelt, siehe kritische Stellungnahme zum Begriff, *Struzina/Lindner*, ZfBR 2015, 750 (750 ff.).
[2130] So auch *Brandner*, UTR 40 (1997), 119 (133). Ebenso *Kotulla/Rolfsen*, NVwZ 2010, 943 (944).
[2131] So *Remmert*, in: Maunz/Dürig Kommentar GG, Oktober 2019, Art. 80 GG Rn. 108.
[2132] *Lippold*, ZRP 1991, 254 (256); *Uhle*, in: Epping/Hillgruber Beck'scher Online Kommentar GG, Stand 1.12.2019, Art. 80 GG Rn. 55.
[2133] Darauf macht aufmerksam *Schnelle*, Eine Fehlerfolgenlehre, 2007, S. 45 Fn. 211.

## 2. Kompetenzverteilung zwischen den Verfassungsorganen

Der Ausgangspunkt[2134] bei der Betrachtung ist, dass die rechtsetzende Tätigkeit eine Aufgabe der Legislative ist, bei der dem Bundestag als deren Organ die entscheidende Rolle zukommt.[2135] Die Hauptaufgabe der Exekutive aufgrund des Grundsatzes der Gewaltenteilung (vgl. Art. 20 Abs. 2 Satz 2 und Abs. 3 GG) besteht in der Vollziehung der Gesetze, sodass sich die abgeleitete Normsetzung der Exekutive nur in einem beschränkten vom Gesetzgeber vorgezeichneten Rahmen vollziehen kann (vgl. Art. 80 GG).[2136] Dabei stellt Art. 80 GG eine Durchbrechung[2137] des Gewaltenteilungsgrundsatzes dar bzw. ist ein Ausdruck kooperativer[2138] Rechtsetzungszuständigkeit.

Es wird angeführt, dass diese Kompetenzen nicht miteinander vermischt werden dürfen, um eine klare Trennung der Gewalten aufrechtzuerhalten.[2139] Mit dem erstgenannten Vorwurf geht einher, dass bereits die Zustimmungsbeschlüsse dem Gesichtspunkt der klaren Regelung der Verantwortung zuwiderlaufen würden.[2140] Der aus dem Gewaltenteilungs- und Rechtsstaatsprinzip gefolgerte Grundsatz der Verantwortungszurechnung „(...) zielt auch darauf ab, daß staatliche Entscheidungen möglichst richtig, das heißt von den Organen getroffen werden, die dafür nach ihrer Organisation, Zusammensetzung, Funktion und Verfahrensweise über die besten Voraussetzungen verfügen, (...)."[2141] Mit dem Änderungsrecht (ggf. Zustimmungsrecht) würde der Bundestag dem Verordnungsgeber einen bestimmten Inhalt der Rechtsverordnung anordnen können, was zu seiner Ko-Autorenschaft führen würde mit der Folge, dass eine eindeutige Zurechnung der Verantwortung für den Rechtsetzungsakt er-

---

[2134] Näheres zur Rechtsverordnung und dem Gewaltenteilungsgrundsatz siehe Teil 2 II. 2. c).
[2135] Statt vieler *Pegatzky*, Parlament und Verordnungsgeber, 1999, S. 71 mit Verweis auf BVerfGE 1, 372 (394); 8, 274 (321); 24, 155 (166); 34, 52 (59) und *Wilke*, AöR 98 (1973), 196 (198).
[2136] BVerfGE 34, 52 (60) und *Pegatzky*, Parlament und Verordnungsgeber, 1999, S. 71 f.
[2137] BVerfGE 8, 274 (321).
[2138] *v. Danwitz*, Die Gestaltungsfreiheit, 1989, S. 48 f. Ähnlich *Scholz/Bismark*, in: Schule im Rechtsstaat, Bd. II, 1980, 73 (139) „Verhältnis arbeitsteiliger bzw. kooperativer Kompetenzstruktur."
[2139] *Conradi*, NVwZ 1994, 977 (978); *Konzak*, DVBl. 1994, 1107 (1111); *Jekewitz*, NVwZ 1994, 956 (959); *Bogler*, DB 1996, 1505 (1507); *Dette/Burfeind*, ZG 1998, 257 (261 f.).
[2140] *Wolff*, AöR 78 (1952/53), 194 (217). Darauf bezugnehmend BVerfGE 8, 274 (321).
[2141] BVerfGE 68, 1 (86).

schwert, sogar verhindert werde.[2142] So soll unterbunden werden, dass der Gesetzgeber selbst Verordnungen erlässt,[2143] indem er sich auf der Mitwirkung des Bundestages ausruht, und damit das Gesetzgebungsverfahren umgeht, dessen er sich bedienen müsste, um Recht setzen zu dürfen.[2144] An der Stelle ist anzumerken, dass der Gesetzgeber nicht mit dem Bundestag gleichzusetzen ist, auch wenn er bei der Gesetzgebung im Vordergrund steht. Denn dem Gesetzgeber und dem Bundestag stehen nicht die gleichen Handlungsformen zur Verfügung, es sind nicht die gleichen Organe bei deren Erlass tätig und sie geschehen nicht im gleichen Verfahren.[2145] Die im Grundgesetz niedergelegte Formenstrenge erlaubt dem Gesetzgeber nur die Handlungsform des Gesetzes, während die Form der Rechtsverordnung nur der Exekutive vorbehalten ist.[2146] Wie *Mann* es ausgedrückt hat: „Die Änderungsvorbehalte zugunsten des Bundestages widersprechen daher u.a. dem aus Art. 76 ff. GG, Art. 80 GG und Art. 82 GG ersichtlichen System der Rechtsetzung, das streng nach deren Urhebern (Legislative oder Exekutive), deren Entstehungsverfahren und deren Ergebnis (Parlamentsgesetz oder RVO) trennt."[2147] Daher seien vor allem die Vorbehalte, die unter der Schwelle eines Mitentscheidungsrecht bleiben bzw. die einem Dritten zugute kämen, weil sie als (Mit-)Verordnungsgeber ohnehin hätten eingesetzt werden können, mit der Verfassung vereinbar.[2148] Ferner wird ein Verstoß gegen die Organtreue angenommen. Die gegenseitige Respektierung der Verfassungsorgane sowie die Pflicht zur loyalen Rücksichtnahme seien verletzt, weil die rechtsetzende Exekutive jederzeit damit rechnen müsse, je

---

[2142] So bspw. *Studenroth*, DÖV 1995, 525 (534); *Konzak*, DVBl. 1994, 1107 (1111); *Thomsen*, DÖV 1995, 989 (991 f.); *Sommermann*, JZ 1997, 434 (436 und 439). Ferner auch *Staupe*, in: Jarass/Petersen/Weidemann KrW-/AbfG, 2011, § 59 KrW-/AbfG Rn. 115.

[2143] Eine eigene und selbstständige Verordnungskompetenz des Parlaments gibt es nicht, *Klink*, Pauschale Ermächtigungen, 2005, S. 122 mit Verweis auf BVerfG 8, 274 (323); 22, 330 (346); 24, 184 (199).

[2144] So bspw. *Studenroth*, DÖV 1995, 525 (534); *Rupp*, NVwZ 1993, 756 (758); *Thomsen*, DÖV 1995, 989 (991); *Sommermann*, JZ 1997, 434 (439); *Saurer*, NVwZ 2003, 1176 (1181); *Brenner*, in: v. Mangoldt/Klein/Starck, GG Bd. 2, 7. Aufl. 2018, Art. 80 GG Rn. 107.

[2145] Genauer zu dem Gesetzgebungsverfahren und dem einfachen Beschlussverfahren, siehe Teil 1 I. 2.

[2146] So u.a. *Studenroth*, DÖV 1995, 525 (529).

[2147] *Mann*, in: Sachs GG-Kommentar, 8. Aufl. 2018, Art. 80 GG Rn. 43. In dem Sinne auch, *Rupp*, NVwZ 1993, 756 (758 f.).

[2148] In dem Sinne *Wolff*, AöR 78 (1952/53), 194 (217); *Sturmhöfel*, Das Verordnungsrecht, 1964, S. 70; *Mann*, in: Sachs GG-Kommentar, 8. Aufl. 2018, Art. 80 GG Rn. 41.

nach Willensbildung im Parlament „für den Papierkorb" gearbeitet zu haben, und das obwohl sie sich an den in der Ermächtigungsnorm vorgegeben Rahmen gehalten habe.[2149]

### a) Rechtsverordnungserlass als abgeleitete Befugnis

Überwiegend wird zu Recht ein a-priori-Verstoß gegen das Gewaltenteilungsprinzip durch eine Beteiligung des Bundestages abgelehnt.[2150] Das wird damit begründet, dass die Verordnungsbefugnis nicht zum originären Kernbereich der Exekutive gehöre und somit einem Zugriff des Gesetzgebers offenstehe.[2151] Der an den Verordnungsgeber übertragene Regelungsbereich kann jederzeit auf den Gesetzgeber zurückfallen, er kann nämlich statt einer Ermächtigung zum Rechtsverordnungserlass selbst tätig werden bzw. auf die erlassenen Rechtsverordnungen per Gesetz einwirken.[2152] Das Bestehen einer Verordnungsermächtigung habe keine Sperrwirkung gegenüber der Legislative.[2153] In formeller[2154] Hinsicht entsteht nach der Ausübung des Vorbehalts durch den Bundestag eine Rechtsverordnung in einem Rechtsverordnungsverfahren, die nach außen hin von der Exekutive erlassen wird. Allein die Einflussnahme auf den Inhalt einer Rechtsverordnung durch einen Beschluss des Bundestages und eben nicht durch ein Gesetz, das in einem Gesetzgebungsverfahren durch den Gesetzgeber erlassen wurde, vermag daher keinen Verstoß gegen den Gewaltenteilungsgrundsatz zu begründen. Es wird daher zu Recht angenommen, dass nach außen das Parlament bei Änderungsvorbehalten weder als Gesetzgeber noch als Verordnungsgeber tätig werde, sondern es beteilige sich an der Rechtsetzung eines anderen.[2155]

---

[2149] *Sommermann*, JZ 1997, 434 (439). Ähnliche Anmerkung bei, *Pegatzky*, Parlament und Verordnungsgeber, 1999, S. 165.
[2150] Statt vieler *Lippold*, ZRP 1991, 254 (254); *Studenroth*, DÖV 1995, 525 (529); *Schnelle*, Eine Fehlerfolgenlehre, 2007, S. 45.
[2151] Bspw. *Grupp*, DVBl 1974, 177 (179); *Wilke*, in: v. Mangoldt/Klein, Bd. 3, 2. Aufl. 1974, Art. 80 GG Anm. II 3 b); *Lippold*, ZRP 1991, 254 (255); *Graf Vitzthum/Geddert-Steinacher*, Standortgefährdung, 1992, S. 45; *Studenroth*, DÖV 1995, 525 (529); *Thomsen*, DÖV 1995, 989 (991).
[2152] *Lippold*, ZRP 1991, 254 (255); *Thomsen*, DÖV 1995, 989 (991); so auch *Hesse*, Grundzüge des Verfassungsrechts der BRD, 20. Aufl. 1999, Rn. 525; genauer dazu Teil 2 II. 2. c).
[2153] *Wilke*, in: v. Mangoldt/Klein, Bd. 3, 2. Aufl. 1974, Art. 80 GG Anm. II 3 b).
[2154] So auch *Lippold*, ZRP 1991, 254 (255 f.); *Thomsen*, DÖV 1995, 989 (991).
[2155] *Klink*, Pauschale Ermächtigungen, 2005, S. 121 mit Verweis auf BVerfGE 8, 274 (322).

### b) Gestaltungsfreiheit des Gesetzgebers

Ferner wird die Argumentation des BVerfG, dass die Beteiligungsformen ein Minus gegenüber der vorbehaltlosen Delegation sind, unterstützend übernommen.[2156] Diese soll dahingehend verstanden werden, dass der Gesetzgeber, weil er zugunsten der Exekutive sein eigenes Rechtsetzungsmonopol preisgebe[2157], auch befugt sein soll, eine Mitwirkung des Bundestages an der Verordnungsgebung vorzuschreiben. In den Vordergrund rückt aber vor allem die von Verfassung wegen her eingeräumte, weit gefasste Gestaltungsfreiheit des Gesetzgebers, die es ihm ermögliche, soweit es sich nicht um Eingriffe in Rechts- und Freiheitsbereiche gehe, politische Entscheidungen in Form eines Gesetzes zu treffen.[2158] Diese gewisse Autonomie des Gesetzgebers gilt insbesondere für die Ausgestaltung der Rechtsetzung durch die Exekutive, die in der Ermächtigungsnorm festgelegt wird.[2159] Das ist zulässig, soweit der Kernbereich der Exekutive unangetastet bleibt.[2160] Da die Verordnungsgebung nicht zum eigenen Verantwortungsbereich der Exekutive gehört, wird nur in übertragene Kompetenzen eingegriffen. Der Kernbereich ist nicht betroffen. Teilweise lässt sich im Sinne der a maiore ad minus Begründung dahingehend argumentieren, dass mit dem Vorbehalt zu einer Rechtsverordnung der Gesetzgeber einen geringeren Eingriff in die der Exekutive übertragenen Rechtsetzungskompetenz vornehme, als wenn er die Kompetenz dem Verordnungsgeber per Gesetz entziehen würde.[2161] Insoweit spricht man auch vom sog. „punktuellen An-sich-

---

[2156] Von mangelnder Tragfähigkeit und fehlender Aussagekraft des Plus/Minus-Arguments geht aus, *Uhle*, Parlament und RVO, 1999, S. 320 ff.
[2157] So *Wilke*, in: v. Mangoldt/Klein, Bd. 3, 2. Aufl. 1974, Art. 80 GG Anm. V 8 a). So wohl auch *Lippold*, ZRP 1991, 254 (255 f.); *Graf Vitzthum/Geddert-Steinacher*, Standortgefährdung, 1992, S. 45.
[2158] *Degenhart*, Staatsrecht I, 35. Aufl. 2019, § 4 Rn. 299; *Badura*, Staatsrecht, 7. Aufl. 2018, S. 26 Rn. 15 und S. 720 Rn. 14.
[2159] In die Richtung *Uhle*, Parlament und RVO, 1999, S. 348 ff.; *Remmert*, in: Maunz/Dürig Kommentar GG, Oktober 2019, Art. 80 GG Rn. 109.
[2160] BVerfGE 9, 268 (280); 30, 1 (27 f.); 95, 1 (15 f.); 139, 321 (363); genauer *Kloepfer*, VerfR I, 2011, § 10 Rn. 77 ff.
[2161] *Hüser*, Die Mitwirkung, 1978, S. 120. Insofern liegt hier ein anderer Anknüpfungspunkt zugrunde als bei der BVerfGE 8, 274 (321), der in dem parlamentarischen Ermessen stehenden Delegationsakt gelegt habe, woraus die eingeschränkte Rechtsetzungsbefugnis folgen sollte, während hier auf die nach der Delegation konkurrierend fortbestehende parlamentarische Regelungskompetenzen abgestellt werde, so *Uhle*, Parlament und RVO, 1999, S. 311.

Ziehen der Regelung"[2162]. Auch ein leichtes Übergewicht des Parlaments ist hinzunehmen. „Selbst eine punktuelle Gewichtsverlagerung zugunsten des Parlaments ist mit Blick auf den in Art. 20 Abs. 2 Satz 2 GG niedergelegten Grundsatz der Gewaltenteilung in der parlamentarischen Demokratie grundsätzlich unbedenklich."[2163] Im Ergebnis bekommt die Exekutive durch die Ermächtigung trotz des noch so intensiven Beteiligungsrechts des Parlaments einen Kompetenzzuwachs zu eigener Rechtsetzung.[2164]

### c) Keine strikte Trennung der Gewalten

Ein weiterer Punkt ist, dass die gegen die Beteiligungsvorbehalte vorgebrachten Bedenken von einem starren[2165] Verständnis des Gewaltenteilungsgrundsatzes und seiner Ausprägungen ausgehen, das so nicht mehr haltbar ist.[2166] Im Grundgesetz selbst sind Fälle[2167] geregelt, die echte Zusammenarbeit der Gewalten voraussetzen. Damit wandelte sich das System der „séparation des pouvoirs" zumindest partiell zu dem System der „collaboration des pouvoirs" um, zumindest soweit nicht der Kernbereich der jeweiligen Staatsgewalt berührt ist.[2168] Das gilt gerade für die Verordnungsgebung, die nicht zum originären Bereich der Exekutive zählt. Vielmehr liegen dem Verhältnis zwischen der Legislative und Exekutive Gewaltenverschränkungen in organisatorischer, personeller und funktionaler Art zugrunde.[2169] Wie bereits erwähnt, stellt Art. 80 GG selbst eine Durchbrechung einer streng definierten Gewaltenteilung dar.[2170] Daher sind die Beteiligungsformen eine weitere Ausprägung, die Überschnei-

---

[2162] *Graf Vitzthum/Geddert-Steinacher*, Standortgefährdung, 1992, S. 45.
[2163] BVerfGE 139, 321 (363).
[2164] So *Klink*, Pauschale Ermächtigungen, 2005, S. 122.
[2165] *Rubrath*, NJW 1952, 957 (959), das Grundgesetz statuiere eine scharfe Trennung der Gewalten.
[2166] In dem Sinne auch *Lippold*, ZRP 1991, 254 (255); *Voßkuhle/Kaufhold*, JuS 2012, 314 (314).
[2167] Darauf verweist auch das BVerfG in BVerfGE 8, 274 (322), insbesondere auf Art. 113 GG. Siehe dazu auch Teil 2 II. 2. c).
[2168] *Morawitz*, Die parlamentarische Zustimmung, 1961, S. 50 f.; auch *Lichtenhahn*, Besondere parlamentarische Kontrollen, 1967, S. 95 ff.; *Hüser*, Die Mitwirkung, 1978, S. 106 mit Verweis auf BVerfGE 9, 268 (280).
[2169] BVerfGE 9, 268 (279 f.); 95, 1 (15); 96, 375 (394); 109, 190 (252); *Kloepfer*, VerfR I, 2011, § 10 Rn. 55 ff.; *Degenhart*, Staatsrecht I, 35. Aufl. 2019, § 4 Rn. 297.
[2170] So auch *Lichtenhahn*, Besondere parlamentarische Kontrollen, 1967, S. 95 f.; *Hüser*, Die Mitwirkung, 1978, S. 106.

dungen der Funktionenteilung ausdrücken. „Die solcherart eingeschränkte Ermächtigung kommt der in Art. 20 Abs. 2 Satz 2 GG postulierten Funktionenverteilung näher als die von Mitwirkungsvorbehalten freie Ermächtigung zur Rechtsetzung an die Exekutive."[2171]

**d) Zurechnung der Urhebereigenschaft bei Mitwirkung des Parlaments**
Aufgrund der sehr weitverstandenen gestalterischen Macht des Bundestages im Rahmen der Ausübung der Vorbehalte bei der Verordnungsgebung wird das Parlament letztlich als materieller Urheber der Verordnung gesehen, weshalb Zurechnungsprobleme entstehen.[2172] Dabei wird jedoch der Umstand unberücksichtigt gelassen, dass die Rechtsverordnung als eine Einheit von den hierzu ermächtigten Adressaten erlassen wird (Ausfertigung und Verkündung) und deren inhaltliche Abfassung bereits durch den Gesetzgeber in der Ermächtigungsnorm (Art. 80 Abs. 1 Satz 2 GG Inhalt, Zweck und Ausmaß) vorbestimmt wurde.[2173] Letztlich treffe auch bei Rechtsverordnungen die Verantwortung den Gesetzgeber, denn er habe die gesetzliche Ermächtigung geschaffen.[2174] Außerdem ist der Spielraum für den Verordnungsgeber ohnehin auf Normierung einzelner Fragen und Detailprobleme begrenzt.[2175] Dieses ist umso enger, wenn eine Verordnungspflicht besteht, die sich sowohl aus der Ausgestaltung der Ermächtigungsgrundlage selbst als auch aus dem Regelungszusammenhang ergeben kann.[2176] Der Ermächtigungsadressat bleibt grundgesetzlich verpflichtet, trotz anderer Auffassung bzgl. einzelner Sachfragen, die Regelungen entsprechend den Vorgaben in der Ermächtigungsnorm zu erlassen, weil materiell betrachtet eine Korrektur der Entscheidungen des Gesetzgebers verfassungsrechtlich unzulässig ist.[2177] Würde man die Entscheidung über den Urheber al-

---

[2171] *Grupp*, DVBl 1974, 177 (179). Damit wird der Gesichtspunkt der „Richtigkeitsgewähr durch Verfahren" verknüpft, so *Sommermann*, JZ 1997, 434 (438 f.).
[2172] Bspw. *Konzak*, DVBl 1994, 1107 (1111); *Studenroth*, DÖV 1995, 525 (534); *Thomsen*, DÖV 1995, 989 (991 f.); *Sommermann*, JZ 1997, 434 (439).
[2173] So *Uhle*, Parlament und RVO, 1999, S. 383 f. mit Verweis auf *Kisker*, in: Schule im Rechtsstaat, Bd. II, 1980, 7 (30); *Scholz/Bismark*, in: Schule im Rechtsstaat, Bd. II, 1980, 73 (87 f.).
[2174] *Klink*, Pauschale Ermächtigungen, 2005, S. 122. Andere Ansicht *Jekewitz* NVwZ 1994, 956 (959 f.); *Studenroth*, DÖV 1995, 525 (529).
[2175] Siehe dazu Teil 2 II. 1. a).
[2176] Siehe dazu Teil 2 II. 1. b).
[2177] *Uhle*, Parlament und RVO, 1999, S. 385 mit Verweis auf BVerfGE 13, 248 (255, 257); 16, 332 (339).

lein davon abhängig machen wollen, wer und in welchen Umfang derjenige den Inhalt festlegt, würde man nie einen homogenen Urheber haben und zu einer Aufteilung kommen.[2178] Daher greifen die Bedenken über die Bestimmung des Verordnungsgebers aus Aspekten des materiellen Verständnisses nicht durch.

### e) Parlamentarische Kontrollfunktion

So lassen sich die parlamentarischen, über Art. 80 Abs. 1 GG hinausgehende „Ingerenzen" auf die Rechtsverordnungssetzung von ihrer Funktion her als „Ausformung einer begleitenden parlamentarischen Exekutivkontrolle"[2179] begreifen.[2180] Die parlamentarische Kontrolle bezieht sich auf den kompletten Bereich der Regierungstätigkeit, darunter auch auf die übertragenen Verordnungsgebungsbefugnisse.[2181] So soll der Begriff der Kontrolle, über das traditionelle Verständnis im Sinne eines nachträglichen Vergleichs des Soll- mit dem Ist-Zustand als ein Entscheidungsprozess begriffen werden,[2182] der durch ein Mitwirken verschiedener Entscheidungsträger beeinflusst wird und somit eine weite und elastische parlamentarische Kontrolle erlaubt.[2183] Auf diese Weise wird der Gewaltenteilungsgrundsatz wiederbelebt. Er wird dabei als ein innewohnendes Prinzip der Machthemmung verstanden, weil es die

---

[2178] *Uhle*, Parlament und RVO, 1999, S. 386. Zuvor bereits im Ansatz *Kersten*, Die Übertragung rechtsetzender Gewalt, 1964, S. 47, der darauf hinweist, dass wenn man diesen Gesichtspunkt (Umfang) entscheidend sein ließe, müsste man in der modernen parlamentarischen Demokratie die Regierung als den „eigentlichen" Gesetzgeber bezeichnen, denn die Gesetze würden zum größten Teil (...) auf Regierungsentwürfen beruhen.

[2179] *Uhle*, in: Gesetzgebung, 2014, § 24 Rn. 88 mit genaueren Ausführungen *Uhle*, NVwZ 2002, 15 (17 ff.).

[2180] So auch *Achterberg*, Parlamentsrecht, 1984, § 18 S. 439 ff.

[2181] *Lichtenhahn*, Besondere parlamentarische Kontrollen, 1967, S. 71 ff., der auch im Ergebnis Zustimmungs- und Genehmigungsvorbehalte, weil das Parlament unter keinem denkbaren Aspekt an der Verordnungsgebung der Exekutive mitwirke und daher keine Verantwortung für solche ergehenden Rechtsverordnungen trage (S. 93). Das allerdings unter der Einschränkung, dass die Exekutive ihre Rechtsetzungskompetenz weiterhin in eigener Zuständigkeit ausübe und die letztverbindliche Entscheidung über den Erlass der jeweiligen Rechtsverordnung treffe (S. 100 f.).

[2182] In dem Sinne *Lichtenhahn*, Besondere parlamentarische Kontrollen, 1967, S. 81; *Hüser*, Die Mitwirkung, 1978, S. 116. Zusammenfassend dazu *Pegatzky*, Parlament und Verordnungsgeber, 1999, S. 185 f.

[2183] In dem Sinne *Kewenig*, Staatsrechtliche Probleme, 1970, S. 29 ff.; *Magiera*, Parlament und Staatsleitung, 1979, 264 ff.; *Mössle*, Regierungsfunktionen, 1986, S. 188. Zusammenfassend siehe *Uhle*, Parlament und RVO, 1999, S. 349 ff.

Gewaltenverschränkung begrenzt und zu ihrer Ausbalancierung[2184] (System der „checks and balances") führt.[2185] Die Kontrolle der Exekutive stellt im parlamentarischen Regierungssystem einen essentiellen Auftrag des Parlaments dar.[2186] Die dem Gesetzgeber weit zugestandene Gestaltungsfreiheit ermöglicht ihm bei der sog. mitwirkenden Kontrolle durch die Beteiligungsformen auch präventive und nachgängige Kontrollmittel zu schaffen.[2187] Damit verhilft der Gesetzgeber dem Parlament seiner Aufgabe nachzukommen. Denn durch die Vorbehalte werden die Verordnungsentwürfe auf ihre Rechtmäßigkeit und Zweckmäßigkeit überprüft.[2188] Insofern kann lediglich von einer internen Mitverantwortung gesprochen werden, die mit der Ausübung der Kontrollvorbehalte unzertrennlich einhergeht.[2189] So ist der Gesetzgeber in Bezug auf die Ermächtigungsnorm an die Bedingungen in Art. 80 Abs. 1 GG gebunden. Sie sind aber als Mindestvoraussetzungen zu verstehen, die es dem Gesetzgeber nicht versagen, darüber hinaus zusätzliche Bedingungen zu schaffen.[2190] Eine Sperrwirkung von Verfassung wegen durch das Schweigen über die Mitwir-

---

[2184] *Hesse*, Grundzüge des Verfassungsrechts der BRD, 20. Aufl. 1999, Rn. 495 f. gegenseitige Kontrolle, Hemmung und Mäßigung einzelner Gewalten.

[2185] BVerfGE 9, 268 (279 f.); 22, 106 (111); 34, 52 (59); 95, 1 (15); *Uhle*, Parlament und RVO, 1999, S. 350; *Kloepfer*, VerfR I, 2011, § 10 Rn. 55; *Degenhart*, Staatsrecht I, 35. Aufl. 2019, § 4 Rn. 297.

[2186] *Ipsen*, Staatsrecht I, 31. Aufl. 2019, § 14 Rn. 769.

[2187] *Uhle*, NVwZ 2002, 15 (19); vertiefte Ausführungen bei *Uhle*, Parlament und RVO, 1999, S. 347 ff., 399 ff.; 477 ff. Es würden keine Einschränkungen der legislativen Gestaltungsfreiheit bei der Ausgestaltung der parlamentarischen Kontrolltätigkeit folgen, solange die parlamentarischen Kontrollinstrumente die Letztentscheidungsbefugnis dem Ermächtigungsadressaten belassen würden. Eine andere Ansicht vertritt *Pegatzky*, Parlament und Verordnungsgeber, 1999, S. 132, der nach einer eingehenden Analyse von Möglichkeiten parlamentarischer Kontrolle der Regierung (S. 88 bis 116) zum Ergebnis kommt, dass die Verfassung eine Sperrwirkung gegenüber dem einfachen Gesetzgeber entfalte.

[2188] *Uhle*, NVwZ 2002, 15 (18 f.), Rechtmäßigkeit: ob sich der beabsichtigte Verordnungserlass im Rahmen der erteilten Ermächtigung bewege und nicht gegen höherrangiges Recht verstöße; und Zweckmäßigkeit: ob der von der Exekutive erstellte Verordnungsentwurf zwecktauglich sei und die ermächtigungsgesetzlich fixierten Regelungsgrundsätze in angemessener Weise detailspezifisch umsetze.

[2189] *Uhle*, Parlament und RVO, 1999, S. 346 und 387 ff.

[2190] In dem Sinne auch *Uhle*, Parlament und RVO, 1999, S. 357. Andere Ansicht *Kiefer*, Die Mitwirkung, 1959, S. 76 und *Sturmhöfel*, Das Verordnungsrecht, 1964, S. 78 f. Demnach sei mit Art. 80 GG eine abschließende Sicherung gegen einen Missbrauch von Rechtsetzungsbefugnissen der Exekutive geschaffen worden. Vor seiner Einführung seien die Mitwirkungsvorbehalte als Kompensation zu unbestimmten Ermächtigungen entwickelt worden.

kungsvorbehalte bzw. durch abschließend geregelte Fälle der Beteiligungsrechte lässt sich nicht herleiten.[2191] Vielmehr wird diese Vorgehensweise durch die deutsche Staatspraxis bestätigt, die von der Zeit des Norddeutschen Bundes über die Weimarer Zeit bis hin zur Zeit des Bestandes des Vereinigten Wirtschaftsgebiets reicht und eine parlamentarische Tradition für verordnungsspezifische Beteiligungsrechte des Parlaments nachzeichnet.[2192]

**f) Elemente des Demokratieprinzips**
Für die Zulässigkeit der Beteiligungsformen lässt sich auch das Demokratieprinzip anführen. Die Mitwirkungshandlung des Parlaments verleiht der Rechtsverordnung demokratische Legitimation.[2193] Das ergibt sich aus dem Umstand, dass das unmittelbar vom Volk gewählte und demgemäß in besonderer Weise demokratisch legitimierte Parlament die Kontrolle durchführt,[2194] infolgedessen eine Demokratisierung der Gubernative eintritt.[2195] Dadurch kann das Problem der in der Delegation von Rechtsetzungsbefugnissen innewohnenden Gefahr der demokratischen Grundform,[2196] vor dem Hintergrund der Weimarer Zeit, gelöst werden. Die Mitwirkungsakte bringen den Vorteil, dass zwei Aspekte miteinander sinnvoll verknüpft werden, nämlich das Bedürfnis nach einer flexiblen Rechtsetzung und die Mitverantwortung des Parlaments.[2197] Das trifft

---

[2191] Dazu genauer Teil 2 II. 2. e). Zusammenfassend dazu *Uhle*, Parlament und RVO, 1999, S. 356 bis 360.
[2192] *Uhle*, Parlament und RVO, 1999, S. 356 und 400 mit skizierten Bsp. in Kap. 3 S. 103 ff. und Kap. 4 S. 199 ff. mit Verweis auf *Morawitz*, Die parlamentarische Zustimmung, 1961, S. 48 f., dass es eines expliziten Verbots in der Bundesverfassung bedürfen würde, um den Abbruch dieser dem Gesetzgeber geläufigen Praxis zu bewirken.
[2193] Ausdrücklich *Ossenbühl*, in: HStR, Bd. V, 3. Aufl. 2007, § 103 Rn. 62. So auch *v. Danwitz*, Die Gestaltungsfreiheit, 1989, S. 195 f.; *Sommermann*, JZ 1997, 434 (438) mit Verweis auf BVerfGE 89, 155 (184 ff.); 90, 286 (381 ff.); *Uhle*, Parlament und RVO, 1999, S. 377 ff.; *Ramsauer*, in: AK-GG, 2002, Art. 80 GG Rn. 49. Eine andere Ansicht vertritt, *Pegatzky*, Parlament und Verordnungsgeber, 1999, S. 166 f., der für den demokratischen Mehrwert nicht ausreichen lässt, dass der Bundestag ohne Berücksichtigung der Handlungsform irgendwie eingeschaltet wird.
[2194] *Quaritsch*, Das parlamentslose Parlamentsgesetz, 1961, S. 15; *Degenhart*, Staatsrecht I, 35. Aufl. 2019, § 7 Rn. 634 f.
[2195] *Friesenhahn*, VVDStRL 16 (1957), 9 (69).
[2196] In dem Sinne *Quaritsch*, Das parlamentslose Parlamentsgesetz, 1961, S. 9; auch *Lichtenhahn*, Besondere parlamentarische Kontrollen, 1967, S. 102 f.
[2197] *Ossenbühl*, in: HStR, Bd. V, 3. Aufl. 2007, § 103 Rn. 63 mit Verweis auf BVerfGE 8, 274 (321).

insbesondere auf Regelungsbereiche zu, in denen weder die Handlungsform des förmlichen Gesetzes noch die der Rechtsverordnung für sich alleine ausreichen, um sachgerechte Lösung herbeiführen zu können.[2198]

### 3. Rechtlicher Rahmen der Delegationsbefugnis mit Mitwirkungsvorbehalten

Die Bewertung der Zulässigkeit der Vorbehalte wird schwieriger, wenn man, wie u.a. *Nierhaus* von der Prämisse ausgeht, dass die Ausübung des Änderungsvorbehaltes durch den Bundestag unbeschränkt sei und sie so weit geht, dass er damit den Verordnungsentwurf vom Inhalt her komplett neu regeln könne, weil es keine verlässlichen Kriterien für deren Eingrenzung gäbe.[2199] Besonders deutlich wird das im Falle der sog. obligatorischen Änderungsvorbehalte. So hat sich bzgl. der Verfassungskonformität der Änderungsvorbehalte eine vermittelnde Ansicht herausgebildet, die lediglich die verpflichtenden Vorbehalte für verfassungswidrig hält. Das wird damit begründet, dass diese sich von den fakultativen Vorbehalten, die mit den Zustimmungsvorbehalten gleichzustellen sind, von der Wirkung her zu sehr unterscheiden, indem sie den Verordnungsgeber keine Wahl über den Erlass der Rechtsverordnung lassen, als sie mit dem vom Bundestag vorgeschlagenen Inhalt zu verkünden.[2200] Die zugrundeliegende Hypothese ist, dass als Ausgleich zu der Gestaltungsfreiheit des Gesetzgebers sicherzustellen sei, dass Rechtsverordnungen ihrem Urheber nicht nur rechtlich, sondern auch inhaltlich zugerechnet werden könnten.[2201] Daher seien Ermächtigungsgrundlagen mit Mitwirkungsbefugnissen des Parlaments dann unzulässig, wenn seine Einflussnahme auf den Erlass einer Rechtsverordnung so groß wäre, dass diese dem Verordnungsgeber nur noch formal, aber nicht mehr materiell zugerechnet werden könnte.[2202] Darin läge eine Verletzung des Grundsatzes der Verantwortlichkeitszurechnung, weil das letzte Wort,

---

[2198] *Ossenbühl*, in: HStR, Bd. V, 3. Aufl. 2007, § 103 Rn. 63 mit Bezugnahme auf BVerfGE 8, 274 (321), in der das legitime Interesse begründet wird.
[2199] *Nierhaus*, in: Bonner Kommentar, Februar 2020, Art. 80 GG Rn. 200 mit Verweis auf *Konzak*, DVBl. 1994, 1107 (1111); *Thomsen*, DÖV 1995, 989 (991).
[2200] *Sommermann*, JZ 1997, 434 (437).
[2201] *Remmert*, in: Maunz/Dürig Kommentar GG, Oktober 2019, Art. 80 GG Rn. 109 mit Verweis auf BVerfGE 91, 148 (165).
[2202] *Remmert*, in: Maunz/Dürig Kommentar GG, Oktober 2019, Art. 80 GG Rn. 109. Zuvor schon *Studenroth*, DÖV 1995, 525 (528); *Seiler*, ZG 2001, 50 (66).

das heißt die Letztentscheidungskompetenz, beim Parlament und nicht dem Ermächtigungsadressaten bliebe. Der Gesetzgeber nutze seine Legislativfunktion, um dem Verordnungsgeber im Rahmen der Ermächtigung eine Pflicht aufzuerlegen (ob), und zugleich bediene er sich seiner Kontroll- und Mitwirkungsfunktion, indem er den Bundestag einschalte, um auf den Inhalt der zu erlassenden Verordnung Einfluss zu nehmen (wie).[2203] Dieser Art der Einflussnahme käme die Qualität einer (materiellen) Ersetzung der verordnungsgeberischen Entscheidung zu.[2204] Anders ausgedrückt im Sinne der a maiore ad minus Argumentation des BVerfG, wäre in einer solchen Ermächtigung so viel Minus enthalten, dass materiell keine Delegation mehr stattfinden würde, sondern sich der Gesetzgeber für eigene Regelungen nur noch formal der Hülse der Verordnungsgebung bedienen würde.[2205] Der Bundestag hätte de facto ein, lediglich um das Initiativrecht verkürztes, eigenes Recht zur Rechtsverordnungssetzung.[2206]

### a) Erlasspflicht als untaugliches Differenzierungsmerkmal

Diese Betrachtungsweise[2207] hat den Umfang des Einflussrechts bzw. seine Intensität im Blick. Demnach ist die Intensität dieses „unbeschränkten" Rechts stärker, wenn der Verordnungsgeber in der Pflicht steht, eine Rechtsverordnung zu erlassen. Daher ist der Aussage beizupflichten, dass es sicherlich bedenklich sei, wenn der Bundestag einen ganz eigenen Normtext erarbeitet, den dann auch nach außen der Verordnungsgeber in dem für den Verordnungserlass vorgesehenen Verfahren in Kraft setzen muss.[2208] Eine Unterscheidung nach der Erlasspflicht ist aber für die verfassungsrechtliche Betrachtung der Änderungsvorbehalte aus mehreren Gründen untauglich. Zu beachten ist nämlich, dass der Zwang zum Erlass einer Rechtsverordnung nicht aus der Änderungsbefugnis selbst folgt, sondern bereits in der Ermächtigungsgrundlage an-

---

[2203] So *Schnelle*, Eine Fehlerfolgenlehre, 2007, S. 47.
[2204] *Uhle*, NVwZ 2002, 15 (21).
[2205] So *Schnelle*, Eine Fehlerfolgenlehre, 2007, S. 48.
[2206] *Lippold*, ZRP 1991, 254 (255); *Rupp*, NVwZ 1993, 756 (758); *Bogler*, DB 1996, 1505 (1507); *Hoffmann*, DVBl 1996, 347 (349).
[2207] *Schmidt*, Die Beteiligung des BT, 2002, S. 108, spricht von dem Kriterium der tatsächlichen Sachherrschaft.
[2208] *Schnelle*, Eine Fehlerfolgenlehre, 2007, S. 49.

gelegt ist, die vom Gesetzgeber erlassen wird.[2209] Neben den ausdrücklichen normativen Vorgaben können sich die Verpflichtungssituationen aus materiellem Verfassungsrecht, z.B. aus der Umsetzung von Schutzpflichten oder zur Umsetzung von EU-Recht ergeben, oder aus der zwingenden Notwendigkeit im Zusammenhang mit Gesetzen resultieren.[2210] Einerseits bringen diese Fallkategorien gewisse Unsicherheit mit sich, weil sie nicht immer eindeutig erkennbar sind und es an zuverlässigen Parametern zur Bestimmung der „zwingenden Erforderlichkeit" in Zusammenhang mit Gesetzen fehlt.[2211] Daher ist eine Feststellung, ob der Änderungsvorbehalt fakultativer oder obligatorischer Natur ist, nicht immer abschließend möglich. Andererseits handelt es sich bei den Pflichten aufgrund des materiellen Rechts um solche, die ebenfalls der Bundestag zu beachten hat, sodass er durch den Änderungsvorbehalt nicht den Verordnungsgeber zum unrechtmäßigen Verhalten zwingen würde bzw. einen gänzlich anderen Text der Rechtsverordnung als der von der Exekutive vorgelegte, vorschlagen dürfte. „Seine Mitwirkung am Verordnungserlass selbst beschränkt sich (...) auf punktuelle Korrekturen und wahrt so den Kernbereich exekutivischer Eigenverantwortung."[2212] Gerade bei Umsetzungspflichten aus inhaltlich bindendem EU-Recht verbleibe auf nationaler Ebene keine inhaltliche Rechtsetzungsverantwortung mehr, in der die Exekutive verletzt sein könnte, weil

---

[2209] So *Klink*, Pauschale Ermächtigungen, 2005, S. 124. Zuvor *Ossenbühl*, DVBl 1999, 1 (5).
[2210] *Sommermann*, JZ 1997, 434 (437 ff.); *Schmidt*, Die Beteiligung des BT, 2002, S. 68 ff.; *Saurer*, NVwZ 2003, 1176 (1180).
[2211] *Saurer*, NVwZ 2003, 1176 (1180 f.): „Denn das Bestehen einer spezifischen Verpflichtung ist jeweils von den Besonderheiten des Regelungsgegenstandes abhängig, der in der je spezifischen Rechtsverordnung geregelt werden soll. Und gerade unter den Verordnungsermächtigungen, die mit einem Mitwirkungsvorbehalt zu Gunsten des Bundestages versehen wurden, sind solche, die für eine unbestimmte Mehrzahl von Rechtsverordnungen und damit auch abweichenden Regelungsgegenständen gelten sollen." Das soll vor allem auf § 48b BImSchG zutreffen.
[2212] *Schnelle*, Eine Fehlerfolgenlehre, 2007, S. 49 f. mit Verweis auf *Scholz*, AöR 105 (1980), 565 (598), bzgl. des Begriffs „Kernbereich exekutivischer Eigenverantwortung", der dazu dient ein Übermaß parlamentarischer Kontrollansprüche zu verhindern. In dem Fall durch das Unterschieben der Exekutive eines Verordnungstextes, auf den sie keinen steuernden Einfluss hatte.

diese mit der Sachentscheidungskompetenz nicht mehr den nationalen Organen zuzuordnen sei.[2213]

### b) Umsetzung von Unionsrecht

In Anbetracht der vorgestellten gesetzlichen Beispiele mit einem Änderungsvorbehalt wurde deutlich, dass sich diese überwiegend im Bereich des Umweltrechts bzw. Energierechts befinden und zur Umsetzung von Unionsrecht dienen. Unabhängig davon, ob der Gesetzgeber dem Verordnungsgeber nun einen Entscheidungsspielraum einräumt oder nicht, kann die Erlasspflicht aus der Umsetzungsverpflichtung resultieren.[2214] So könnte man daraus folgern, dass wenn ohnehin eine rechtliche Verpflichtung für den Erlass besteht, eine zusätzliche Beteiligung des Bundestages eine die Grenze überschreitende Kontrollmaßnahme des Parlaments ist. Außerdem bestehen auch auf der EU-Ebene verfahrensmäßige Absicherungen, die eine zusätzliche Kontrolle entbehrlich machen.[2215] Das trifft jedoch nicht ganz zu. Zum einen hat das Parlament ein großes Interesse daran, dass das EU-Recht rechtzeitig umgesetzt wird, um Sanktionen zu entgehen, sowie auch daran, dass eine ordnungsmäßige Umsetzung des EU-Rechts gewährleistet wird, weil es eine wichtige Aufgabe mit erheblicher Bedeutung für den Gesamtstaat ist.[2216] Mit dem Änderungsvorbehalt erhält das Parlament ein effektives Kontroll- und Korrekturmittel der Rechtsetzungstätigkeit der Exekutive, um eine bessere Umsetzung des EU-Rechts sicherzustellen.[2217]

---

[2213] *Rambow*, DVBl 1968, 445 (449); *Scheuing*, EuR 20 (1985), 229 (235); *Klink*, Pauschale Ermächtigungen, 2005, S. 126, insb. in Bezug auf § 59 KrW-/AbfG a.F. und § 48b BImSchG.
[2214] *Klink*, Pauschale Ermächtigungen, 2005, S. 125 f. mit Verweis auf *Sommermann*, JZ 1997, 434 (438); *Uhle*, NVwZ 2002, 15 (21), gemeinschaftliche Umsetzungsverpflichtung könne den Ermessensspielraum der Exekutive auf Null reduzieren.
[2215] In dem Sinne *Klink*, Pauschale Ermächtigungen, 2005, S. 156. Dort macht er aufmerksam auf demokratische Strukturen bei Art. 95 Abs. 1 EG (jetzt Art. 114 AEUV) und Art. 175 Abs. 1 EG (jetzt Art. 192 AEUV) durch Abstimmungsmehrheit im Rat und Mitentscheidungsrechte des EU-Parlaments. Auf S. 183, hebt er die Einführung des Mitentscheidungsverfahrens für Umweltrechtsakte der EG nach Art. 175 Abs. 1 EG durch den Vertrag von Amsterdam hervor. Der heutige Art. 192 AEUV regelt für Maßnahmen der Umweltpolitik i.d.R. eine qualifizierte Mehrheit im EU-Parlament und im Rat, in Abs. 2 eine einstimmige Beschlussfassung des Rates für Bereiche von besonderer Sensibilität, *Calliess*, in: Callies/Ruffert EUV/AEUV, 5. Aufl. 2016, Art. 192 AEUV Rn. 1 f.
[2216] *Klink*, Pauschale Ermächtigungen, 2005, S. 182.
[2217] So *Klink*, Pauschale Ermächtigungen, 2005, S. 182.

Zum anderen ist hierbei zu berücksichtigen, dass die erwähnten gesetzlichen Regelungen im Umweltbereich sog. pauschale Umsetzungsermächtigungen sind, wenngleich jede Delegationsnorm im Kontext des jeweils einschlägigen Gesetzeswerks als bereichsspezifische Normierung zu begreifen ist.[2218] Sie eröffnen damit dem Verordnungsgeber einen weiten Anwendungsbereich in sachlicher und zeitlicher Hinsicht, denn die umzusetzenden Rechtsakte seien außer über ihren Bezug zum jeweiligen Gesetzesthema ihrem Inhalt nach nicht näher eingegrenzt und würden auch die zukünftige Umsetzung von Rechtsakten, deren Erlass noch ausstehe, ermöglichen.[2219] So begegnet diese großzügige Handhabung der Bestimmtheitsanforderungen vielerlei Bedenken in Bezug auf Art. 80 Abs. 1 Satz 2 GG.[2220] Dadurch erhöht sich die Gefahr, dass sich die Exekutive fremde Rechtsetzungsmacht aneignet.[2221] Diese pauschalen und dynamischen Ermächtigungen laufen auf eine Entmachtung des Parlaments hinaus, vor allem vor dem Hintergrund, dass die Exekutive in dem Gesamtprozess der EU-Rechtsetzung schon eine dominierende Stellung hat.[2222] Dieser Dominanz der Exekutive kann mittels Mitwirkungsrechten, die inhaltliche Änderungen des Bundestages bei der Rechtsverordnungsgebung zulassen, entgegengesteuert werden.[2223] Auf diese Weise kann das Bedürfnis nach Kontrolle und Begrenzung der Verordnungsmacht gestillt und eine Missbrauchsgefahr durch

---

[2218] *Weihrauch*, NVwZ 2001, 265 (265); *Klink*, Pauschale Ermächtigungen, 2005, S. 104. Zuvor angedeutet bei *Scheuing*, EuR 20 (1985), 229 (234 ff.); *Breuer*, ZfW 1999, 220 (224), *Ossenbühl*, DVBl 1999, 1 (6).
[2219] *Klink*, Pauschale Ermächtigungen, 2005, S. 104.
[2220] Siehe dazu z.B. *Scheuing*, EuR 20 (1985), 229 (229 ff.); *Czychowski*, ZUR 1997, 71, (71 ff.); *Calliess*, NVwZ 1998, 8 (8 ff.); *Breuer*, ZfW 1999, 220 (220 ff.), *Ossenbühl*, DVBl 1999, 1 (6 f.); *Weihrauch*, NVwZ 2001, 265 (265); *v. Danwitz*, Jura 2002, 93, (98 f.); *Klink*, Pauschale Ermächtigungen, 2005, S. 130 ff.
[2221] *Klink*, Pauschale Ermächtigungen, 2005, S. 156.
[2222] *Breuer*, ZfW 1999, 220 (224); *Weihrauch*, NVwZ 2001, 265 (268 f.), weil die Richtlinien i.d.R. durch die Kommission vorgeschlagen werden (vgl. Art. 17 EUV), die u.a. die Aufgabe des Regierens und der Steuerung hat (quasi Exekutivorgan). Meist werden diese durch den Rat beschlossen, der sich wiederum aus Regierungsvertretern der Mitgliedstaaten zusammensetzt (vgl. Art. 16 EUV). Auch wenn man die Beteiligung des Europäischen Parlaments berücksichtigen würde, das allerdings auch nach dem Vertrag von Amsterdam immer noch kein unmittelbares Initiativrecht besitzt, werde man feststellen müssen, dass die Rechtsetzung auf Gemeinschaftsebene maßgeblich von Organen der Exekutive geprägt sei. Siehe auch *Calliess*, in: Callies/Ruffert EUV/AEUV, 5. Aufl. 2016, Art. 16 EUV Rn. 1 ff. und *Ruffert*, in: Callies/Ruffert EUV/AEUV, 5. Aufl. 2016, Art. 17 EUV Rn. 1 ff.
[2223] *Calliess*, NVwZ 1998, 8 (12).

sichernde Funktion eingedämmt werden.[2224] Mit den Änderungsvorbehalten werden etwaige Defizite nicht nur unter dem Aspekt des Gewaltenteilungsgrundsatzes, sondern auch des Demokratieprinzips hinreichend kompensiert.[2225] Die Mitwirkungsvorbehalte begrenzen die Pauschalität der Ermächtigungsgrundlagen und tragen dazu bei, das Demokratiedefizit auf der EU-Ebene durch parlamentarischen Einfluss abzubauen.[2226] *Scheuing* sieht in den Mitwirkungsvorbehalten, die Möglichkeit von Schutzverstärkungen auf nationaler Ebene.[2227]

### c) Kein Interesse des Parlaments an einer eigenständigen Vollregelung

Sowohl in dem Fall, in dem der Gesetzgeber den Verordnungsgeber zum Erlass selbst verpflichtet als auch in dem Verpflichtungsfall, in dem das Gesetz ohne eine Verordnung nicht anwendbar ist, ist von einem gesteigerten Interesse des Gesetzgebers an der Umsetzung auszugehen. Daher ist ihm wenig daran gelegen, dass der Bundestag sein Änderungsrecht dazu nutzt, eine neue Vollregelung der Rechtsverordnung durchzusetzen. Das stünde sowohl dem Zweck[2228] der Delegation entgegen, die den Gesetzgeber gerade entlasten soll, als auch dem Zweck der Einräumung von Mitgestaltungsrechten zugunsten Bundestages entgegen, dringende Regelungen schneller auf dem Weg zu bringen.[2229] Daher wird sich der Zugriff des Parlaments auf vereinzelte Korrekturen des Rechtsverordnungsinhalts beschränken.[2230] Das gilt insbesondere für die Entwürfe des Verordnungsgebers, bei denen er sich exakt an die Vorgaben aus der Ermächtigungsgrundlage, in der bereits die zentralen inhaltlichen Schwerpunkte (Inhalt, Zweck und Ausmaß, vgl. Art. 80 Abs. 1 GG) durch den Gesetzgeber determiniert sind, gehalten hat.[2231] Ein Änderungsvorhaben des Bundestages muss daher

---

[2224] *Klink*, Pauschale Ermächtigungen, 2005, S. 156 f. und 182 mit Verweis auf BVerwGE 57, 130 (139).
[2225] *Calliess*, NVwZ 1998, 8 (12).
[2226] *Klink*, Pauschale Ermächtigungen, 2005, S. 156 f. und 182 f. mit Bezug auf BVerfGE 89, 155 (184 ff. und 190 f.), wonach im Bereich des Europarechts die legitimierende Funktion der nationalen Parlamente anerkannt und eine Rückkopplung des Handelns der EG an die Parlamente der Mitgliedstaaten verlangt worden sei.
[2227] *Scheuing*, in: Koch/Pache/Scheuiung/GK-BImSchG, 36. Lfg. 2014, § 48a BImSchG Rn. 16.
[2228] Siehe dazu Teil 2 II 1. a).
[2229] *Sommermann*, JZ 1997, 434 (438).
[2230] *Schnelle*, Eine Fehlerfolgenlehre, 2007, S. 49.
[2231] So *Schnelle*, Eine Fehlerfolgenlehre, 2007, S. 49.

auch dem in der Ermächtigungsnorm geäußerten Willen des Gesetzgebers entsprechen bzw. kann der flexiblen Auslegung des Bestimmtheitsmaßstabs[2232] des Art. 80 Abs. 1 Satz 2 GG dazu verhelfen, vorhandene Unschärfen zu kompensieren.[2233]

Zwischen den Ermächtigungen und den Mitwirkungsrechten des Bundestages ist ein intendierter Zusammenhang zu erkennen.[2234] Einerseits sind die Regelungsbestände in den Ermächtigungsgrundlagen erweitert worden, anderseits sind Mitwirkungsbefugnisse um den Änderungsvorbehalt ausgeweitet worden.[2235] Durch ein striktes Abhängigkeitsverhältnis der Rechtsverordnungen vom Gesetz in Art. 80 Abs. 1 Satz 2 GG wird ein originärer Gestaltungswille der Gubernative nie zum Vorschein kommen.[2236] So kann man von einem erweiterten Gestaltungsspielraum des Verordnungsgebers ausgehen, wenn seine Entscheidung zusätzlich durch die Mitwirkung des Bundestages gestützt wird.[2237] Dieser Spielraum wird durch weitere Kriterien gefördert, etwa die Vielgestaltigkeit der Sachverhalte und ihre Schnelllebigkeit sowie die Bedeutung der zu regelnden Materie und die Intensität der zu treffenden Maßnahme.[2238] So wundert es nicht, dass das BVerfG die Statthaftigkeit der Vorbehalte von dem legitimen Interesse der Legislative abhängig macht,[2239] „zwar einerseits die Rechtsetzung auf die Exekutive zu delegieren, sich aber anderseits – wegen der Bedeutung der zu treffenden Regelungen – entscheidenden Einfluss auf

---

[2232] Siehe dazu Teil 2 II. 2. b).
[2233] *Sommermann*, JZ 1997, 434 (438).
[2234] *Klink*, Pauschale Ermächtigungen, 2005, S. 180.
[2235] In dem Sinne *Saurer*, NVwZ 2003, 1176 (1178).
[2236] *Starck*, Der Gesetzesbegriff des GG, 1970, S. 288. Genauer in Bezug auf Ermächtigungen zur Umsetzung von Unionsrecht bei *Remmert*, in: Maunz/Dürig Kommentar GG, Oktober 2019, Art. 80 GG Rn. 113 ff.
[2237] So *v. Danwitz*, Die Gestaltungsfreiheit, 1989, S. 195.
[2238] So BVerfGE 58, 257 (277 f.); 62, 203 (210); 76, 130 (143); *v. Danwitz*, Jura 2002, 93 (98).
[2239] Gegen das Kriterium des legitimen Interesses, u.a. *Sannwald*, in: Schmidt-Bleibtreu/Hofmann/Henneke GG-Kommentar, 14.Aufl. 2017, Art.80 GG Rn.122, „Keine Grenze kann diese Zulässigkeit der Änderungsvorbehaltsverordnung allerdings durch ein »legitimes Interesse der Legislative« finden, das von der »Art der zur regelnden Sachmaterie« zu begründen wäre (...). Ein solches Korrektiv zur Einschränkung der Befugnisse des Parlamentes ist nicht handhabbar, praktisch nicht überprüfbar und verfassungsgerichtlich letztlich nicht beurteilbar." Ebenso *Uhle*, Parlament und RVO, 1999, S. 323.

Erlass und Inhalt der Verordnungen vorzubehalten."[2240] Darin sei die notwendige verfassungsrechtliche Beschränkung gegen die ausufernde Zustimmungspraxis zu sehen, die insbesondere der im Wirtschaftsrecht bestehenden Notwendigkeit Rechnung trage, auch für bedeutsame Entscheidungen auf ein flexibles und zügiges Rechtsetzungsverfahren zurückgreifen zu können.[2241] So steigt das Interesse, die Rechtsverordnungsgebung durch eine Rückanbindung an den Bundestag abzusichern, wenn die Regelung wesentlich ist sowie Flexibilität verlangt, die durch ein förmliches Gesetz nicht gewährleistet werden kann und infolgedessen der Exekutive eine weite Rechtsverordnungsgestaltung[2242] gewährt wird. Der Parlamentsvorbehalt bedarf daher jedes Mal einer Einzelfallbetrachtung und in jedem dieser Fälle ist eine besondere Begründung[2243] des Interesses zu fordern.

### d) Bindung des Parlaments an Art. 80 Abs. 1 Satz 2 GG

Anknüpfend an Art. 80 Abs. 1 Satz 2 GG stellt sich die Frage der Bindung des Bundestages an die Bestimmtheitstrias. Der eingangs genannte Vorwurf des unbeschränkten Einflusses des Bundestages bei der Ausübung des Änderungsvorbehalts ist nicht haltbar. Bei diesem Ansatz wird nämlich der Umstand vernachlässigt, dass bei der Ermächtigungsnorm mit dem Änderungsvorbehalt der Bundestag als Gesetzgeber tätig wird, weshalb auch ein Gesetz erlassen wird, während er bei der Ausübung dieses Vorbehalts als ein Staatsorgan per schlichten Parlamentsbeschluss an der Rechtsetzung der Exekutive agiert, weshalb das

---

[2240] BVerfGE 8, 274 (321).
[2241] *v. Danwitz*, Die Gestaltungsfreiheit, 1989, S. 115 f.; *v. Danwitz*, Jura 2002, 93 (97). In dem Sinne auch *Ossenbühl*, in: HStR, Bd. V, 3. Aufl. 2007, § 103 Rn. 61 f., die so BVerfGE 8, 274 (321) interpretieren: „Diese Bereiche sind durch die Notwendigkeit gekennzeichnet, die staatlichen Regelungen unverzüglich den sich schnell ändernden wirtschaftlichen Verhältnissen anzupassen."
[2242] *v. Danwitz*, Jura 2002, 93 (101 f.) Die Verordnungsgebung verfüge über eine umfassende Gestaltungsfreiheit, soweit verfassungsrechtliche Eingrenzungen oder gesetzgeberische Vorentscheidungen nicht entgegenstehen. Die Feststellung der inhaltlichen Übereinstimmung einer Rechtsverordnung mit den Vorgaben des ermächtigenden Gesetzes sei daher nicht immer säuberlich von der kompetenzrechtlichen Betrachtung zu trennen. Der Umfang sei anhand verschiedener Aspekte im Einzelfall zu bestimmen und entziehe sich einer allgemeinen Schematisierung. Die gerichtliche Kontrolle beschränke sich in aller Regel auf eine Vertretbarkeits- oder eine Evidenzprüfung.
[2243] In dem Sinne BT-Drs. 11/7104 (Gesetzentwurf) zum UmweltHG, S. 28.

Ergebnis auch eine Rechtsverordnung ist.[2244] Damit ist der Bundestag ebenso wie der Verordnungsgeber an die Vorgaben der Ermächtigungsgrundlage im Sinne von Art. 80 Abs. 1 Satz 2 GG gebunden.[2245] Demzufolge kann dem Bestimmtheitsgebot eine Doppelfunktion zugeschrieben werden. „[Es] begrenzt nicht nur die Normsetzungsbefugnis der Exekutive, sondern unterbindet zugleich eine „Flucht des Parlaments vor dem Gesetzgebungsverfahren."[2246] Der Bundestag hat daher nicht die gleiche weite Gestaltungsmacht wie der Gesetzgeber, weil er eben nicht als einer tätig wird, vielmehr ist er als ein Mitwirkender an der Rechtsverordnungsgebung zu begreifen. Möchte das Parlament über die Grenzen der Ermächtigungsgrundlage, an die es gebunden ist, hinaus Regelungen treffen, ist es gezwungen, das Gesetzgebungsverfahren in Anspruch zu nehmen. Eine Verlagerung der materiellen Gesetzgebungsarbeit in das Rechtsetzungsverfahren der Exekutive scheitert an Art. 80 Abs. 1 Satz 2 GG.[2247] Spinnt man diesen Gedanken weiter, so könnte man sogar aufgrund der Mitwirkung des Bundestages von erhöhten Bestimmtheitsanforderungen der Rechtsverordnungsgebung sprechen.[2248]

### e) Kompensationswirkung der Parlamentsbeteiligungsformen

Ein weiterer zu beachtender Aspekt ist die Kompensationsmöglichkeit von Bestimmtheitsdefiziten. Es wird überwiegend vertreten, dass mit der Einbindung des Bundestages in die Rechtsverordnungsgebung eine Kompensationswirkung bei fehlender Bestimmtheit nicht möglich sei.[2249] Die Argumente, auf die diese

---

[2244] *Schnelle*, Eine Fehlerfolgenlehre, 2007, S. 51 m.w.N.
[2245] BVerfGE 8, 274 (319, 323); 24, 184 (199); *Rupp*, NVwZ 1993, 756 (758); *Schnelle*, Eine Fehlerfolgenlehre, 2007, S. 51; *Sannwald*, in: Schmidt-Bleibtreu/Hofmann/Henneke GG-Kommentar, 14. Aufl. 2017, Art. 80 GG Rn. 122. Das BVerfG bindet den Gesetzgeber an Art. 80 Abs. 1 Satz 2 GG bei dem Erlass von Gesetzen, die die Rechtsverordnungen ändern und den Rang einer Rechtsverordnung einnehmen (BVerfGE 114, 196 (239)). Siehe dazu Teil 2 II. 2. d).
[2246] *Schnelle*, Eine Fehlerfolgenlehre, 2007, S. 51 mit Verweis auf *Brandner*, UTR 40 (1997), 119 (131).
[2247] *Schnelle*, Eine Fehlerfolgenlehre, 2007, S. 51.
[2248] *Brandner*, UTR 40 (1997), 119 (131), der allerdings zu Recht darauf hinweist, dass diese Betrachtungsweise mit aller Vorsicht zu äußern ist und teilweise in Widerspruch zur BVerfGE 8, 274 (274 ff.) steht.
[2249] *Staupe*, Parlamentsvorbehalt und Delegationsbefugnis, 1986, S. 303 f. und 317 ff.; *v. Danwitz*, Die Gestaltungsfreiheit, 1989, S. 125 ff. und 133; *Studenroth*, DÖV 1995, 525 (531 f.); *Brandner*, UTR 40 (1997), 119 (130); *Pegatzky*, Parlament und Verordnungsgeber,

Ansicht gestützt wird, sind unterschiedlicher Natur. So wird u.a. ausgeführt, dass der Wortlaut des Art. 80 Abs. 1 Satz 2 GG eine Kompensation durch die Beteiligung des Bundestages ausschließe, weil dort ausdrücklich vorgegeben werde, dass alles bereits im Gesetz bestimmt werden müsse.[2250] Das Parlament agiert mittels schlichten Parlamentsbeschlusses, also nicht als Gesetzgeber, sodass der Vorbehalt nicht als funktionales Äquivalent zur hinreichend bestimmten parlamentsgesetzlichen Regelung angesehen werden könne.[2251] Damit habe die personelle Überschneidung vom ermächtigenden Gesetzgeber und an der Verordnungsgebung beteiligtem Parlament sein Bewenden.[2252] Außerdem würde solche Vorgehensweise dem Zweck des Art. 80 Abs. 1 Satz 2 widersprechen, weil das einerseits der postulierten Vorhersehbarkeitsformel zuwiderlaufe, der Bürger und die Bürgerin verliere so den Überblick über das Zusammenspiel und die Reichweite der Handlungsmöglichkeiten der Exekutive und Legislative,[2253] andererseits stehe die Selbstentscheidungspflicht der Kompensation entgegen, weil sie die Gefahr mit sich bringe, dass sich das Parlament seiner Verantwortung als Gesetzgeber entziehe, da der Bundestag lediglich eine ex-post Kontrolle durchführe, die sich in einer Reaktion der Korrektur der Entscheidungen des Verordnungsgebers erschöpfe.[2254] Ebenfalls würde die mit den Vorbehalten intendierte Entlastungsfunktion des Parlaments nicht eintreten, weil es sich mit vielen Details- und Vollzugsentscheidungen von untergeordneter Bedeutung befassen würde, was angesichts der Fülle der erlassenen

---

1999, S. 137 ff. und 146; *Rubel*, in: Umbach/Clemens GG-Kommentar, Bd. II, 2002, Art. 80 GG Rn. 52; *Sannwald*, in: Schmidt-Bleibtreu/Hofmann/Henneke GG-Kommentar, 14. Aufl. 2017, Art. 80 GG Rn. 120; *Nierhaus*, in: Bonner Kommentar, Februar 2020, Art. 80 GG Rn. 207; kritisch auch *Voßkuhle*, Das Kompensationsprinzip, 1999, S. 38 ff.
[2250] *Uhle*, Parlament und RVO, 1999, S. 341 m.w.N.; so auch *Pegatzky*, Parlament und Verordnungsgeber, 1999, S. 137.
[2251] *Staupe*, Parlamentsvorbehalt und Delegationsbefugnis, 1986, S. 326 und 330; *v. Danwitz*, Die Gestaltungsfreiheit, 1989, S. 132 f.; *Pegatzky*, Parlament und Verordnungsgeber, 1999, S. 138; *Staupe*, in: Jarass/Petersen/Weidemann KrW-/AbfG, 2011, § 59 KrW-/AbfG Rn. 94.
[2252] *Schnelle*, Eine Fehlerfolgenlehre, 2007, S. 52. Es wird darauf verwiesen, dass die besondere demokratische Legitimation des förmlichen Gesetzes gerade in dem parlamentarischen Verfahren begründet werde, so *Eberle*, DÖV 1984, 485 (489).
[2253] *v. Danwitz*, Die Gestaltungsfreiheit, 1989, S. 130; *Sommermann*, JZ 1997, 434 (440).
[2254] *Staupe*, Parlamentsvorbehalt und Delegationsbefugnis, 1986, S. 330 f.; *v. Danwitz*, Die Gestaltungsfreiheit, 1989, S. 129 f.; *Lippold*, ZRP 1991, 254 (255); *Pegatzky*, Parlament und Verordnungsgeber, 1999, S. 138 f.; *Klink*, Pauschale Ermächtigungen, 2005, S. 129.

Rechtsverordnungen wiederum die Effizienz der Parlamentsbeteiligung in Frage stellen würde.[2255]

aa) **Unvermeidbarkeit gewisser Bestimmtheitsmängel**
Unter Berücksichtigung dieser Gründe ist dem Wunsch nach einer Kompensationswirkung mit äußerster Vorsicht nachzugeben. So ist sie dann nicht hinzunehmen, wenn sie vermeidbare Ungenauigkeiten des Gesetzgebers beim Erlass der Ermächtigungsnorm kaschieren soll („[keine] Relativierung echter Fehler").[2256] Dem BVerfG ist insoweit zu folgen, wenn es der gänzlichen Freistellung von Art. 80 Abs. 1 Satz 2 GG die Absage erteilt.[2257] Eine Abmilderung[2258] dieser Voraussetzungen ist aber nicht ausgeschlossen. Die Beteiligung des Bundestages im Verordnungsverfahren, die ein gewisses Mindestmaß an Intensität aufweisen muss (so Änderungs-, Zustimmungs-, Ablehnungsvorbehalte), weist einen erhöhten demokratischen Wert auf und ist notwendigerweise bei den Bestimmtheitsunzulänglichkeiten zu berücksichtigen.[2259]

Hierbei sind folgende Konstellationen denkbar: erstens, Regelungen, die erhöhte Flexibilität und prognostische Offenheit bedürfen; zweitens, Regelungen, die Bereiche mit außergewöhnlichen Komplexität und Vielgestaltigkeit betreffen; drittens, Regelungen auf Gebieten, die dem Gesetzgeber sachstrukturelle Grenzen bzgl. präziser Vorprogrammierung setzen, oder aber sie nicht allein juristisch-normativ fassbar sind.[2260]

---

[2255] *Staupe*, Parlamentsvorbehalt und Delegationsbefugnis, 1986, S. 331 f.; *v. Danwitz*, Die Gestaltungsfreiheit, 1989, S. 131 f.
[2256] *Schnelle*, Eine Fehlerfolgenlehre, 2007, S. 53 f.
[2257] BVerfGE 8, 274 (323).
[2258] So *Kisker*, in: Schule im Rechtsstaat, Bd. II, 1980, 7 (42); *v. Danwitz*, Die Gestaltungsfreiheit, 1989, S. 127.
[2259] In dem Sinne bzgl. der Mindestintensität, *Kisker*, in: Schule im Rechtsstaat, Bd. II, 1980, 7 (56 f.); *Staupe*, Parlamentsvorbehalt und Delegationsbefugnis, 1986, S. 318; bzgl. Demokratischer Legitimität, *Ossenbühl* ZG 1997, 305 (314 f.); *Ramsauer*, in: AK-GG, 2002, Art. 80 GG Rn. 49; *Ossenbühl*, in: HStR, Bd. V, 3. Aufl. 2007, § 103 Rn. 63.
[2260] Diese drei Bereiche nennt *Pegatzky*, Parlament und Verordnungsgeber, 1999, S. 134 f. mit Verweis auf *Kisker*, in: Schule im Rechtsstaat, Bd. II, 1980, 7 (17 und 18); *Scholz/Bismark*, in: Schule im Rechtsstaat, Bd. II, 1980, 73 (77 f. und 140); *Ramsauer*, in: AK-GG, 2002, Art. 80 GG Rn. 60.

Diese Fälle begründen das Bedürfnis[2261] nach einem Ausgleich in tatsächlich gegebenen lückenhaften Rechtszustand. Das von der Gegenansicht geforderte Gesetzgebungsverfahren stellt nicht nur eine zu strenge, sondern auch eine verhältnismäßig langwierige Form der Umsetzung. Der Gesetzgeber müsste sich häufig unbestimmter Rechtsbegriffe oder Generalklauseln bedienen oder aber unzählige Einzeltatbestände schaffen, die möglichst alle Fallgestaltungen erfassen.[2262] Das zwingt den Gesetzgeber aus faktischen Gründen zu einer Delegation, die unausweichlich zu defizitären Ermächtigungsnormen führt. Daher ist ein Mitgestaltungsrecht des Bundestages auf der Ebene des abgeleiteten Rechts sachlich bedingt und mehr als nur sinnvoll, teilweise sogar unerlässlich.[2263]

**bb) Weitere zu berücksichtigende Aspekte**
Bei der Bewertung einer möglichen Kompensation ist die Entwicklung der Tragweite und Bedeutung der Wesentlichkeitstheorie, des Parlamentsvorbehaltes sowie der Bestimmtheitsanforderungen des Art. 80 Abs. 1 Satz 2 GG nicht außer Acht zu lassen. Auch wenn der in den Ermächtigungsnormen vorgesehene Beschluss nicht in Gesetzesform ergeht, sind die Anforderungen an einen Parlamentsvorbehalt erfüllt, weil dieser lediglich eine parlamentarische Entscheidung, nicht aber ein förmliches Gesetz erfordert.[2264] Das legitime Interesse an der Mitwirkung des Bundestages bei der Verordnungsgebung entspricht der Wesentlichkeitstheorie, weil es sich an der Bedeutung der zu regelnden Materie orientiert, also wesentlich für das Gemeinwesen ist, was die Anwendung des Parlamentsvorbehaltes indiziert.[2265] Das am Rechtsstaatsprinzip orientierte Grundverständnis des Bestimmtheitsprinzips hat sich gewandelt, sodass die Dichte der Bestimmtheitsanforderungen von der Bedeutung der zu regelnden Materie und Regelungsintensität festzulegen ist und lediglich eine

---

[2261] Das räumt auch ein, *Thomsen*, DÖV 1995, 989 (993); *Pegatzky*, Parlament und Verordnungsgeber, 1999, S. 133.
[2262] So *Kisker*, in: Schule im Rechtsstaat, Bd. II, 1980, 7 (18); so ähnlich bereits *Grimm*, ZParl 1970, 448 (461) spricht von einem Zurückfallen ins Stadium der Bürokratie.
[2263] *Rambow*, DVBl 1968, 445 (449); *Scheuing*, EuR 20 (1985), 229 (235); *Meyer zu Brickwedde*, Die Ermächtigung, 1987, S. 134 f.; *Ossenbühl*, DVBl. 1999, 1 (4).
[2264] So *Kloepfer/Kohls*, DVBl. 2000, 1013 (1018) bzgl. des Beschlusses in § 59 KrW-/AbfG a.F.
[2265] So *Staupe*, in: Jarass/Petersen/Weidemann KrW-/AbfG, 2011, § 59 KrW-/AbfG Rn. 94.

bloße Bestimmbarkeit ausreichend ist.[2266] Die zurückhaltende Kotrollpraxis des BVerfG macht deutlich, dass das Bestimmtheitsgebot lediglich als Sperre einer Blankovollmacht dient und keine weitere disziplinierende Auswirkung haben soll.[2267] Damit geht einher, dass bei sehr komplexen umständlichen Regelungen das legitime Interesse des Gesetzgebers steigt und geringere Anforderungen an das Bestimmtheitsgebot zu stellen sind. Der Zweck des Bestimmtheitsgebots dient vor dem Hintergrund der nationalsozialistischen Herrschaft dem Schutz des Gesetzgebers, um seine Rechtsetzungskompetenz und -verantwortung zu wahren.[2268] Erkennt man den sachnotwendigen Mangel der Ermächtigungsgrundlage an, so sind Vorbehalte zugunsten des Bundestages ein sachgerechtes Mittel, um auf den Erlass und Inhalt der Rechtsverordnung Einfluss zu nehmen und dem Willen des Parlaments zuwiderlaufende Rechtsetzungsakte zu verhindern bzw. diese entsprechend zu korrigieren.[2269] Das stellt ein zweckmäßiges Mittel dar, weil durch die Rückanbindung an den Willen des Parlaments (nicht des Gesetzgebers) einem im Mittelpunkt des Gesetzgebungsverfahrens stehenden Organ, Einflussmöglichkeiten eröffnet werden.[2270] So sind die Vorbehalte nicht nur in der Lage, unumgängliche Bestimmtheitsdefizite zu kompensieren, sondern können dazu beitragen, sachgesetzlich unmögliche Entscheidungen, die als so wesentlich betrachtet werden, dass sie die Entscheidung des Parlaments benötigen, im Sinne des demokratischen Verständnisses des Parlamentsvorbehaltes und mittels schlichten Parlamentsbeschlusses vorzunehmen.[2271] Durch die Einbindung des Parlaments in die Verordnungsgebung kann nach dem Demokratiegebot der Rechtsverordnung eine dem förmlichen Gesetz gleichende Legitimation zukommen.[2272] Anzumerken ist, dass in vielen Fällen der Ände-

---

[2266] *v. Danwitz*, Jura 2002, 93 (98) mit Verweis auf BVerfGE 101, 1 (31 ff.); BVerwGE 110, 253 (256 ff.). Genauer dazu *Remmert*, in: Maunz/Dürig Kommentar GG, Oktober 2019, Art. 80 GG Rn. 64 ff.
[2267] *Ossenbühl*, in: HStR, Bd. V, 3. Aufl. 2007, § 103 Rn. 22 mit zahlreichen Bsp. aus der Rspr.
[2268] *Schneider*, Gesetzgebung, 3. Aufl. 2002, S. 174 Rn. 237.
[2269] In dem Sinne *Kisker*, in: Schule im Rechtsstaat, Bd. II, 1980, 7 (39 ff.); *Ossenbühl*, in: HStR, Bd. V, 3. Aufl. 2007, § 103 Rn. 23. Das räumt auch ein, *Uhle*, Parlament und RVO, 1999, S. 341.
[2270] *Schnelle*, Eine Fehlerfolgenlehre, 2007, S. 53.
[2271] So *Kisker*, NJW 1977, 1313 (1319); *Scholz/Bismark*, in: Schule im Rechtsstaat, Bd. II, 1980, 73 (121 f. und 131 ff.); *Kloepfer*, NJW 1984, 685 (694). Siehe Teil 2 I. 4. insb. c).
[2272] *Ossenbühl*, in: HStR, Bd. V, 3. Aufl. 2007, § 103 Rn. 46.

rungsvorbehalte die Beteiligung des Bunderates ebenfalls vorgeschrieben ist, worin eine Ähnlichkeit oder sogar Verschärfung zum Gesetzgebungsverfahren zu erblicken ist.[2273] Mit der Delegation verliert der Gesetzgeber (alle an dem Verfahren beteiligten Organe stimmten derartiger Ausgestaltung der Ermächtigungsgrundlage zu) auch nicht die Verantwortung für die jeweilige Regelung,[2274] sodass die Rückkopplung an das Parlament der Ausfluss der Kompensationsidee ist. Diese Beteiligungsform verstärkt die in Art. 80 Abs. 1 GG zum Ausdruck gebrachte Gewaltenverschränkung.[2275] Im Endergebnis können insbesondere Änderungsvorbehalte ähnliche Effekte erzielen, wie Art. 80 Abs. 1 Satz 2 GG selbst sie herbeiführen würde.

### cc) Legitimes Interesse des Gesetzgebers

Die Kompensationswirkung selbst wird von dem Gesetzgeber als auch in der Rechtsprechung nicht verwendet, meint aber in diesem Zusammenhang den Verlust durch Beteiligungsformen abzufedern und erträglich zu gestalten.[2276] Daher stellt die Verbindung von Rechtsverordnungsermächtigungen mit dem Beteiligungsrecht des Parlaments eine Absicherung des Mitspracherechts des Gesetzgebers, die in Form des legitimen Interesses ausgedrückt wird. Dafür sprechen die in den Gesetzgebungsmaterialien enthaltenen Begründungen, die sich überwiegend auf die Bedeutung der zu regelnden Materie, die flexible Form und die schnelle Anpassungsmöglichkeit, auf eine Art Überwachungsmaßnahme oder auf die Notwendigkeit der Mitwirkung des Bundestages an dem Rechtsetzungsprozess stützen.[2277] Die zur Sprache gebrachte Zweckverfehlung der Verordnungsdelegation überzeugt nicht.[2278] Zwischen dem Aufwand einer vollständig selbst entwickelten Norm und dem Aufwand einer bereits im

---

[2273] *Ziller*, DVBl. 1963, 795 (796); *Jekewitz*, ZRP 1991, 281 (284 f.).
[2274] *Klink*, Pauschale Ermächtigungen, 2005, S. 122; *Schnelle*, Eine Fehlerfolgenlehre, 2007, S. 53.
[2275] In die Richtung auch *Voßkuhle*, Das Kompensationsprinzip, 1999, S. 40 mit Verweis auf *Scholz*, VVDStRL 34 (1976), 145 (160). *Scholz/Bismark*, in: Schule im Rechtsstaat, Bd. II, 1980, 73 (121) spricht von sog. kondominialen Zuständigkeit des Parlaments im exekutivischen Rechtsetzungsverfahren außerhalb des Gesetzgebungsverfahrens.
[2276] *Voßkuhle*, Das Kompensationsprinzip, 1999, S. 16 und 38.
[2277] Siehe dazu die Analyse der einzelnen gesetzlichen Regelungen in Teil 2 III. 2.
[2278] *Klotz*, Das Aufhebungsverlangen, 1977, S. 53; *Hüser*, Die Mitwirkung, 1978, S. 123 f.; *Staupe*, Parlamentsvorbehalt und Delegationsbefugnis, 1986, S. 331; *v. Danwitz*, Die Gestaltungsfreiheit, 1989, S. 131 f.

Verordnungsentwurf erarbeiteten Norm, die dem Parlament zur Entscheidung vorgelegt wird, besteht ein nicht übersehbarer Unterschied.[2279] Damit wird die Höchstbelastung im Rahmen des Gesetzgebungsverfahrens unterbunden und aufgrund der Intensität der Beteiligungsbefugnis eine ineffektive Rechtsetzung vermieden.[2280]

### dd) Anforderungen an die Mitwirkung des Parlaments

Nicht ohne Bedeutung für die Beurteilung der Kompensationswirkung, aber auch der Zulässigkeit der Beteiligungsformen sind die Anforderungen, die an die Mitwirkung des Bundestages gestellt werden. An den ausgewählten gesetzlichen Regelungen wird deutlich, dass teilweise die Zustimmung fingiert wird oder verfällt, die Ausübung des Vorbehaltes an eine bestimmte Frist oder das Vorliegen eines Mindestquorums gebunden wird oder die Gesetzesbestimmungen eine Beschlussfassung ausdrücklich erfordern. Diese Ausgestaltungen zeigen deutlich, dass die Ausübung des Änderungsvorbehalts eben nicht unbeschränkt ist, sondern teilweise zeitlich (z.B. Frist) begrenzt ist oder verfahrensrechtliche Zusatzvoraussetzungen (z.B. ein Quorum, eine Beschlussfassung) erfüllt werden müssen. Aus diesem Grund ist es aus demokratischer Sichtweise sogar sehr begrüßenswert, wenn der Bundestag das ihm eingeräumte Recht wahrnimmt. Es ergeben sich jedoch Zweifel, inwiefern das Parlament unter diesen Einschränkungen sein Recht tatsächlich ernst nimmt bzw. ob nicht eine Art Routine oberflächlicher Auseinandersetzung eintritt.[2281] Ebenso ist fraglich, inwieweit ein Schweigen des Bundestages einer Kompensationswirkung oder demokratischer Legitimation förderlich ist.[2282] Darin kann sogar ein weiter Vorschub in der Selbstentmachtung des Parlaments gesehen werden, weil der Erlass einer Rechtsverordnung mit erweitertem Gestaltungsspielraum der Exekutive stillschweigend abgenickt wird.[2283] Das Schweigen kann aber auch als Ausdruck inhaltlicher Billigung verstanden werden.[2284] Das Fordern aus-

---

[2279] *Schnelle*, Eine Fehlerfolgenlehre, 2007, S. 45.
[2280] Genauer dazu *Uhle*, Parlament und RVO, 1999, S. 363 ff.
[2281] In dem Sinne *Staupe*, Parlamentsvorbehalt und Delegationsbefugnis, 1986, S. 331 f.
[2282] So *Klink*, Pauschale Ermächtigungen, 2005, S. 128.
[2283] So *Lippold*, ZRP 1991, 254 (257); Beschränkung des Parlaments auf den Erlass von Rahmengesetzen, die durch Vorlagen der Exekutive ausgefüllt sein würden; *Pegatzky*, Parlament und Verordnungsgeber, 1999, S. 162.
[2284] So BVerwGE 57, 130 (139 f.).

drücklicher Zustimmung würde den Effekt der Beschleunigung des Rechtsverordnungserlasses intrigieren. Aus der Praxis ergibt sich, dass regelmäßig eine Zustimmung ergeht und die tatsächliche Wahrnehmung der Rechte seitens des Bundestages dadurch bestätigt wird.[2285] Die verfahrensrechtlichen Anforderungen an die Mitwirkung des Bundestages verhindern wirksam, dass er insbesondere den Änderungsvorbehalt nicht unbeschränkt nutzen kann. Seiner Gestaltungsmacht sind Grenzen gesetzt, womit gezeigt wird, dass der Gesetzgeber bei der Schaffung der Beteiligungsform nicht über die Stränge schlagen wollte, sondern vielmehr ein Gleichgewicht anvisiert hat. Ebenfalls die bisherige Staatspraxis bestätigt, dass von den Änderungsvorbehalten nur selten Gebrauch gemacht worden ist und im Zuge ihrer Anwendung minimale Änderungen vorgenommen wurden.[2286]

### 4. Verfassungskonformität und Schranken des Änderungsvorbehaltes als Folge der Konfrontation mit der Staatsrealität

Die so eng verstandene Änderungsbefugnis des Bundestages verletzt nicht die Kompetenzordnung des Grundgesetzes. Dabei spielt es keine Rolle, ob der Verordnungsgeber verpflichtet ist, eine Rechtsverordnung zu erlassen oder nicht. Selbst wenn dem Verordnungsgeber Entscheidungsfreiheit eingeräumt wurde, kann er dennoch „indirekt" gezwungen werden, eine Verordnung mit von ihm nicht gewolltem Inhalt zu erlassen, indem der Bundestag von seiner Blockadehaltung Gebrauch macht.[2287] Die Freiheit des Verordnungsgebers über das „Ob" des Erlasses einer Rechtsverordnung wird ihm auf dem Umweg der Ausgestaltung des Inhalts, des „Wie", dass das Parlament verbindlich beeinflussen kann, wieder genommen.[2288] Auf diese Weise ist das Parlament immer in der Lage seinen Willen durchzusetzen, wenn man die parteipolitischen Gleichgestimmt-

---

[2285] *Staupe*, in: Jarass/Petersen/Weidemann KrW-/AbfG, 2011, § 59 KrW-/AbfG Rn. 63; *Klement*, in: Schmehl GK-KrWG, 2013, § 67 KrWG Rn. 5; *Hentschel/Roßnagel*, in: Führ/GK-BImSchG, 2016, § 48b BImSchG Rn. 15; *Jarass*, in: BImSchG, 12. Aufl. 2017, § 48b BImSchG Rn. 8; *Bleckmann*, in: Landmann/Rohmer, UmweltR, September 2019, § 67 KrWG Rn. 3; *Konzak*, in: BeckOK UmweltR, 1.1.2020, § 67 KrWG Rn. 4. Bsp. siehe bei *Frenz*, KrW-/AbfG, 3. Aufl. 2002, § 59 KrW-/AbfG Rn. 10.
[2286] Siehe dazu Verordnungen zu § 59 KrW-/AbfG a.F. / § 67 KrWG in Teil 2 III. 2. a) ee).
[2287] *Klink*, Pauschale Ermächtigungen, 2005, S. 124; so auch *Nierhaus*, in: Bonner Kommentar, Februar 2020, Art. 80 GG Rn. 198.
[2288] *Nierhaus*, in: Bonner Kommentar, Februar 2020, Art. 80 GG Rn. 198.

heit der Bundesregierung und der sie tragenden Mehrheit im Bundestag im Blick behält.[2289] Daran anknüpfend ist festzuhalten, dass es keinen Unterschied macht, ob ein Zustimmungs- oder Änderungsvorbehalt in der Ermächtigungsnorm statuiert wurde. „Denn auch das Zustimmungserfordernis ist letztlich darauf ausgerichtet, daß der Bundestag Einfluß auf die Gestaltung der Rechtsverordnung nehmen kann."[2290] Der Änderungsvorbehalt wird daher auch als „bedingte Zustimmung"[2291] oder „hartes Zustimmungsrecht"[2292] begriffen.

Berücksichtigt man die Anforderungen, die an die Mitwirkung des Bundestages gestellt werden und die Zwecke, welche sie erfüllen soll und kann, ist ein besseres Instrument, das nicht lediglich einen politischen Druck ausübt, nicht ersichtlich. Eine gewisse Intensität ist zwingend erforderlich, wenn die schwierigen Situationen, vor denen der Gesetzgeber steht, erfolgreich gemeistert werden sollen.

Der Anwendungsbereich der Änderungsvorbehalte ist insbesondere im Umwelt-, Sicherheits- und Technikrecht anzusiedeln. Dort dient er überwiegend der Umsetzung der EU-Rechtsakte. Dort sind auch die meisten Sorgen hinsichtlich einer schnellen und flexiblen, aber auch verfassungsgerechten Implementierung anzutreffen. Die mangelnde Praktikabilität des Gesetzes in diesen Bereichen sowie die „Grenzen der Normierbarkeit in den Verordnungsermächtigungen"[2293] erlauben zumindest vorübergehend die Handhabung dieser Notsituation mittels Änderungsvorbehalten. Es ist sogar geboten, „(...) die traditionelle Abschirmung der Verordnungsgebung gegenüber Volksvertretung zu überwinden, [wenn die Rechtsverordnungen] nicht nur technische Details des Gesetzesvollzugs regeln, sondern politische Gestaltungsfunktionen übernehmen."[2294] Dabei ist zu beachten, dass die in der Ermächtigungsnorm aufgezeigten Mängel nicht dadurch entstehen, weil man den Änderungsvorbehalt

---

[2289] *Nierhaus*, in: Bonner Kommentar, Februar 2020, Art. 80 GG Rn. 198.
[2290] *Frenz*, KrW-/AbfG, 3. Aufl. 2002, § 59 KrW-/AbfG Rn. 6. So bereits auch *Pegatzky*, Parlament und Verordnungsgeber, 1999, S. 164.
[2291] So genannt von, *Wissenschaftliche Dienste BT*, WD 3-3000-024/15, 2018, S. 5.
[2292] *Küper/Mussaeus*, in: BerlKomm EnR, 4. Aufl. 2018, § 33c KWKG Rn. 1.
[2293] *Ramsauer*, in: AK-GG, 2002, Art. 80 GG Rn. 70.
[2294] *Klement*, in: Schmehl GK-KrWG, 2013, § 67 KrWG Rn. 13. So ähnlich *v. Bogdandy*, Gubernative Rechtsetzung, 2000, S. 416.

unbedingt einführen will. Er rechtfertigt sie auch nicht. Die Absenkungen der Anforderungen des Art. 80 Abs. 1 Satz 2 GG sind mehr oder weniger eine Sachnotwendigkeit, weil die Handlungsform des Gesetzes für den in der Staatsrealität geforderten Bedarf schneller und praxisgerechter Lösung nicht tauglich ist. Der Änderungsvorbehalt kann diese Probleme auffangen. „[Er] kann ein aus sachlichen Gründen erforderliches geringeres Maß an inhaltlicher Bestimmtheit im Sinne eines ›second best‹ mit dem Demokratieprinzip versöhnen."[2295]

Zu den Indikatoren, die vor allem die Kompensation unerlässlich machen, gehören u.a. die Modifikation des Gesetzes zum sozialen und zielbewussten Gestaltungsinstrument, der Drang nach Normierung und parlamentarische Verfahrensmängel.[2296] Die Unvermeidbarkeit der Kompensation ist aber eine Ausnahme von der Regel. Daher muss die vorherige Aussage relativiert werden: „Kompensation schafft nicht Kompetenz, sie schafft Notkompetenz, deren erste und dauernde Pflicht es ist, sich entbehrlich zu machen."[2297] Das lässt die Frage aufkommen, ob der Änderungsvorbehalt eine Notkompetenz ist und damit die Pflicht auslöst, keine dauerhafte Lösung zu werden. Gleichzeitig ist aber in dem Änderungsvorbehalt eine Kompensationsart zu sehen, die in dem Gewaltenteilungsgrundsatz angelegten Kerngedanken der Funktionenverschränkung aktualisiert und unter dem Blickwinkel der Ambivalenz des Kompensationsarguments auf Vereinbarkeit mit dem Grundgesetz immer wieder zu prüfen ist.[2298] Aus dem jetzigen Erkenntnisstand sind die geäußerten verfassungsrechtlichen Bedenken nicht überzeugend.

Das mit dem Änderungsvorbehalt unmissverständlich zum Ausdruck gebrachte direkte Einflussrecht, das dem Grunde nach das Unbehagen bei den Kritikern dieser Beteiligungsform bereitet, stützt sich auf die Grenzenlosigkeit dieses Rechts. Die von ihnen dargelegten Gefahren sind durchaus ernst zu nehmen. Wie aber bereits festgestellt, führt die Ausübung des Änderungsvorbehalts nicht zwingenderweise zu einem Verstoß gegen das Gewaltenteilungsprinzip,

---

[2295] *Klement*, in: Schmehl GK-KrWG, 2013, § 67 KrWG Rn. 13. So ähnlich auch *Ossenbühl*, in: HStR, Bd. V, 3. Aufl. 2007, § 103 Rn. 63.
[2296] *Schlaich*, VVDStRL 39 (1981), 99 (115 ff.) m.w.N.
[2297] *Schlaich*, VVDStRL 39 (1981), 99 (115 ff.) m.w.N.
[2298] So ähnlich *Voßkuhle*, Das Kompensationsprinzip, 1999, S. 40 f. in Bezug auf die Tragfähigkeit des Kompensationsgedankens an sich.

das Prinzip der Verantwortlichkeitszurechnung oder zum Aushebeln des Bestimmtheitsgrundsatzes des Art. 80 Abs. 1 Satz 2 GG.[2299] Es ist aber richtig, die Exekutive davor zu schützen, ihr inhaltliche Vorgaben aufzuzwingen, die die eingeräumte Rechtsetzungsbefugnis vollkommen aufbrauchen.[2300] Sonst könnte man den Art. 80 GG umgehen und die klare Zuordnung der Handlungsformen der Art. 76 ff. GG in unzulässiger Weise verwischen.[2301] Daher darf die Beteiligung des Bundestages an der Rechtsverordnungsgebung nicht mit der Urheberschaft der betroffenen Rechtsetzung sowohl in formaler als auch materieller Hinsicht gleichgesetzt werden. Das heißt, dass von einer Kompetenzüberschreitung erst dann auszugehen ist, wenn kein Raum mehr für das Vorhandensein eigener Rechtsetzungsmacht der Exekutive besteht.[2302] Das ist dann der Fall, wenn der Bundestag den Normtext vollumfänglich aufstellt und das Inkraftsetzen der Norm nach seinem Belieben veranlassen oder verhindern kann, sodass dem Delegatar gar kein Handlungsspielraum mehr übrig bleibt.[2303] Demnach würde sich die Änderungsbefugnis des Parlaments zum Verordnungsrecht des Parlaments umwandeln, was mit der Verfassung nicht vereinbar wäre.

Der Änderungsvorbehalt ist ein Balanceakt. Das Parlament ist dabei aber weder als Gesetzgeber noch als Verordnungsgeber tätig. Es ist vielmehr oder sogar nur, ein Beteiligter an der Rechtsetzung eines anderen.[2304] Der Beschluss bildet lediglich einen Teil des Rechtsetzungsaktes, er allein kann nichts ausrichten. Von dem Verordnungsrecht des Parlaments kann daher nicht gesprochen werden, weil es Schranken gibt, die dem entgegenstehen und einen Missbrauch verhindern. Art. 80 Abs. 1 GG stellt dem Wortlaut nach nicht nur die Anforderungen an die Bestimmtheit der Ermächtigungsnorm auf, sondern zählt enumerativ auf, wer zum Kreis der Ermächtigungsadressaten gehört. Der Bundestag kommt darin nicht vor. Trotz der Beteiligung des Bundestages bleibt der Urhe-

---

[2299] Zu den einzelnen Punkten siehe Teil 2 IV. 2.
[2300] So *Klink*, Pauschale Ermächtigungen, 2005, S. 122.
[2301] So *Klink*, Pauschale Ermächtigungen, 2005, S. 122.
[2302] Bsp. *Studenroth*, DÖV 1995, 525 (528); *Seiler*, ZG 2001, 50 (66); *Klink*, Pauschale Ermächtigungen, 2005, S. 123; *Remmert*, in: Maunz/Dürig Kommentar GG, Oktober 2019, Art. 80 GG Rn. 109 f.; *Nierhaus*, in: Bonner Kommentar, Februar 2020, Art. 80 GG Rn. 205.
[2303] *Schmidt*, Die Beteiligung des BT, 2002, S. 108.
[2304] So BVerfGE 8, 274 (322).

ber und der Autor des so erzeugten Rechtsaktes, ausweislich der Ermächtigungsgrundlage, die Exekutive. Das Ergebnis ist und bleibt eine Rechtsverordnung, sodass ein Verstoß gegen das Gebot der Formenstrenge ausscheidet.

Eine Ablehnung jeglicher Zulässigkeit von der Rechtsverordnungsgebung mit der Mitwirkung des Bundestages ist weder systematisch noch historisch belegbar. Ganz im Gegenteil kann man sogar von einer Tradition der Mitwirkungsrechte ausgehen, die mit dem Telos des Art. 80 GG vereinbar ist.[2305] Die dem Gesetzgeber zustehende Gestaltungsmacht erlaubt ihm eine Beteiligung des Bundestages anzuordnen. Schließlich handelt es sich bei der Rechtsverordnungsgebung um keine originäre Kompetenz der Exekutive. Außerdem stellt die Mitwirkung auch ein wirksames Kontrollinstrument des Bundestages dar, das der Überwachung der Rechtsetzung durch die Exekutive dient. Dabei ist hervorzuheben, dass der Vorbehalt über ein allgemeines Kontrollrecht hinausgeht, weil er dem Bundestag einen Zugriff auf eine konkrete Entscheidung ermöglicht.[2306] Es wird nicht nur politischer Druck erzeugt. Mit dem Beschluss kann der Bundestag einen Rechtsverordnungserlass verhindern bzw. auf den Inhalt verbindlich einwirken. Die auf diese Weise ergangene Rechtsverordnung verändert nicht ihren Platz in der Normenhierarchie und steht den übrigen Rechtsverordnungen gleich.[2307] Ebenso wenig wird eine zwischen dem Gesetz und der Verordnung stehende „dritte Form der Rechtsetzung" als Misch- oder Zwischenform oder eine „Rechtsform eigener Art" oder ein „Gesetz niederen Ranges" erzeugt.[2308] Wäre es so, dann müsste geklärt werden, ob nicht eine Verfassungsänderung notwendig ist.[2309] Der gegen die Zulässigkeit der Mitwirkung des Bundestages sprechende Einwand, dass keine bzw. nicht ausreichende verfahrensrechtliche Regelungen für den Änderungsvorbehalt vorgesehen

---

[2305] In dem Sinne *Hushahn*, JA 2007, 276 (283 f.).
[2306] So auch *Wagner*, Parlamentsvorbehalt und PBG, 2010, S. 40 bzgl. der Zustimmung zum Einsatz der Streitkräfte. Anders hingegen *Uhle*, in: Gesetzgebung, 2014, § 24 Rn. 88 mit genaueren Ausführungen *Uhle*, NVwZ 2002, 15 (17 ff.), der den Vorbehalt als Ausformung parlamentarischer Kontrolle der Exekutive begreift.
[2307] *Staupe*, in: Jarass/Petersen/Weidemann KrW-/AbfG, 2011, § 59 KrW-/AbfG Rn. 102.
[2308] *Staupe*, in: Jarass/Petersen/Weidemann KrW-/AbfG, 2011, § 59 KrW-/AbfG Rn. 102. Davon gehen jedoch aus, *Grupp*, DVBl 1974, 177 (179); *Lippold*, ZRP 1991, 254 (255 und 256); *Ossenbühl*, in: HStR, Bd. V, 3. Aufl. 2007, § 103 Rn. 63.
[2309] So ähnlich *Ossenbühl* ZG 1997, 305 (318 ff.).

seien oder dass ein Vermittlungsausschuss bei Nichteinigung nicht einberufen werden könne, ist zwar zutreffend. Es lassen sich aber die Regelungen, die für den Zustimmungsbeschluss gelten, der dem Änderungsvorbehalt gleichzustellen ist, analog anwenden oder es werden in dem Gesetz, das einen Änderungsvorbehalt vorsieht, selbst Regelungen bzgl. des Verfahrens getroffen. Außerdem sind diese Feststellungen, so sehr sie auch auf Probleme in der Staatspraxis hindeuten, die in solchen Situationen entstehen könnten, nicht dazu geeignet, die verfassungsrechtliche Zulässigkeit dieser Parlamentsbeteiligung in Zweifel zu ziehen, weil sie Mängel verfahrensrechtlicher, nicht aber verfassungsrechtlicher Natur aufzeigen.[2310]

Der Legislative soll es möglich sein, nicht nur auf den Erlass der Rechtsverordnung Einfluss zu nehmen, vielmehr soll sich ihre Einwirkungsbefugnis auch auf den Inhalt der Rechtsverordnung erstrecken können.[2311] Im Einklang mit dem BVerfG[2312] ist in den Vorbehalten eine Erschwernis der Ausübung der Ermächtigung seitens der Exekutive zu sehen und eben nicht ihre Beseitigung. Die nötige Begrenzung der Änderungsvorbehalte ist daher aus dem engen und wortgetreuen Verständnis zu entnehmen, das ein „punktuelles An-sich-Ziehen der Regelungskompetenz"[2313] erlaubt und eine völlige Neuschöpfung verbietet.[2314] Anderenfalls würden die Vorbehalte ihren Zweck verfehlen. Der Bundestag ist selbst an den Art. 80 Abs. 1 Satz 2 GG gebunden und besitzt zudem kein eigenes Initiativrecht. Die Legislative muss aufgrund der Intensität des Änderungsrechts des Bundestages, den Vorbehalt mit dem legitimen Interesse begründen, das je nach der zugrunde liegenden Materie erhöhten Anforderungen standhalten muss.[2315] Nimmt man an, dass das Änderungsrecht gegenüber dem Zustimmungsvorbehalt eine stärkere Beteiligungsform sei, so ist es angezeigt zu folgern, dass tendenziell gewichtigere Materien betroffen sind, die eine gestal-

---

[2310] *Staupe*, in: Jarass/Petersen/Weidemann KrW-/AbfG, 2011, § 59 KrW-/AbfG Rn. 106.
[2311] So BVerfGE 8, 274 (321).
[2312] So BVerfGE 8, 274 (323).
[2313] *Graf Vitzthum/Geddert-Steinacher*, Standortgefährdung, 1992, S. 45.
[2314] *Klink*, Pauschale Ermächtigungen, 2005, S. 123 mit Verweis auf u.a. *Frenz*, KrW-/AbfG, 3. Aufl. 2002, § 59 KrW-/AbfG Rn. 1; *Kunig*, in: Kunig/Paetow/Versteyl KrW-/AbfG, 2. Aufl. 2003, § 59 KrW-/AbfG Rn. 5.
[2315] So ähnlich BVerfGE 8, 274 (321); *Schnelle*, Eine Fehlerfolgenlehre, 2007, S. 46.

tende Beteiligung des Bundestages erforderlich machen.[2316] Das legitime Interesse des Gesetzgebers ist im Sinne der Wesentlichkeitstheorie zu verstehen. Der Begründungsanteil orientiert sich an der Wesentlichkeit (Bedeutung) der zu regelnden Materie, die gleichzeitig die Anwendung des Parlamentsvorbehalts aktiviert.[2317] Begreift man den Parlamentsvorbehalt als einen Sach- und Organvorbehalt, der den Bundestag dazu ausweist, tätig zu werden, und ihm dabei die Wahl der Handlungsform überlässt,[2318] so spricht nichts dagegen, dass der Bundestag im Rahmen der Rechtsverordnungsgebung mittels schlichten Parlamentsbeschlusses tätig wird. Das dem Bundestag zur Verfügung gestellte Interventionsrecht in der Form des Änderungsvorbehaltes beschränkt sich auf den Inhalt des vorgelegten Verordnungsentwurfs durch die Exekutive, der einerseits nicht völlig verworfen werden kann und der über das in der Ermächtigungsgrundlage festgelegte Programm andererseits nicht hinausgehen bzw. geändert werden kann.

Der Änderungsvorbehalt bildet eine Ausnahmeregelung. Es ist daher mehr als geboten, ihn einer verfassungsrechtlichen Prüfung zu unterziehen. Bei dieser Beurteilung ist der Verfassungswandel[2319] als auch die Staatsrealität zu berücksichtigen. Insbesondere die immer mehr in den Vordergrund tretende Entwicklung des vereintes Europas, mit der die europäische Integration eines zukunftsoffenes Grundgesetzes einhergeht und auf Dynamik angelegt ist,[2320] macht neue Wege der parlamentarischen Beteiligung statthaft und wünschenswert.[2321] Die „sachbereichsspezifischen Bedürfnisse der rechtsetzenden Exekutive" [begründen den Änderungsvorbehalt, der ein] Ausdruck eines zukunftsweisenden Verbundes administrativer und parlamentarischer Steuerung [ist], dessen Alternativlosigkeit aus der vermeintlichen oder tatsächlichen Un-

---

[2316] *Frenz*, KrW-/AbfG, 3. Aufl. 2002, § 59 KrW-/AbfG Rn. 6.
[2317] *Staupe*, in: Jarass/Petersen/Weidemann KrW-/AbfG, 2011, § 59 KrW-/AbfG Rn. 111.
[2318] Siehe dazu Teil 2 I. 4.
[2319] Ausführlicher zum Verfassungswandel und zu seinen Grenzen, *Voßkuhle*, JuS 2019, 417 (417 ff.) „(...) das Grundgesetz muss mehr noch als jedes andere Gesetz in seinem Inhalt entwickelt und konkretisiert werden." Diesem Konkretisierungsvorgang wohnt dabei zwangsläufig etwas Schöpferisches inne." (S. 417 m.w.N.); „(...) Tatsächlich schadet der Verfassungswandel jedoch nicht der Verfassung, sondern er nützt ihr, denn er hält sie in der Zeit. Verfassungswandel ist in diesem Sinne Verfassungspflege." (S. 418 m.w.N.).
[2320] *Voßkuhle*, JuS 2019, 417 (419).
[2321] *Klink*, Pauschale Ermächtigungen, 2005, S. 130.

möglichkeit der Steuerung mittels Parlamentsgesetz und konkretisierendem Verordnungssystem hergeleitet wird."[2322] Die Beteiligung des Bundestages geht über ein allgemeines Kontrollrecht hinaus und bildet hierbei eine konstitutive Entscheidungsteilhabe[2323] an der Rechtsverordnungsgebung,[2324] die sich im verfassungsrechtlichen Rahmen hält. Ob die Grenze der inhaltlichen Zuordnung der Rechtsverordnung bei dieser Beteiligungsform am Ende überschritten worden ist, ist bei jeder Ermächtigung, die die Mitwirkung des Bundestages zulässt, mit der unter diesen Voraussetzungen erlassenen Rechtsverordnung einzeln festzustellen.[2325]

---

[2322] *Saurer*, NVwZ 2003, 1176 (1179) unter Bezugnahme auf *Ossenbühl*, DVBl 1999, 1 (4); *v. Bogdandy*, Gubernative Rechtsetzung, 2000, S. 415.
[2323] So *Scholz/Bismark*, in: Schule im Rechtsstaat, Bd. II, 1980, 73 (141 These 7).
[2324] In dem Sinne auch *Wagner*, Parlamentsvorbehalt und PBG, 2010, S. 90 bzgl. der Zustimmung zum Einsatz der Streitkräfte.
[2325] In dem Sinne *Remmert*, in: Maunz/Dürig Kommentar GG, Oktober 2019, Art. 80 GG Rn. 111.

## Zusammenfassende Bewertung der Ergebnisse

Der Umgang mit dem schlichten Parlamentsbeschluss ist im Schrifttum und in der Rechtsprechung sehr unausgewogen. Zunächst besteht eine Diskussion *um* und *über* den Begriff des schlichten Parlamentsbeschlusses. Dieser geht auf *Thoma* zurück, der im Jahr 1932 den ersten Vorschlag zu seiner Bestimmung machte. So ist der schlichte Parlamentsbeschluss ein Beschluss, der nicht im Gesetzgebungsverfahren ergangen ist.[2326] Diese formelle Betrachtungsweise hat sich überwiegend durchgesetzt und als trennscharfes Mittel für die Identifikation von schlichten Parlamentsbeschlüssen erwiesen.

So zutreffend die Definition auch ist, so hat sie auch gewisse Nachteile. Sie degradiert die Kategorie der schlichten Parlamentsbeschlüsse zu einem „Restesammelbecken". Das stößt zunehmend auf Kritik. Die Volksvertretungen werden tätig, indem sie *beschließen*, also indem sie die Form eines mehrheitlich zu fassenden Beschlusses nutzen (vgl. Art. 42 Abs. 2 Satz 1 GG). Damit ist die Handlungsform neutral und der Beschluss stellt einen Oberbegriff für alle Handlungen des Parlaments dar. Die Kategorisierung einzig nach den Handlungsformen wurde in der weiteren Diskussion immer schwächer und stattdessen durch das Merkmal der Verbindlichkeit ersetzt bzw. von ihm überlagert. Die Streitfrage um die Rechtswirkung des schlichten Parlamentsbeschlusses eröffnete eine neue Debatte um die nähere Bestimmung des Begriffs, die bis heute andauert und immer wieder neu aufgeworfen wird.

Eine genaue Bestandsaufnahme der schlichten Parlamentsbeschlüsse anhand der ihnen zugrunde liegenden Rechtsgrundlagen bestätigt, dass es sowohl verbindliche als auch unverbindliche schlichte Parlamentsbeschlüsse gibt. Ein übergreifendes Prinzip oder System, wann sie welche Rechtswirkungen haben, ist nicht eindeutig erkennbar. So entstanden im Laufe der Zeit im Schrifttum unterschiedliche Bezeichnungen von schlichten Parlamentsbeschlüssen, die den Grad der Verbindlichkeit als Anknüpfungspunkt wählten. Dabei wird das Beiwort „*schlicht*" für diejenigen Parlamentsbeschlüsse verwendet, die rechtlich unverbindlich sind. Hingegen erfasst das Wort „*echt*" alle anderen rechtsverbindlichen Beschlüsse, darunter die Gesetzesbeschlüsse. Schließlich entwi-

---

[2326] *Thoma*, in: HdbDStR, Bd. 2, 1932, § 76 S. 221 Fn. 1.

ckelte sich eine Stufenleiter, auf deren erster Stufe die Gesetzesbeschlüsse, auf zweiter Stufe die rechtsverbindlichen, und auf dritter Stufe die unverbindlichen Beschlüsse stehen. Umstritten war die Gruppe der unverbindlichen Beschlüsse, denen man aufgrund ihrer faktischen Wirkung zumindest politische oder rechtliche Erheblichkeit zugestanden hat.

Die größte Schwäche dieser Ansätze ist, dass sie dem Merkmal *schlicht* eine wertende Bedeutung zumessen. Zum einen wird das Merkmal mit der Unverbindlichkeit der Beschlüsse gleichgesetzt, zum anderen wird aus der angenommenen Unverbindlichkeit der Beschlüsse ihre unbegrenzte Zulässigkeit deduziert. Das ist ein sich im Kreis drehendes Argument. Auch ist es zu kurzsichtig, weil aus der rechtlichen Unverbindlichkeit nicht zwingend die allgemeine Zulässigkeit zu schlussfolgern ist. Zudem ist die Frage der Rechtsverbindlichkeit streng von der Frage der allgemeinen oder unbegrenzten Zulässigkeit zu trennen.

Die Rechtsverbindlichkeit ist unter Heranziehung weiterer materiell-rechtlicher Aspekte zu bestimmen. Insbesondere ist die grundgesetzliche Verankerung (geschrieben oder durch Auslegung gewonnen) notwendig, damit das Parlament nicht zu einem allgewaltigen Organ wird (Verfügung über eine Kompetenz-Kompetenz), das sich selbst ermächtigt und sich zusätzliche Befugnisse zuschreibt, womit die verfassungsrechtlich festgelegten Kompetenzen anderer Organe überspielt werden könnten. Der Intensitätsgrad der erzeugten Verbindlichkeit ist nicht pauschal feststellbar und muss für jeden Einzelfall untersucht werden. Dabei zu berücksichtigende Elemente sind der Adressatenkreis, der Wirkungsbereich, der Beschlussinhalt, der Wortlaut der Rechtsgrundlage und die Funktion des Beschlusses. Die durch die Theorien erzeugten Termini charakterisieren in gewisser Weise den schlichten Parlamentsbeschluss, gleichzeitig stiften sie noch mehr Verwirrung *um* den Begriff des schlichten Parlamentsbeschlusses und vernebeln den Überblick *über* die schlichten Parlamentsbeschlüsse. Es ist daher nur konsequent, an der klaren und einfachen Konzeption von *Thoma* weiter festzuhalten und die anderen Begründungssätze nur ergänzend heranzuziehen.

Das Konfliktpotenzial um die Kernfrage der Rechtswirkung der schlichten Parlamentsbeschlüsse verdeutlichen zahlreiche Entscheidungen aus der Rechtsprechung. Sie verdeutlichen, was für ein breitgefächertes Repertoire die schlichten Parlamentsbeschlüsse haben und wie vielfältig sie eingesetzt werden können. Die ausgewählten Entscheidungen der letzten 60 Jahre erlauben die schlichten Parlamentsbeschlüsse in mehrere Gruppen zu sortieren. Eine große Gruppe bilden dabei die unverbindlichen schlichten Beschlüsse, die mehrfach als Ersuchen, Aufforderung oder Entschließung bezeichnet werden und u.a. als reine Äußerungsart des Bundestages, als Auslegungshilfe von Normen, als ein Schlichtungsmittel oder als Handlungshinweis für die Exekutivorgane dienen.

Die erstgenannte Gruppe wird durch die anderen drei Gruppen in den Hintergrund gedrängt. Diese sind erstens die ungeschriebenen verbindlichen Zustimmungsbeschlüsse des Parlaments im militärischen Bereich und im Bereich der Europapolitik, zweitens die ausdrücklich in der Bayerischen Verfassung niedergeschriebenen Zustimmungsbeschlüsse des Bayerischen Landtags zu Staatsverträgen und drittens die Mitwirkungsrechte des Parlaments im Rahmen der Rechtsverordnungsgebung. Der besondere Erkenntniswert, den diese gemeinsam haben, ist, dass sie den schlichten Parlamentsbeschluss in ein Umfeld bringen, in dem er zuvor nicht verortet worden ist, nämlich in die Nähe der Gesetzgebung. Das wird besonders deutlich an den Zustimmungsbeschlüssen des Bayerischen Landtags zu Staatsverträgen (Art. 72 Abs. 2 BV). In diesem besonderen Fall stellen die schlichten Parlamentsbeschlüsse einen neben dem Gesetzesbeschluss gleichrangigen Rechtsakt dar, der eine Ermächtigungs- und Transformationswirkung hat. Indes wird bei diesem kein Halt gemacht. Neben diesem geschriebenen Fall entwickelt die Rechtsprechung ungeschriebene Fälle von Zustimmungsbeschlüssen zum Streitkräfteeinsatz und zur Wahrnehmung der Integrationsverantwortung, die unmittelbar aus dem Grundgesetz hergeleitet werden und für die Exekutive Rechtsfolgen auslösen. Daneben stehen die einfachgesetzlich geregelten Zustimmungsbeschlüsse zu Rechtsverordnungen, die gemeinhin als verfassungsrechtlich zulässig angesehen werden und Einflussmöglichkeiten des Parlaments auf die Normsetzung der Exekutive begründen.

Vor diesem Hintergrund hat sich das „Institut des schlichten Parlamentsbeschlusses"[2327] fortentwickelt und der wissenschaftliche Diskurs wurde erneut angeregt. Die Betätigungsform des Parlaments liegt schwerpunktmäßig in der Gesetzgebung. Das traditionelle Mittel, das in diesem Feld besonders präsent ist, ist der Gesetzesbeschluss. Die schlichten Parlamentsbeschlüsse wurden regelmäßig aus diesem Bereich ausgeklammert und anderen Funktionen zugeordnet. Dabei verwirklicht das Parlament seine Funktion als gesetzgebende Gewalt zwar vorwiegend, aber keinesfalls ausschließlich in der Form eines förmlichen Gesetzes. Die Rechtswirkung der schlichten Parlamentsbeschlüsse hängt daher zum einen von der bestimmten Intention des Parlaments ab und zum anderen ist sie eng mit den Befugnissen und Aufgaben des Parlaments verflochten. So mag der schlichte Parlamentsbeschluss als häufigste Betätigungsform des Parlaments eine „beiläufige Selbstverständlichkeit"[2328] sein, die überwiegend zur Erledigung des Alltagsgeschäfts oder der politischen Willensbildung eingesetzt wird. Eine Einteilung der im Schrifttum und in der Rechtsprechung dargestellten Beschlüsse, die sie im Dienste der Erfüllung von Parlamentsfunktionen gliedert, bringt aber vor dem Hintergrund dieser Binsenweisheit eine Ausprägung von schlichten Parlamentsbeschlüssen zum Vorschein, die nicht nur verbindlich sind, sondern vielmehr in ihrer Rechtswirkung eine Gesetzesähnlichkeit aufweisen. Die Geburtsstunde der sog. „qualifizierten Parlamentsbeschlüsse" wird eingeläutet.

Doch der wesentliche und stichhaltige Unterschied zwischen den „qualifizierten Parlamentsbeschlüssen" und den förmlichen Gesetzesbeschlüssen *ist* und *bleibt* das Verfahren, in dem sie jeweils ergehen. Wenn man das Gesetzgebungsverfahren mit dem einfachen Beschlussverfahren vergleicht, werden die Vorteile der „qualifizierten Parlamentsbeschlüsse" – Flexibilität und Schnelligkeit – besonders deutlich und gleichzeitig werden aufgrund der Unterschiede zum Erlass des Gesetzesbeschlusses – fehlende Publikation, keine Beteiligung anderer Verfassungsorgane, verkürztes Verfahren – nicht von der Hand zu weisende Einwände gegen die Anwendbarkeit der gesetzesähnlichen Form erho-

---

[2327] Diese Bezeichnung findet sich u.a. bei *Möller/Limpert*, ZParl 1993, 21 (28) in Bezug auf Art. 23 Abs. 3 GG.
[2328] *Luch*, in: Morlok/Schliesky/Wiefelspütz Parlamentsrecht, 2016, § 10 Rn. 5.

ben. Diese sprechen eine Warnung vor dem übermäßigen Gebrauch dieser Form aus und sehen in der Anerkennung einer rechtsetzenden Funktion des Beschlusses „eine Flucht"[2329] des Gesetzgebers in das schlichte Verfahren des Beschlusses unter Umgehung der Mitwirkungsrechte anderer Organe.

Ein Unbehagen gegenüber den „qualifizierten Parlamentsbeschlüssen" löst der Umstand aus, dass die Rechtsprechung sie erst aus dem Grundgesetz herleiten musste, sie also ausdrücklich nicht normiert sind und nun eine zusätzliche Außenrechtsquelle in dem Verhältnis zwischen der Exekutive und der Legislative bilden sollen. Bei einem unbefangenen Verständnis des „qualifizierten Parlamentsbeschlusses" könnte er als ein Beschluss zu verstehen sein, der nicht im Gesetzgebungsverfahren ergangen ist, aber rechtlich so gilt, als wenn er das wäre. So bedürfen die in Frage stehenden „qualifizierten Parlamentsbeschlüsse" einer zusätzlichen Überlegung, ob sie einen förmlichen Gesetzesbeschluss bedenkenlos und bedingungslos ersetzen können. Der Ausgangspunkt hierbei ist der Gesetzesbegriff und dessen Kriterien – Vorbehalt des Gesetzes, Parlamentsvorbehalt, Wesentlichkeitstheorie, Vorrang des Gesetzes –, die seine Reichweite und seinen Anwendungsbereich festlegen.

Eine Qualifizierung derartiger Beschlüsse als Äquivalent zum gesetzesförmigen Beschluss geht jedoch zu weit. Er stellt dann keine Alternative für einen Gesetzesbeschluss dar, wenn der Vorbehalt des Gesetzes greift. Das sind Bereiche, in denen ein förmlicher Gesetzesbeschluss ausdrücklich vorgeschrieben ist oder grundlegende normative Bereiche – besonders im Bereich der Grundrechtsausübung –, die einer Entscheidung des Gesetzgebers, nicht lediglich des Parlaments, bedürfen. Der letztere Bereich ist sehr weit gefasst und lässt sich nur unter Heranziehung weiterer Kriterien eingrenzen. Für seine genaue Konkretisierung ist die Wesentlichkeitstheorie aufgrund ihrer Unbestimmtheit ungeeignet, wobei sie entsprechend zur Bestimmung des Anwendungsbereichs des „qualifizierten Parlamentsbeschlusses" herangezogen werden kann. Diese ist nicht auf Kompetenzverteilung zwischen der Exekutive und Legislative ausgerichtet, sondern befasst sich mit Frage der Entscheidungsfindung innerhalb ei-

---

[2329] *Luch*, in: Morlok/Schliesky/Wiefelspütz Parlamentsrecht, 2016, § 10 Rn. 58; auch *Hoffmann-Riem*, in: Grundlagen des VerwR, Bd. 2, 2. Aufl. 2012, § 33 Rn. 110. Grundlegend dazu aber *Pestalozza*, Formenmißbrauch, 1973, S. 143 ff.

ner Gewalt. Daher ist es richtig, dass die Wichtigkeit und das Gewicht des Gegenstandes, der geregelt werden soll, mit der zu wählenden Handlungsform korreliert.

Der aus der Wesentlichkeitstheorie entwickelte Parlamentsvorbehalt taugt ebenso wenig für eine Abgrenzung der Bereiche. Ganz im Gegenteil trägt er vielmehr dazu bei, den „qualifizierten Parlamentsbeschluss" in die Nähe des Gesetzesbeschlusses zu bringen. Der demokratisch geprägte Parlamentsvorbehalt schreibt für bestimmte Angelegenheiten, die vom erheblichen Gewicht sind, eine Entscheidung des Parlaments vor, ohne jedoch eine Handlungsform vorzugeben. Damit inkludiert er als Oberbegriff einerseits den parlamentsgesetzlichen Vorbehalt und andererseits den schlicht-parlamentarischen Beschlussvorbehalt. Er ist nicht als Formvorbehalt, sondern als Organ- und Sachvorbehalt zu begreifen, der sich auf die unmittelbare demokratische Legitimation des Parlaments stützt, woraus eine Sicherung des Mitspracherechts des Parlaments in wichtigen Sachmaterien folgt.

Der Formvorbehalt ist aber ein Ausschlusskriterium für einen „qualifizierten Parlamentsbeschluss", wenn es gerade auf die Funktionen des Gesetzes ankommt, wie die Dauerhaftigkeit und Unverrückbarkeit von Recht, die durch das aufwendige Gesetzgebungsverfahren, vor allem die Publikation des Gesetzesbeschlusses, gewahrt werden. Das ist insbesondere bei freiheitsverkürzenden Maßnahmen des Staates der Fall, sodass im Umkehrschluss der „qualifizierte Parlamentsbeschluss" nur das Verhältnis zur Exekutive betreffen kann. Es ist aber Vorsicht und Zurückhaltung geboten, um die Exekutive nicht zu überlagern und ihr einen angemessenen Handlungsspielraum für effiziente Aufgabenerfüllung zu lassen. Denn es gibt keinen Vorrang des Parlaments und auch die Exekutive, insbesondere die Bundesregierung, hat nicht weniger bedeutende Entscheidungen zu treffen als das Parlament.

Dem „qualifizierten Parlamentsbeschluss" kommt auch eine Rechtssatzqualität zu. Nicht jedem Rechtssatz kann aber eine Teilhabe am Vorrang des Gesetzes zugutekommen. Art. 20 Abs. 3 GG regelt nur das Rangverhältnis von Rechtsakten des Parlaments zu den Rechtsakten der Exekutive, nicht aber ein Rangverhältnis von Rechtsakten des Parlaments untereinander. Der Bundestag kann auch allein nicht bestimmen, welchen Rang sein jeweiliger Rechtsakt haben soll. So unterscheidet sich der „qualifizierte Parlamentsbeschluss" von dem Gesetzesbeschluss, weil er keinen bestimmten Rang in der Normenhierarchie des Grundgesetzes einnimmt und ein Kollisionsfall mit anderen Normen kaum denkbar ist. Das ergibt sich zum einen daraus, dass sich der Sinn und Zweck des „qualifizierten Beschlusses" auf die Lenkung des exekutiven Handelns richtet, nicht aber selbst ein komplexes Regelungsgerüst zum Inhalt hat. Zum anderen ist es unwahrscheinlich, dass sich der Bundestag an sich zwei widersprechenden Regelungen beteiligt und selbst wenn, dann bedürfte es zur Änderung eines Gesetzes der erneuten Durchführung des Gesetzgebungsverfahrens (argumentum e contrario) oder aber einer entsprechend sehr genau bestimmten Ermächtigung im Gesetz selbst, dass für die Änderung des Gesetzes ein „qualifizierter Parlamentsbeschluss" ausreichend ist. Entscheidend ist daher die Wahl des Verfahrens.

Die abstrakten und generellen Aussagen zu den „qualifizierten Parlamentsbeschlüssen" folgen aus einer genaueren Analyse der im Rahmen der Rechtsetzungsfunktion des Parlaments behandelten Parlamentsbeschlüsse in Bezug auf den bewaffneten Einsatz der Streitkräfte im Ausland, auf den Rechtsverordnungserlass und auf die Wahrnehmung der Integrationsverantwortung. Ihr zugrunde liegt der Vergleich der Wesenszüge des Gesetzesbegriffs mit denen des „qualifizierten Parlamentsbeschlusses", der im Einzelnen zu folgenden Erkenntnissen führt.

Alle genannten Beschlüsse weisen eine „besondere Qualität"[2330] auf. Sie sind für ihre Adressaten rechtlich verbindlich und werden von dem unmittelbar vom Volk gewählten Staatsorgan, dem Bundestag, erlassen (vgl. Art. 20 Abs. 2 GG). Sie sind an die Exekutive gerichtet und haben eine gesetzliche Ausprägung gefunden, wie im Parlamentsbeteiligungsgesetz, Integrationsverantwortungsgesetz bzw. in den Ermächtigungsnormen für den Rechtsverordnungserlass. Es lässt sich von einer Außenwirkung der „qualifizierten Parlamentsbeschlüsse" sprechen, weil sie nicht bloß innerhalb des Bundestages ihre Wirkung entfalten, sondern ein anderes Staatsorgan rechtlich binden. Sie stellen eine spezifische Form von parlamentarischer *Einflussnahme auf* die Exekutive und *Kontrolle von*

---

[2330] *Sommermann*, JZ 1997, 434 (428).

exekutivem Handeln dar und lassen sich im Wege der Auslegung auf verfassungsrechtliche Grundlagen zurückführen. Sie können ein förmliches Gesetz aber nicht ersetzen, weil sie keine Gesetzeskraft[2331] haben und sind für sich allein grundsätzlich – anders nur möglicherweise im Bereich der Leistungsverwaltung – nicht ausreichend, um als Grundlage für hoheitliches Handeln zu dienen, die Rechte und Pflichten für Staatsbürger und Staatsbürgerinnen begründet.[2332] Sie stellen sowohl aufgrund von verfahrensrechtlichen Unterschieden zu dem Gesetzgebungsverfahren als auch aus funktionell-rechtlicher Hinsicht kein Substitut zum Gesetz dar. Sie haben aber eine ähnliche Rechtswirkung wie ein Gesetz.

Diese Ähnlichkeit baut darauf auf, dass sie sich unter dem Begriff Parlamentsvorbehalt subsumieren lassen. Der Parlamentsvorbehalt fordert das Parlament als Entscheidungsorgan in bestimmten Bereichen zum Tätigwerden auf, ohne ihm dafür eine bestimmte Handlungsform vorzuschreiben. Der Anwendungsbereich der „qualifizierten Parlamentsbeschlüsse" erstreckt sich auf Entscheidungen, die grundsätzlich von der Exekutive gefällt werden. Da diese aber von nicht zu unterschätzender Tragweite und Bedeutung für den Staat und die Gesellschaft sind, aktualisieren sie die Mitwirkung des Parlaments. Mittels „qualifizierter Parlamentsbeschlüsse" an dem Entscheidungsprozess der Exekutive werden die exekutiven Entscheidungen der demokratischen Legitimation zugeführt. Dabei wird der Kernbereich der Eigenverantwortung der Exekutive nicht betroffen, weil das Mitwirkungsrecht des Bundestages zwar eine konstitutive Beteiligung ist, diese aber nur ein Teil des Vorgangs ist, der nur von der Exekutive in Gang gesetzt werden kann und dessen Durchführung und Beendigung in die Hände der Exekutive gelegt wird. Die Exekutive und deren Organe besitzen die erforderliche Fachkenntnis und Struktur, um die ihm zugewiesenen Aufgaben zu bewältigen. Der Bundestag hat aber eine „Schlüsselposition"[2333] inne, die es ihm erlaubt, die Exekutive daran zu hindern, allein nach ihrem Belieben zu verfahren.

---

[2331] *Nierhaus*, in: Bonner Kommentar, Februar 2020, Art. 80 GG Rn. 201.
[2332] So *Pegatzky*, Parlament und Verordnungsgeber, 1999, S. 108.
[2333] *Wagner*, Parlamentsvorbehalt und PBG, 2010, S. 106.

Der „qualifizierte Beschluss" ist zwar für die Exekutive verbindlich, er verpflichtet sie aber nicht zu einem bestimmten Tun. Vielmehr muss sie sich an den Inhalt des Beschlusses halten, falls sie ihr Vorhaben im Gesamten nicht aufgeben will. Insofern stellt der „qualifizierte Parlamentsbeschluss" eine zusätzliche Voraussetzung für das Handeln der Exekutive dar, aus ihrer Perspektive sogar eine Erschwernis. Er geht aber über das allgemeine Kontrollrecht hinaus, weil der Bundestag eine unmittelbare Einwirkung auf die von der Exekutive zu treffende Entscheidung hat und er sie auch durch seine Blockadehaltung an ihrem Vorhaben hindern kann. Damit ist der „qualifizierte Beschluss" keine typische Überwachung von der Exekutive, sondern eine modifizierte[2334] Befugnis, mit der die Legislative der Exekutive erst ermöglicht im vollen Umfang zu handeln.

Der „qualifizierte Parlamentsbeschluss" stellt in allen drei genannten Fällen einen Einzelfallbeschluss dar und ist eine vorhergehende Entscheidung des Bundestages über ein konkretes Vorhaben der Exekutive. Dabei meint Einzelfall, dass die Vorgehensweise der Exekutive hinreichend bestimmt sein muss, damit sich der Bundestag mit den wesentlichen Elementen, z.B. dem Einsatz der Streitkräfte, auseinandersetzen kann, um eine angemessene Bewertungsrundlage für seinen Entschluss zu haben. Anderenfalls würde der Bundestag eine Blankovollmacht erteilen. Der Einzelfallcharakter widerspricht nicht der Rechtssatzqualität des Beschlusses, denn auch ein Gesetz im Sinne des Grundgesetzes ist jede staatliche Anordnung, also auch eine konkrete Maßnahme, die eben keine abstrakt-generelle Regelung ist.[2335]

Ebenfalls entsteht kein Konflikt zum Art. 19 Abs. 1 GG, weil der Beschluss gerade kein Gesetz ist und nicht selbst unmittelbar zu einer Grundrechtseinschränkung führt. Eine gewisse Grundrechtsberührung ist nicht von der Hand zu weisen, gerade beim Einsatz der Streitkräfte oder aber der Umsetzung der Richtlinien der EU mittels Rechtsverordnungen, an denen der Bundestag mitgewirkt hat. An dieser Stelle ist aber nochmals hervorzuheben, dass der Bundestag zwar ein echtes Mitentscheidungsrecht hat, aber sein Beschluss nur eine Teilentscheidung ist, die eine Außenwirkung nur gegenüber der Exekutive entfaltet, welche letztlich der alleinige Entscheidungsträger ist.

---

[2334] So *Möstl*, in: Ehlers/Pünder, Allg. VerwR, 15. Aufl. 2016, § 20 Rn. 6.
[2335] *Degenhart*, Staatsrecht I, 35. Aufl. 2019, § 3 Rn. 150.

Das Bedürfnis nach dieser Handlungsform ergibt sich aus der Flexibilität, Eilbedürftigkeit und Kompensation von Defiziten. Das zeitaufwendige Gesetzgebungsverfahren ist in gewissen Bereichen eben nicht das taugliche und unbedingt notwendige Instrument, z.b. im Rahmen der Umsetzung von europäischem Recht in den Bereichen des Umwelt-, Technik-, Sicherheitsrechts. Sowohl im Rahmen der Integrationsverantwortung oder des bewaffneten Auslandeinsatzes der Streitkräfte als auch im Rahmen der Rechtsverordnungssetzung erlauben die „qualifizierten Parlamentsbeschlüsse" die Handhabung von Fällen, die besonders schnell gelöst werden müssen und gleichzeitig so erhebliche Bedeutung haben, dass die Mitwirkung des Bundestages als Sprachrohr des Volkes notwendig ist.

Die exekutiv dominierten Bereiche können durch die Mitwirkung des Bundestages nicht nur besser überprüft, sondern auch deren Ausgestaltung effektiv und effizient beeinflusst werden. Auf diese Weise wird der „Entparlamentarisierung der Politik auf nationaler Ebene"[2336] in Anbetracht demokratischer Defizite entgegengewirkt. Die Qualität dieser Parlamentsbeschlüsse unterscheidet sich daher von der eines traditionellen schlichten Parlamentsbeschlusses, der als unverbindliche Meinungsäußerung, die politischen Druck auf die Exekutive ausüben kann, aber nicht rechtlich verbindlich ist, verstanden wird. Während dieser in rechtlicher Hinsicht eine Art Anregung für die Exekutive ist, ist der „qualifizierte Parlamentsbeschluss" eine notwendige Beteiligung des Bundestages an der Entscheidung der Exekutive.

Diese drei Beschlüsse sind trotz großer Vergleichbarkeit voneinander zu unterscheiden. Sie sind in unterschiedlichen Bereichen anwendbar. Der Streitkräftebeschluss bezieht sich auf den militärischen Bereich, der Integrationsverantwortungsbeschluss auf die Angelegenheiten der EU und der Beschluss zum Rechtsverordnungserlass auf die Rechtsetzung der Exekutive. Bei den erstgenannten Beschlüssen geht es im Ergebnis um eine Zustimmung zum Handeln der Exekutive. Im letztgenannten Fall besteht die Möglichkeit eines Modifizierungsrechts (Änderungsvorbehalt). Überwiegend wird davon ausgegangen, dass in den ersten beiden Fällen der Bundestag insgesamt das Vorhaben der

---

[2336] *Pegatzky*, Parlament und Verordnungsgeber, 1999, S. 100.

Exekutive annehmen oder ablehnen kann und eben keinen abweichenden Beschluss zu dem Vorschlag der Exekutive erlassen kann.[2337] Anders hingegen ist es beim Änderungsvorbehalt, der dem Bundestag ermöglicht, unmittelbar den Text des Rechtsverordnungsentwurfs zu ändern.

Dem Parlament stehen vor allem zwei Möglichkeiten zur Verfügung, wie er im Bereich der Rechtsverordnungsgebung tätig werden kann. Entweder kann es als Gesetzgeber eine Rechtsverordnung durch einen Gesetzesbeschluss ändern oder es übt allein aufgrund gesetzlich begründeter Mitwirkungsvorbehalte – schlichter Parlamentsbeschluss – Einfluss auf die Normsetzung der Exekutive aus. Bei der Inanspruchnahme des Gesetzes bestehen kaum verfassungsrechtliche Bedenken, wenn der bis dahin in der Rechtsverordnung geregelte Bereich durch ein Gesetz normiert wird. Das folgt aus dem Vorrang des Gesetzes, wonach die auf die Exekutive übertragene Rechtsetzungskompetenz zu keinem endgültigen Kompetenzverlust des Gesetzgebers führt. Vielmehr kann er jederzeit auf sie zurückgreifen, weil das Gesetz das bislang geltende Verordnungsrecht verdrängt. Problematisch wird es dann, wenn der Gesetzgeber eine Rechtsverordnung im Gesetzgebungsverfahren ändert, das erlassene Gesetz aber dann als Vorschrift mit Rechtsverordnungsrang gilt. Diese Vorgehensweise hat sich trotz heftiger Kritik aus dem Schrifttum, dass darin ein Bruch in der Dogmatik von Gesetz und Rechtsverordnung zu sehen sei und eine neue Rechtsetzungskategorie geschaffen werde, in der Staatspraxis etabliert und wurde vom BVerfG bestätigt.

Gerade dieses Beispiel macht den Änderungsvorbehalt so ansprechend, weil der Beschluss als Teil des Rechtsverordnungsverfahrens bereits während der Rechtsetzung aktiviert wird, sodass der Streit um den Normrang ausbleibt und das Ergebnis immer eine Rechtsverordnung ist. Es herrscht Einigkeit darüber, dass die Kenntnis- und Anhörungsvorbehalte sowie andere Konsultationsvorbehalte unproblematisch zur Anwendung kommen können. Auch die Zustimmungsvorbehalte (und als Pendant dazu damit wohl auch die Aufhebungsvorbehalte) sind von der Rechtsprechung als verfassungsrechtlich zulässig erachtet worden.

---

[2337] Siehe dazu in Bezug auf die Streitkräfte: *Raap*, JuS 1996, 980 (983); *Hummel*, NZWehrr 2001, 221 (225); *Wiefelspütz*, NVwZ 2005, 496 (499); *Wagner*, Parlamentsvorbehalt und PBG, 2010, S. 111 ff.

Dieser Auffassung hat sich das Schrifttum überwiegend angeschlossen. Hingegen werden die Änderungsvorbehalte, zu welchen keine gerichtliche Entscheidung bislang vorliegt, als verfassungswidrig angesehen, vor allem dann, wenn sie obligatorisch sind. Denn dann verpflichten sie den Verordnungsgeber zum Erlass einer Rechtsverordnung (z.B. ausdrücklicher Normsetzungsauftrag oder Ermessensreduzierung auf Null), sodass das Parlament aufgrund der inhaltlichen Gestaltungsfreiheit mit dem Erlass des Änderungsbeschlusses die Sachherrschaft über die Rechtsverordnungsgebung hätte bzw. den Rechtsverordnungsgeber zum Erlass einer vollkommen neu angefertigten Rechtsverordnung zwingen könnte. Damit wiederum würde sich der Bundestag in unzulässiger Weise heimlich zum Rechtsverordnungsgeber aufschwingen.

Diesen Thesen ist aber aus mehreren Gründen zu widersprechen. Zunächst wird übersehen, dass zwischen den Zustimmungs- und Änderungsvorbehalten qualitativ kein Unterschied besteht. Während der Änderungsbeschluss unmittelbar auf den Rechtsverordnungstext einwirkt, geschieht das in gleicher Weise, wenn das Parlament mit dem Zustimmungsvorbehalt über den Umweg der antizipierten Zustimmung agiert. Eine Unterscheidung nach Erlasspflicht ist ein untaugliches Kriterium, um über die Verfassungswidrigkeit der Änderungsvorbehalte zu urteilen. Zu beachten ist nämlich, dass der Zwang zum Erlass einer Rechtsverordnung nicht aus der Änderungsbefugnis selbst folgt, sondern bereits in der Ermächtigungsgrundlage angelegt ist, die vom Gesetzgeber erlassen wird. Es ist zwar zutreffend, dass es Situationen geben kann, die eine Verpflichtung zum Rechtsverordnungserlass auslösen. Diese sind aber zum einen nicht immer abschließend möglich zu bestimmen und zum anderen verpflichten sie häufig nicht nur den Verordnungsgeber, sondern das Parlament selbst. Damit kann das Parlament nicht den Verordnungsgeber zum unrechtmäßigen Verhalten zwingen bzw. einen gänzlich anderen Text der Rechtsverordnung vorschlagen.

Es geht auch zu weit, die Änderungsbefugnis mit einer kompletten Neufassung des Rechtsverordnungstextes gleichzusetzen. Schon aus dem Wortlaut der Ermächtigungsnormen folgt, dass die Änderung auf eine punktuelle Korrektur abzielt. Außerdem hat das Parlament kein Interesse an einer eigenständigen Vollregelung, weil es entgegen dem Zweck der Delegation im Sinne einer Entlastung laufen würde. Bei der Ausübung des Änderungsvorbehalts ist das Parlament nicht als Gesetzgeber tätig, weshalb sein Änderungsbeschluss an die Vorgaben der Ermächtigungsnorm im Sinne des Art. 80 Abs. 1 Satz 2 GG gebunden ist und damit eingeschränkt ist.

Der Änderungsvorbehalt stellt eine kompetenz- und legitimationsvermittelnde Form dar, die in der Lage ist, einen Ausgleich von ermächtigungsgesetzlichen Bestimmtheitsdefiziten herbeizuführen, die insbesondere bei der Umsetzung von EU-Rechtsakten als pauschal oder dynamisch bezeichnet werden. Vor dem Hintergrund der ausgewerteten Entscheidungen in der Rechtsprechung ist zwar eine Freistellung von den Voraussetzungen des Art. 80 Abs. 1 Satz 2 GG nicht möglich, eine Abmilderung dieser Voraussetzungen aber sehr gut denkbar. Durch die Beteiligung des Parlaments wird ein erhöhter demokratischer Wert bewirkt, der von großer Relevanz ist, bei Regelungen, die von Anfang an einer Vollprogrammierung aus der Natur der Sache nicht zugänglich sind. Damit der Gesetzgeber nicht dazu verleitet wird, den Änderungsvorbehalt zur Relativierung echter Fehler zu missbrauchen, muss der Gesetzgeber ein legitimes Interesse an dem Vorbehalt begründen. Zudem wird die Ausübung des Vorbehalts an verfahrensrechtliche Zusatzvoraussetzungen geknüpft (Mindestquorum, Beschlussklausel, Frist, Beteiligung des Bundesrates), die den Ablauf transparenter und sicher machen.

Die Änderungsbefugnis ist daher nicht uferlos, sodass dem Bundestag unter Geltung des Grundgesetzes Grenzen gesetzt sind. Die effektive Rechtsetzung lässt sich mit der Staatsrealität und dem Verfassungswandel begründen. In Anbetracht der neueren Entwicklung, in der die Rechtsverordnung nicht mehr nur die abgeleitete (derivative) Rechtsquelle, sondern ein „gesetzesakzessorisches Institut" ist,[2338] ist die Gesetzgebung und Rechtsverordnung eng miteinander verknüpft, sodass man von „kooperativer Rechtsetzung"[2339] sprechen kann. Das rechtfertigt die weite Ausgestaltung und Bedeutung des „qualifizierten Parlamentsbeschlusses".

---

[2338] *Ossenbühl*, in: HStR, Bd. V, 3. Aufl. 2007, § 103 Rn. 16. So bereits *Schmidt-Aßmann*, in: FS für K. Vogel, 2000, S. 488.
[2339] *v. Danwitz*, Die Gestaltungsfreiheit, 1989, S. 48 ff.; *Schmidt-Aßmann*, in: FS für K. Vogel, 2000, S. 477 f.; auch *Nierhaus*, in: Bonner Kommentar, Februar 2020, Art. 80 GG Rn. 74.

Insgesamt sind die „qualifizierten Parlamentsbeschlüsse" Ausdruck der kooperativen Gewaltenverschränkung, die sich in dem arbeitsteiligen Verfahren abzeichnet.[2340] Sie sind das „Paradebeispiel"[2341] und dafür da, dass wesentliche Entscheidungen, die für das Gemeinwesen von erheblicher Tragweite sind, vom Parlament mitentschieden werden.[2342] Zu berücksichtigen ist, dass ein derartiger Parlamentsvorbehalt den Handlungsspielraum der Exekutive, der ein Rechtsgut von Verfassungsrang ist, einschränkt. Aus diesem Grund ist die Verantwortung des Parlaments für wesentliche Entscheidungen einerseits und die politische Handlungsfähigkeit der Exekutive, insbesondere im Bereich der auswärtigen Gewalt, andererseits, in Ausgleich zu bringen.[2343] Beim Gebrauch der Parlamentsvorbehalte ist daher Zurückhaltung geboten, um die demokratisch-parlamentarische Ordnung des Grundgesetzes nicht aus dem Gleichgewicht zu bringen. Denn ein allgemeiner bzw. allumfassender Parlamentsvorbehalt für wichtige Entscheidungen jedweder Art folgt weder aus dem Demokratieprinzip im Allgemeinen noch aus einzelnen Bestimmungen des Grundgesetzes, wie z.B. aus Art. 23 Abs. 1 GG.[2344] Der „qualifizierte Parlamentsbeschluss" stellt daher keine Regel-, sondern eine Ausnahmeform dar.

Der „qualifizierte Parlamentsbeschluss" dient als besondere Ausprägung des schlichten Parlamentsbeschlusses zur Erfüllung der rechtsetzenden Funktion des Parlaments. Er bildet eine verfassungsrechtlich universelle Rechtsgrundlage für das Beteiligungsrecht des Parlaments an einem Vorhaben der Exekutive. Die Entscheidungsfreiheit über die Wahl der Handlungsform ist nicht unbeschränkt. Der Einsatz des „qualifizierten Parlamentsbeschlusses" muss sich verfassungsrechtlich rechtfertigen lassen und darf nicht gegen die im Grundgesetz verankerten Prinzipien verstoßen. Um einer Willkürentscheidung vorzubeugen, ist die Wahl einer bestimmten Handlungsform an rechtlich legitimen Zielen auszurichten. Diese Beteiligung des Parlaments ist erforderlich, wenn es um bedeu-

---

[2340] In dem Sinne v. *Danwitz*, Die Gestaltungsfreiheit, 1989, S. 49.
[2341] So *Scholz/Bismark*, in: Schule im Rechtsstaat, Bd. II, 1980, 73 (100) in Bezug auf parlamentarisches Gesetz und exekutivische Rechtsverordnung.
[2342] *Degenhart*, Staatsrecht I, 35. Aufl. 2019, § 2 Rn. 40.
[2343] So ähnlich *Degenhart*, Staatsrecht I, 35. Aufl. 2019, § 2 Rn. 41 ff.
[2344] So ausdrücklich BVerfGE 49, 89 (125); 68, 1 (86 f.); 98, 218 (251 f.); 139, 19 (Rn. 53); BerlVerfGH NJW 1995, 858 (858); *Wolff*, in: Hömig/Wolff Handkommentar GG, 12. Aufl. 2018, Art. 23 GG Rn. 10; *Degenhart*, Staatsrecht I, 35. Aufl. 2019, § 2 Rn. 42.

tende und wichtige bzw. dringende Themen geht, die einen engen Bezug zu grundlegenden Fragen aufweisen. Seine Anwendung beschränkt sich auf Bereiche, für die kein ausdrücklicher Gesetzesvorbehalt angeordnet ist bzw. wo die zu regelnde Materie keine Sachstruktur aufzeigt, die einen förmlichen Gesetzesbeschluss erfordern würde (insbesondere keine Grundrechtsrelevanz). Weitere Bedeutung könnte er in der Leistungsverwaltung haben, wo er allein als Rechtsgrundlage dienen könnte, z.B. für Subventionen oder Entwicklungshilfe sowie bei kurzfristigen Maßnahmen in Notsituationen.

Die Indikatoren für ein Beteiligungsrecht sind die zeitlichen, quantitativen und qualitativen Umstände, die hochsensible und/oder substanzielle Bereiche betreffen. Damit trägt das Parlament neben der Exekutive die Verantwortung für das Exekutivhandeln mit, das vor allem erhebliche politische, wirtschaftliche, rechtliche, sozio-kulturelle oder sicherheitsrechtliche Folgen haben kann. Gleichzeitig ermöglicht der „qualifizierte Parlamentsbeschluss" eine schnelle und flexible Reaktion auf beschleunigte Entwicklung in überstaatlichen und grenzüberschreitenden Bereichen, die zu innerstaatlichen Kompetenzverschiebungen zwischen der Legislative und Exekutive führen, aber durch den Beschluss abgefedert werden können. Damit spielt der „qualifizierte Parlamentsbeschluss" die Zukunftsmusik und man darf auf seine weitere Entwicklung gespannt sein.

## Literaturverzeichnis

*Achterberg*, Norbert: Grundzüge des Parlamentsrechts, München 1971. (zitiert als: *Achterberg*, Grundzüge des Parlamentsrechts, 1971, S. ...).

– Parlamentsrecht, Tübingen 1984. (zitiert als: *Achterberg*, Parlamentsrecht, 1984, § ... S. ...).

*Adamovich*, Ludwig K. / *Funk*, Bernd-Christian: Österreichisches Verfassungsrecht, Verfassungsrechtslehre unter Berücksichtigung von Staatslehre und Politikwissenschaft, 3. Aufl. Wien, New York 1985. (zitiert als: *Adamovich/Funk*, Österreichisches VerfR, 3. Aufl. 1985, S. ...).

*Altrock*, Martin / *Oschmann*, Volker / *Theobald*, Christian: EEG Erneuerbare-Energie-Gesetz, 4. Aufl. München 2013. (zitiert als: *Bearbeiter*, in: A/O/T EEG, 4. Aufl. 2013, § ... Rn. ...).

*Anschütz*, Gerhard: Die Verfassung des Deutschen Reiches vom 11. August 1919, Ein Kommentar für Wissenschaft und Praxis, 3. und 4. Aufl. Berlin 1926. (zitiert als: *Anschütz*, Die Verf. des Deutschen Reiches, 3. und 4. Aufl. 1926, Art. ... Anm. ... S. ...).

*Arendt*, Karlheinz: Der parlamentarische Vorbehalt in der Praxis des Wirtschaftsrates, DRZ 1949, S. 29–32.

*von Arnauld* Andreas / *Hufeld*, Ulrich (Hrsg.): Systematischer Kommentar zu den Lissabon-Begleitgesetzen, IntVG, EUZBBG, EUZBLG, Handkommentar, Baden-Baden 2011. (zitiert als: *Bearbeiter*, in: Kommentar zu den Lissabon-Begleitgesetzen, 2011, S. ... Rn. ...).

*Badura*, Peter: Staatsrecht, Systematische Erläuterung des Grundgesetzes, 7. Aufl. München 2018. (zitiert als: *Badura*, Staatsrecht, 7. Aufl. 2018, S. ... Rn. ...).

*Baldus*, Manfred: Schriftliche Stellungnahme für Öffentliche Anhörung des Ausschusses für Wahlprüfung, Immunität und Geschäftsordnung des Deutschen Bundestages am 17. Juni 2004, Juni 2004, S. 1–51. (zitiert als: *Baldus*, Schriftliche Stellungnahme für Öffentliche Anhörung des Ausschusses u.a. für Wahlprüfung am 17.6.2004, S. 1 (...)).

*Bauer*, Hartmut: Parlamentsverordnungen, in: Wirtschaft im offenen Verfassungsstaat, Festschrift für Reiner Schmidt zum 70. Geburtstag, hrsg. von Hartmut Bauer, Detlef Czybulka, Wolfgang Kahl, Andreas Voßkuhle, München 2006, S. 237–262. (zitiert als: *Bauer*, in: FS für R. Schmidt, 2006, S. ...).

*Bagehot*, Walter: The English Constitution (1867), 17. Aufl. London 1983. (zitiert als: *Bagehot*, The English Constitution (1867), 17. Aufl. 1983, S. ...).

*Bäcker*, Carsten: Juristisches Begründen: Subsumtion und Ponderation als Grundformen der Juristischen Methodenlehre, JuS 2019, S. 321–327.

*Beaucamp*, Guy / *Treder*, Lutz: Methoden und Technik der Rechtsanwendung, 3. Aufl. Heidelberg 2015. (zitiert als: *Beaucamp/Treder*, Methoden und Technik der Rechtsanwendung, 3. Aufl. 2015, Rn. ...).

*Beckmann*, Martin / *Durner*, Wolfgang / *Mann*, Thomas / *Röckinghausen*, Marc: Landmann/Rohmer, Umweltrecht, Kommentar, München, 91. Ergänzungslieferung September 2019. (zitiert als: *Bearbeiter*, in: Landmann/Rohmer, UmweltR, September 2019, § ... Rn. ...).

*Bethge*, Herbert: Parlamentsvorbehalt und Rechtssatzvorbehalt für die Kommunalverwaltung, NVwZ 1983, S. 577–580.

*von Beyme*, Klaus: Der Gesetzgeber, Der Bundestag als Entscheidungszentrum, Opladen 1997. (zitiert als: *v. Beyme*, Der Gesetzgeber, 1997, S. ...).

*Bleckmann*, Albert: Gesetzesvorbehalt für Nachrüstung?, DVBl. 1984, S. 6–14.

*Blumenwitz*, Dieter: Der nach außen wirkende Einsatz deutscher Streitkräfte nach Staats- und Völkerrecht, NZWehrr 1988, S. 133–145.

*Bogler*, Anja: Kreislaufwirtschafts- und Abfallgesetz: Neu und nichtig? – Zur Verfassungswidrigkeit des neuen Abfallrechts –, DB 1996, S. 1505–1508.

*Boewe*, Marius: Die parlamentarische Befassungskompetenz unter dem Grundgesetz. Eine Untersuchung zum allgemeinpolitischen Mandat von Volksvertretungen, Berlin 2001. (zitiert als: *Boewe*, Die parlamentarische Befassungskompetenz, 2001, S. ...).

*von Bogdandy*, Armin: Gubernative Rechtsetzung, Eine Neubestimmung der Rechtsetzung und des Regierungssystems unter dem Grundgesetz in der Perspektive gemeineuropäischer Dogmatik, Tübingen 2000. (zitiert als: *v. Bogdandy*, Gubernative Rechtsetzung, 2000, S. ...).

*Böckenförde*, Ernst-Wolfgang: Der Praktische Fall, Öffentliches Recht: Der Honnef-Fall, JuS 1968, S. 375–380.

– Gesetz und gesetzgebende Gewalt, Von den Anfängen der deutschen Staatsrechtslehre bis zur Höhe des staatsrechtlichen Positivismus, 2. Aufl. Berlin 1981. (zitiert als: *Böckenförde*, Gesetz und gesetzgebende Gewalt, 2. Aufl. 1981, S. ...).

– Organisationsgewalt und Gesetzesvorbehalt, NJW 1999, S. 1235–1236.

*Brandner*, Thilo: Änderung von Rechtsverordnungsentwürfen durch das Parlament – Zur Verfassungsmäßigkeit von § 59 KrW-/AbfG und von § 20 Abs. 2 UmweltHG –, Jahrbuch des Umwelt- und Technikrechts Bd. 40 (1997), S. 119–139. (zitiert als: *Brandner*, UTR 40 (1997), 119 (...)).

*Brenner*, Michael: § 44 Das Prinzip Parlamentarismus, in: Handbuch des Staatsrechts der Bundesrepublik Deutschland, Band III, hrsg. von Josef Isensee und Paul Kirchhof, 3. Aufl. Heidelberg 2005, S. 477 ff. (zitiert als: *Brenner*, in: HStR, Bd. III, 3. Aufl. 2005, § 50 Rn. ...).

– Das innere Gesetzgebungsverfahren im Lichte der Hartz IV-Entscheidung des Bundesverfassungsgerichts, ZG 2011, S. 394–404.

*Breuer*, Rüdiger: Die Umsetzung europäischer Vorgaben in deutsches Recht – § 6a WHG, ZfW 1999, S. 220–235.

*Brinktrine*, Ralf: Organisationsgewalt der Regierung und der Vorbehalt des Gesetzes – zur Reichweite der »Wesentlichkeitstheorie« am Beispiel der Zusammenlegung von Justiz- und Innenministerium in Nordrhein-Westfalen, Jura 2000, S. 123–132.

*Brosius-Gersdorf*, Frauke: Der Gesetzgeber als Verordnungsgeber, Änderungen der Bundespflegesatzverordnung durch das Beitragssicherungsgesetz zwischen Gesetzesrecht und Parlamentsverordnung (BVerfGE, Beschluss v. 13.9.2005, 2BvF 2/03), ZG 2007, S. 305–327.

*Broß*, Siegfried: Aus der Rechtsprechung des Bundesverfassungsgerichts: Raketenstationierung, RiA 2/1985, S. 28–34.

*Bryde*, Brun-Otto: Sicherheitspolitik zwischen Regierung und Parlament – BVerfG v. 18.12.84 – 2 BVE 13/83 –, Jura 1986, S. 363–369.

*Bundesministerium der Justiz* (Hrsg.): Bekanntmachung des Handbuchs der Rechtsförmlichkeit vom 22. September 2008, 3. Aufl. Köln 2008. (zitiert als: *BMJ*, Handbuch der Rechtsförmlichkeit, 3. Auf. 2008, Rn. ...).

*Bundesverfassungsgericht*: Bundesverfassungsgericht – Jahresstatistik 2019 –, Karlsruhe 2020. (zitiert als: BVerfG, Jahresstatistik, 2020, S. ...).

*Burgi*, Martin / *Dreher*, Meinrad (Hrsg.): Beck'scher Vergaberechtskommentar, Band 1, Gesetz gegen Wettbewerbsbeschränkungen – GWB – 4. Teil –, 3. Aufl. München 2017. (zitiert als: *Bearbeiter*, in: Beck'scher VergabeRKomm, 3. Aufl. 2017, § ... Rn. ...).

*Burkiczak*, Christian: Ein Entsendegesetz für die Bundeswehr?, ZRP 2003, S. 82–86.

*Busch*, Bernhard: Das Verhältnis des Art. 80 Abs. 1 S. 2 GG zum Gesetzes- und Parlamentsvorbehalt, Berlin 1992. (zitiert als: *Busch*, Das Verhältnis des Art. 80 Abs. 1 S. 2 GG zum Gesetzes- und Parlamentsvorbehalt, 1992, S. ...).

*Busse*, Volker: NomosBundesrecht, Erläuterungen, Geschäftsordnung der Bundesregierung, 3. Online-Auflage, Rechtsstand 1.8.2018. (zitiert als: *Busse*, GO-BReg-Komm., 3. Aufl. 2018, § ... Rn. ...).

*Butzer*, Hermann: Der Bereich des schlichten Parlamentsbeschlusses, AöR 119 (1994), S. 61–106.

*Calliess*, Christian: Die verfassungsrechtliche Zulässigkeit von fachgesetzlichen Rechtsverordnungsermächtigungen zur Umsetzung von Rechtsakten der EG, NVwZ 1998, S. 8–13.

– Integrationsverantwortung und Begleitgesetze nach dem Lissabon-Urteil des Bundesverfassungsgerichts, Berliner Online-Beiträge zum Europarecht, Nr. 56, S. 1–36. (zitiert als: *Calliess*, in: Berliner Online-Beiträge zum Europarecht, Nr. 56, 2010, 1 (...)). Online-Ressource (Zugriff: 29.6.2019), (https://www.jura.fu-berlin.de/forschung/europarecht/bob/berliner_online_beitraege/Paper56-Calliess/index.html).

– Absicherung der parlamentarischen Integrations- und Budgetverantwortung auf europäischer und nationaler Ebene, in: Integrationsverantwortung, hrsg. von Matthias Pechstein, Baden-Baden 2012. (zitiert als: *Calliess*, in: IntV/Pechstein, 2012, 53 (...)).

*Calliess*, Christian / *Beichelt*, Timm: Die Europäisierung des Parlaments, Die europapolitische Rolle von Bundestag und Bundesrat, Gütersloh 2015. (zitiert als: *Calliess/Beichelt*, Die Europäisierung, 2015, S. ...).

*Calliess*, Christian / *Ruffert*, Matthias (Hrsg.): EUV/AEUV, Das Verfassungsrecht der Europäischen Union mit Europäischer Grundrechtecharta, 5. Aufl. München 2016. (zitiert als: *Bearbeiter*, in: Calliess/Ruffert EUV/AEUV, 5. Aufl. 2016, Art. ... Rn. ...).

*Cancik*, Pascale: § 9 Rechtsquellen des Parlaments, in: Praxishandbuch Parlamentsrecht, hrsg. von Martin Morlok, Utz Schliesky, Dieter Wiefelspütz unter Mitarbeit von Moritz Kalb, Baden-Baden 2016, S. 365 ff. (zitiert als: *Cancik*, in: Morlok/Schliesky/Wiefelspütz Parlamentsrecht, 2016, § 9 Rn. ...).

*Christ*, Werner: Die Genehmigung von Verordnungen der Exekutive durch die Legislative, Zürich 1945. (zitiert als: *Christ*, Die Genehmigung von Verordnungen, 1945, S. ...).

*Classen*, Claus Dieter: Legitime Stärkung des Bundestages oder verfassungsrechtliches Prokrustesbett?, zum Urteil des BVerfG zum Vertrag von Lissabon, JZ 2009, S. 881–889.

*Conradi*, Peter: Deutscher Bundestag und Rechtsverordnungen, NVwZ 1994, S. 977–978.

*Criegee*, Jürgen: Ersuchen des Parlaments an die Regierung. Grundlagen im Verfassungsrecht, Zulässigkeit und Verbindlichkeit, Marburg 1965. (zitiert als: *Criegee*, Ersuchen des Parlaments an die Regierung, 1965, S. ...).

*Czychowski*, Manfred: Verordnungsermächtigungen für die Umsetzung von EG-Richtlinien zum Wasserrecht, ZUR 1997, S. 71–75.

*Daiber*, Birgit: Die Umsetzung des Lissabon-Urteils des Bundesverfassungsgerichts durch Bundestag und Bundesrat, DÖV 2010, S. 293–303.

– Die Mitwirkung des Deutschen Bundestages an den Maßnahmen zur Eindämmung der Staatsschuldenkrise im Euroraum, DÖV 2014, S. 809–820.

*von Danwitz*, Thomas: Die Gestaltungsfreiheit des Verordnungsgebers, zur Kontrolldichte verordnungsgeberischer Entscheidungen, Berlin 1989. (zitiert als: *v. Danwitz*, Die Gestaltungsfreiheit, 1989, S. ...).

– Rechtsverordnungen, Jura 2002, S. 93–102.

*Dawid*, Klaus: Verfassung der Freien und Hansestadt Hamburg, Kommentar, u.a. Stuttgart 1994. (zitiert als: *Dawid*, HbgVerf Kommentar, 1994, Art. ... Rn. ...).

*Degenhart*, Christoph: Staatsrecht I. Staatsorganisationsrecht mit Bezügen zum Europarecht, 35. Aufl. Heidelberg 2019. (zitiert als: *Degenhart*, Staatsrecht I, 35. Aufl. 2019, § ... Rn. ...).

*Denninger*, Erhard / *Hoffmann-Riem*, Wolfgang / *Schneider*, Hans-Peter / *Stein*, Ekkehart (Hrsg.): Alternativkommentar zum Grundgesetz: Kommentar zum Grundgesetz für die Bundesrepublik Deutschland, Reihe Alternativkommentare, 2. Band, 3. Aufl. Neuwied 2001, Stand 2002. (zitiert als: *Bearbeiter*, in: AK-GG, 2002, Art. ... Rn. ...).

*Dette*, Sebastian / *Burfeind*, Thees: Verordnungsvertretende Gesetzes nach Artikel 80 Abs. 4 GG – ein größerer Gestaltungsspielraum für die Landesparlamente, ZG 1998, S. 257–270.

*Detterbeck*, Steffen: Vorrang und Vorbehalt des Gesetzes, Jura 2002, S. 235–241.

*Deutscher Bundestag*: Das Datenhandbuch des Bundestages, Kapitel 10.1 Statistik zur Gesetzgebung, 5.3.2018, S. 5–13. (zitiert als: *Datenhandbuch des Bundestages*, 2018, Kap. 10.1, 5 (...)). Online-Ressource (Zugriff: 20.4.2020), (https://www.bundestag.de/datenhandbuch).

*Di Fabio*, Udo: Risikoentscheidungen im Rechtsstaat, Zum Wandel der Dogmatik im öffentlichen Recht, insbesondere am Beispiel der Arzneimittelüberwachung, Tübingen 1994. (zitiert als: *Di Fabio*, Risikoentscheidungen, 1994, S. ...).

– § 27 Gewaltenteilung, in: Handbuch des Staatsrechts der Bundesrepublik Deutschland, Band II, hrsg. von Josef Isensee und Paul Kirchhof, 3. Aufl. Heidelberg 2004, S. 613 ff. (zitiert als: *Di Fabio,* in: HStR, Bd. II, 3. Aufl. 2004, § 27 Rn. ...).

– Gutachten im Auftrag des Freistaates Bayern vom 8.1.2016, Migrationskrise als föderales Verfassungsproblem, S. 1–125. (zitiert als: *Di Fabio*, Migrationskrise als föderales Verfassungsproblem, 2016, S. ...). (Zugriff 25.4.2020), (https://www.bayern.de/wp-content/uploads/2016/01/Gutachten_Bay_DiFabio_formatiert.pdf)

*Donner*, Michael: Völkerrechtliche und Verfassungsrechtliche Aspekte der militärischen Absicherung der Friedensvereinbarung von Dayton, Humanitäres Völkerrecht – Informationsschriften (HuV-I), 1997, S. 63–73.

*Dreier*, Horst: Regelungsform und Regelungsinhalt des autonomen Parlamentsrechts, JZ 1990, S. 310–321.

– (Hrsg.): Grundgesetz Kommentar. Bd. II, Art. 20-82 GG, 3. Aufl. Tübingen 2015. (zitiert als: *Bearbeiter*, in: Dreier/GG-Kommentar, Bd. II, 3. Aufl. 2015, Art. ... Rn. ...).

– (Hrsg.): Grundgesetz Kommentar. Bd. III, Art. 83–146 GG, 3. Aufl. Tübingen 2018. (zitiert als: *Bearbeiter*, in: Dreier/GG-Kommentar, Bd. III, 3. Aufl. 2018, Art. ... Rn. ...).

*Dreist*, Peter: Offene Rechtsfragen des Einsatzes bewaffneter deutscher Streitkräfte – Zwischenbilanz und Problemaufriss, NZWehr 2002, S. 133–154.

*Duden*: Duden – Deutsches Universalwörterbuch, hrsg. von Dudenredaktion, Berlin 2019. (zitiert als: *Duden*, Linkseite, Abrufdatum, Begriff). Online-Ressource (Zugriff: 25.6.2019), (https://www.duden.de/rechtschreibung).

*Eberle*, Carl-Eugen: Gesetzesvorbehalt und Parlamentsvorbehalt – Erkenntnisse und Folgerungen aus der jüngeren Verfassungsrechtsprechung –, DÖV 1984, S. 485–493.

*Eckertz*, Rainer: Atomare Rüstung im Verfassungsstaat, das Raketenurteil des Bundesverfassungsgerichts, EuGRZ 1985, S. 165–170.

*Ehlers*, Dirk / *Pünder*, Hermann (Hrsg.): Verwaltung und Verwaltungsrecht im demokratischen und sozialen Rechtsstaat, in: Allgemeines Verwaltungsrecht, 15. Aufl. Berlin, Boston 2016. (zitiert als: *Bearbeiter*, in: Ehlers/Pünder, Allg. VerwR, 15. Aufl. 2016, § ... Rn. ...).

*Elicker*, Michael: Examensrelevante Probleme aus dem Bereich der Gesetzesinitiative und des Vorverfahrens (Art. 76 GG), JA 2005, S. 513–516.

*Engels*, Andreas: Die Integrationsverantwortung des Deutschen Bundestags, JuS 2012, S. 210–214.

*Epping*, Volkmer: Die Evakuierung deutscher Staatsbürger im Ausland als neues Kapitel der Bundeswehrgeschichte ohne rechtliche Grundlage? – Der Tirana-Einsatz der Bundeswehr auf dem rechtlichen Prüfstand – AöR 124 (1999), S. 423–469.

*Epping*, Volker / *Hillgruber*, Christian (Hrsg.): Beck´scher Online Kommentar zum Grundgesetz, München, 42. Edition 1.12.2019. (zitiert als: *Bearbeiter*, in: Epping/Hillgruber Beck´scher Online Kommentar GG, 1.12.2019, Art. ... Rn. ...).

*Erb*, Georg / *Kohlhaas*, Max: Strafrechtliche Nebengesetze, hrsg. von Peter Häberle, begr. von Georg Erbs, vormals hrsg. von Max Kohlhaas, München, 228. Ergänzungslieferung Januar 2020. (zitiert als: *Bearbeiter*, in: Erbs/Kohlhass, Strafrechtl. Nebengesetze, Januar 2020, § ... Rn. ...).

*Erichsen*, Hans-Uwe: Höchstrichterliche Rechtsprechung zum Verwaltungsrecht, Zum Verhältnis von Gesetzgebung und Verwaltung nach dem Grundgesetz, VerwArch Bd. 70 (1979), S. 249–257.

*Fleiner*, Fritz / *Giacometti*, Zaccaria: Schweizerisches Bundesstaatsrecht, Zürich, unveränderter Nachdruck 1978 der Neubearbeitung 1949. (zitiert als: *Fleiner/Giacometti*, Schweizerisches Bundesstaatsrecht, unveränderter Nachdruck 1978 der Neubearbeitung 1949, § ... S. ...).

*Fluck*, Jürgen / *Frenz*, Walter / *Fischer*, Kristian / *Franßen*, Gregor: Kreislaufwirtschaftsrecht, Abfallrecht und Bodenschutzrecht mit EU-Abfallrecht, Kommentar, Band 2, München, 140. Akt. Okt. 2018. (zitiert als: *Bearbeiter*, in: KrWR, AbfR u. BodSchR, Bd. 2 Okt. 2018, § ... Rn. ...).

*Forsthoff*, Ernst: Anmerkung zum Urt. des BVerfG vom 24.10.1956 – BVerwB VC 236/54 – (Hamb. OVG), DVBl. 1957, S. 724–726.

– Lehrbuch des Verwaltungsrechts, Band I, Allgemeiner Teil, 10. Aufl., München 1973. (zitiert als: *Forsthoff*, VerwR, Bd. I, 10. Aufl. 1973, S. ...).

*Frenz*, Walter: Kreislaufwirtschafts- und Abfallgesetz, Kommentar, 3. Aufl. u.a. Köln 2002. (zitiert als: *Frenz*, KrW-/AbfG, 3. Aufl. 2002, § ... Rn. ...).

– Emissionshandelsrecht, Kommentar zu TEHG und ZuV 2020, 3. Aufl. Berlin, Heidelberg 2012. (zitiert als: *Frenz*, EmissionshandelsR, 3. Aufl. 2012, § ... S. ... Rn. ...). Online-Ressource (Zugriff 1.4.2019).

*Frenz*, Walter / *Müggenborg*, Hans-Jürgen / *Cosack*, Tilman / *Hennig*, Bettina / *Schomerus*, Thomas: EEG Erneuerbare-Energien-Gesetz, Kommentar, 5. Aufl. Berlin 2018. (zitiert als: *Bearbeiter*, in: F/M/C/H/S EEG, 5. Aufl. 2018, § ... Rn. ...).

*Frenzel*, Eike Michael: Das Gesetzgebungsverfahren – Grundlagen, Problemfälle und neuere Entwicklungen, JuS 2010, S. 119–224.

*Friesenhahn*, Ernst: Erster Beratungsgegenstand: Parlament und Regierung im modernen Staat, 1. Bericht, VVDStRL 16 (1957), S. 9–73.

*Führ*, Martin (Hrsg.): GK-BImSchG, Gemeinschaftskommentar zum Bundes-Immissionsschutzgesetz, zuvor als Loseblattwerk bis zur 36. Ergänzungslieferung Juni 2014 hrsg. v. Hans-Joachim Koch, Eckhard Pache, Dieter Scheuing, Martin Führ, Köln 2016. (zitiert als: *Bearbeiter*, in: Führ/GK-BImSchG, 2016, § ... Rn. ...).

*Geiger*, Gunner: Die völker- und verfassungsrechtlich wirksame Erweiterung des Aufgabenspektrums von NATO und WEU um Krisenmanagementaufgaben, NZWehrr 2001, S. 133–150.

*Geller*, Gregor / *Kleinrahm*, Kurt / *Fleck*, Hans-Joachim: Die Verfassung des Landes Nordrhein-Westfalen, Kommentar, 2. Aufl. Göttingen 1963. (zitiert als: *Bearbeiter*, in: Die Verf. des Landes NRW, 2. Aufl. 1963, Art. ... Anm. ..., S. ...).

*Giesberts*, Ludger / *Reinhardt*, Michael (Hrsg.): BeckOK Umweltrecht: BeckOK Umweltrecht, München 53. Edition 1.1.2020. (zitiert als: *Bearbeiter*, in: BeckOK UmweltR, 1.1.2020, § ... Rn. ...).

*Gilch*, Andreas: Das Parlamentsbeteiligungsgesetz – Die Auslandsentsendung der Bundeswehr und deren verfahrensrechtliche Ausgestaltung, 2005. (zitiert als: *Gilch*, Das PBG, 2005, S. ...). Online-Ressource (Zugriff 6.3.2018).

*Goerlich*, Helmut: Formenmißbrauch – Einzelfallgesetz – Gewaltenteilung, DÖV 1985, S. 945–963.

*Goessl*, Manfred: Organstreitigkeiten innerhalb des Bundes, eine Untersuchung des Art. 93 Abs. 1 Nr. 1 des Grundgesetzes und der zu seiner Ausführung ergangenen Bestimmungen des Bundesverfassungsgerichtsgesetzes, Berlin 1961. (zitiert als: *Goessl*, Organstreitigkeiten, 1961, S. ....).

*Götz*, Volkmar / *Klein*, Hans Hugo / *Starck*, Christian: Die öffentliche Verwaltung zwischen Gesetzgebung und richterlicher Kontrolle, Göttinger Symposion 1985, München 1985. (zitiert als: *Bearbeiter*, in: Götz/Starck/Klein, 1985, S. ....).

*Grassl*, Gerhard Horst: Staatsverträge und Verwaltungsabkommen zwischen den Ländern und der BRD, Würzburg 1969. (zitiert als: *Grassl*, Staatsverträge und Verwaltungsabkommen zw. den Ländern und der BRD, Würzburg 1969, S. ...).

*Grewe*, Wilhelm: Zweiter Beratungsgegenstand: Die auswärtige Gewalt der Bundesrepublik, 1. Bericht, VVDStRL 12 (1954), S. 129–266.

*Grimm*, Dieter: Aktuelle Tendenzen in der Aufteilung gesetzgeberischer Funktionen zwischen Parlament und Regierung, ZParl 1970, S. 448–466.

*Grimm*, Christoph / *Caeser*, Peter: Verfassung für Rheinland-Pfalz, Kommentar, Baden-Baden 2001. (zitiert als: *Bearbeiter*, in: Grimm/Caeser, RhPfVerf., 2001, Art. ... Rn ...).

*Gröpl*, Christoph / *Windthorst*, Kay / *von Coelln*, Christian: Grundgesetz, Studienkommentar, 3. Aufl. München 2017. (zitiert als: *Bearbeiter*, in: Studienkommentar GG, 3. Aufl. 2017, Art. ... Rn. ...).

*Grupp*, Klaus: Zur Mitwirkung des Bundestages bei dem Erlaß von Rechtsverordnungen, NVwZ 1974, S. 177–183.

*Güdden*, Ulrich: Nebentätigkeit der Ruhestandsbeamten, u.a. Frankfurt am Main 1989. (zitiert als: *Güdden*, Nebentätigkeit der Ruhestandsbeamten, 1989, S. ...).

*Gusy*, Christoph: Der Vorrang des Gesetzes, JuS 1983, S. 189–194.

– Probleme der Verrechtlichung technischer Standards, NVwZ 1995, S. 105–112.

– Verwaltung durch Information – Empfehlungen und Warnungen als Mittel des Verwaltungshandelns, NJW 2000, S. 977–986.

*Häfelin*, Ulrich / *Haller*, Walter: Schweizerisches Bundesstaatsrecht, Die neue Bundesverfassung, 6. Aufl. Zürich, Basel, Genf 2005. (zitiert als: *Häfelin/Haller*, Schweizerisches Bundesstaatsrecht, 1984, S. 309 (nF. 6. Aufl. 2005, S. ... Rn. ...).

*Hahn*, Jörg-Uwe: Die Mitwirkungsrechte von Bundestag und Bundesrat in EU-Angelegenheiten nach dem neuen Integrationsverantwortungsgesetz, EuZW 2009, S. 758–762.

*Hahn*, Michael: Mehr Demokratie wagen: „Lissabon"-Entscheidung und Volkssouveränität, ZEuS 2009, S. 583–597.

*Haratsch*, Andreas: Entscheidungsanmerkung Lissabon in Karlsruhe, ZJS 2010, S. 122–128.

*Häberle*, Peter: Verfassungsstaatliche Staatsaufgabenlehre, AöR 111 (1986), S. 595–611.

*Hebeler*, Timo: Die Einbringung von Gesetzesvorlagen gem. Art. 76 GG, JA 2017, S. 413–418.

*Heckel*, Johannes: Aus der Praxis des Staatsrechts. Verträge des Reichs und der Länder mit auswärtigen Staaten nach der Reichsverfassung, AöR 46 N.F. Bd. 7 (1975), S. 209–224.

*Hector*, Pascal: Zur Integrationsverantwortung des Bundesverfassungsgerichts, ZEuS 2009, S. 599–612.

*Heller*, Hermann: Zweiter Beratungsgegenstand: Der Begriff des Gesetzes in der Reichsverfassung, 1. Bericht, VVDStRL 4 (1927), S. 98–135.

*Henkel*, Heinrich: Einführung in die Rechtsphilosophie, Grundlagen des Rechts, 2. Aufl. München 1977. (zitiert als: *Henkel*, Einführung in die Rechtsphilosophie, 1977, S. ...).

*Henrichs*, Wilhelm: Artikel 113 des Grundgesetzes, Stellung in der Verfassung, Zweck und Anwendbarkeit, Bonn 1958. (zitiert als: *Henrichs*, Art. 113 des Grundgesetzes, 1958, S. ...).

*Hermes*, Reinhard: Der Bereich des Parlamentsgesetzes, Berlin 1988. (zitiert als: *Hermes*, Der Bereich des Parlamentsgesetzes, 1988, S. ...).

*Herzog*, Roman: Zweiter Beratungsgegenstand: Gesetzgeber und Verwaltung, 2. Mitbericht, VVDStRL 24 (1966), S. 183–209.

*Hesse*, Konrad: Grundzüge des Verfassungsrechts der Bundesrepublik Deutschland, 20. Aufl. Heidelberg 1999. (zitiert als: *Hesse*, Grundzüge des Verfassungsrechts der BRD, 20. Aufl. 1999, Rn. ...).

*Heun*, Werner: Anmerkung zum Urteil des BVerfG, Urteil vom 12.07.1994 – 2 BvE 3/92, JZ 1994, S. 1073–1075.

*Hoegner*, Wilhelm: Lehrbuch des Bayerischen Verfassungsrechts, München 1949. (zitiert als: *Hoegner*, Lehrbuch des BayVerfR, 1949, S. ...).

*Hoffmann*, Michael: Verfassungsrechtliche Anforderungen an Rechtsverordnungen zur Produktverantwortung nach dem Kreislaufwirtschafts- und Abfallgesetz, DVBl. 1996, S. 347–354.

*Hoffmann*, Birgit: Das Verhältnis von Gesetz und Recht. Eine verfassungsrechtliche und verfassungstheoretische Untersuchung zu Art. 20 Abs. 3 GG, Berlin 2003. (zitiert als: *Hoffmann*, Das Verhältnis von Gesetz und Recht, 2003, S. ...).

*Hoffmann-Riem*, Wolfgang: Gesetz und Gesetzesvorbehalt im Umbruch, Zur Qualitäts-Gewährleistung durch Normen, AöR 130 (2005), S. 5–70.

- § 33 Rechtsformen, Handlungsformen, Bewirkungsformen, in: Grundlagen des Verwaltungsrechts, Band II, Informationsordnung Verwaltungsverfahren, Handlungsformen, hrsg. von Wolfgang Hoffmann-Riem, Eberhard Schmidt-Aßmann, Andreas Voßkuhle, 2. Aufl. München 2012, S. 943 ff. (zitiert als: *Hoffmann-Riem*, in: Grundlagen des VerwR, Bd. 2, 2. Aufl. 2012, § 33 Rn. ...).

*Hömig*, Dieter / *Wolff*, Heinrich Amadeus (Hrsg.): Grundgesetz für Bundesrepublik Deutschland. Handkommentar, hrsg. von Heinrich Amadeus Wolff, bis zur 12. Aufl. mit Dieter Hömig, mitbegründet von Karl-Heinz Seifert, 12. Aufl. Baden-Baden 2018. (zitiert als: *Bearbeiter*, in: Hömig/Wolff Handkommentar GG, 12. Aufl. 2018, Art. ... Rn. ...).

*Hölscheidt*, Sven: Die Verantwortung des Bundestags für die europäische Integration, DÖV 2012, S. 105–109.

*Hölscheidt*, Sven / *Menzenbach*, Steffi / *Schröder*, Birgit: Das Integrationsverantwortungsgesetz – ein Kurzkommentar, ZParl 2009, S. 758–773.

*Hufen*, Friedhelm: Entscheidung über Parlaments- und Regierungssitz der Bundesrepublik Deutschland ohne Gesetz?, NJW 1991, S. 1321–1327.

*Hummel*, Konrad: Rückrufrecht des Bundestages bei Auslandeinsätzen der Streitkräfte, NZWehrr 2001, S. 221–228.

*Hushahn*, Johannes: Änderung einer Rechtsverordnung durch den parlamentarischen Gesetzgeber, JA 2007, S. 276–285.

*Hüser*, Albert: Die Mitwirkung der gesetzgebenden Körperschaften an dem Erlaß von Rechtsverordnungen, Göttingen 1978. (zitiert als: *Hüser*, Die Mitwirkung, 1978, S. ...).

*Immenga*, Ulrich / *Mestmäcker*, Ernst-Joachim: Wettbewerbsrecht, Band 2, hrsg. von Torsten Körber, Heike Schweitzer, Daniel Zimmer, begründet von Ulrich Immenga, Ernst-Joachim Mestmäcker, 6. Aufl. München 2020. (zitiert als: *Bearbeiter*, in: I/M-WettbewerbsR, Bd. 2, 6. Aufl. 2020, § ... Rn. ...).

*Ipsen*, Hans Peter: Öffentliche Subventionierung Privater, DVBl. 1956, S. 498–505.

*Ipsen*, Jörn: Zweiter Beratungsgegenstand: Die Bewältigung der wissenschaftlichen und technischen Entwicklungen durch das Verwaltungsrecht, 1. Bericht, VVDStRL 48 (1990), S. 177–206.

– Staatsrecht I, Staatsorganisationsrecht, 26. Aufl. München 2014. (zitiert als: *Ipsen*, Staatsrecht I, 26. Aufl. 2014, § ... Rn. ...).

*Ipsen*, Knut: Bündnisfall und Verteidigungsfall, DÖV 1971, S.583–588.

*Isensee*, Josef: Anmerkung zum Urt. des VerfGH NW, Urt. v. 9.2.1999 – VerfGH 11/98, JZ 1999, S. 1113–1117.

– Vorbehalt der Verfassung. Das Grundgesetz als abschließende und als offene Norm, in: Freiheit und Eigentum, Festschrift für Walter Leisner zum 70. Geburtstag, hrsg. von Josef Isensee und Helmut Lecheler, Berlin 1999, S. 359-399. (zitiert als: *Isensee*, in: FS für W. Leisner, 1999, S. ...).

– § 71 Gemeinwohl im Verfassungsstaat, in: Handbuch des Staatsrechts der Bundesrepublik Deutschland, Band IV, hrsg. von Josef Isensee und Paul Kirchhof, 3. Aufl. Heidelberg 2006, S. 3 ff. (zitiert als: *Isensee*, in: HStR, Bd. IV, 3. Aufl. 2006, § 71 Rn. ...).

– § 73 Staatsaufgaben, in: Handbuch des Staatsrechts der Bundesrepublik Deutschland, Band IV, hrsg. von Josef Isensee und Paul Kirchhof, 3. Aufl. Heidelberg 2006, S. 117 ff. (zitiert als: *Isensee*, in: HStR, Bd. IV, 3. Aufl. 2006, § 73 Rn. ...).

*Jarass*, Hans: Bundes–Immissionsschutzgesetz, Kommentar unter Berücksichtigung der Bundes–Immissionsschutzverordnungen, der TA Luft sowie der TA Lärm, 12. Aufl. München 2017. (zitiert als: *Jarass*, BImSchG, 12. Aufl. 2017, § ... Rn. ...).

*Jarass*, Hans / *Petersen*, Frank (Hrsg.): Kreislaufwirtschaftsgesetz, Kommentar, München 2014. (zitiert als: *Bearbeiter*, in: Jarass/Petersen KrWG, 2014, § ... Rn. ...).

*Jarass*, Hans / *Pieroth*, Bodo: Grundgesetz für die Bundesrepublik Deutschland, Kommentar, 15. Aufl. Münster 2018. (zitiert als: *Bearbeiter*, in: Jarass/Pieroth-GG-Kommentar, 15. Aufl. 2018, Art. ... Rn. ...).

*Jarass*, Hans / *Petersen*, Frank / *Weidemann*, Clemens (Hrsg.): Kreislaufwirtschafts- und Abfallgesetz (KrW-/AbfG), Kommentar, Band III, Kommentierungen der §§ 40 bis 64 KrW-/AbfG und weiterer abfallrechtlicher Vorschriften, München, 29. Ergänzungslieferung 1.9.2011. (zitiert als: *Bearbeiter*, in: Jarass/Petersen/Weidemann KrW-/AbfG, 2011, § ... Rn. ...).

*Jekewitz*, Jürgen: Die Mitwirkung des Bundestages bei der Regelung von Fachanwaltsbezeichnungen, ZRP 1991, S. 281–286.

– Deutscher Bundestag und Rechtsverordnungen, NVwZ 1993, S. 956–960.

*Jellinek*, Georg: Gesetz und Verordnung, Staatsrechtliche Untersuchungen auf rechtsgeschichtlicher und rechtsvergleichender Grundlage, 1887, Neudruck Aalen 1964. (zitiert als: *Jellinek*, Gesetz und Verordnung, 1887, Neudruck 1964, S. ...).

*Jesch*, Dietrich: Gesetz und Verwaltung, 2. Aufl. Tübingen 1968. (zitiert als: *Jesch*, Gesetz und Verwaltung, Bd. 2, 2. Aufl. 1968, S. ...).

*Kahl*, Wolfgang / *Waldhoff*, Christian / *Walter*, Christian (Hrsg.): Bonner Kommentar zum Grundgesetz, Art. 42-47, gegründet 1950, Ordner 11, Heidelberg, 125. Lieferung Oktober 2006. (zitiert als: *Bearbeiter*, in: Bonner Kommentar, Oktober 2006, Art. ... Rn. ...).

– Art. 20, Ordner 7, 222. Lieferung Februar 2020. (zitiert als: *Bearbeiter*, in: Bonner Kommentar, Februar 2020, Art. ... Rn. ...).

– Art. 20a-27, Ordner 8, 222. Lieferung Februar 2020. (zitiert als: *Bearbeiter*, in: Bonner Kommentar, Februar 2020, Art. ... Rn. ...).

– Art. 35-41, Ordner 10, 222. Lieferung Februar 2020. (zitiert als: *Bearbeiter*, in: Bonner Kommentar, Februar 2020, Art. ... Rn. ...).

– Art. 42-47, Ordner 11, 202. Lieferung Februar 2020. (zitiert als: *Bearbeiter*, in: Bonner Kommentar, Februar 2020, Art. ... Rn. ...).

– Art. 74-77, Ordner 15, 202. Lieferung Februar 2020. (zitiert als: *Bearbeiter*, in: Bonner Kommentar, Februar 2020, Art. ... Rn. ...).

– Art. 78-87a, Ordner 16, 202. Lieferung Februar 2020. (zitiert als: *Bearbeiter*, in: Bonner Kommentar, Februar 2020, Art. ... Rn. ...).

*Kaiser*, Roman: Mehrheitserfordernisse im Staatsrecht, JuS 2017, S. 221–224.

*Kalkbrenner*, Helmut: Zuständigkeitsübertragung durch Staatsvertrag nach der bayerischen Verfassung, Teil I, BayVBl. 1965, S. 109–112.

– Zuständigkeitsübertragung durch Staatsvertrag nach der bayerischen Verfassung, Teil II, BayVBl. 1965, S. 149–154.

*Kaltenborn*, Markus: Gibt es einen numerus clausus der Rechtsquellen, Rechtstheorie 34 (2003), S. 459–489.

*Kämmerer*, Jörn Axel: § 124 Subventionen, in: Handbuch des Staatsrechts der Bundesrepublik Deutschland, Band V, hrsg. von Josef Isensee und Paul Kirchhof, 3. Aufl. Heidelberg 2007, S. 1395 ff. (zitiert als: *Kämmerer*, in: HStR, Bd. III, 3. Aufl. 2007, § 124 Rn. ...).

*Kästner*, Karl-Hermann: Parlamentarisches Untersuchungsrecht und richterliche Kontrolle – Verfassungsprobleme der Justitiabilität von Beschlüssen parlamentarischer Untersuchungsausschüsse des Deutschen Bundestages, NJW 1990, S. 2649–2658.

*Kemmler*, Klaus: Die Abstimmungsmethode des Deutschen Bundestages, Tübingen 1969. (zitiert als: *Kemmler*, Die Abstimmungsmethode des Deutschen Bundestages, 1969, S. ...).

*Kelsen*, Hans: Allgemeine Staatslehre, 1. Aufl. Berlin, Heidelberg, New York 1925, Nachdruck Bad Homburg, Berlin, Zürich 1966. (zitiert als: *Kelsen*, Allg. Staatslehre, 1925 Nachdruck 1966, S. ...).

– Reine Rechtslehre. Mit einem Anhang: das Problem der Gerechtigkeit. 2. Aufl. und erweiterte Aufl. 1960, Nachdruck Wien 1976. (zitiert als: *Kelsen*, Reine Rechtslehre, 2. Aufl. 1960, Nachdruck 1976, S. ...).

*Kern*, Ernst: Bundestag und Bunderegierung, MDR 1950, S. 655–657.

*Kersten*, Hans-Christian: Die Übertragung rechtsetzender Gewalt unter Zustimmungsvorbehalten, Tübingen 1964. (zitiert als: *Kersten*, Die Übertragung rechtsetzender Gewalt, 1964, S. ...).

*Kersting*, Klaus: Die Entscheidung über den Einsatz der Bundeswehr zur Verteidigung, NZWehrr 1982, S. 84–91.

*Kewenig*, Wilhelm: Zur Rechtsproblematik der Koalitionsvereinbarungen, AöR 90 (1965), S. 182–204.

– Staatsrechtliche Probleme parlamentarischer Mitregierung am Beispiel der Arbeit der Bundestagsausschüsse, Bad Homburg v.d.H., Berlin, Zürich 1970. (zitiert als: *Kewenig*, Staatsrechtliche Probleme, 1970, S. ...).

– Reform der Regierungsermächtigung zum Erlaß von Rechtsverordnungen (Art. 80 GG) – Ein Mittel zum Vollzug oder zur Umgehung des parlamentarischen Willens?, ZParl 1973, S. 424–434.

*Kiefer*, Heribert: Die Mitwirkung des Parlaments bei Rechtsverordnungen, München 1959. (zitiert als: *Kiefer*, Die Mitwirkung, 1959, S. ...).

*Kingreen*, Thorsten / *Poscher*, Ralf: Grundrechte Staatsrecht II, 35. Aufl. Heidelberg 2019. (zitiert als: *Kingreen/Porscher*, Grundrechte Staatsrecht II, 35. Aufl. 2019, § ... Rn. ...).

*Kirchhof*, Paul: Rechtsquellen und Grundgesetz, in: Bundesverfassungsgericht und Grundgesetz, Festgabe aus Anlaß des 25jährigen Bestehens des Bundesverfassungsgerichts, Festschrift, Band 2 – Verfassungsauslegung, Tübingen 1976, S. 50–107. (zitiert als: *Kirchhof*, in: BVerfG und GG, Bd. 2, 1976, S. ...).

*Kisker*, Gunter: Kooperation im Bundesstaat, Eine Untersuchung zum kooperativen Föderalismus in der Bundesrepublik Deutschland, Tübingen 1971. (zitiert als: *Kisker*, Kooperation im Bundesstaat, 1971, S. ...).

– Neue Aspekte im Streit um den Vorbehalt des Gesetzes, NJW 1977, S. 1313–1320.

– Zulässigkeit und Konsequenzen einer Mitwirkung des Parlaments beim Erlass von Rechtsverordnungen, in: Schule im Rechtsstaat, Band II, Gutachten für die Kommission Schulrecht des Deutschen Juristentages, erstattet von Gunter, Kisker; Rupert, Scholz; Hans Bismark; Hermann Avenarius, München 1980, S. 9–71. (zitiert als: *Kisker*, in: Schule im Rechtsstaat, Bd. II, 1980, 9 (...)).

*Klein*, Friedrich: Zur rechtlichen Verbindlichkeit von Parlamentsbeschlüssen – BVerwGE 12, 16, JuS 1964, S. 181–190.

– Zur Anwendbarkeit der Gemeinsamen Entschließung vom 17.5.1972 auf den Grundlagenvertrag, in: Im Dienst an Recht und Staat, Festschrift für Werner Weber zum 70. Geburtstag, hrsg. von Hans Schneider und Volkmer Götz, Berlin 1974, S. 105–126 (zitiert als: *Klein*, in: FS für W. Weber, 1974, S. ...).

*Klein*, Hans Hugo: § 50 Stellung und Aufgaben des Bundestages, in: Handbuch des Staatsrechts der Bundesrepublik Deutschland, Band III, hrsg. von Josef Isensee und Paul Kirchhof, 3. Aufl. Heidelberg 2005, S. 711 ff. (zitiert als: *Klein*, in: HStR, Bd. III, 3. Aufl. 2005, § 50 Rn. ...).

*Klink*, Thomas: Pauschale Ermächtigungen zur Umsetzung von Europäischem Umweltrecht mittels Rechtsverordnung. Eine europarechtliche und verfassungsrechtliche Untersuchung zu § 48a Abs. 1 BImSchG, § 6a WHG und § 57 KrW-/AbfG, Berlin 2005. (zitiert als: *Klink*, Pauschale Ermächtigungen, 2005, S. ...).

*Kloepfer*, Michael: Der Vorbehalt des Gesetzes im Wandel, JZ 1984, S. 685–695.

– Verfassungsrecht II – Grundrechte –, München 2010. (zitiert als: *Kloepfer*, VerfR II, 2010, § .... Rn. ...).

– Verfassungsrecht I – Grundlagen, Staatsorganisationsrecht, Bezüge zum Völker- und Europarecht –, München 2011. (zitiert als: *Kloepfer*, VerfR I, 2011, § ... Rn. ...).

– Umweltrecht, 4. Aufl. München 2016. (zitiert als: *Kloepfer*, UmweltR, 4. Aufl. 2016, § ... Rn. ...).

*Kloepfer*, Michael / *Kohls*, Malte: Abfallrechtliche Produktverantwortung für Fremdgeräte, Rechtsprobleme der Rücknahmepflicht für Fremdprodukte am Beispiel der geplanten Elektroaltgeräte-Verordnung, DVBl. 2000, S. 1013–1020.

*Klotz*, Theodor: Das Aufhebungsverlangen des Bundestages gegenüber Rechtsverordnungen, Eine Untersuchung zur parlamentarischen Kontrolle exekutivischer Rechtsetzung, München 1977. (zitiert als: *Klotz*, Das Aufhebungsverlangen, 1977, S. ...).

*Kluth*, Winfried: § 22 Einwirkung von Bundestag, Bundesrat und Landesparlamenten auf die gemeinschaftsrechtliche Rechtsetzung als Ausdruck von Integrationsverantwortung, in: Gesetzgebung, Rechtsetzung durch Parlamente und Verwaltungen sowie ihre gerichtliche Kontrolle, hrsg. von Winfried Kluth und Günter Krings, u.a. Hamburg 2014, S. 541 ff. (zitiert als: *Kluth*, in: Gesetzgebung, 2014, § 22 Rn. ...).

*Koch*, Thorsten: Der Grundrechtsschutz des Drittbetroffenen, zur Rekonstruktion der Grundrechte als Abwehrrechte, Tübingen 2000. (zitiert als: *Koch*, Der Grundrechtsschutz des Drittbetroffenen, 2000, S. ...).

*Koch*, Hans-Joachim / *Pache*, Eckhard / *Scheuing*, Dieter (Hrsg.): GK-BImSchG, Gemeinschaftskommentar zum Bundes-Immissionsschutzgesetz, Dritter Teil Beschaffenheit von Anlagen, Stoffen, Erzeugnissen, Brennstoffen, Treibstoffen und Schmierstoffen, 36. Lieferung Köln 2014. (zitiert als: *Bearbeiter*, in: Koch/Pache/Scheuing/GK-BImSchG, 36. Lfg. 2014, § ... BImSchG Rn. ...).

*Kokott*, Juliane: Kontrolle der auswärtigen Gewalt, DVBl. 1996, S. 937–950.

*Konzak*, Olaf: Die Änderungsvorbehaltsregelungen als neue Mitwirkungsform des Bundestages beim Erlaß von Rechtsverordnungen, DVBl. 1994, S. 1107–1112.

*Kopp*, Ferdinand: Zur Geltungsgrundlage der Staatsverträge zwischen den Ländern, JZ 1970, S. 278–280.

*Kopp-Assenmacher*, Stefan: Kreislaufwirtschaftsgesetz, Teil der Berliner Kommentare, Berlin 2015. (zitiert als: *Bearbeiter*, in: Kopp-Assenmacher/KrWG, 2015, § ... Rn. ...).

*Kottmann*, Michael / *Wohlfahrt*, Christian: Der gespaltene Wächter? Demokratie, Verfassungsidentität und Integrationsverantwortung im Lissabon-Urteil, ZaöRV 69 (2009), S. 443–470.

*Kotulla*, Michael (Hrsg.): Bundes-Immissionsschutzgesetz, Kommentar und Vorschriftensammlung, Band 2: Kommentar § 32–73 BImSchG und Durchführungsverordnungen, Stuttgart 22. Lieferung Sept. 2017. (zitiert als: *Bearbeiter*, in: Kotulla/BImSchG, Sept. 2017, § … Rn. …).

*Kotulla*, Michael / *Rolfsen*, Michael: Zur Begründung von Zustimmungsvorbehalten zu Gunsten des Bundestages beim Erlass von Rechtsverordnungen, NVwZ 2010, S.943–945.

*Kratzer*, Walter: Der Staatsregierung und den einzelnen Staatsministerien obliegt der Vollzug … der Beschlüsse des Landtags (Art. 55 Abs. 2 Satz 1 Bay. Verf.), München 1954. (zitiert als: *Kratzer*, Der Staatsregierung und den einzelnen Staatsministerien, 1954, S. …).

*Kratzer*, Jakob: Die Mainzer Fernsehanstalt. Ein Beitrag zum Problem der Gemeinschaftseinrichtungen der Länder, DVBl. 1963, S. 309–315.

– Anmerkung zum Urteil vom 5.11.1965 – BVerwG VII C 119.64, BayVBl. 1966, S. 204–205.

– Parlamentsbeschlüsse, ihre Wirkung und Überprüfung, BayVBl. 1966, S. 365–370.

*Kraus*, Herbert: § 86 Verwaltungsfunktionen der Legislative auf dem Gebiet der auswärtigen Angelegenheiten (Staatsverträge, Krieg und Frieden), in: Handbuch des deutschen Staatsrechts, Band 2, hrsg. von Gerhard Anschütz und Richard Thoma, Tübingen 1932, S. 341 ff. (zitiert als: *Kraus*, in: HdbDStR, Bd. 2, 1932, § 86 S. …).

*Krebs*, Walter: Vorbehalt des Gesetzes und Grundrechte, Vergleich des traditionellen Eingriffsvorbehalts mit den Grundrechtsbestimmungen des Grundgesetzes, Berlin 1975. (zitiert als: *Krebs*, Vorbehalt des Gesetzes und Grundrechte, 1975, S. ...).

– Grundfragen des verwaltungsrechtlichen Organstreits, Jura 1981, S. 569–580.

*Kreß*, Claus: Die Rettungsoperation der Bundeswehr in Albanien am 14. März 1997 aus völker- und verfassungsrechtlicher Sicht, ZaöRV 1997, S. 329–359.

*Kube*, Hanno: Vom Gesetzesvorbehalt des Parlaments zum formellen Gesetz der Verwaltung?, NVwZ 2003, S. 57–60.

*Kuch*, Hansjörg: Anmerkung zum Urteil des BayVerfGH vom 01.08.1985 Nr. 25 B 82 A.1669, BayVBl. 1986, S. 20–23.

*Kunig*, Philip / *Paetow*, Stefan / *Versteyl*, Ludger-Anselm: Kreislaufwirtschafts- und Abfallgesetz, Kommentar, 2. Aufl. München 2003. (zitiert als: *Bearbeiter*, in: Kunig/Paetow/Versteyl KrW-/AbfG, 2. Aufl. 2003, § ... Rn. ...).

*Kühne*, Jörg-Detlef: Replik i.S. Hauptstadt: Nicht nur Papier und Sonntagsreden, ZParl 1990, S. 515–524.

*Kühnreich*, Mathias: Das Selbstorganisationsrecht des Deutschen Bundestages unter besonderer Berücksichtigung des Hauptstadtbeschlusses, Berlin 1997 (zitiert als: *Kühnreich*, Das Selbstorganisationsrecht des Deutschen Bundestages, 1997, S. ...).

*Külpmann*, Christoph: Änderungen von Rechtsverordnungen durch Gesetzgeber, NJW 2002, S. 3436–3441.

*Laband*, Paul: Das Budgetrecht nach den Bestimmungen der Preussischen Verfassungs-Urkunde unter Berücksichtigung der Verfassung des Norddeutschen Bundes, 1871, Berlin Nachdruck 1971. (zitiert als: *Laband*, Das Budgetrecht, 1871, Nachdruck 1971, S. ...).

– Das Staatsrecht des Deutschen Reiches, Bd. I, 5. Aufl. Tübingen 1911, Neudruck 1964. (zitiert als: *Laband*, Staatsrecht Bd. I, 5. Aufl. 1911; Neudruck 1964, S. ...).

– Das Staatsrecht des Deutschen Reiches, Bd. II, 4. Aufl. Tübingen und Leipzig 1901. (zitiert als: *Laband*, Staatsrecht, Bd. II, 4. Aufl. 1901, S. ...).

*Lenz*, Christofer: Die Umgehung des Bundesrats bei der Verordnungsänderung durch Parlamentsgesetz, NVwZ 2006, S. 296–298.

*Lepa*, Manfred: Verfassungsrechtliche Probleme der Rechtsetzung durch Rechtsverordnungen, AöR 105 (1980), S. 337–370.

*Lerche*, Peter: Bundestagsbeschlüsse ohne Gesetzesbefehl über Subventionen, NJW 1961, S. 1758–1760.

*Lindner*, Josef Franz: Das Lissabon-Urteil des Bundesverfassungsgerichts und die Konsequenzen für die europäische Integration, BayVBl. 2010, S. 193–203.

*Linn*, Susanne / *Sobolewski*, Frank: So arbeitet der Deutsche Bundestag, Organisation und Arbeitsweise, Die Gesetzgebung des Bundes, Rheinbreitbach 2017 (zitiert als: *Linn/Sobolewski*, So arbeitet der Deutsche Bundestag, 2017, S. ...).

*Freiherr von Lersner*, Heinrich / *Wendenburg*, Helge: Recht der Abfall- und Kreislaufwirtschaft des Bundes, der Länder und der Europäischen Union, Kommentierungen der Abfallrahmenrichtlinie, des KrWG und weiterer abfallrechtlicher Gesetze und Verordnungen, begr. v. Gottfried Hösel, Heinrich Freiherr von Lersner; fortgeführt v. Heinrich Freiherr von Lersner, Helge Wendenburg, Ludger-Anselm Versteyl, hrsg. seit der 2. Aufl. v. Heinrich Freiherr von Lersner,

Helge Wendenburg, Olaf Kropp, Jörg Rüdiger; Band 1, 2. Aufl. Berlin 2015, letzte Akt. Dez. 2018. (zitiert als: *Bearbeiter*, in: Lersner/Wendenburg, 2018, § ... Rn. ...).

*Lichtenhahn*, Mathias: Besondere parlamentarische Kontrollen bei Rechtsverordnungen der Bundesregierung. Ihre verfassungsrechtliche Zulässigkeit und verfassungspolitische Zweckmäßigkeit, Freiburg i. Br. 1967. (zitiert als: *Lichtenhahn*, Besondere parlamentarische Kontrollen, 1967, S. ...).

*Limpert*, Martin: Auslandseinsatz der Bundeswehr, Berlin 2002. (zitiert als: *Limpert*, Auslandseinsatz der Bundeswehr, 2002, S. ...).

*Linck*, Joachim: Zur Einflußnahme der Landesparlamente auf die Landesregierungen in Bundesratsangelegenheiten, DVBl. 1975, S. 861–866.

*Linck*, Joachim / *Jutzi*, Siegfried / *Hopfe*, Jörg: Die Verfassung des Freistaats Thüringen, Kommentar, u.a. Boorberg 1994. (zitiert als: *Linck*, in: Linck/Jutzi/Hopfe Verf. TH-Kommentar, 1994, Art. ... Rn. ...).

*Lindner*, Josef Franz / *Möstl*, Markus / *Wolff*, Heinrich Amadeus: Verfassung des Freistaats Bayern, Kommentar, 2. Aufl. München 2017. (zitiert als: *Bearbeiter*, in: Verf. des FS Bayern Kommentar, 2. Aufl. 2017, Art. ... Rn. ...).

*Lippold*, Rainer: Erlaß von Verordnungen durch das Parlament und Wahrnehmung des Parlamentsvorbehalts durch Schweigen?, ZRP 1991, S. 254–257.

*Löwer*, Peter / *Tettinger*, Peter J.: Kommentar zur Verfassung des Landes Nordrhein-Westfalen, u.a. Boorberg 2002. (zitiert als: *Bearbeiter*, in: Löwer/ Tettinger, NRWVerf, 2002, Art. ... Rn. ...).

*Luch*, Anika D.: § 10 Handlungsformen, in: Praxishandbuch Parlamentsrecht, hrsg. von Martin Morlok, Utz Schliesky, Dieter Wiefelspütz unter Mitarbeit von Moritz Kalb, Baden-Baden 2016, S. 394 ff. (zitiert als: *Luch*, in: Morlok/ Schliesky/Wiefelspütz Parlamentsrecht, 2016, § 10 Rn. ...).

*Lukes*, Rudolf: Das Atomrecht im Spannungsfeld zwischen Technik und Recht, NJW 1978, S. 241–288.

*Lutterbeck*, Bernd: Rechtstheorie und Informationsrecht. Eine informationstheoretische und verfassungsrechtliche Untersuchung, Band 3, hrsg. von Adalbert Podlech und Wilhelm Steinmüller, Wien 1977. (zitiert als: *Lutterbeck*, Parlament und Information, 1977, S. …).

*Lutze*, Christian: Der Parlamentsvorbehalt beim Einsatz bewaffneter Streitkräfte, DÖV 2003, S. 972–980.

*Maunz*, Theodor / *Dürig*, Günter: Grundgesetz Kommentar, begründet von Theodor Maunz und Günter Dürig, hrsg. von Roman Herzog, Rupert Scholz, Matthias Herdegen, Hans H. Klein, München, 89. Ergänzungslieferung Oktober 2019. (zitiert als: *Bearbeiter*, in: Maunz/Dürig Kommentar GG, Oktober 2019, Art. … Rn. …).

*von Mangoldt*, Hermann / *Klein*, Friedrich: Das Bonner Grundgesetz, Kommentar, Band III, 2. Aufl. München 1974. (zitiert als: *Bearbeiter*, in: v. Mangoldt/Klein, GG Bd. 3, 2. Aufl. 1974, Art. … Anm. …).

*von Mangoldt*, Hermann / *Klein*, Friedrich / *Starck*, Christian: Kommentar zum Grundgesetz, begründet von Hermann von Mangoldt und fortgeführt von Friedrich Klein, hrsg. von Christian Starck, Band 2 (Art. 20–82), 6. Aufl. München 2010. (zitiert als: *Bearbeiter*, in: v. Mangoldt/Klein/Starck, GG Bd. 2, 6. Aufl. 2010, Art. … Rn. …).

– Kommentar zum Grundgesetz, begründet von Hermann von Mangoldt und fortgeführt von Friedrich Klein und Christian Starck, hrsg. von Peter Huber und Andreas Voßkuhle, Band 2 (Art. 20–82), 7. Aufl. München 2018. (zitiert als: *Bearbeiter*, in: v. Mangoldt/Klein/Starck, GG Bd. 2, 7. Aufl. 2018, Art. … Rn. …).

– Kommentar zum Grundgesetz, begründet von Hermann von Mangoldt und fortgeführt von Friedrich Klein und Christian Starck, hrsg. von Peter Huber und Andreas Voßkuhle, Band 3 (Art. 83–146), 7. Aufl. München 2018. (zitiert als: *Bearbeiter*, in: v. Mangoldt/Klein/Starck, GG Bd. 3, 7. Aufl. 2018, Art. ... Rn. ...).

*Magiera*, Siegfried: Parlament und Staatsleitung in der Verfassungsordnung des Grundgesetzes, Berlin 1979. (zitiert als: *Magiera*, Parlament und Staatsleitung, 1979, S. ...).

*Martini*, Mario: Normsetzungsdelegation zwischen parlamentarischer Steuerung und legislativer Effizienz – auf dem Weg zu einer dritten Form der Gesetzgebung?, AöR 133 (2008), S. 155–190.

*Maurer*, Hartmut: Staatsrecht I. Grundlagen, Verfassungsorgane, Staatsfunktionen, 6. Aufl. München 2010. (zitiert als: *Maurer*, Staatsrecht I, 6. Aufl. 2010, § ... Rn. ...).

*Maurer*, Hartmut / *Waldhoff*, Christian: Allgemeines Verwaltungsrecht, 19. Aufl. München 2017. (zitiert als: *Maurer/Waldhoff*, Allg. VerwR, 19. Aufl. 2017, § ... Rn. ...).

*Mayer*, Fran C.: § 43 Regelungen des Artikels 23 GG, in: Praxishandbuch Parlamentsrecht, hrsg. von Martin Morlok, Utz Schliesky, Dieter Wiefelspütz unter Mitarbeit von Moritz Kalb, Baden-Baden 2016, S. 1353 ff. (zitiert als: *Mayer*, in: Morlok/Schliesky/Wiefelspütz Parlamentsrecht, 2016, § 43 Rn. ...).

*Meder*, Theodor: Die Verfassung des Freistaates Bayern, Handkommentar, 4. Aufl. München 1992. (zitiert als: *Meder*, Die Verf. des FS Bayern, 4. Aufl. 1992, Art. ... Rn. ...).

*Meder*, Theodor / *Brechmann*, Winfried: Die Verfassung des Freistaates Bayern, Handkommentar, 5. Aufl. u.a. München 2014. (zitiert als: *Bearbeiter*, in: Meder/Brechmann BV Kommentar, 5. Aufl. 2014, Art. ... Rn. ...).

*Meermagen*, Bettina / *Schultzky*, Hendrik: Das Verfahren der Gesetzgebung vor dem Bundesverfassungsgericht, VerwArch 101 (2010), S. 539–565.

*Merkl*, Adolf: Das doppelte Rechtsantlitz. Eine Betrachtung aus der Erkenntnistheorie des Rechts, Jur. Blätter 1918, S. 425–427.

*Meyer*, Georg / *Anschütz*, Gerhard: Lehrbuch des Deutschen Staatsrechts, 7. Aufl. 1919, Nachdruck 8. Aufl. Berlin 2005. (zitiert als: *Meyer/Anschütz*, Lehrbuch des dt. Staatsrechts, 7. Aufl. 1919, Nachdruck 8. Aufl. 2005, S. ...).

*Meyer zu Brickwedde*, Leonard: Die Ermächtigung zum Erlaß von Rechtsverordnungen nach Art. 80 Abs. I GG zur Ausführung von Gemeinschaftsrecht – Eine Untersuchung über die Zulässigkeit genereller Verordnungsermächtigungen zur normativen Umsetzung des Gemeinschaftsrechts –, Osnabrück 1987. (zitiert als: *Meyer zu Brickwedde*, Die Ermächtigung, 1987, S. ...).

*Meyer-Cording*, Ulrich: Die Rechtsnormen, Tübingen 1971. (zitiert als: *Meyer-Cording*, Die Rechtsnormen, 1971, S. ...).

*Meyn*, Karl-Ulrich: Kontrolle als Verfassungsprinzip, Problemstudie zu einer legitimationsorientierten Theorie der politischen Kontrolle in der Verfassungsordnung des Grundgesetzes, Baden-Baden 1982. (zitiert als: *Meyn*, Kontrolle als Verfassungsprinzip, 1982, S. ...).

*Morawitz*, Rudolf: Die parlamentarische Zustimmung zu Rechtsverordnungen der Bundesregierung, Köln 1961. (zitiert als: *Morawitz*, Die parlamentarische Zustimmung, 1961, S. ...).

*Morlok*, Martin: Erster Beratungsgegenstand: Leistungsgrenzen des Verfassungsrechts: Informalisierung und Entparlamentarisierung politischer Entscheidungen als Gefährdungen der Verfassung, 2. Bericht, VVDStRL 62 (2003), S. 37–80.

*Möller*, Franz / *Limpert*, Martin: Informations- und Mitwirkungsrechte des Bundestages in Angelegenheiten der Europäischen Union, ZParl 1993, S. 21–32.

*Möllers*, Christoph: Formloser Sozialstaat gegen rechtsstaatliche Form – Zustimmungsrechte des Bundesrates und Rechtsverordnungsänderung durch den Bundestag – BVerfGE 2 BvF 2/03 v. 13.9.2005, Jura 2007, S. 932–937.

*Möstl*, Markus: Normative Handlungsformen, in: Allgemeines Verwaltungsrecht, hrsg. von Dirk Ehlers und Hermann Pünder, 15. Aufl. Berlin, Boston 2016, S. 595 ff. (zitiert als: *Möstl*, in: Ehlers/Pünder, Allg. VerwR, 15. Aufl. 2016, § ... Rn. ...).

– Verfassungsfragen der Flüchtlingskrise 2015/16, AöR 142 (2017), S. 175–246.

*Mössle*, Wilhelm: Regierungsfunktionen des Parlaments, Band 65, München 1986. (zitiert als: *Mössle*, Regierungsfunktionen, 1986, S. ...).

*Murswiek*, Dietrich: Zweiter Beratungsgegenstand: Die Bewältigung der wissenschaftlichen und technischen Entwicklungen durch das Verwaltungsrecht, 2. Bericht, VVDStRL 48 (1990), S. 207–234.

– Das Bundesverfassungsgericht und die Dogmatik mittelbarer Grundrechtseingriffe, Zu der Glykol- und der Osho- Entscheidung vom 26.6.2002; NVwZ 2003, S. 1–8.

*von Münch*, Ingo : Rechtsfragen der Raketenstationierung, NJW 1984, S. 577–582.

– (Hrsg.): Grundgesetz Kommentar, Band 3: Art. 70 bis Art. 146, 2. Aufl. München 1983. (zitiert als: *Bearbeiter*, in: v. Münch GG-Kommentar, Bd. 3, 2. Aufl. 1983, Art. ... Rn. ...).

*von Münch*, Ingo / *Kunig*, Philip: Grundgesetz Kommentar, Band 1: Präambel bis Art. 69, begründet von Ingo von Münch, hrsg. von Philip Kunig, 6. Aufl. München 2012. (zitiert als: *Bearbeiter*, in: v. Münch/Kunig GG-Kommentar, Bd. 1, 6. Aufl. 2012, Art. ... Rn. ...).

– Grundgesetz Kommentar, Band 2: Art. 70 bis Art. 146, begründet von Ingo von Münch, hrsg. von Philip Kunig, 6. Aufl. München 2012. (zitiert als: *Bearbeiter*, in: v. Münch/Kunig GG-Kommentar, Bd. 2, 6. Aufl. 2012, Art. ... Rn. ...).

*Nawiasky*, Hans: Die Verpflichtung der Regierung durch Beschlüsse des Landtags nach Bayerischen Verfassungsrecht, in: Staat und Bürger, Festschrift für Willibalt Apelt zum 80. Geburtstag, hrsg. von Theodor Maunz, Hans Nawiasky, Johannes Heckel, München und Berlin 1958, S. 137–148. (zitiert als: *Nawiasky*, Verpflichtung der Regierung durch Beschlüsse des Landtages, in: FS für Apelt, 1958, 139 (...)).

*Nawiasky*, Hans / *Leusser*, Claus / *Schweiger*, Karl / *Zacher*, Hans: Die Verfassung des Freistaates Bayern, Kommentar, begr. von Hans Nawiasky und die 2. Aufl. ab 6. Lieferung hrsg. von Karl Schweiger, Franz Knöpfle, vorher von Claus Leusser und Erich Gerner, 13. Aufl. München 2008, 14. Ergänzungslieferung Juli 2008. (zitiert als: *Bearbeiter*, in: Nawiasky/Leusser/Schweiger/Zacher Die Verf. des FS Bayern, 13. Aufl. 2008, Art. ... Rn. ...).

*Nettesheim*, Martin: § 62 Die Aufgaben des Bundespräsidenten, in: Handbuch des Staatsrechts der Bundesrepublik Deutschland, Band III, hrsg. von Josef Isensee und Paul Kirchhof, 3. Aufl. Heidelberg 2005, S. 1073 ff. (zitiert als: *Nettesheim*, in: HStR, Bd. III, 3. Aufl. 2005, § 62 Rn. ...).

– Die Integrationsverantwortung – Vorgaben des BVerfG und gesetzgeberische Umsetzung, NJW 2010, S. 177–183.

– »Integrationsverantwortung« – Verfassungsrechtliche Verklammerung politischer Räume, in: Integrationsverantwortung, hrsg. von Matthias Pechstein, Baden-Baden 2012. (zitiert als: *Nettesheim*, in: IntV/Pechstein, 2012, 11 (...)).

– Verfassungsrecht und Politik in der Staatsschuldenkrise, NJW 2012, S. 1409–1413.

*Neumann*, Dirk / *Bleutge*, Peter / *Fuchs*, Bärbel / *Eisenmenger*, Sven / *Glückert*, Kirsten / *Gotthardt*, Michael / *Pielow*, Christian / *Kahl*, Georg / *Schönleiter*, Ulrich / *Strenger*, Anja / *Wiebauer*, Bernd: Landmann/Rohmer, Gewerbeordnung und ergänzende Vorschriften, Band 1, Kommentar, München, 82. Ergänzungslieferung Oktober 2019. (zitiert als: *Bearbeiter*, in: L/R-GewO, Oktober 2019, § ... Rn. ...).

*Nolte*, Martin / *Tams*, Christian: Das Gesetzgebungsverfahren nach dem Grundgesetz, Jura 2000, S. 158–164.

*Obermayer*, Klaus: Grundzüge des Verwaltungsrechts und des Verwaltungsprozessrechts, Stuttgart 1964. (zitiert als: *Obermayer*, Grundzüge des Verwaltungsrechts und des Verwaltungsprozessrechts, 1964, S. ...).

*Obermeier*, Max: Die schlichten Parlamentsbeschlüsse nach dem Bonner Grundgesetz, insbesondere ihre Zulässigkeit und Rechtsnatur, München 1965. (zitiert als: *Obermeier*, Die schlichten Parlamentsbeschlüsse nach dem Bonner Grundgesetz, 1965, S. ...).

*Oeter*, Stefan: Einsatzarten der Streitkräfte außer zur Verteidigung – verfassungsrechtliche Grundlagen – , NZWehrr 2000, S. 89–102.

*Ohler*, Christoph: Herrschaft, Legitimation und Recht in der Europäischen Union – Anmerkungen zum Lissabon-Urteil des BVerfG, AöR 135 (2010), S. 153–184.

*Oppermann*, Thomas: Den Musterknaben ins Bremshäuschen! – Bundesverfassungsgericht und Lissabon-Vertrag, EuZW 2009, S. 473 f.

*Ossenbühl*, Fritz: Die Bewertung technischer Risiken bei der Rechtsetzung, DÖV 1982, S. 833–842.

- Der verfassungsrechtliche Rahmen offener Gesetzgebung und konkretisierender Rechtsetzung, DVBl. 1999, S. 1–7.

- Anmerkung zu der Entscheidung des BVerwG, Urt. v. 16.1.2003 – 4 CN 8.01 (JZ 2003, S. 1064-1066), JZ 2003, S. 1066–1068.

- § 100 Gesetz und Recht – Die Rechtsquellen im demokratischen Rechtsstaat, in: Handbuch des Staatsrechts der Bundesrepublik Deutschland, Band V, hrsg. von Josef Isensee und Paul Kirchhof, 3. Aufl. Heidelberg 2007, S. 135 ff. (zitiert als: *Ossenbühl*, in: HStR, Bd. III, 3. Aufl. 2007, § 100 Rn. ...).

- § 101 Vorrang und Vorbehalt des Gesetzes, in: Handbuch des Staatsrechts der Bundesrepublik Deutschland, Band V, hrsg. von Josef Isensee und Paul Kirchhof, 3. Aufl. Heidelberg 2007, S. 183 ff. (zitiert als: *Ossenbühl*, in: HStR, Bd. III, 3. Aufl. 2007, § 101 Rn. ...).

- § 103 Rechtsverordnung, in: Handbuch des Staatsrechts der Bundesrepublik Deutschland, Band V, hrsg. von Josef Isensee und Paul Kirchhof, 3. Aufl. Heidelberg 2007, S. 261 ff. (zitiert als: *Ossenbühl*, in: HStR, Bd. III, 3. Aufl. 2007, § 103 Rn. ...).

*Pache*, Eckhard: Das Ende der europäischen Integration? Das Urteil des Bundesverfassungsgerichts zum Vertrag von Lissabon, zur Zukunft Europas und der Demokratie, EuGRZ 2009, S. 285–298.

*Paulus*, Andreas L.: Die Parlamentszustimmung zu Auslandseinsätzen nach dem Parlamentsbeteiligungsgesetz, in: Einsatz der Bundeswehr im Ausland, Rechtsgrundlagen und Rechtspraxis, Forum Innere Führung Band 27, hrsg. Dieter Weingärtner, Baden-Baden 2007, S.81–113. (zitiert als: *Paulus*, in: Einsatz der Bundeswehr im Ausland, 2007, 81 (...)).

*Pegatzky*, Claus: Parlament und Verordnungsgeber. Rechtsverordnungen im Spannungsfeld zwischen kompetenzrechtlicher Zuweisung und materieller Funktionenordnung, Baden-Baden 1999 (zitiert als: *Pegatzky*, Parlament und Verordnungsgeber, 1999, S. ...).

*Peter*, Jörg: Deckungsvorsorgeregelungen nach Umwelthaftungsgesetz – ein gesetzgeberisches und verfassungsrechtliches Trauerspiel, LKV 2007, S. 493–499.

*Pestalozza*, Christian: „Formenmißbrauch" des Staates, Zu Figur und Folgen des „Rechtsmißbrauchs" und ihrer Anwendung auf staatliches Verhalten, München 1973. (zitiert als: *Pestalozza*, Formenmißbrauch, 1973, S. ...).

– Bayern nimmt Abschied von Bonus und Malus – BayVerfGH, NJW 1975, 1733, JuS 1976, S. 93–100.

*Pfennig*, Gero / *Neumann*, Manfred J. (Hrsg.): Verfassung von Berlin, Kommentar, 3. Aufl. Berlin 2000. (zitiert als: *Bearbeiter*, in: Pfennig/Neumann Verf. v. Berlin, 3. Aufl. 2000, Art. ... Rn. ...).

*Pielow*, Johann-Christian (Hrsg.): BeckOK Gewerbeordnung, München 49. Edition 1.3.2020. (zitiert als: *Bearbeiter*, in: BeckOK GewO, 1.3.2020, § ... Rn. ...).

*Pieper*, Stefan Ulrich: § 20 Die Ausfertigung der Gesetze, in: Gesetzgebung, Rechtsetzung durch Parlamente und Verwaltungen sowie ihre gerichtliche Kontrolle, hrsg. von Winfried Kluth und Günter Krings, u.a. Hamburg 2014, S. 483 ff. (zitiert als: *Pieper*, in: Gesetzgebung, 2014, § 20 Rn. ...).

*Pofalla*, Ronald: Die Bundeswehr im Ausland – Eine Zwischenbilanz des Gesetzgebungsverfahrens, ZRP 2004, S. 221–225.

*Pünder*, Hermann / *Schellenberg*, Martin (Hrsg.): Vergaberecht GWB, VgV, VSVbV, SektVO, VOB/A, KonzVgV, UVgO, Haushaltsrecht, Öffentliches Preisrecht, Handkommentar, 3. Aufl. Baden-Baden 2019. (zitiert als: *Bearbeiter*, in: P/S-VergabeR, 3. Aufl. 2019, § ... Rn. ...).

*Quaas*, Michael: Ausgewählte Probleme zum Recht des parlamentarischen Untersuchungsausschusses, NJW 1988, S. 1873–1880.

*Quaritsch*, Helmut: Das parlamentslose Parlamentsgesetz, Rang und Geltung der Rechtssätze im demokratischen Staat untersucht am hamburgischen Planungsrecht, Hamburg 1961. (zitiert als: *Quaritsch*, Das parlamentslose Parlamentsgesetz, 1961, S. ...).

*Raap*, Christian: Die Kontrolle der Streitkräfte durch das Parlament, JuS 1996, S. 980–983.

*Rambow*, Gerhard: Probleme bei der Durchführung von Richtlinien der EWG, DVBl. 1968, S. 445–454.

*Raschke*, Joachim: Der Bundestag im parlamentarischen Regierungssystem, Darstellung und Dokumentation, Berlin 1967. (zitiert als: *Raschke*, Der Bundestag im parlamentarischen Regierungssystem, 1967, S. ...).

*Rausch*, Heinz: Parlamentsreform. Tendenzen und Richtungen, ZfP 1967, S. 259–289.

*Reimer*, Franz: § 9 Das Parlamentsgesetz als Steuerungsmittel und Kontrollmaßstab, in: Grundlagen des Verwaltungsrechts, Band I, Methoden–Maßstäbe–Aufgaben–Organisation, hrsg. von Wolfgang Hoffmann-Riem, Eberhard Schmidt-Aßmann, Andreas Voßkuhle, 2. Aufl. München 2012, S. 585 ff. (zitiert als: *Reimer*, in: Grundlagen des VerwR, Bd. 1, 2. Aufl. 2012, § 9 Rn. ...).

– Juristische Methodenlehre, Baden-Baden 2016. (zitiert als: *Reimer*, Juristische Methodenlehre, 2016, Rn. ...).

*Reshöft*, Jan / *Schäfermeier*, Andreas: Erneuerbare-Energien-Gesetz, Handkommentar, 4. Aufl. Baden-Baden 2014. (zitiert als: *Bearbeiter*, in: Hk-EEG, 4. Aufl. 2014, § ... Rn. ...).

*Riese*, Christoph: Der Massgabebeschluss des Bundesrates bei zustimmungsbedürftigen Rechtsverordnungen, Bonn 1992. (zitiert als: *Riese*, Der Massgabebeschluss, 1992, S. ...).

*Ritzel*, Heinrich G. / *Bücker*, Joseph: Handbuch für die Parlamentarische Praxis mit Kommentar zur Geschäftsordnung des Deutschen Bundestages, Frankfurt am Main 1981. (zitiert als: *Ritzel/Bücker*, HdbPP, 1981, § ... Anm. ...).

*Ritzel*, Heinrich G. / *Bücker*, Joseph / *Schreiner*, Hermann: Handbuch für die Parlamentarische Praxis mit Kommentar zur Geschäftsordnung des Deutschen Bundestages, Frankfurt am Main 2010. (zitiert als: *Ritzel/Bücker/Schreiner*, HdbPP, 2010, § ...).

*Roellecke*, Gerd: Der Begriff des positiven Gesetzes und das Grundgesetz, Mainz 1969. (zitiert als: *Roellecke*, Der Begriff des positiven Gesetzes und das Grundgesetz, 1969, S. ...).

– Bewaffnete Auslandseinsätze – Krieg, Außenpolitik oder Innenpolitik? Ein verfassungsänderndes Urteil des Bundesverfassungsgerichts, Der Staat 1995, S. 415–428.

*Roll*, Hans-Achim: Geschäftsordnung des Deutschen Bundestages. Kommentar, Baden-Baden 2001. (zitiert als: *Roll*, GOBT-Kommentar, 2001, § ... Rn. ...).

*Röhl*, Klaus / *Röhl*, Christian: Allgemeine Rechtstheorie, Ein Lehrbuch, 3. Aufl. Köln, München 2008. (zitiert als: *Röhl/Röhl*, Allg. Rechtslehre, 3. Aufl. 2008, S. ...).

*Rubarth*, Werner: Zur Rechtsgültigkeit der Preisverordnungen, NJW 1952, S. 957–959.

*Ruffert*, Matthias: An den Grenzen des Integrationsverfassungsrechts: Das Urteil des Bundesverfassungsgerichts zum Vertrag von Lissabon, DVBl. 2009, S. 1197–1208.

– § 17 Rechtsquellen und Rechtsschichten des Verwaltungsrechts in: Grundlagen des Verwaltungsrechts, Band I, Methoden–Maßstäbe–Aufgaben–Organisation, hrsg. von Wolfgang Hoffmann-Riem, Eberhard Schmidt-Aßmann, Andreas Voßkuhle, 2. Aufl. München 2012, S. 1163 ff. (zitiert als: *Ruffert*, in: Grundlagen des VerwR, Bd. 1, 2. Aufl. 2012, § 17 Rn. ...).

*Rupp*, Hans Heinrich: Zweiter Beratungsgegenstand: Verwaltung und Schule, Aussprache, VVDStRL 23 (1966), S. 274–276.

– Rechtsverordnungsbefugnis des Deutschen Bundestages?, NVwZ 1993, S. 756–759.

*Rüthers*, Bernd / *Fischer*, Christian / *Birk*, Axel: Rechtstheorie mit Juristischer Methodenlehre, 9. Aufl. München 2016. (zitiert als: *Rüthers/Fischer/Birk*, Rechtstheorie, 11. Aufl. 2020, Rn. ...).

*Sachs*, Michael (Hrsg.): Grundgesetz Kommentar, 8. Aufl. München 2018. (zitiert als: *Bearbeiter*, in: Sachs, GG-Kommentar, 8. Aufl. 2018, Art. ... Rn. ...).

*Salje*, Peter / *Peter*, Jörg: Umwelthaftungsgesetz, Kommentar, 2. Aufl. München 2005. (zitiert als: *Bearbeiter*, in: Salje/Peter, UmweltHG, 2. Aufl. 2005, § ... UmweltHG Rn. ...).

*Salje*, Peter: Erneuerbare-Energien-Gesetz 2012, Gesetz für den Vorrang Erneuerbarer Energien (EEG), 6. Aufl. Köln 2012. (zitiert als: *Salje*, EEG 2012, 6. Aufl. 2012, § ... Rn. ...).

– Erneuerbare-Energien-Gesetz 2014, Gesetz für den Ausbau erneuerbarer Energien (Erneuerbare-Energien-Gesetz – EEG 2014), 7. Aufl. Köln 2014. (zitiert als: *Salje*, EEG 2014, 7. Aufl. 2014, § ... Rn. ...).

– Erneuerbare-Energien-Gesetz 2017, Gesetz für den Ausbau erneuerbarer Energien (Erneuerbare-Energien-Gesetz – EEG 2017), 8. Aufl. Köln 2017. (zitiert als: *Salje*, EEG 2017, 8. Aufl. 2017, § ... Rn. ...).

*Säcker*, Franz Jürgen (Hrsg.): Berliner Kommentar zum Energierecht, Band 2, 3. Aufl. Frankfurt am Main 2014. (zitiert als: *Bearbeiter*, in: BerlKommEnR, 3. Aufl. 2014, § ... Rn. ...).

– Berliner Kommentar zum Energierecht, KWKG – Kraft-Wärme-Kopplungsgesetz mit KWK-Ausschreibungsverordnung 2017, Band 5, 4. Aufl. Frankfurt am Main 2018. (zitiert als: *Bearbeiter*, in: BerlKommEnR, 4. Aufl. 2018, § ... Rn. ...).

– Berliner Kommentar zum Energierecht, EEG – Erneuerbare-Energien-Gesetz 2017 mit EEG-Rechtsverordnungen und WindSeeG – Windenergie-auf-See-Gesetz, Band 6, 4. Aufl. Frankfurt am Main 2018. (zitiert als: *Bearbeiter*, in: BerlKommEnR, 4. Aufl. 2018, § ... Rn. ...).

*Schäfer*, Friedrich: Der Bundestag. Eine Darstellung seiner Aufgaben und seiner Arbeitsweise, 4. Aufl. Opladen 1982. (zitiert als: *Schäfer*, Der Bundestag, 4. Aufl. 1982, S. ...).

*Schenke*, Wolf-Rüdiger: Die Verfassungsorgantreue, Berlin 1977. (zitiert als: *Schenke*, Verfassungstreue, 1977, S. ...).

*Scheuing*, Dieter H.: Rechtsprobleme bei der Durchsetzung des Gemeinschaftsrechts in der Bundesrepublik Deutschland, EuR 20 (1985), S. 229–272.

*Scheuner*, Ulrich: Die Aufgabe des Gesetzgebers in unserer Zeit, DÖV 1960, S. 601–611.

*Schindler*, Peter: Datenhandbuch zur Geschichte des Deutschen Bundestages, Bd. II, Kapitel 7-13, 1949 bis 1999; eine Veröffentlichung der Wissenschaftliche Dienste des Deutschen Bundestages, Baden-Baden 1999. (zitiert als: *Schindler*, Datenhandbuch zur Geschichte des Deutschen Bundestages 1949 bis 1999, 1999, Bd. II, S. ...).

*Schlaich*, Klaus: Erster Beratungsgegenstand: Die Verfassungsgerichtsbarkeit im Gefüge der Staatsfunktionen. 3. Mitbericht, VVDStRL 39 (1981), S. 99–146.

*Schlink*, Bernhard: Zweiter Beratungsgegenstand: Die Bewältigung der wissenschaftlichen und technischen Entwicklungen durch das Verwaltungsrecht, 3. Bericht, VVDStRL 48 (1990), S. 235–264.

*Schlüter*, Wiebke: Emissionshandel in der dritten Handelsperiode, Die Fortentwicklung des nationalen Emissionshandelsrechts unter Berücksichtigung der Rechtsprechung der ersten beiden Handelsperioden, Berlin 2013. (zitiert als: *Schlüter*, Emissionshandel, 2013, S. ...).

*Schmehl*, Arndt (Hrsg.): Gemeinschaftskommentar zum Kreislaufwirtschaftsgesetz (GK-KrWG), Köln 2013. (zitiert als: *Bearbeiter*, in: Schmehl GK-KrWG, 2013, § ... Rn. ...).

*Schmelter*, Hubert: Rechtsschutz gegen nicht zur Rechtssetzung gehörenden Akte der Legislative, gleichzeitig ein Beitrag zur Auslegung des Art. 19 Abs. 4 GG, Berlin 1977. (zitiert als: *Schmelter*, Rechtsschutz, 1977, S. ...).

*Schmidt*, Johannes: Die Beteiligung des Bundestages beim Erlaß von Rechtsverordnungen. Zur verfassungsrechtlichen Beurteilung parlamentarischer Mitwirkungsvorbehalte, Berlin 2002. (zitiert als: *Schmidt*, Die Beteiligung des BT, 2002, S. ...).

*Schmidt*, Reiner: Die Umwandlung von Staatsverträgen in Landesrecht durch förmliche Gesetze, NVwZ 1986, S. 276–277.

*Schmidt*, Thorsten Ingo: Die Geschäftsordnung der Verfassungsorgane als individuell-abstrakte Regelungen des Innenrechts, AöR 120 (2003), S. 608–648.

*Schmidt-Aßmann*, Eberhard: Die Rechtsverordnung in ihrem Verhältnis zu Gesetz und Verwaltungsvorschrift, in: Staaten und Steuern, Festschrift für Klaus Vogel zum 70. Geburtstag, hrsg. von Paul Kirchhof, Moris Lehner, Arndt Raupach, Michael Rodi, Heidelberg 2000, S. 476–494. (zitiert als: *Schmidt-Aßmann*, in: FS für K. Vogel, 2000, S. ...).

– § 26 Der Rechtsstaat, in: Handbuch des Staatsrechts der Bundesrepublik Deutschland, Band II, hrsg. von Josef Isensee und Paul Kirchhof, 3. Aufl. Heidelberg 2004, S. 541 ff. (zitiert als: *Schmidt-Aßmann*, in: HStR, Bd. II, 3. Aufl. 2004, § 26 Rn. ...).

*Schmidt-Bleibtreu*, Bruno / *Hofmann*, Hans / *Henneke*, Hans-Günter: GG Kommentar zum Grundgesetz, begründet von Bruno, Schmidt-Bleibtreu und Franz Klein, hrsg. von Hans Hofmann und Hans-Günter Henneke, 14. Aufl. Berlin 2017. (zitiert als: *Bearbeiter*, in: Schmidt-Bleibtreu/Hofmann/Henneke GG-Kommentar, 14. Aufl. 2017, Art. ... Rn. ...).

*Schmitt*, Carl: Verfassungslehre, 1928, Nachdruck 7. Aufl. Berlin 1989. (zitiert als: *Schmitt*, Verfassungslehre, 1928, Nachdruck 7. Aufl. 1989, S. ...).

*Schnapp*, Friedrich E.: Dogmatische Überlegung zu einer Theorie des Organisationsrechts, AöR 105 (1980), S. 243–278.

– Zweiter Beratungsgegenstand: Der Verwaltungsvorbehalt, 2. Mitbericht, VVDStRL 43 (1985), S. 172–202.

*Schneider*, Hans: Erster Beratungsgegenstand: Verträge zwischen Gliedstaaten im Bundesstaat, 1. Bericht, VVDStRL 19 (1961), S. 1–30.

– Gesetzgebung, ein Lehrbuch, 1. Aufl. Heidelberg 1982. (zitiert als: *Schneider*, Gesetzgebung, 1. Aufl. 1982, Rn. ...).

– Gesetzgebung, Ein Lehr- und Handbuch, 3. Aufl. Heidelberg 2002. (zitiert als: *Schneider*, Gesetzgebung, 3. Aufl. 2002, S. ... Rn. ...).

*Schneider*, Paul Georg: Beteiligung der Landesparlamente beim Zustandekommen von Staatsverträgen und Verwaltungsabkommen der Bundesländer, Mainz 1978. (zitiert als: *Schneider*, Beteiligung der Landesparlamente beim Zustandekommen von Staatsverträgen, 1978, S. ...).

*Schneider*, Hans-Peter / *Zeh*, Wolfgang (Hrsg.): Parlamentsrecht und Parlamentspraxis in der Bundesrepublik Deutschland, Berlin und New York 1989. (zitiert als: *Bearbeiter*, in: Schneider/Zeh Parlamentsrecht und Parlamentspraxis, 1989, § ... Rn. ...).

*Schnelle*, Simon: Eine Fehlerfolgenlehre für Rechtsverordnungen, Studien zum Öffentlichen Recht und zur Verwaltungslehre, hrsg. von Klaus Stern, Institut für Öffentliches Recht und Verwaltungslehre der Universität Köln, Band 76, München 2007. (zitiert als: *Schnelle*, Eine Fehlerfolgenlehre, 2007, S. ...).

*Scholz*, Rupert: Diskussionsbeitrag zum zweiten Beratungsgegenstand: Verwaltungsverantwortung und Verwaltungsgerichtsbarkeit, VVDStRL 24 (1976), S. 145–220.

– Parlamentarischer Untersuchungsausschuss und Steuergeheimnis, AöR 105 (1980), S. 564–622.

– Landesparlamente und Bundesrat, in: Einigkeit und Recht und Freiheit, Festschrift für Karl Carstens zum 70. Geburtstag, Band II Staatsrecht, hrsg. von Bodo Börnder, Hermann Jahrreiß, Klaus Stern, u.a. München 1984, S. 831–851. (zitiert als: *Scholz*, Landesparlamente und Bundesrat, in: FS für K. Carstens Band II, 1984, S. ...).

*Scholz*, Rupert / *Bismark*, Hans: Schulrecht zwischen Parlament und Verwaltung, Möglichkeiten und Grenzen schulrechtlicher Gestaltung durch parlamentarisches Gesetz, durch Rechtsverordnung und durch Formen „gemischter Rechtsetzung", in: Schule im Rechtsstaat, Band II, Gutachten für die Kommission Schulrecht des Deutschen Juristentages, erstattet von Gunter, Kisker; Rupert, Scholz; Hans Bismark; Hermann Avenarius, München 1980, S. 73-151. (zitiert als: *Scholz/Bismark*, in: Schule im Rechtsstaat, Bd. II, 1980, 73 (...)).

*Schönenbroicher*, Klaus: Einige Bemerkungen zum Verhältnis von Gesetz und Rechtsverordnung, BayVBl. 2011, S. 624–626.

*Schröder*, Walter: Die schlichten Parlamentsbeschlüsse im deutschen Staatsleben der Vergangenheit und Gegenwart unter besonderer Berücksichtigung der parlamentarischen Vorbehalte, Marburg 1953. (zitiert als: *Schröder*, Die schlichten Parlamentsbeschlüsse, Marburg 1953, S. ...).

*Sturmhöfel*, Wolfgang: Das Verordnungsrecht im Gewaltenteilungssystem des Grundgesetzes, Mainz 1964. (zitiert als: *Sturmhöfel*, Das Verordnungsrecht, 1964, S. ...).

*Schürmann*, Martin: Die Umgehung des Bundesrates im sog. „Ersten Durchgang" einer Gesetzesvorlage, AöR 115 (1990), S. 45–63.

*Schwanengel*, Wito: Einwirkungen der Landesparlamente auf die Normsetzung der Exekutive, Berlin 2002. (zitiert als: *Schwanengel*, Einwirkungen der Landesparlamente, 2002, S. ...).

*Schwintowski*, Hans-Peter: Juristische Methodenlehre, Frankfurt am Main 2005. (zitiert als: *Schwintowski*, Juristische Methodenlehre, 2005, S. ...).

*Seiler*, Christian: Parlamentarischer Einflußnahmen auf den Erlaß von Rechtsverordnungen im Lichte der Formenstrenge, ZG 2001, S. 50–70.

*Sellmann*, Klaus-Albrecht: Der schlichte Parlamentsbeschluss: Eine Studie zum Parlamentsakt außerhalb des Gesetzgebungsverfahrens; dargestellt an Beschlüssen des Bundestages und des Bayerischen Landtags, Berlin 1966. (zitiert als: *Sellmann*, Der schlichte Parlamentsbeschluss, 1966, S. ...).

*Sendler*, Horst: Verordnungsänderung durch Gesetz und „Entsteinerungsklausel", NJW 2002, S. 2859–2861.

– Zum Beitrag über "Verwaltungsgerichtliche Normenkontrolle von Gesetzesrecht?" von Arnd Uhle in DVBl. 2004, 1272, DVBl 2005, S. 423–425.

*Sester*, Martin: Der Parlamentsbeschluss, Hamburg 2007. (zitiert als: *Sester*, Der Parlamentsbeschluss, 2007, S. ...).

*Sodan*, Helge / *Ziekow*, Jan: Grundkurs Öffentliches Recht. Staats- und Verwaltungsrecht, 8. Aufl. München 2018. (zitiert als: *Sodan/Ziekow*, Grundkurs Öffentliches Recht, 8. Aufl. 2018, § ... Rn. ...).

*Sommermann*, Karl-Peter: Verordnungsermächtigung und Demokratieprinzip, verfassungsrechtliche Grenzen parlamentarischer Änderungsvorbehalte, JZ 1997, S. 434–441.

*Sonder*, Nicolas: Was ist Integrationsverantwortung? – Kritische Überlegungen zu den verfassungstheoretischen Vorgaben des Bundesverfassungsgerichts und der Umsetzung im IntVG –, KritV 2011, S. 214–225.

*Spickhoff*, Andreas (Hrsg.): Beck-Online. Grosskommentar GenTG, Beck-Online. Grosskommentar, GenTG, Gesamtherausgeber für das Zivilrecht: Beate Gsell, Wolfgang Krüger, Stephan Lorenz, Christoph Reymann, München, Stand 1.6.2019. (zitiert als: *Bearbeiter*, in: BeckOGK GenTG, 1.6.2019, § ... Rn. ...).

– Beck-Online. Grosskommentar UmweltHG: Beck-Online. Grosskommentar, UmweltHG, Gesamtherausgeber für das Zivilrecht: Beate Gsell, Wolfgang Krüger, Stephan Lorenz, Christoph Reymann, München, Stand 1.3.2020. (zitiert als: *Bearbeiter*, in: BeckOGK UmweltHG, 1.3.2020, § ... Rn. ...).

*Starck*, Christian: Der Gesetzesbegriff des Grundgesetzes, Ein Beitrag zum juristischen Gesetzesbegriff, Baden-Baden 1970. (zitiert als: *Starck*, Der Gesetzesbegriff des GG, 1970, S. ...).

*Statistisches Bundesamt*: Statistisches Jahrbuch für die Bundesrepublik Deutschland mit »Internationalen Übersichten«, Wiesbaden 2011. (zitiert als: Statistisches Jahrbuch 2011, S. ...).

*Staupe*, Jürgen: Parlamentsvorbehalt und Delegationsbefugnis, Zur „Wesentlichkeitstheorie" und zur Reichweite legislativer Regelungskompetenz, insbesondere im Schulrecht, Berlin 1986. (zitiert als: *Staupe*, Parlamentsvorbehalt und Delegationsbefugnis, 1986, S. ...).

*Stein*, Torsten / *Kröninger*, Holger: Bundeswehreinsatz im Rahmen von NATO-, WEU- bzw. VN-Militäraktionen, Jura 1995, S. 254–262.

*Stern*, Klaus: Das Staatsrecht der Bundesrepublik Deutschland. Band II – Staatsorgane, Staatsfunktionen, Finanz- und Haushaltsverfassung, Notstandsverfassung, München 1980. (zitiert als: *Stern*, Staatsrecht der Bundesrepublik Deutschland, Bd. 2, 1980, § ..., S. ...).

– Das Staatsrecht der Bundesrepublik Deutschland. Band I – Grundbegriffe und Grundlagen des Staatsrechts, Strukturprinzipien der Verfassung, 2. Aufl. München 1984. (zitiert als: *Stern*, Staatsrecht der Bundesrepublik Deutschland, Bd. 1, 2. Aufl., 1984, § ..., S. ...).

– Das Staatsrecht der Bundesrepublik Deutschland. Band III – Allgemeine Lehren der Grundrechte, 2. Halbband; Grundrechtstatbestand, Grundrechtsbeeinträchtigungen und Grundrechtsbegrenzungen, Grundrechtsverluste und Grundpflichten, Schutz der Grundrechte, Grundrechtskonkurrenzen, Grundrechtssystem, München 1994. (zitiert als: *Stern*, Staatsrecht, Bd. 3 2. Halbband, 1994, § ..., S. ...).

– Diskussionsbeitrag zum Beratungsgegenstand: Kontrolle der auswärtigen Gewalt, VVDStRL 56 (1997), S. 97–100.

*Studenroth*, Stefan: Einflußnahme des Bundestages auf Erlaß, Inhalt und Bestand von Rechtsverordnungen, DÖV 1995, S. 525–537.

*Stumpf*, Gerrit Hellmuth: Der Ruf nach der „Rückkehr zum Recht" bei der Bewältigung der Flüchtlingskrise – Eine Untersuchung der Rechtmäßigkeit des derzeitigen Regierungshandelns –, DÖV 2016, S. 357–368.

*Struzina*, Victor / *Lindner*, Josef Franz: Das sogenannte „aliud" im öffentlichen Baurecht – zur Dogmatik der Baugenehmigung, ZfBR 2015, S. 750–757.

*Thoma*, Richard: § 71 Die Funktionen der Staatsgewalt. Grundbegriffe und Grundsätze, in: Handbuch des deutschen Staatsrechts, Band 2, hrsg. von Gerhard Anschütz und Richard Thoma, Tübingen 1932, S. 108 ff. (zitiert als: *Thoma*, in: HdbDStR, Bd. 2, 1932, § 71 S. …).

– § 76 Der Vorbehalt der Legislative und das Prinzip der Gesetzmäßigkeit von Verwaltung und Rechtsprechung, in: Handbuch des deutschen Staatsrechts, Band 2, hrsg. von Gerhard Anschütz und Richard Thoma, Tübingen 1932, S. 221 ff. (zitiert als: *Thoma*, in: HdbDStR, Bd. 2, 1932, § 76 S. …).

*Thomsen*, Silke: Rechtsverordnungen unter Änderungsvorbehalt des Bundestages?, DÖV 1995, S. 989–994.

*Tietje*, Christian / *Nowrot*, Karsten: § 45 Parlamentarische Steuerung und Kontrolle des internationalen Regierungshandelns und der Außenpolitik, in: Praxishandbuch Parlamentsrecht, hrsg. von Martin Morlok, Utz Schliesky, Dieter Wiefelspütz unter Mitarbeit von Moritz Kalb, Baden-Baden 2016, S. 1469 ff. (zitiert als: *Tietje/Nowrot*, in: Morlok/Schliesky/Wiefelspütz Parlamentsrecht, 2016, § 45 Rn. …).

*Tischendorf*, Michael: Theorie und Wirklichkeit der Integrationsverantwortung deutscher Verfassungsorgane. Vom Scheitern eines verfassungsrechtlichen Konzepts und seiner Überprüfung, Tübingen 2017. (zitiert als: *Tischendorf*, Theorie und Wirklichkeit; 2017, S. …).

*Triepel*, Heinrich: Delegation und Mandat im Öffentlichem Recht, eine kritische Studie, Darmstadt 1942, Nachdruck 1974. (zitiert als: *Triepel*, Delegation, 1942, Nachdruck 1974, S. ...).

*Troßmann*, Hans: Parlamentsrecht des Deutschen Bundestages, München 1977. (zitiert als: *Troßmann*, Parlamentsrecht des Deutschen Bundestages, 1977, § ... Rn. ...).

– Der Bundestag: Verfassungsrecht und Verfassungswirklichkeit, JöR nF Band 28 (1979), S. 1–304.

*Uhle*, Arnd: Parlament und Rechtsverordnungen, hrsg. von Claus-Wilhelm Canaris, Peter Lerche und Claus Roxin, Münchner Universitätsschriften Band 143, München 1999. (zitiert als: *Uhle*, in: Parlament und RVO, 1999, S. ...).

– Verordnungsänderung durch Gesetz und Gesetzesänderung durch Verordnung – Anmerkung zur Staatspraxis der Gegenwart –, DÖV 2001, S. 241–247.

– Verordnungsgeberische Entscheidungsmacht und parlamentarischer Kontrollvorbehalt. Zur verfassungsrechtlichen Zulässigkeit verordnungsspezifischer Kontrollbefugnisse des Parlaments unter besonderer Berücksichtigung der Rechtsprechung des BVerfG, NVwZ 2002, S. 15–21.

– Verwaltungsgerichtliche Normenkontrolle von Gesetzesrecht? Zur bundesverwaltungsgerichtlichen Ausdehnung des Anwendungsbereiches von § 47 Abs. 1 Nr. 2 VwGO und der hiermit korrespondierenden Verkürzung der Reichweite von Art. 100 Abs. 1 GG, DVBl. 2004, S. 1272–1279.

– § 24 Die Rechtsverordnung, in: Gesetzgebung, Rechtsetzung durch Parlamente und Verwaltungen sowie ihre gerichtliche Kontrolle, hrsg. von Winfried Kluth und Günter Krings, u.a. Hamburg 2014, S. 587 ff. (zitiert als: *Kluth*, in: Gesetzgebung, 2014, § 24 Rn. ...).

*Umbach*, Dieter C. / *Clemens*, Thomas (Hrsg.): Grundgesetz. Mitarbeiterkommentar und Handbuch, Band II (Art. 38–46 GG), Heidelberg 2002. (zitiert als: *Bearbeiter*, in: Umbach/Clemens GG-Kommentar, Bd. II, 2002, Art. ... Rn. ...).

*Vedder*, Christoph: Intraföderale Staatsverträge, Instrumente der Rechtsetzung im Bundesstaat, Baden-Baden 1996. (zitiert als: *Vedder*, Interföderale Staatsverträge, 1996, S. ...).

*Versteyl*, Ludger-Anselm / *Mann*, Thomas / *Schomerus*, Thomas: Kreislaufwirtschaftsgesetz, Kommentar, 3. Aufl. München 2012. (zitiert als: *Bearbeiter*, in: Versteyl/Mann/Schomerus KrWG, 3. Aufl. 2012, § ... Rn. ...).

*Versteyl*, Ludger-Anselm / *Wendenburg*, Helge: Änderungen des Abfallrechts – Anmerkungen zum Kreislaufwirtschafts- und Abfallgesetz sowie den Gesetzen zu dem Basler Übereinkommen, NVwZ 1994, S. 833–843.

*Graf Vitzthum*, Wolfgang / *Geddert-Steinacher*, Tatjana: Standortgefährdung, Zur Gentechnik-Regelung in Deutschland, Berlin 1992. (zitiert als: *Graf Vitzthum/ Geddert-Steinacher*, Standortgefährdung, 1992, S. ...).

*Voßkuhle*, Andreas: Der Grundsatz der Verfassungsorgantreue und die Kritik am BVerfG, NJW 1997, S. 2216–2219.

– Das Kompensationsprinzip, Grundlagen einer perspektiven Ausgleichsordnung für die Folgen privater Freiheitsbetätigung – Zur Flexibilisierung des Verwaltungsrechts am Beispiel des Umwelt- und Planungsrechts, Tübingen 1999. (zitiert als: *Voßkuhle*, Das Kompensationsprinzip, 1999, S. ...).

– „Integration durch Recht" – Der Beitrag des Bundesverfassungsgerichts, JZ 2016, S. 161–168.

– Der Wandel der Verfassung und seine Grenzen, JuS 2019, S. 417–423.

*Voßkuhle*, Andreas / *Kaufhold*, Ann-Katrin: Grundwissen – Öffentliches Rechts: Der Grundsatz der Gewaltenteilung, JuS 2012, S. 314–316.

*Wahl*, Rainer: Verwaltungsverantwortung und Verwaltungsgerichtsbarkeit – Bemerkungen zu einem Dauerthema –, VBlBW 1988, S. 387–392.

*Wagner*, Tobias M.: Parlamentsvorbehalt und Parlamentsbeteiligungsgesetz, Die Beteiligung des Bundestages bei Auslandseinsätzen der Bundeswehr, Berlin 2010. (zitiert als: *Wagner*, Parlamentsvorbehalt und PBG, 2010, S. ....).

*Walter*, Christian / *Grünewald*, Benedikt: Beck'scher Online Kommentar zum BVerfGG, 8. Edition Stand 1.1.2020, München 2020. (zitiert als: *Bearbeiter*, in: BeckOK BVerfGG, 2020, § ... Rn. ....).

*Walter*, Robert / *Mayer*, Heinz: Grundriß des österreichischen Bundesverfassungsrechts, 5. Aufl. Wien 1985. (zitiert als: *Walter/Mayer*, Grundriß des österreichischen Bundesverfassungsrechts, 5. Aufl. 1985, S. ...).

*Weber*, Albrecht: Nachrüstung und Grundgesetz, JZ 1984, S. 589–636.

*Weber*, Klaus (Hrsg.): Rechtswörterbuch, begründet von Carl Creifelds, München 23. Edition 2019. (zitiert als: *Bearbeiter*, in: Creifelds Rechtswörterbuch, 2019, der gesuchte Begriff).

*Weihrauch*, Sebastian: Pauschale Verordnungsermächtigungen zur Umsetzung von EG-Recht, NVwZ 2001, S. 265–270.

*Weiß*, Wolfgang: Die Integrationsverantwortung der Verfassungsorgane, JuS 2018, S. 1046–1050.

*Weiß*, Thomas / *Meißner*, Thomas / *Kempa*, Stephanie: Pflegeberufereformgesetz (PflBRefG), Praxiskommentar, Wiesbaden 2018, (zitiert als: *Weiß/Meißner/Kempa*, PflBRefG-Komm, 2018, S. ...). Online-Ressource (Zugriff 1.4.2019).

*Wendel,* Mattias: Asylrechtlicher Selbsteintritt und Flüchtlingskrise, Zugleich ein Beitrag zu den Grenzen administrativer Entscheidungsspielräume im Mehrebenensystem, JZ 2016, S. 332–341.

*Weyreuther,* Felix: Über die Rechtsnatur und die Rechtswirkung von Verwaltungsvorschriften, DVBl. 1976, S. 853–858.

*Wieacker,* Franz: Industriegesellschaft und Privatrechtsordnung, Frankfurt am Main 1974. (zitiert als: *Wieacker,* Industriegesellschaft, 1974, S. ...).

*Wiedmann,* Gerhard: Zuständigkeit der Länder für Entwicklungshilfe, DÖV 1990, S. 688–694.

*Wiefelspütz,* Dieter: Der Einsatz bewaffneter deutscher Streitkräfte und der konstitutive Parlamentsvorbehalt, Baden-Baden 2003. (zitiert als: *Wiefelspütz,* Der Einsatz, 2003, S. ...).

– Die militärische Integration der Bundeswehr und der konstitutive Parlamentsbeschluss, ZaöRV 2004, S. 363–389.

– Das Parlamentsbeteiligungsgesetz vom 18.3.2005, NVwZ 2005, 496–500.

– Der konstitutive wehrverfassungsrechtliche Parlamentsbeschluss, ZParl 1 (2007), S. 3–16.

*Wild,* Gisela: Die Ausfertigung von Gesetzen und Rechtsverordnungen und die Anordnung zu ihrer Verkündung, Heidelberg 1969. (zitiert als: *Wild,* Die Ausfertigung, 1969, S. ...).

*Wilke,* Dieter: Artikel 109 Grundgesetz und das Stabilitätsgesetz in ihrer Bedeutung für das Verordnungsrecht, AöR 93 (1968), S. 270–307.

– Bundesverfassungsgericht und Rechtsverordnungen, AöR 98 (1973), S. 196–247.

*Wissenschaftliche Dienste*: Wissenschaftliche Dienste Deutscher Bundestag, Mitwirkungsvorbehalte des Bundestages in der Verordnungsgebung, WD 3 – 3000 – 024/15, 19. Februar 2015, S. 1–8. (zitiert als: *Wissenschaftliche Dienste BT*, WD 3-3000-024/15, 2018, S. ...). (Zugriff am 20.3.2019), (https://www.bundestag.de/resource).

– Zustimmungsvorbehalt des Bundestages beim Erlass einer Verordnung zu Pflegeberufen, WD 3 – 3000 – 200/18, 3. Juli 2018, S. 1–5. (zitiert als: *Wissenschaftliche Dienste BT*, WD 3-3000-200/18, 2018, S. ...). (Zugriff am 20.3.2019), (https://www.bundestag.de/resource).

*Wolff*, Bernhard: Die Ermächtigung zum Erlaß von Rechtsverordnungen nach dem Grundgesetz, AöR 78 (1952/53), S. 194–227.

*Wolff*, Heinrich Amadeus: »Das Bundesverfassungsgericht als Hüter der Integrationsverantwortung«, in: Integrationsverantwortung, hrsg. von Matthias Pechstein, Baden-Baden 2012. (zitiert als: *Wolff*, in: IntV/Pechstein, 2012, 151 (...)).

*Ziekow*, Jan: Der Status des fraktionslosen Abgeordneten – BVerfGE 80, 190, JuS 1991, S. 28–34.

*Ziekow*, Jan / *Völlink*, Uwe-Carsten (Hrsg.): Vergaberecht, Gesetz gegen Wettbewerbsbeschränkungen – Teil 4, Vergabeverordnung, Sektorenverordnung, Vergabeverordnung für die Bereiche Verteidigung und Sicherheit, Verordnung über die Vergabe von Konzessionen, Vergabe- und Vertragsordnung für Leistungen, Unterschwellenvergabeordnung, Verordnung über öffentliche Personenverkehrsdienste, 3. Aufl. München 2018. (zitiert als: *Bearbeiter*, in: Z/V-VergabeR, 3. Aufl. 2018, §... Rn. ...).

*Zimmer*, Gerhard: Funktion–Kompetenz–Legitimation, Gewaltenteilung in Ordnung des Grundgesetzes, Staatsfunktionen als gegliederte Wirk- und Verantwortungsbereiche – Zu einer verfassungsgemäßen Funktions- und Interpretationslehre, Berlin 1979. (zitiert als: *Zimmer*, Funktion–Kompetenz–Legitimation, 1979, S. ...).

*Ziller,* Gebhard: Zustimmung von Bundestag und Bundesrat zu Rechtsverordnungen?, DVBl. 1963, S. 795–796.

**Aus unserem Verlagsprogramm:**

Lena Larissa Steinmayer
**Der neue Informationsbestand des BKA**
*Veränderungen durch das Gesetz zur Neustrukturierung des Bundeskriminalamtgesetzes*
Hamburg 2021 / 320 Seiten / ISBN 978-3-339-12106-6

Alexander Lang
**Die zeitlich befristeten Sonderregelungen zu Flüchtlingsunterkünften im BauGB**
*Notwendigkeit, Entstehungsgeschichte, Ziele, Konsistenz, Gültigkeit, Kritik, Alternativen, Reformbedarf*
Hamburg 2019 / 570 Seiten / ISBN 978-3-339-11362-7

Robert Tietze
**Altersgeld für Bundesbeamte**
*Das Altersgeldgesetz*
Hamburg 2019 / 326 Seiten / ISBN 978-3-339-10870-8

Jakob Michael Stasik
**Staatszielbestimmung im Grundgesetz zugunsten des Sports?**
Hamburg 2017 / 336 Seiten / ISBN 978-3-8300-9558-3

Isa Alexandra Matz
**Die Anti-Terrorismusgesetzgebung und ihre Vereinbarkeit mit Verfassungsrecht**
*unter besonderer Berücksichtigung der Anti-Terrorismuspakete I und II, des Terrorismusbekämpfungsergänzungsgesetzes sowie des Gemeinsame-Dateien-Gesetzes und des Gesetzes zur Änderung des Bundesverfassungsschutzgesetzes*
Hamburg 2017 / 380 Seiten / ISBN 978-3-8300-9227-8

Heinrich Amadeus Wolff
**Das Schichtplanmodell der bayerischen Vollzugspolizei im Lichte der europäischen Arbeitszeitrichtlinie**
Hamburg 2016 / 212 Seiten / ISBN 978-3-8300-9184-4

Peter Uhlmann
**Individualrechtsschutz gegen Wahlverfahrensakte in parlamentarischen Wahlverfahren und Exklusivität der Wahlprüfung**
Hamburg 2016 / 396 Seiten / ISBN 978-3-8300-8842-4

Christian Bösl
**Das Recht der parlamentarischen Untersuchungsausschüsse im Freistaat Sachsen**
*unter besonderer Berücksichtigung der Untersuchungsausschüsse der vierten und fünften Wahlperiode des Sächsischen Landtages*
Hamburg 2016 / 334 Seiten / ISBN 978-3-8300-8604-8

Postfach 57 01 42 · 22770 Hamburg · www.verlagdrkovac.de · info@verlagdrkovac.de